현장 실무기법으로 구성된 건축 인테리어 디자인 종합 바이블
# 스케치업 2017 베이직&DIY

기초부터
중급 실무까지
한권으로
마스터

현장 실무기법으로 구성된 건축 인테리어 디자인 종합 바이블

# 스케치업
## 2017
### 베이직&DIY

신명철 저

 동일출판사

## 프롤로그

오랜 더위와 장마 끝에 시나브로 가을이 왔습니다. 올해 여름은 유난히도 덥고 습했던 것 같습니다. 그런 여름을 지나고 선선한 바람이 불어오는 가을이 와서 무척이나 반갑습니다. 또 하나 여름내 작업한 스케치업 2017이 붉은 단풍과 같이 세상에 물들여질 것을 생각하니 무척이나 영광입니다.

스케치업(SketchUp) 프로그램은 트림블 네비게이션(Trimble Navigation)사의 3D 모델링 프로그램입니다. 2000년 8월 앳라스트 소프트웨어(@Last Software)에서 개발해 발표했습니다. 간편한 인터페이스와 쉬운 모델링 기법에 흥미를 느낀 구글(Google)이 2006년 3월 인수했다가 2012년 6월 다시 트림블 네비게이션이 인수하였습니다. 여러 번의 인수과정을 통해 스케치업 프로그램은 비약적인 발전을 하게 됩니다. 간편한 인터페이스와 쉬운 모델링 기법은 유지된 채 다양한 기능들이 추가되었고 무엇보다 Warehouse(저장창고)로 인하여 스케치업 유저들간에 모델링 데이터를 공유함으로써 필요한 모델링을 직접 만들지 않고도 인터넷에서 가져와 사용할 수 있다는 장점이 있습니다. 또한 랜더링 소프트웨어인 V-ray와 연동하여 매우 사실적인 재질표현의 효과를 얻을 수 있기 때문에 건축, 인테리어 분야에서 많이 사용되고 있습니다. 스케치업 프로그램은 앞으로도 계속 발전할 것이며 사용자들도 점점 증가하고 있습니다.

이 책에서는 다양한 건축물의 모델링을 통해 스케치업 프로그램을 좀 더 쉽게 이해할 수 있게 하였습니다.

Lesson1 에서는 목조주택을 통해서 스케치업 프로그램을 다루기 위해 꼭 필요한 기능들을 나열하였습니다. 우리가 건축물을 제작함에 있어 반드시 알아야 할 기능들입니다. 앞서 말한 바와 같이 스케치업 프로그램의 가장 큰 장점은 바로 쉬운 모델링 기법에 있습니다. 따라서 몇 가지 기능들만 가지고도 충분히 건축물을 제작할 수 있습니다.

Lesson2 에서는 다양한 모델링 기법들을 설명하였습니다. 같은 건축물이더라도 다양한 방법으로 제작할 수 있습니다. 이러한 모델링 방법 중 자신에게 맞는 한 가지 모델링 방법을 찾는 것도 스케치업을 잘 할 수 있는 비결이라 하겠습니다.

p r o l o g u e

**Lesson3**에서는 중급자들을 위해 좀 더 난이도 있는 전통가옥을 담았습니다. 스케치업 프로그램의 특징이 직각이나 상자의 형태로 된 건축물을 제작하는 데에는 용의하지만 곡선이 많이 들어간 건축물 특히 전통가옥을 제작하기에는 어려운 점이 있습니다. 하지만 Lesson3을 통하여 스케치업 프로그램도 충분히 곡면을 제작할 수 있는 방법을 제시하고자 하였습니다.

**Lesson4**에서는 건축물보다는 인테리어 소품인 DIY 가구제작을 담았습니다.
스케치업 프로그램을 처음 개발할 당시에는 건축물보다는 가구를 제작할 목적으로 개발되었습니다. 하지만 사용하다보니 건축물에 더 적합한 프로그램이 되었습니다. 인테리어 소품 및 가구를 제작하시는 분들이나 또는 집에서 간단한 가구를 직접 만들고자 하는 분들께 유용할 내용이라 하겠습니다.

**마지막으로 책속부록**으로 랜더링 프로그램인 V-ray에 대해 설명하였습니다. 3D 모델링 프로그램과 V-ray는 떼려야 뗄 수 없는 불가분의 관계입니다. 모델링도 중요하지만 건축물이 건축물답게 보이게 하는 랜더링 작업도 중요합니다. V-ray를 통해서 재질의 표현, 조명등을 학습할 수 있습니다.

이 책은 스케치업을 처음 입문하시려는 분들을 위한 책입니다.
학생들을 가르치는 마음으로 하나! 하나! 세세하게 적으려고 노력하였습니다. 이 책을 통해 스케치업이 얼마나 쉽고 편리한 3D 프로그램인지 홍보하는 계기가 되었으면 합니다.

이 책이 출간되기까지 많은 도움을 주신 동일출판사 정창희 대표님과 관계자분들 특히 송민호 부장님, 이정호 부장님께 감사드립니다.

그리고 사랑하는 지윤이, 동겸이, 동률이, 옆에서 많은 조언을 준 아내에게 감사를 전합니다.

2017년 10월
신 명 철

## 목차

### 1. Lesson 1 콘크리트 주택

1) 기초공사 · · · · · · · · · · · · · · · · · · · · · · · · · · · · · · · · · · · · · · · · · · · · · · · · · · · · · · · · · · · · · · · · · · · · · · · · · · 12
　〈알아두기 01〉 단축키 설정하기 · · · · · · · · · · · · · · · · · · · · · · · · · · · · · · · · · · · · · · · · · · · · · 17
2) 벽면공사 · · · · · · · · · · · · · · · · · · · · · · · · · · · · · · · · · · · · · · · · · · · · · · · · · · · · · · · · · · · · · · · · · · · · · 26
　〈알아두기 02〉 SketchUp 좌표체계 · · · · · · · · · · · · · · · · · · · · · · · · · · · · · · · · · · · · · · · · 29
3) 지붕공사 · · · · · · · · · · · · · · · · · · · · · · · · · · · · · · · · · · · · · · · · · · · · · · · · · · · · · · · · · · · · · · · · · · · · · 46
4) 정문 및 창호공사 · · · · · · · · · · · · · · · · · · · · · · · · · · · · · · · · · · · · · · · · · · · · · · · · · · · · · · · · · · · 52
　〈알아두기 03〉 Scale (배율) 도구 · · · · · · · · · · · · · · · · · · · · · · · · · · · · · · · · · · · · · · · · · · 61
5) 재질적용하기 · · · · · · · · · · · · · · · · · · · · · · · · · · · · · · · · · · · · · · · · · · · · · · · · · · · · · · · · · · · · · · · 70

### 2. Lesson 2 목조주택

1) 기초공사 · · · · · · · · · · · · · · · · · · · · · · · · · · · · · · · · · · · · · · · · · · · · · · · · · · · · · · · · · · · · · · · · · · · · · 84
2) 작은방 · · · · · · · · · · · · · · · · · · · · · · · · · · · · · · · · · · · · · · · · · · · · · · · · · · · · · · · · · · · · · · · · · · · · · · · 96
3) 지붕공사 1 · · · · · · · · · · · · · · · · · · · · · · · · · · · · · · · · · · · · · · · · · · · · · · · · · · · · · · · · · · · · · · · · · 106
4) 지붕공사 2 · · · · · · · · · · · · · · · · · · · · · · · · · · · · · · · · · · · · · · · · · · · · · · · · · · · · · · · · · · · · · · · · · 114
5) 베란다 · · · · · · · · · · · · · · · · · · · · · · · · · · · · · · · · · · · · · · · · · · · · · · · · · · · · · · · · · · · · · · · · · · · · · · 130
6) 창문 · · · · · · · · · · · · · · · · · · · · · · · · · · · · · · · · · · · · · · · · · · · · · · · · · · · · · · · · · · · · · · · · · · · · · · · · 148
7) 정문 · · · · · · · · · · · · · · · · · · · · · · · · · · · · · · · · · · · · · · · · · · · · · · · · · · · · · · · · · · · · · · · · · · · · · · · · 162
8) 재질적용하기 · · · · · · · · · · · · · · · · · · · · · · · · · · · · · · · · · · · · · · · · · · · · · · · · · · · · · · · · · · · · · 170
　〈알아두기 04〉 Style 적용하기 · · · · · · · · · · · · · · · · · · · · · · · · · · · · · · · · · · · · · · · · · · · · 177

### 3. Lesson 3 기와집

1) 기초공사 · · · · · · · · · · · · · · · · · · · · · · · · · · · · · · · · · · · · · · · · · · · · · · · · · · · · · · · · · · · · · · · · · · · 192
2) 지붕공사 · · · · · · · · · · · · · · · · · · · · · · · · · · · · · · · · · · · · · · · · · · · · · · · · · · · · · · · · · · · · · · · · · · · 202
3) 용마루 · · · · · · · · · · · · · · · · · · · · · · · · · · · · · · · · · · · · · · · · · · · · · · · · · · · · · · · · · · · · · · · · · · · · · 216
4) 내림마루 · · · · · · · · · · · · · · · · · · · · · · · · · · · · · · · · · · · · · · · · · · · · · · · · · · · · · · · · · · · · · · · · · · · 226
5) 처마 · · · · · · · · · · · · · · · · · · · · · · · · · · · · · · · · · · · · · · · · · · · · · · · · · · · · · · · · · · · · · · · · · · · · · · · · 240
6) 서까래 · · · · · · · · · · · · · · · · · · · · · · · · · · · · · · · · · · · · · · · · · · · · · · · · · · · · · · · · · · · · · · · · · · · · · 248

7) 보 ·········· 254
8) 기둥 ·········· 262
9) 대청마루 ·········· 268
10) 중간기둥과 주춧돌 ·········· 278
11) 쪽마루 ·········· 284
12) 벽무늬 ·········· 290
〈알아두기 05〉 Components(구성요소) 문 만들기 ·········· 294
13) 문, 창문 ·········· 308
14) 재질적용하기 ·········· 316
〈알아두기 06〉 그림자 생성하기 ·········· 320

## 4. Lesson 4 DIY 가구

1) 의자 ·········· 328
〈알아두기 07〉 치수기입하기 ·········· 345
2) 팔걸이의자 ·········· 350
3) 목재소파 ·········· 370
4) 이층침대 ·········· 390
5) 트윈책상 ·········· 416

## 5. 책속부록 V-Ray for SketchUp

1) V-Ray 다운로드 ·········· 444
2) V-Ray 설치하기 ·········· 447
3) V-Ray 도구 ·········· 453
4) 금속(Metal)재질 ·········· 456
5) 유리(Glass)재질 ·········· 461
6) 발광(Emissive)재질 ·········· 467
7) 반사(Reflection)재질 ·········· 480
〈알아두기 08〉 V-Ray Light ·········· 489

SKETCHUP 2017

# LESSON 01

# 콘크리트 주택

기초공사
벽면공사
지붕공사
정문 및 창호공사
재질적용하기

# LESSON 1

SketchUp 2017의 첫 시간으로 아주 간단한
콘크리트 주택을 만들어 보자.

# 콘크리트 주택

첫 시간이니 만큼 복잡하고 어려운 주택모델링보다는
간단하게 제작할 수 있는 주택모델링을 선택하였다.
또한 Lesson 1에서는 주택모델링에 중점을 두기보다는
SketchUp 프로그램을 다루기 위해서 알아야 할
도구들과 필요한 기능들을 중심으로 학습하길 바란다.
또한 도구들을 사용할 때, 정확한 치수기입법에 대해서도
알아보도록 한다. 중간 중간 '알아두기'를 통해서
스케치업 사용자들이 꼭 알아야할 사항들을 명시해 놓았다.

▶ 이번 Lesson에서 사용되는 도구

- Select (선택) 도구
- Rectangle (직사각형) 도구
- Pan 이동 (상하/좌우) 도구
- Orbit (궤도) 도구
- Push/Pull (밀기/끌기) 도구
- Tape Measure Tool (줄자) 도구
- Line (선) 도구
- Eraser (지우기) 도구
- Offset (오프셋) 도구
- Move (이동) 도구
- Scale (배율) 도구
- Paint Burket / 페인트통

# 01 기초공사

콘크리트 주택의 기본형태를 제작해 보자. SketchUp 작업에서 가장 중요한 것이 주택 형태의 가장 기본이 되는 기초공사이다. 모든 주택 형태는 기초공사에서 결정이 된다. 따라서 정확한 치수와 어떻게 기본형태를 작업해 나갈 것인지 노하우를 익혀야만 한다.

**SketchUp 2017**

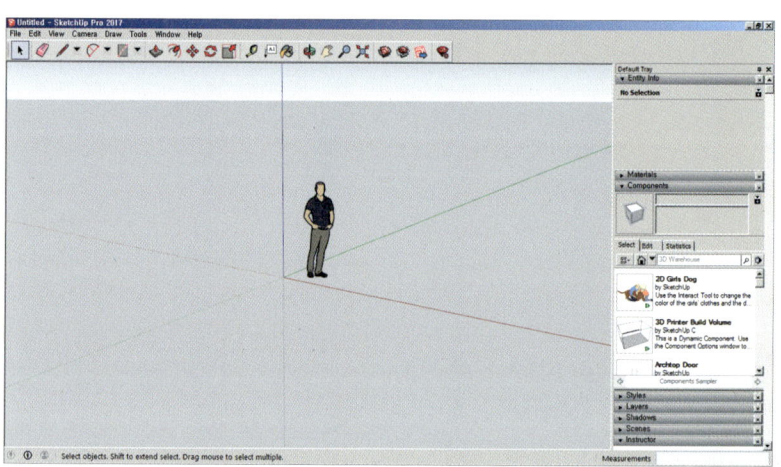

**1** SketchUp Pro 2017의 초기 화면이다. 지금부터 차근차근 따라하다 보면 어느새 SketchUp 기능들을 모두 습득할 수 있을 것이다.

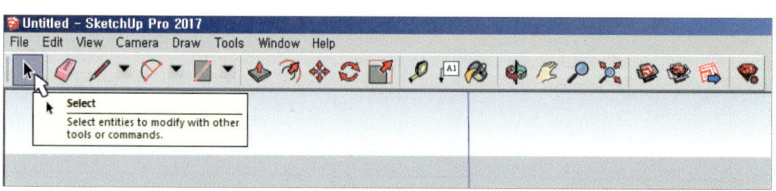

**2** 콘크리트 주택을 만들기 위해서 앞에 나와 있는 캐릭터를 지워보도록 하자. 도구모음에서 Select(선택) 도구를 클릭한다. Select(선택) 도구는 오브젝트를 선택하고자 할 때 쓰이는 도구로서 점, 선, 면 입체 등을 선택할 수 있다.

**Tip** 초기화면의 캐릭터의 이름은 Chris(크리스)로 SketchUP 초창기(@Last Software)부터 활동해온 팀원의 실제이름이다. SketchUp은 새로운 버전이 나올 때 마다 SketchUP 프로그램 개발에 참여한 팀원, 혹은 후원자들을 초기화면 모델로 사용하고 있다.

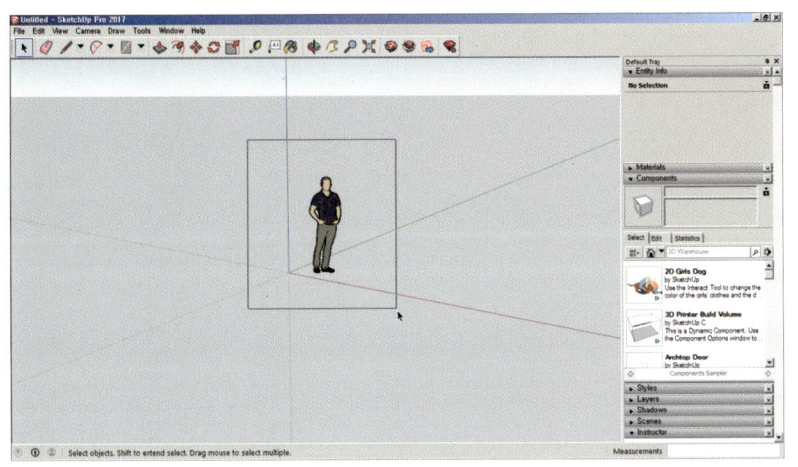

**3** 그림과 같이 사각형을 그리듯이 마우스를 드래그해서 캐릭터를 선택한다.

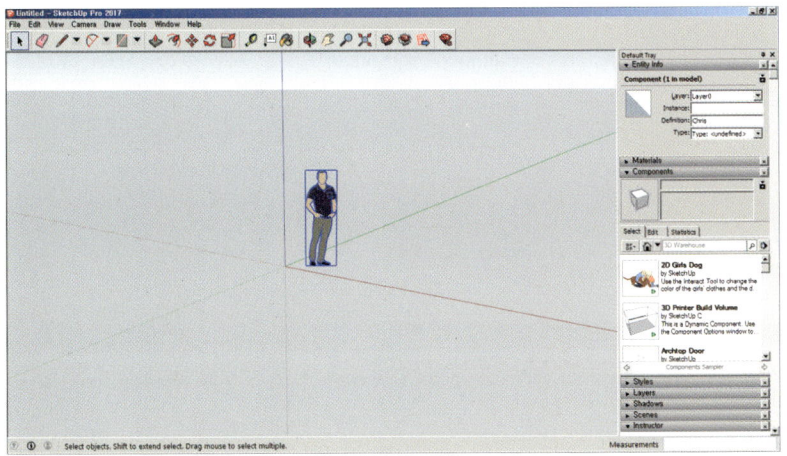

**4** 캐릭터가 선택이 되었다면 키보드의 Del키를 눌러 삭제한다. 이것이 바로 오브젝트를 삭제하는 방법이기도 하다.

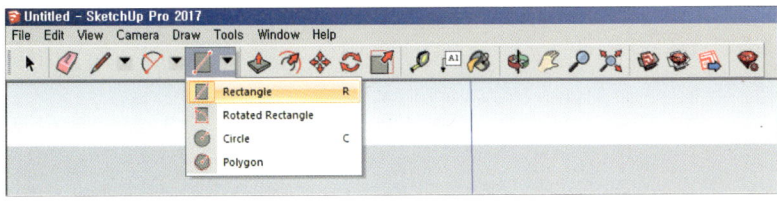

**5** 주택을 그리기 위한 준비를 마쳤다면, 실제로 주택을 그려보도록 하자. 도구모음에서 ▨ Rectangle(직사각형) 도구를 선택한다.

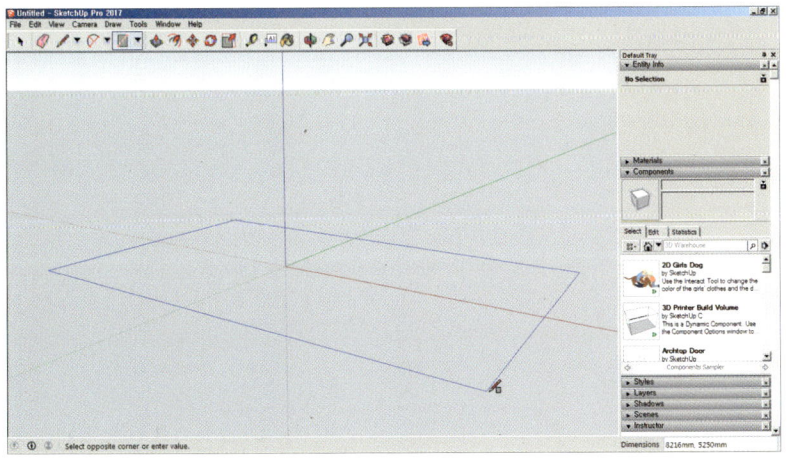

**6** 화면에 그림과 같이 사각형을 그린다. 이때 치수는 중요하지 않다. 먼저 임의대로 그린 후, 수치 입력창을 통해서 정확한 치수를 기입할 것이다.

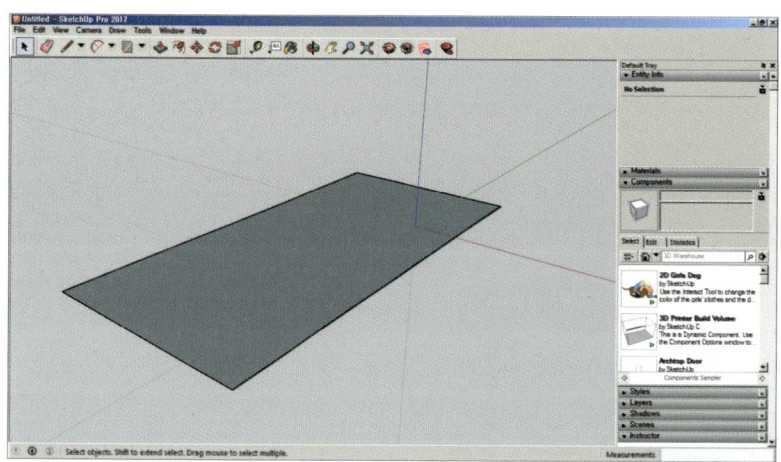

**7** 수치입력창에 4600, 9740을 입력한 후 엔터키를 누른다.

**Tip** 이때 주의해야 할 것은 사각형을 그린 후, 수치입력창을 마우스로 클릭하는것이 아니라 바로 키보드에서 수치를 입력해야 한다는 것이다. 그리고 가로 세로를 치수를 구분하기 위해서 반드시 중간에 ,(콤마)로 입력해야 한다는 것이다. 수치입력창을 통해서 입력할 수 있는 값에는 Dimensions(치수), Distance(거리), Sides(측면), Radius(반경), Measurements(단위), Length(길이), Rotate(회전), Angle(각도), Width(너비) 등 다양한 값을 입력할 수 있다. 수치입력창은 앞으로도 많이 사용될 것이므로 사용법을 완전히 익혀야 한다.

**8** 그럼 처음에 자신이 그린 사각형과는 다르게 정확한 치수의 사각형이 그려진 것을 확인할 수 있다.

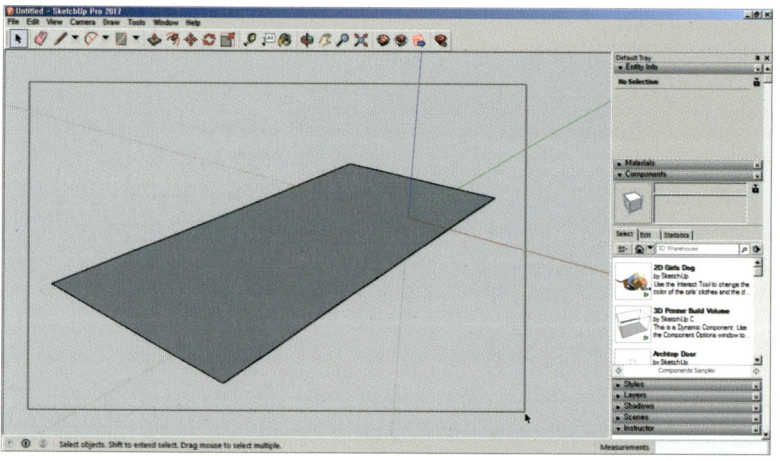

**9** 생성된 사각형의 한 쪽 모서리를 원점으로 이동해 보도록 하자. 도구모음에서 Select(선택) 도구를 선택한 후, 그림과 같이 사각면을 포함하도록 드래그 한다.

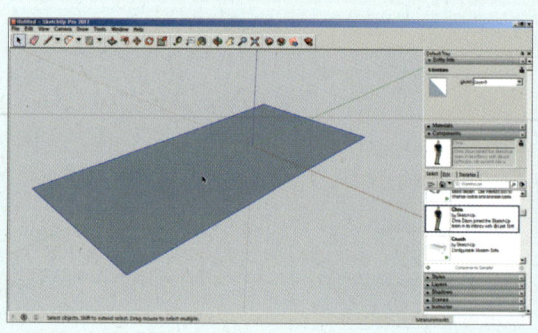

**Tip** 오브젝트를 선택하는 다른 방법은 사각면을 '더블클릭' 하면 된다. 한 번 클릭하면 모서리를 제외한 면이 선택되며, '더블클릭' 하게 되면 사각면을 둘러싼 모서리도 함께 선택된다. 만약 육면체처럼 입체일 경우에는 한쪽 면을 세번 클릭하면 육면체 전체가 선택된다.

◀ 사각면을 '더블클릭' 하면 사각면이 전체 선택된다.

### ■ 입체의 경우

**Tip**

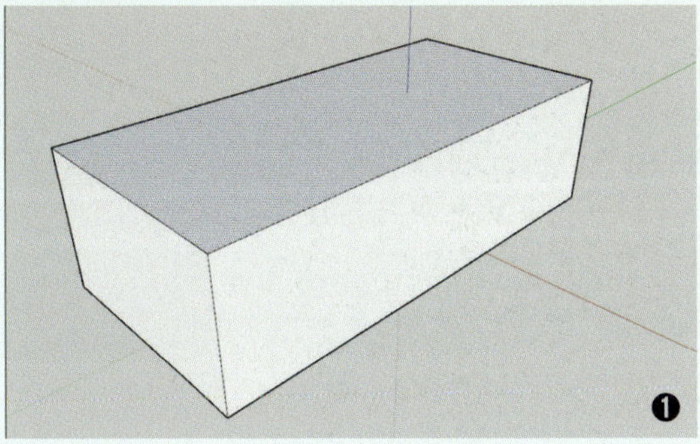

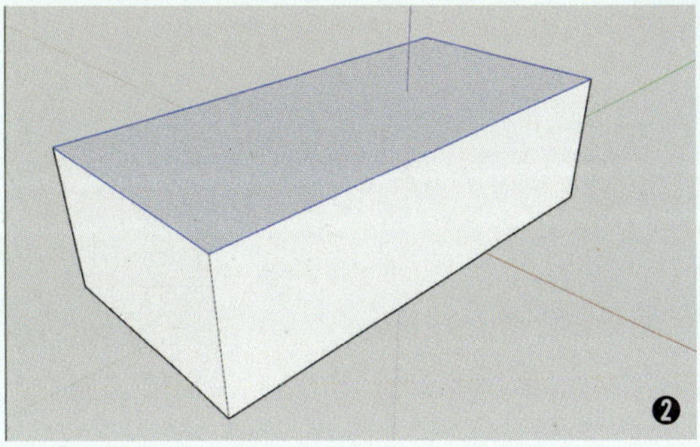

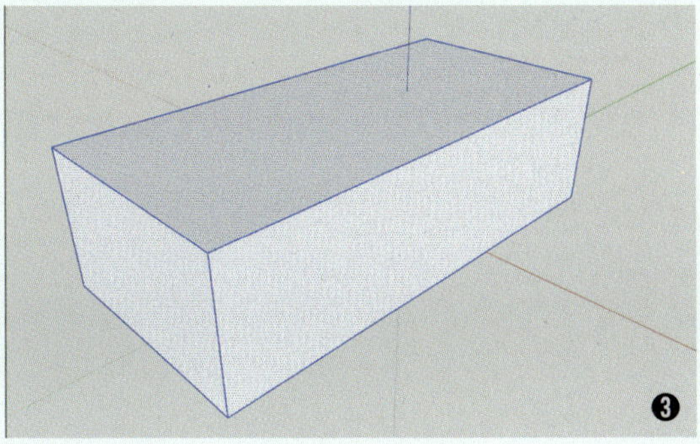

❶ 한 번 클릭했을 때 (클릭한 면 하나만 선택된다)
❷ 두 번 클릭했을 때 (클릭한 면과 그 면 모서리가 선택된다)
❸ 세 번 클릭했을 때 (클릭한 면과 인접한 모든 면과 모서리 즉, 입체 전체가 선택된다)

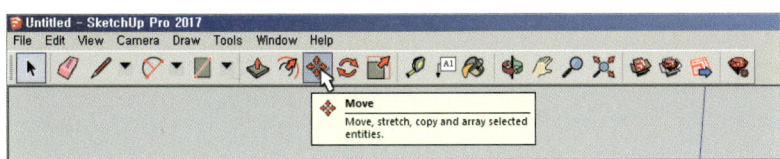

**10** 오브젝트를 이동하기 위해서 도구모음에서 ✥ Move(이동) 도구를 선택한다.

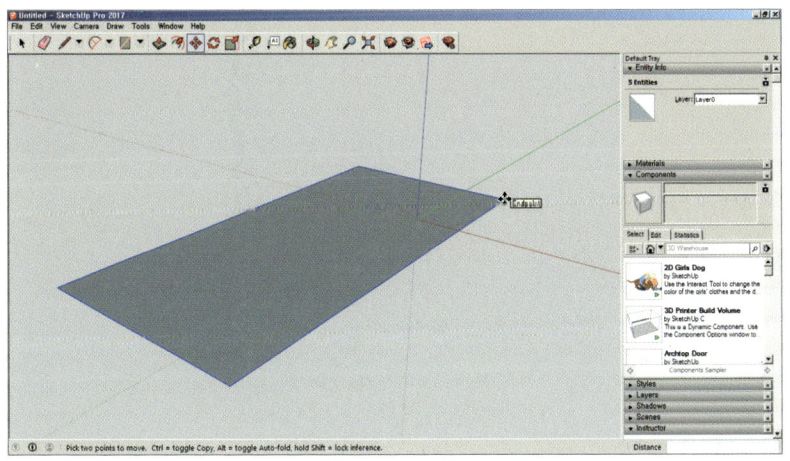

**11** 그림과 같이 사각면의 한 쪽 모서리를 선택한다.

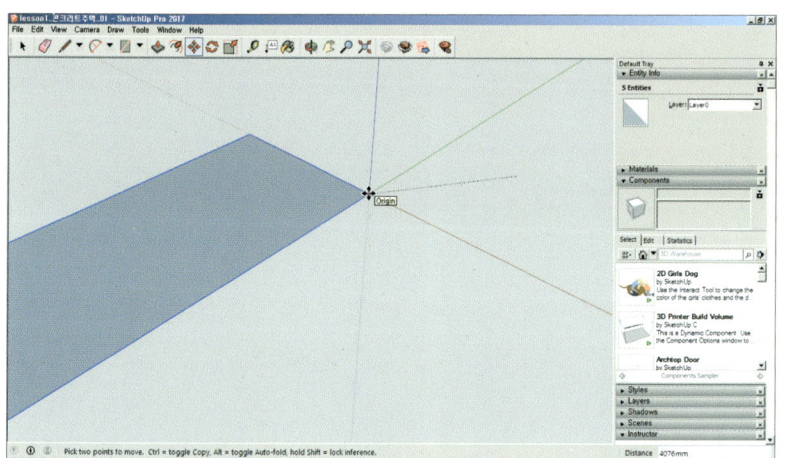

**12** 오브젝트를 원점으로 이동한다.

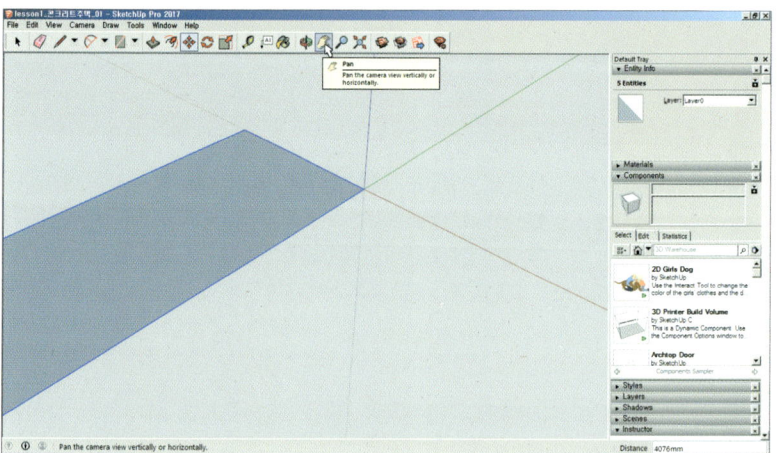

**13** 오브젝트를 이동하면 화면 밖으로 벗어나게 된다. 이때 Pan 이동(상하/좌우) 도구를 사용해서 오브젝트가 화면의 중앙에 오도록 한다. 도구모음에서 Pan 이동(상하/좌우) 도구를 선택한다.

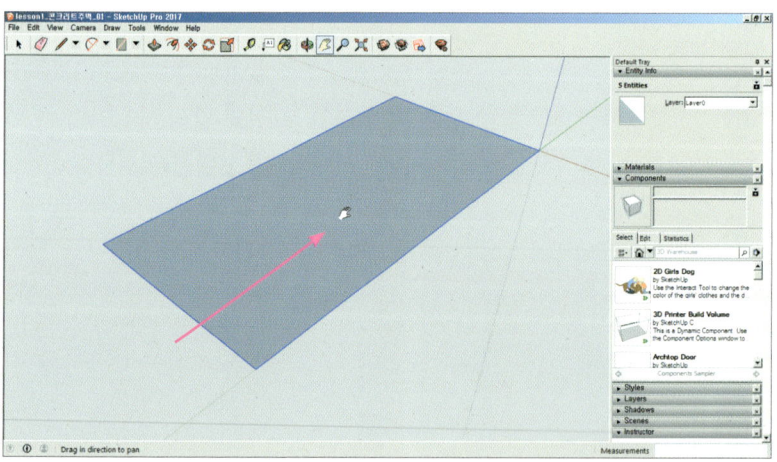

**14** 그림과 같이 화살표 방향으로 화면을 이동해서 오브젝트가 중앙에 오도록 한다.

# 많이 사용하는 도구 단축키 설정하기

**알아두기 01**

우리가 SketchUp 작업을 하면서 가장 많이 사용하는 도구들이 있다.
이러한 도구들은 단축키를 외워둘 필요가 있다. 또한 단축키 설정을 통해서 자신만의 단축키를 만들 수 있다.
그럼 알아두기를 통해서 단축키 설정하는 법에 대하여 알아보자.

| 아이콘 | 이름 (영문판/한글판) | 단축키 | 내용 |
|---|---|---|---|
|  | select / 선택 | Ctrl+A | 오브젝트를 모두 선택할 때 |
|  | Make Component / 구성요소 만들기 | G | 컴포넌트를 만든다 |
|  | Paint Burket / 페인트통 | B | 재질을 적용할 때 |
|  | Eraser / 지우기 | E | 선과 모서리를 지울 때 |
|  | Rectangle / 직사각형 | R | 사각형을 그릴 때 |
|  | Line / 선 | L | 선을 그릴 때 |
|  | Circle / 원 | C | 원을 그릴 때 |
|  | 2Point Arc / 2점 호 | A | 호를 그릴 때 |
|  | Move / 이동 | M | 오브젝트를 움직일 때 |
|  | Push / Pull / 밀기 / 끌기 | P | 오브젝트를 모두 선택할 때 |
|  | Rotate / 회전 | Q | 면을 입체로 뽑아낼 때 |
|  | Scale / 배율 | S | 오브젝트의 크기를 변환할 때 |
|  | Offset / 오프셋 | F | 선과 면을 원하는 간격만큼 떨어져 생성한다 |
|  | Tape Measure Tool / 줄자도구 | T | 보조선을 만든다 |
|  | Orbit / 궤도 | O | 화면을 회전한다. |
|  | Pan / 이동(상하/좌우) | H (Spacebar) | 화면을 이동한다. Pan 도구는 원래 단축키가 H이지만 워낙 많이 쓰기 때문에 단축키 설정을 통해서 스페이스바로 바꾸는 것이 좋다. |
|  | Zoom / 확대 / 축소 | Z | 화면을 축소, 확대한다 |
|  | Zoom Extents / 범위 확대 / 축소 | shift+Z | 화면에 오브젝트가 꽉 차도록 보여준다. |

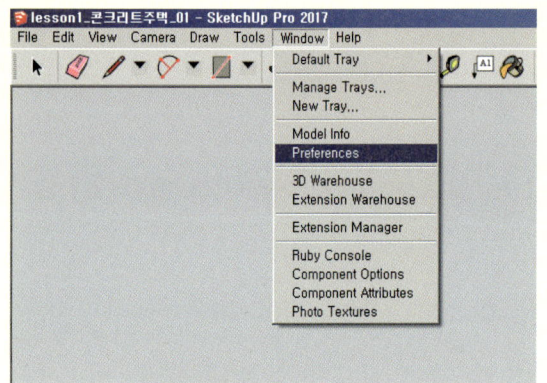

**1.** 지금부터 SketchUp 모델링 할 때 많이 사용하는 Pan 이동(상하/좌우) 도구의 단축키를 Spacebar(스페이스바)로 등록해 보자. 메뉴에서 Window(창) > Preference(환경설정)을 선택한다.

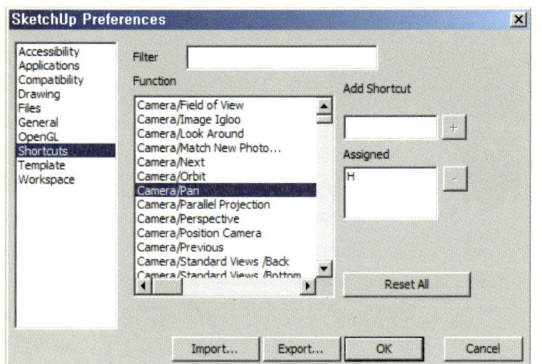

**2.** SketchUp Preferences (환경설정) 창에서 Shortcuts (바로가기)를 선택한 후, Camera/Pan(카메라/상하/좌우 이동)을 선택한다. Pan 이동(상하/좌우) 도구의 등록된 단축키는 H이다.

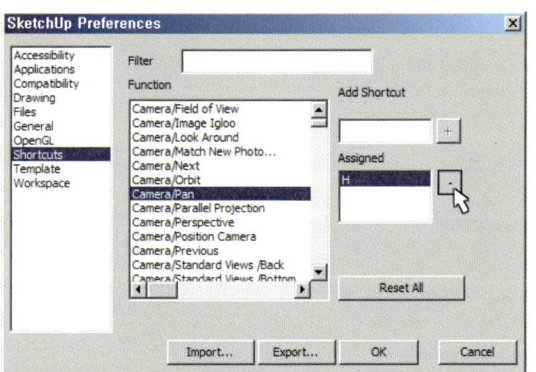

**3.** Assigned(할당됨)에서 H를 선택한 후, -키를 눌러 원래의 단축키(H)를 제거한다.

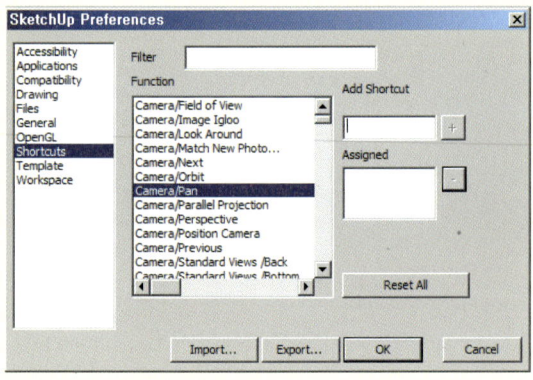

**4.** Add Shortcut(바로가기 추가)의 빈창으로 커서를 가져가 클릭한다.

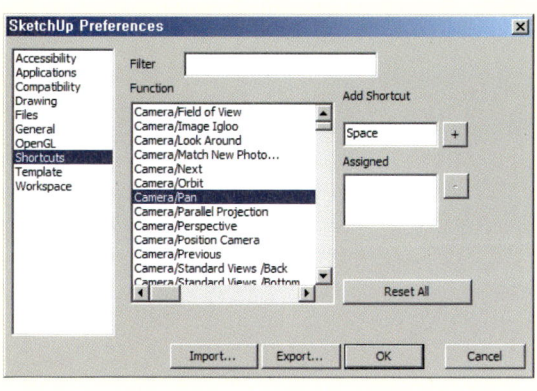

**5.** 키보드에서 스페이스바를 누른다. 그러면 빈창에 Space라고 입력된다.

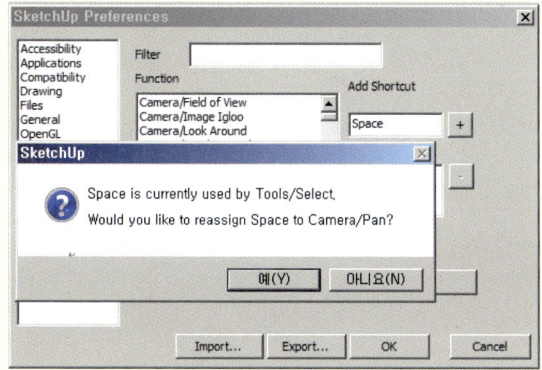

**6.** + 버튼을 클릭한다. Spacebar(스페이스바)를 단축키로 설정하겠느냐는 메시지 창이 나오면 '예(Y)'를 선택한다.

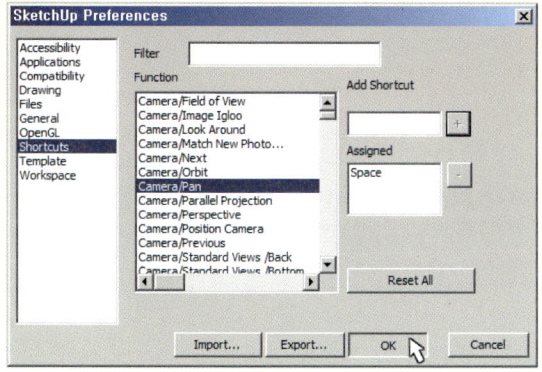

**7.** OK 버튼을 클릭해서 단축키 설정을 마무리한다. 혹 독자가 단축키를 바꾸고자 한다면 앞에서 배운데로 단축키를 설정하면 된다.

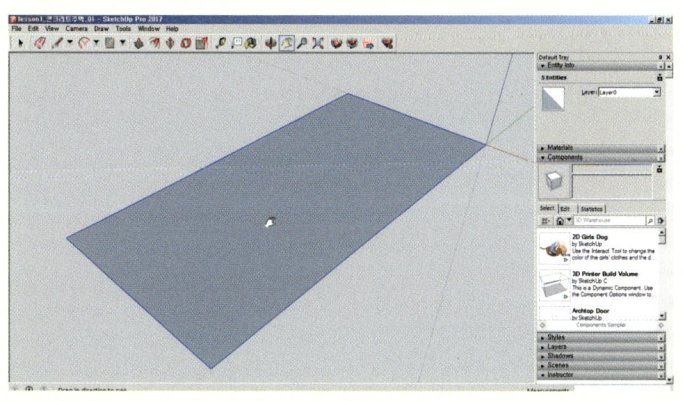

**8.** 진짜로 Pan 이동(상하/좌우) 도구의 단축키가 Spacebar(스페이스바)로 바뀌었는지 키보드에서 Spacebar(스페이스바)를 눌러 확인해 본다.

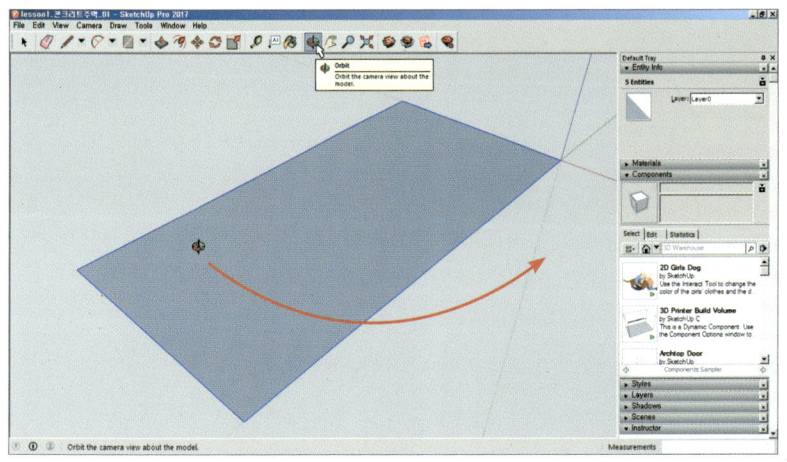

**15** 앞에서 상하좌우로 화면을 움직이는 방법에 대해 배웠다면 ⊕ Orbit (궤도) 도구를 사용해서 화면을 회전하는 방법에 대해 알아보자. 도구모음에서 ⊕ Orbit (궤도) 도구를 선택한 후, 화면에서 그림과 같이 화면을 움직여 보자.

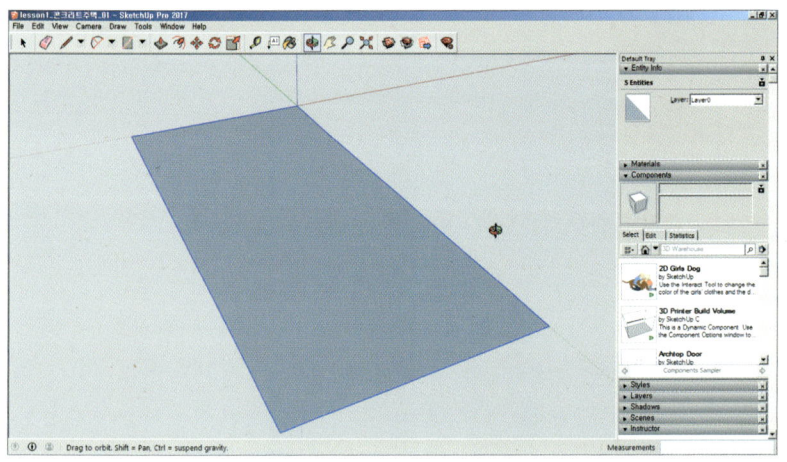

**16** 화면이 회전하는 것을 확인할 수 있다. 익숙해지도록 마음껏 연습해 보길 바란다.

 휠 마우스의 경우 굳이 도구모음에서 ⊕ Orbit (궤도) 도구를 선택하지 않아도 휠부분을 누른 후 마우스를 드래그하면 화면을 회전시킬 수 있다. 3버튼 마우스의 경우에는 가운데 버튼이 이 기능을 한다.

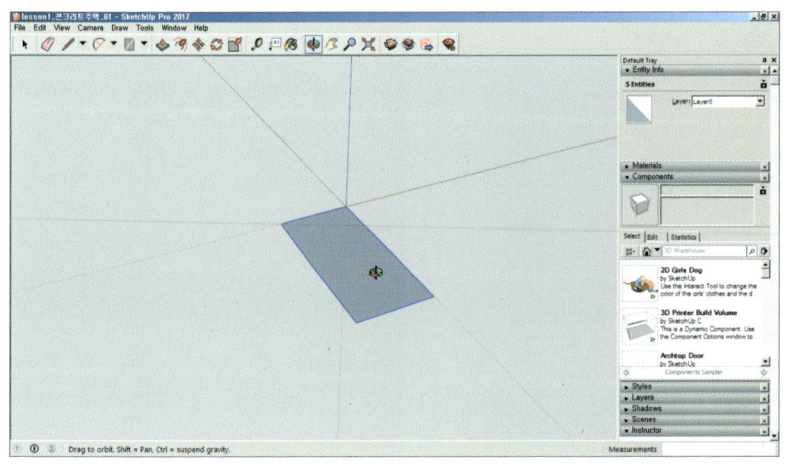

**17** 휠마우스로 화면을 확대/축소 시킬 수 있다. 마우스에서 가운데 휠을 아래로 굴리면 화면이 축소된다.

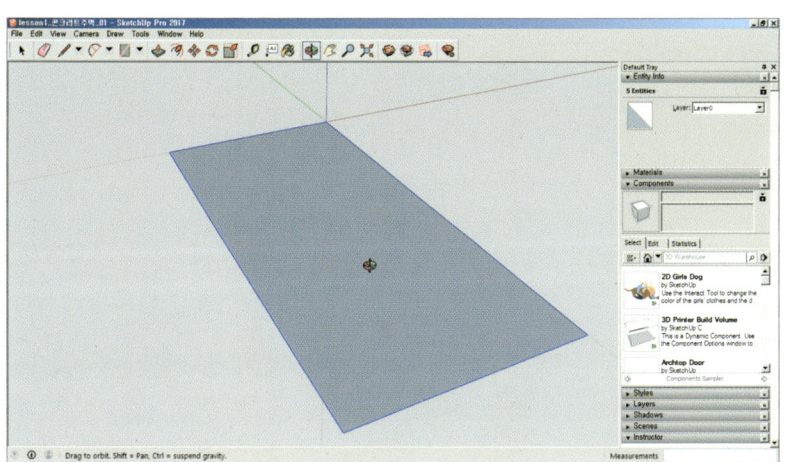

18 반대로 휠을 위쪽으로 굴리면 화면이 확대되는 것을 확인할 수 있다.

 Pan 이동(상하/좌우) 도구 혹은 단축키 Spacebar(스페이스바) 와 Orbit (궤도) 도구, 그리고 휠 마우스를 사용해서 화면의 상하/좌우이동, 회전, 확대/축소를 연습한다.

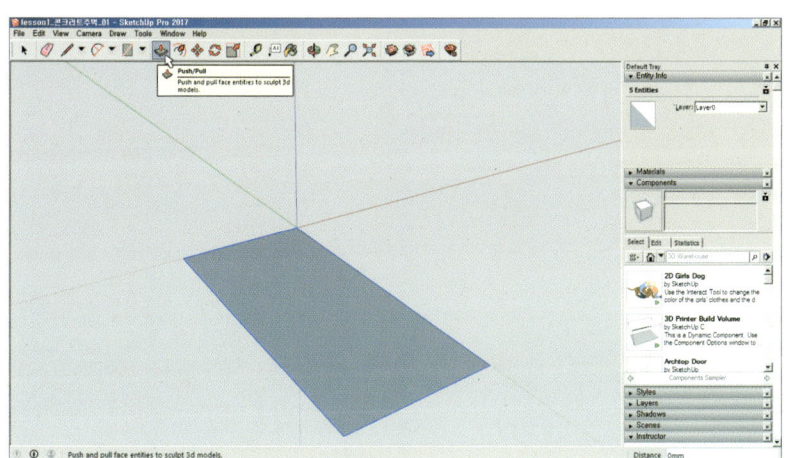

19 반대로 휠을 위쪽으로 굴리면 화면이 확대되는 것을 확인할 수 있다.

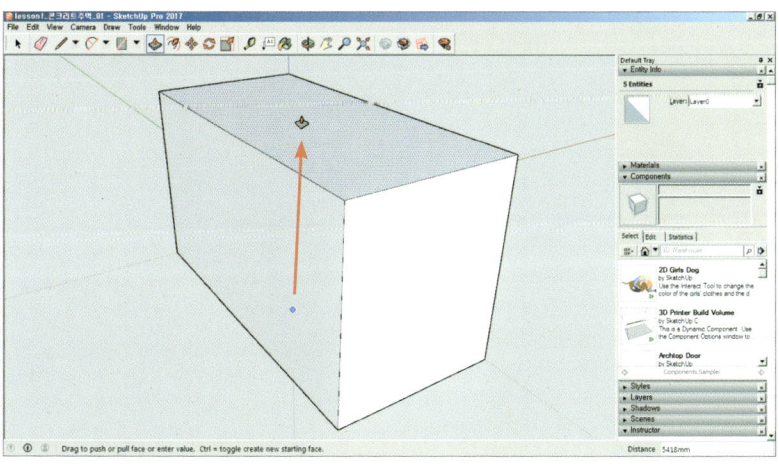

20 화면전환(상하/좌우이동, 회전, 확대/축소)에 대해 연습했다면 이제 본격적으로 주택의 기본형태(입체)를 제작해 보자. 도구모음에서 Push/Pull(밀기/끌기) 도구를 선택한다.

Lesson 1 콘크리트 주택 + 21

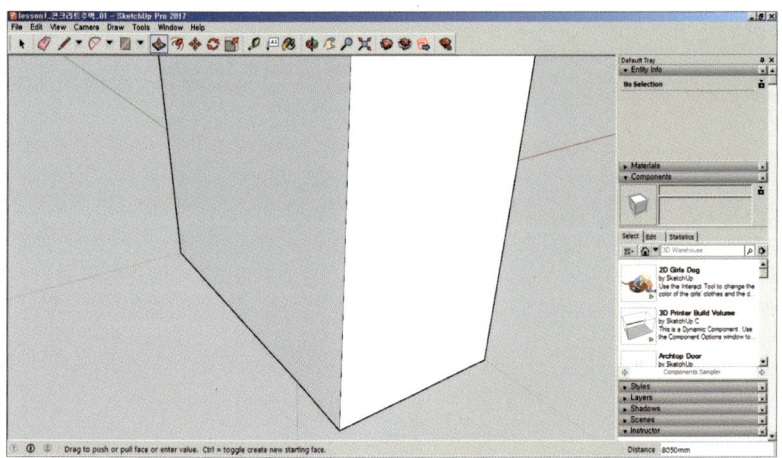

**21** 치수입력창에서 Distance 8050 (8050) 입력한다. 그럼 높이가 8050 mm인 육면체가 생성된다.

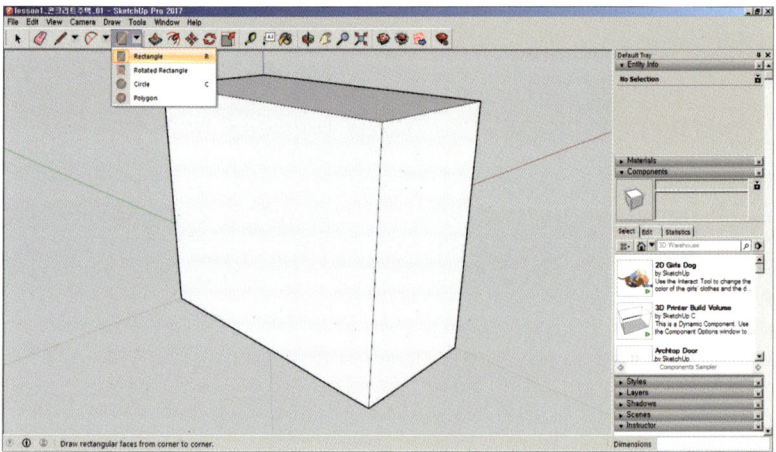

**22** 이제 벽면에 사각형을 그려 보자. 도구모음에서 ▣ Rectangle (직사각형) 도구를 선택한다.

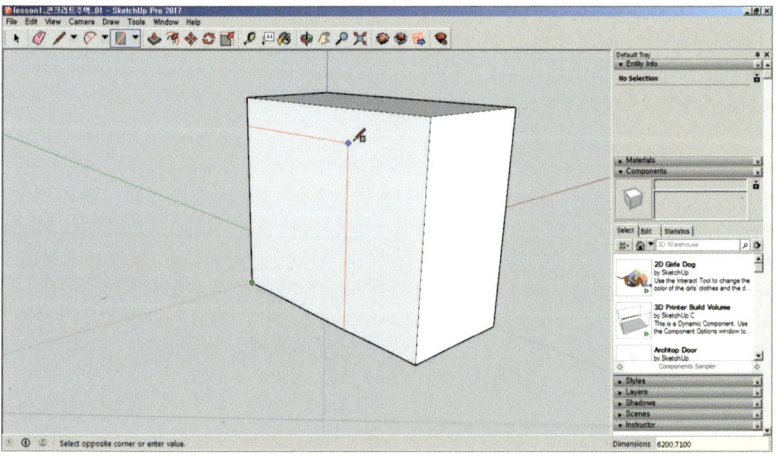

**23** 육면체의 아래 모서리에서 시작하는 사각형을 그린다. 수치 입력창에 (6200,7100)을 입력한다.

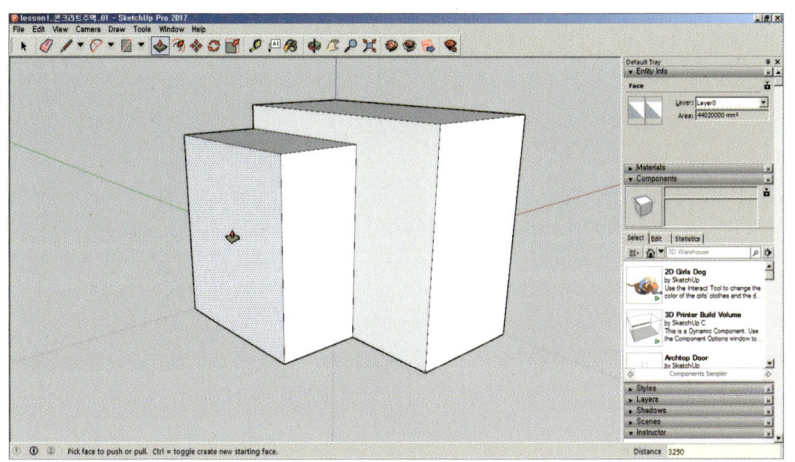

24 Push/Pull(밀기/끌기) 도구를 선택한 후, 그림과 같이 앞쪽으로 면을 생성한다. 치수입력창에는 3250을 입력한다.

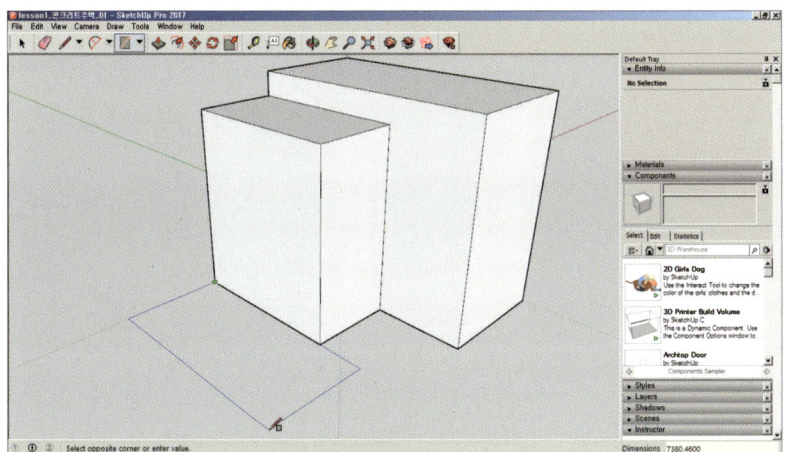

25 다시 Rectangle(직사각형) 도구를 선택한 후, (7380,4600)인 사각형을 바닥면에 그린다.

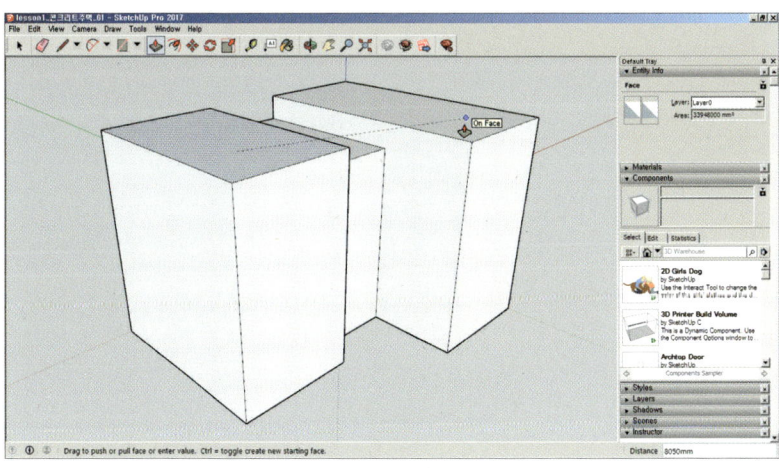

26 Push/Pull(밀기/끌기) 도구를 사용해서 위쪽으로 면을 생성한 후, 그림에서와 같이 먼저 생성한 오른쪽 건물의 높이로 드래그해서 생성되는 주택의 높이를 같게 한다. 이처럼 SketchUp의 좋은 점이 바로 전에 생성된 높이, 혹은 길이만큼 드래그해서 맞추면 그 높이 그대로 생성할 수 있다는 것이다.

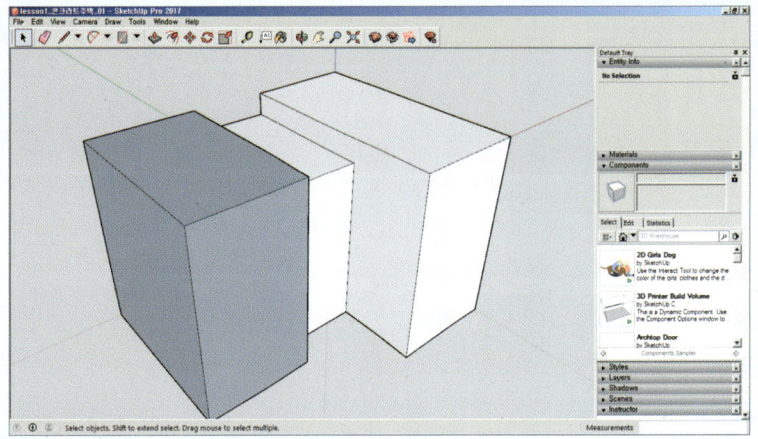

만약 그림과 같이 진한 색으로 면이 생성이 된다면 그것은 면이 뒤집어졌기 때문이다.

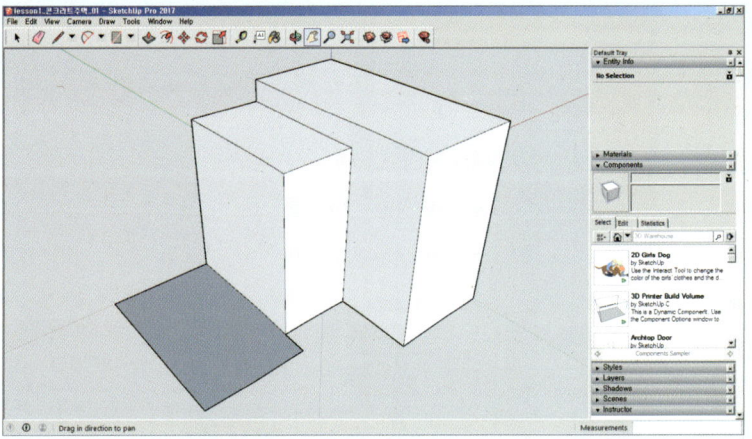

이때는 당황하지 말고 Ctrl + Z (뒤돌리기)를 눌러 한 단계 되돌린 후,

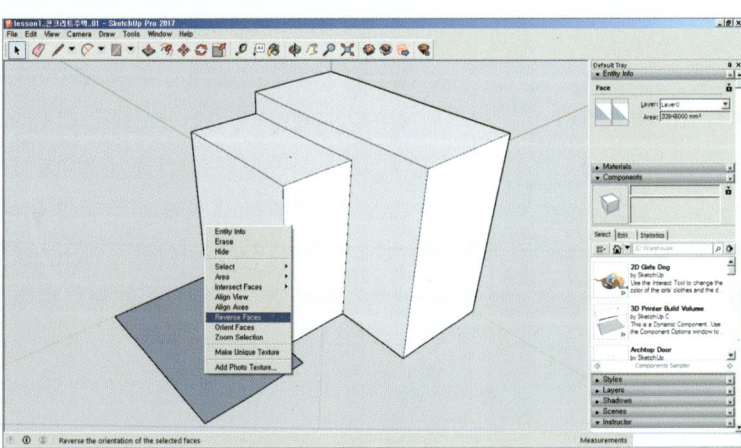

오른쪽 마우스 클릭해서 Reverse Faces(면 뒤집기)를 선택한 후, 다시 Push/Pull(밀기/끌기) 도구로 면을 생성하면 된다.

# 02 벽면공사

주택의 기본형태가 완성되었다면 이제 좀 더 주택답게 꾸며보도록 하자. 정확한 치수를 주택을 모델링하기 위해서 필히 알아야 할 기능이 있다. 바로 🔧 Tape Measure Tool (줄자) 도구이다. 말 그대로 🔧 Tape Measure Tool (줄자) 도구는 우리가 정확하게 모델링하기 위해서 보조선을 생성한다 라고 생각하면 된다. 앞으로 🔧 Tape Measure Tool (줄자) 도구는 많이 나오므로 이번 Chapter에서 완벽하게 이해하길 바란다.

**SketchUp 2017**

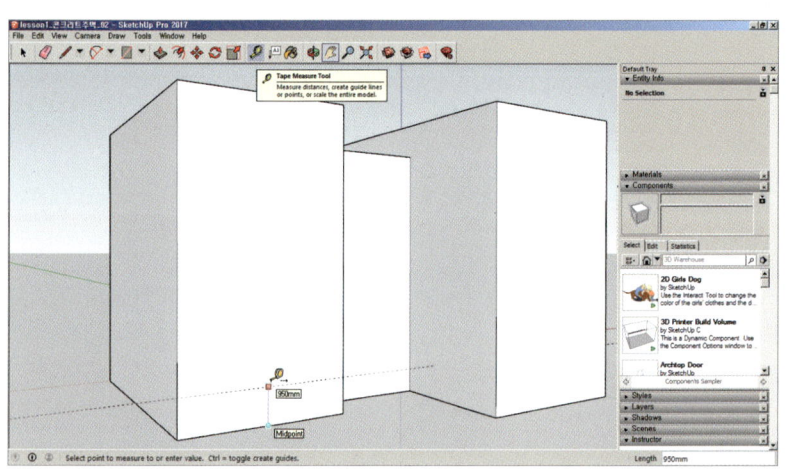

**27** 도구모음에서 🔧 Tape Measure Tool (줄자) 도구를 선택한 후, 그림과 같이 주택의 아랫면(Midpoint)에서 950mm 떨어진 보조선을 그린다. 역시 수치입력 창에 950을 입력하면 정확한 치수의 보조선을 그릴 수 있다.

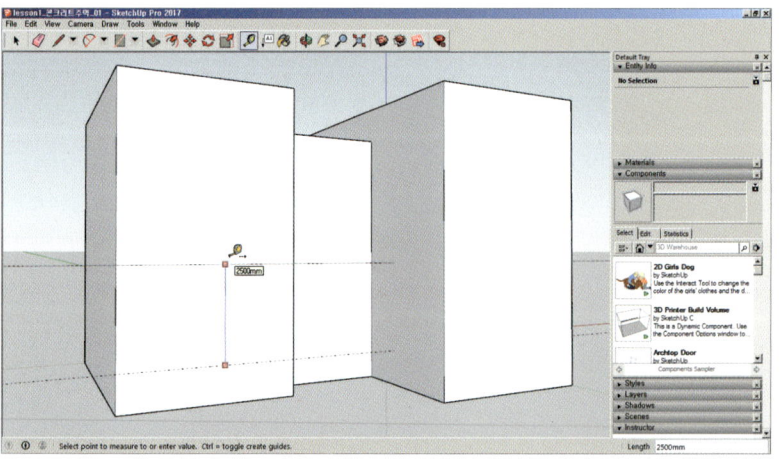

**28** 다시 한 번 앞에서 그린 보조선에서 2500mm 떨어진 보조선을 그린다.

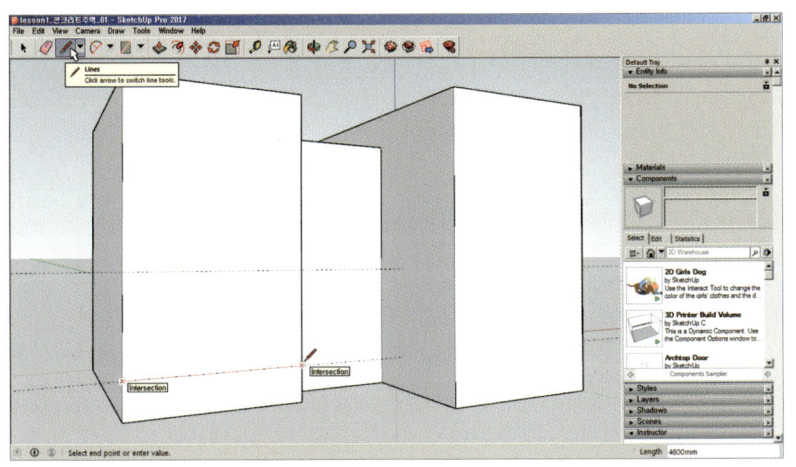

**29** 이제 ✏ Line(선) 도구를 사용해서 보조선에 맞추어 선을 그려보자. 도구모음에서 ✏ Line(선) 도구를 선택한 후, 보조선과 벽면이 교차하는 Intersection(교차점)을 연결하는 선을 그린다.

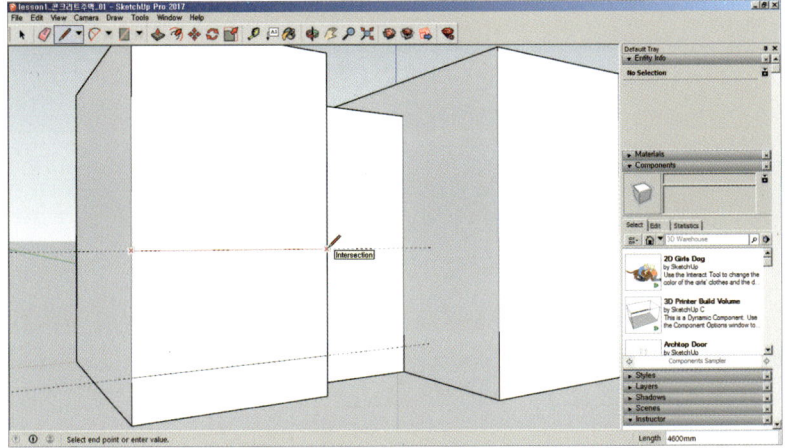

**30** 위에도 ✏ Line(선) 도구를 사용해서 선을 그린다.

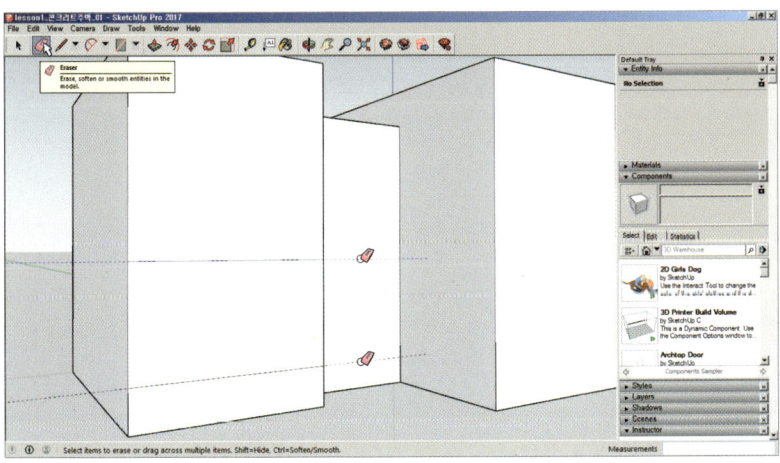

**31** 선을 그렸다면 사용한 보조선들은 바로 바로 제거하는 것이 바람직하다. 왜냐하면 보조선은 모델링을 잘하기 위해 보조적으로 이용할 뿐이지 실제 선은 아니기 때문이다. 또한 보조선이 많이 쌓여 있으면 모델링 데이터도 늘어나고 보기에도 좋지 않기 때문에 바로 삭제하는 것이 바람직하다.

도구모음에서 🧽 Eraser(지우기) 도구를 선택한 후, 보조선을 클릭해서 제거한다.

Lesson 1 콘크리트 주택 + **27**

> **Tip** ▶ Select(선택) 도구로 보조선을 선택한 후, 키보드 Del키를 눌러 삭제해도 무방하다. 하지만 Eraser(지우기) 도구는 선(Line)만 지우고 면은 지우지 못하기 때문에 가급적이면 Eraser(지우기) 도구를 이용하는 것이 바람직하다.

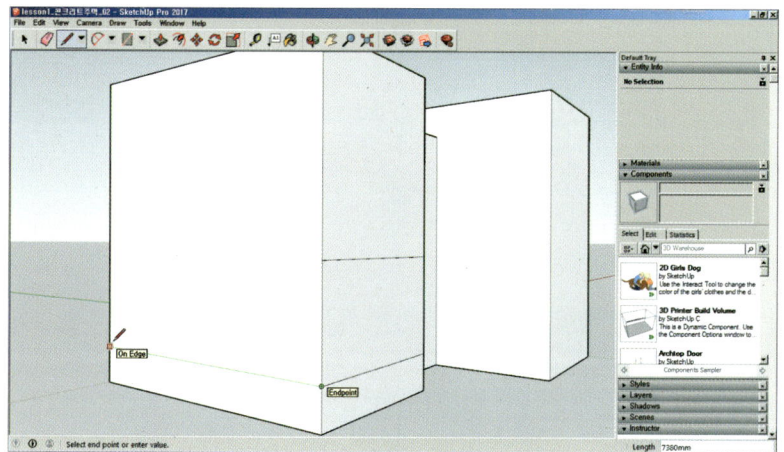

32 앞에서 그린 선을 바탕으로 Line(선) 도구를 사용해서 주택의 왼쪽면에 그림과 같이 Green 축 방향으로 뒤쪽 모서리(On Edge)까지 선을 그린다. 이때 반드시 Green(녹색) 선이 나타나야 한다. Green(녹색)선이 나타나지 않았다면 정확하게 평행이 되지 못했다는 것이다.

# SketchUp 좌표체계

이번 알아두기에는 SketchUp의 좌표체계에 대해서 알아보자. 우리가 흔히 중,고등학교 수학시간에 3차원 좌표가 X, Y, Z축이라고 배웠다. SketchUp에서도 좌표축이 있는데 바로 Red축, Green축, Blue축이다. 아마도 시각적으로 구분하기 위해서 이러한 용어를 사용했을 것이며, 개념은 X, Y, Z축과 같다.
SketchUp 프로그램에서 모델링을 쉽게 하기 위해서는 바로 Red, Green, Blue축을 잘 이용해야 한다.
선을 그릴 때 선의 색깔이 Red라면 그것은 Red축과 평행하다는 것이다.
마찬가지로 Green색 선이 표시된다면 그것은 Green축에 평행하다.

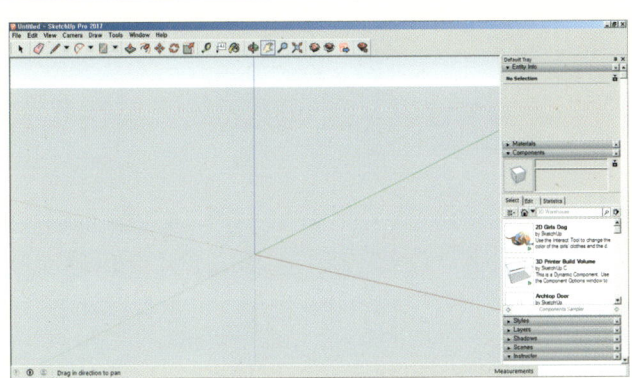

▶ 그렇다면 이 축을 이용해서 프리즘형태의 삼각면을 제작해 보도록 하자.

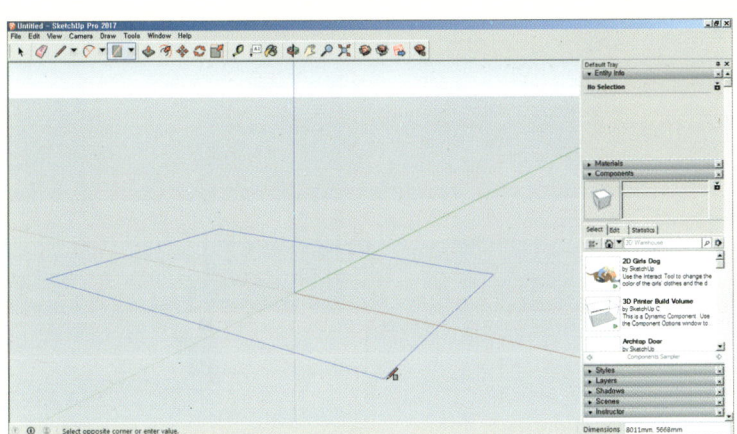

1. Rectangle(직사각형) 도구로 바닥에 사각면을 그린다. 이때 치수는 중요하지 않다.

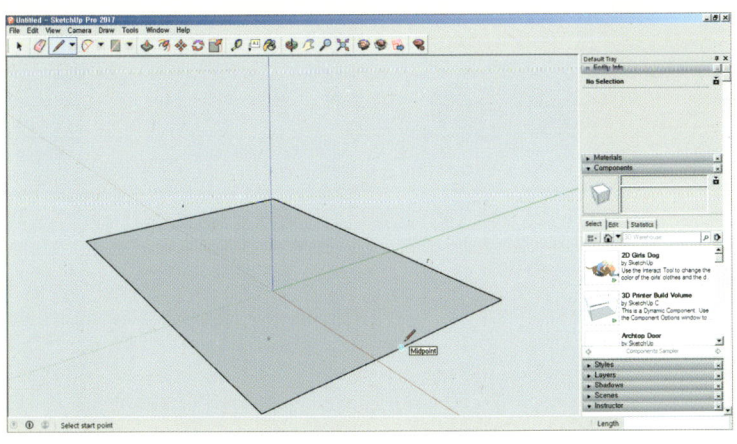

2. Line(선) 도구를 선택한 후, 사각면의 Midpoint(중간점)을 클릭한다.

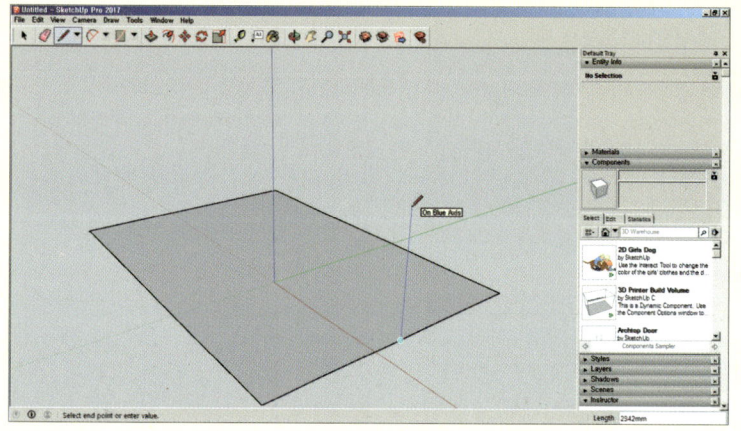

**3.** On Blue Axis (파란색 축에)라는 문구가 나오도록 위쪽으로 선을 그린다. 이렇게 그린 선은 바로 Blue축에 평행하며, Red축과 Green축에 수직인 선을 그릴 수 있다.

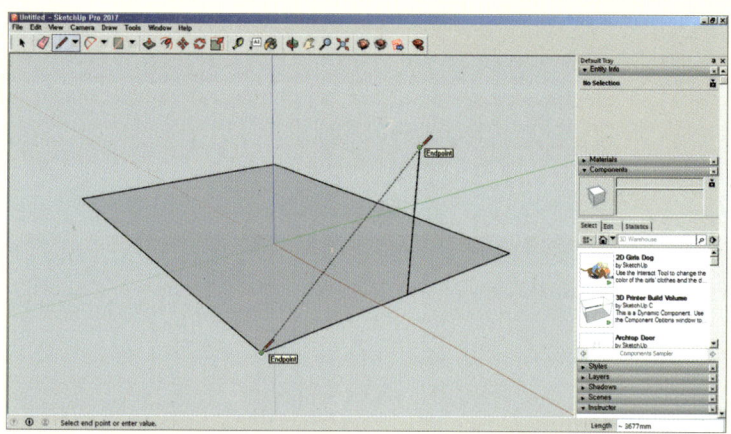

**4.** Line(선) 도구를 사용해서 수직선 끝점에서 아래로 대각선 방향으로 선을 그린다.

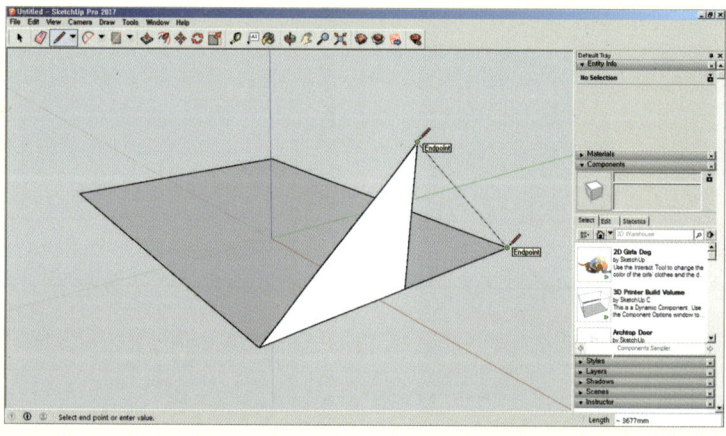

**5.** Line(선) 도구를 선택한 후, 사각면의 Midpoint(중간점)을 클릭한다.

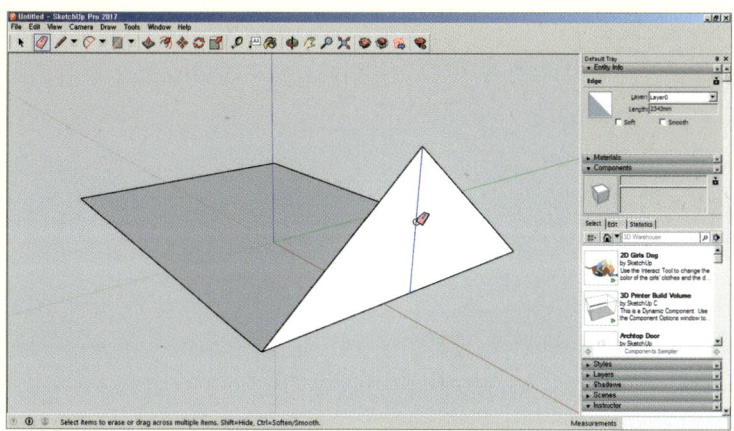

**6.** 선만 그렸을 뿐인데 그림과 같이 면이 생성된 것을 확인할 수 있다. 이것이 또한 SketchUp 모델링의 장점이다. 다시 말하면 선을 그리고 그 선이 Close(닫히게) 되면 Close(닫힌) 부분이 바로 면으로 변한다는 것이다. 반대쪽에도 ✏ Line(선) 도구를 사용해서 선을 그린다.

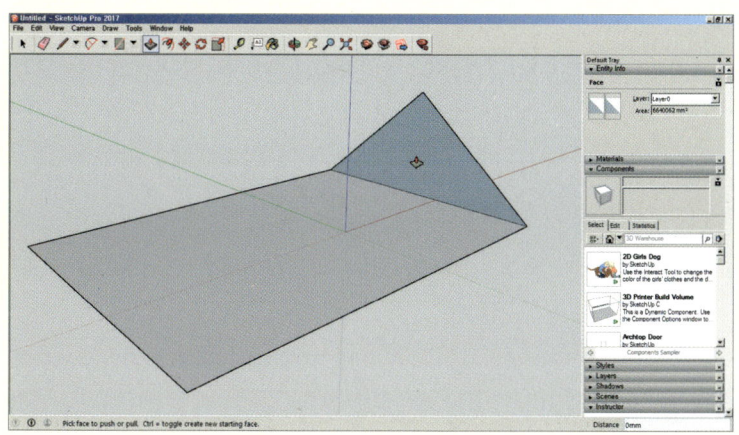

**7.** 앞에서 그린 삼각면을 입체로 생성하기 위해서 ❖ Orbit (궤도) 도구, 혹은 휠마우스의 휠을 눌러 화면을 회전시킨다. 그리고 ❖ Push/Pull(밀기/끌기) 도구를 선택한 후, 삼각면의 뒤쪽에 가져간다.

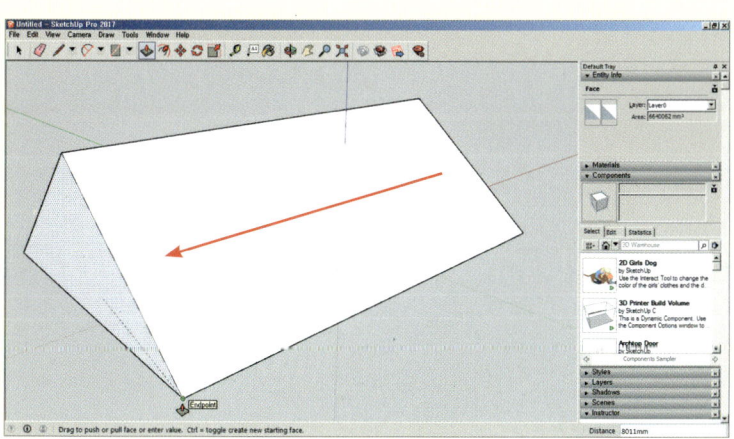

**8.** 면을 사각면의 앞쪽(EndPoint)까지 생성한다. 그럼 프리즘형태의 삼각면이 완성되었다.

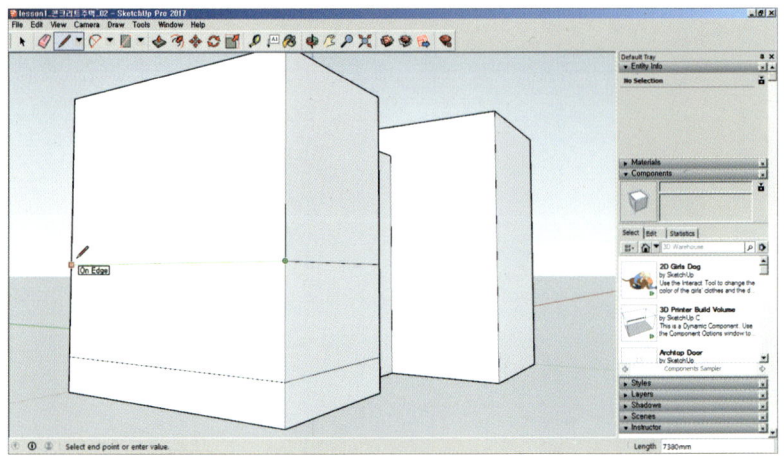

**33** 위쪽에도 Line(선) 도구를 사용해서 Green축 방향으로 선을 그린다.

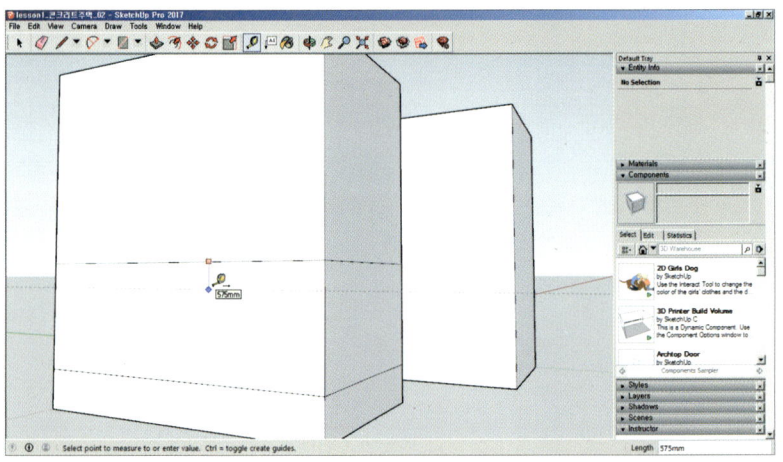

**34** Tape Measure Tool (줄자) 도구를 사용해서 앞에서 그린 선에서 575mm 떨어진 선을 그린다.

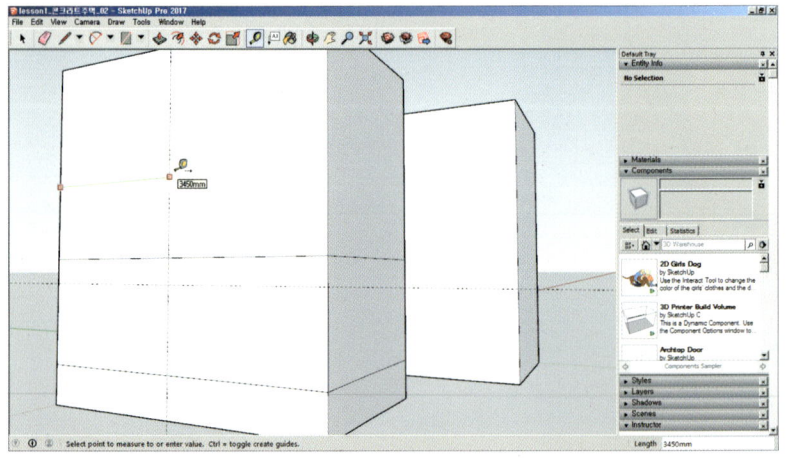

**35** 건물 뒤쪽 모서리에서 3450mm 떨어진 보조선을 그린다.

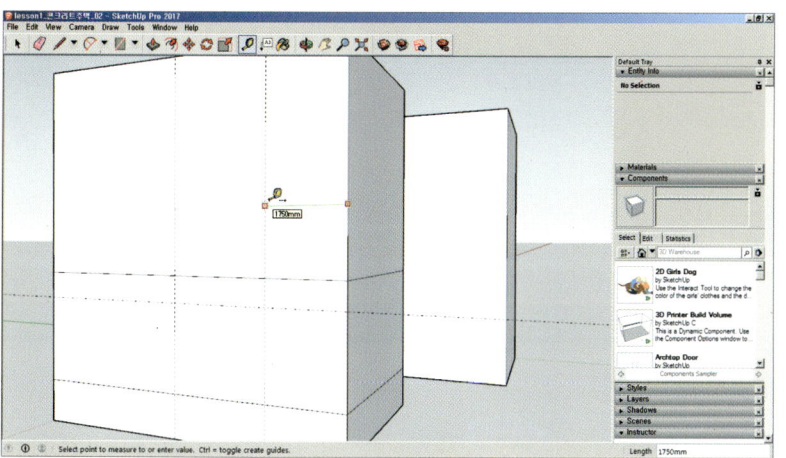

**36** 계속해서 앞모서리에서 1750mm 떨어진 보조선을 그린다.

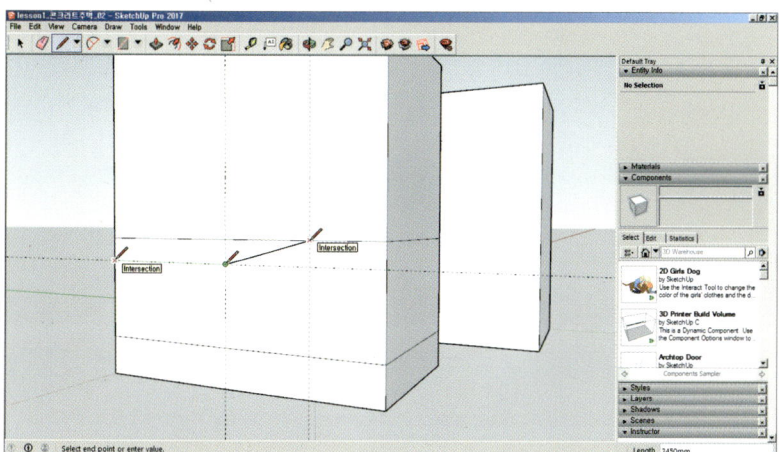

**37** 벽무늬를 만들기 위해서 Line(선) 도구를 사용해서 그림과 같이 보조선과 가로선이 교차(Intersection)하는 점을 연결한다.

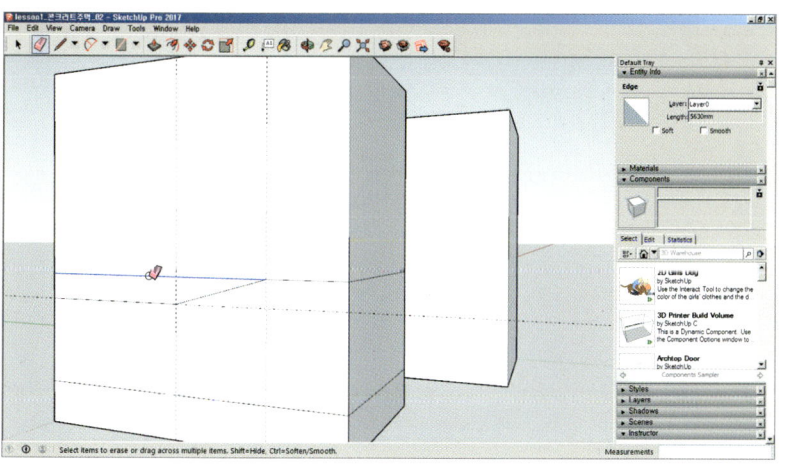

**38** Eraser(지우기) 도구를 사용해서 그림과 같이 선을 제거한다.

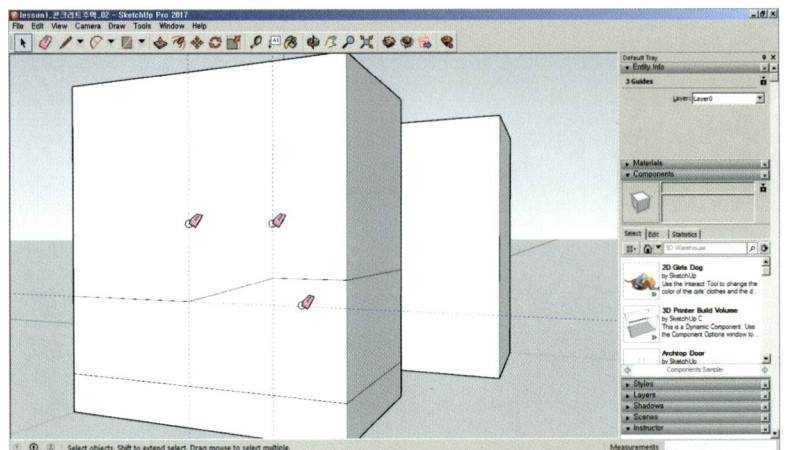

**39** 마찬가지로 사용한 보조선을 Eraser(지우기) 도구를 사용해서 제거한다.

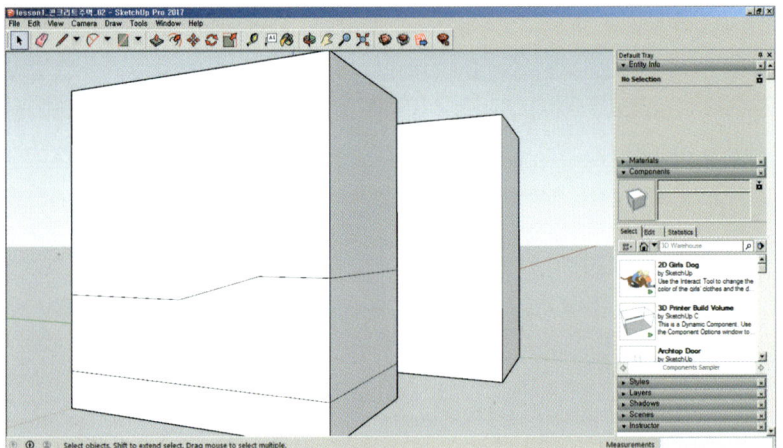

**40** 그림과 같이 벽면에 선이 완성되었다.

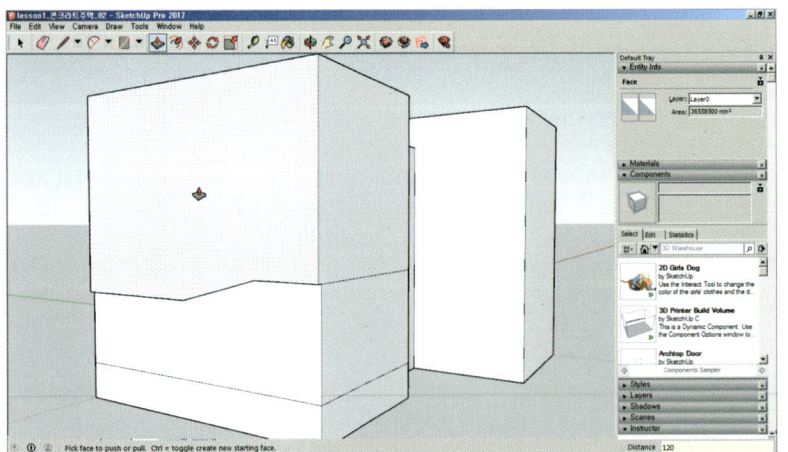

**41** Push/Pull(밀기/끌기) 도구를 사용해서 120mm 면을 앞쪽으로 생성한다.

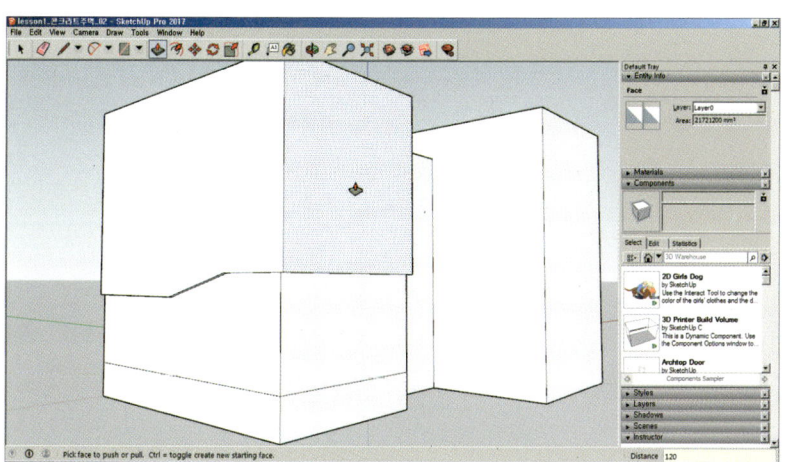

**42** 건물앞쪽도 Push/Pull(밀기/끌기) 도구를 사용해서 120mm 면을 생성한다.

> **Tip** Push/Pull(밀기/끌기) 도구를 사용할 때 앞에 적용되었던 수치를 그대로 적용하고자 할 때에는 면을 선택한 후, '더블클릭'을 하면 된다.

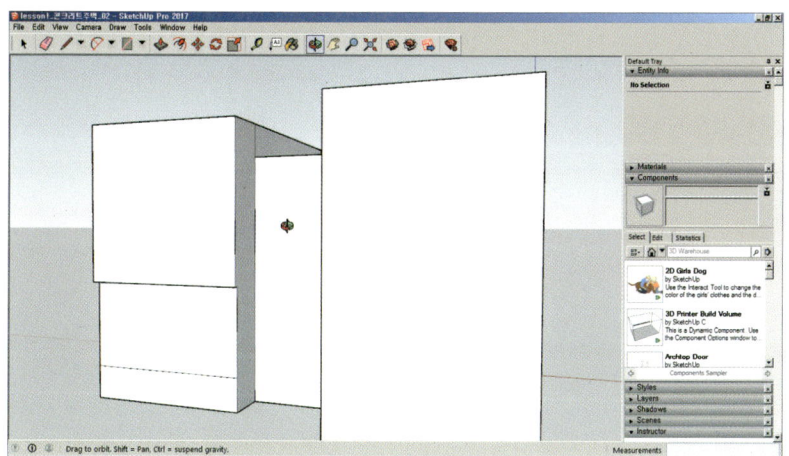

**43** Orbit (궤도) 도구를 사용해서 화면을 오른쪽 면이 보이도록 회전한다.

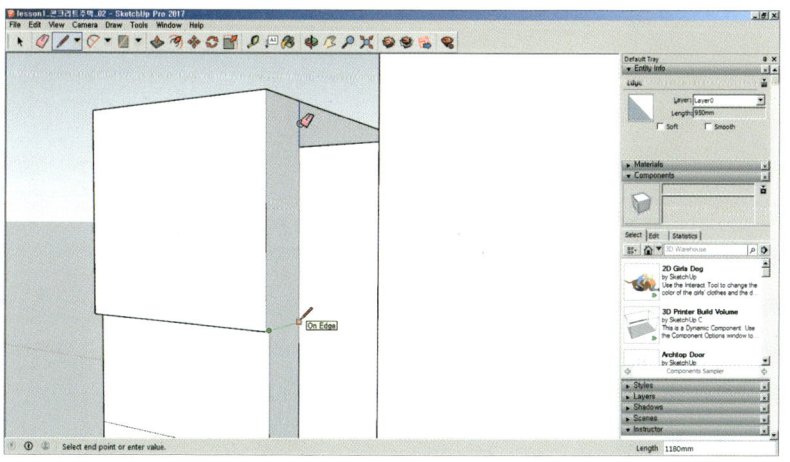

**44** Eraser(지우기) 도구로 불필요한 선을 제거하고, 다시 Line(선) 도구를 사용해서 앞쪽으로 생성된 면에서 Green축 방향으로 뒤쪽 건물까지 선을 그린다.

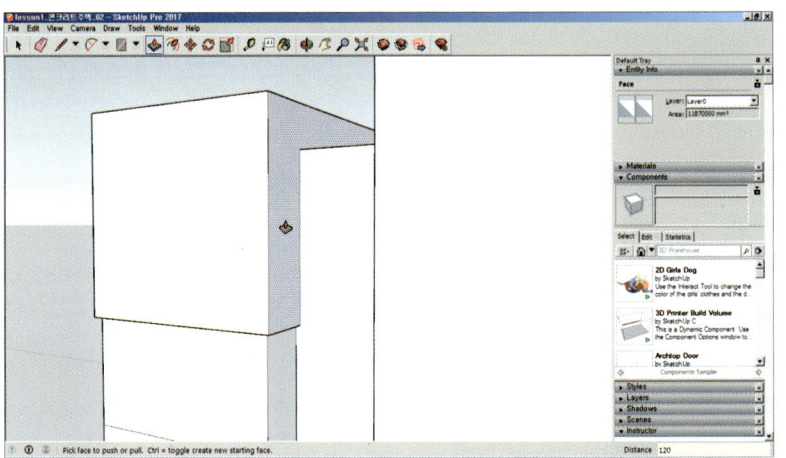

**45** Push/Pull(밀기/끌기) 도구를 선택한 후, 생성하고자 하는 면에서 '더블클릭'한다. 그럼 앞에 적용되었던 120mm 치수의 면이 생성된다.

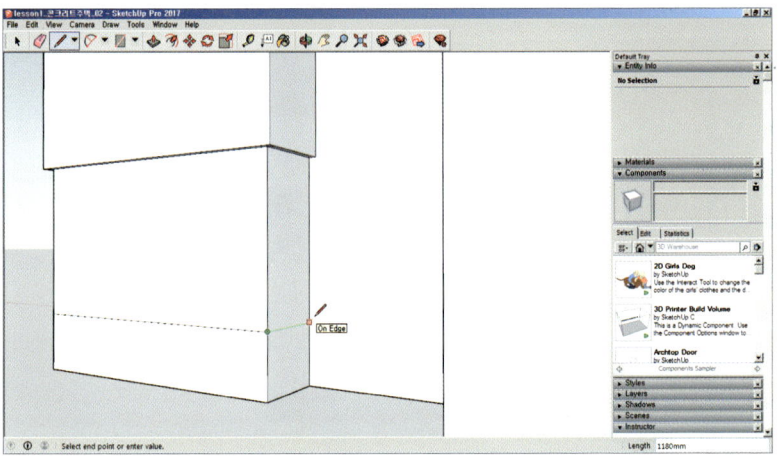

**46** 아래쪽도 Line(선) 도구를 사용해서 Green축 방향으로 뒤쪽건물까지 선을 그린다.

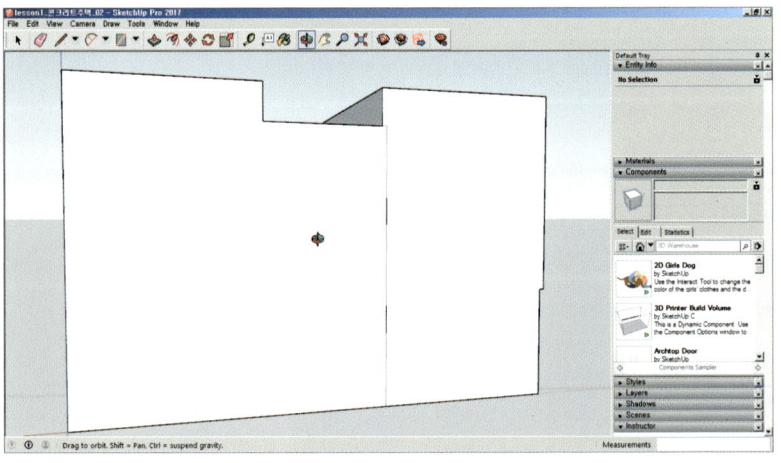

**47** 건물 뒤쪽에도 벽을 만들기 위해서 Orbit(궤도) 도구를 사용해서 건물 뒤쪽이 보이도록 화면을 회전한다.

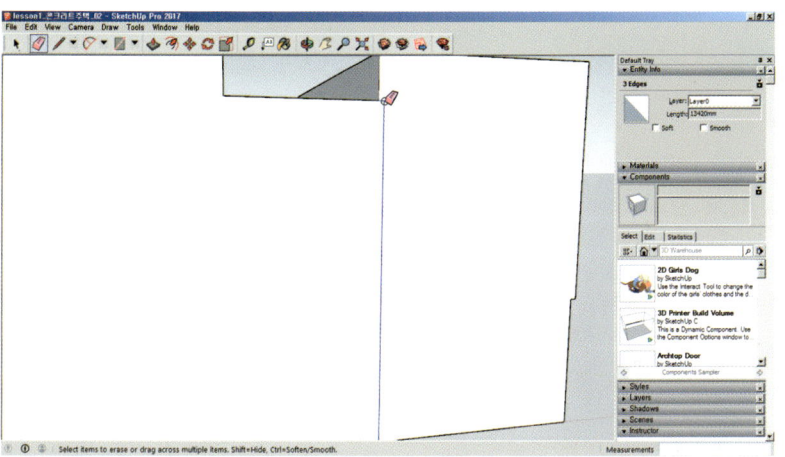

**48** Eraser(지우기) 도구를 사용해서 선의 모서리 부분을 클릭해서 선을 제거한다.

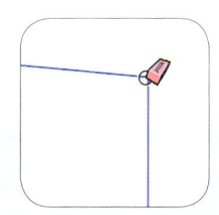

**Tip**  Eraser(지우기) 도구를 사용할 때 선을 한 번에 지우고자 할 때에서 모서리 부분을 클릭하면 양쪽 선이 한 번에 제거된다.

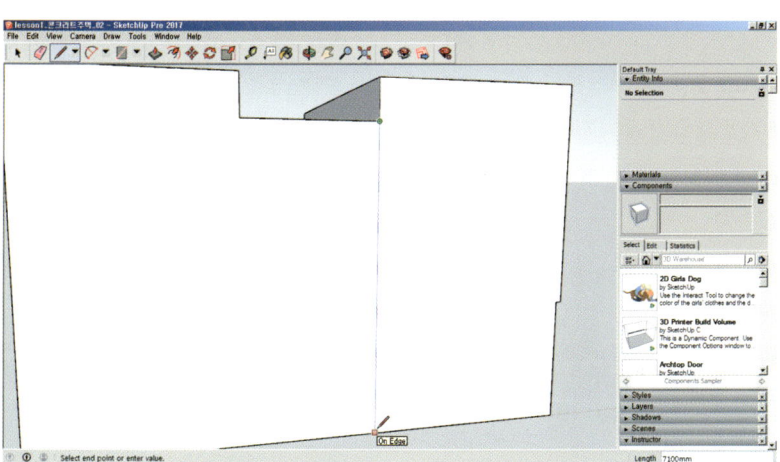

**49** Line(선) 도구를 사용해서 위모서리에서 Blue축 방향으로 아래모서리까지 선을 그린다.

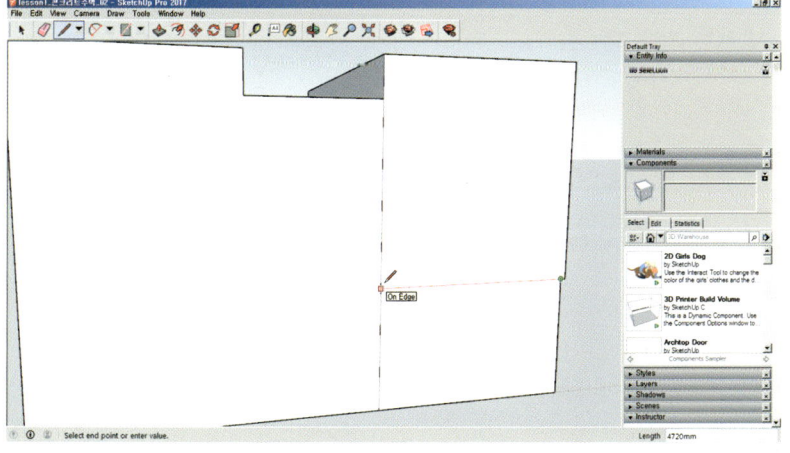

**50** 다시 한 번 오른쪽 옆모서리에서 Red축 방향으로 앞에서 그린 선까지 선을 그린다.

Lesson 1 콘크리트 주택 + **37**

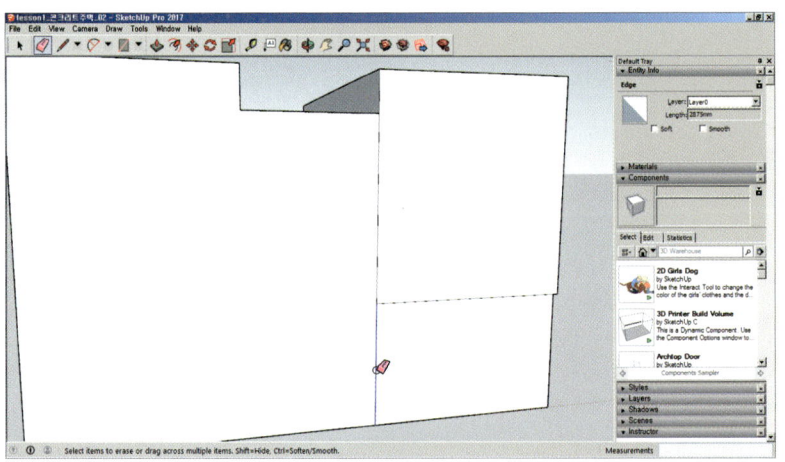

**51** Eraser(지우기) 도구를 사용해서 아래쪽 선을 제거한다.

> **Tip** SketchUp 모델링의 장점중의 하나가 교차하는 선을 그렸을 때 그 선들이 모두 하나의 객체로 나누어진다는 것이다. 따라서 선을 마음대로 그리고 필요하지 않은 선들을 지울 수 있다.

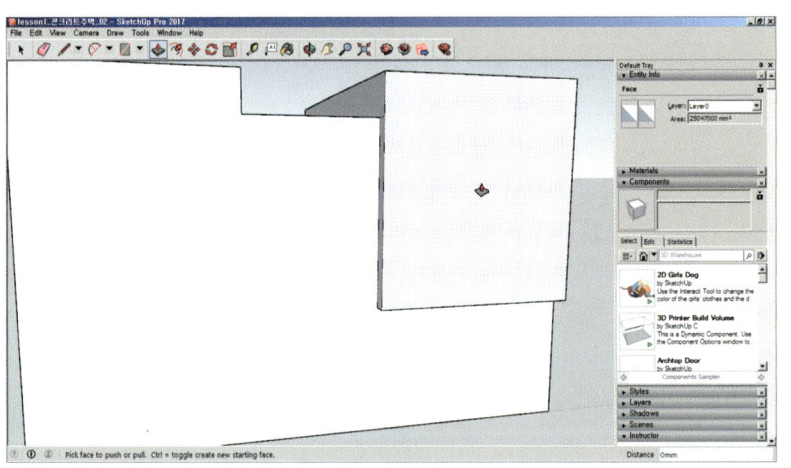

**52** Push/Pull(밀기/끌기) 도구를 사용해서 위쪽 면을 '더블클릭'해서 120mm만큼 면을 생성한다.

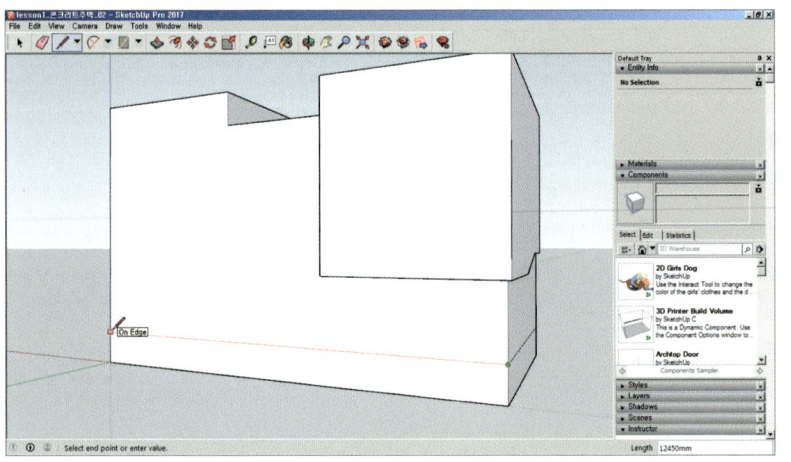

**53** 아래쪽에 Red축 방향으로 선을 그린다.

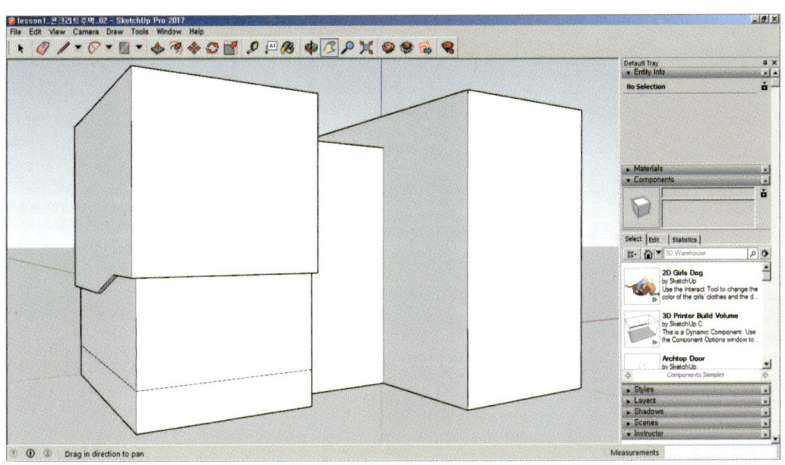

**54** 왼쪽 건물의 벽면공사를 마무리했다.

이제 오른쪽 건물의 벽면을 만들어보자. 오른쪽 벽면에서는 창문이 들어갈 자리를 마련하고 창문에 비와 햇빛을 막을 수 있는 차양 역할을 하는 벽면을 만들 것이다.

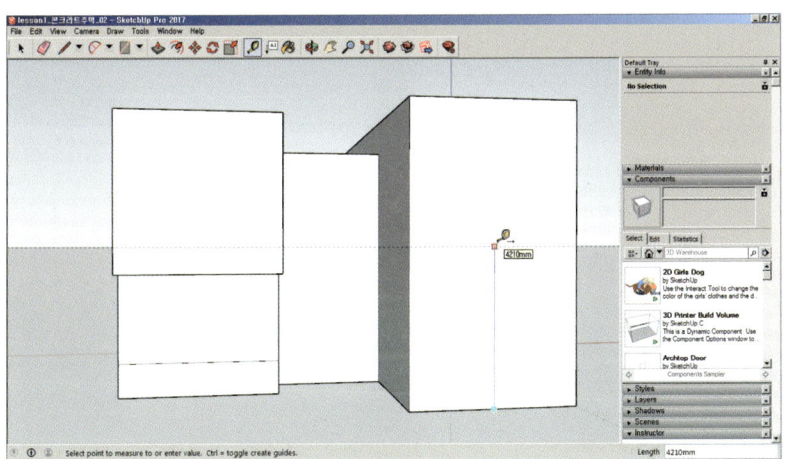

**55** Tape Measure Tool (줄자) 도구 사용해서 밑면에서 4210mm 떨어진 보조선을 그린다.

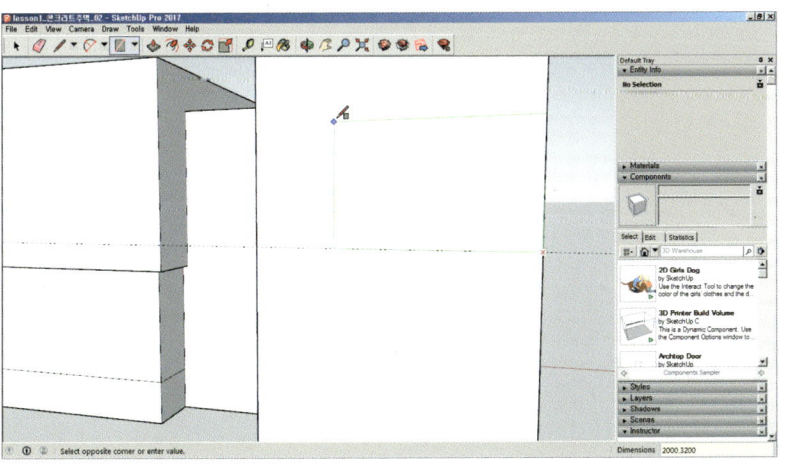

**56** Rectangle(직사각형) 도구를 사용해서 보조선과 오른쪽 모서리에서 시작하는 2000, 3200 인 사각형을 그린다.

Lesson 1 콘크리트 주택 **39**

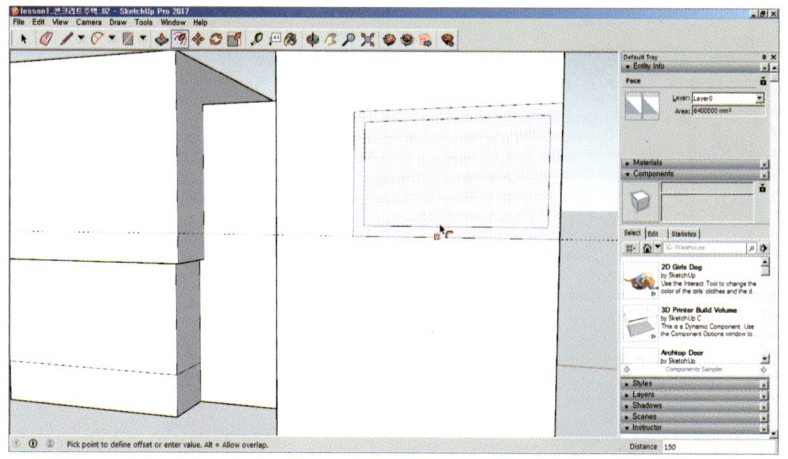

**57** Offset(오프셋) 도구를 사용해서 사각형에서 안쪽으로 150mm 작은 사각형을 그린다. Offset(오프셋) 도구도 SketchUp 모델링에서 아주 많이 이용되는 도구이므로 잘 알아두어야 한다.

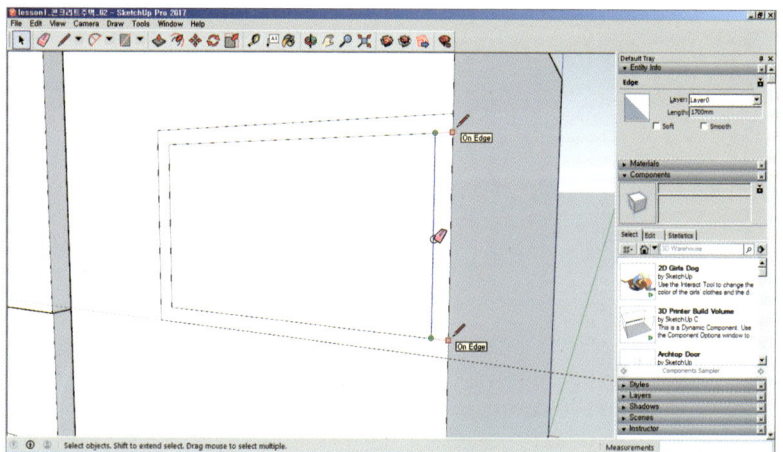

**58** Line(선) 도구를 이용하여 그림과 같이 서선을 모서리까지 연장해 그리고 가운데 수직선은 Eraser(지우기) 도구를 사용해서 제거한다.

**Tip** 이때 반드시 Red축 방향으로 선을 그려야 한다.
Red 축 방향으로 선을 그린다는 것은 선을 그릴 때 붉은 색 선이 보이도록 그린다는 것이다.

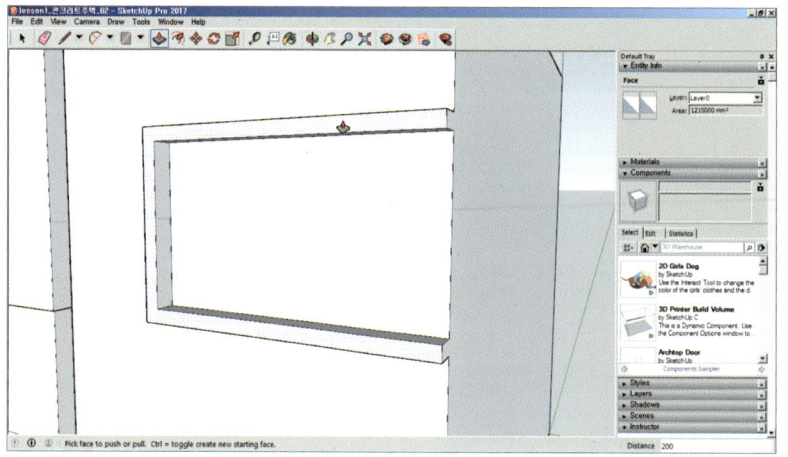

**59** 사용한 보조선은 제거하고 그림과 같이 'ㄷ'자 모양의 차양을 Push/Pull(밀기/끌기) 도구를 사용해서 200mm 면을 생성한다.

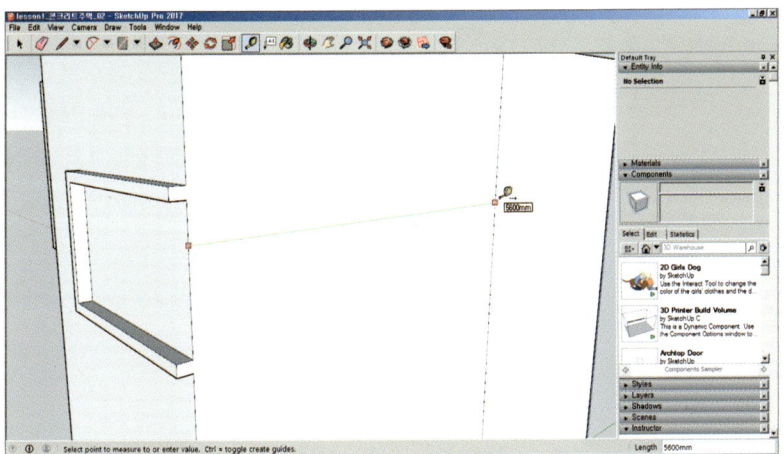

**60** 옆면도 차양을 만들어보자. 모서리에서 Tape Measure Tool (줄자) 도구를 사용해서 5600mm 떨어진 보조선을 그린다.

> **Tip** 보조선을 그릴때에도 반드시 Green축 방향으로 보조선을 생성해야 한다.
> 그래야 벽면에 붙어있는 보조선을 그릴 수 있다.

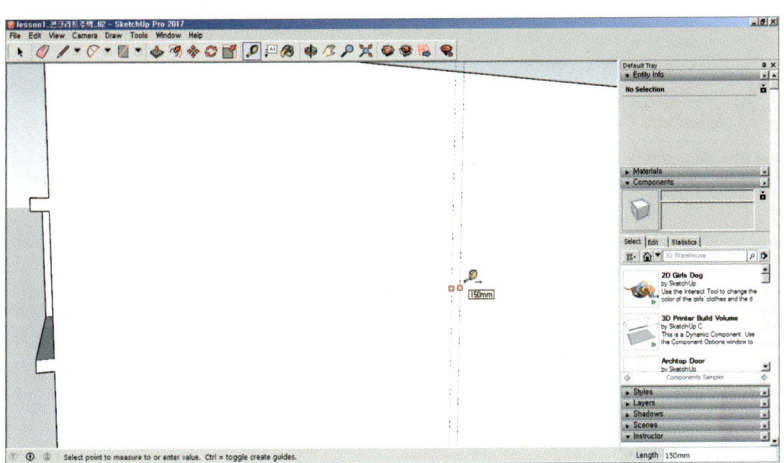

**61** 방금 그린 보조선에서 150mm 떨어진 보조선을 하나 더 그린다.

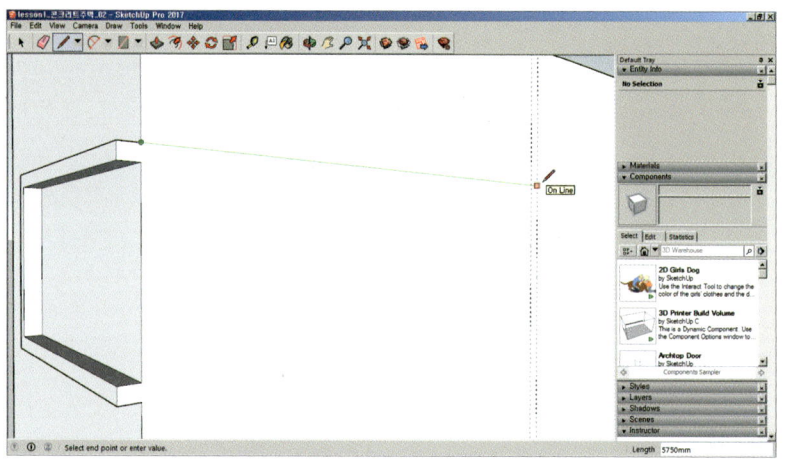

**62** 그림과 같이 ✏ Line(선) 도구를 사용해서 벽면 모서리에서 두 번째 보조선까지 선을 그린다. 반드시 Green 축 방향으로 그려야 한다.

> **Tip** 그림과 같이 선을 그릴 때 반드시 Green색 선이 나와야 한다.
> 만약 Green색 선이 나오지 않으면 선을 잘못 그린 것이다.

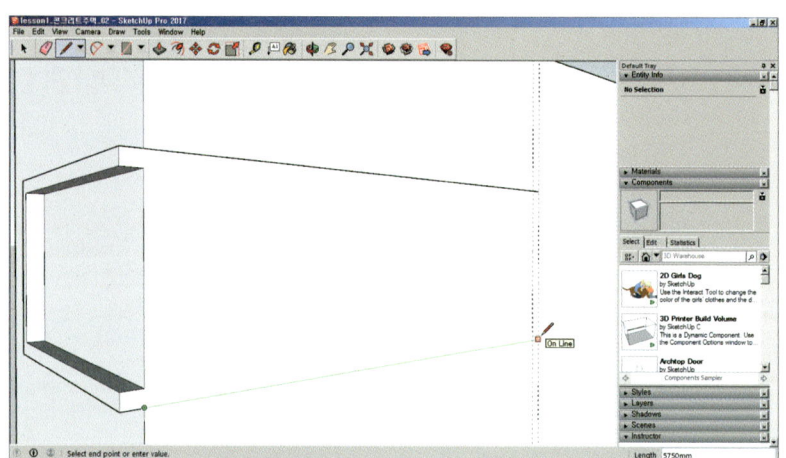

**63** 키보드에서 Esc키를 눌러 선을 끊은 후, 다시 벽면에서 시작하는 선을 보조선까지 그린다.

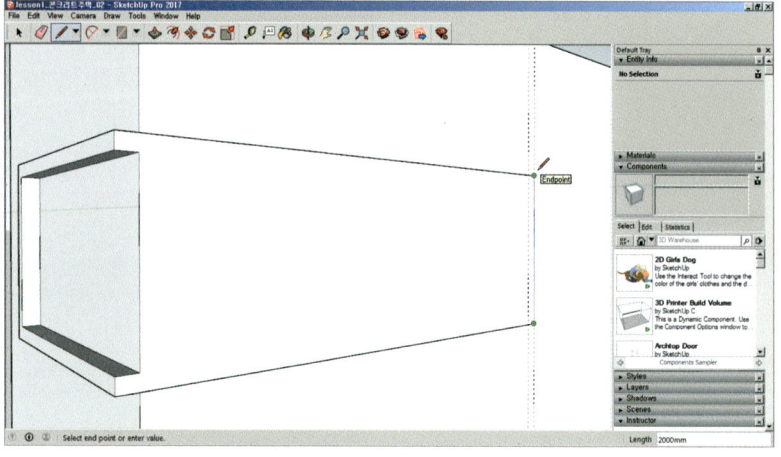

**64** 선과 선의 끝(Endpoint)을 연결하는 선을 그린다.

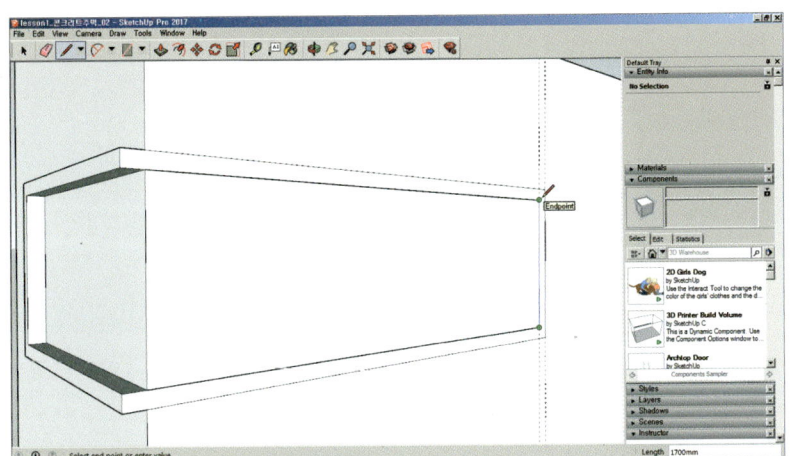

**65** 같은 방법으로 안쪽에도 선을 그린다. 사용한 보조선은 Eraser(지우기) 도구를 사용해서 제거한다.

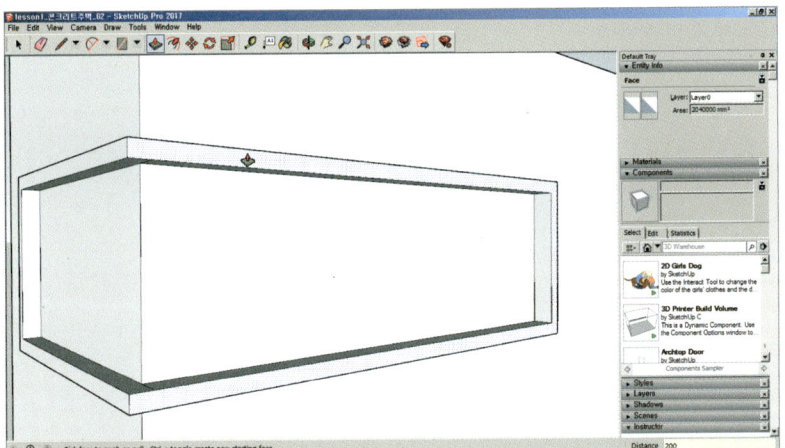

**66** Push/Pull(밀기/끌기) 도구를 사용해서 200mm 면을 생성한다.

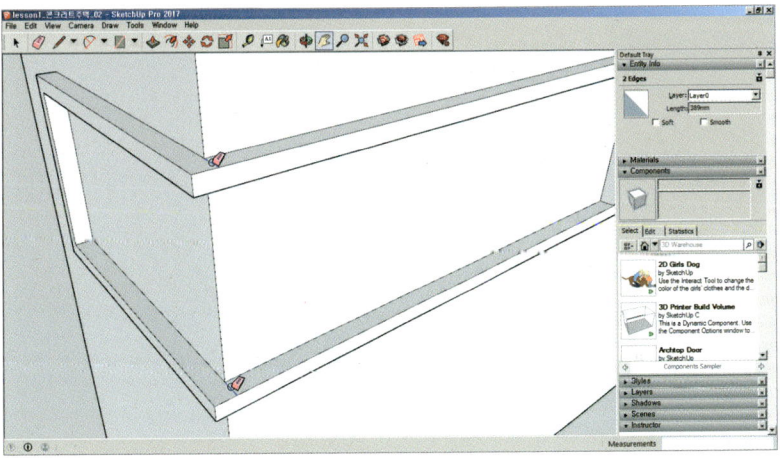

**67** 위쪽에 불필요한 선들을 Eraser(지우기) 도구로 제거한다.

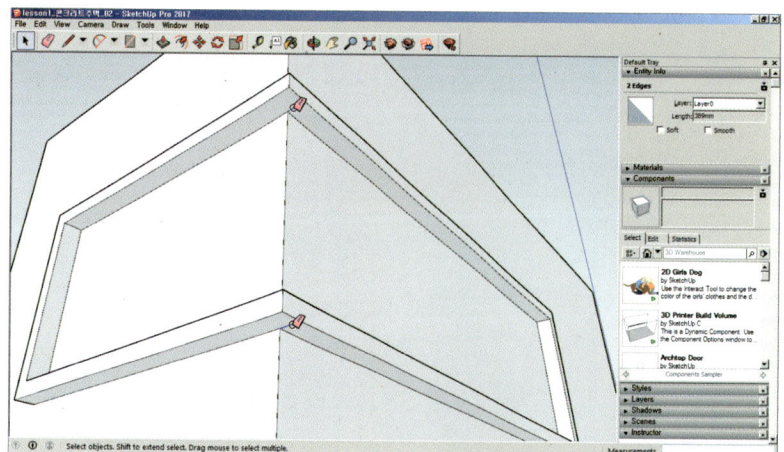

68 아래쪽도 마찬가지로 불필요한 선을 제거한다.

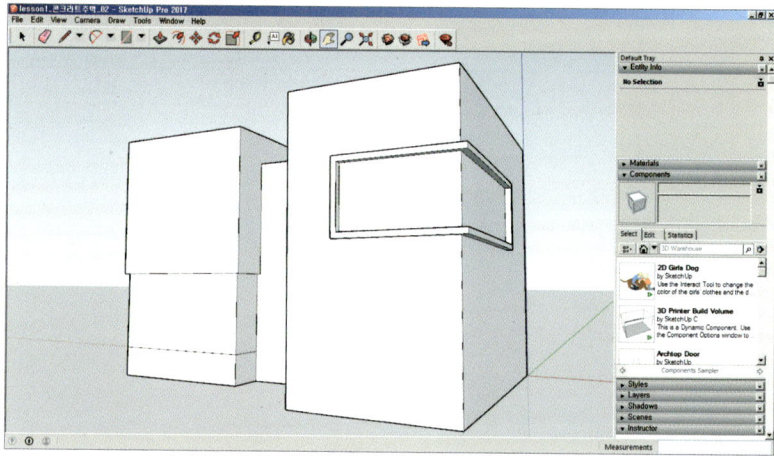

69 창문틀 겸 차양이 완성되었다.

# 03 지붕공사

이제 주택의 지붕을 만들어 보자.
지붕은 비가 올 때 빗물이 잘 빠지게 하고, 햇빛을 차단하는 중요한 곳이다.

**SketchUp 2017**

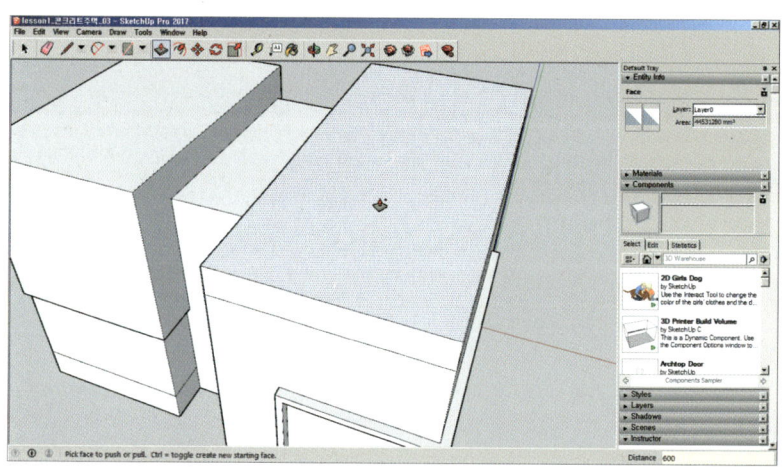

**70** Push/Pull(밀기/끌기) 도구를 선택한 후, 지붕면을 선택하고 Ctrl키를 누른 상태에서 600 mm 면을 생성한다.

**Tip**  Push/Pull(밀기/끌기) 도구를 사용해서 면을 생성할 때 Ctrl키를 누르고 면을 생성하게 되면 기존의 면이 늘어나는 것이 아니라 완전히 새로운 면이 생성이 된다.

▶ Ctrl키를 누르지 않고 면을 생성할 때

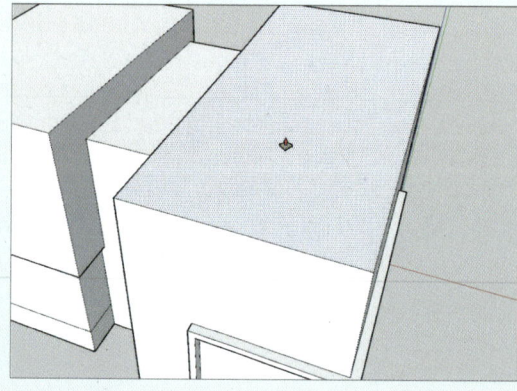

면이 늘어난다.

▶ Ctrl키를 누르고 면을 생성할 때

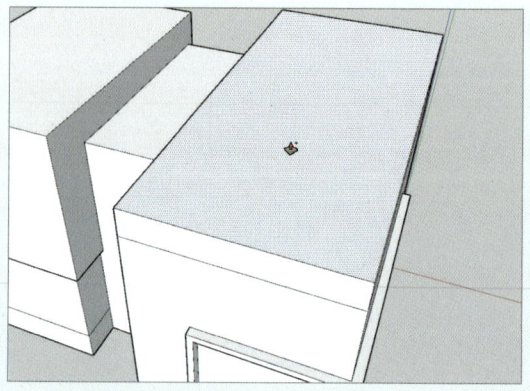

완전히 새로운 면이 생성된다.

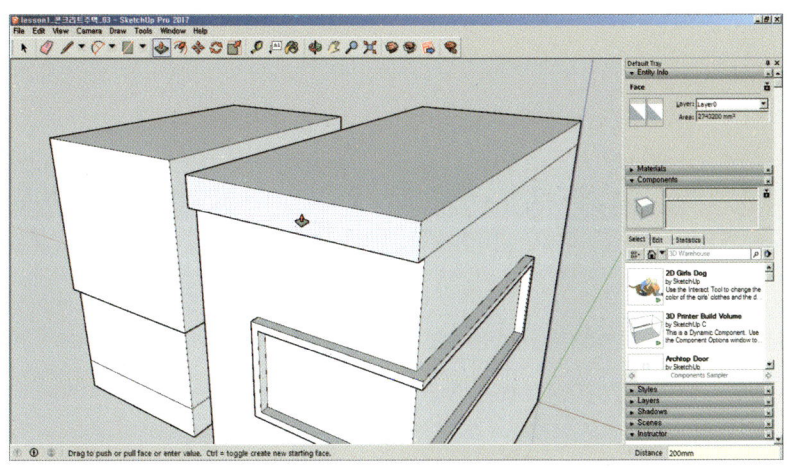

**71** Push/Pull(밀기/끌기) 도구를 사용해서 앞쪽으로 면을 200mm 생성한다.

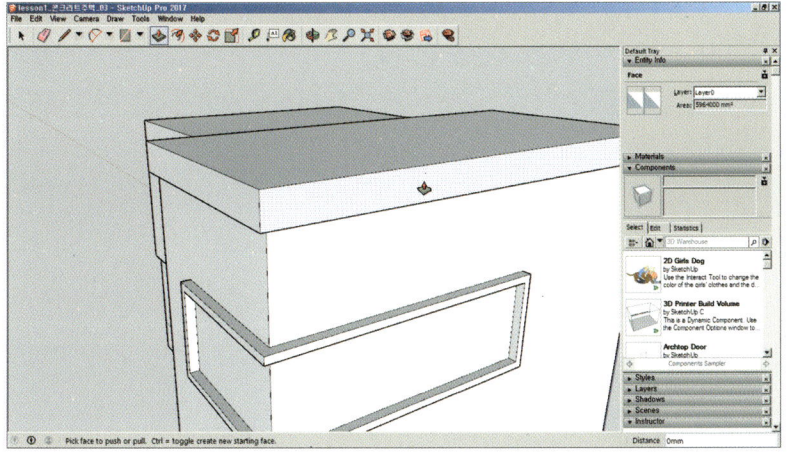

**72** 옆쪽면도 '더블클릭'해서 면을 200mm만큼 생성한다.

> **Tip** Push/Pull(밀기/끌기) 도구에서 전에 적용된 수치를 다음에도 적용하고자 할 때에는 '더블클릭'을 하면 전에 적용되었던 수치가 그대로 적용된다.

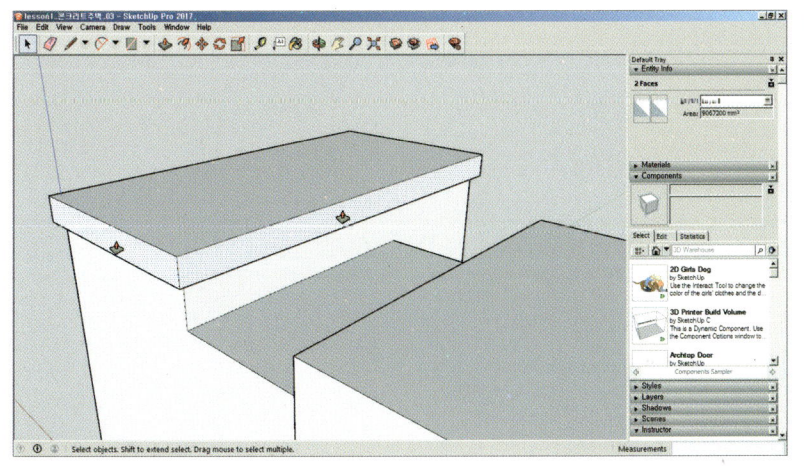

**73** 뒤쪽도 '더블클릭'을 해서 200mm 만큼 면을 생성한다.

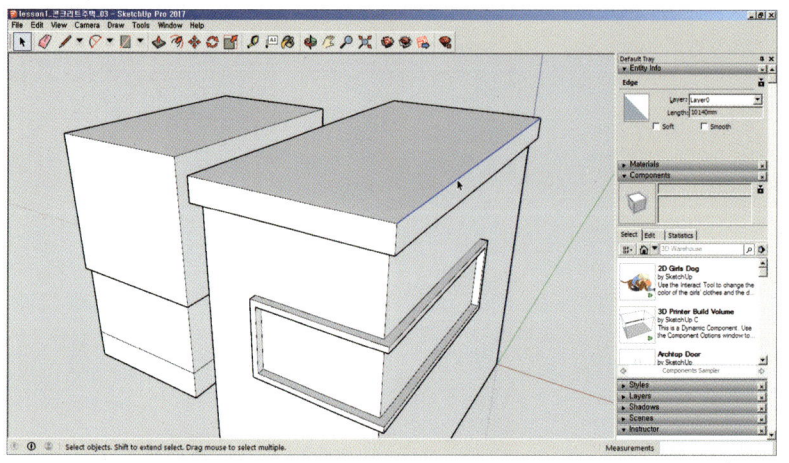

**74** 빗물이 잘 흘러내리도록 한쪽 모서리의 기울기를 낮추도록 하자. ▶ Select(선택) 도구를 사용해서 그림과 같이 모서리를 선택한다.

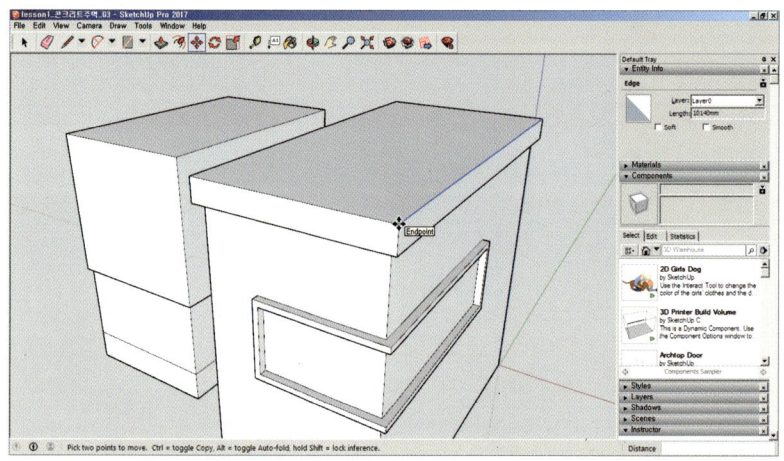

**75** ✥ Move(이동) 도구를 선택한 후, 내리고자 하는 모서리 꼭지점을 클릭한다.

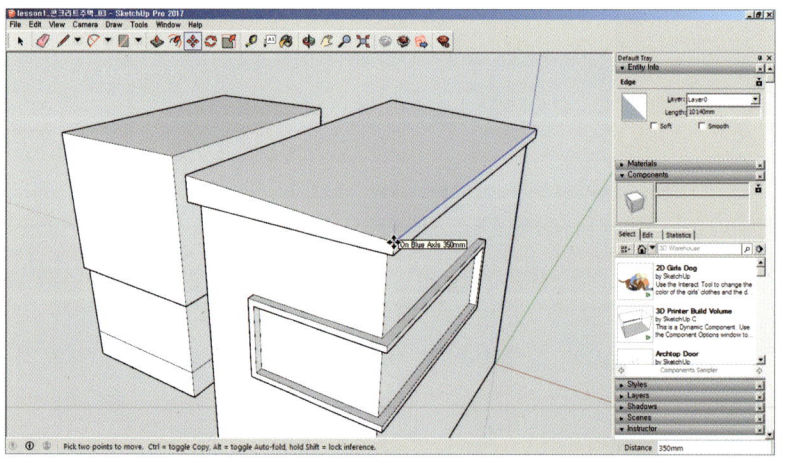

**76** Blue축 방향(아래)으로 350mm 이동한다.

**Tip** ✥ Move(이동) 도구를 사용해서 모서리 전체를 이동하고자 할 때에 모서리를 선택한 후, 모서리의 끝점을 클릭한 후 이동하면 모서리 전체가 이동된다. 모서리뿐만 아니라 면도 같은 방법으로 이동할 수 있다.

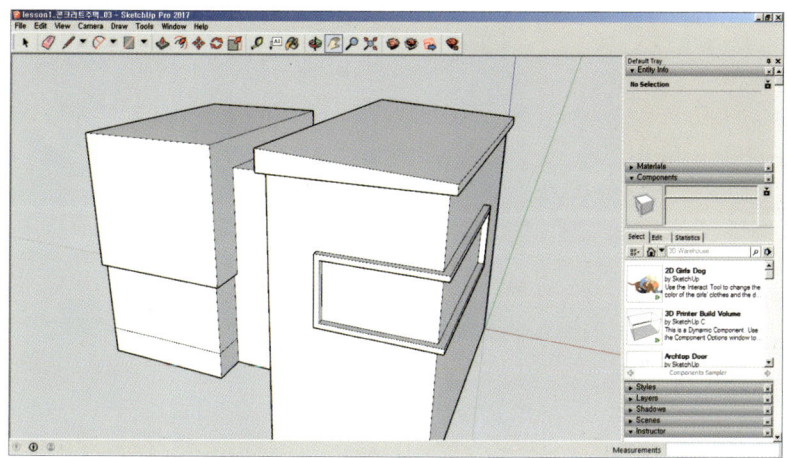

**77** 그림에서와 같이 한 쪽 모서리가 아래로 내려간 것을 확인할 수 있다. 지붕이 완성되었다.

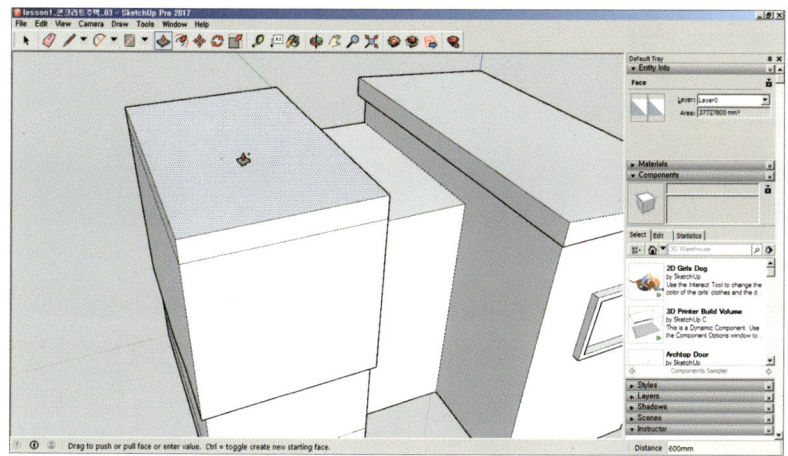

**78** 왼쪽 건물의 지붕도 같은 방법으로 만들어 보자. 처음이니만큼 한 번 더 따라해 보길 바란다.
♦ Push/Pull(밀기/끌기) 도구를 선택하고 Ctrl키를 누른 후, 위쪽으로 면을 600mm 생성한다.

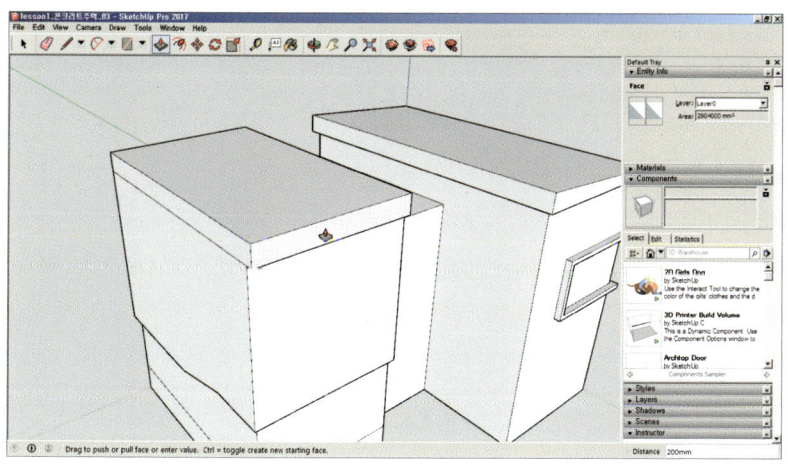

**79** ♦ Push/Pull(밀기/끌기) 도구를 사용해서 앞쪽으로 200mm 면을 생성한다. 왼쪽면도 '더블클릭'해서 동일하게(200mm) 면을 생성한다.

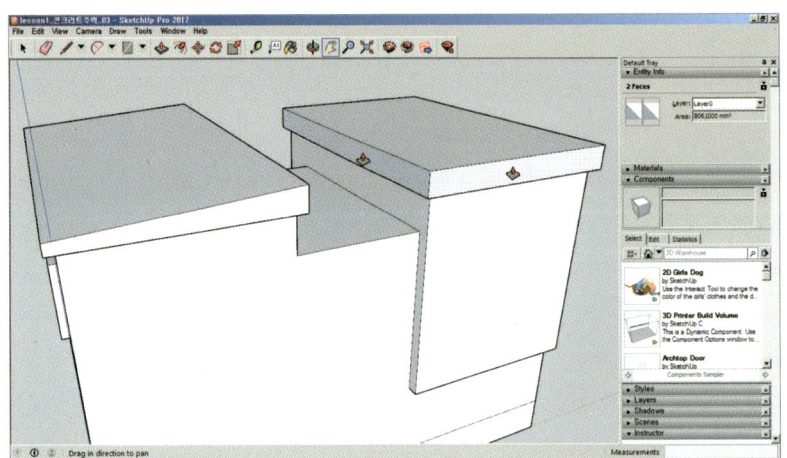

**80** 뒤쪽도 마찬가지로 '더블클릭'해서 면을 생성한다.

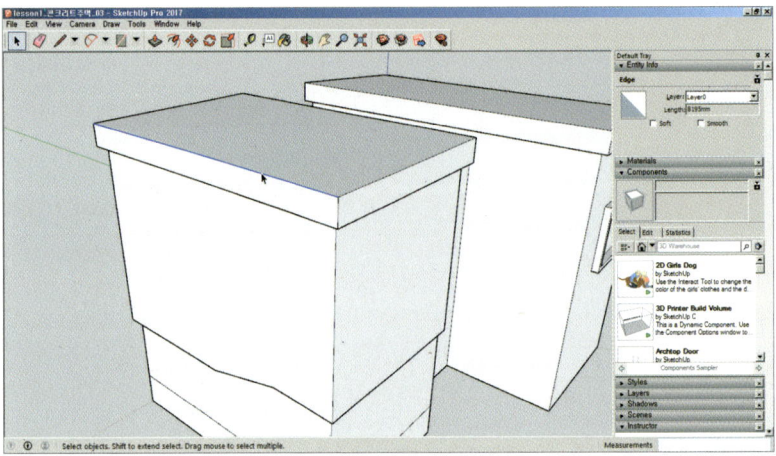

**81** Select(선택) 도구로 아래로 이동하고자 하는 모서리를 선택한다.

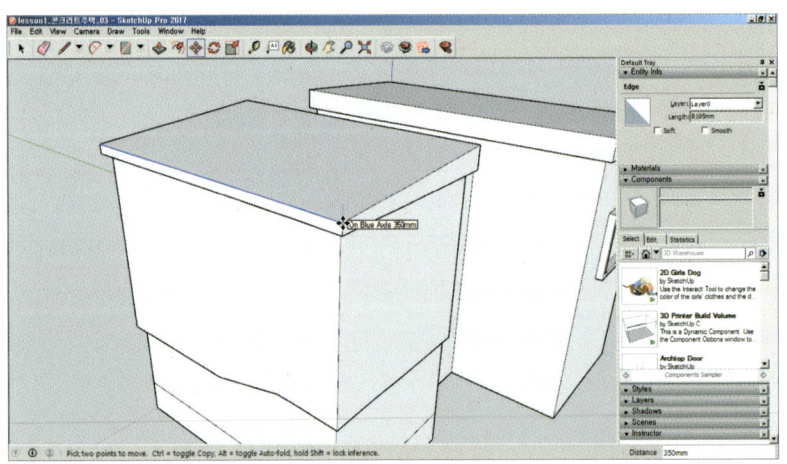

**82** Move(이동) 도구를 선택한 후, 모서리 꼭지점을 잡고 Blue축 방향으로 350mm 만큼 이동한다.

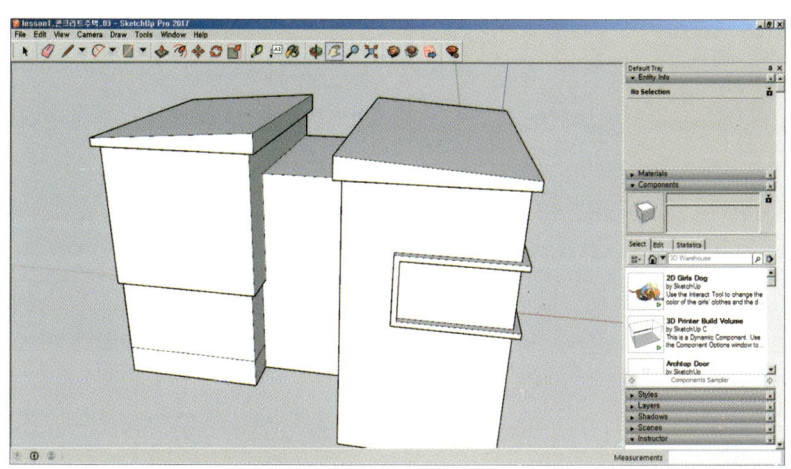

**83** 지붕이 완성되었다.

# 04 정문 및 창호공사

콘크리트 주택의 정문을 만들어 보고
Components(구성요소)를 이용해서 창호를 만들어 보자

**SketchUp 2017**

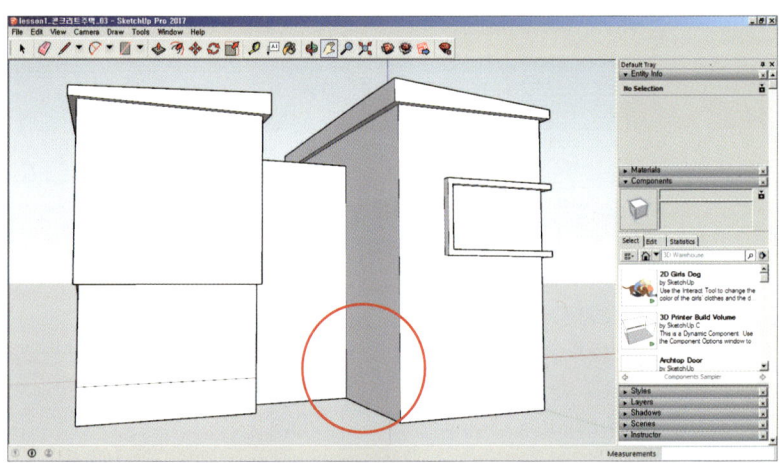

84 다음부분에 정문 및 계단을 만들어 보자.

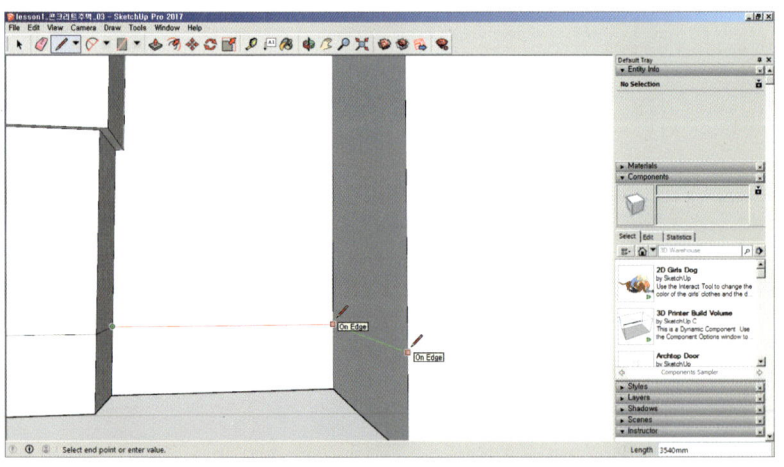

85 Line(선) 도구를 사용해서 전에 그렸던 선의 끝부분에서 Red 축 방향으로 지면과 수평인 선을 그리고, 또 Green 축 방향으로 벽면의 모서리까지 선을 그린다.

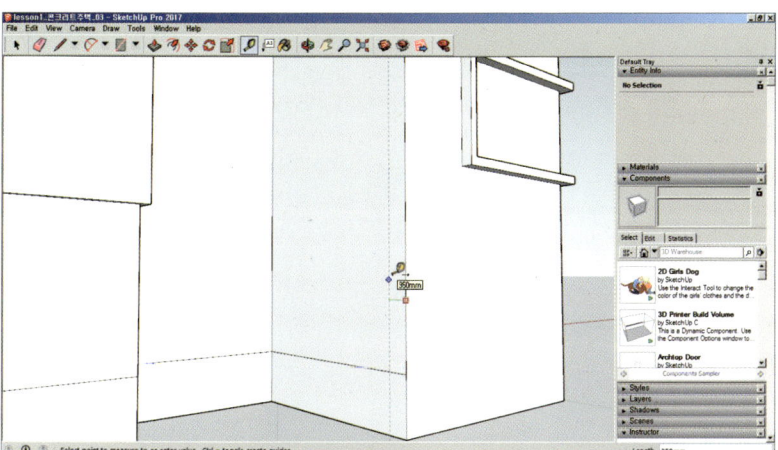

86 ✏ Line(선) 도구를 사용해서 전에 그렸던 선의 끝부분에서 Red 축 방향으로 지면과 수평인 선을 그리고, 또 Green 축 방향으로 벽면의 모서리까지 선을 그린다.

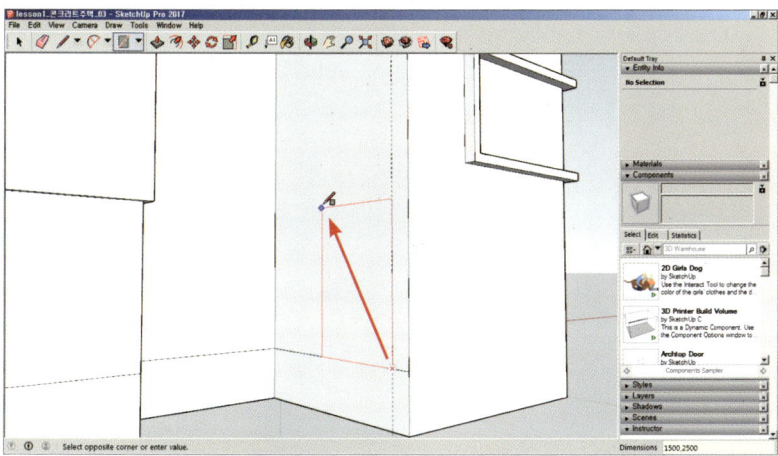

87 ▮ Rectangle(직사각형) 도구를 사용해서 보조선과 선의 교차점에서 1500, 2000인 사각형을 그린다.

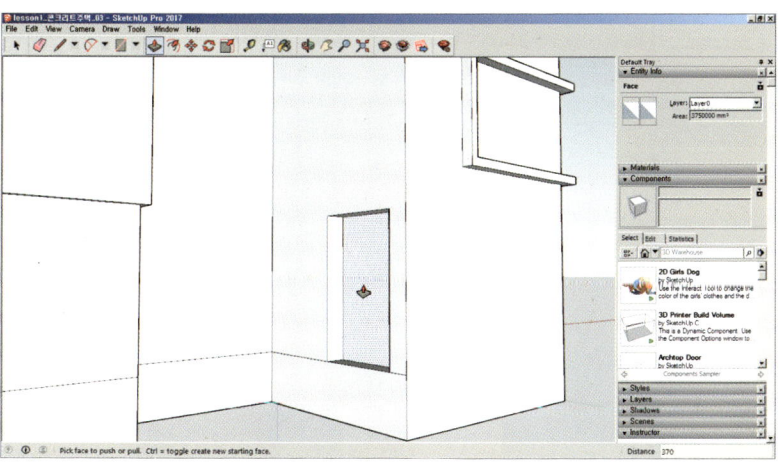

88 ❖ Push/Pull(밀기/끌기) 도구를 사용해서 벽면의 안쪽으로 370mm 면을 밀어 넣는다.

**Tip** ❖ Push/Pull(밀기/끌기) 도구는 면을 바깥쪽으로 생성하기도 하지만 안쪽으로 밀어 넣을 수도 있다. 면을 관통하고 싶다면 끝까지 밀어 넣으면 도넛형태처럼 가운데가 뚫린 면을 생성할 수 있다.

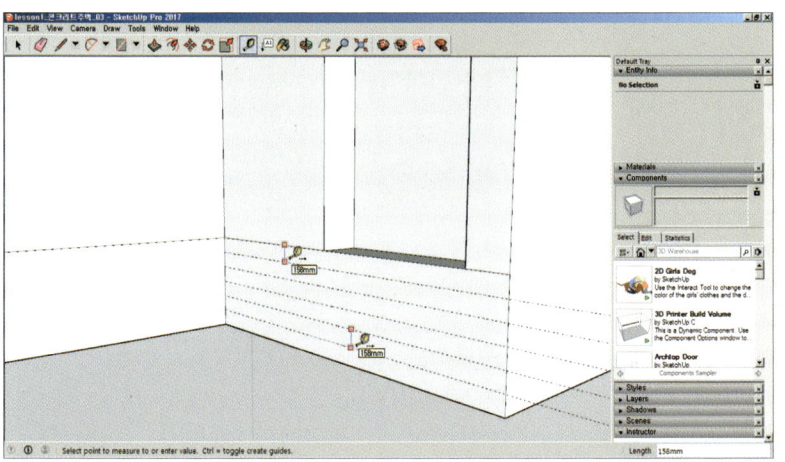

89 계단을 만들기 위해서 Tape Measure Tool (줄자) 도구를 사용해서 선에서부터 각각 150 mm 떨어진 보조선을 5개 그린다.

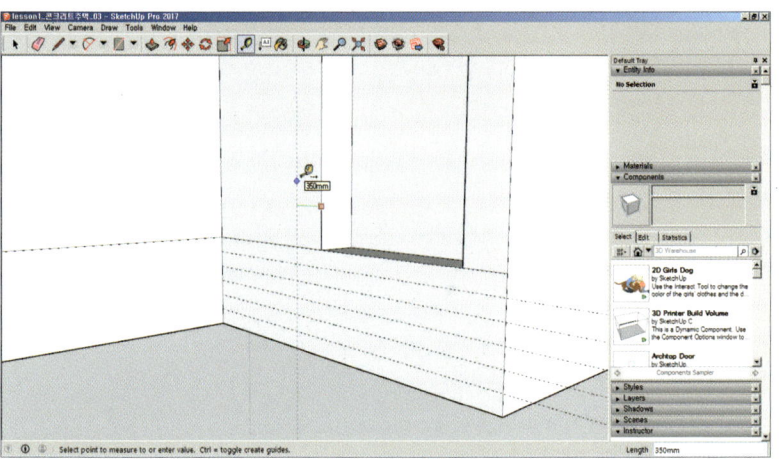

90 정문의 왼쪽 모서리에서 350 mm 떨어진 보조선을 그린다.

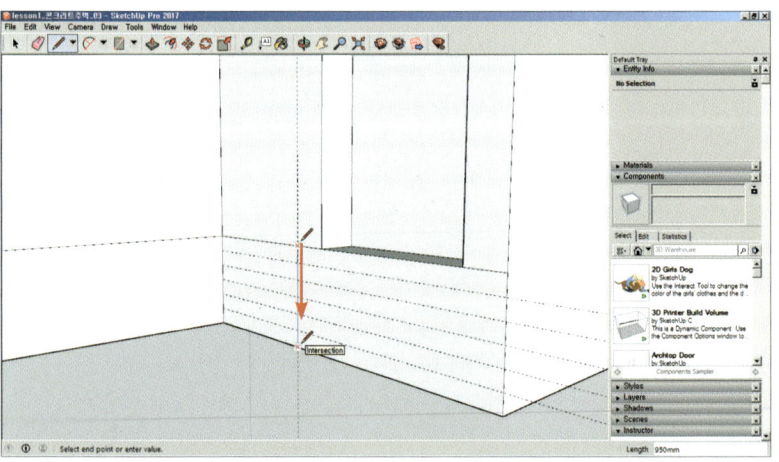

91 보조선과 선이 교차하는 점에서 아랫방향으로 선을 그린다.

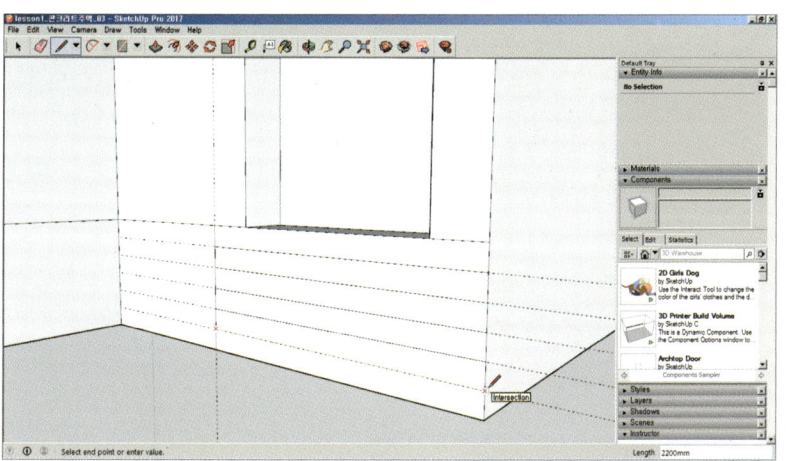

**92** 그림과 같이 보조선과 수직선이 만나는 곳엔서 시작하여 모서리 끝까지 선을 5개 그린다.

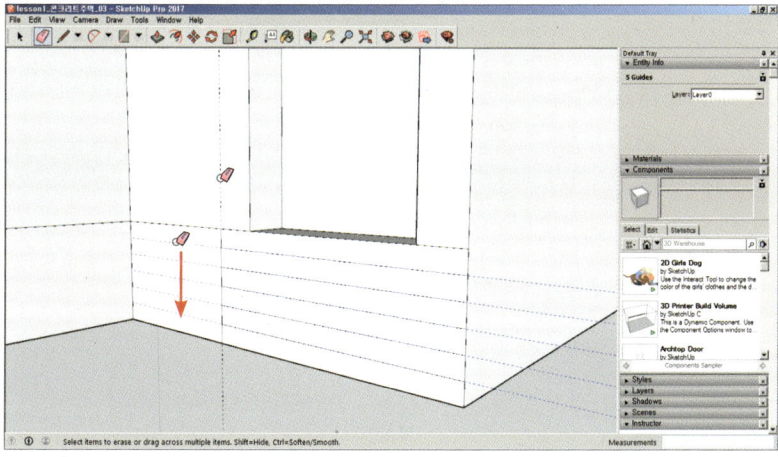

**93** 사용한 보조선은 Eraser(지우기) 도구를 사용해서 제거한다.

**Tip** Eraser(지우기) 도구를 사용할 때 일일이 선택하지 않아도 지우고 싶은 부분을 드래그하게 되면 선은 모두 제거된다.

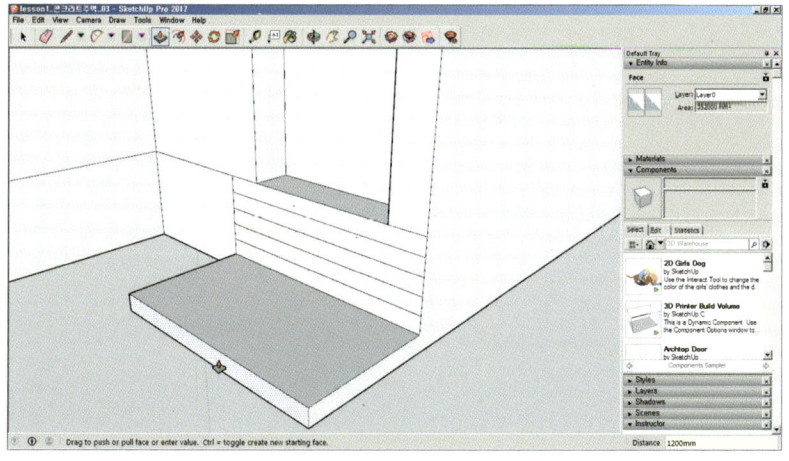

**94** Push/Pull(밀기/끌기) 도구를 사용해서 맨 아래 면을 1200mm 생성한다.

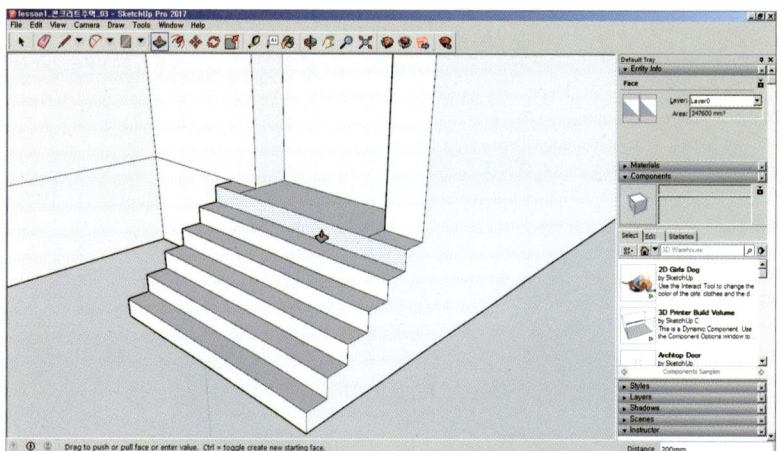

**95** 두 번째부터 각각 1000, 800, 600, 400, 200mm인 면을 생성한다.

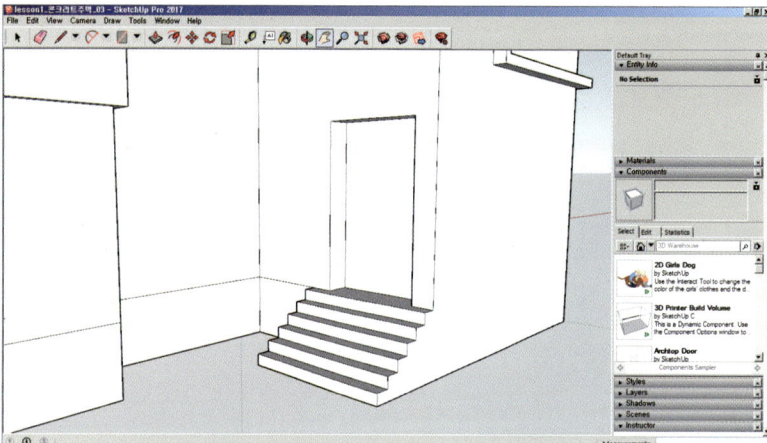

**96** Eraser(지우기) 도구로 불필요한 선을 제거한 후, 계단을 완성한다.

이제 Components(구성요소)를 사용해서 문과 창문을 만들어 보자. Components(구성요소)란 하나의 독립적인 객체로서 내가 만든 것을 저장할 수 있고, 또 언제든지 불러올 수 있다. 또 인터넷에 올려 타인과 공유할 수 있으며, 다른 사람이 만든 Components(구성요소)를 가져와 사용할 수도 있다.
창문이나 문 같은 경우 직접 모델링 할 수 있지만 이미 만들어 놓은 Components(구성요소)가 인터넷에 많이 올라와 있으므로 가져와 사용하면 모델링 시간을 단축할 수 있다. 그럼 지금부터 Components(구성요소)를 이용해서 정문을 제작해 보자.

**97** Components(구성요소) Tray에서 ▼ Navigation(탐색)를 클릭한다.

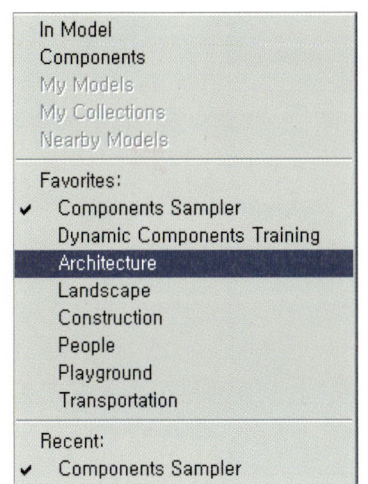

**98** Favorites에서 Architecture(건축)를 선택한다. 이때 반드시 인터넷이 연결되어 있어야 한다.

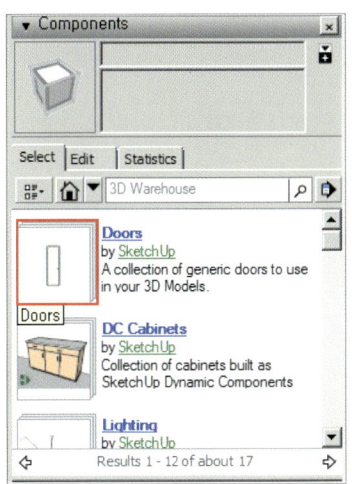

**99** 그럼 Components(구성요소) 메뉴가 바뀐다. 첫 번째 Doors(문)을 클릭한다.

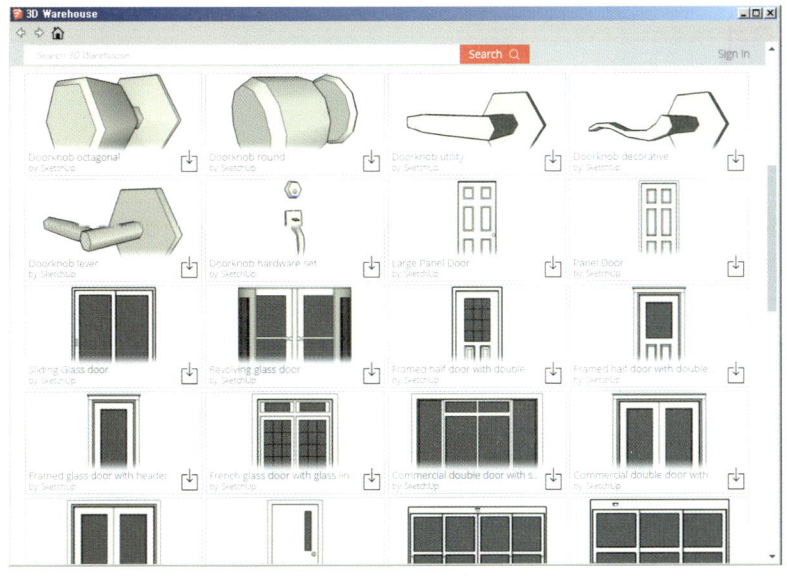

**100** Doors(문)에 대한 Components(구성요소) 들을 볼 수 있는 3D Warehouse 창이 나타난다.

**101** 3D Warehouse에서 Framed half door with double... 다운로드 버튼을 클릭한다.

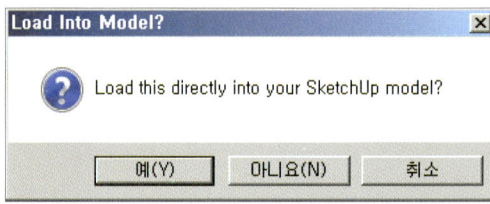

**102** 선택한 Model(모델)을 다운로드 하겠느냐는 메시지창이 나오면 예를 선택하여 다운로드한다.

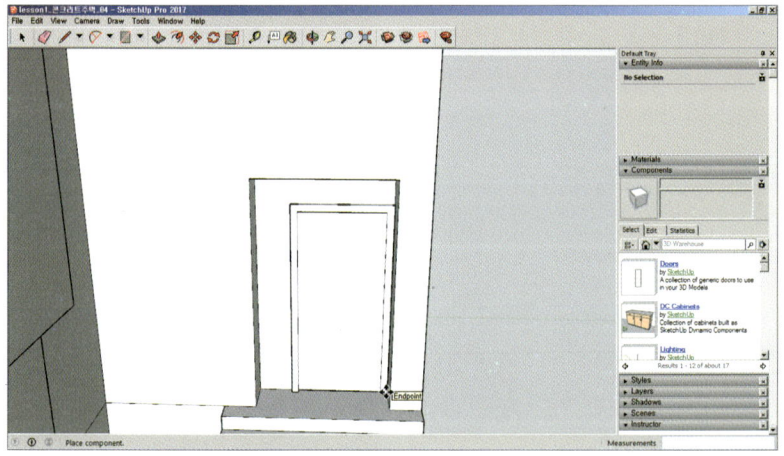

**103** 그림과 같이 문을 삽입하고자 하는 벽면의 끝점(Endpoint)으로 이동한다.

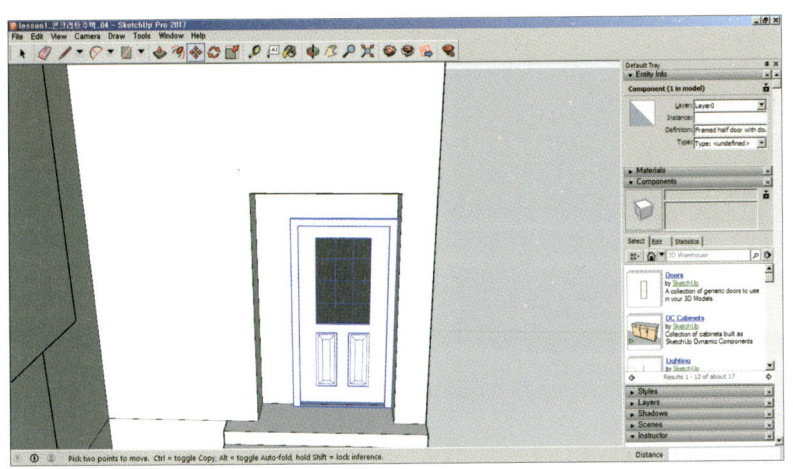

**104** 그럼 내가 선택한 문이 벽면에 달라붙는 것을 알 수 있다.

Components(구성요소)를 사용해서 Model(모델)을 가지고 왔다면 이제부터는 Scale (배율) 도구를 사용해서 Model(모델)의 크기를 조절해 보도록 하자.

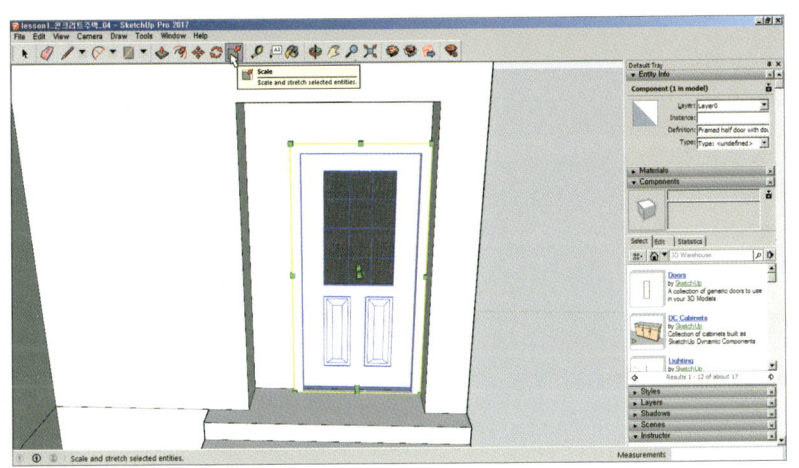

**105** 도구모음에서 Scale (배율) 도구를 선택한다.

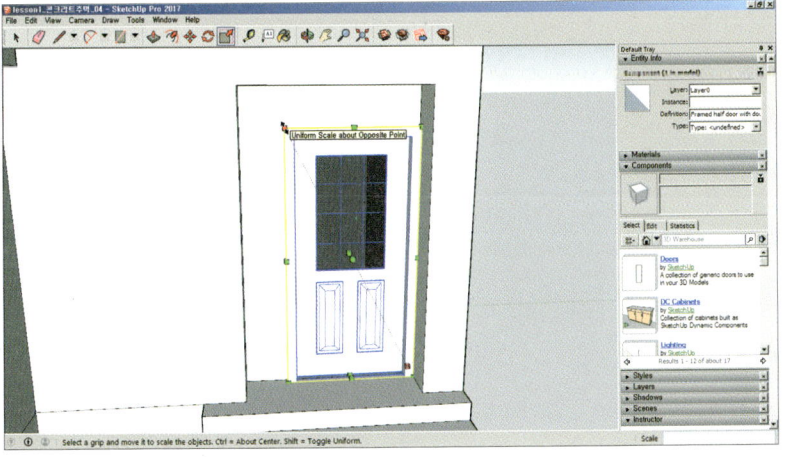

**106** 대각선 방향으로 선택한다.

61page 알아두기 3 참조

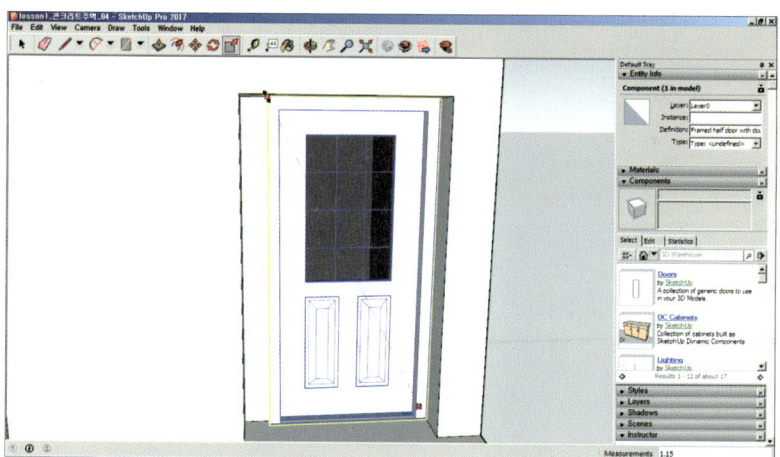

**107** 대각선 방향으로 위 모서리까지 크기를 조절한다.

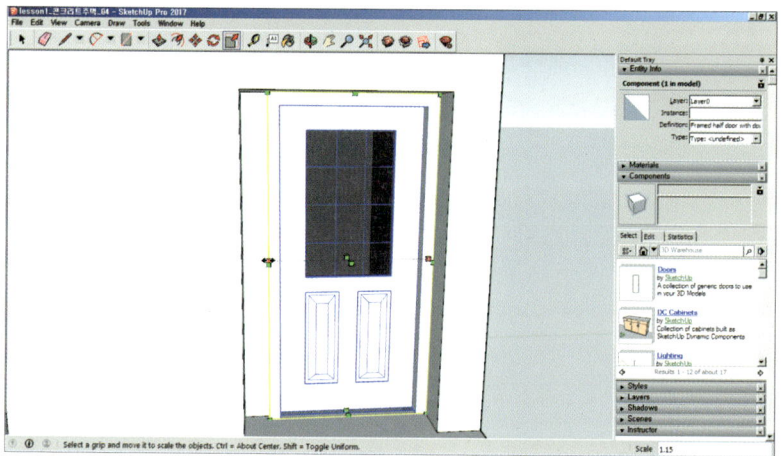

**108** 가로방향으로 크기를 조절하기 위해서 Scale (배율) 도구로 가로방향으로 선택한다.

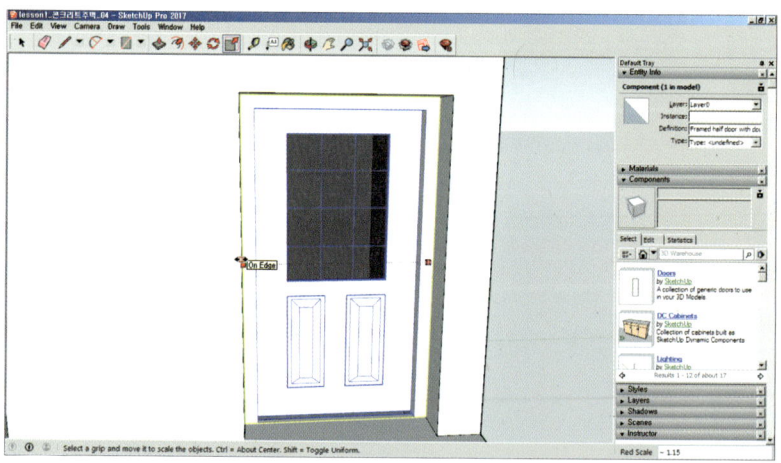

**109** 옆 모서리(On Edge)까지 가로방향의 크기를 조절한다.

##  Scale (배율) 도구에 대하여 알아보자

▶ 오브젝트를 어떻게 선택했느냐에 따라 녹색점의 크기가 달라진다.

오브젝트 전체를 선택했을 때

26개의 녹색점이 나타난다.

  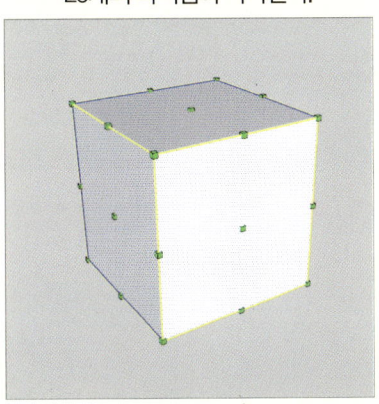

한 면만 선택했을 때

8개의 점이 나타난다.

 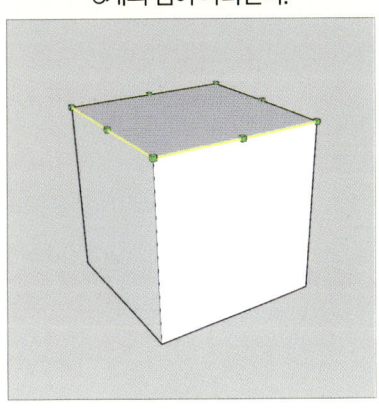

▶ 그럼 오브젝트 전체를 선택하고  Scale (배율) 도구를 사용할 때 크기조절을 어떻게 할 수 있는지 알아보자

대각선 방향으로 Uniform Scale about Opposite Point을 선택했을 때 Red, Green, Blue가 같은 비율로 크기조절이 가능하다.

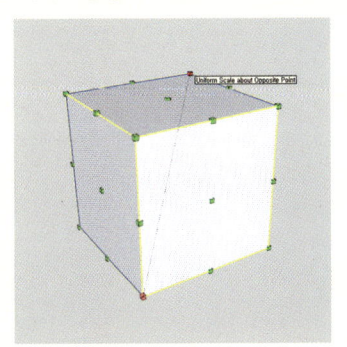  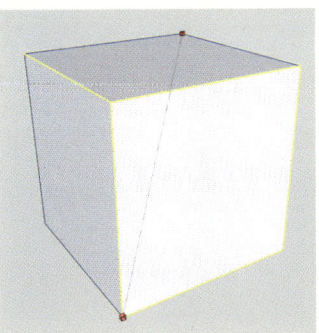  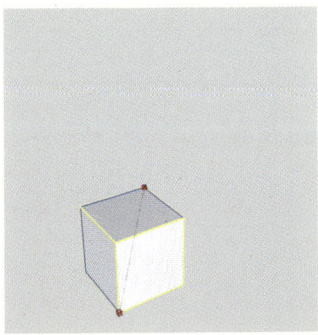

대각선방향으로 Red, Blue Scale about Opposite Point를 선택했을 때
Red, Blue 방향으로 자유롭게 크기조절을 할 수 있다.

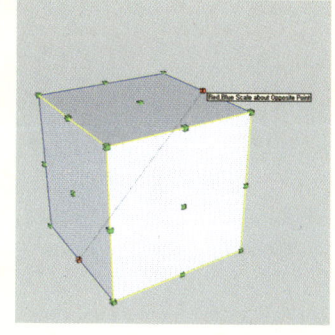 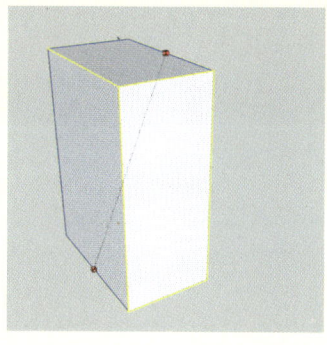 

세로방향으로 Blue Scale about Opposite Point를 선택했을 때는 Blue 방향으로만 크기조절이 가능하다.

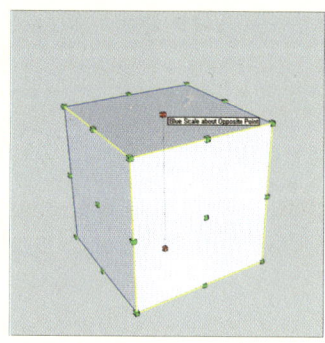 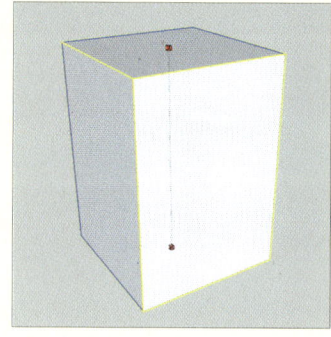

Green, Red Scale about Opposite Point 역시 각각 Green, Red 방향으로만 크기조절이 가능하다.

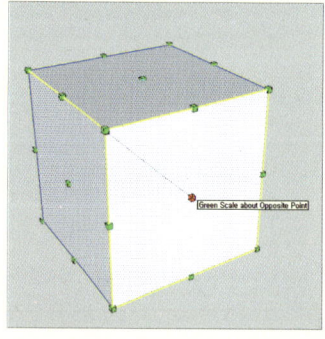 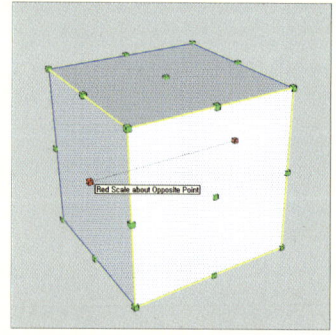

한 면만 선택했을 때도 비슷하기 때문에 한 번 연습해 보길 바란다.

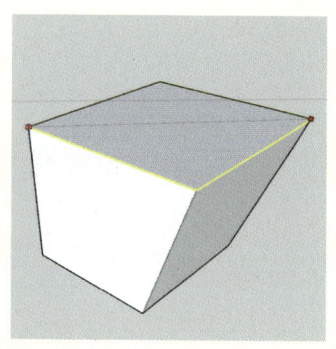 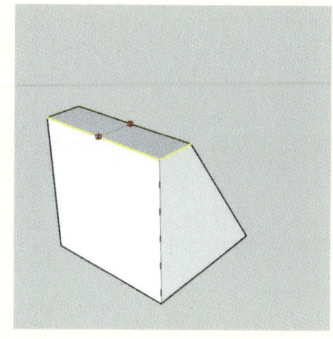 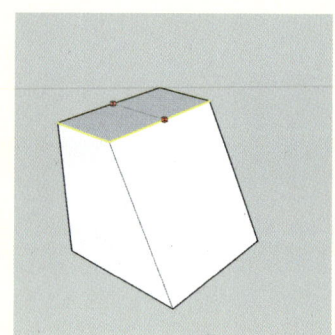

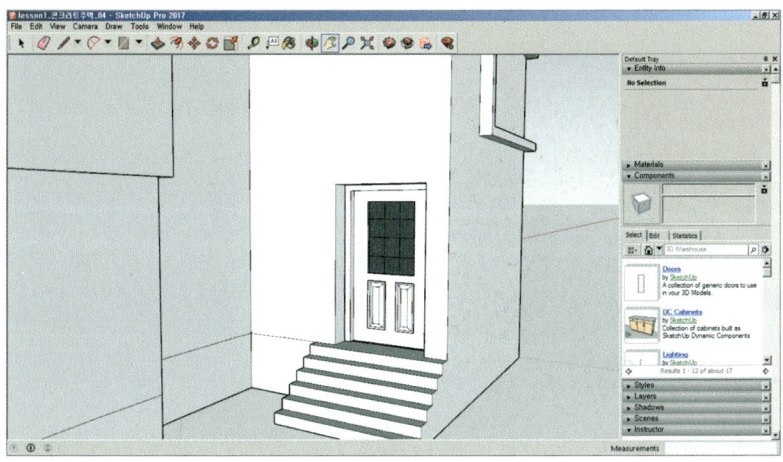

**110** 그림과 같이 정문이 완성되었다.

> 정문과 마찬가지로 창문 역시 Components(구성요소)를 이용해서 제작해 보자.
> 앞에서 했던 것을 한 번 더 반복해 보면서 Components(구성요소) 사용법을 완전히 익혀보도록 하자.

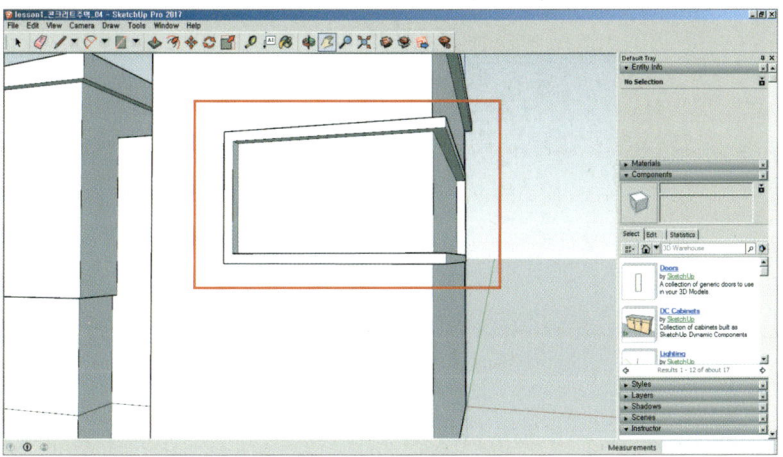

**111** 그림에서와 같이 붉은색 선 위치에 창문을 가져와 보자. Components(구성요소) Tray에서 Doors를 클릭한다.

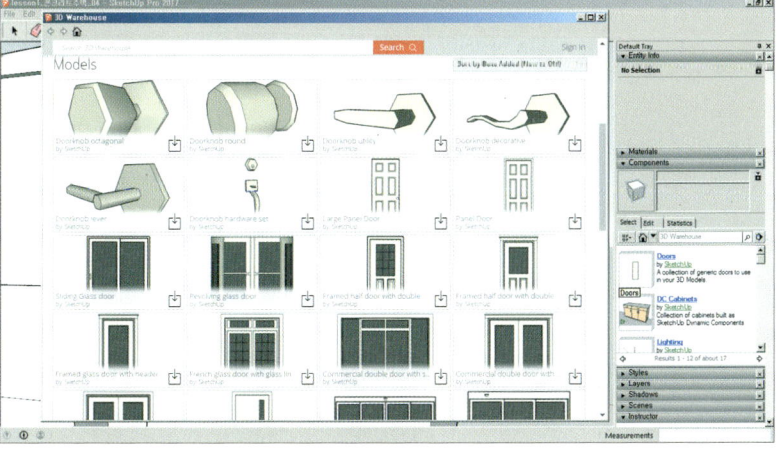

**112** 3D Warehouse 창이 활성화된다.

Lesson 1 콘크리트 주택 + **63**

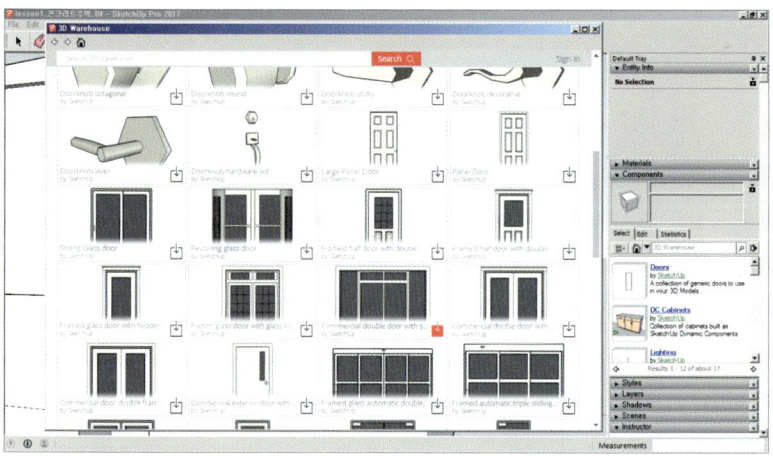

**113** Commercial double door with side lights 모델을 다운로드한다.

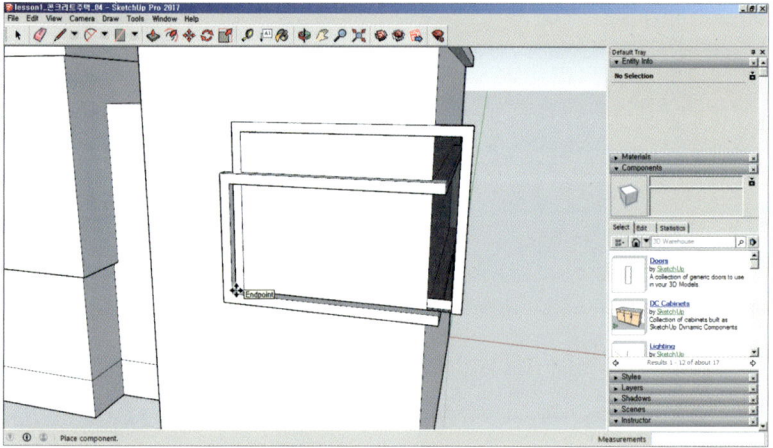

**114** 창문의 위치(Endpoint)로 드래그해서 이동한다.

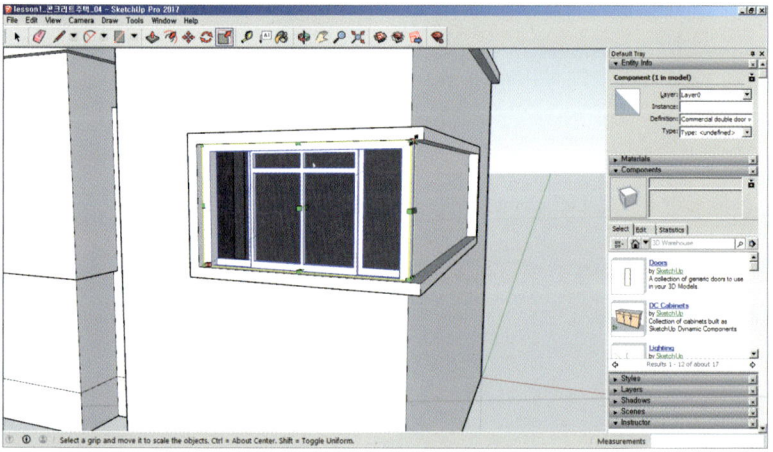

**115** Scale (배율) 도구로 창문의 위치에 맞게 크기를 조절한다.

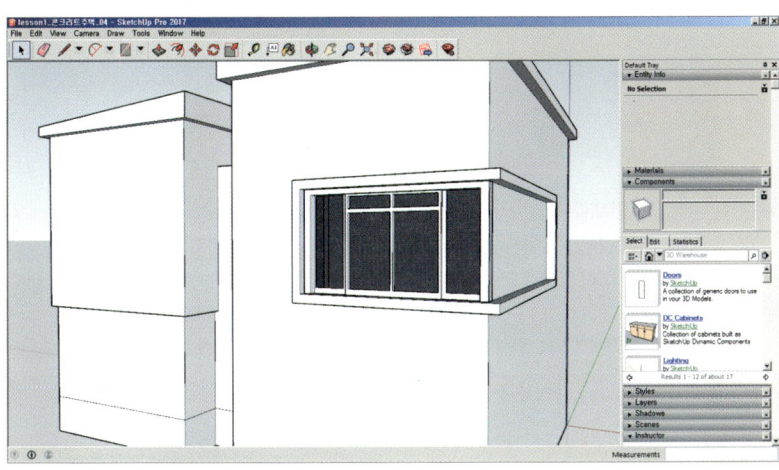

**116** 창문이 적용되었다.

**Tip**

창문이 벽면에 제대로 적용이 되었는지 알아보려면 창문을 확대해 보면 알 수 있다. 건물의 안쪽이 비치면 벽면에 제대로 적용이 된 것이고, 안쪽이 보이지 않으면 벽면에 제대로 적용되지 않은 것이다.
Components(구성요소)를 벽면에 제대로 적용했을 때에는 건물의 내부가 보인다.

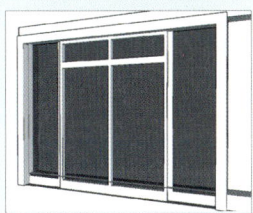

Components(구성요소)를 벽면에 제대로 적용하지 않았을 때는 건물 내부의 모습이 보이지 않는다.

다음은 🔍 Tape Measure Tool (줄자) 도구를 사용해서 창문을 정확한 위치에 가져오는 방법에 대하여 알아보자.

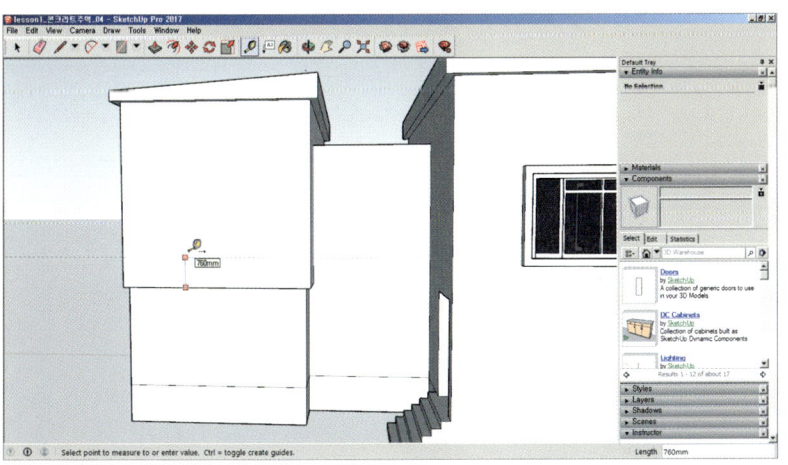

**117** 🔍 Tape Measure Tool (줄자) 도구를 사용해서 그림과 같이 아래모서리에서 760mm 떨어진 보조선을 그린다.

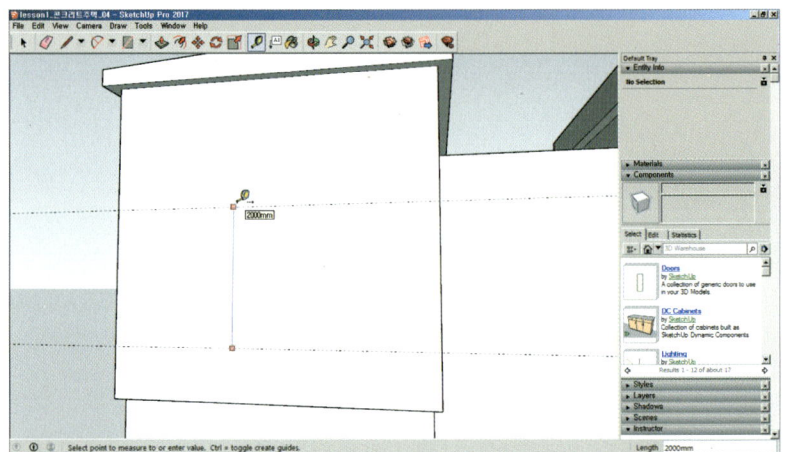

**118** 보조선에서 다시 2000mm 떨어진 보조선을 하나 더 그린다.

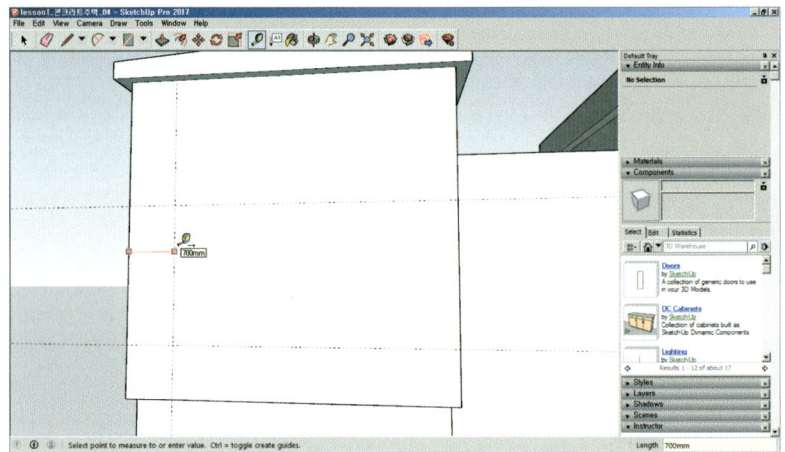

**119** 왼쪽 모서리에서 700mm 떨어진 보조선을 그린다.

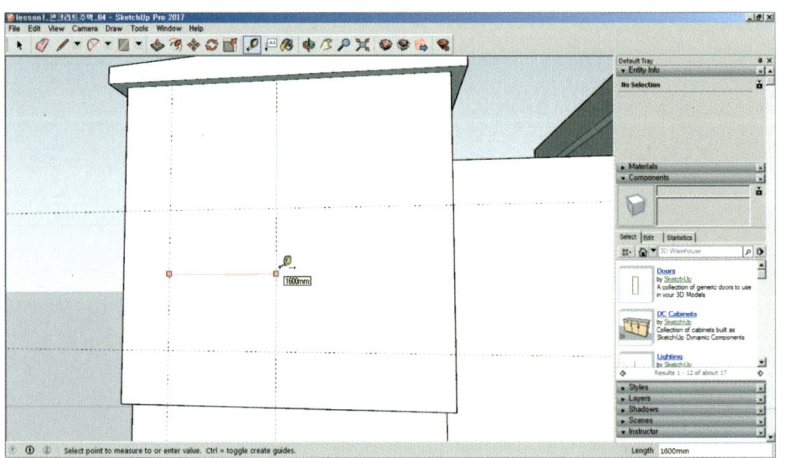

**120** 방금 생성한 보조선에서 1600mm 떨어진 보조선을 그린다.

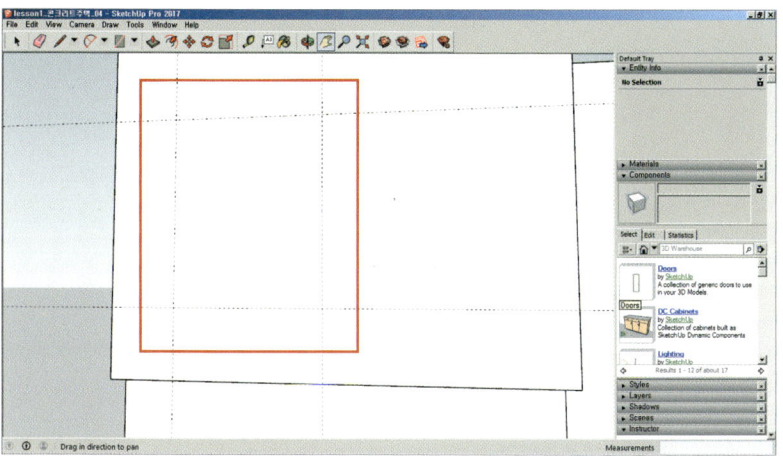

**121** 앞에서부터 4개의 보조선을 그린 이유가 바로 창문이 들어올 자리를 마련한 것이다. 보조선의 간격, 즉 높이 2000mm, 넓이 1600mm가 바로 창문의 크기가 된다. 이제 Components(구성요소) Tray에서 창문을 가져와 4개의 보조선에 맞추면 된다. Components (구성요소) Tray에서 Doors를 선택한다.

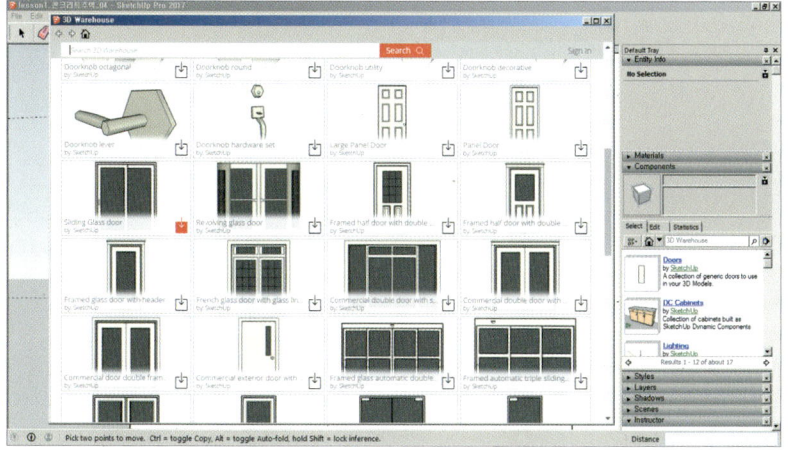

**122** 3D Warehouse에서 Single Glass door를 다운로드한다.

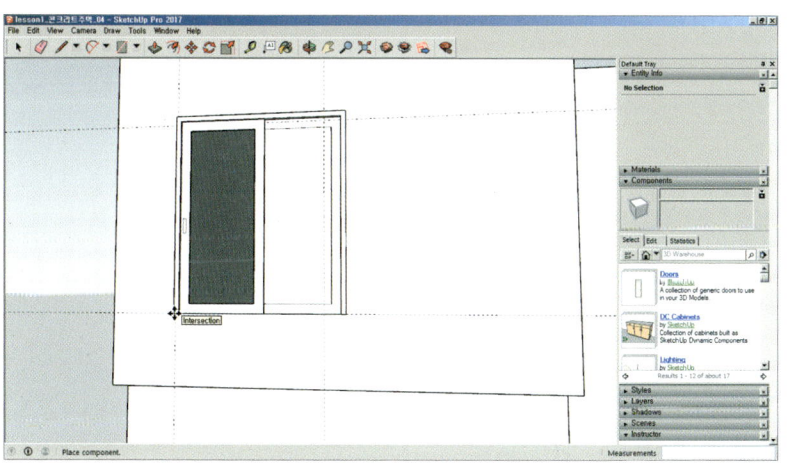

**123** 다운로드한 창문의 끝점을 보조선의 교차점(Intersection)으로 이동한다.

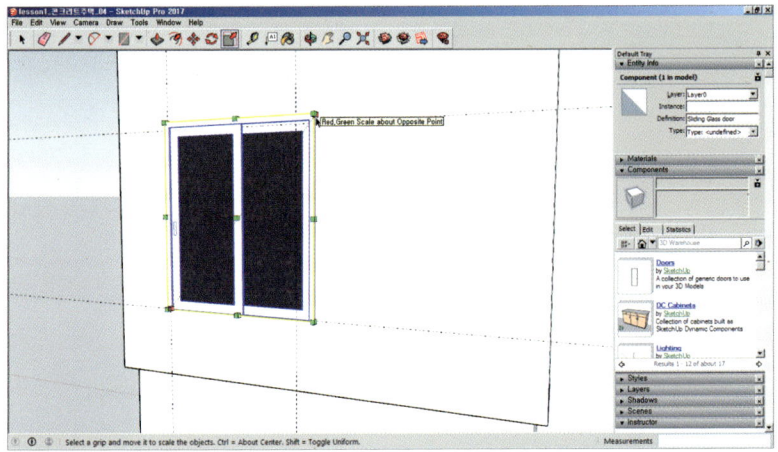

**124** Scale (배율) 도구를 선택한 후, 대각선방향으로 Red, Green Scale about Opposite Point 가 되도록 한다.

**Tip** 이때 반드시 Red, Green Scale about Opposite Point가 되도록 선택해야 한다. 그래야 Red, Green 방향으로 조절할 수 있다. 만약 Uniform Scale about Opposite Point를 선택하면 가로, 세로 같은 비율로 크기가 조절이 되기 때문에 보조선에 맞추지 못한다.

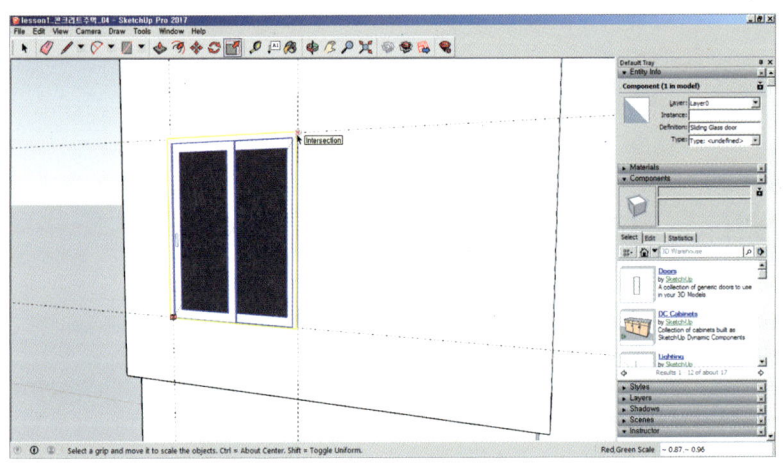

**125** 크기를 조절하여 보조선의 교차점(Intersection)에 맞도록 크기를 조절한다. 이 창문의 크기가 바로 높이 2000mm, 넓이 1600mm인 창문이다.

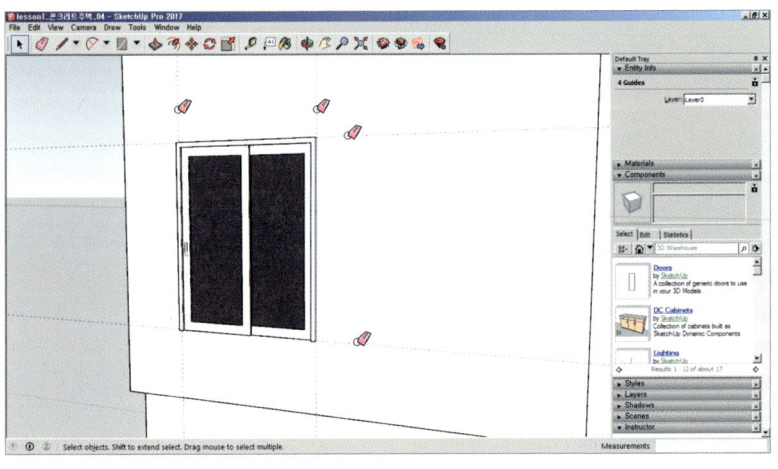

**126** 마지막으로 사용한 보조선들을 Eraser(지우기) 도구를 사용해서 제거한다.

지금까지 Components(구성요소)를 이용해서 창문을 제작해 보았다.
다음은 독자 여러분이 스스로 작업해 보길 바란다.

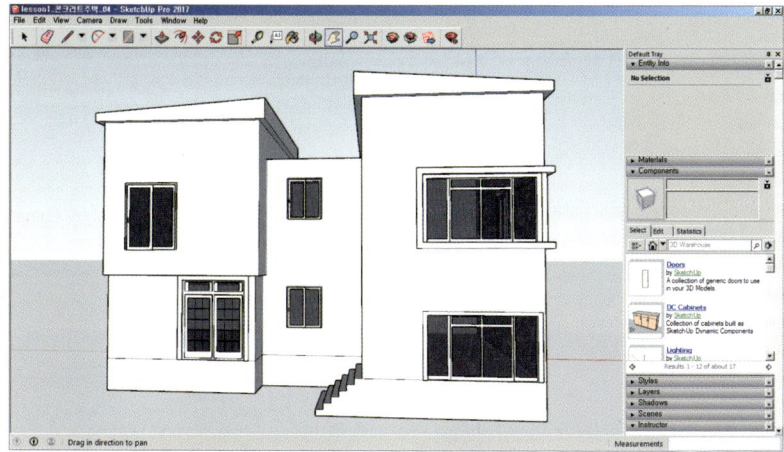

**127** 건물의 앞면 모습이다.

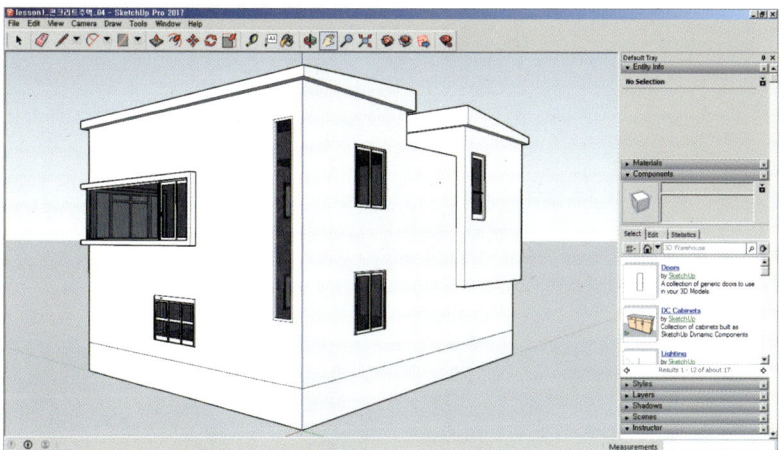

**128** 건물의 오른쪽 벽면과 뒷면의 모습이다.

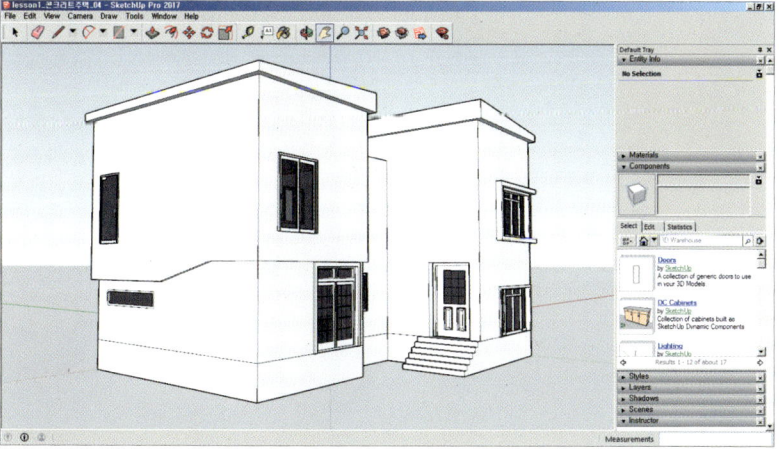

**129** 건물의 왼쪽 벽면과 앞면의 모습이다.

# 05 재질적용하기

건물의 모델링 작업은 모두 마쳤다. 이제부터 재질을 적용해 보도록 하자.
재질을 적용하는 것을 매핑(Mapping)이라고 하는데 건물에 옷을 입히는 과정이라고 말할 수 있다. 예를 들어 나무재질을 벽면에 적용하게 되면 벽면은 나무가 되는 것이고, 대리석 재질을 적용했다면 벽면은 대리석이 되는 것이다. 또한 다양한 재질(플라스틱, 유리, 돌, 나무)들을 만들 수 있다. 건물을 실감나게 만드는 아주 중요한 작업이기 때문에 잘 알아두어야 한다. 지금부터 앞에서 만든 주택에 재질을 적용해 보도록 하자.

**SketchUp 2017**

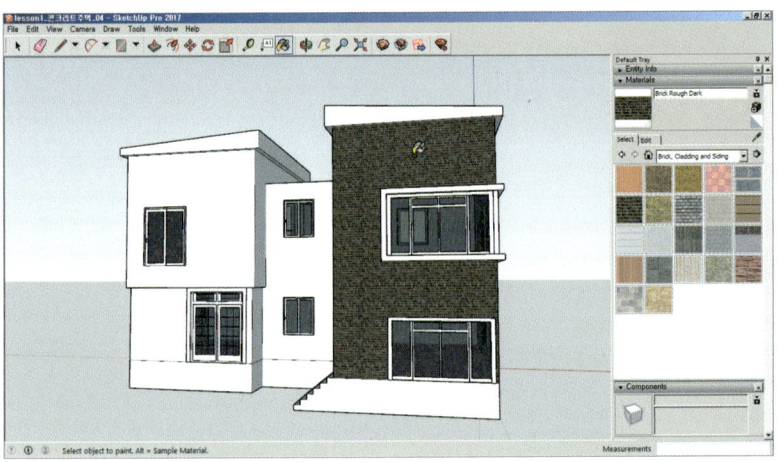

130 재질을 적용하기 위해서 Materials(재질) Tray를 확장한다.

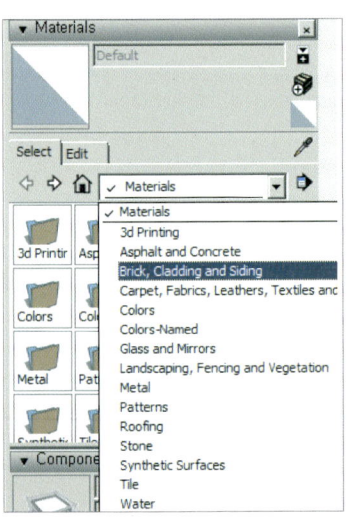

131 Materials(재질) Tray에서 Brick, Cladding and Siding (벽돌 및 클래디 자재)를 선택한다.

132 여러 종류의 벽돌 무늬가 나타난다. 기본적으로 SketchUp에서 제공되는 벽돌재질들이다.

133 Brick Rough Dark(거친 황갈색 벽돌)을 선택한다.

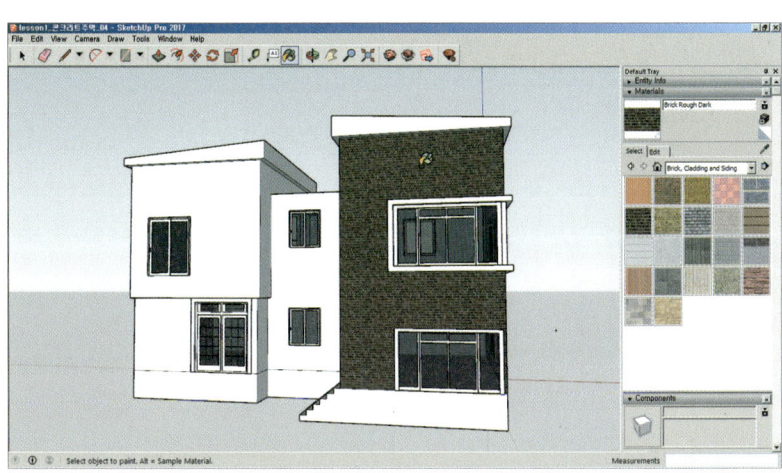

**134** 벽면을 클릭해서 재질을 적용한다.

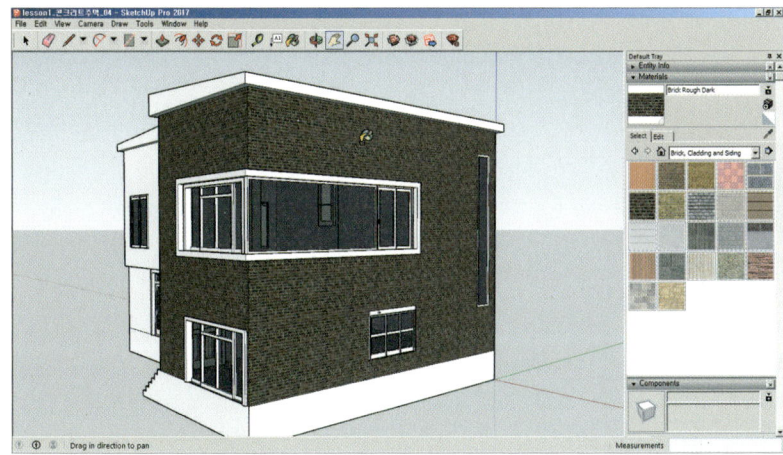

**135** 계속해서 오른쪽 벽면도 재질을 적용한다.

재질이 적용이 되었다면 재질편집기로 들어가서 밝기를 조절해 보자. 재질편집기를 사용하면 재질의 밝기 및 투명도(유리재질), 색 등을 지정할 수 있다.

**136** 재질편집기를 사용하기 위해서 먼저  In Model(모델 안)을 클릭한다.

> **Tip**
> In Model(모델 안)은 지금까지 적용된 재질을 모아둔 곳이다. 따라서 한 번이라도 사용한 재질은 In Model(모델 안)로 들어가면 찾을 수 있다.

**137** In Model(모델 안)에서 Brick Rough Dark (거친 황갈색 벽돌)을 '더블클릭'한다.

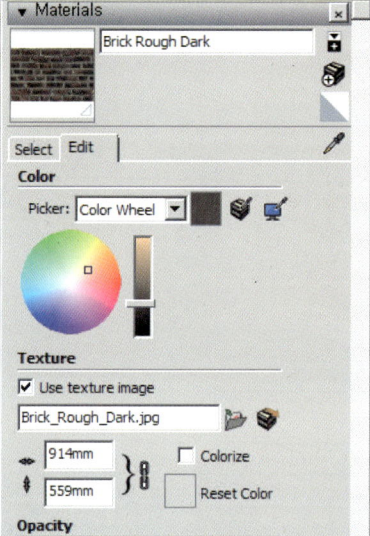

**138** 적용된 재질을 '더블클릭'하면 재질편집기로 들어올 수 있다.

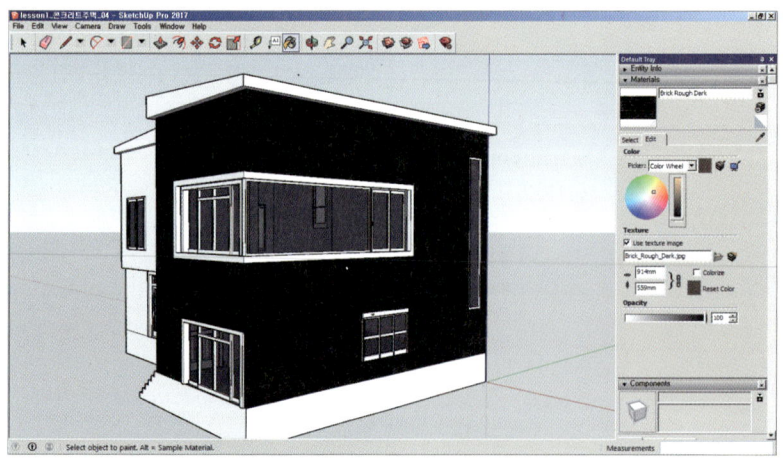

**139** Color 의 명도를 적용된 재질의 색이 어두워진다.

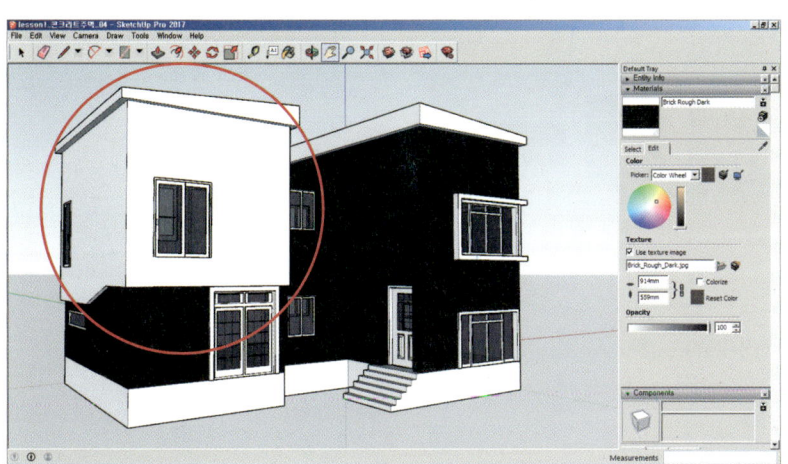

**140** 그림과 같이 벽면에 재질을 모두 적용한다. 이제 재질을 적용하는 두 번째 방법에 대하여 알아보자. 붉은 색 원부분은 나무의 이미지(jpg) 파일을 적용해 볼 것이다.

**141** 적용되는 나무의 이미지이다. 나무의 이미지는 jpg 형식으로 인터넷에서 다운로드 받을 수 있다.

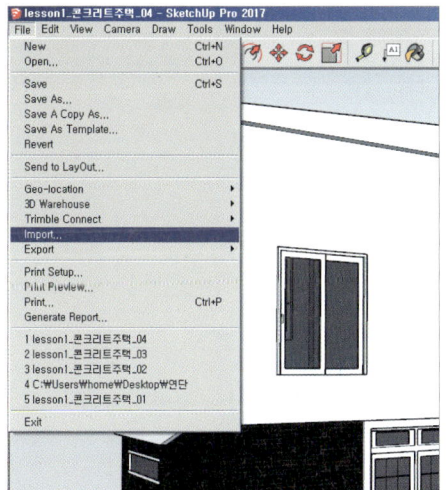

**142** 나무재질을 가져오기 위해서 File(파일) > Import(가져오기)를 선택한다.

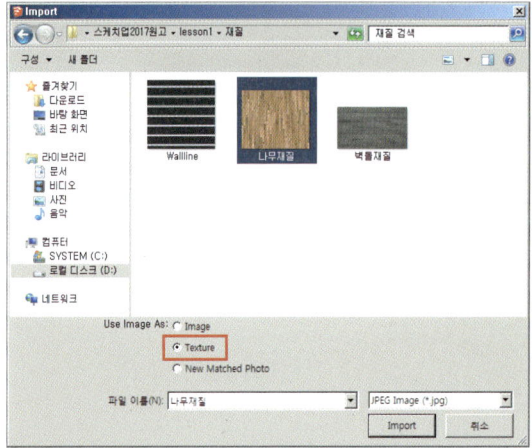

**143** 파일형식을 JPEG Image(*.jpg)로 바꾸고 Use Image As Texture (텍스쳐로 사용)으로 선택한 후, 나무재질을 Import(가져오기) 한다. 이때 반드시 Use Image As Texture (텍스쳐로 사용)으로 체크를 해야 재질로 적용할 수 있다.

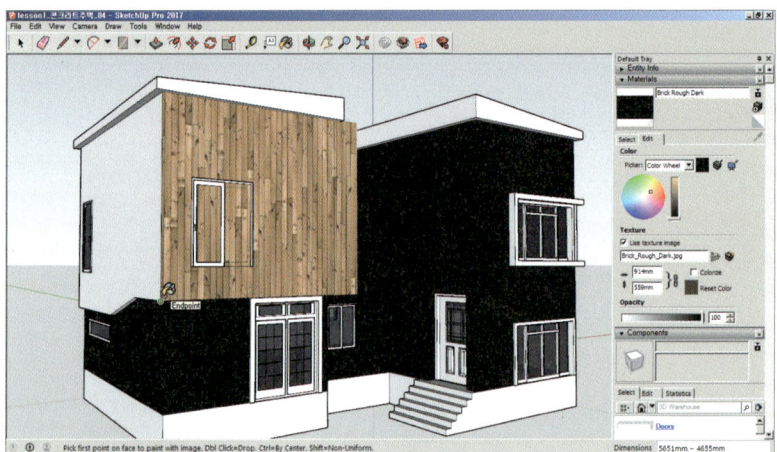

**144** 가져온 재질을 적용하고자 하는 벽면의 끝점(Endpoint)에 위치한다.

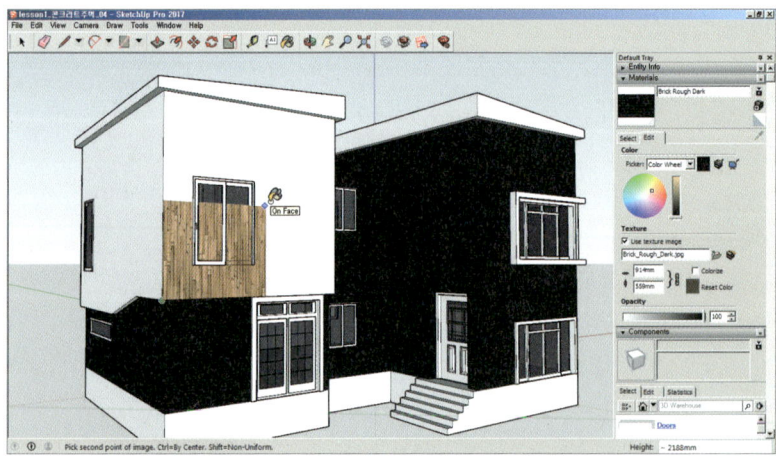

**145** 마우스를 드래그해서 적용되는 재질의 크기를 적당하게 조절한다.

**146** 나무재질이 적용되었다.

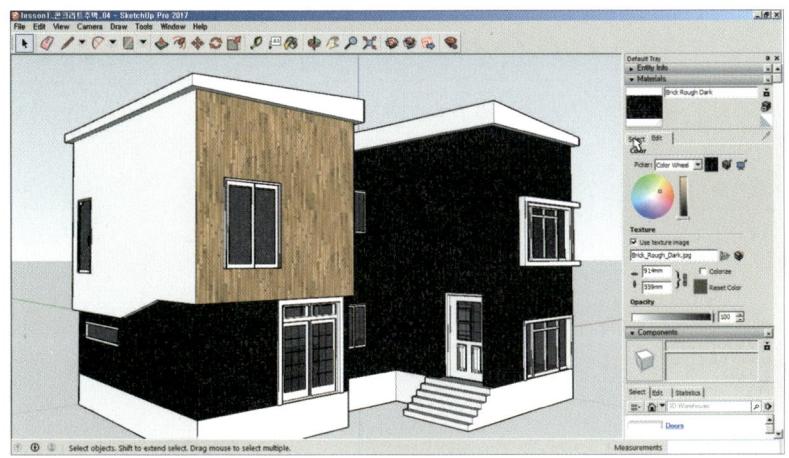

**147** 가져온 나무재질이 실제로 재질로 적용되었는지 확인하기 위해서 Materials(재질) Tray에서 Selet(선택)을 클릭한다.

**148** In Model(모델 안)을 클릭하면 나무재질이 적용되었는 것을 확인할 수 있다.

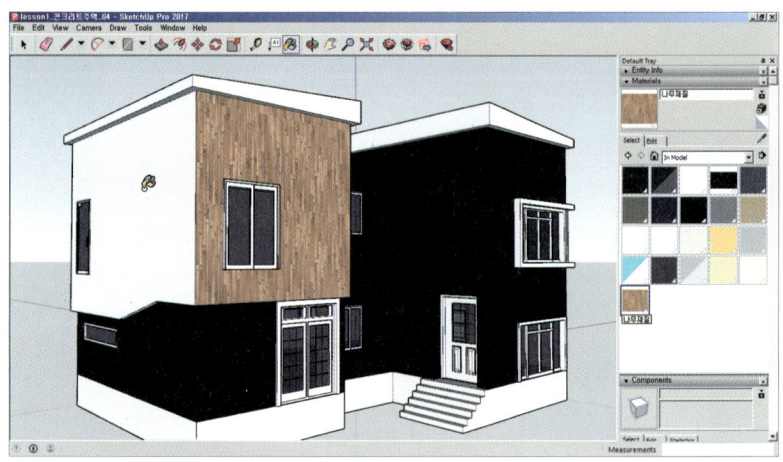

**149** 왼쪽 벽면도 클릭해서 나무 재질을 적용한다.

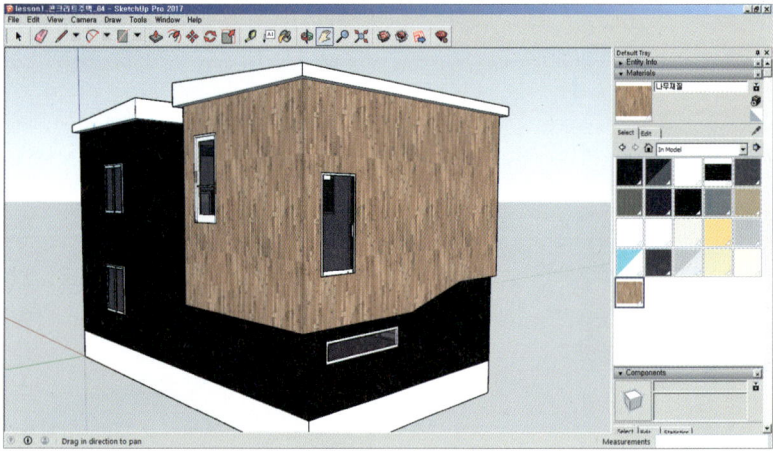

**150** 뒤쪽 벽면도 모두 나무재질을 적용한다.

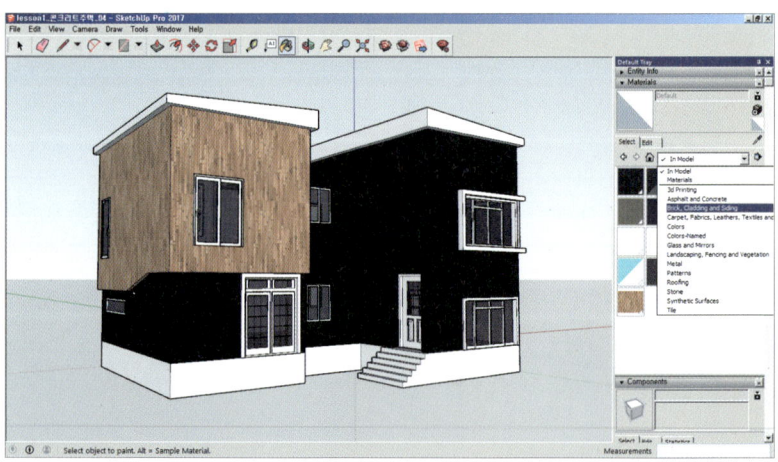

**151** 주택의 하단과 계단에도 벽돌의 재질을 적용해 보자. Materials(재질) Tray에서 Brick, Cladding and Siding (벽돌 및 클래디 자재)를 선택한다.

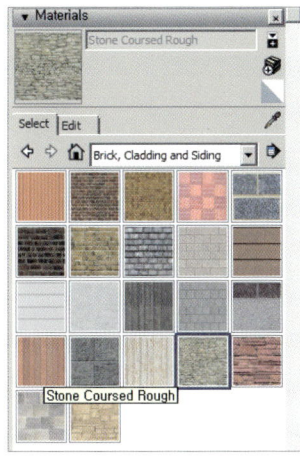

**152** 주택의 하단과 계단에도 벽돌의 재질을 적용해 보자. Materials(재질) Tray에서 Brick, Cladding and Siding (벽돌 및 클래디 자재)를 선택한다.

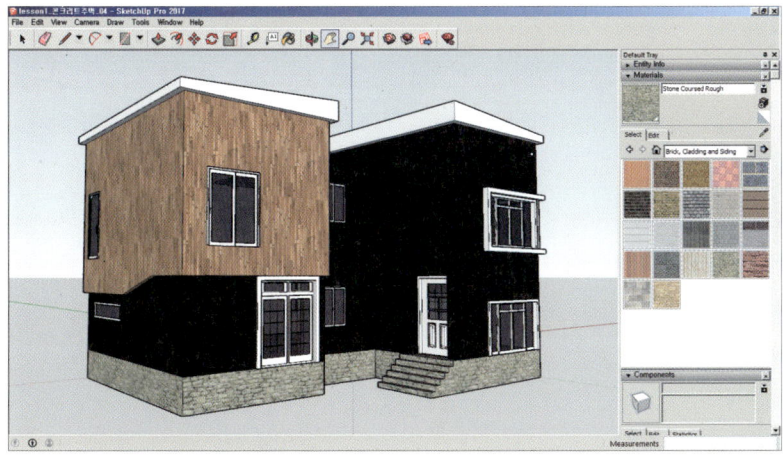

**153** 주택의 하단에 재질을 적용한다.

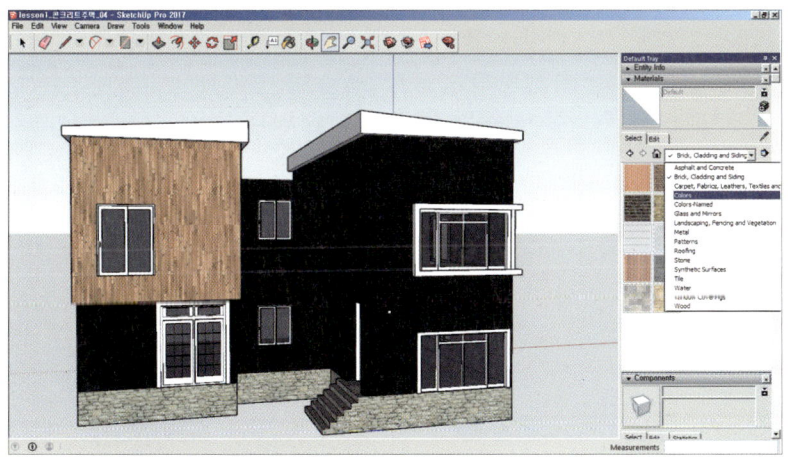

**154** 지붕에 색(Color)을 적용하기 위해서 Materials(재질) Tray에서 Colors(색상)을 선택한다.

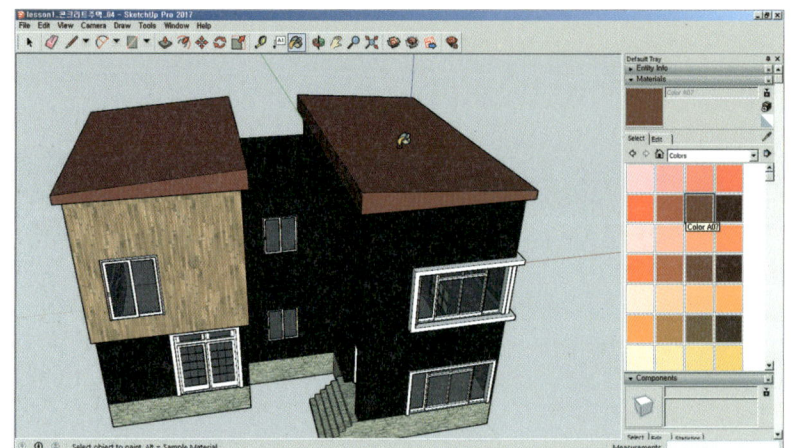

**155** 붉은 색 (Color A07)을 선택한 후, 지붕에 색을 적용한다.

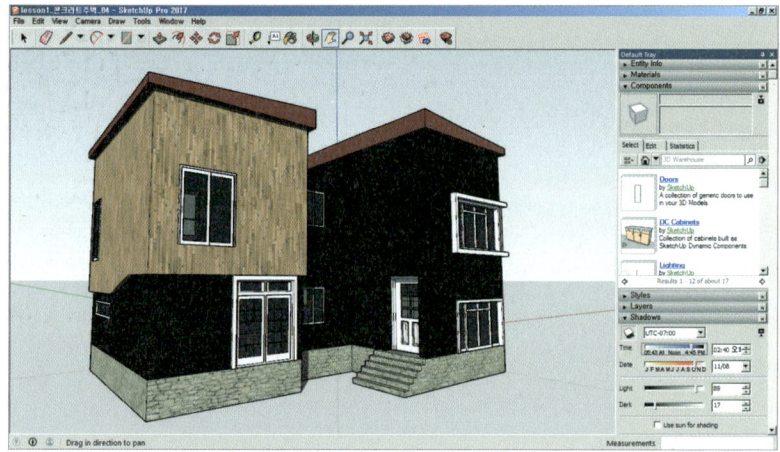

**156** 이제 콘크리트 주택이 모두 완성되었다. 독자께서는 여러 가지 재질을 적용해 보도록 한다.

이것으로 Lesson 1 콘크리트 주택을 마무리한다. 다음 Lesson 2에서는 조금 더 복잡한 구조의 목조주택을 만들어 볼 것이다. Lesson 1에서는 주택을 완성하는 것이 목적이 아니라, SketchUp의 여러 가지 기능들과 SketchUp 프로그램에 대해서 적응하는 단계라고 생각하면 된다. 따라서 모델링이 잘 되지 않더라도 크게 실망하지 않길 바란다.

SKETCHUP 2017

# LESSON 02

# 목조주택

기초공사
작은방
지붕공사 1
지붕공사 2
베란다
창문
정문
재질적용하기

# LESSON 2

앞에서 설명한 여러 가지 기능들을 바탕으로
가장 기본이 되는 목조주택을 제작해 보자.

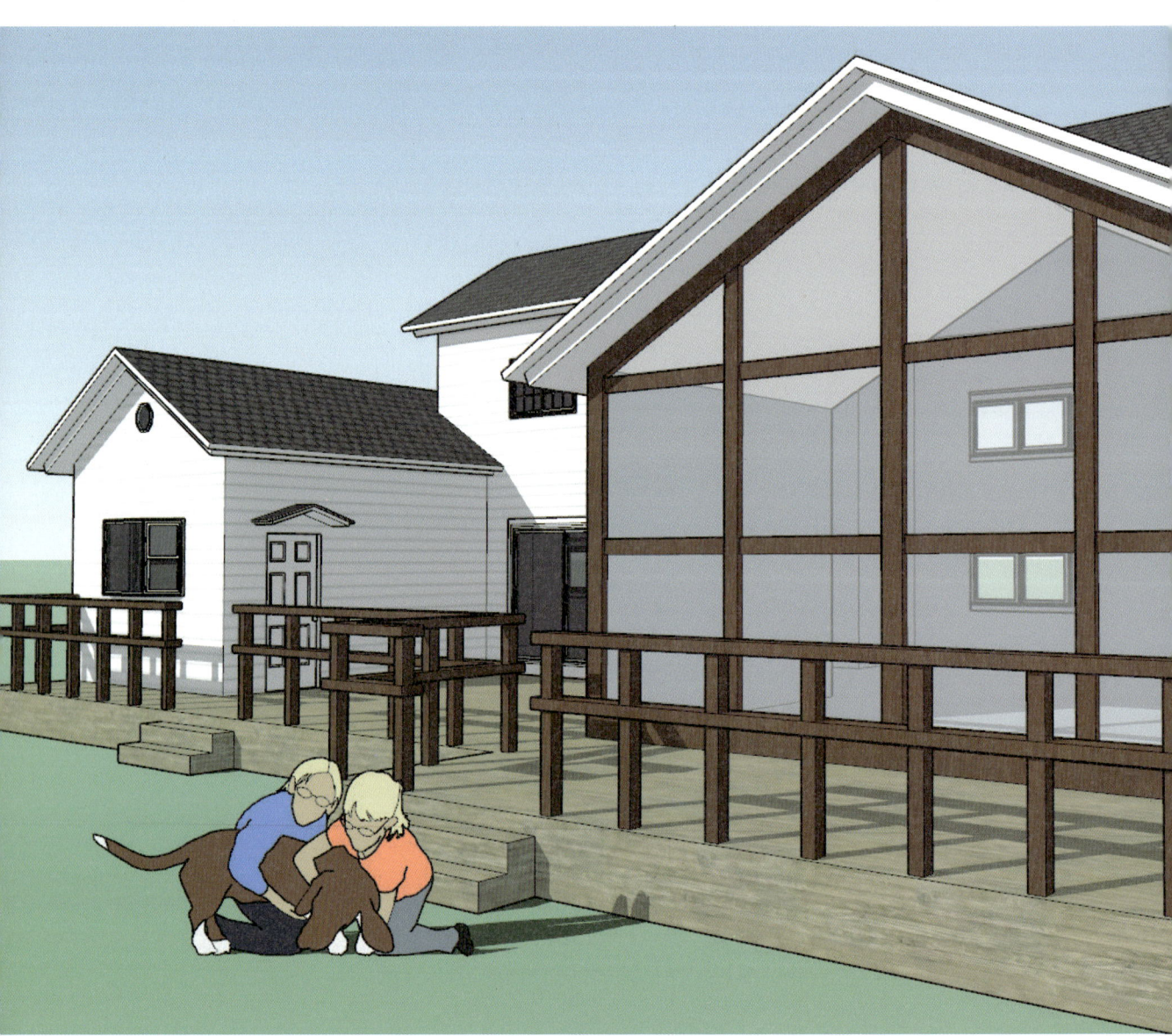

# 목조주택

목조주택의 종류는 경량 목구조, 중목구조, 통나무 주택 등이 있다. 이중에서 경량목구조가 많이 시공 되는데 콘크리트주택에 비해 공사기간이 짧고 가격이 저렴한 편이다. 또한 벽체가 얇아 내부공간을 최대한 넓게 활용이 가능하고 단열 성능이 좋다. 요즘에는 친환경 소재가 개발되어 유해 독소 배출이 없는 것이 장점이다. 이러한 이유로 목조주택이 많이 시공되고 있다.

▶ 이번 Lesson에서 사용되는 도구

- Rectangle (직사각형) 도구
- Select (선택) 도구
- Push/Pull (밀기/끌기) 도구
- Line (선) 도구
- Eraser(지우기) 도구
- Orbit (궤도) 도구
- Tape Measure Tool (줄자) 도구
- Offset (오프셋) 도구

# 01 기초공사

**SketchUp 2017**

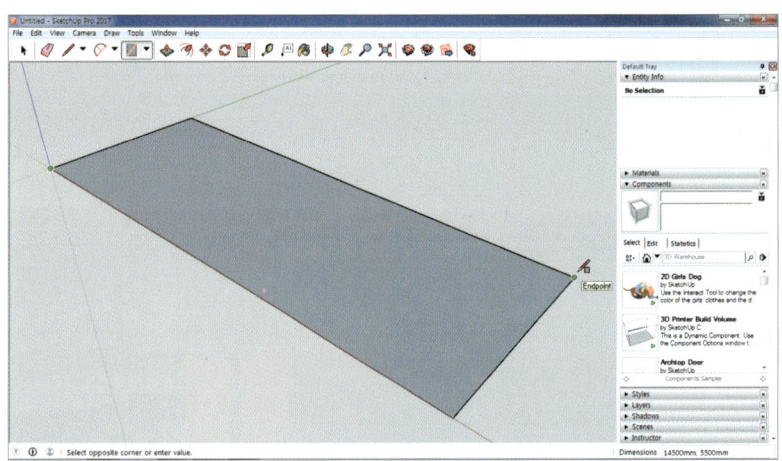

**1** Rectangle(직사각형) 도구를 사용하여 14500, 5500인 사각형을 그린다.

**Tip** 〈Tip〉 오른쪽 하단의 Dimension(수치입력창)에서 수치를 입력하면 정확한 값의 사각형을 그릴 수 있다. 이때 수치의 중간은 반드시, (콤마)로 입력해야 한다.

| Dimensions | 14500,5500 |

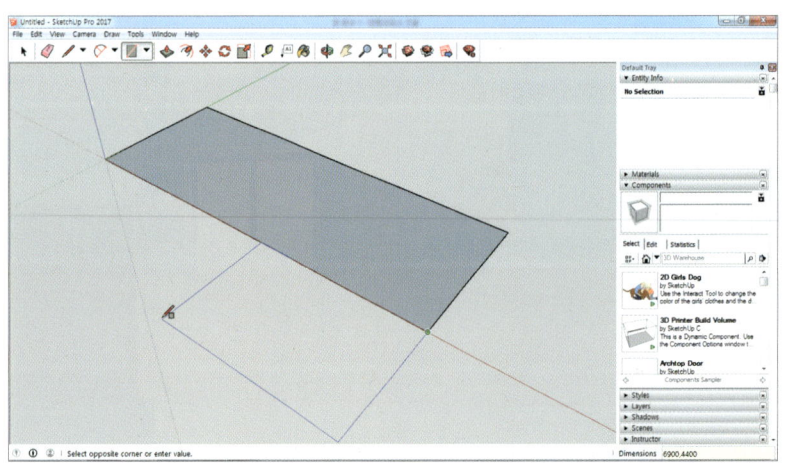

**2** 다시 Rectangle(직사각형)도구를 사용하여 오른쪽 하단에서 시작하는 6900mm*4400mm인 사각형을 그린다.

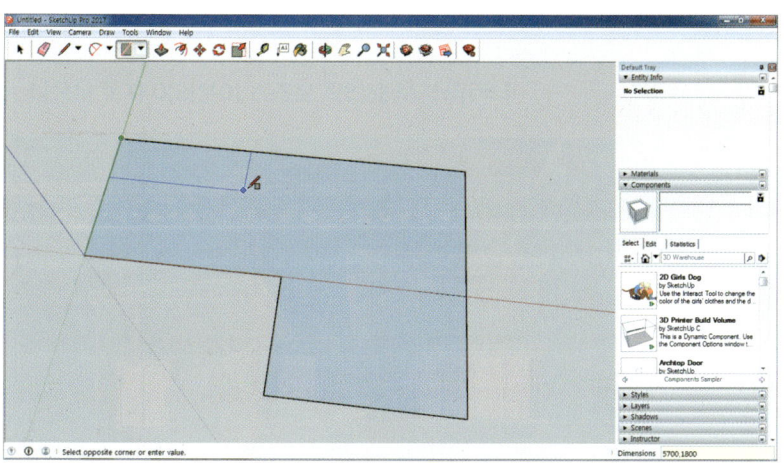

**3** 한 번 더 왼쪽 상단에서 시작하는 5700mm*1800mm 인 사각형을 그린다.

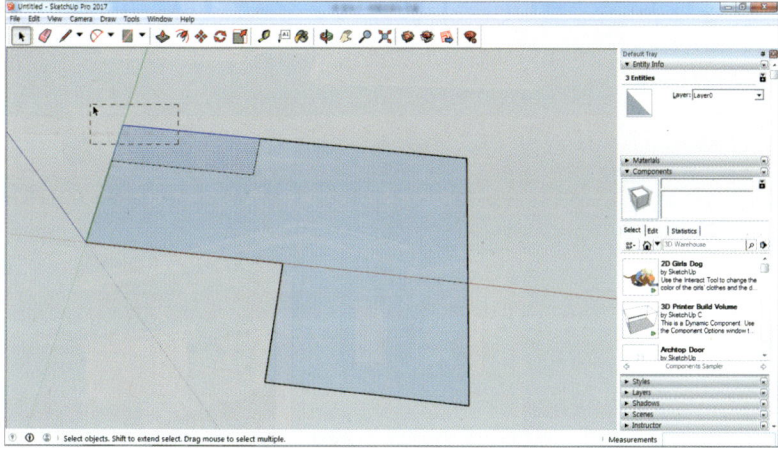

**4**  Select(선택) 도구를 선택한 후, 그림과 같이 왼쪽 드래그해서 모서리 사각변을 선택한다.

---

**Tip**    Select(선택) 도구를 사용할 때 오른쪽 드래그 했을 경우와 왼쪽 드래그 했을 때에 선택되는 영역이 달라진다.

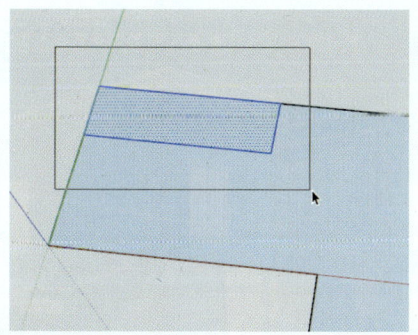

오른쪽 드래그 했을 경우에는 선택영역안의 객체(점, 선, 면)만 선택된다.

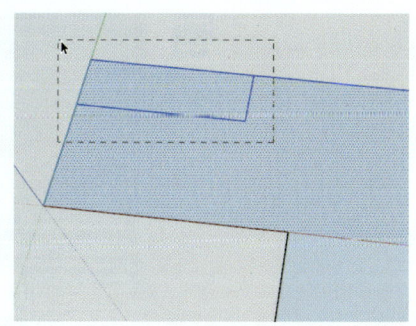

왼쪽 드래그 했을 경우에는 선택영역안에 걸치는 모든 객체(점, 선, 면)들이 선택된다.

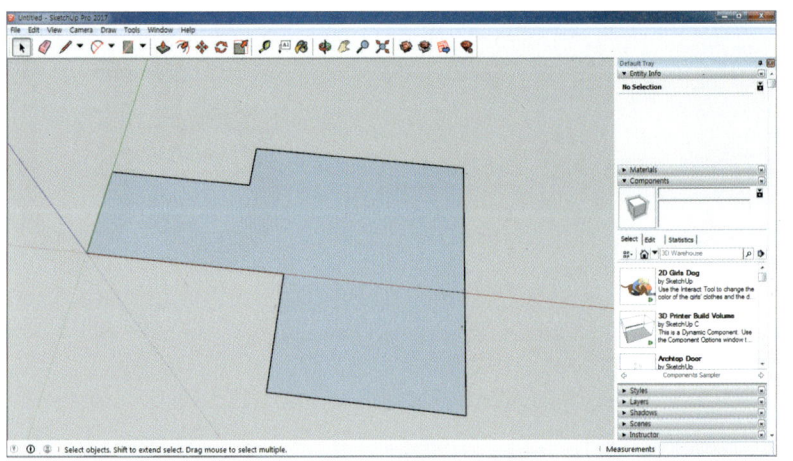

**5** 키보드에서 Del키를 눌러 왼쪽 모서리 면을 제거한다.

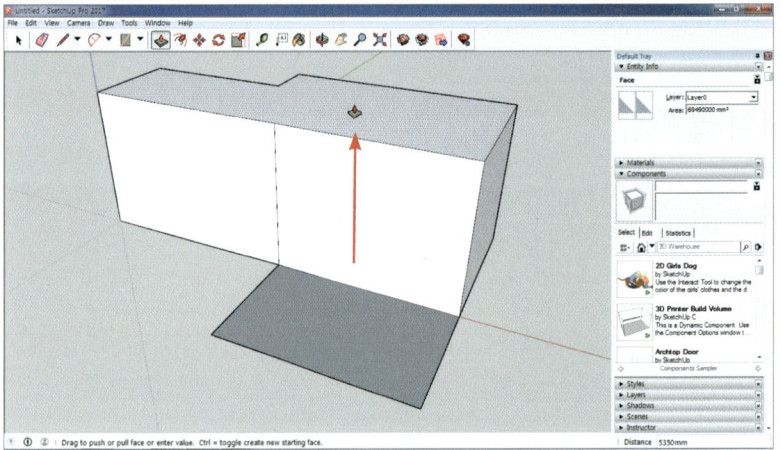

**6** Push/Pull(밀기/끌기) 도구를 선택한 후, 윗면을 5350mm 생성한다.

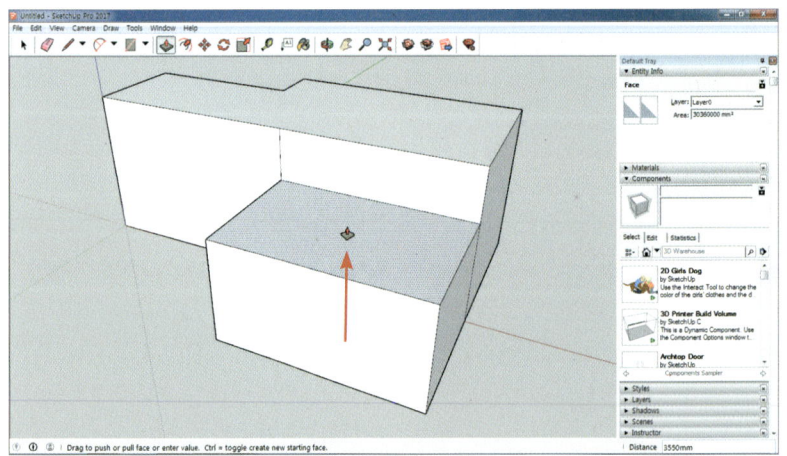

**7** 앞쪽의 면도 Push/Pull(밀기/끌기) 도구를 선택하여 3550mm 면을 생성한다.

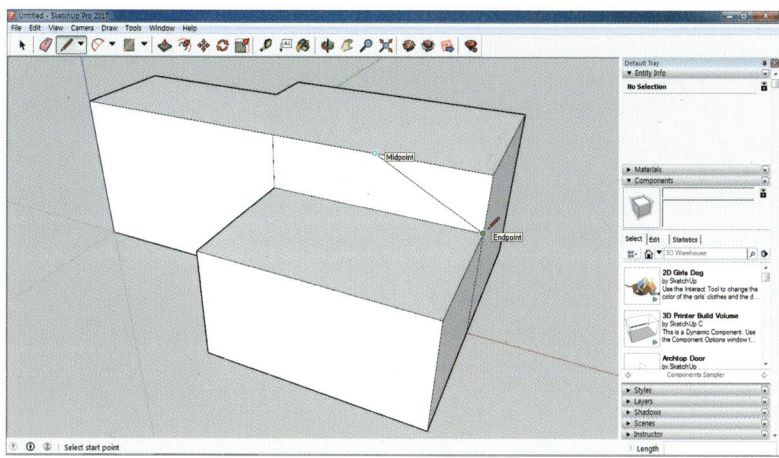

**8** ✏️ Line(선) 도구를 선택하고, 그림과 같이 위쪽 Midpoint 면과 대각선 방향의 EndPoint를 연결하는 선을 그린다.

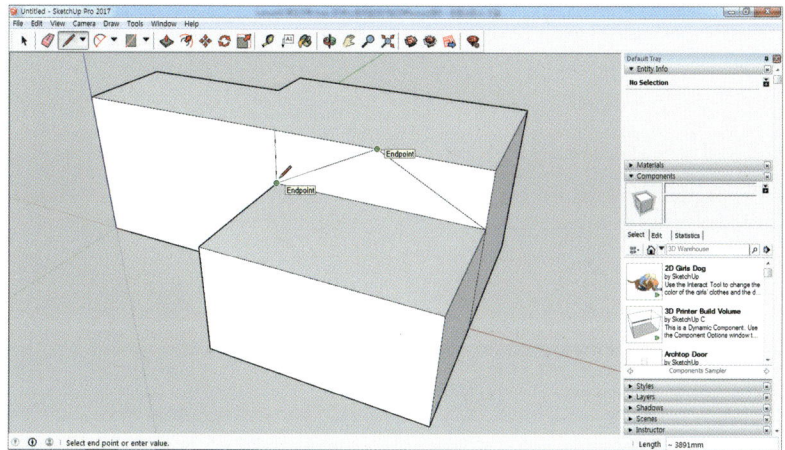

**9** 다시 한 번 ✏️ Line(선) 도구를 사용하여 Endpoint와 대각선의 EndPoint를 연결하는 선을 그린다.

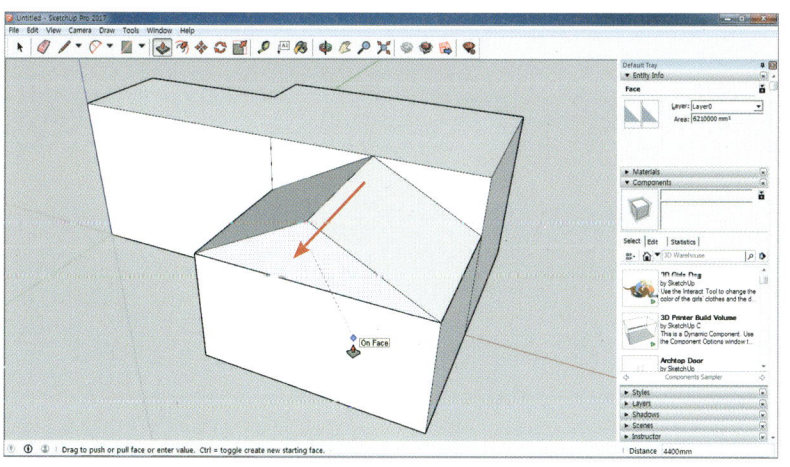

**10** ◆ Push/Pull(밀기/끌기) 도구를 사용해서 면을 앞쪽으로 생성한다. 이때 그림과 같이 아랫면의 On Face 메시지가 나올 때까지 드래그하면 아랫면의 길이와 같은 면을 생성할 수 있다.

이제 불필요한 선들을 (tools₩eraser.jpg) Eraser(지우기) 도구를 사용해서 제거해 보자.

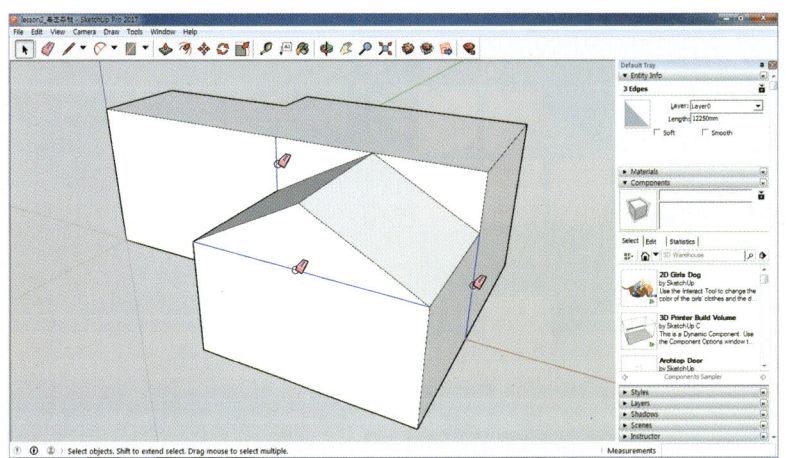

**11** Eraser(지우기) 도구를 선택한 후, 그림과 같이 차례대로 불필요한 선들을 선택해서 제거한다.

> **Tip** 불필요한 선들을 제거하는 이유는 선이 보기 싫은 이유도 있지만 나중에 Mapping(매핑) 작업(면에 색을 입히거나 재질을 적용하는 작업)을 할 때 편리하게 하기 위해서다. 면이 나누어져 있으면 나뉜 면대로 여러 번 재질을 적용해야 하는 번거로움이 있다. 따라서 불필요한 선들은 그때마다 제거해 주는 것이 바람직하다. 또한 선이 많아진다는 것은 그만큼 모델링 데이터의 크기가 커지는 것을 의미한다.

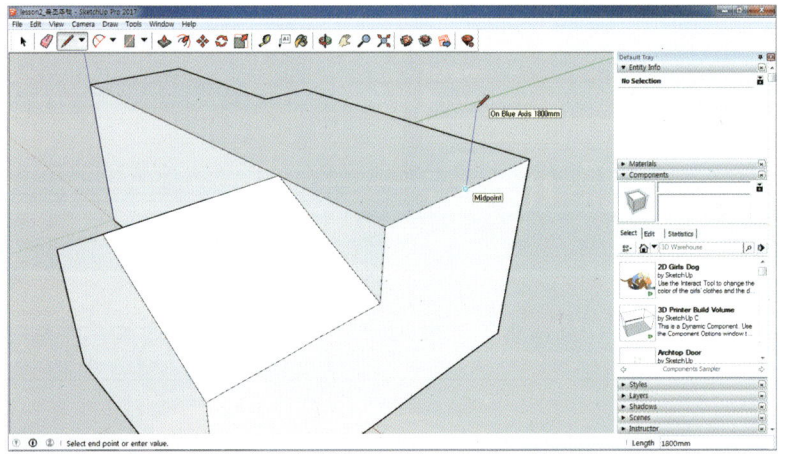

**12** 지붕을 만들기 위해서 Line(선) 도구를 선택한 후, 그림과 같이 Midpoint에서 블루측(On Blue Axis) 방향으로 1800mm인 선을 그린다. 이때 주의해야 할 것은 반드시 파란색 선이 나타나도록 수직선을 그려야 한다는 것이다.

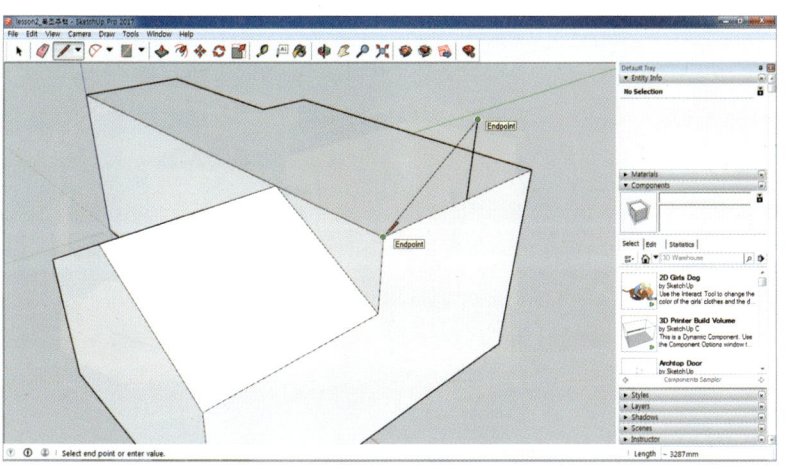

13 수직선의 꼭지점(Endpoint)에서 대각선 모서리 방향으로 선을 그린다.

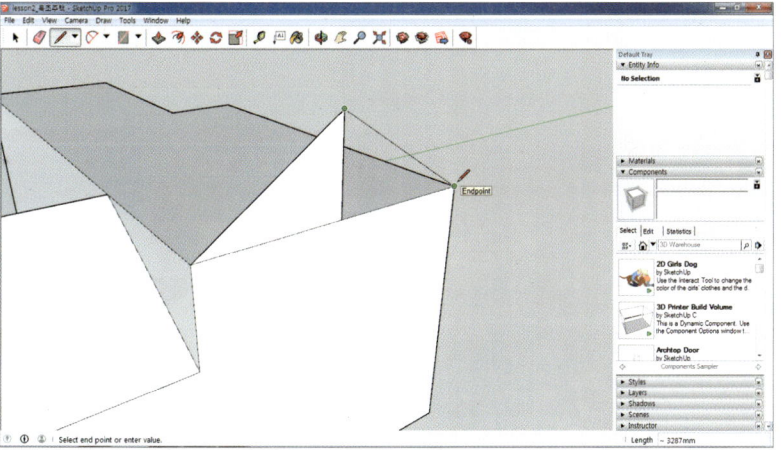

14 반대쪽도 마찬가지로 선을 그려서 삼각면을 완성한다.

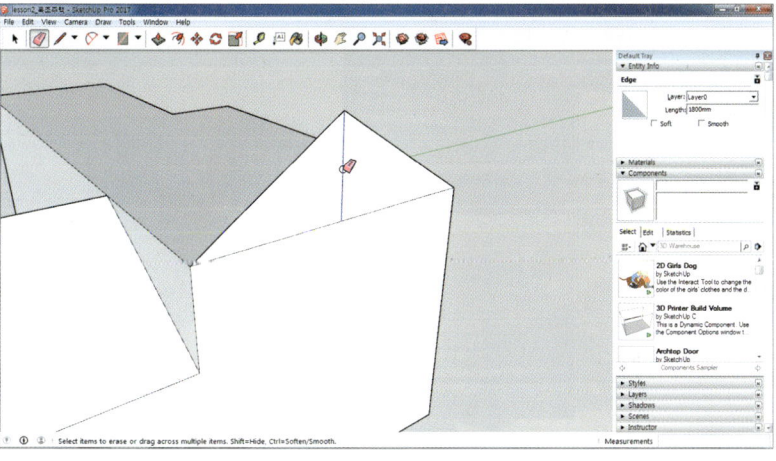

15 Eraser(지우기) 도구로 가운데 수직선을 제거한다.

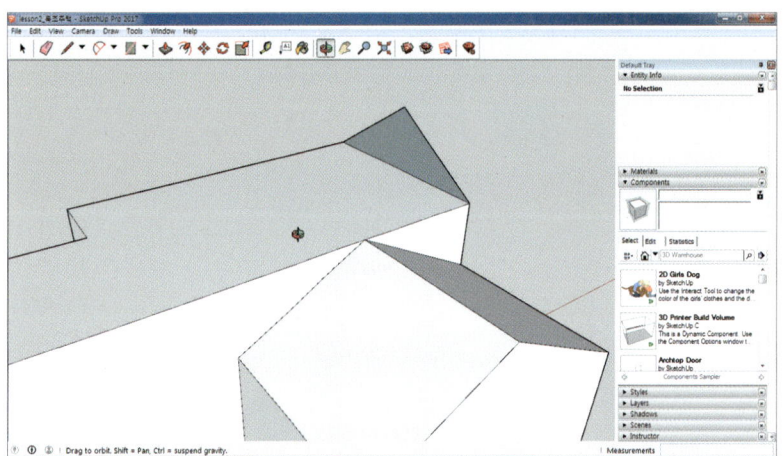

**16** 지붕에 해당하는 삼각면을 생성하기 위해서 Orbit (궤도) 도구를 사용해서 화면을 전환한다.

> **Tip** Orbit (궤도) 도구는 휠마우스의 경우 휠을 누르게 되면 Orbit(궤도) 도구로 전환되고, 3버튼 마우스의 경우 가운데 버튼을 클릭하면 Orbit(궤도) 도구로 전환할 수 있다. 따라서 모델링을 편리하게 하기 위해서는 휠마우스나 3버튼 마우스를 사용할 것을 권장한다.

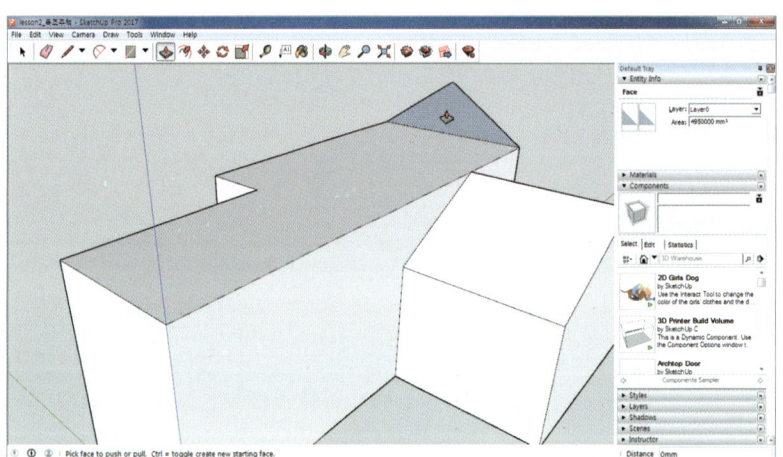

**17** Push/Pull(밀기/끌기) 도구를 선택하고, 삼각면에 위치한다.

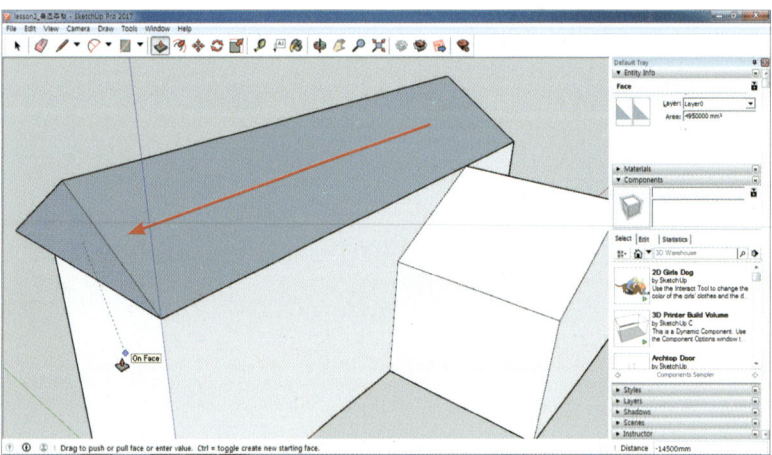

**18** Push/Pull(밀기/끌기) 도구로 드래그해서 아래 벽면까지 면을 생성한다.

90 + SketchUp 2017

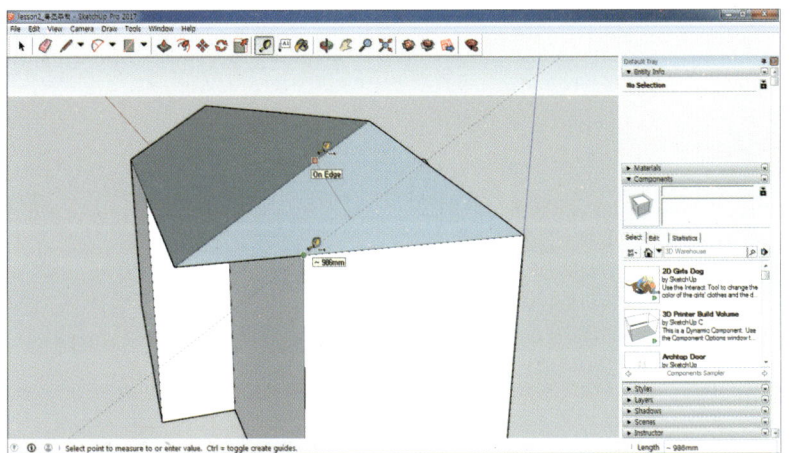

**19**  Tape Measure Tool (줄자) 도구 사용해서 지붕의 옆면에서 앞 벽면의 모서리까지 드래그해서 지붕과 평행한 보조선을 생성한다.

> **Tip** 보조선을 생성하는 이유는 선을 그릴 때 정확하게 보조선에 맞추어 그릴 수 있기 때문이다.

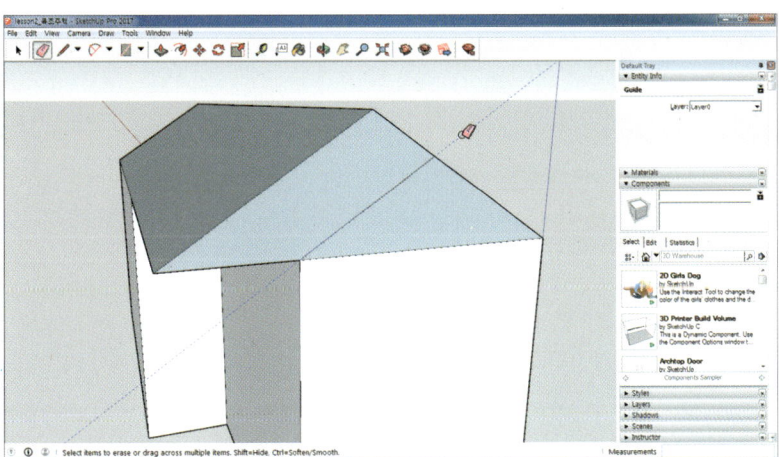

**20** Line(선) 도구를 사용해서 그림과 같이 보조선에 맞추어 선을 그린다.

**21** Eraser(지우기) 도구를 선택해서 보조선을 클릭해서 제거한다.

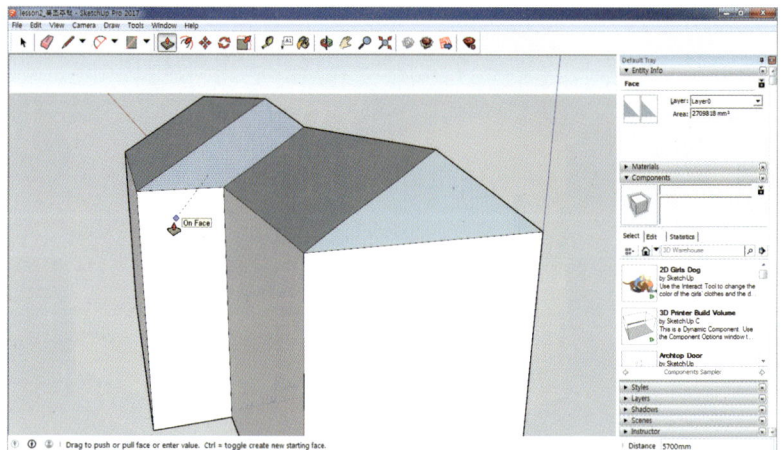

**22**  Push/Pull(밀기/끌기) 도구로 드래그해서 아래 벽면까지 면을 생성한다.

> **Tip**
> 
> 그림과 같이 지붕의 색만 파란색으로 보이는 이유는 면이 뒤집어져 있기 때문이다. SketchUp 프로그램은 모델링 방식이 안에가 뚫려있는 Surface(서피스)방식이기 때문에 얇은 면으로 되어있다. 이때 안쪽면과 바깥쪽면이 뒤집어져 있을 경우 파란색으로 보여진다. 나중에 재질을 적용하면 상관이 없지만 면을 뒤집는 방법에 대하여 알아보자.

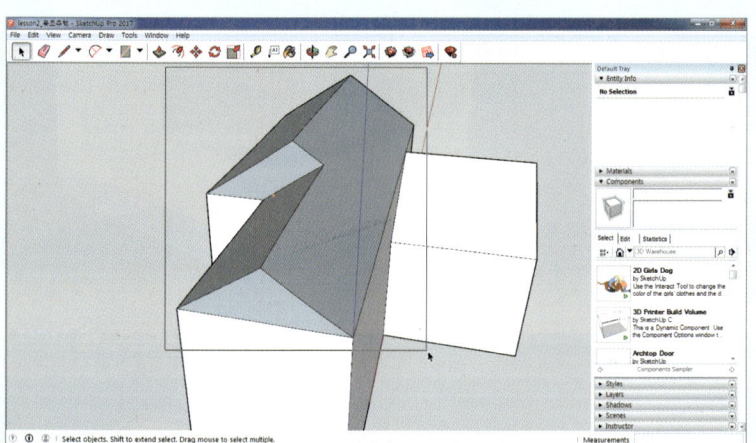

**1)** Select(선택) 도구를 선택한 후, 그림과 같이 파란색 부분이 선택영역 안에 들어오도록 드래그해서 파란 부분을 선택한다.

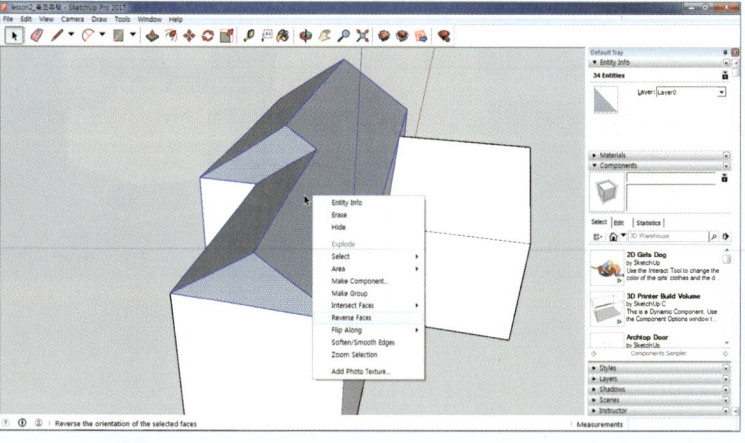

**2)** 선택된 면에서 오른쪽 마우스 클릭을 한 후, Reverse Faces를 선택한다.

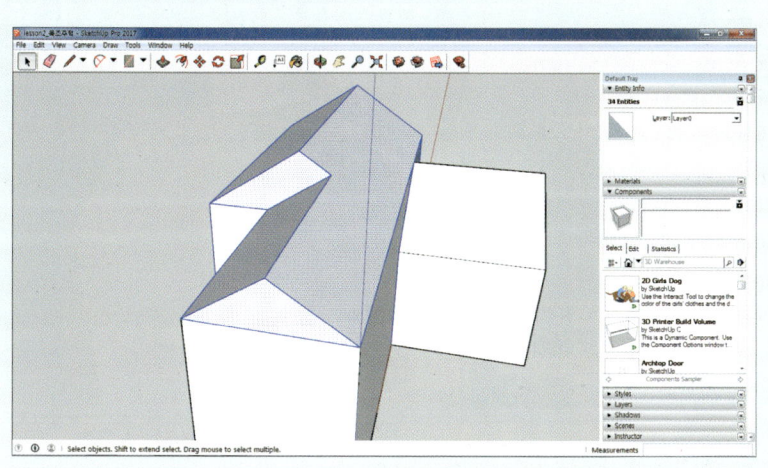

**3)** 선택된 면이 뒤집어 졌다.

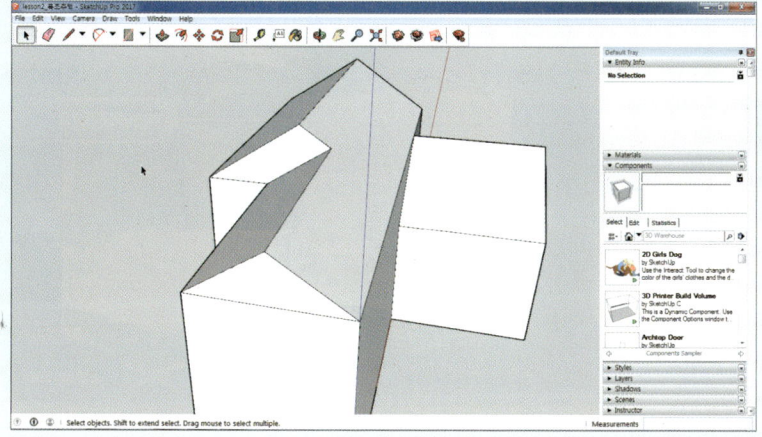

**4)** Select(선택) 도구로 모델링 밖의 영역을 클릭하면 선택되었던 면과 선들이 해제된다.

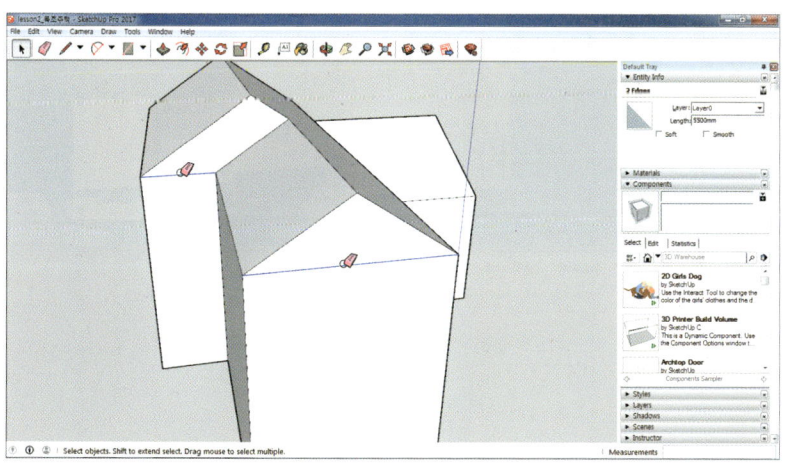

**23** Eraser(지우기) 도구를 사용해서 그림과 같이 선을 제거한다.

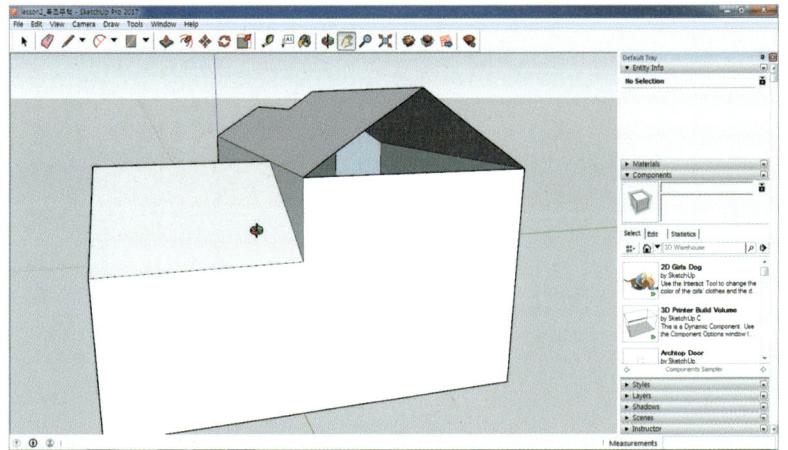

**24** Orbit(궤도) 도구를 사용해서 목조주택의 뒤쪽을 보면 면이 뚫려있는 것을 확인할 수 있다. 면이 뒤집어진 상태에서 Push/Pull(밀기/끌기) 도구를 사용했기 때문에 면이 뚫린 것이다. 이제 뚫린 면을 막아보도록 하자.

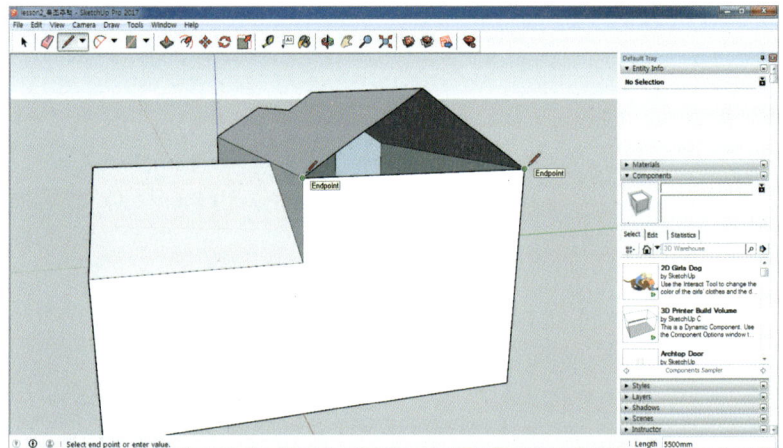

**25** 뚫린 면을 막는 방법은 아주 간단하다. Line(선) 도구를 사용해서 그림과 같이 뚫린 면의 한 쪽 모서리를 그려주면 된다.

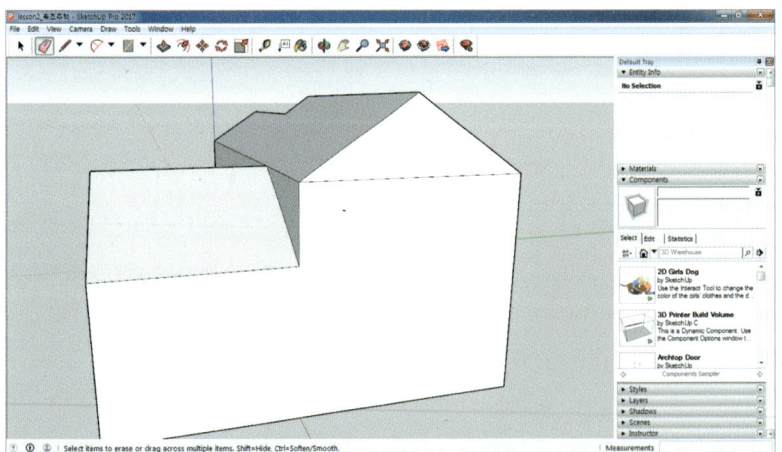

**26** 그림과 같이 면이 생성된 것을 확인할 수 있다.

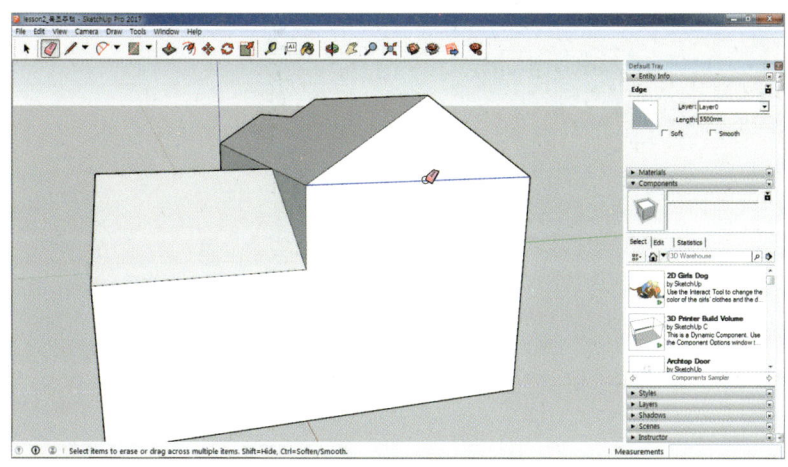

27 Orbit(궤도) 도구를 사용해서 목조주택의 뒤쪽을 보면 면이 뚫려있는 것을 확인할 수 있다. 면이 뒤집어진 상태에서 Push/Pull(밀기/끌기) 도구를 사용했기 때문에 면이 뚫린 것이다. 이제 뚫린 면을 막아보도록 하자.

# 02 작은방

왼쪽에 위치한 작은 방을 만들어 보자.

**SketchUp 2017**

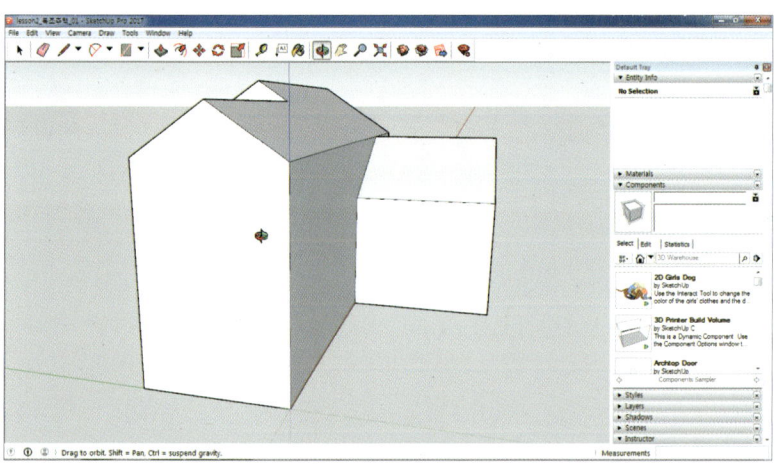

28 작은 방을 만들기 위해 Orbit(궤도) 도구를 선택한 후, 그림과 같이 화면을 회전한다.

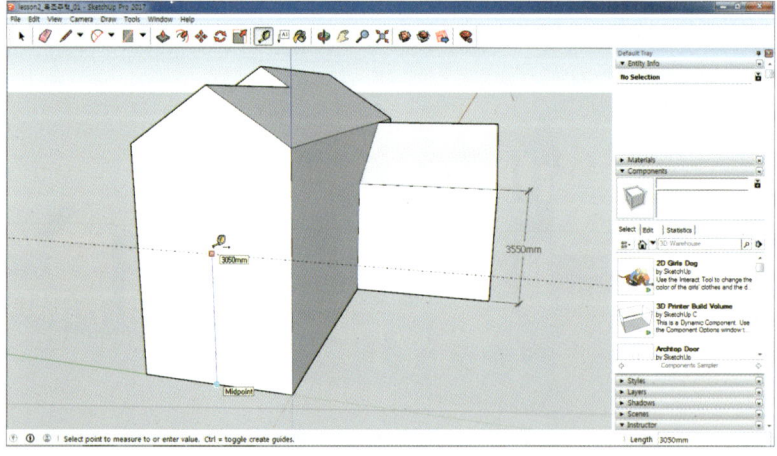

29 Tape Measure Tool(줄자) 도구를 이용해서 아랫면에서 높이가 3050mm인 보조선을 그린다.

30 ✏ Line(선) 도구를 사용해서 보조선과 벽면 옆모서리가 만나는 Intersection(교차점)을 연결하는 선을 그린다.

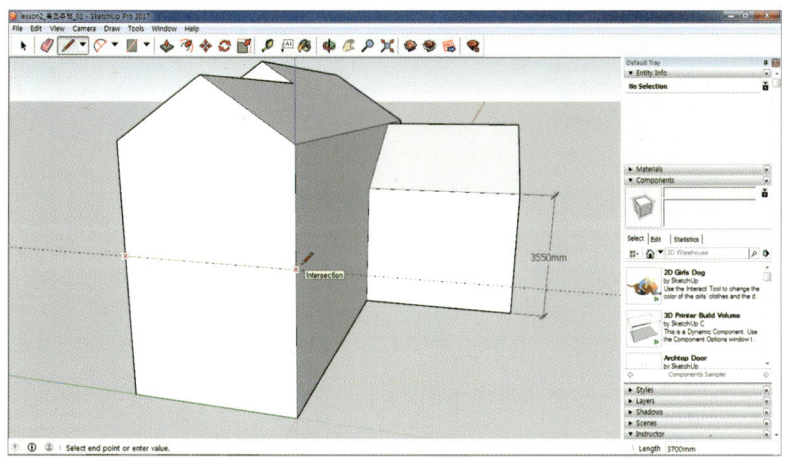

31 ✏ Line(선) 도구를 사용해서 보조선과 벽면 옆모서리가 만나는 Intersection(교차점)을 연결하는 선을 그린다.

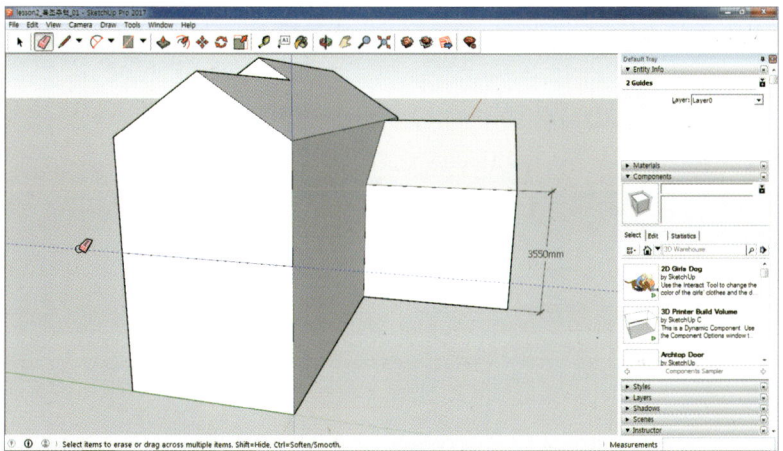

32 ✏ Line(선) 도구를 사용해서 보조선과 벽면 옆모서리가 만나는 Intersection(교차점)을 연결하는 선을 그린다.

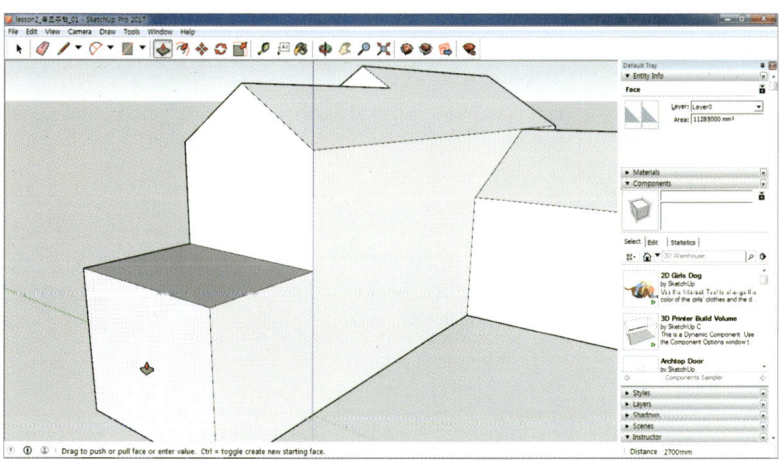

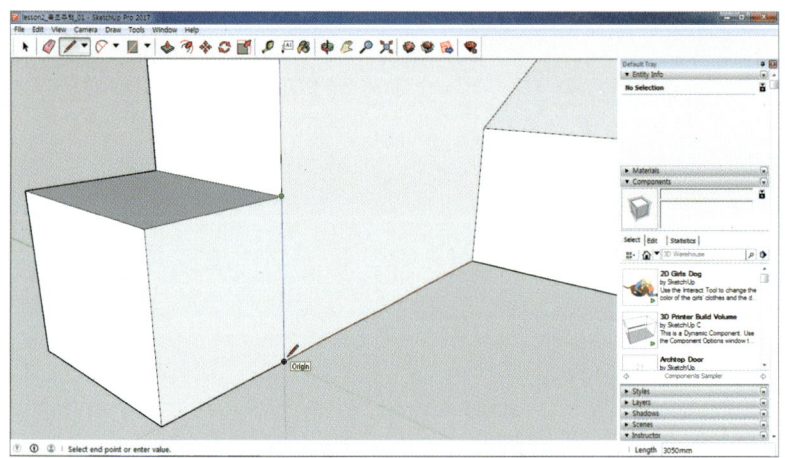

**33** 앞쪽으로 면을 생성하기 위해서 Line(선) 도구로 그림과 같이 수직선을 그린다.

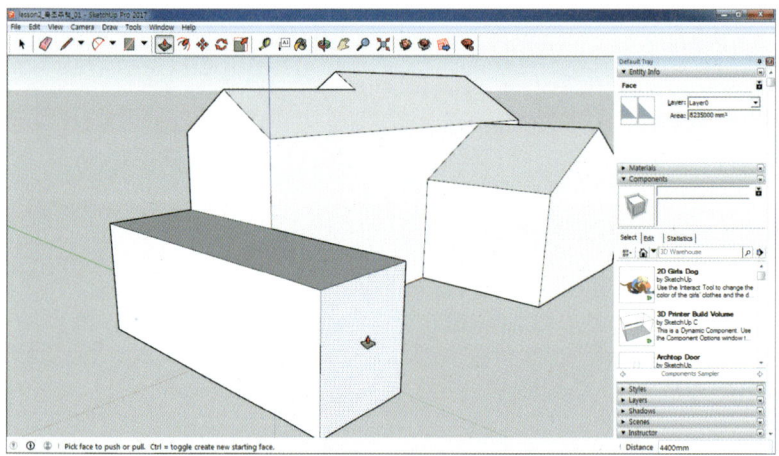

**34** Push/Pull(밀기/끌기) 도구를 사용해서 앞쪽으로 면을 4400mm 생성한다.

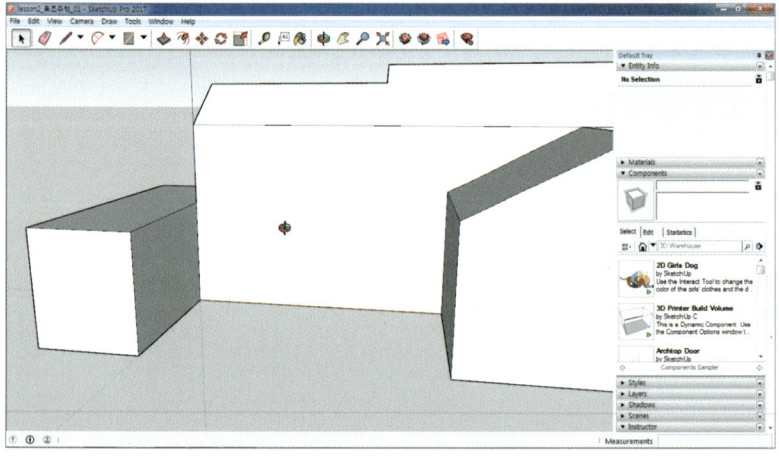

**35** 뒤쪽으로도 면을 생성하기 위해서 Orbit(궤도) 도구를 사용해서 화면을 회전한다.

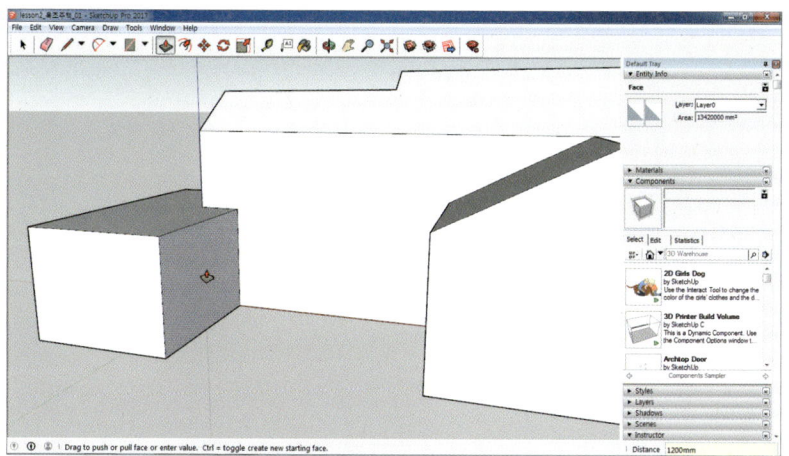

**36** Push/Pull(밀기/끌기) 도구를 사용해서 면을 1200mm 생성한다.

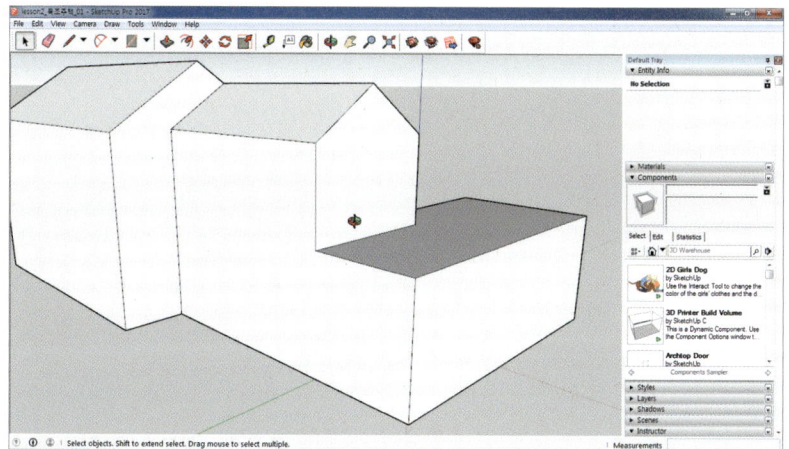

**37** 뒤쪽으로도 면을 생성하기 위해 Orbit(궤도) 도구로 화면을 회전한다. 더이상 Orbit(궤도) 도구에 대해서는 설명하지 않겠다. 어느 정도 익숙해졌기 때문이다. 따라서 화면을 회전하는 경우에는 따로 설명하지 않더라도 Orbit (궤도) 도구를 사용해서 화면을 회전해야 한다.

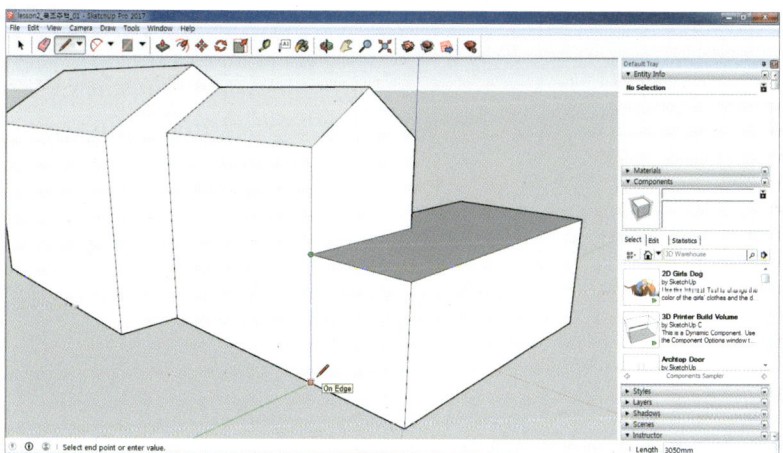

**38** 면을 생성하기 위해서 Line(선) 도구로 그림과 같이 수직선을 그린다.

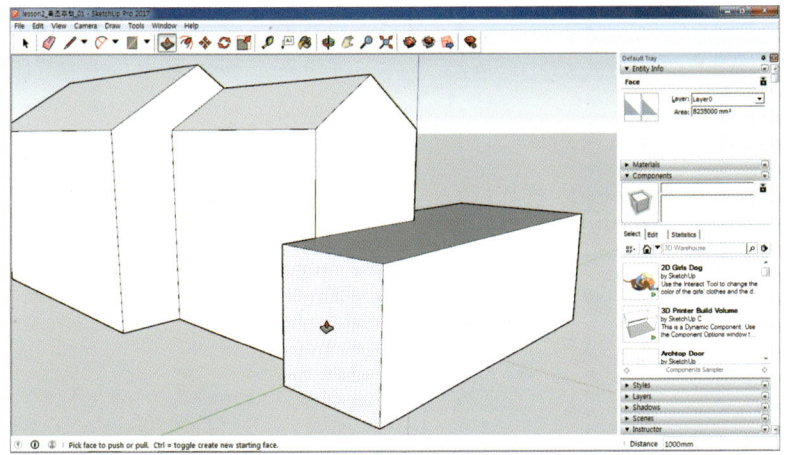

**39** Push/Pull(밀기/끌기) 도구를 사용해서 면을 1000mm 생성한다.

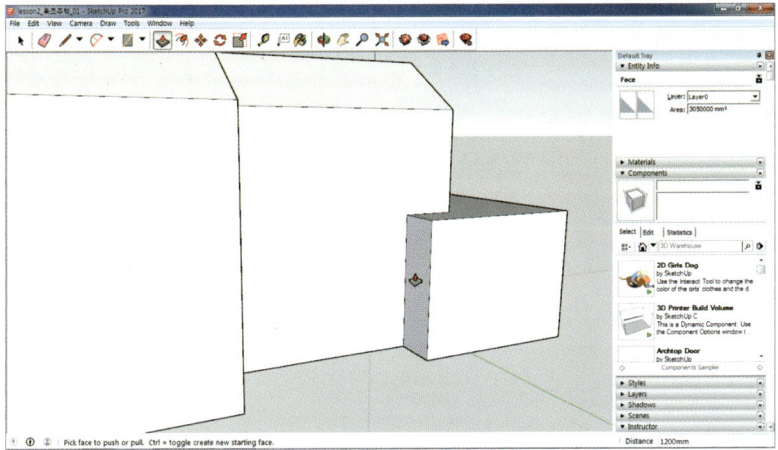

**40** 화면을 회전한 후, Push/Pull(밀기/끌기) 도구를 사용해서 면을 1200mm 생성한다.

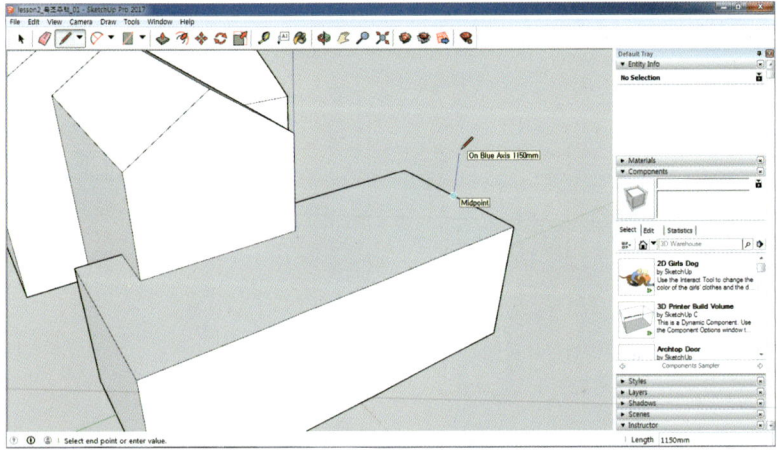

**41** 지붕을 만들기 위해서 Midpoint(중간점)에서 On Blue Axis(블루축방향)으로 1150mm인 수직선을 그린다.

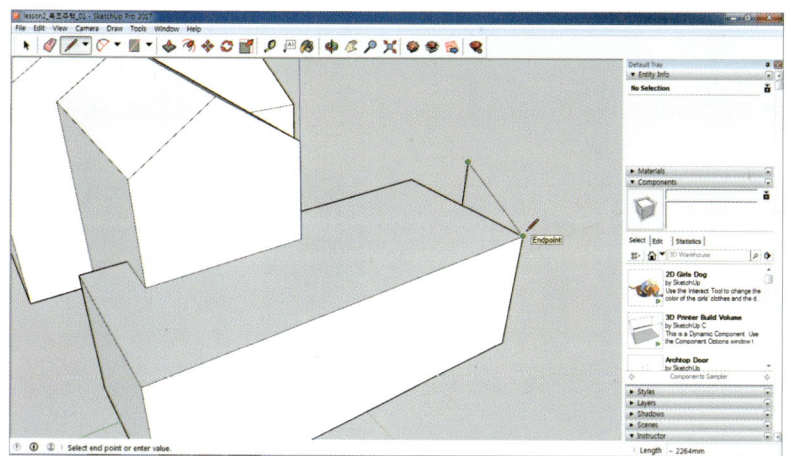

42 삼각면을 만들기 위해서 Line(선) 도구를 사용해서 그림과 같이 꼭지점과 모서리점을 연결하는 선을 그린다.

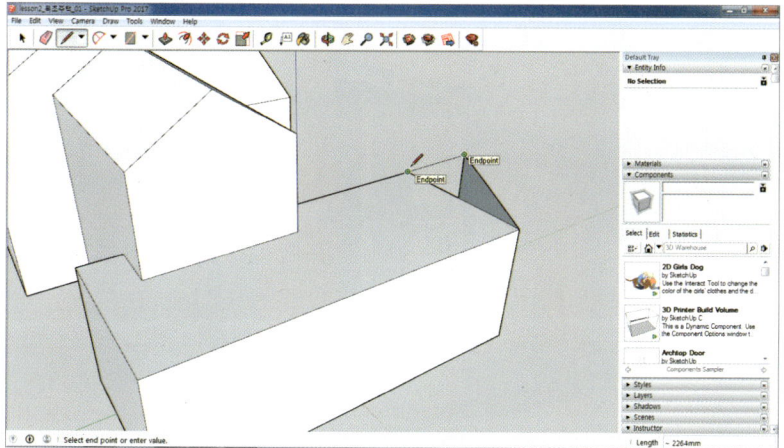

43 같은 방법으로 반대쪽에도 꼭지점과 모서리점을 연결하는 선을 그린다.

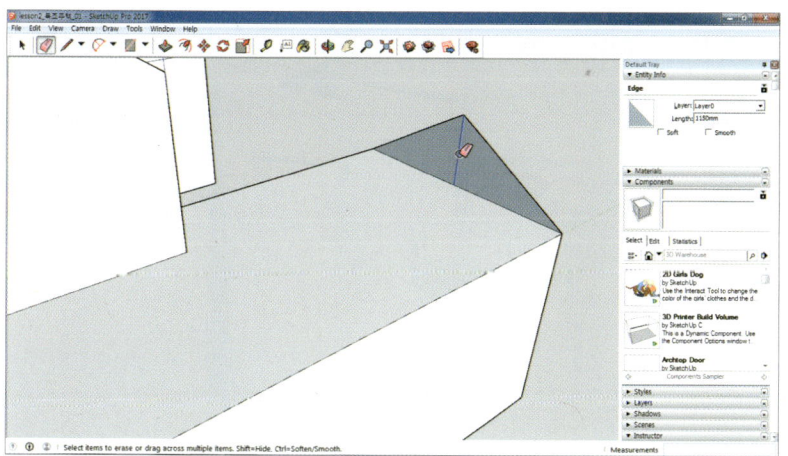

44 Eraser(지우기) 도구를 사용해서 가운데 수직선을 제거한다.

**Tip** 면이 생성된 후에는 면 위에 있는 선을 제거하더라도 면은 제거되지 않는다. 따라서 면 위에 있는 불필요한 선들은 제거하는 것이 바람직하다.

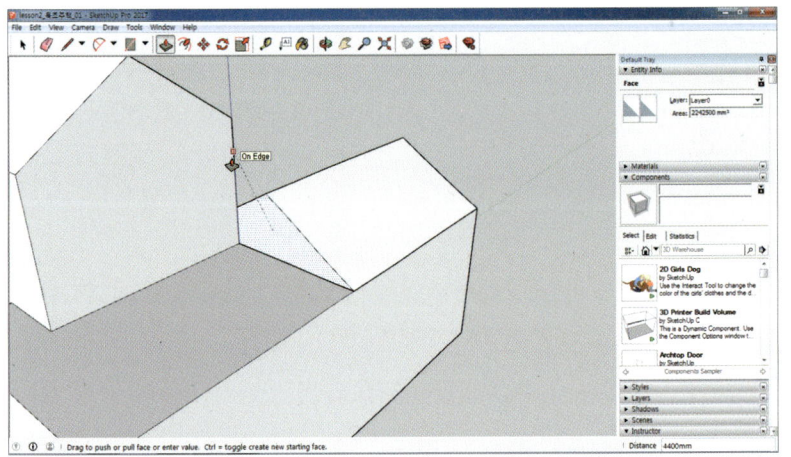

**45** 삼각면을 만들기 위해서 Line(선) 도구를 사용해서 그림과 같이 꼭지점과 모서리점을 연결하는 선을 그린다.

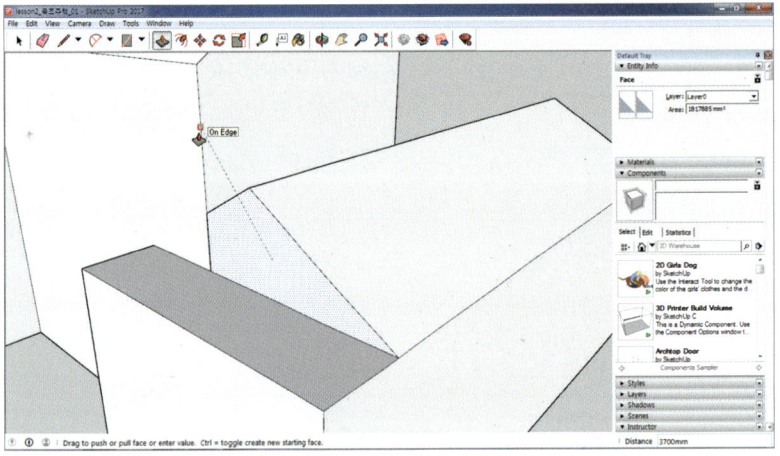

**46** 같은 방법으로 반대쪽에도 꼭지점과 모서리점을 연결하는 선을 그린다.

 앞에서 45번, 46번과 같이 면을 나누어서 생성하는 이유는 면 안에 면이 겹치는 것을 방지하기 위해서 이다.
그림과 같이 면을 한 번에 끝까지 생성하게 되면 면이 겹치게 된다.

**(면을 한 번에 생성한 경우)**

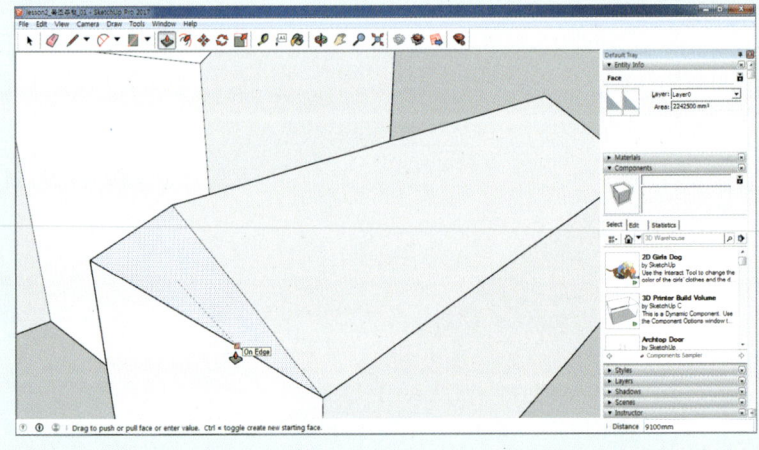

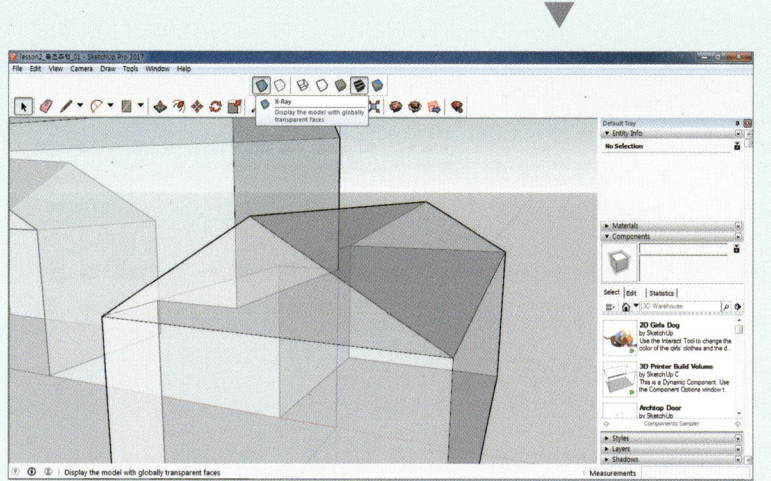

그림과 같이 지붕면이 벽면을 파고 들었다.

**(45번, 46번과 같이 면을 나누어서 생성한 경우)**

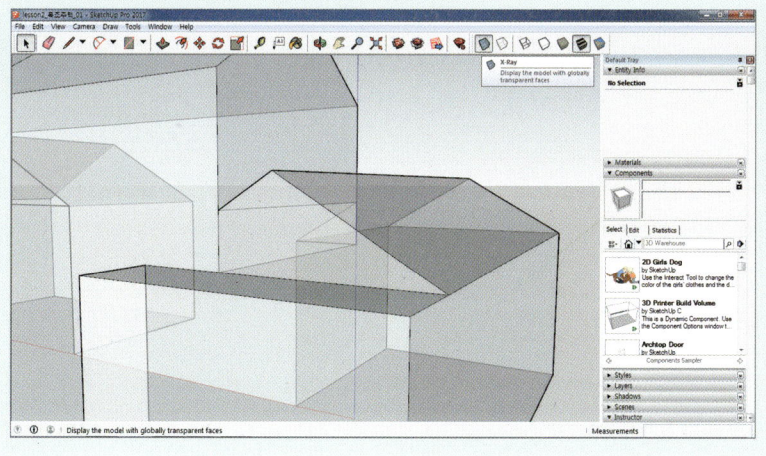

지붕면이 벽면속을 파고 들지 않고 나뉘어져 있다. 따라서 시간이 더 걸리더라도 면을 나뉘어서 작업하는 것이 바람직하다.

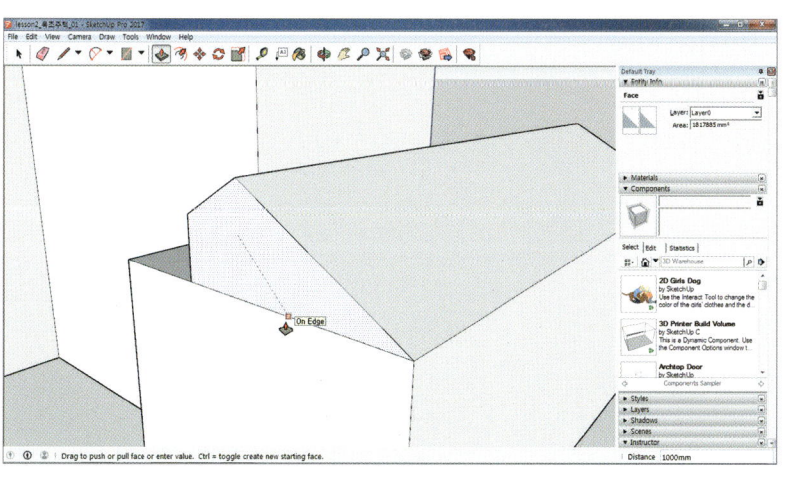

**47** Push/Pull(밀기/끌기) 도구를 사용해서 그림과 같이 마지막 모서리(On Edge)까지 면을 생성한다.

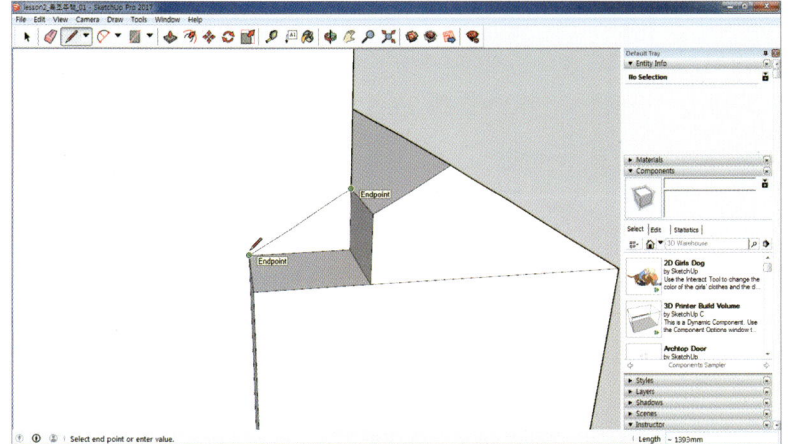

**48** 나머지 지붕면을 만들기 위해 그림과 같이 ✏ Line(선) 도구를 사용해서 EndPoint(끝점)과 EndPoint(끝점)을 연결한다.

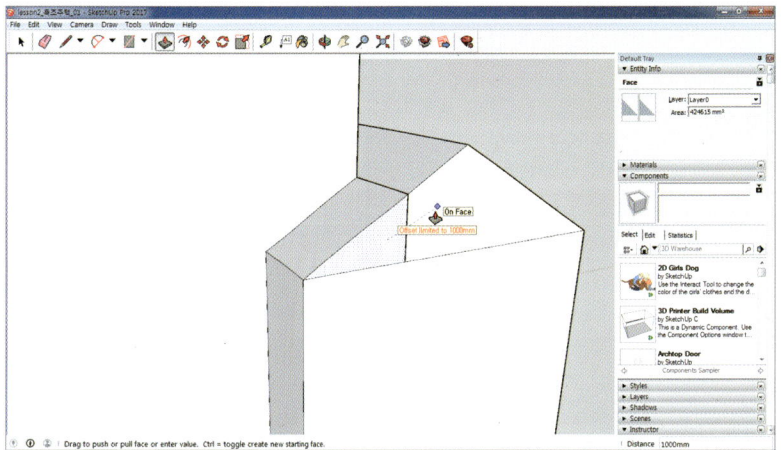

**49** ♦ Push/Pull(밀기/끌기) 도구를 사용해서 나머지 지붕면을 완성한다.

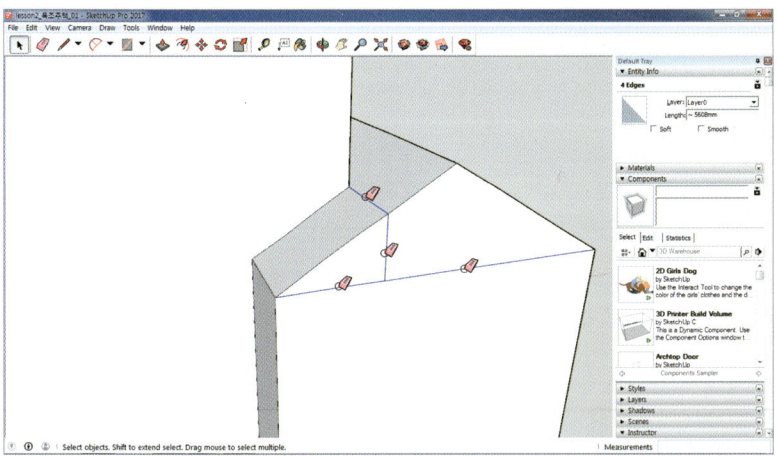

**50** ✐ Eraser(지우기) 도구를 사용해서 불필요한 선들을 제거한다.

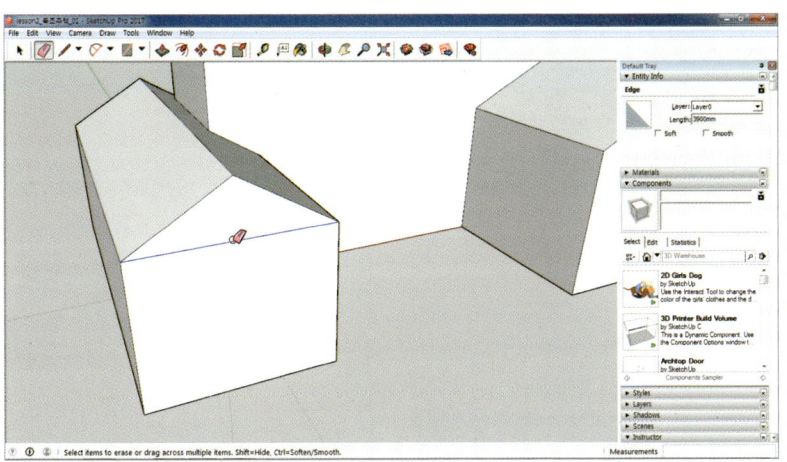

**51** 나머지 지붕면을 만들기 위해 그림과 같이 Line(선) 도구를 사용해서 EndPoint(끝점)과 EndPoint(끝점)을 연결한다.

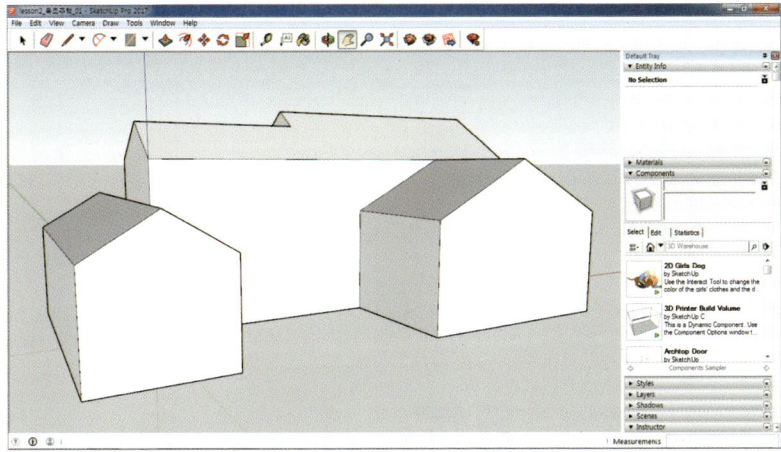

**52** Push/Pull(밀기/끌기) 도구를 사용해서 나머지 지붕면을 완성한다.

# 03 지붕공사 1

앞에서 만든 기본형태를 바탕으로 지붕을 만들어 보자

**SketchUp 2017**

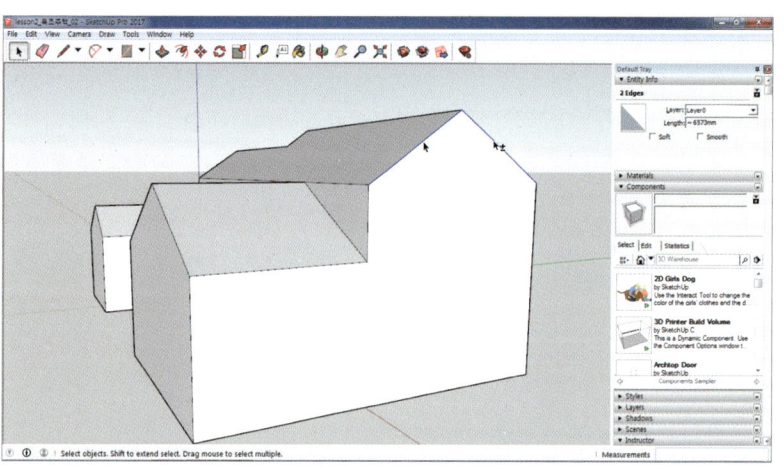

53 Select(선택) 도구를 사용해서 그림과 같이 지붕 모서리를 선택한다. 이때 연속적으로 선택하기 위해서는 반드시 Ctrl키 또는 Shift키를 누르고 선택을 해야 한다.

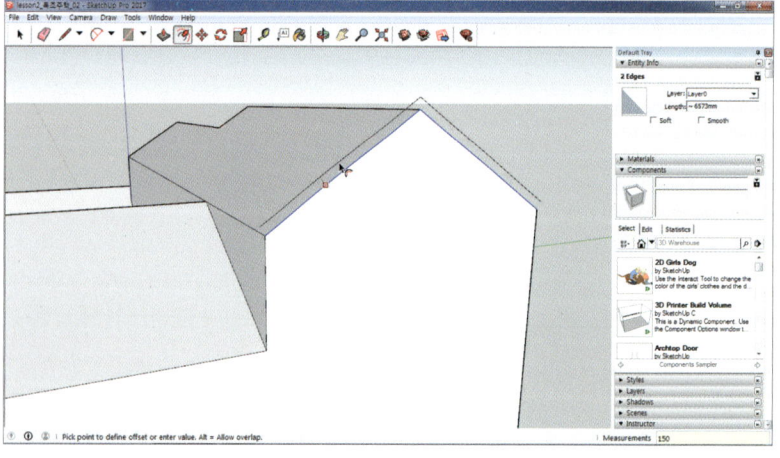

54 Offset(오프셋) 도구를 선택하고 그림과 같이 150mm 떨어진 선을 그린다.

**Tip** 이때 Offset(오프셋)의 수치가 바로 지붕의 두께가 된다. 따라서 정확하게 수치를 입력할 필요가 있다.

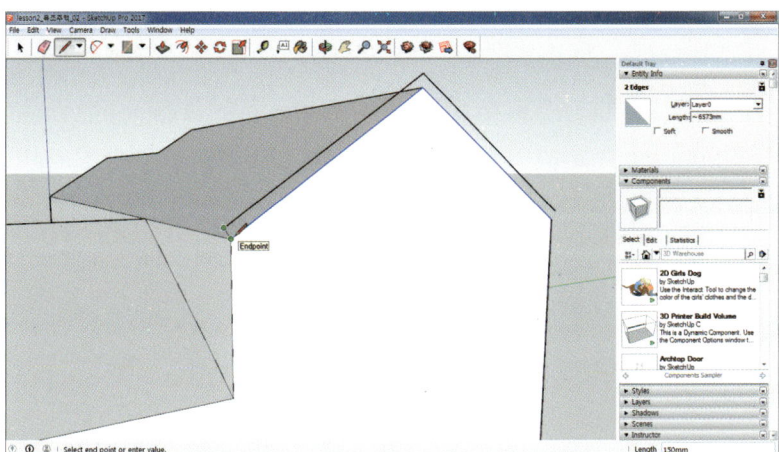

55 　Line(선) 도구를 사용해서 그림과 같이 Offset(오프셋)으로 만든 선과 지붕의 모서리를 연결하는 선을 그린다.

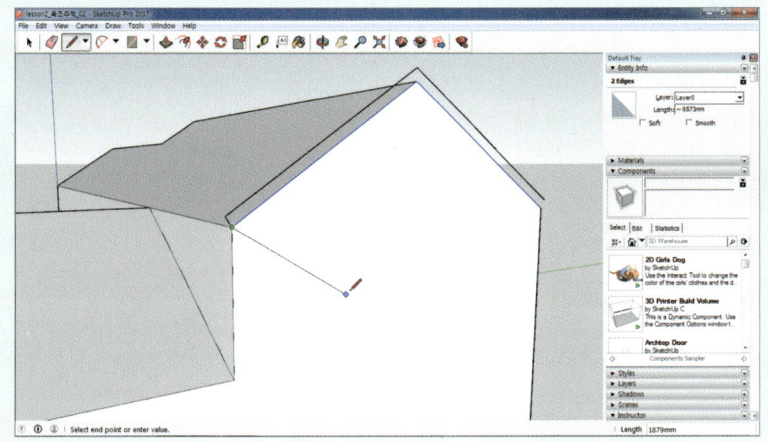

**Tip**

그림과 같이 선을 그린 후, 끊어지지 않고 계속해서 연결되어 있다. 이 선을 해제하고 싶다면 키보드에서 Esc키를 누르면 연결된 선이 해제된다.

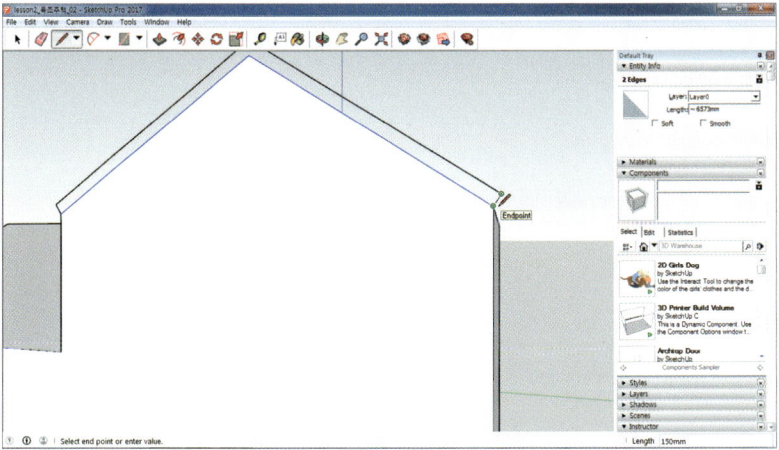

56 　반대쪽에도 　Line(선) 도구를 사용해서 선을 연결한다.

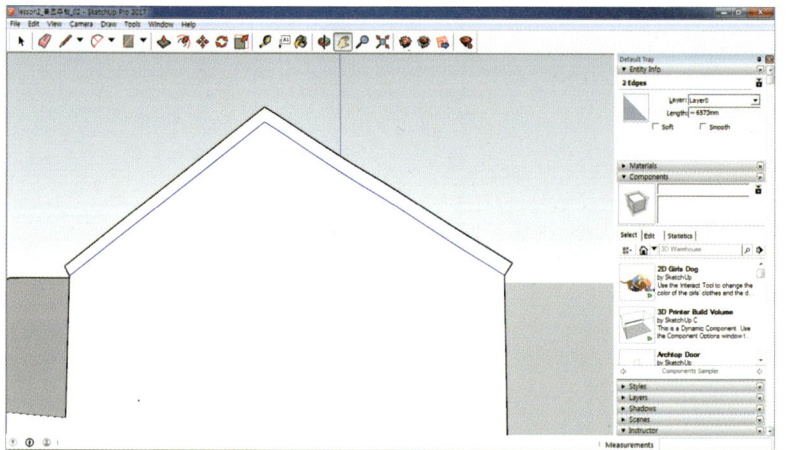

**57** 선을 연결했을 뿐인데 그림에서와 같이 면이 생성된 것을 알 수 있다. 이것이 SketchUp의 큰 장점이라고 할 수 있다. Open(열린)된 선을 선으로 연결해서 Close(닫게) 하게 되면 뚫려있던 공간이 면으로 생성된다.

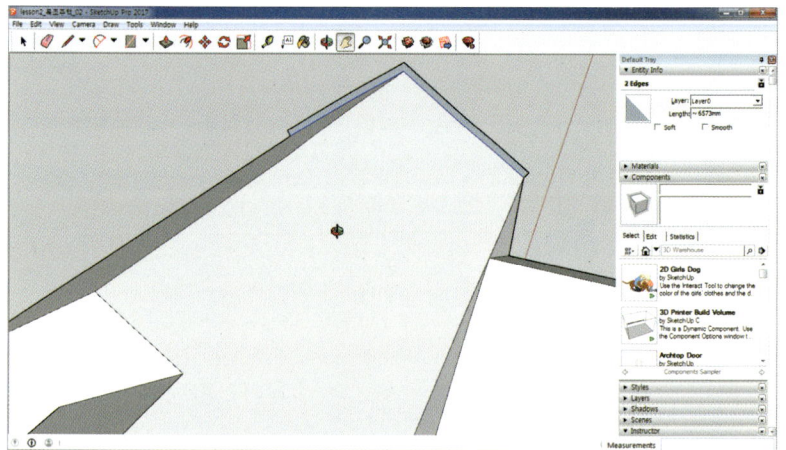

**58** 지붕면을 만들기 위해서 Orbit(궤도) 도구를 사용해서 화면을 뒤쪽으로 전환한다.

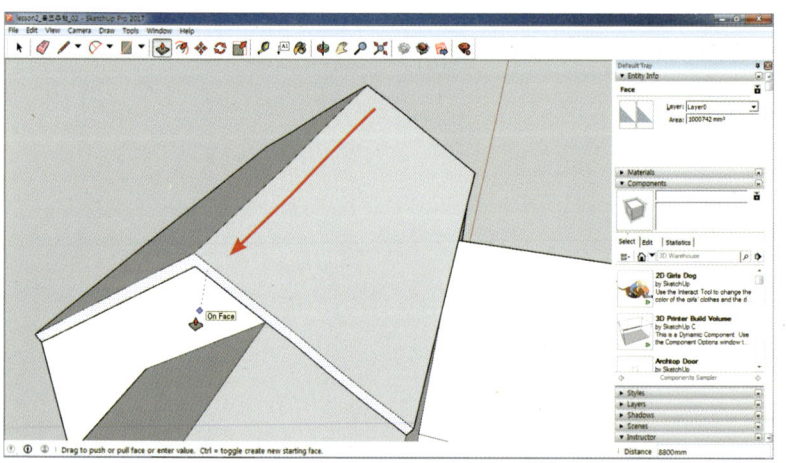

**59** Push/Pull(밀기/끌기) 도구를 사용해서 지붕면을 8800mm 생성한다.

> **Tip** 면을 생성할 때 수치입력창에 정확한 수치를 입력해서 면을 생성할 수도 있지만 그림과 같이 면이 생성하고자 하는 기준이 되는 벽면으로 드래그하게 되면 그 벽면의 길이만큼 면이 생성된다.

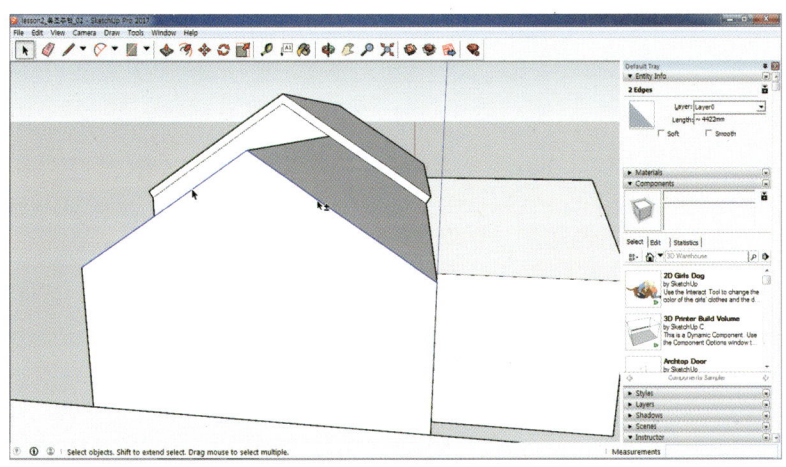

**60** 지붕이 중간에 끊어져 있기 때문에 반대쪽에도 같은 방법으로 지붕을 만들어 주어야 한다. 이때 주의할 점은 지붕두께를 정확하게 해야 한다는 것이다. Select(선택) 도구를 선택해서 그림과 같이 양쪽 모서리를 선택한다. 다중선택은 Ctrl 키를 눌러야 한다.

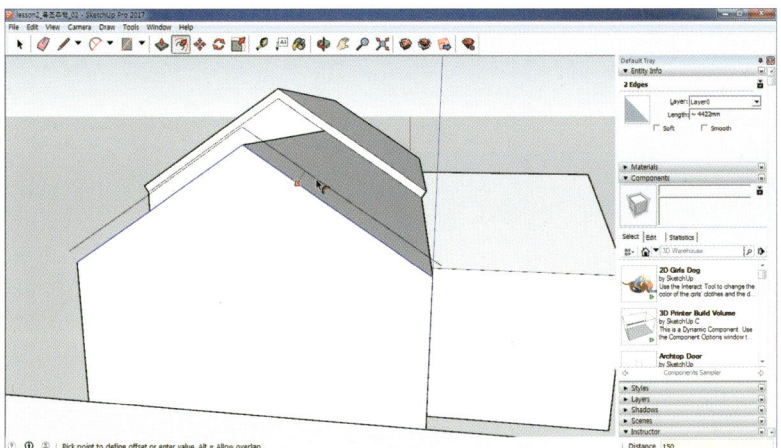

**61** Offset(오프셋) 도구를 사용해서 150mm 떨어진 선을 그린다. 이때 수치가 중요하다. 앞의 54번에서 입력한 수치와 같아야 한다.

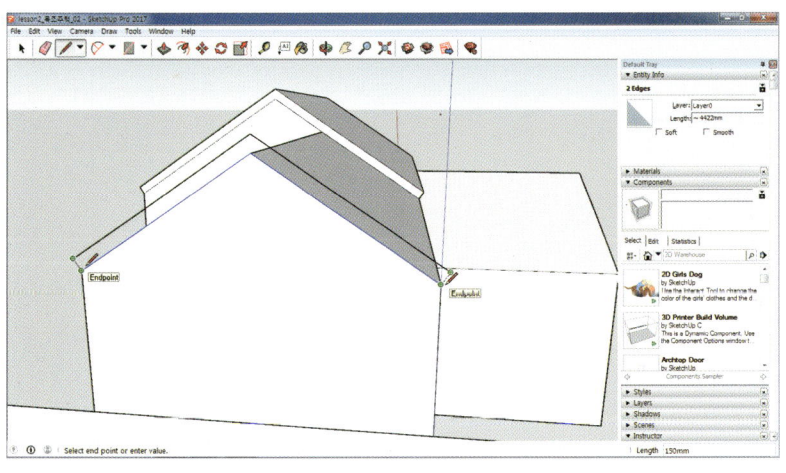

**62** 마찬가지로 지붕면을 만들기 위해서 Line(선) 도구를 사용해서 양쪽 끝을 선으로 연결한다.

Lesson 2 · 목조 주택

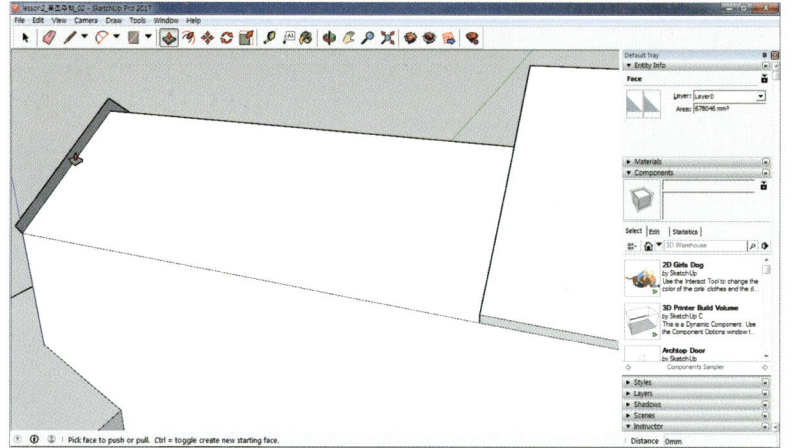

63 지붕면을 만들기 위해 화면을 회전해서 Push/Pull(밀기/끌기) 도구를 선택하고 지붕면을 선택한다.

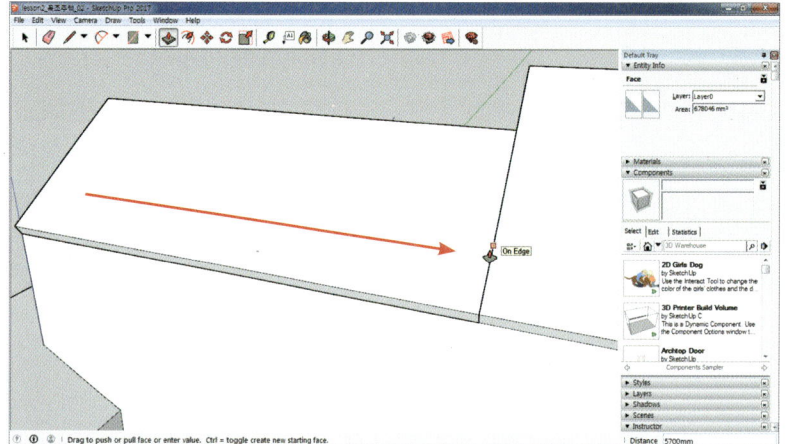

64 면을 드래그해서 처음 만들었던 지붕까지 면을 생성한다.

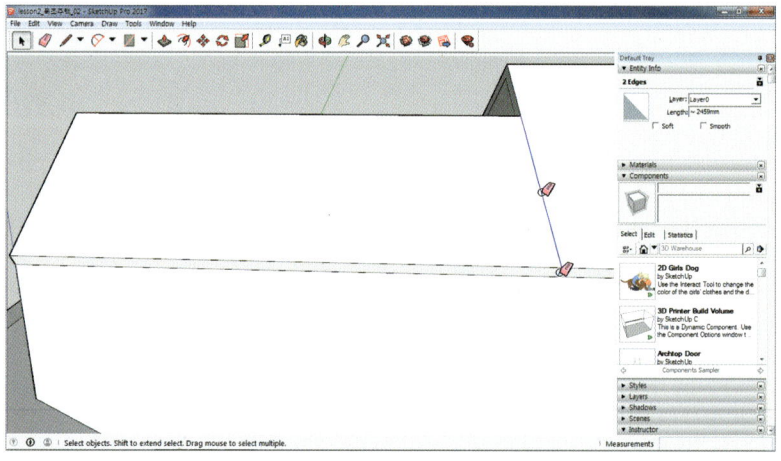

65 Eraser(지우기) 도구를 사용해서 그림과 같이 선을 제거한다.

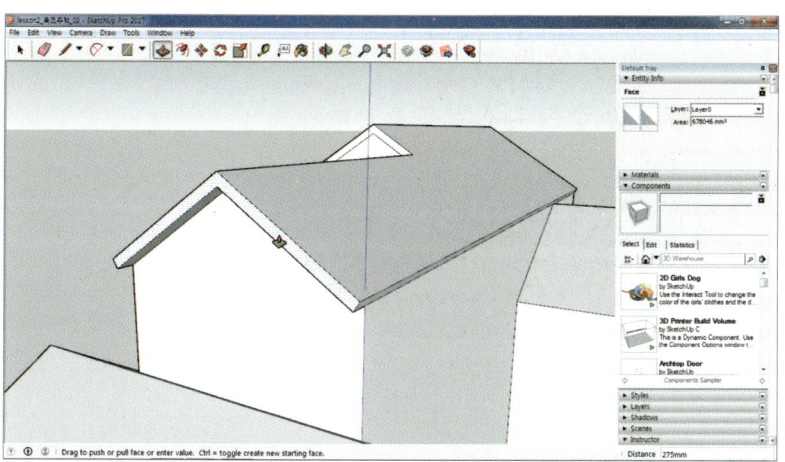

66 Push/Pull(밀기/끌기) 도구로 지붕 앞쪽 면을 선택한 후 앞쪽으로 275mm 만큼 면을 생성한다.

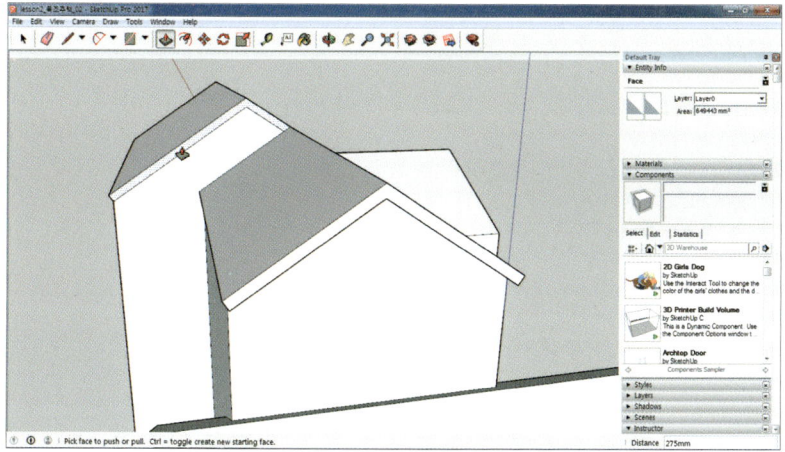

67 계속해서 뒤쪽 지붕면을 Push/Pull(밀기/끌기) 도구를 사용해서 275mm 만큼 면을 생성한다.

**Tip** 이때 바로 전에 사용했던 Push/Pull(밀기/끌기) 값을 그대로 적용하기 위해서 '더블클릭'을 하면 된다. 예를 들어 66번에서 적용했던 275mm의 값을 그대로 적용하려면 67번에서 Push/Pull(밀기/끌기) 도구를 선택한 후, 해당면에서 '더블클릭'하면 66번에서 적용되었던 275mm의 값이 그대로 적용되어 면이 생성된다.

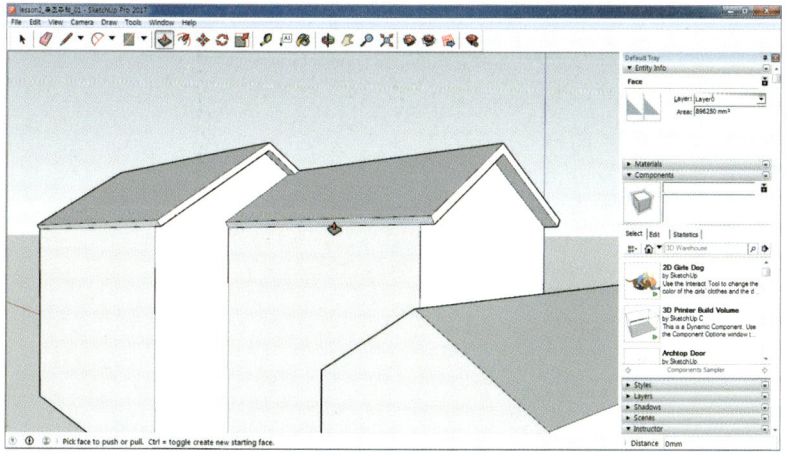

68 옆쪽 지붕도 '더블클릭'해서 275mm 만큼 면을 생성한다.

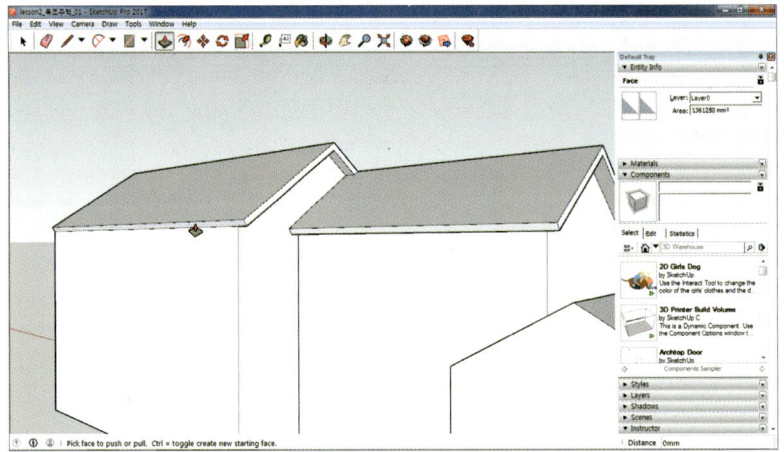

**69** 뒤쪽의 지붕도 '더블클릭'해서 똑같은 치수(275mm)로 면을 생성한다.

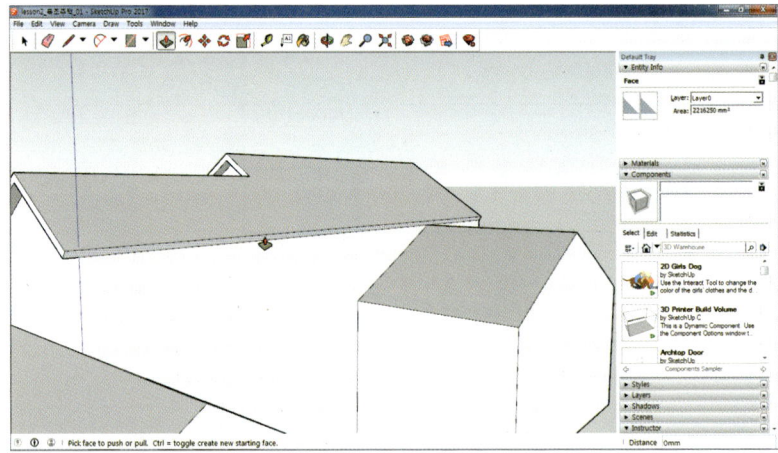

**70** 화면을 회전한 후, 반대쪽도 같은 방법(더블클릭)으로 면을 생성한다.

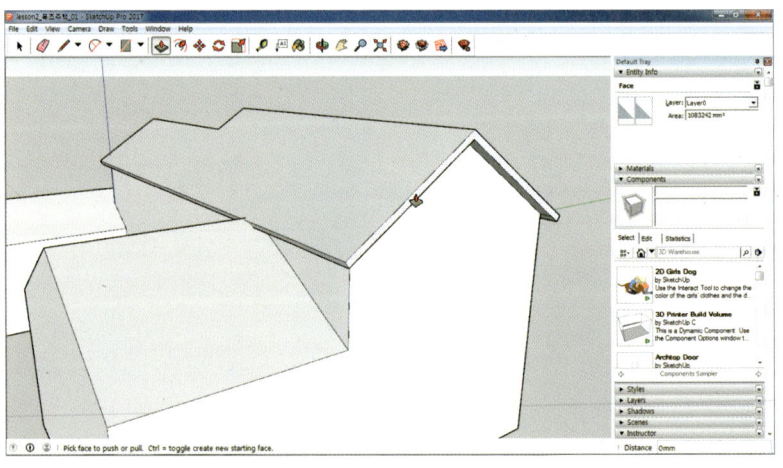

**71** 마지막으로 화면을 회전해서 끝의 지붕도 '더블클릭'해서 면을 생성한다. 이제 첫 번째 지붕이 완성되었다. 이제부터 지붕공사는 지금과 같은 방법으로 제작하면 된다.

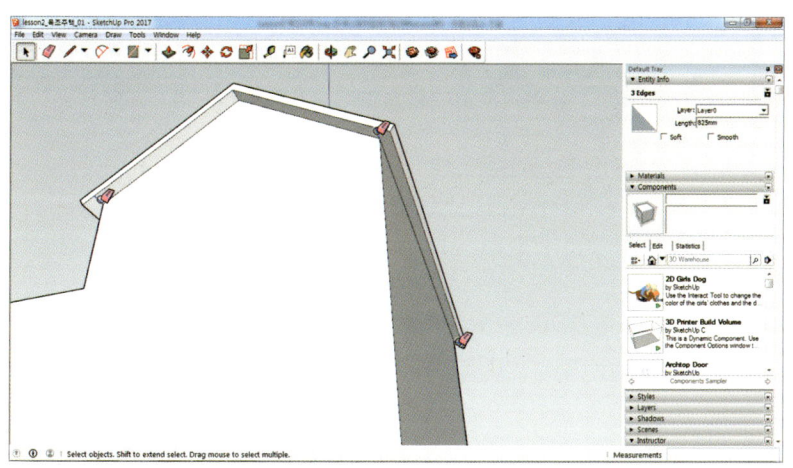

**72** 화면을 그림과 같이 전환한 후, Eraser(지우기) 도구를 사용해서 지붕아랫면에 생성된 불필요한 선들을 제거한다. 반대쪽도 마찬가지로 선들을 제거한다.

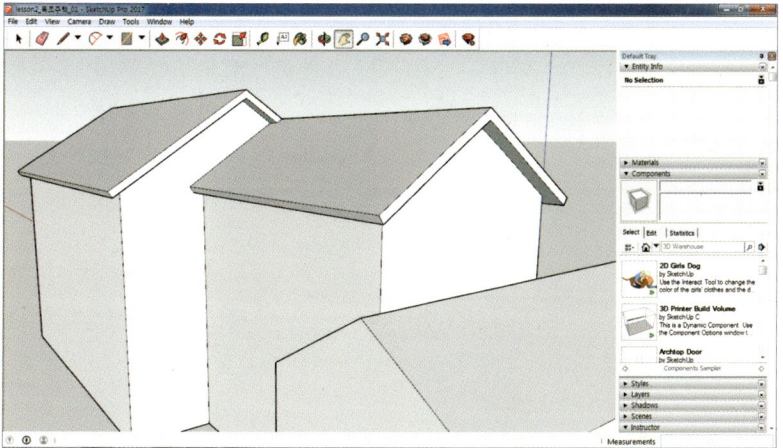

**73** 그림과 같이 지붕이 완성되었다.

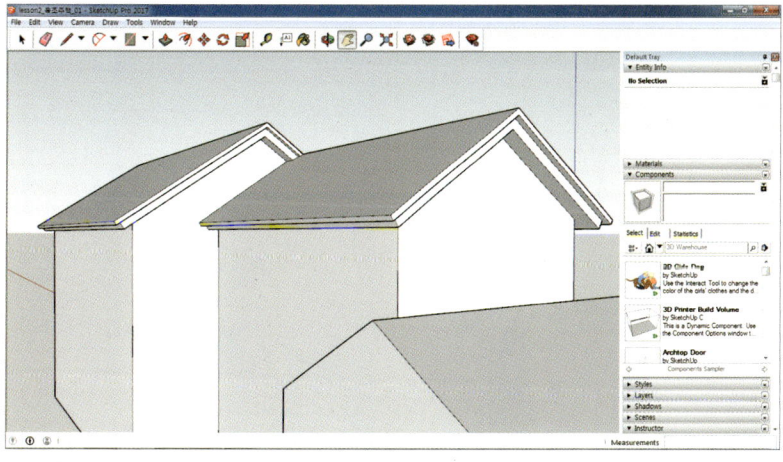

**반복학습**

**74** 같은 방법(53번 ~ 72번)으로 그림과 같이 두께가 80mm이고 앞쪽과 옆면으로 150mm 튀어나온 지붕을 완성한다.

# 04 지붕공사2

앞쪽 건물과 작은방 지붕을 완성해 보자.

**SketchUp 2017**

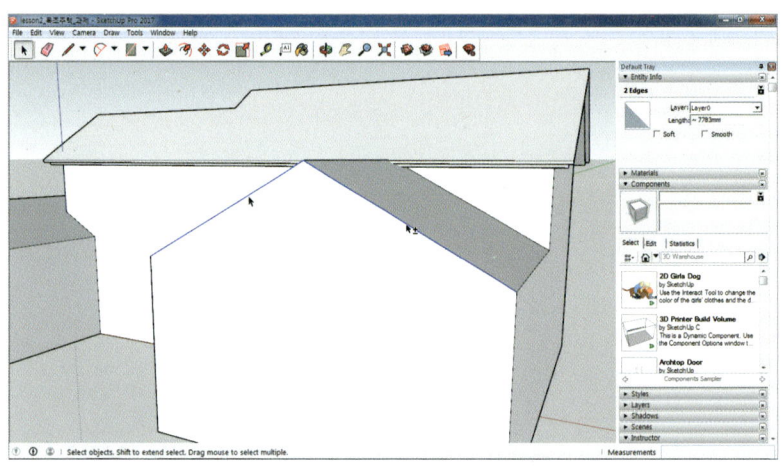

75 이제 앞부분의 지붕을 만들어 보자. Select(선택) 도구를 사용해서 지붕의 모서리 부분을 연속선택한다. 연속선택은 Ctrl 키나 Shift 키를 누르고 선택하면 된다.

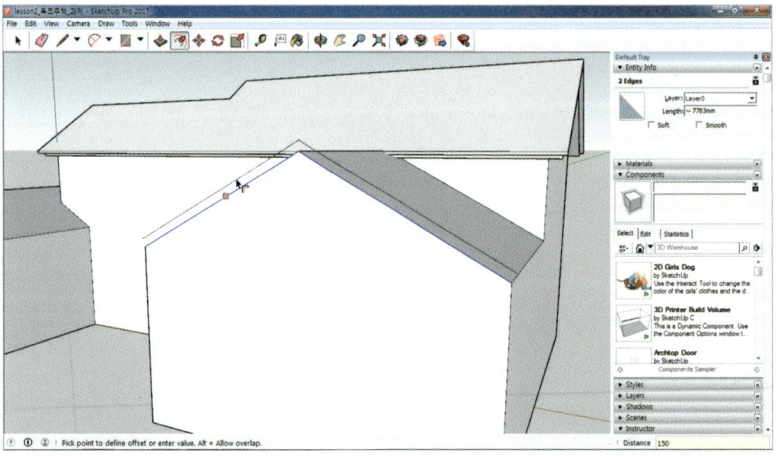

76 앞에서 한 번 지붕을 제작해 보았기 때문에 쉽게 따라할 수 있을 것이다. Offset(오프셋) 도구를 사용해서 모서리에서 150 mm 떨어진 선을 그린다.

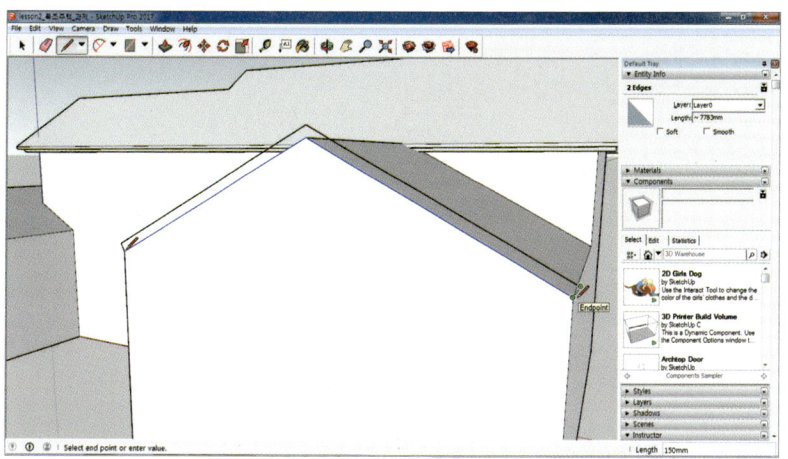

77 ✏ Line(선) 도구를 사용해서 그림과 같이 떨어진 선을 각각 연결한다.

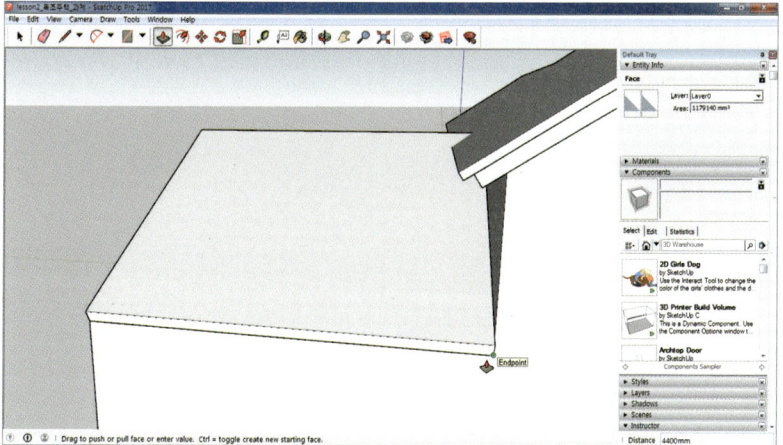

78 화면을 회전한 후, ◆ Push/Pull(밀기/끌기) 도구로 뒤 벽면까지 지붕면을 생성한다.

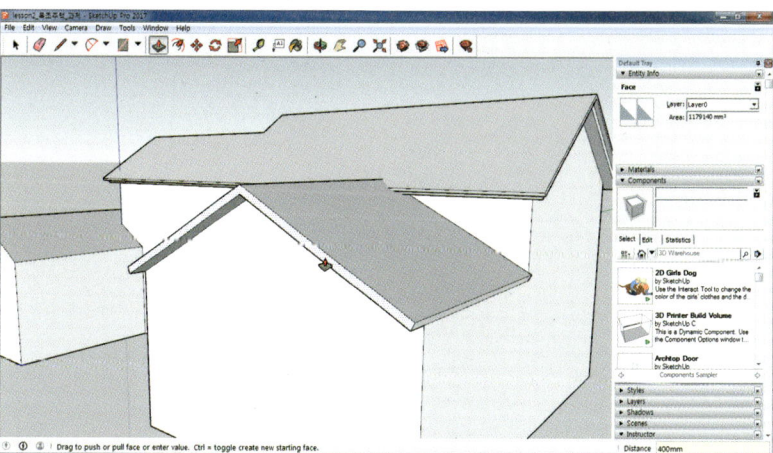

79 ◆ Push/Pull(밀기/끌기) 도구를 사용해서 앞쪽으로 면을 400mm 생성한다.

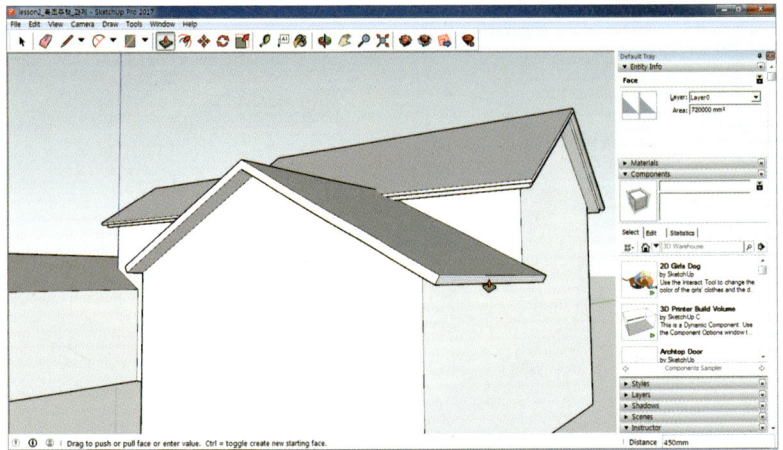

**80** 지붕 옆면을 Push/Pull (밀기/끌기) 도구를 사용해서 450mm 생성한다.

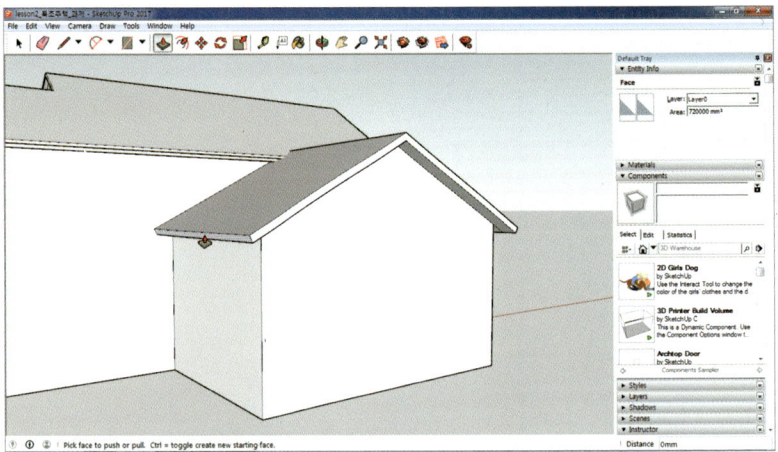

**81** 반대쪽 지붕은 '더블클릭'해서 79번과 똑같은 치수(450mm)의 면을 생성한다.

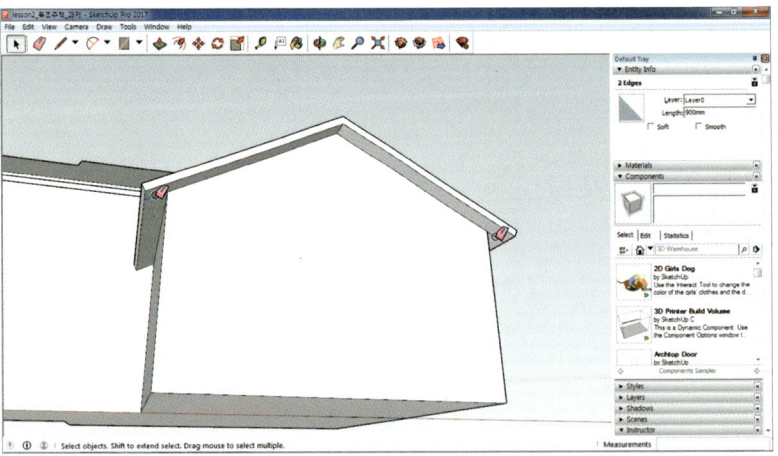

**82** 지붕 아랫면에 생성된 불필요한 선들을 Eraser(지우기) 도구를 사용해서 제거한다.

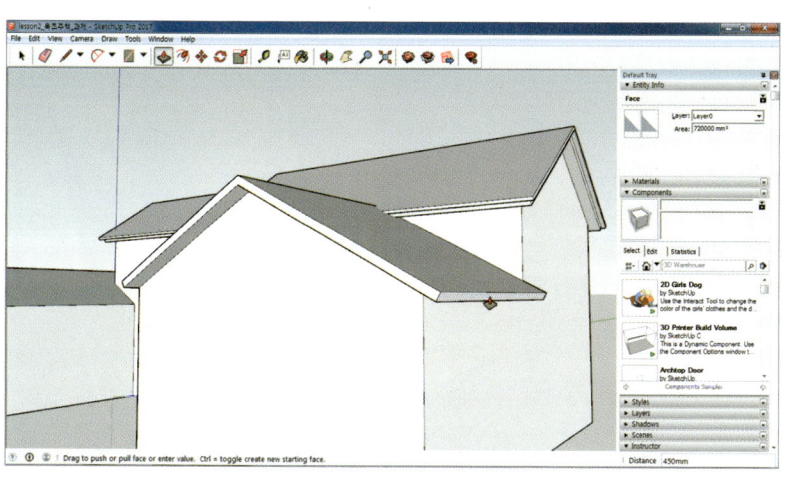

83 같은 방법(75번 ~ 81번)으로 두께가 80mm인 지붕을 하나 더 만든다.

> **중요부분** 지금부터는 목조주택을 작업하면서 가장 주의해야 할 부분이다.
> (tools₩x-ray.jpg) X-Ray Style을 이용한 겹치는 면 잘라내어 보도록 하자

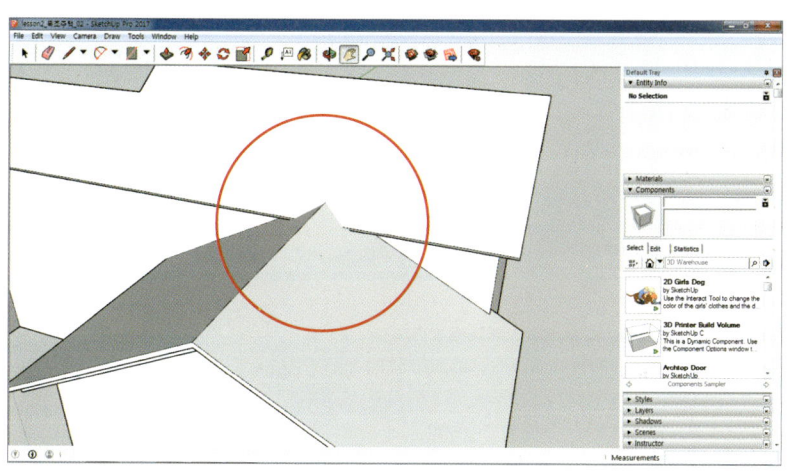

84 그림과 같이 지붕을 만들다 보니, 서로 겹치는 부분이 발생하게 되었다. 면과 면이 겹치는 것은 보기에 안좋을 뿐만이 아니라 모델링 데이터도 많이 차지하게 된다. 따라서 겹치는 면은 잘라내어 주는 것이 바람직하다.

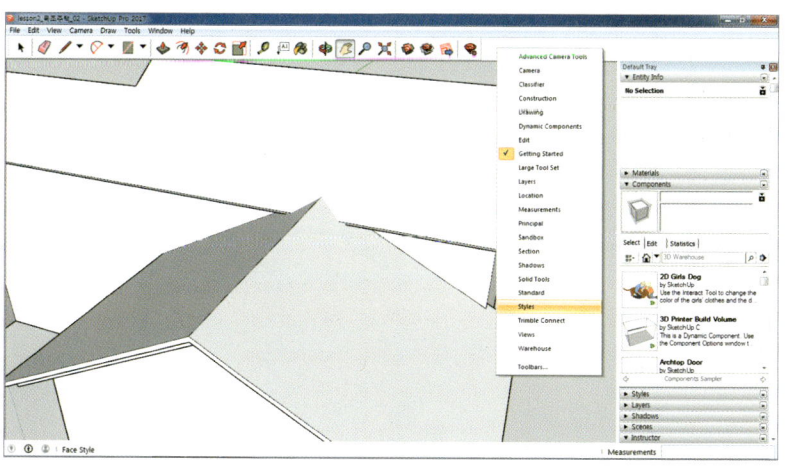

85 먼저 겹치는 부분이 보일 수 있도록 반투명한 상태로 만들어 보자. 반투명한 상태로 만들기 위해서는 X-Ray Style로 변경해 주어야 한다. 그림과 같이 도구바에서 오른쪽 마우스 클릭을 해서 Styles(스타일)을 선택한다.

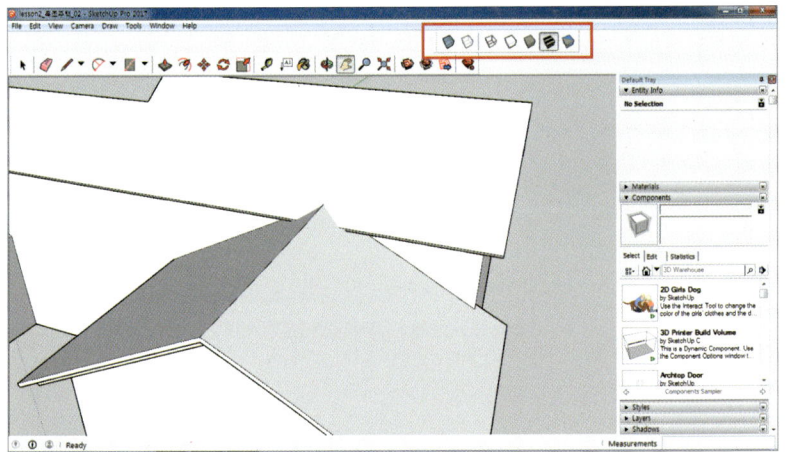

86 그림과 같이 Style(스타일) 도구모음이 생성된 것을 확인할 수 있다.

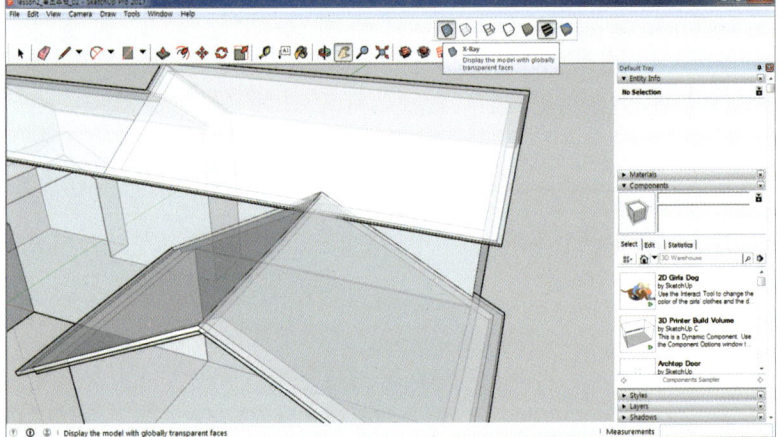

87 X-Ray 아이콘을 클릭해서 반투명한 상태로 만든다.

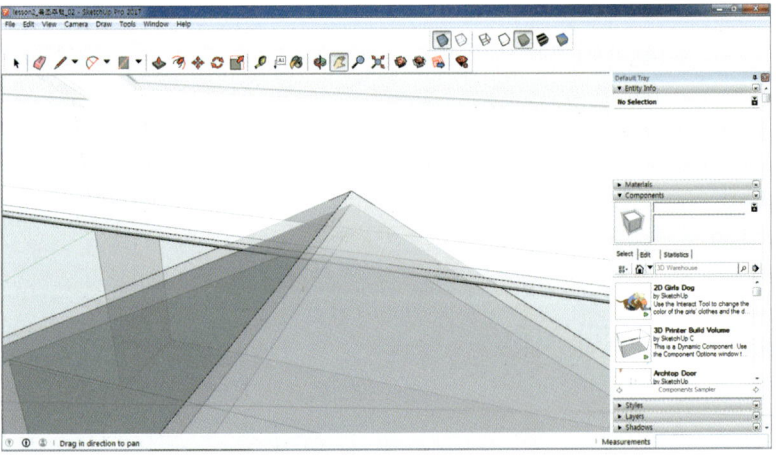

88 겹치는 부분을 마우스 휠을 사용해서 확대한다.

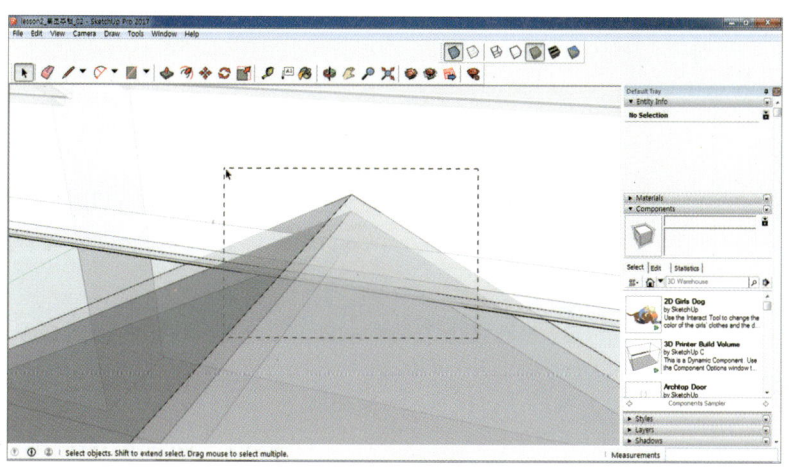

**89** ▶ Select(선택) 도구를 사용해서 겹치는 부분을 왼쪽 드래그해서 선택한다. 이때 오브젝트를 선택할 때 반드시 왼쪽 드래그 해야만 한다. 그래야 선택영역에 걸치는 부분을 선택할 수 있다.

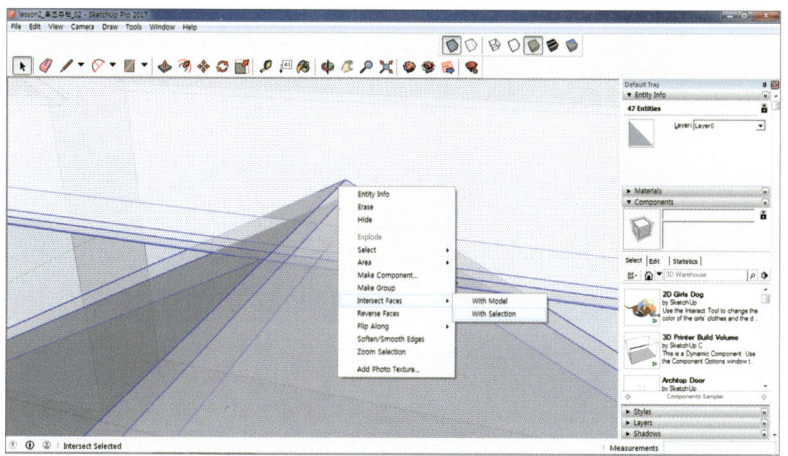

**90** 선택이 되었다면, 오른쪽 마우스 클릭을 해서 Intersect Face(교차면) with Selection(선택항목 사용)을 클릭한다.

---

**Tip**

### Intersect Face with Model (교차면 모델사용)과 Intersect Face with Selection( 교차면 선택항목 사용)의 차이점

〈Intersect Face with Model (교차면 모델사용)〉은 겹치는 오브젝트 중 하나만 선택하더라도 그 면과 접하는 부분을 나눌 수 있다.

〈Intersect Face with Selection(교차면 선택항목 사용)〉은 겹치는 오브젝트 둘 모두를 선택해야만 면을 나눌 수 있다.

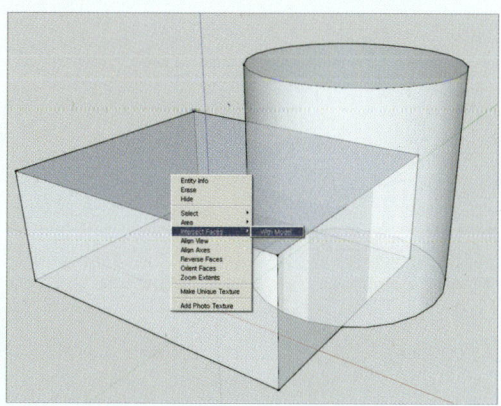

(사각형의 윗면 하나만 선택)

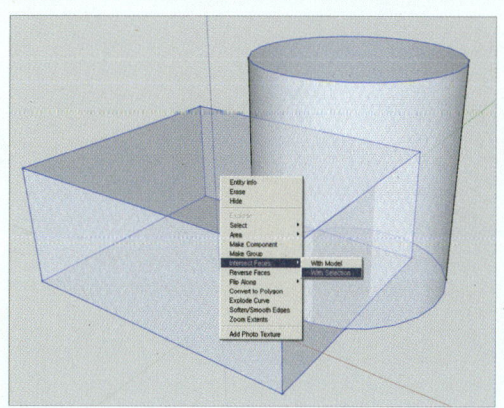

(겹치는 오브젝트 둘 모두를 선택)

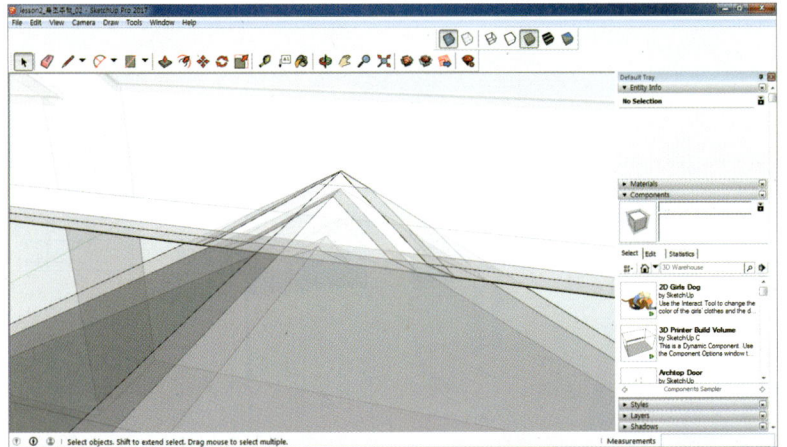

**91** 겹치는 부분이 잘려진 것을 확인할 수 있다.

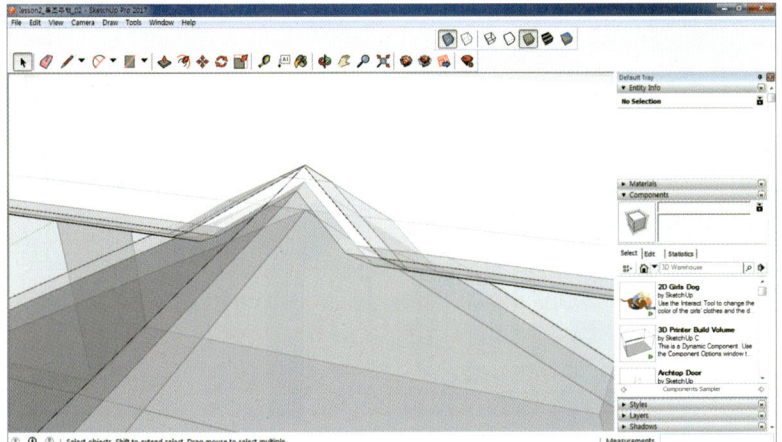

**92** Select(선택) 도구와 Del 키, 혹은 Eraser(지우기) 도구를 사용해서 그림과 같이 겹치는 부분을 깔끔하게 제거한다. 꼭 필요한 선이나 면을 제거할 수 있기 때문에 X-Ray Style을 켰다/껐다 하면서 확인하면서 제거해야 한다.

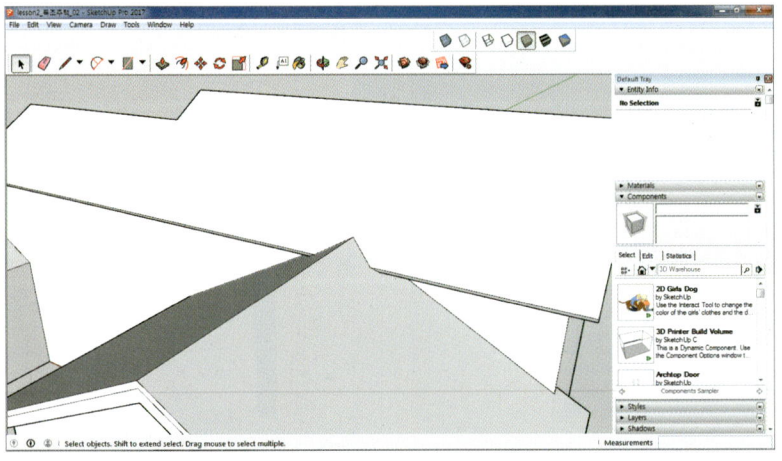

**93** X-Ray Style 모드를 해제하면 선이 깔끔하게 정리된 것을 확인할 수 있다.

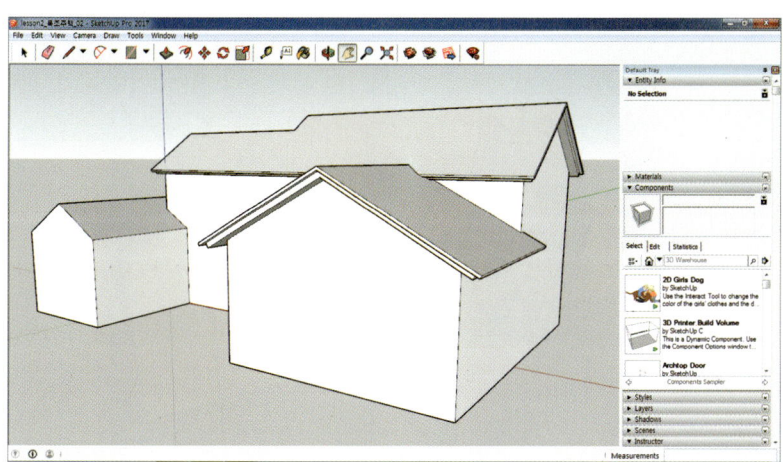

94 두 번째 지붕이 완성되었다.

## 작은방에 있는 지붕을 만들어 보자.

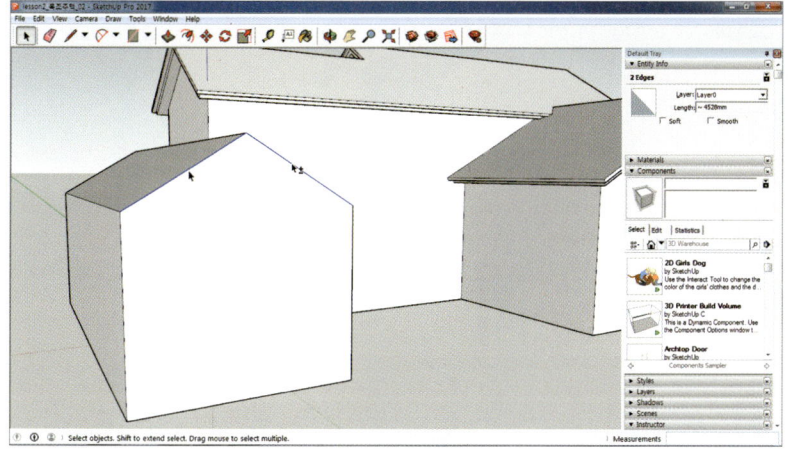

95 계속해서 반대쪽에 있는 건물의 지붕을 만들기 위해서 Select(선택) 도구를 사용해서 지붕 모서리를 선택한다. 다중선은 Ctrl 키를 누르면 된다.

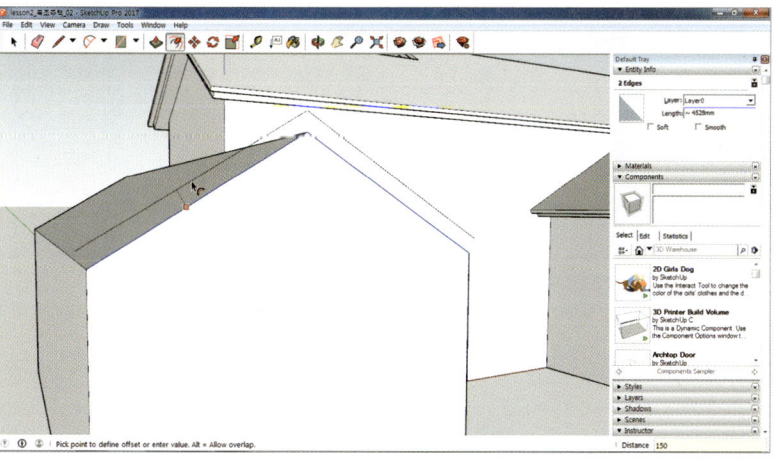

96 Offset(오프셋) 도구를 사용해서 지붕모서리에서 150mm 떨어진 선을 그린다.

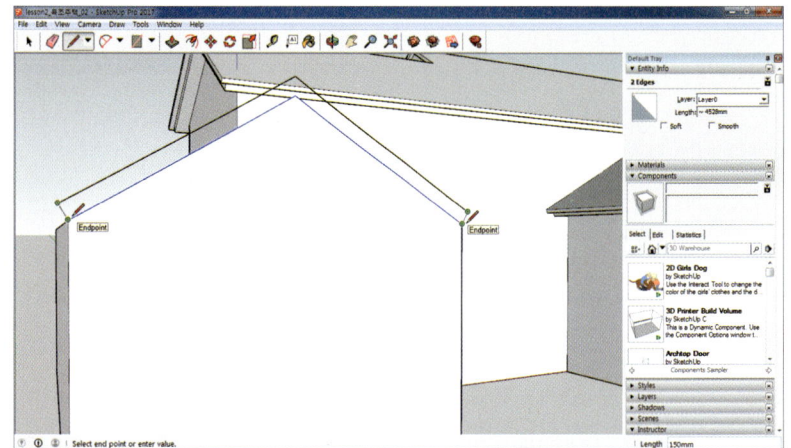

**97** ✏️ Line(선) 도구를 사용해서 방금 그린 선과 지붕모서리를 연결하는 선을 그린다.

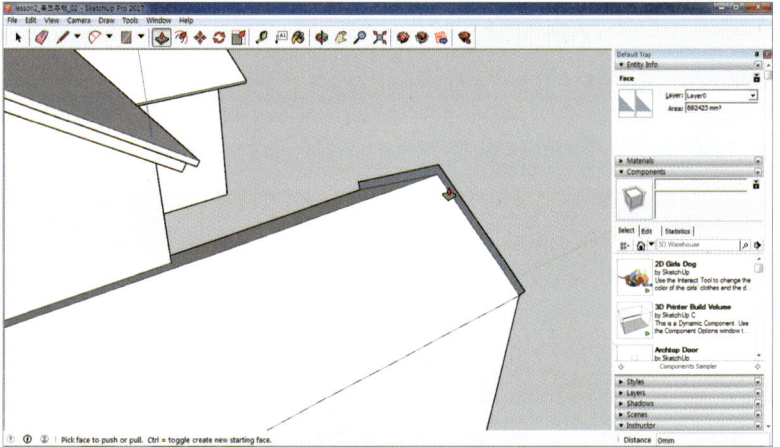

**98** 🧭 Orbit(궤도) 도구를 사용해서 화면을 회전한 후, ◆ Push/Pull(밀기/끌기) 도구를 사용해서 뒷면을 선택한다.

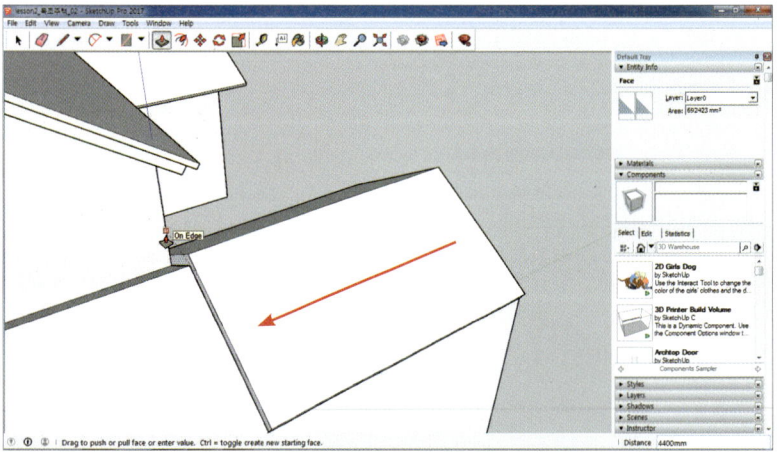

**99** 그림과 같이 벽면(On Edge)까지 드래그해서 면을 생성한다.

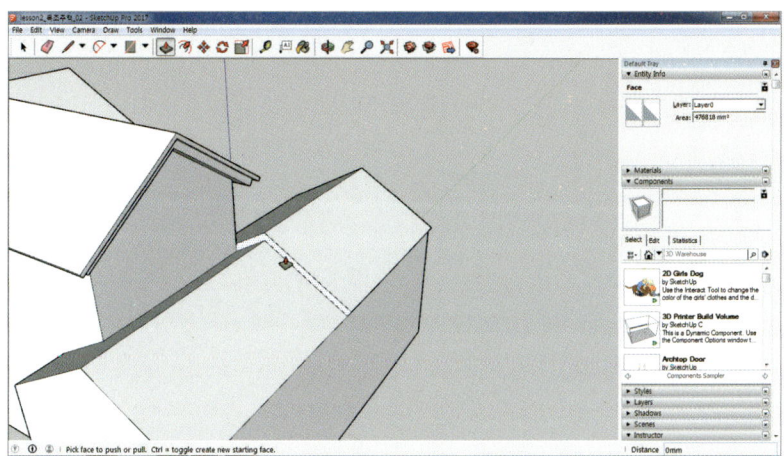

**100** 다시 한 번 ✥ Push/Pull(밀기/끌기) 도구를 사용해서 그림과 같이 지붕면을 선택한다.

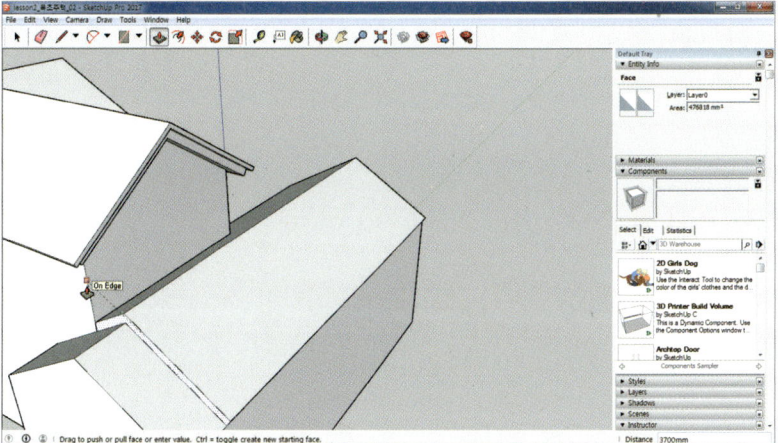

**101** 그림과 같이 벽면(On Edge)까지 면을 생성한다.

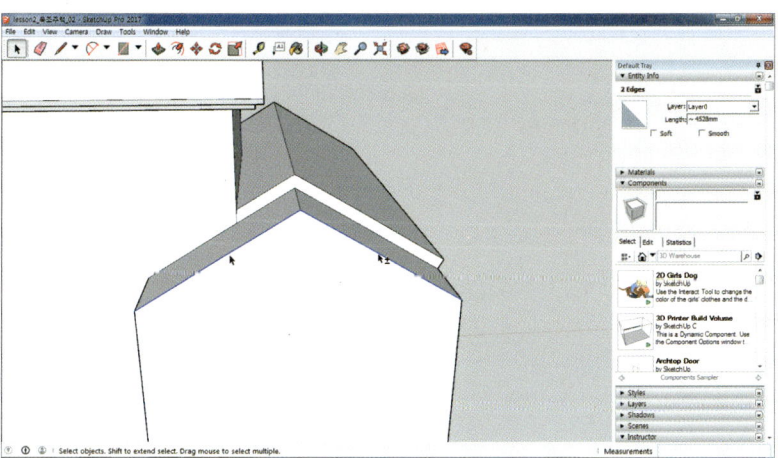

**102** ▶ Select(선택) 도구를 사용해서 그림과 같이 반대쪽 지붕 모서리를 선택한다.

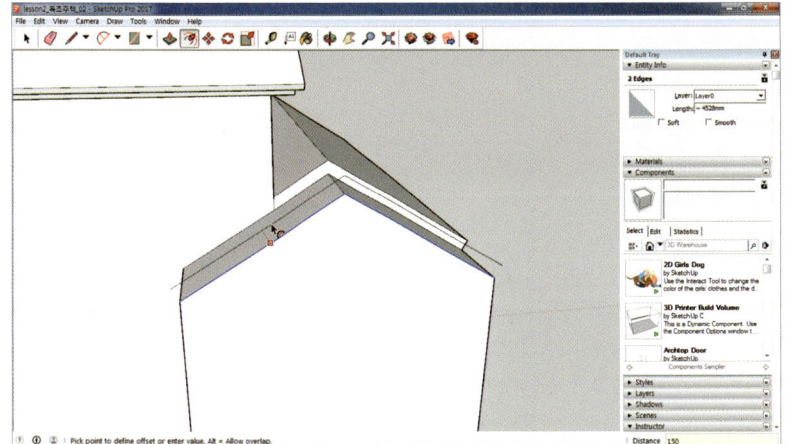

**103** Offset(오프셋) 도구를 사용해서 지붕 모서리에서 150mm 떨어진 선을 그린다.

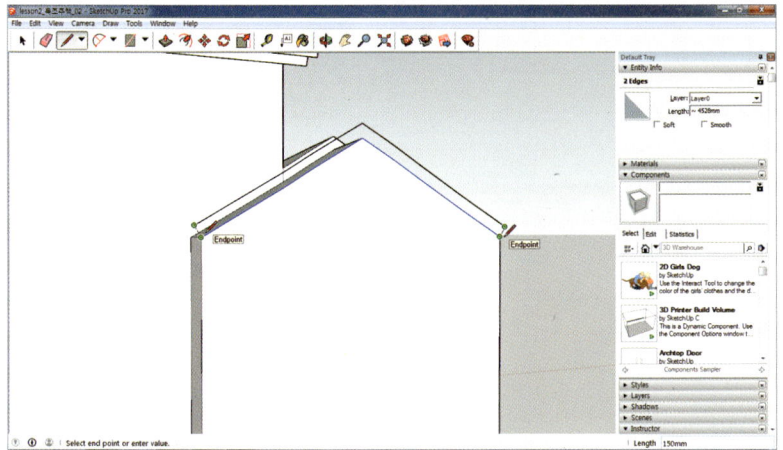

**104** Line(선) 도구를 사용해서 지붕의 양쪽 끝을 선으로 연결한다.

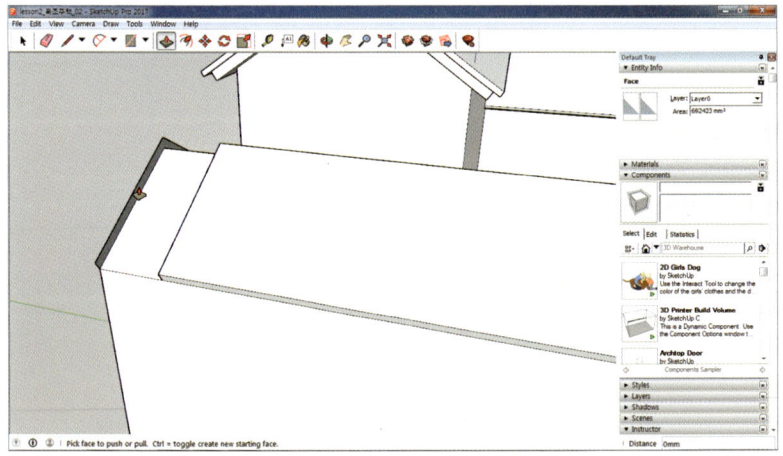

**105** Orbit(궤도) 도구를 사용해서 지붕 뒷면이 보이도록 회전한 후, Push/Pull(밀기/끌기) 도구를 사용해서 지붕 뒷면을 선택한다.

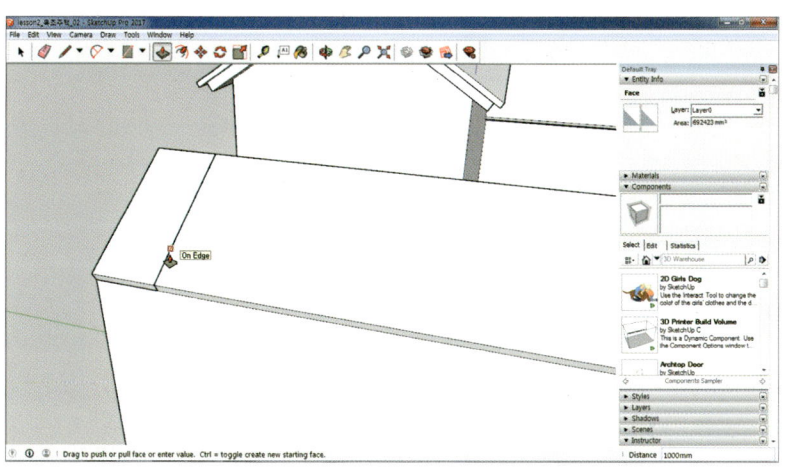

**106** 뒤쪽의 지붕 면까지 면을 생성한다.

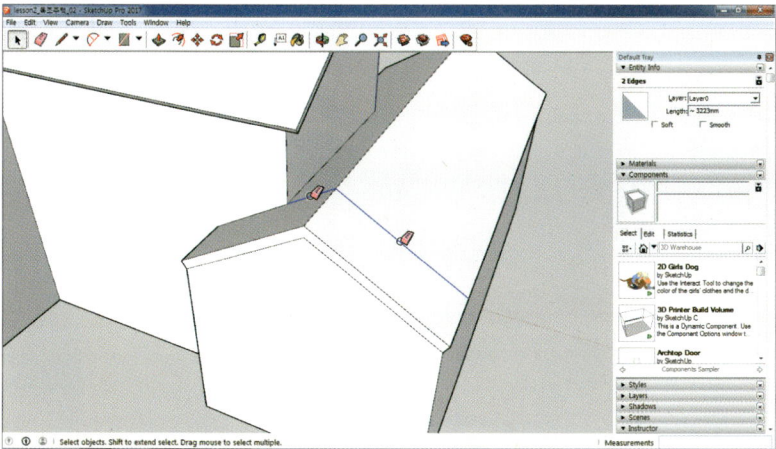

**107** 지붕이 완성되었으면 Eraser(지우기) 도구를 사용해서 불필요한 선들을 제거한다.

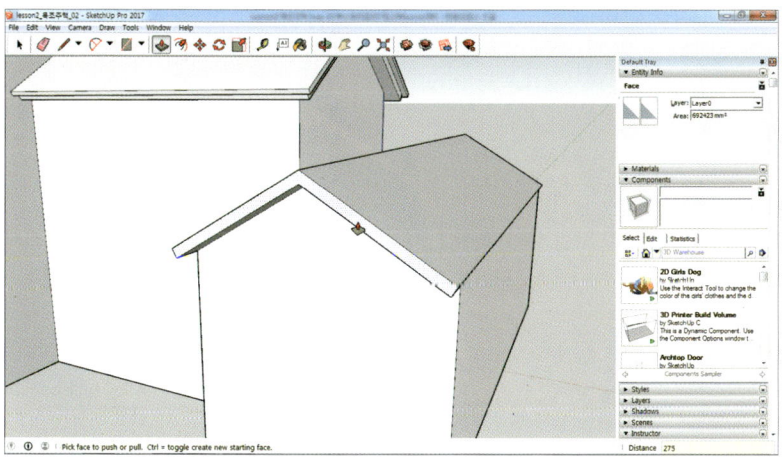

**108** Push/Pull(밀기/끌기) 도구를 사용해서 지붕을 앞쪽으로 275mm 면을 생성한다.

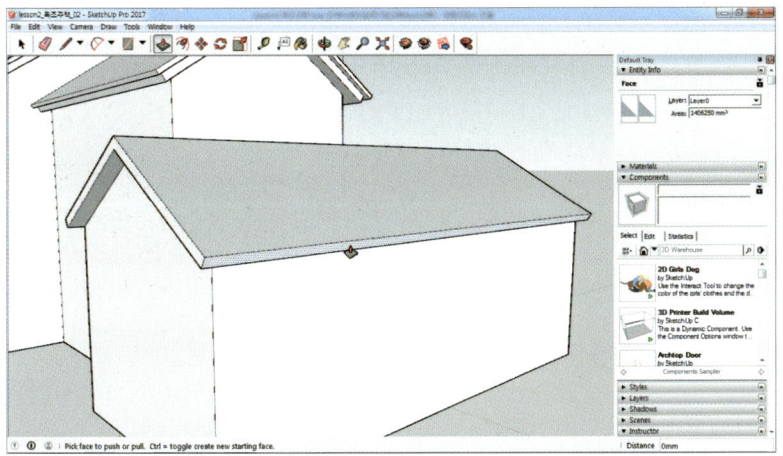

**109** 지붕의 옆면도 '더블클릭'해서 275mm 면을 생성한다.

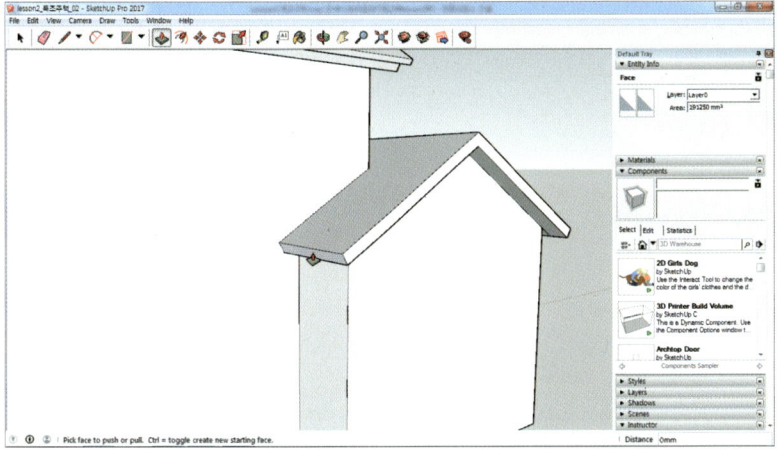

**110** 반대쪽 지붕도 '더블클릭'해서 275mm 면을 생성한다.

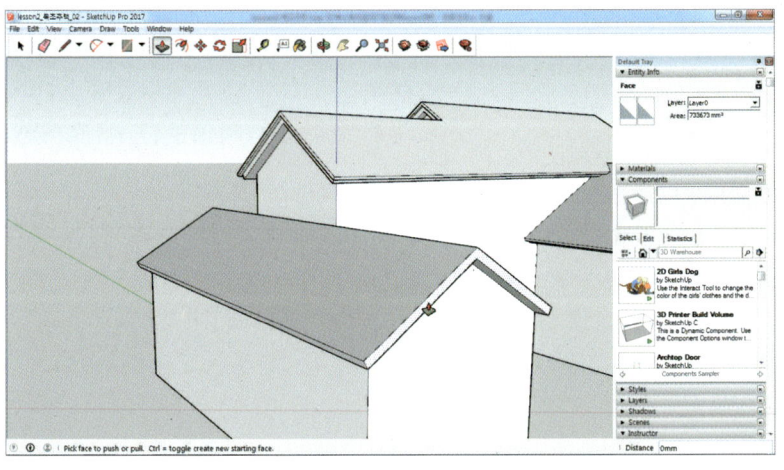

**111** Orbit(궤도) 도구를 사용해서 뒤쪽으로 화면을 전환한 후, 역시 같은 방법으로 '더블클릭'해서 275mm 만큼 면을 생성한다.

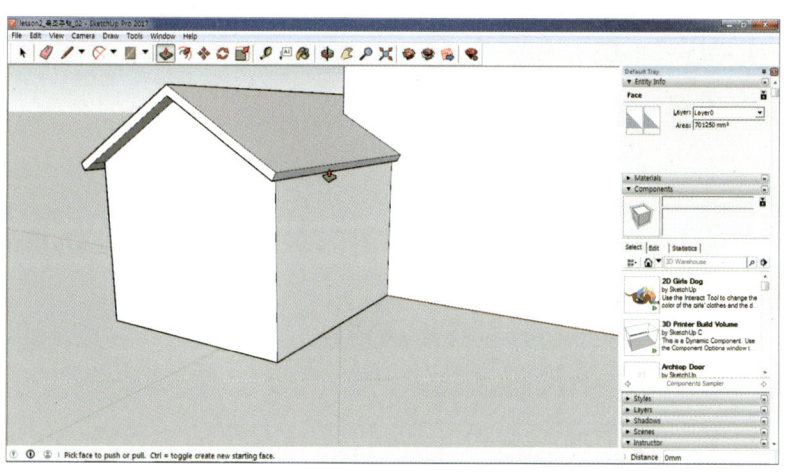

**112** 마지막으로 옆쪽의 지붕도 '더블클릭'해서 면을 275mm 생성한다.

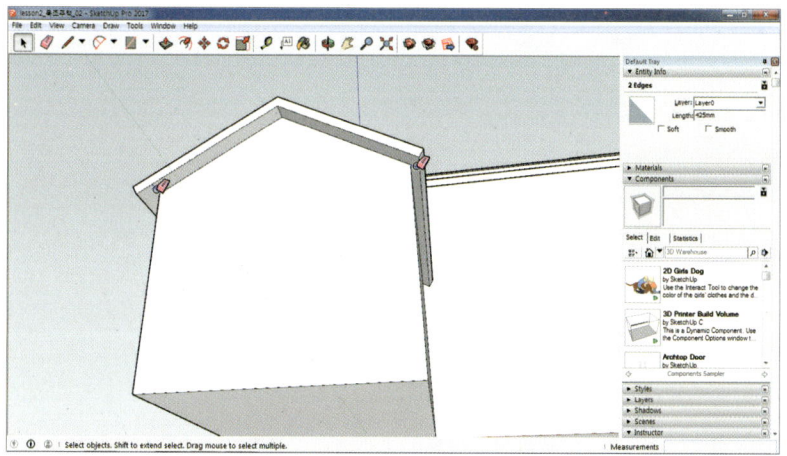

**113** 그림과 같이 Eraser(지우기) 도구를 사용해서 아래쪽의 불필요한 선들을 제거한다.

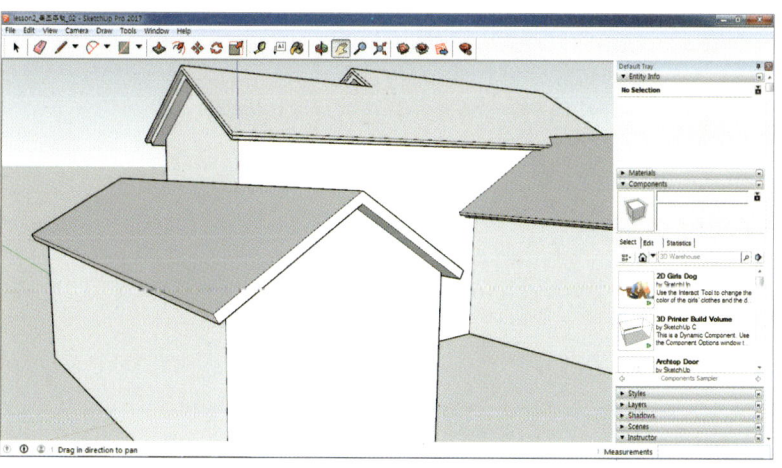

**114** 지붕이 완성되었다.

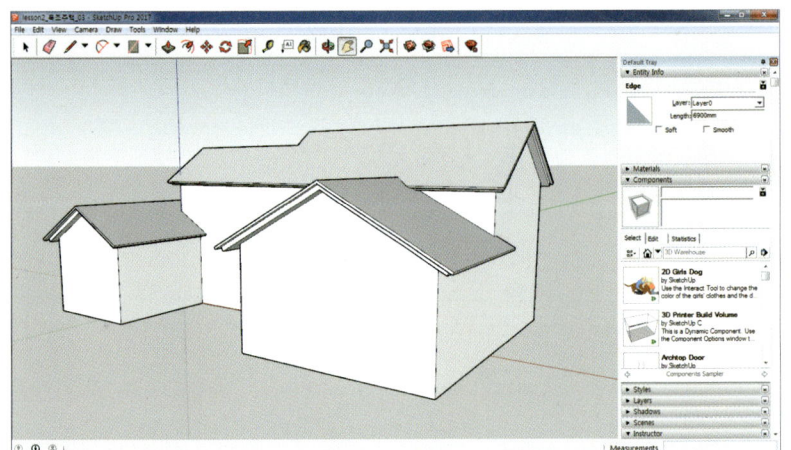

**반복학습**

115 같은 방법(94번 ~ 113번)으로 그림과 같이 두께가 80mm이고 앞쪽과 옆면으로 150mm 튀어나온 지붕을 제작한다.

# 05 베란다 만들기

목조주택의 기본형태와 지붕이 완성되었다. 이제부터는 베란다를 제작해 보자

**SketchUp 2017**

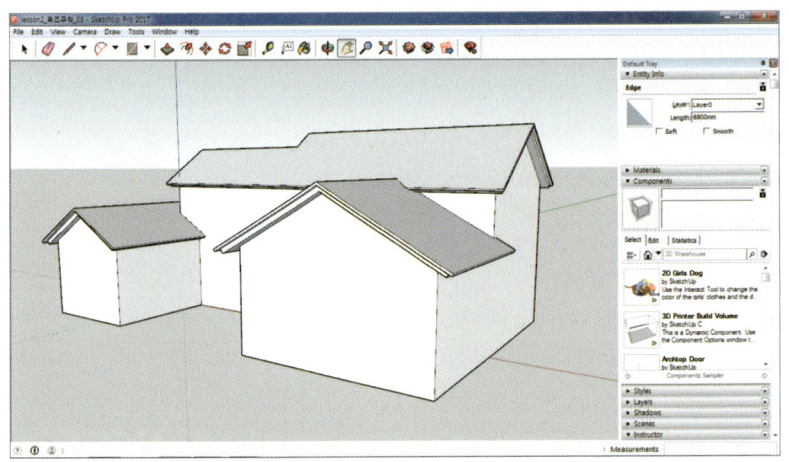

116 목조주택의 기본형태이다. 이제 주택의 바닥면을 기본으로 하여 베란다를 제작해 보자.

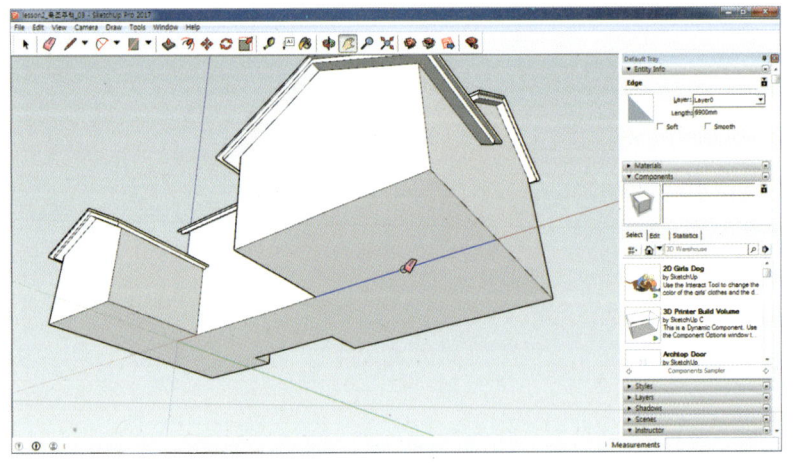

117 Orbit(궤도) 도구를 사용해서 주택의 바닥면이 보이도록 한 후, Eraser(지우기) 도구를 사용해서 바닥면에 불필요한 선을 제거한다.

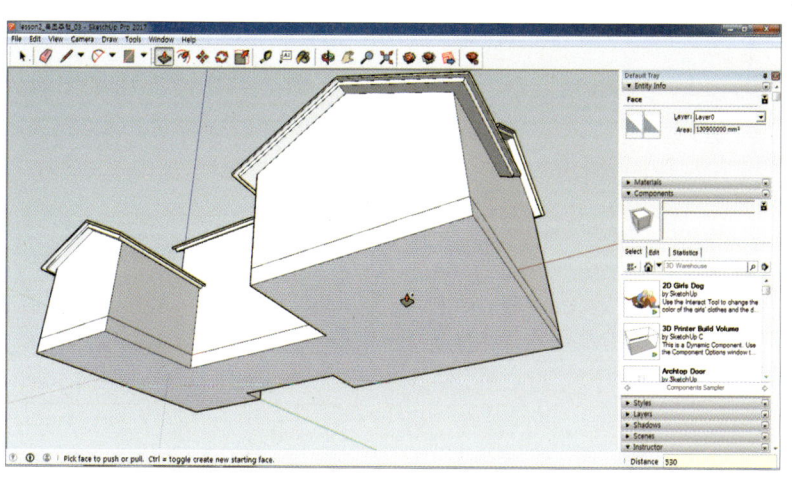

**118** Ctrl 키를 누른 후, Push/Pull(밀기/끌기) 도구를 사용해서 아래쪽으로 530mm 면을 만든다.

> **Tip**
> Ctrl 키를 누르지 않고 Push/Pull(밀기/끌기) 도구를 사용하게 되면 그림과 같이 면이 나눠지 않고 생성이 되고, Ctrl 키를 누른 후, Push/Pull(밀기/끌기) 도구를 사용하면 새롭게 면이 생성되는 것을 알 수 있다.

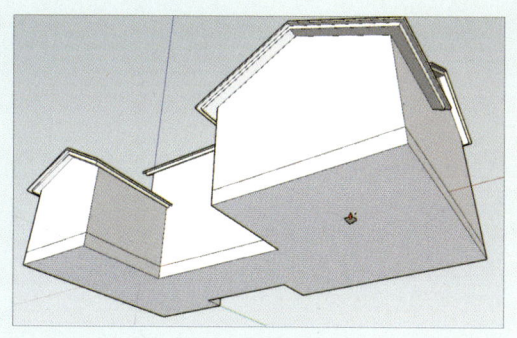

〈Ctrl 키를 누른 후 Push/Pull(밀기/끌기) 도구를 사용했을 때〉

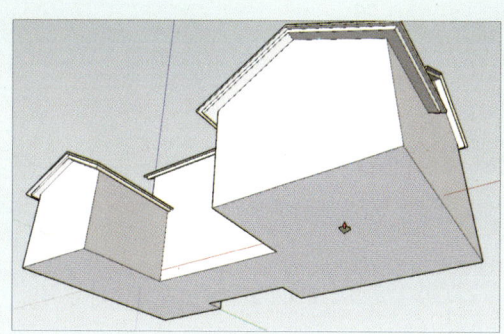

〈Ctrl 키를 누르지 않고 Push/Pull(밀기/끌기) 도구를 사용했을 때〉

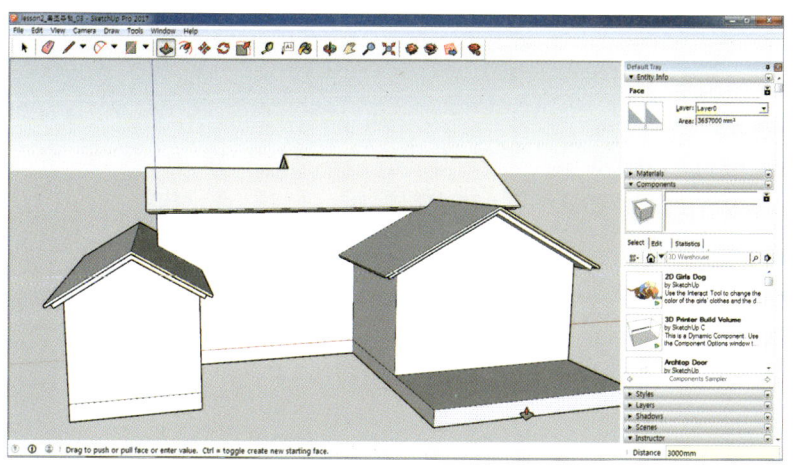

**119** Push/Pull(밀기/끌기) 도구를 사용해서 앞쪽으로 그림과 같이 3000mm 면을 생성한다.

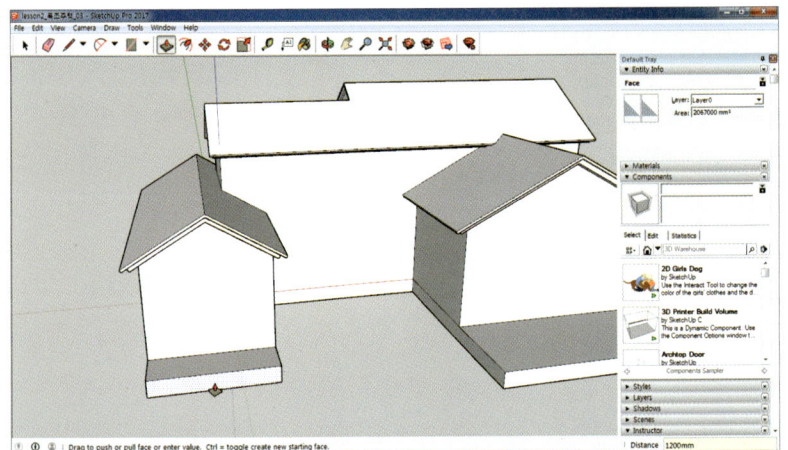

**120** 그림과 같이 작은 건물 앞쪽도 Push/Pull(밀기/끌기) 도구를 사용해서 1200mm 생성한다.

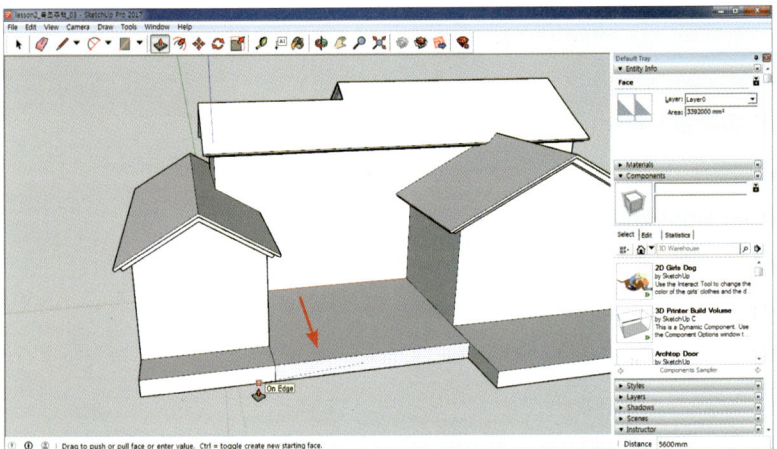

**121** 가운데 부분도 작은 건물 앞 베란다 폭까지 면을 생성한다. 치수는 5600mm 이다.

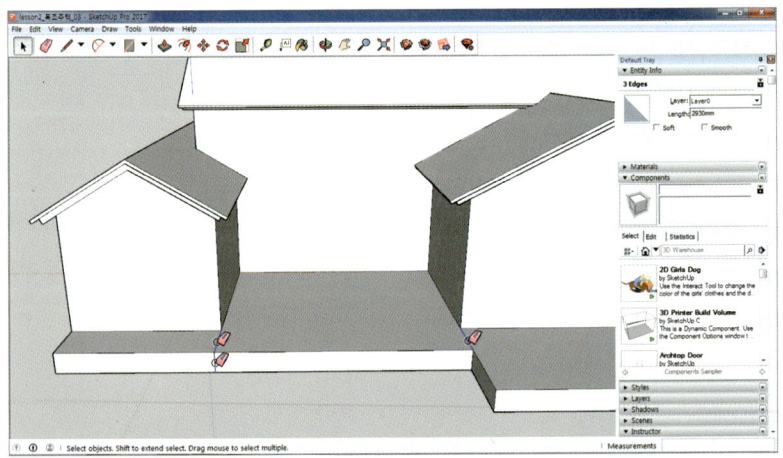

**122** 면을 생성하면서 생긴 불필요한 선들을 Eraser(지우기) 도구를 사용해서 제거한다.

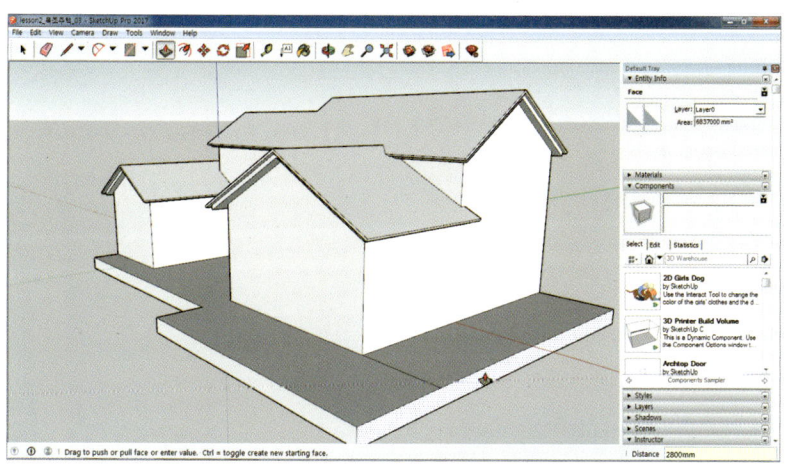

**123** 그림과 같이 작은 건물 앞쪽 도 Push/Pull(밀기/끌기) 도구를 사용해서 1200mm 생성한다.

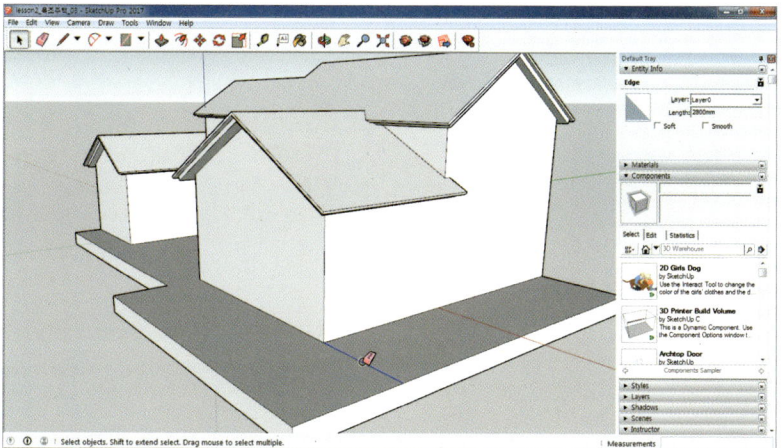

**124** 불필요한 선을 제거한다.

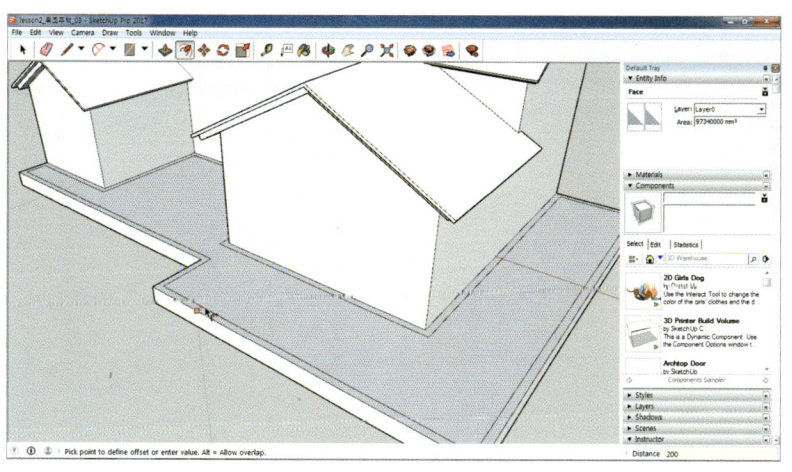

**125** 베란다 기둥을 만들기 위해서 Offset(오프셋) 도구를 사용해서 200mm 떨어진 면을 생성한다.

원하는 부분의 화면을 확대하는 방법에 대하여 알아보자

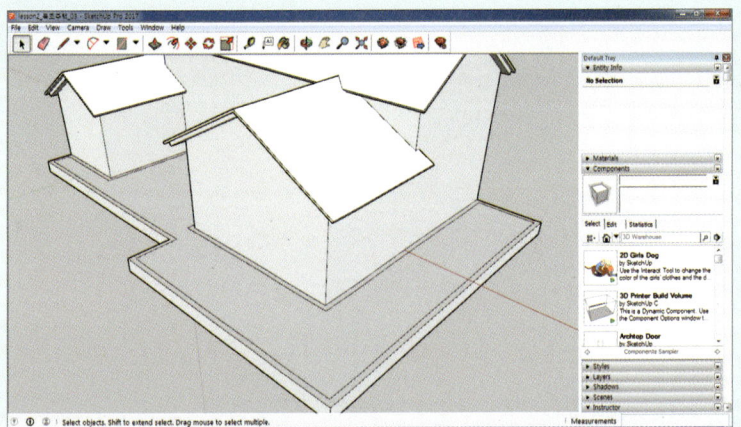

**1)** 그림과 같이 붉은색 원 부분을 확대하고자 할 때

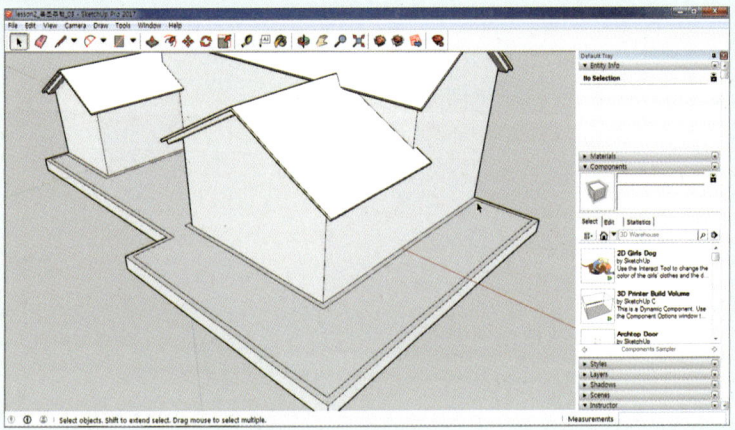

**2)** ▶ Select(선택) 도구를 선택한 후, 확대하고자 하는 부분에 마우스를 가져간다. 이때 클릭을 하는 것이 아니라 확대하고자 하는 부분에 마우스만 갖다 대는 것이다.

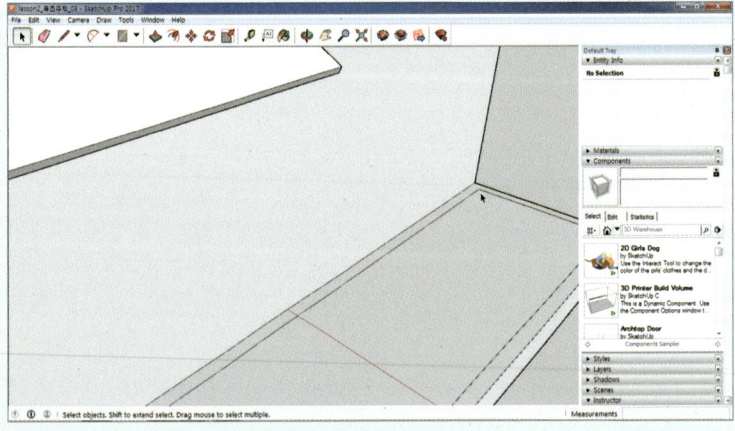

**3)** 휠마우스의 가운데 휠을 아래로 굴려서 화면을 확대한다. 반대로 축소하고자 할 때에는 가운데 휠을 위로 굴리면 된다.

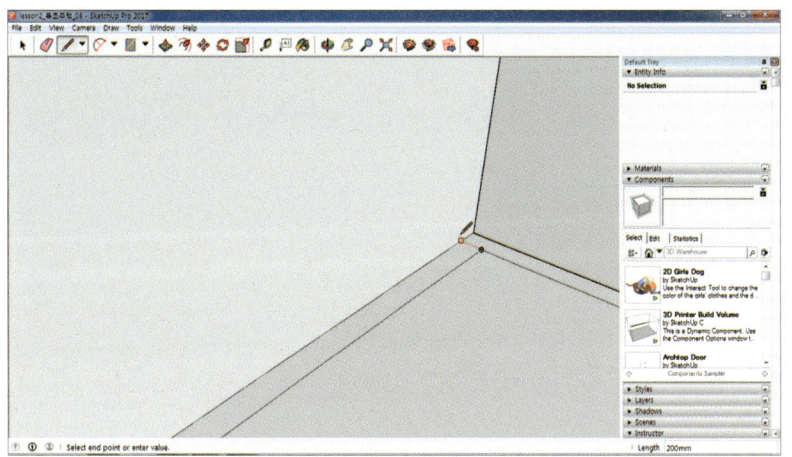

**126** 앞에서 다룬 원하는 부분 확대하기를 참고해서 그 부분을 그림과 같이 화면을 확대한 후, Line(선) 도구를 사용해서 붉은색 선 방향으로 벽면까지 연장선을 그린다. 연장선을 그리는 이유는 베란다의 기둥이 벽면 안쪽에 생기는 것을 방지하고 베란다의 바깥쪽에만 만들기 위함이다.

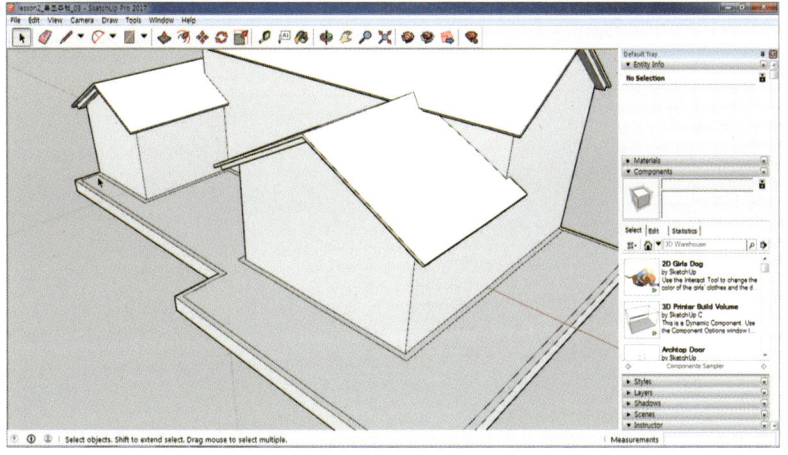

**127** 반대쪽 부분을 확대하기 위해서 Select(선택) 도구를 선택한 후, 확대하고자 하는 부위에 마우스를 가져간다.

**Tip** 화면을 확대할 때 꼭 Select(선택) 도구를 사용할 필요는 없다. 다른 도구를 선택하고 가운데 휠을 아래로 굴려도 화면이 확대된다. 하지만 다른 도구들을 사용했을 때에는 선이 그려진다든지, 면이 생성된다든지 오류가 발생할 확률이 높기 때문에 Select(선택) 도구를 사용하는 것이 바람직하다.

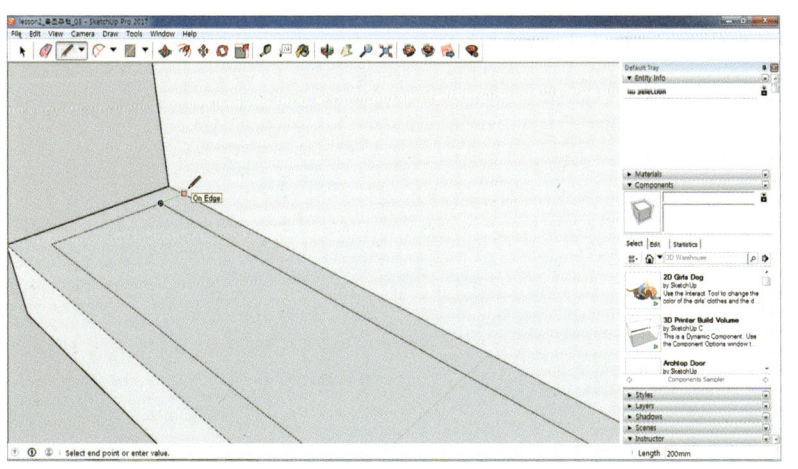

**128** 그림과 같이 Line(선) 도구를 사용해서 녹색 축(Green Axis) 방향으로 벽면까지 선을 그린다.

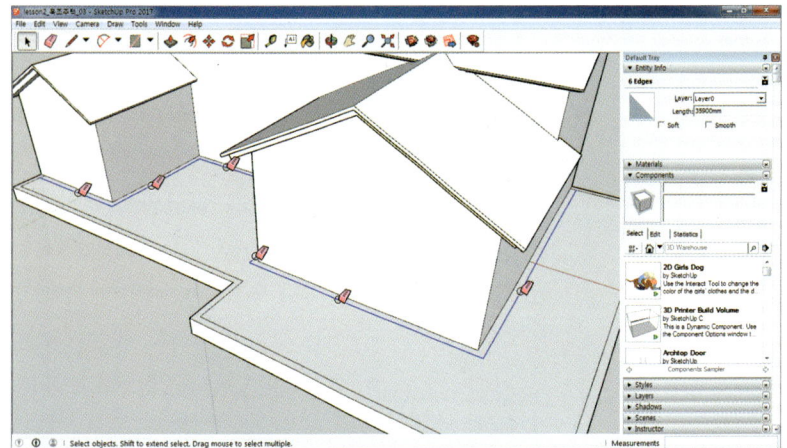

**129** Eraser(지우기) 도구를 사용해서 그림과 같이 안쪽 선들을 제거한다.

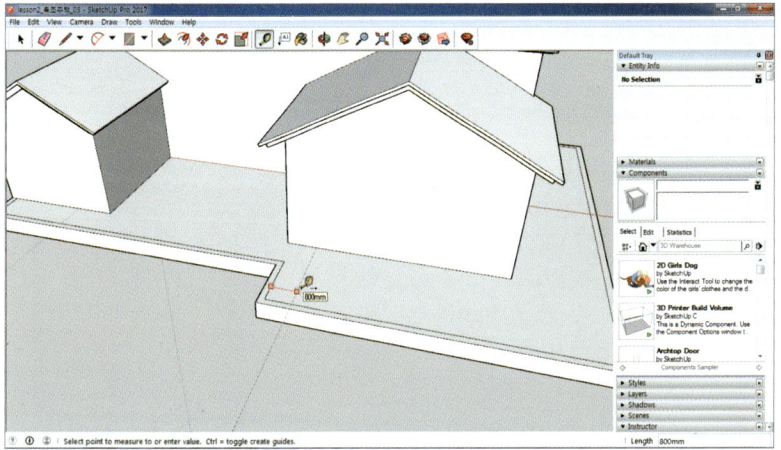

**130** 베란다로 들어가는 계단부분을 만들기 위해서 Tape Measure Tool(줄자) 도구 사용해서 그림과 같이 선에서 800mm 떨어진 보조선을 그린다.

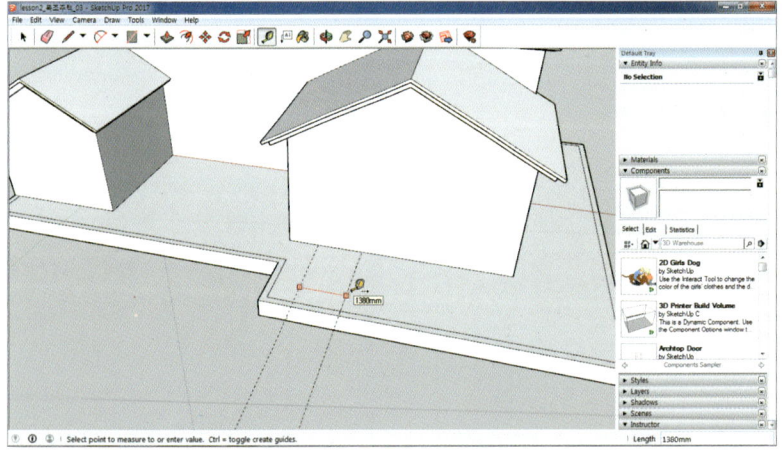

**131** 다시 한 번 방금 그린 보조선에서 1380mm 떨어진 보조선을 그린다.

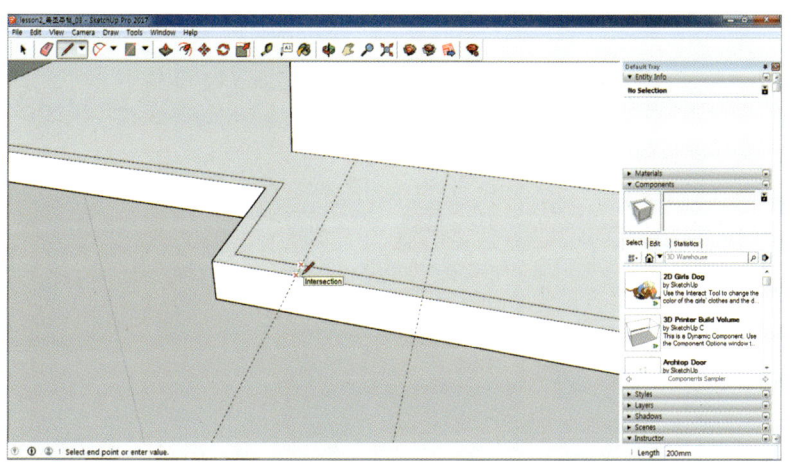

**132** 그림과 같이 보조선과 선이 교차하는 점들을 ✏️ Line(선) 도구를 사용해서 연결한다.

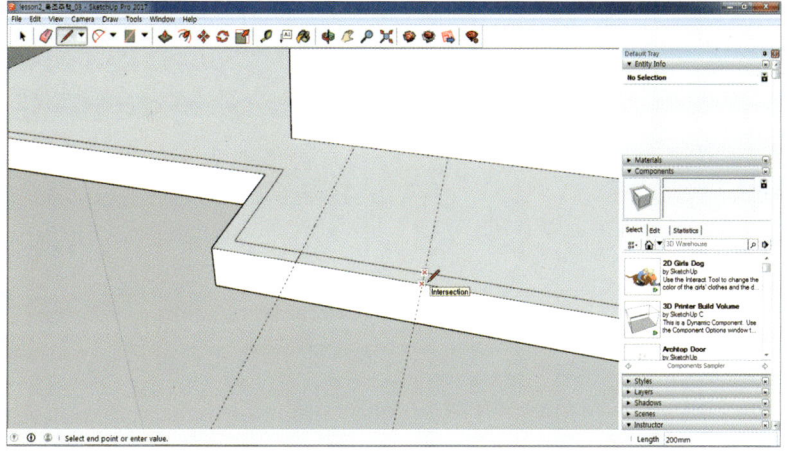

**133** 두 번째 부분도 선으로 연결한다.

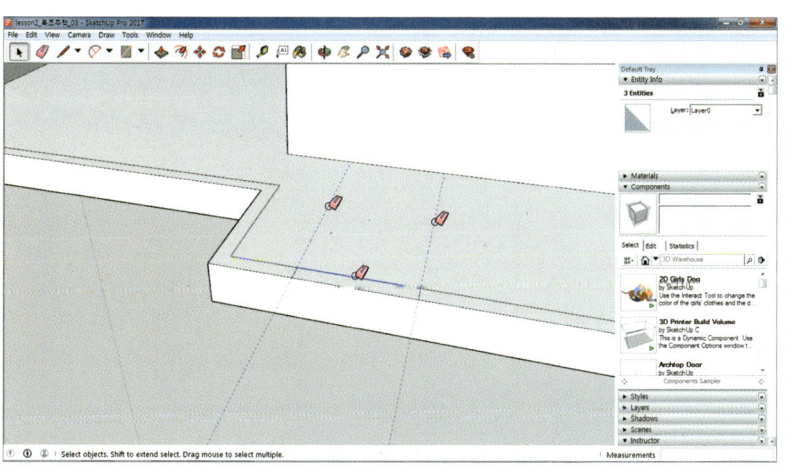

**134** 선을 그린 후, 그림과 같이 ✏️ Eraser(지우기) 도구를 사용해서 보조선 2개와 가운데 선을 제거한다.

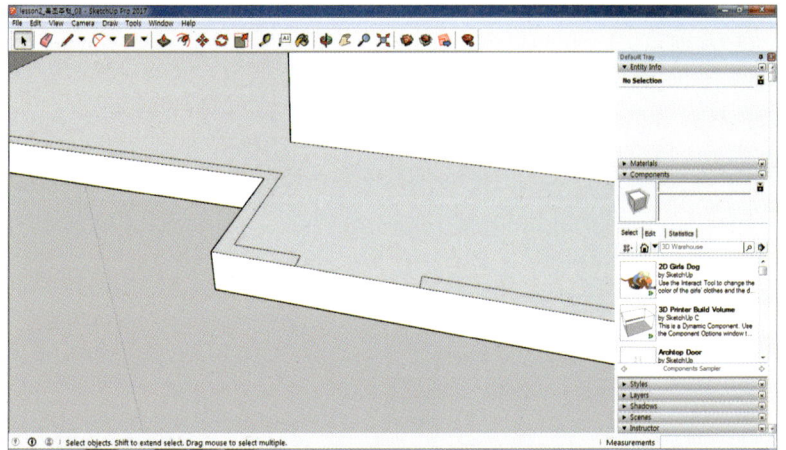

**135** 그림과 같이 계단으로 연결될 부분을 제거하였다.

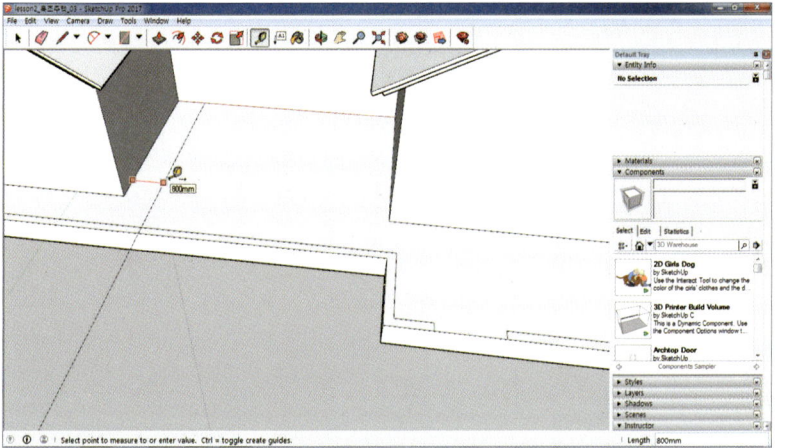

**136** 베란다에서 계단으로 연결될 부분을 하나 더 만들기 위해서 Tape Measure Tool(줄자) 도구를 사용해서 벽면에서부터 800mm 떨어진 보조선을 그린다.

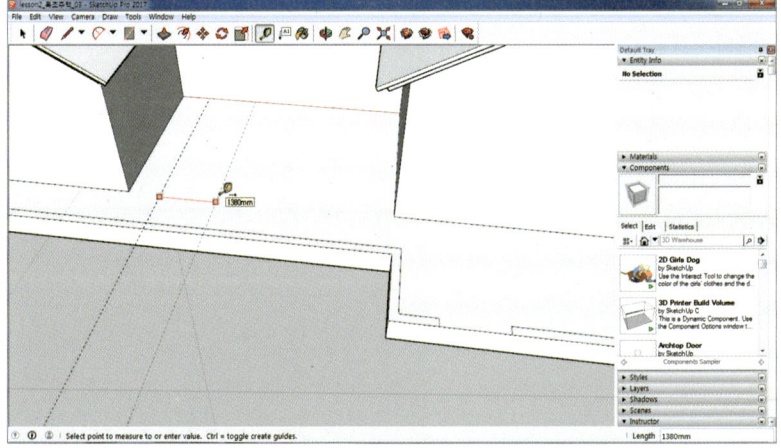

**137** 방금 그린 보조선에서 1380mm 떨어진 보조선을 하나 더 그린다.

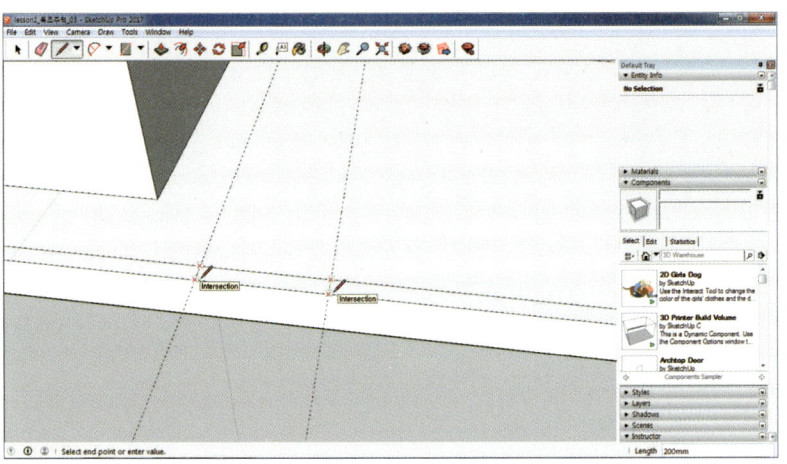

**138** 그림과 같이 Line(선) 도구를 사용해서 보조선과 선의 교차점을 연결하는 선 두 개를 그린다.

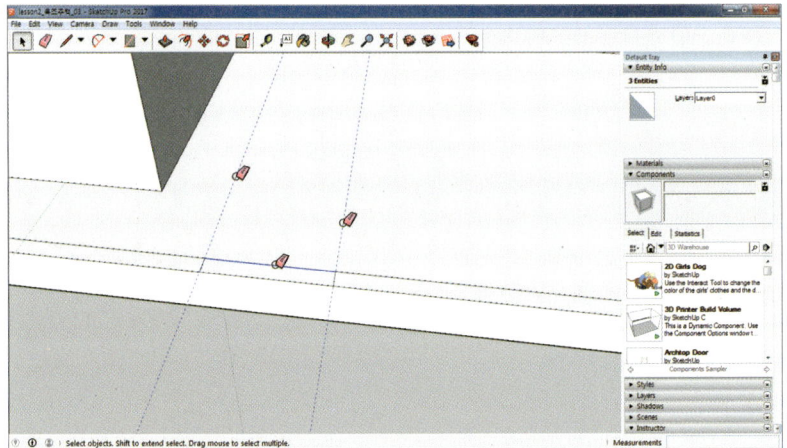

**139** 선을 그린 후, Eraser(지우기) 도구를 사용해서 불필요한 선과 보조선을 제거한다.

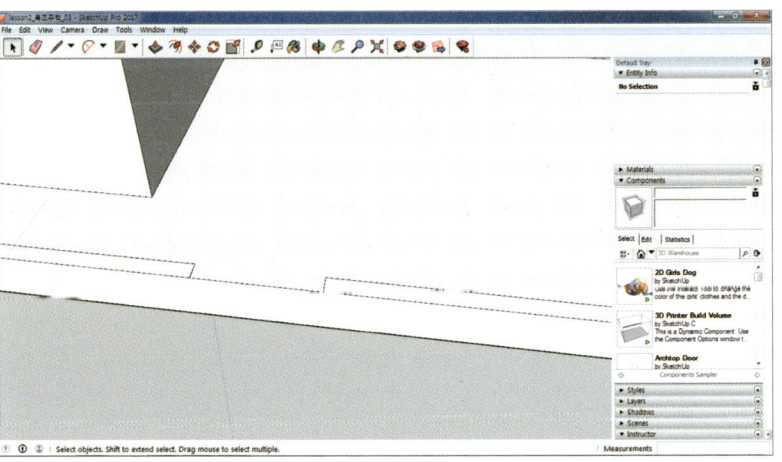

**140** 그림과 같이 계단으로 연결될 부분이 완성되었다.

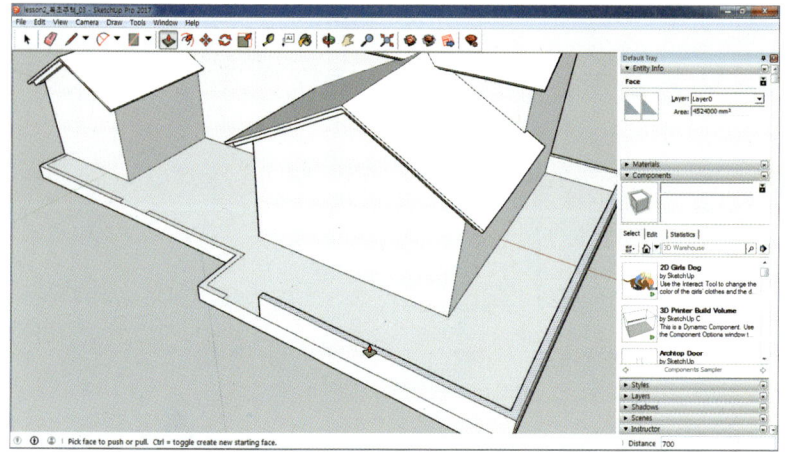

**141** 이제 본격적으로 베란다 기둥을 제작해 보자. Push/Pull (밀기/끌기) 도구를 사용해서 700mm 면을 생성한다.

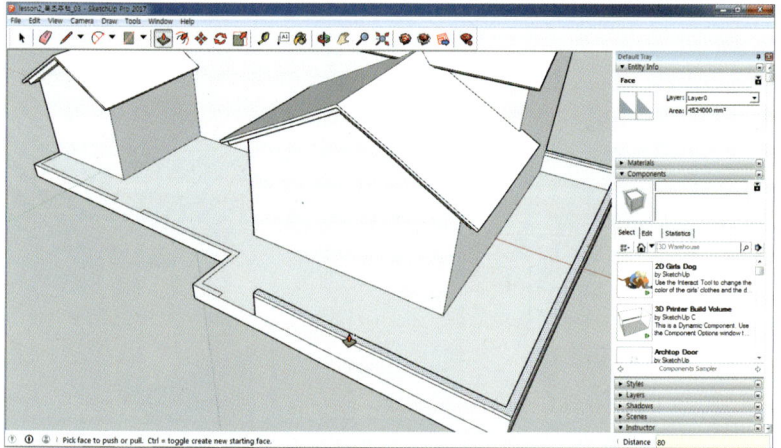

**142** 다시 한 번 Ctrl 키를 누른 후, Push/Pull(밀기/끌기) 도구를 사용해서 80mm 만큼 면을 생성한다.

> **Tip** 이때 반드시 Ctrl 키를 누르고 면을 생성해야 한다.
> 그래야 면이 새롭게 생성이 되고 나중에 불필요한 면들을 제거할 수 있다.

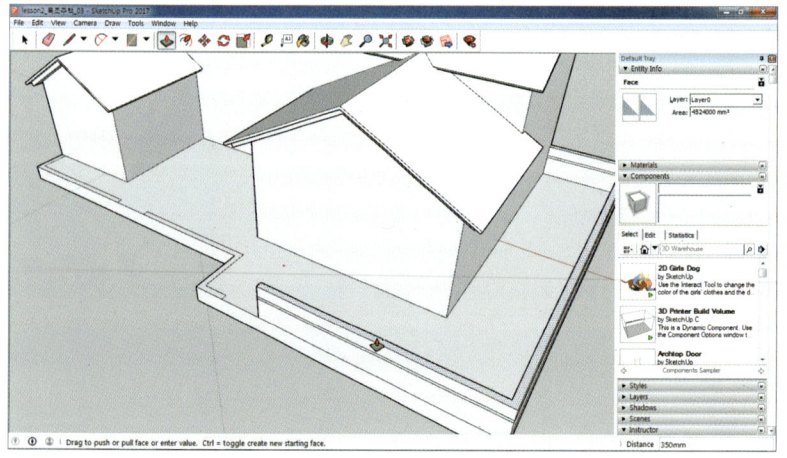

**143** 다시 Ctrl 키를 누른 후, Push/Pull(밀기/끌기) 도구를 사용해서 350mm 면을 생성한다.

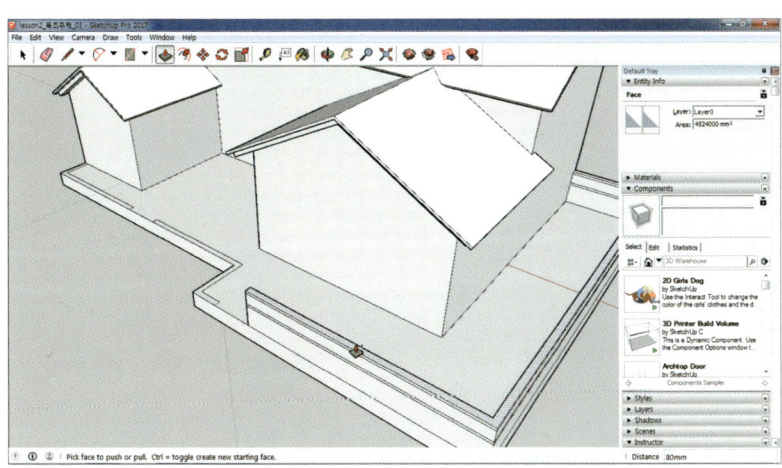

**144** 마지막으로 Ctrl 키를 누른 후, Push/Pull(밀기/끌기) 도구를 사용해서 80mm 만큼 면을 생성한다.

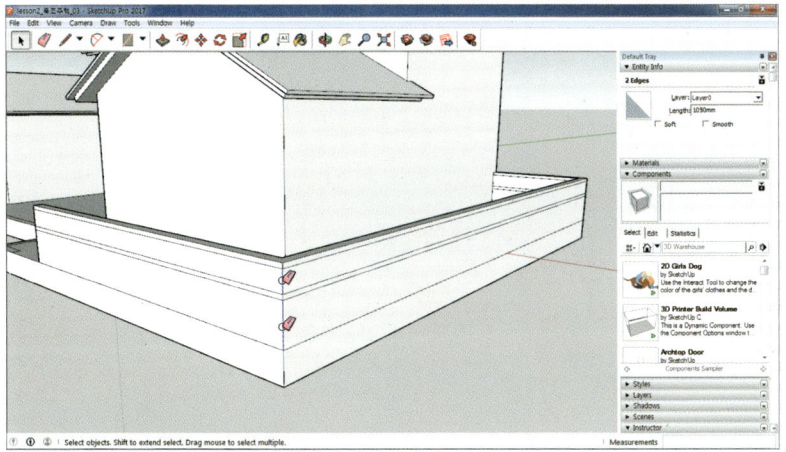

**145** 불필요한 부분을 제거하기 위해서 Eraser(지우기) 도구를 사용해서 그림과 같이 모서리의 가운데 선을 제거한다.

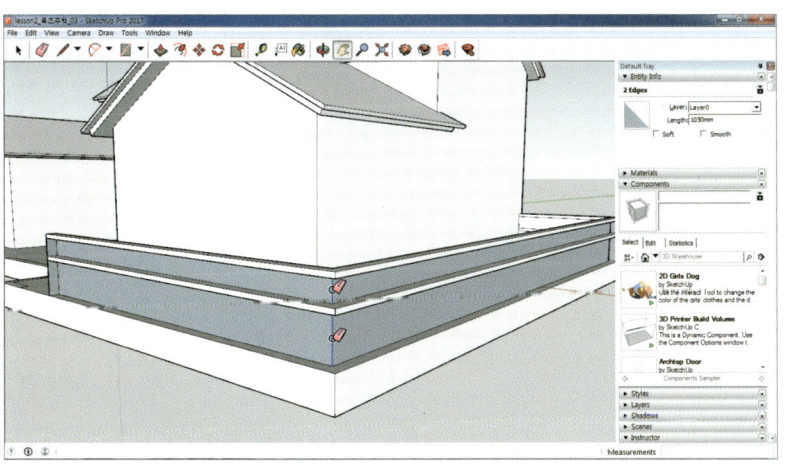

**146** 안쪽에 있는 선들도 Eraser(지우기) 도구를 사용해서 제거한다.

**Tip** 면을 제거해도 무방하지만 선을 제거하게 되면 면은 자연스럽게 제거가 되므로 면보다는 선을 제거하는 것이 바람직하다.

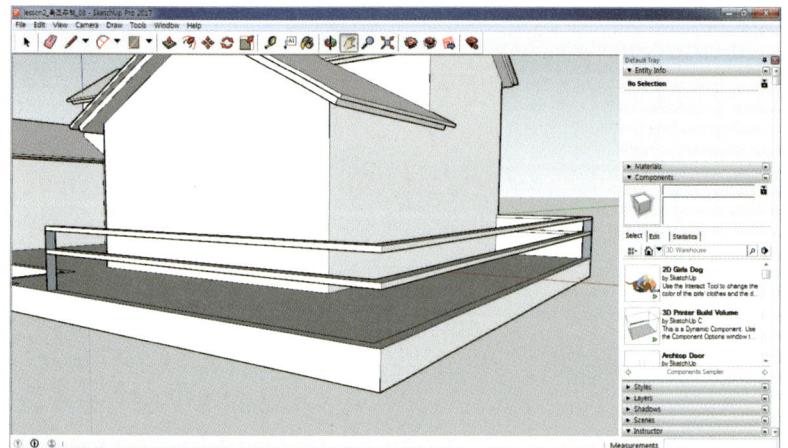

**147** 그림과 같이 가운데 면이 제거된 것을 알 수 있다.

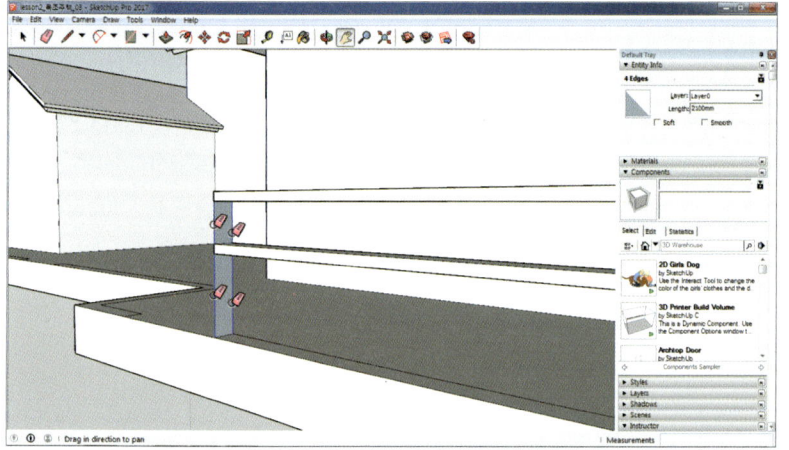

**148** 왼쪽 끝부분의 불필요한 부분을 Eraser(지우기) 도구를 사용해서 제거한다.

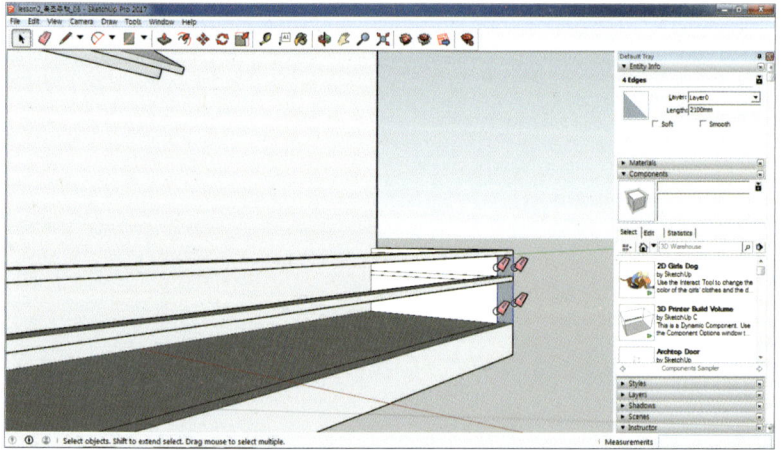

**149** 왼쪽 끝 부분도 마찬가지로 선을 제거한다.

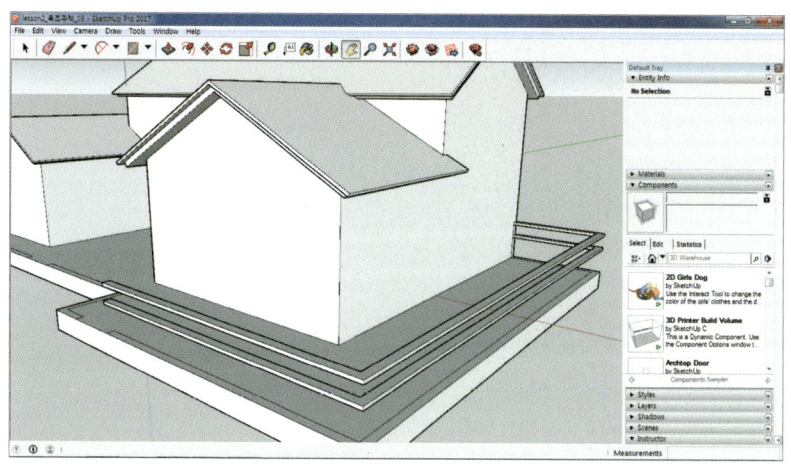

**150** 그림과 같이 베란다의 수평바가 완성되었다.

반복학습

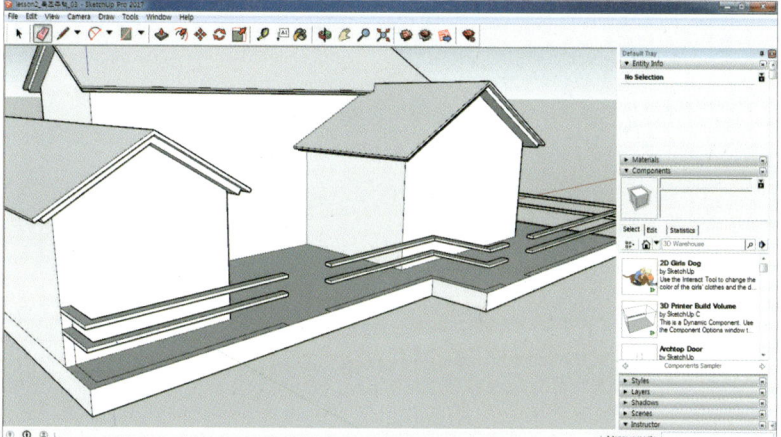

**151** 같은 방법(139번 ~ 147번 참조)으로 그림과 같이 베란다의 수평바를 완성한다.

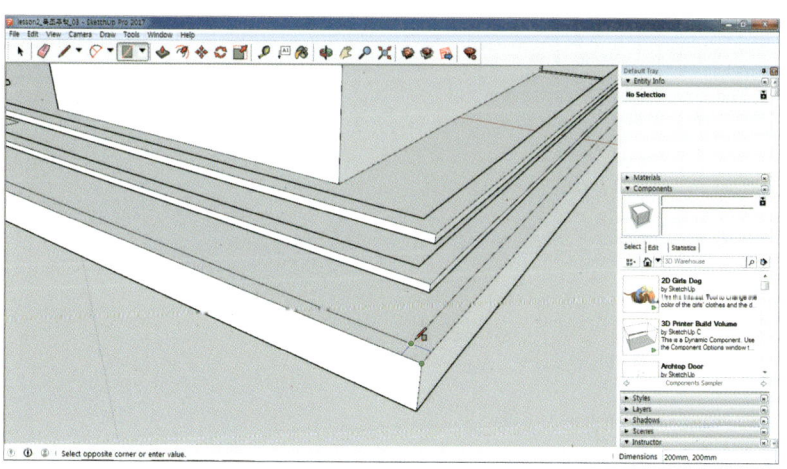

**152** 베란다의 기둥을 만들기 위해서 ▫ Rectangle(직사각형) 도구를 사용해서 그림과 같이 베란다 모서리에서 시작하는(200mm, 200mm)인 사각형을 그린다.

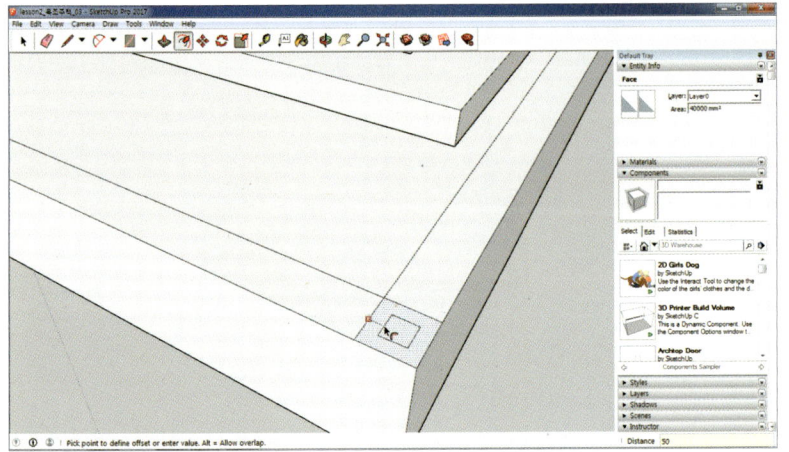

**153** 가로, 세로 폭이 100mm인 베란다 기둥을 제작하기 위해서 그림과 같이 Offset(오프셋) 도구를 사용해서 50mm 안쪽으로 사각면을 생성한다.

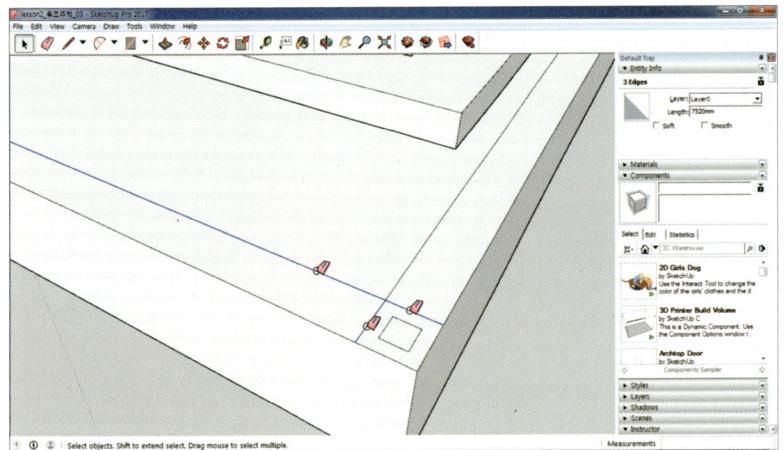

**154** 사각형이 생성되었으면 Eraser(지우기) 도구를 사용해서 그림과 같이 불필요한 부분을 제거한다.

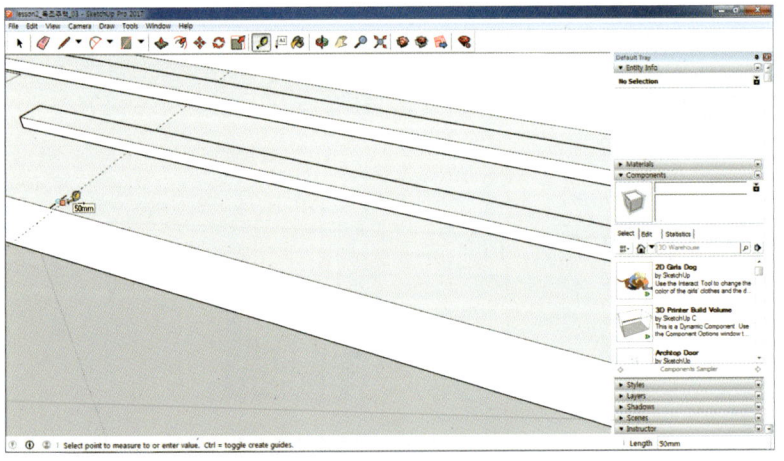

**155** 그림과 같이 Offset(오프셋) 도구를 사용해서 선에서 50mm 떨어진 보조선을 생성한다. 보조선을 그리는 이유는 전에 생성한 사각면을 정확한 위치까지 복사하기 위해서 이다.

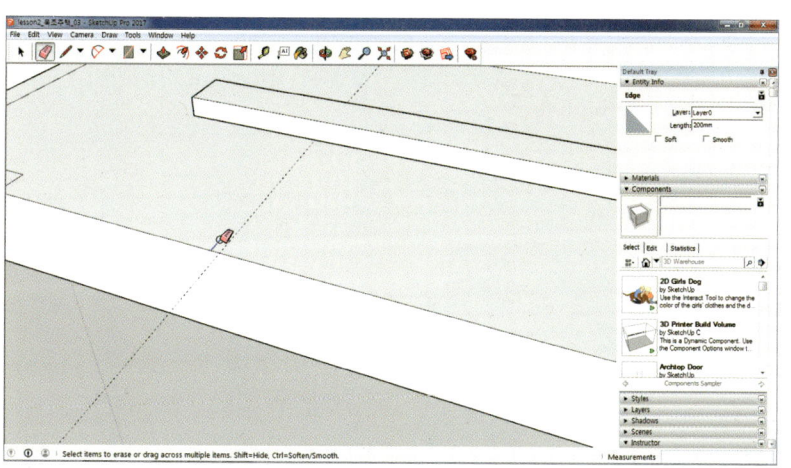

**156** 보조선을 그렸다면 더 이상 선은 필요가 없다. Eraser(지우기) 도구를 사용해서 선을 제거한다.

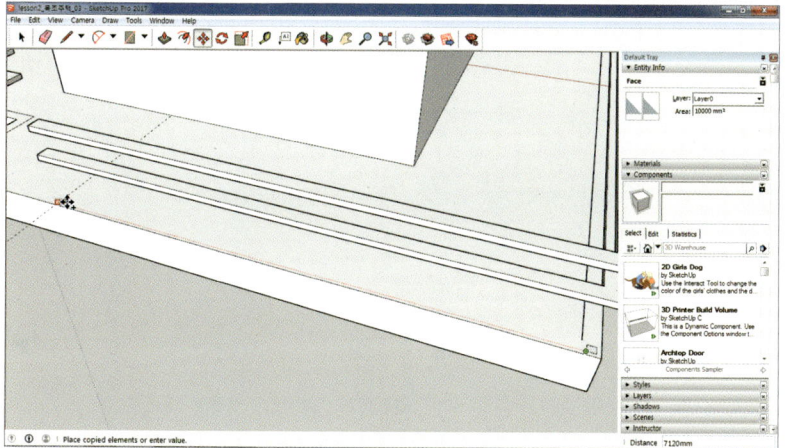

**157** Select(선택) 도구를 사용해서 151번에서 그린 사각형을 선택한 후, 다시 Move(이동) 선택한 후, Ctrl 키를 누르고 사각형의 모서리를 클릭해서 그림에서와 같이 붉은 축(Red Axis) 방향으로 사각형을 복사한다.

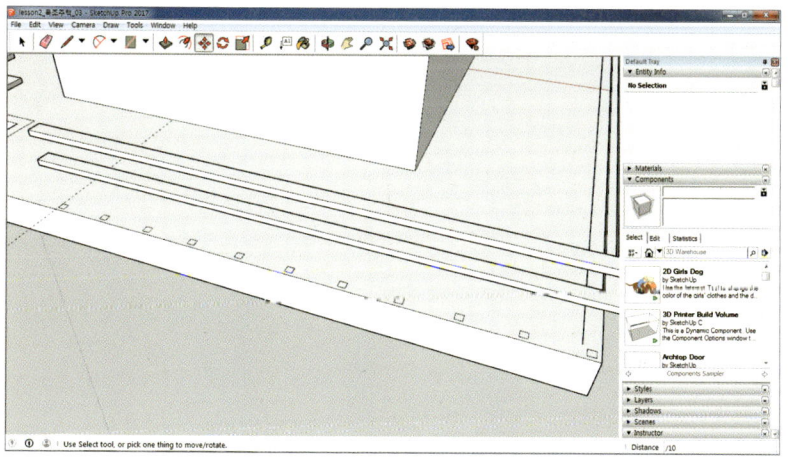

**158** 수치입력창에 Distance /10 /10을 입력하여 사각형 10개를 복사한다. 사각형이 10개가 복사된 것을 확인 할 수 있다.

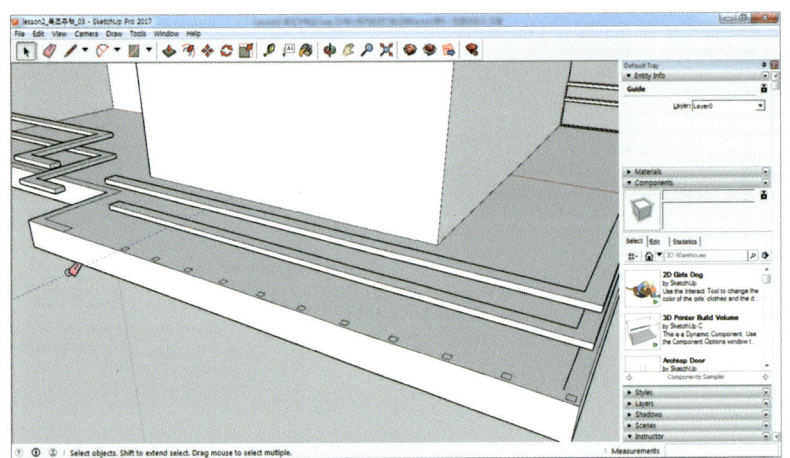

**159** 사용한 보조선을 Eraser (지우기) 도구로 제거한다.

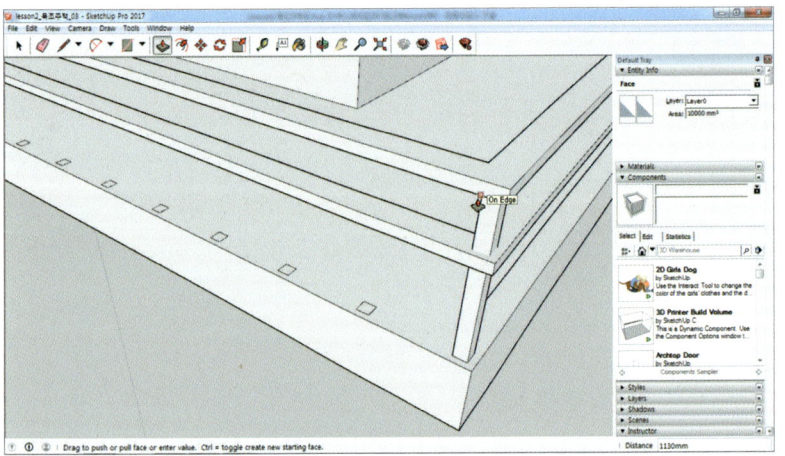

**160** Push/Pull(밀기/끌기) 도구를 사용해서 그림과 같이 사각형의 면을 베란다 수평바 아랫부분까지 면을 생성한다. 높이는 1130mm 이다.

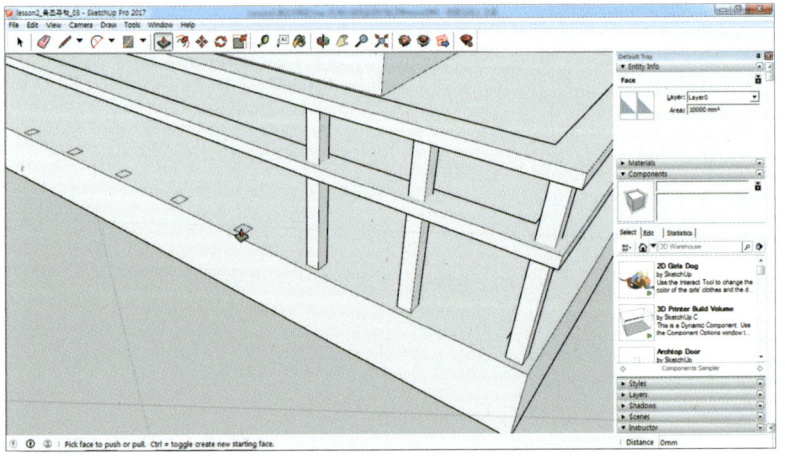

**161** '더블클릭'해서 같은 높이로 베란다 기둥을 완성해 간다.

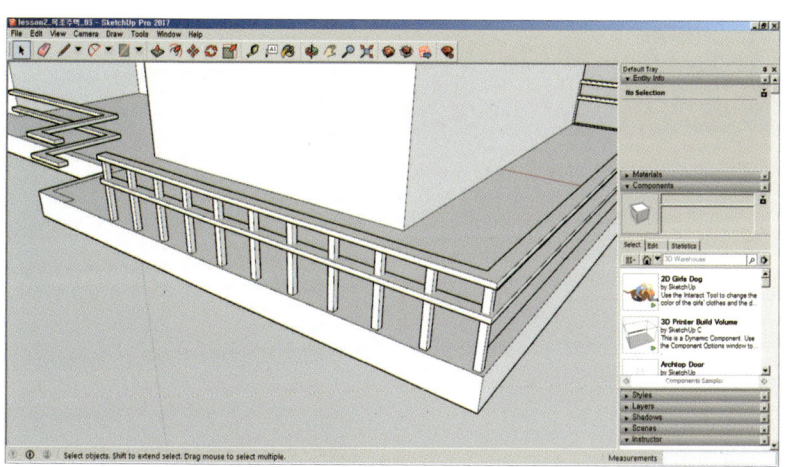

162 베란다의 앞쪽이 완성되었다.

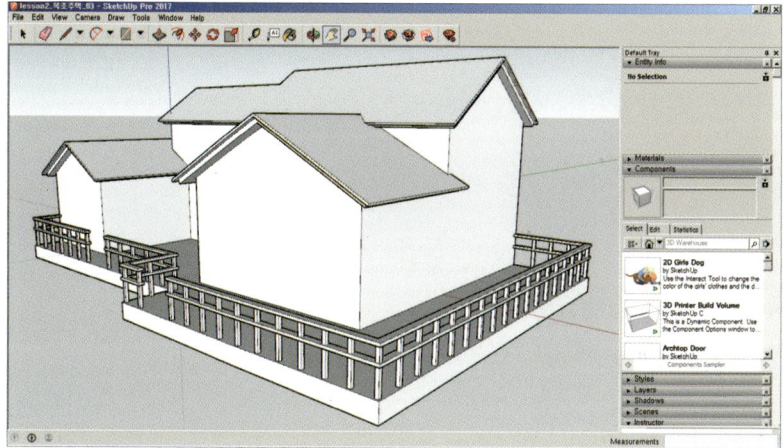

**반복학습**

163 같은 방법(150번 ~ 160)으로 그림과 같이 베란다를 완성한다.

# 06 창문

왼쪽에 위치한 작은 방을 만들어 보자.

**SketchUp 2017**

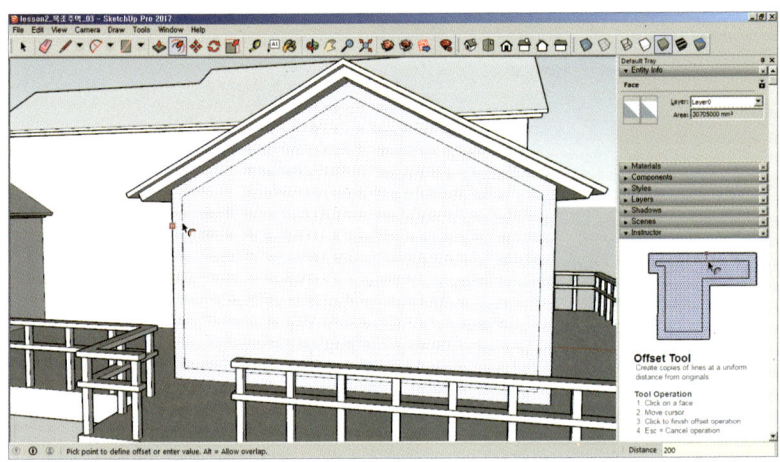

164 Offset(오프셋) 도구를 사용해서 200mm 작은 오각면을 그린다.

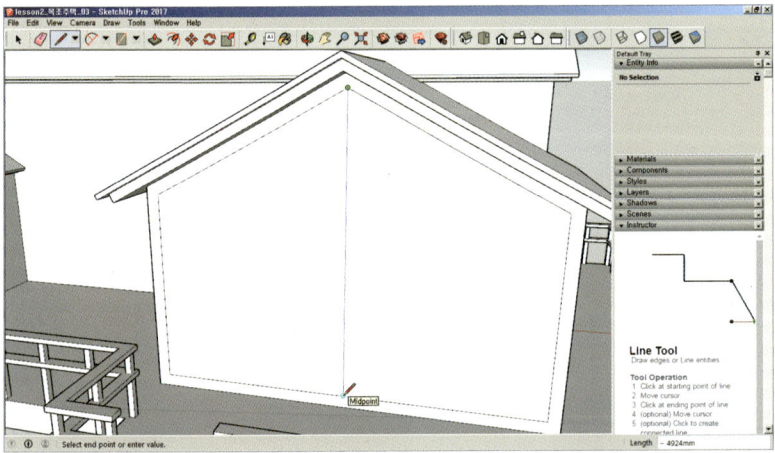

165 Line(선) 도구를 사용해서 안쪽 오각면 꼭지점에서 아래 중간점(Midpoint)까지 선을 그린다.

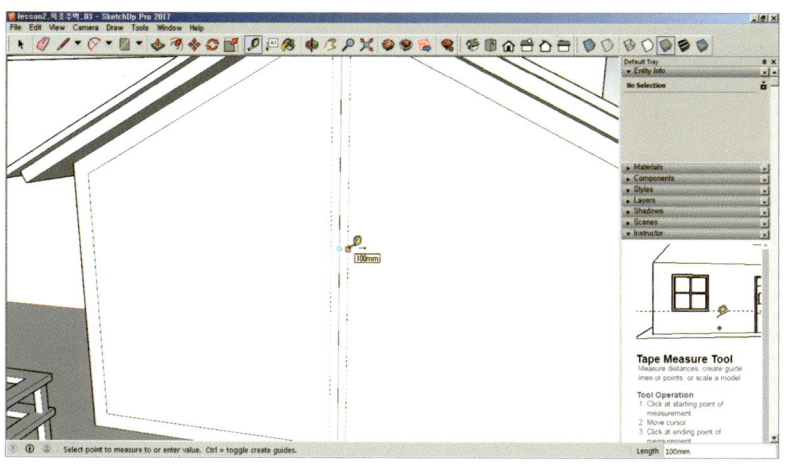

**166** 방금 그린 선에서 🖉 Tape Measure Tool(줄자) 도구를 사용해서 양쪽으로 100mm 떨어진 보조선을 2개 그린다. 보조선을 그리는 이유는 두께가 200mm인 창문틀을 그리기 위해서 이다.

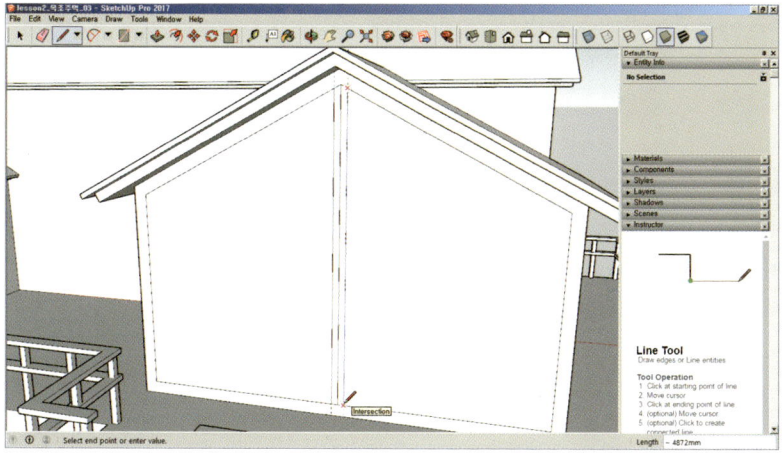

**167** 보조선에 맞추어 🖉 Line (선) 도구로 수직선을 2개 그린다.

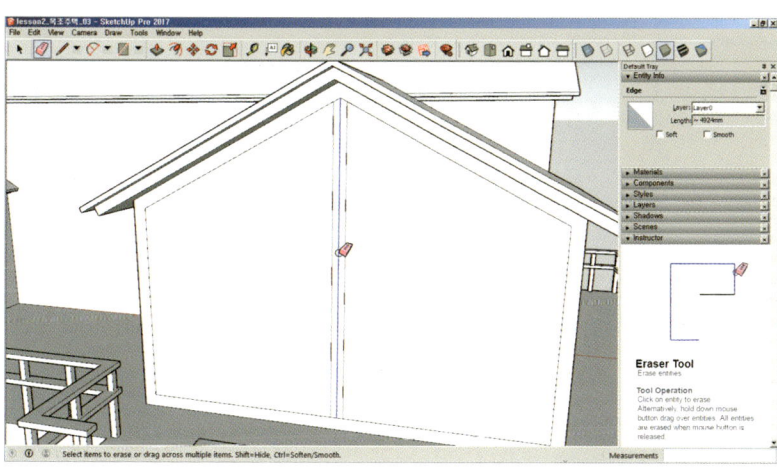

**168** 🖉 Eraser(지우기) 도구로 사용한 2개의 보조선과 가운데 선을 제거한다. 처음에 그린 수직선은 창문틀을 만들기 위한 기준선이다.

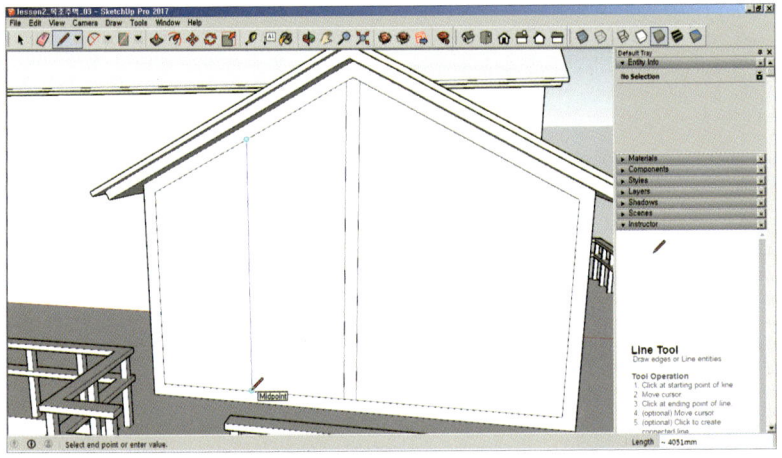

**169** Line(선) 도구를 사용해서 중간점(Midpoint)과 중간점(Mid-point)을 잇는 수직선을 그린다.

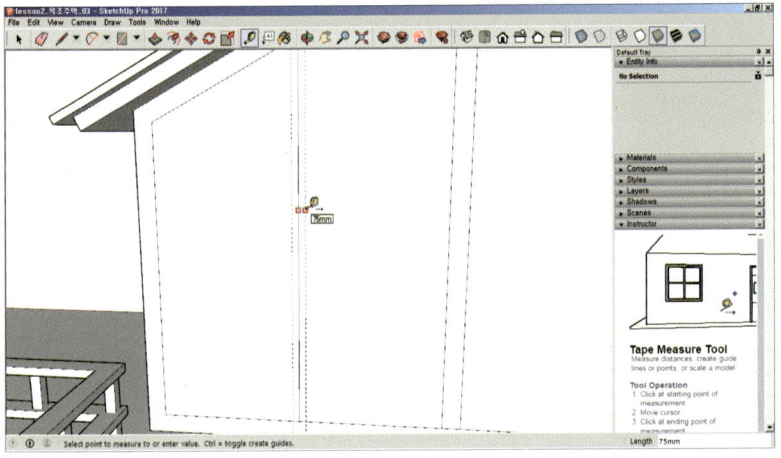

**170** 선을 중심으로 양쪽으로 Tape Measure Tool(줄자) 도구를 사용해서 각각 75mm 떨어진 보조선을 2개 그린다. 창문틀이 150mm이기 때문이다.

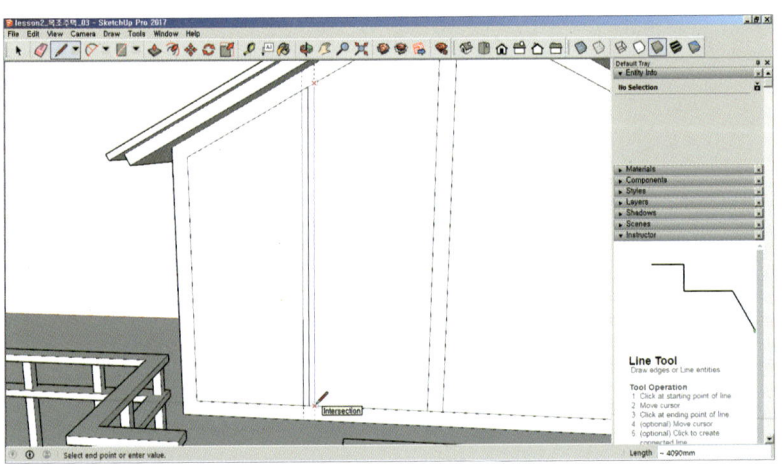

**171** 보조선에 맞추어 Line(선) 도구로 수직선 2개를 그린다.

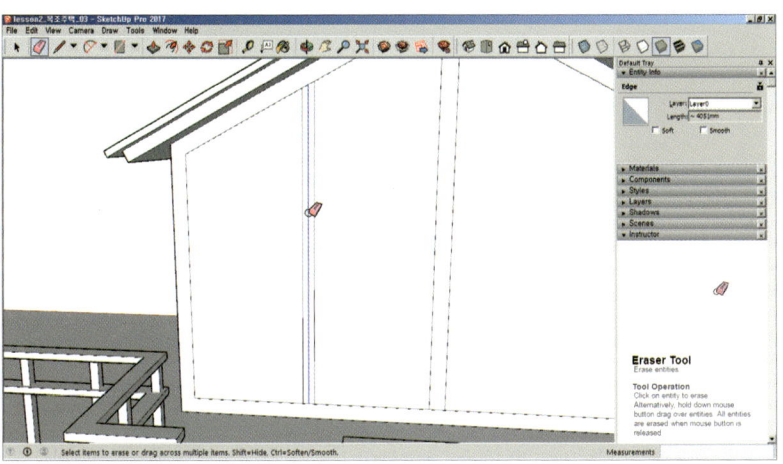

**172** Eraser(지우기) 도구로 보조선과 가운데 선을 제거한다.

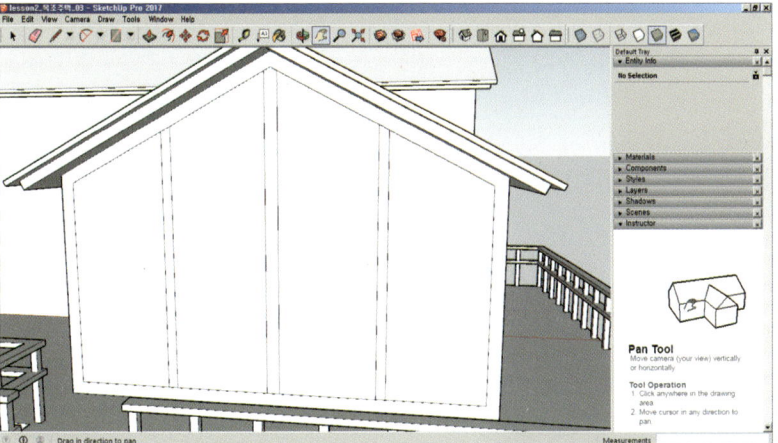

반복학습

**173** 같은 방법(169~172번)으로 반대쪽에도 150mm인 창문틀을 제작한다.

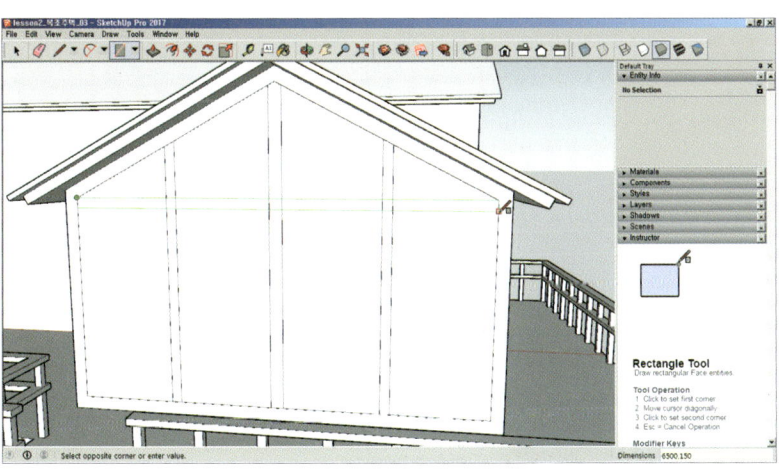

**174** 가로 창문틀을 만들기 위해서 Rectangle(직사각형) 도구로 오각면 왼쪽 모서리에서 시작하고 아래방향으로 6500, 150인 사각형을 그린다.

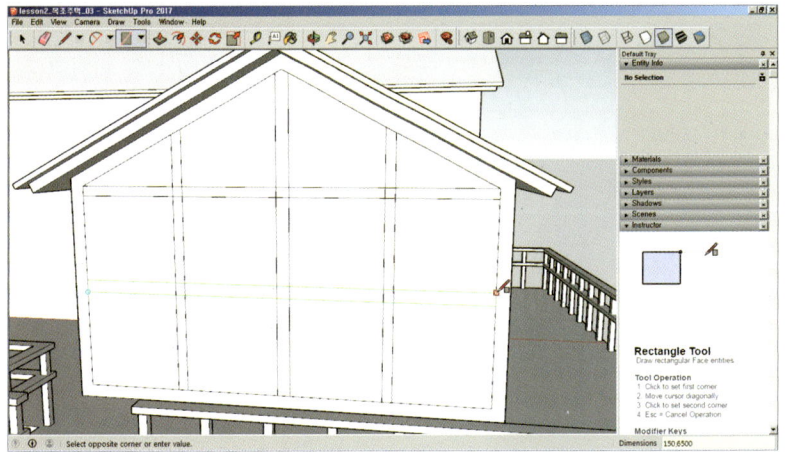

**175** 역시 ▭ Rectangle(직사각형) 도구로 중간점(Midpoint)에서 시작하고 위방향으로 150, 6500인 사각형을 그린다.

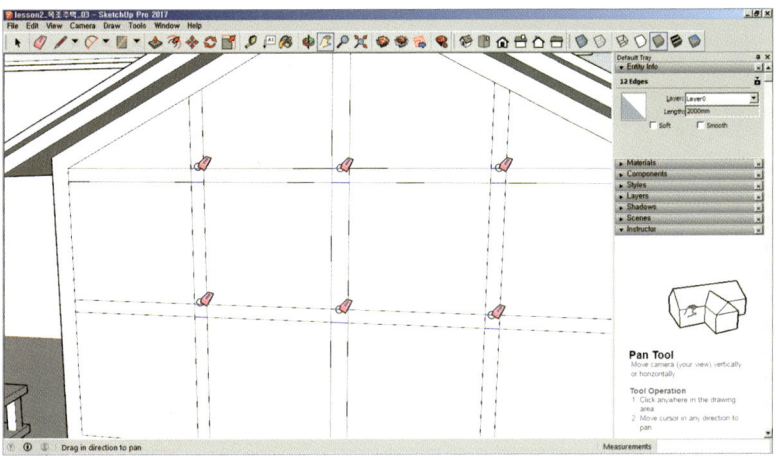

**176** 창문틀을 완성하기 위해서 ✐ Eraser(지우기) 도구로 그림과 같이 창문틀이 겹치는 부분의 가로선을 모두 제거한다.

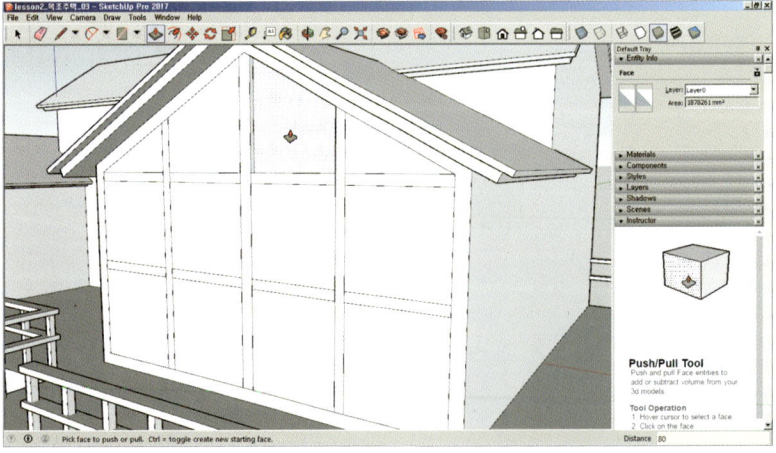

**177** 창문부분을 ◆ Push/Pull(밀기/끌기) 도구를 사용해서 안쪽으로 80mm 집어넣는다.

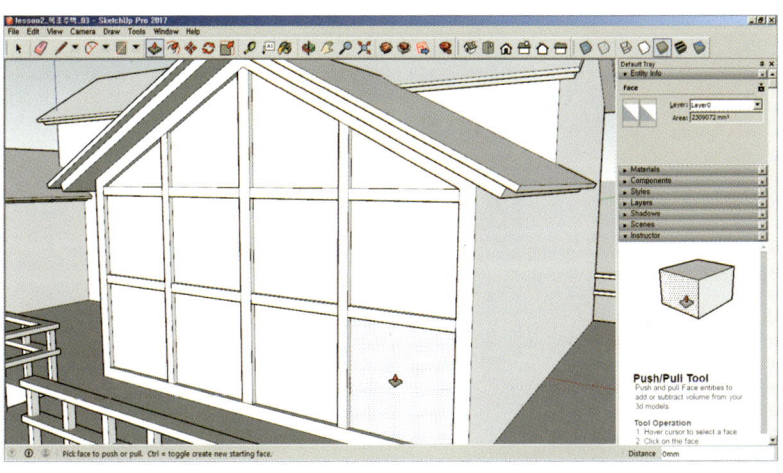

**178** '더블클릭'해서 창문부분을 모두 안쪽으로 80mm 집어넣는다.

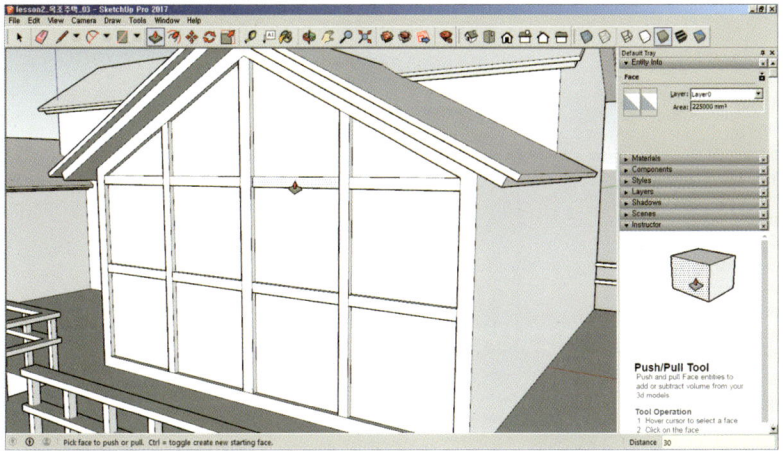

**179** Push/Pull(밀기/끌기) 도구를 사용해서 가로 창문틀부분을 안쪽으로 30mm 집어넣는다.

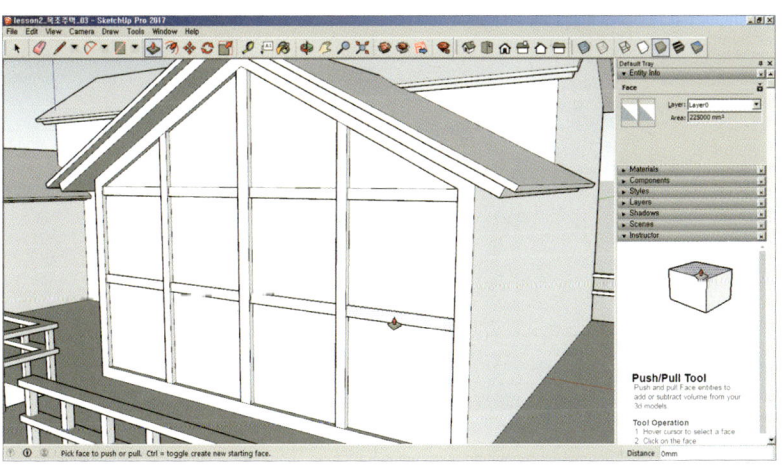

**180** 가로창문틀 모두 '더블클릭' 해서 안쪽으로 30mm 집어넣는다.

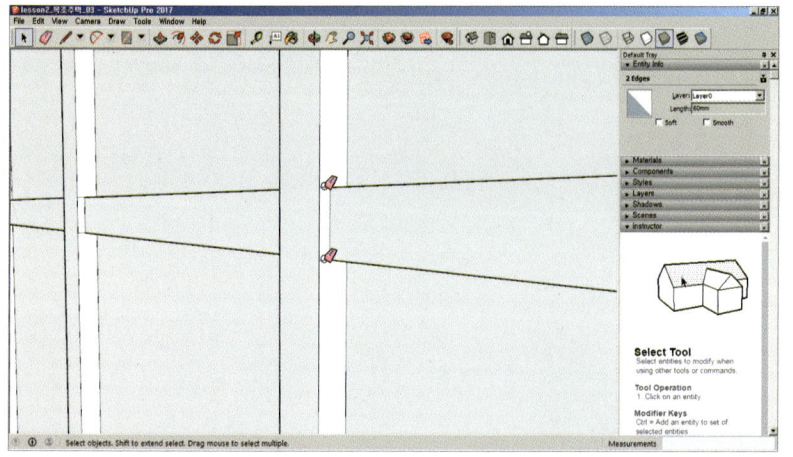

**181** 가로 창문틀을 안쪽으로 집어 넣으면서 생기는 불필요한 선들을 Eraser(지우기) 도구로 모두 제거한다.

> **Tip** 선을 제거하는 이유는 나중에 재질을 적용할 때 창문틀을 한 번에 적용하기 위해서 이다.
> 선으로 분리되어 있으면 분리된 면 모두 재질을 적용해야 하는 번거로운 작업들을 해야 한다.

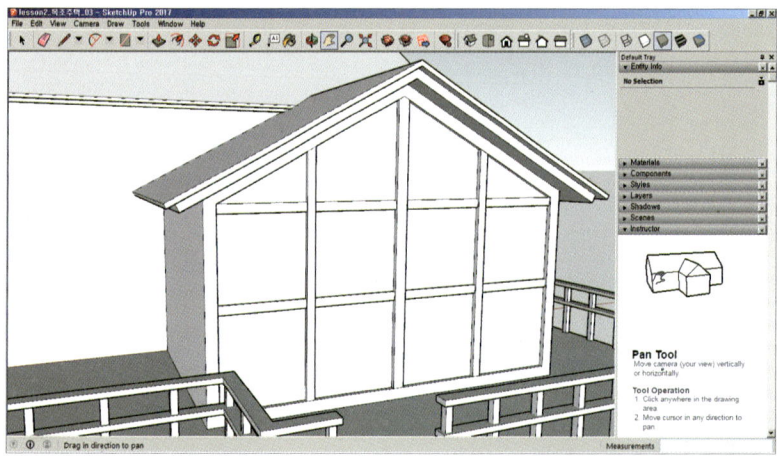

**182** 창문이 완성되었다. 이제 창문에 투명한 재질을 적용해 보자.

**183** Materials(재질) Tray에서 Colors를 선택한다.

**154** + SketchUp 2017

**184** 창문이 완성되었다. 이제 창문에 투명한 재질을 적용해 보자.

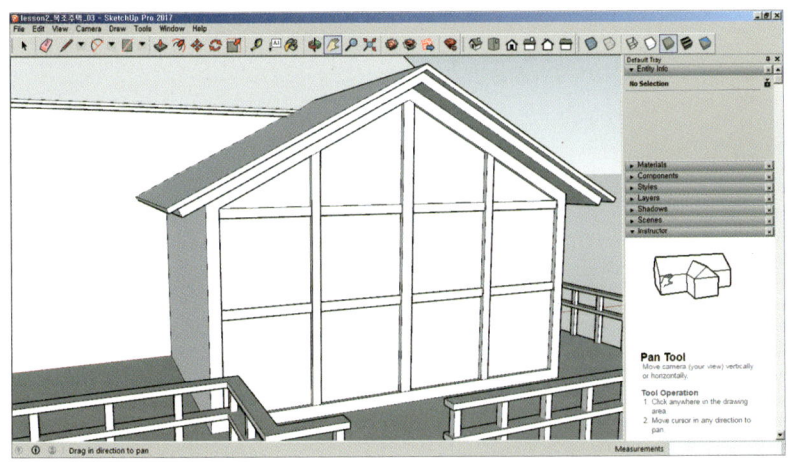

**185** 창문에 해당하는 부분을 클릭해서 재질을 적용한다.

**186** 창문의 색상만 적용되었을 뿐, 아직 투명도는 적용되지 않았다. 적용된 창문을 투명하게 만들어 보자. 먼저 🏠 In Model(모델 안)을 선택한다.

In Model(모델안)은 오브젝트에 적용된 재질을 모아둔 곳이다. 따라서 적용된 재질은 모두 In Model(모델안)에 있다.

**187** In Model 안으로 들어와서 창문에 적용되었던 색상 Color M03을 '더블클릭'한다.

적용된 재질이나 색상을 더블클릭하게 되면 재질의 속성으로 들어갈 수 있다.

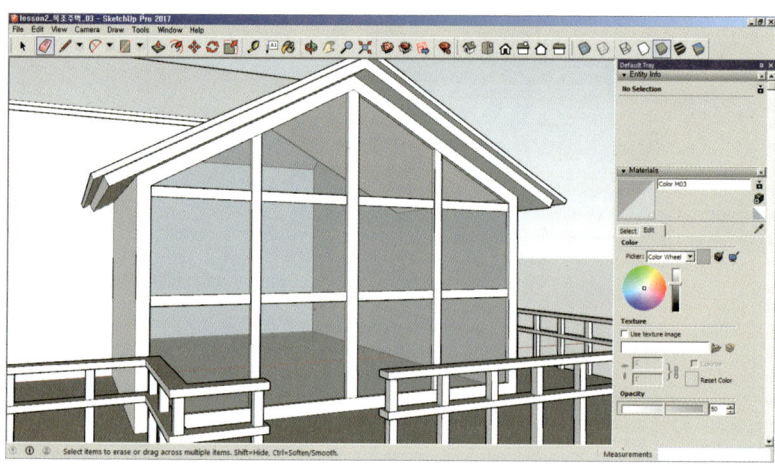

**188** Edit 속성에서 Opacity(불투명도) 값을 50으로 낮추면 창문이 투명하게 변하는 것을 확인할 수 있다.

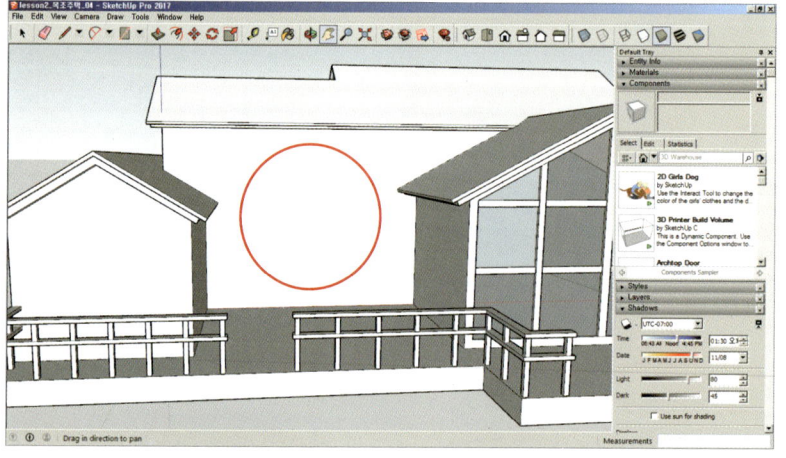

**189** 붉은색 원 부분은 Components(구성요소)를 사용해서 제작해 보자.

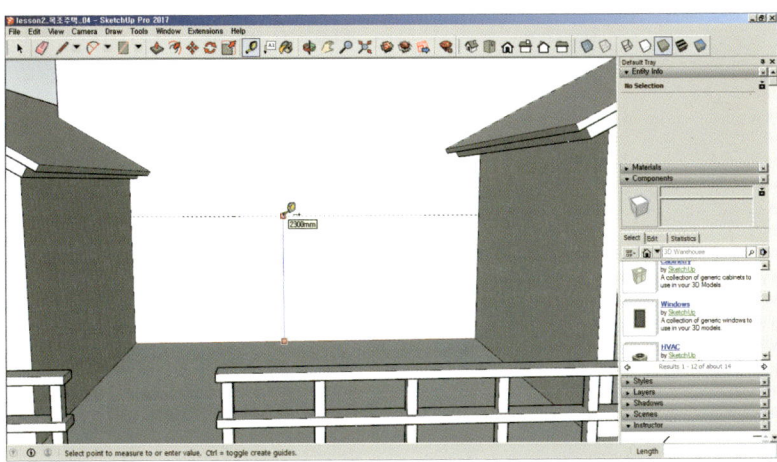

**190** Components(구성요소)를 불러왔을 때 정확한 곳에 위치하고, 창문의 크기를 정확하게 하기 위해서 Tape Measure Tool(줄자) 도구를 사용해서 바닥에서 2300mm 떨어진 보조선을 그린다.

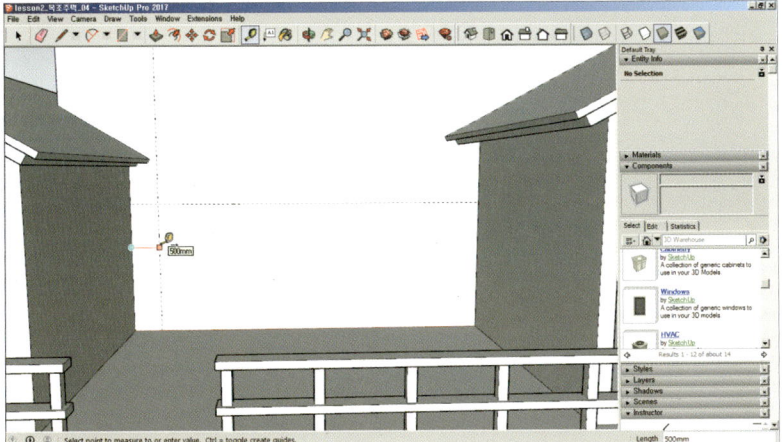

**191** 마찬가지로 벽면에서 500mm 떨어진 보조선을 그린다.

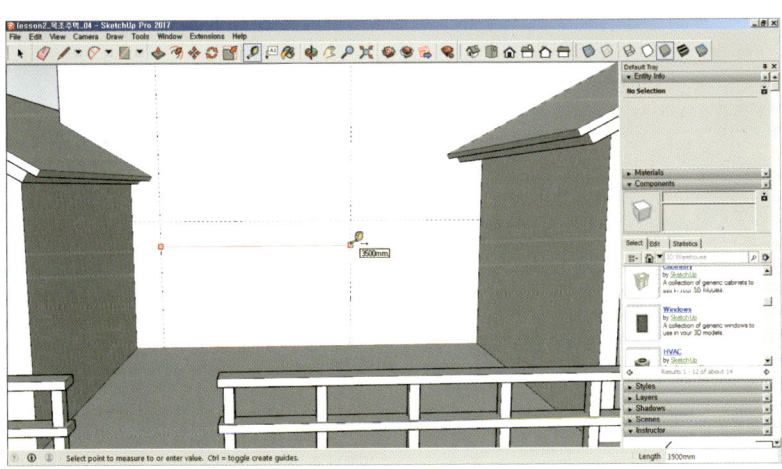

**192** 방금 그린 보조선에서 3500mm 떨어진 보조선을 하나 더 그린다. 따라서 베란다 문의 크기는 높이가 2300mm, 너비가 3500mm이다.

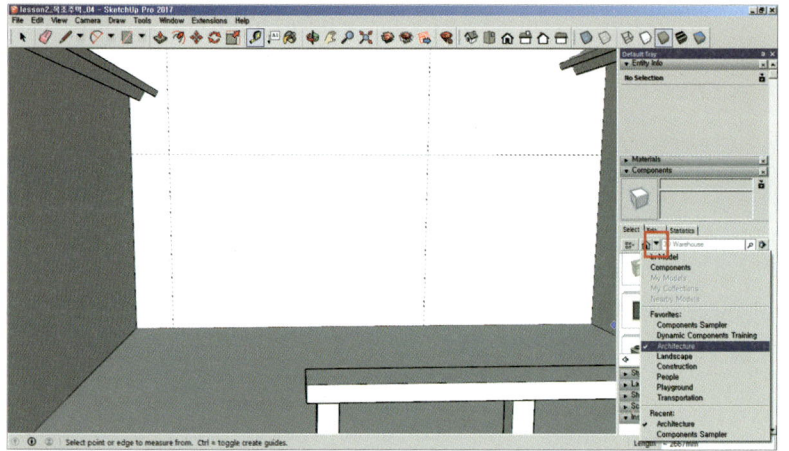

**193** Components(구성요소)를 가져오기 위해서 Components Tray를 활성화해서 화살표를 클릭한 후, Architecture를 선택한다.

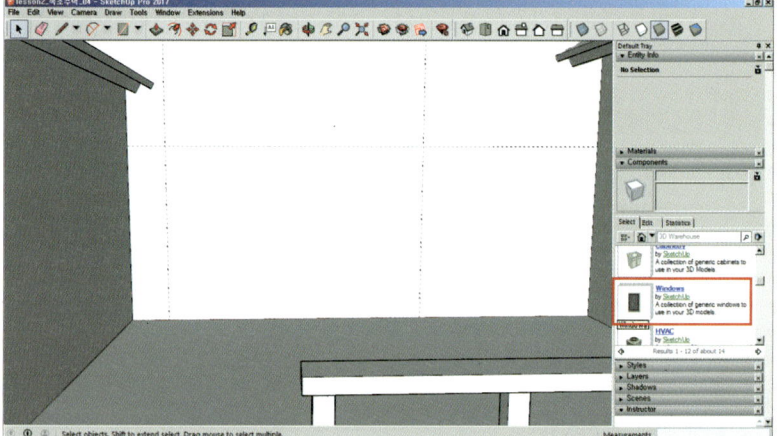

**194** Windows를 선택한다.

**195** 3D Warehouse에서 Triple wood casement Windows를 클릭한다.

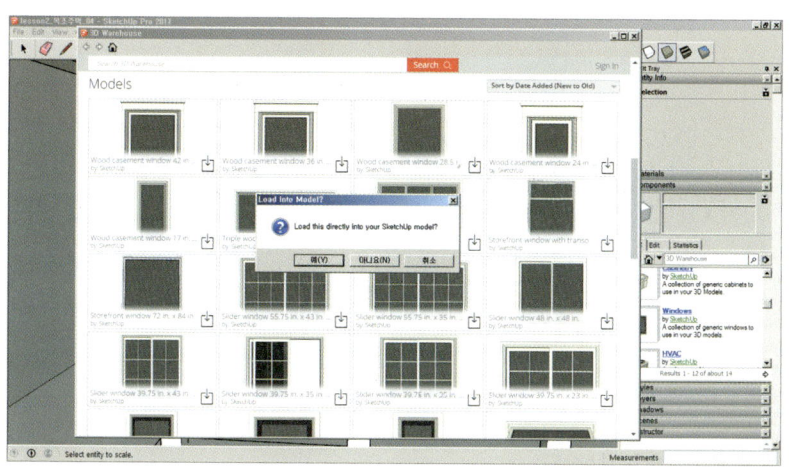

**196** '예(Y)'를 선택해서 스케치업 화면으로 다운로드한다.

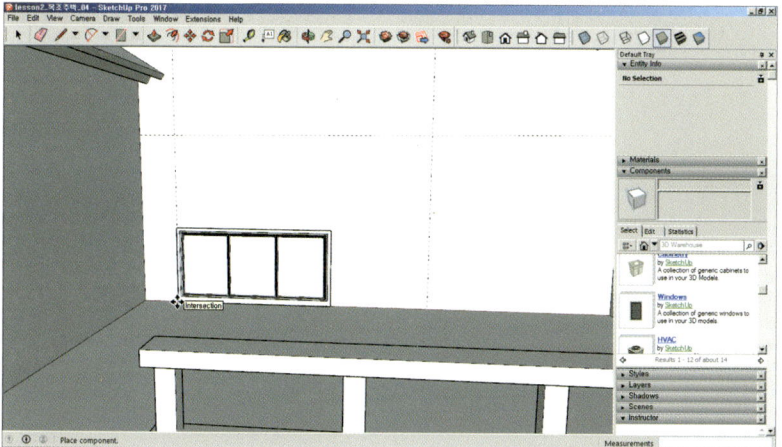

**197** 화면에서 아래모서리를 잡고 지면과 보조선이 교차하는 점으로 이동한다.

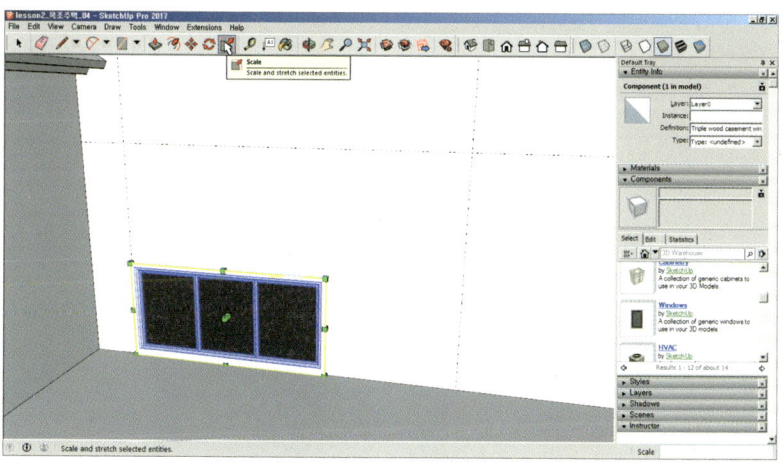

**198** 창문의 크기를 조절하기 위해서 Scale (배율) 도구를 선택한다.

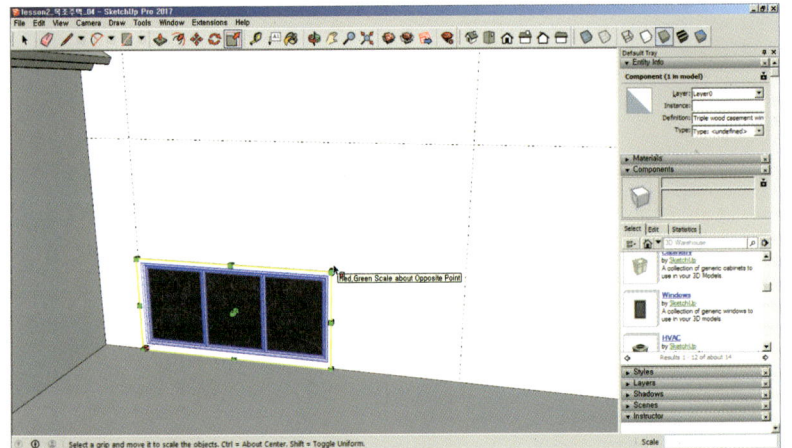

**199** 가로, 세로가 자유롭게 변화하기 위해서 Red, Green Scale about Opposite Point가 되도록 선택한다.

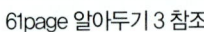 

61page 알아두기 3 참조

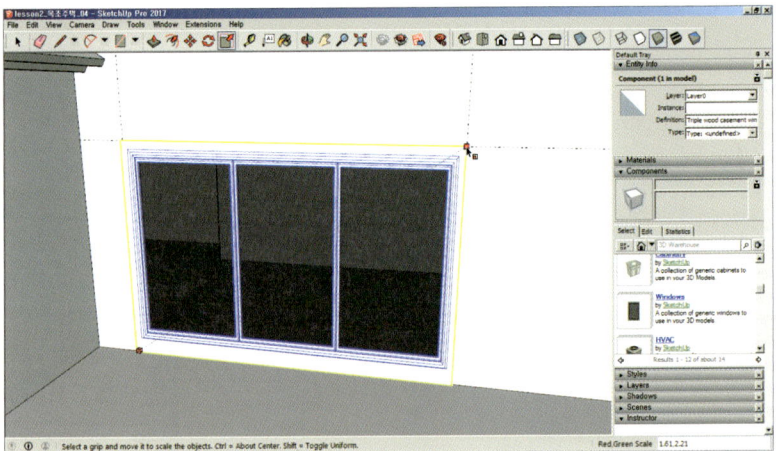

**200** 그림과 같이 보조선과 보조선이 교차하는 점까지 베란다의 크기를 조절한다.

# 07 정문

집으로 들어가는 정문을 Components(구성요소)를 사용해서 제작해 보고 정문 위를 덮는 지붕을 제작해 보자.

**SketchUp 2017**

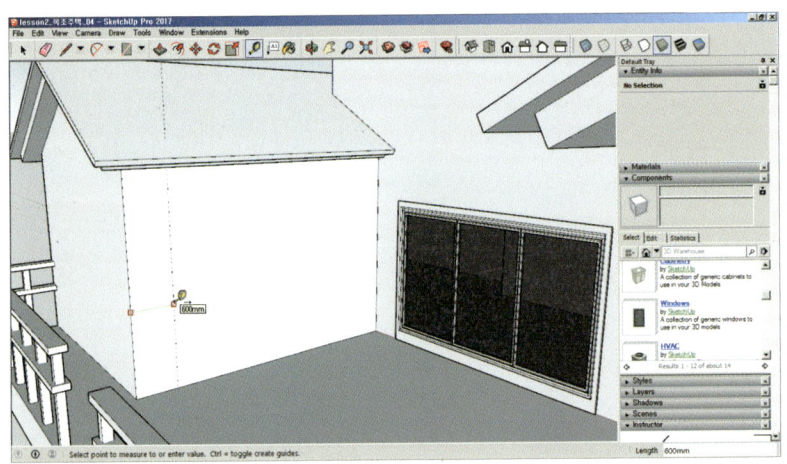

**201** 문을 정확한 위치에 넣기 위해서 Tape Measure Tool(줄자) 도구를 사용해서 앞쪽 모서리에서 600mm 떨어진 보조선을 그린다.

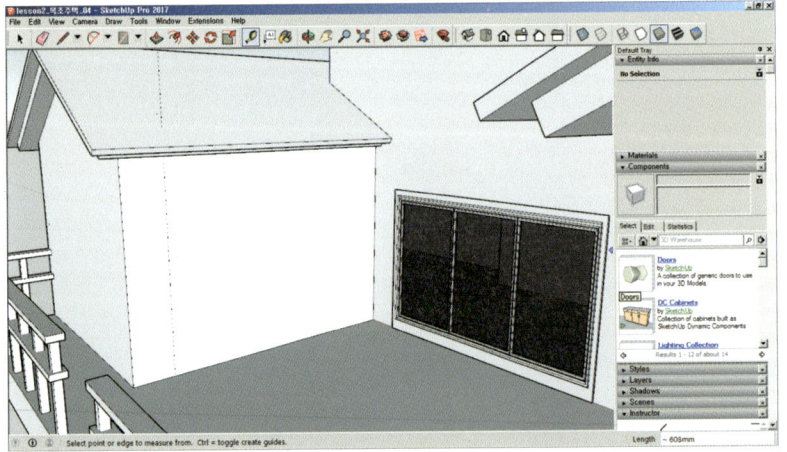

**202** Components(구성요소) Tray에서 Doors를 선택한다.

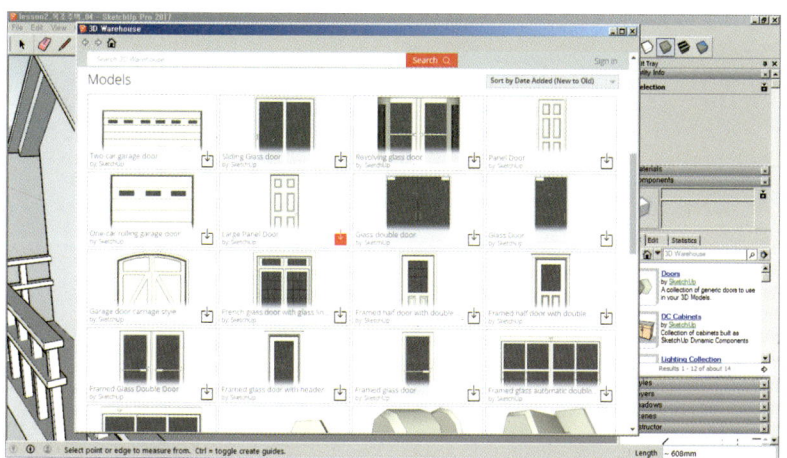

**203** 3D Warehouse에서 Large Panel Door를 선택한다.

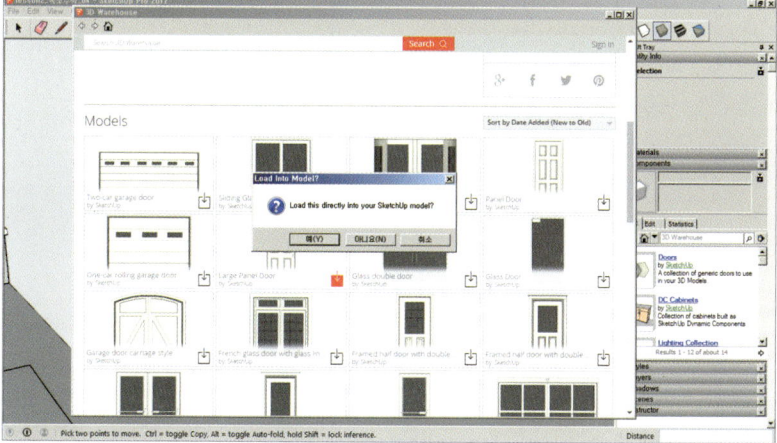

**204** '예(Y)'를 선택해서 스케치업 화면으로 다운로드한다.

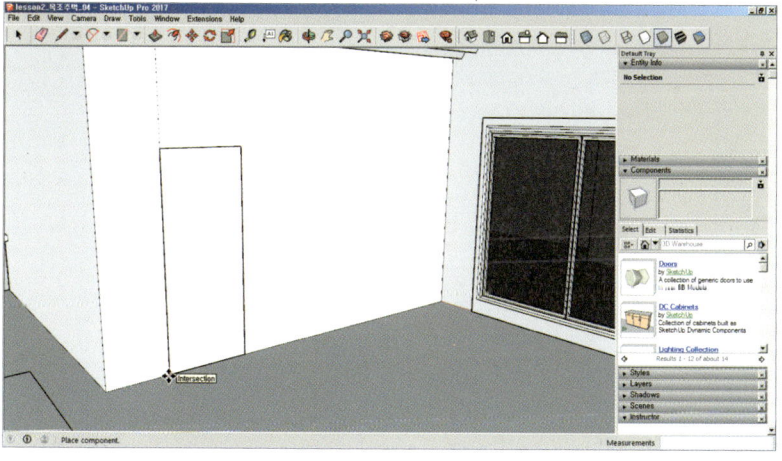

**205** 다운로드 한 문을 지면과 보조선이 교차하는 점으로 이동한다.

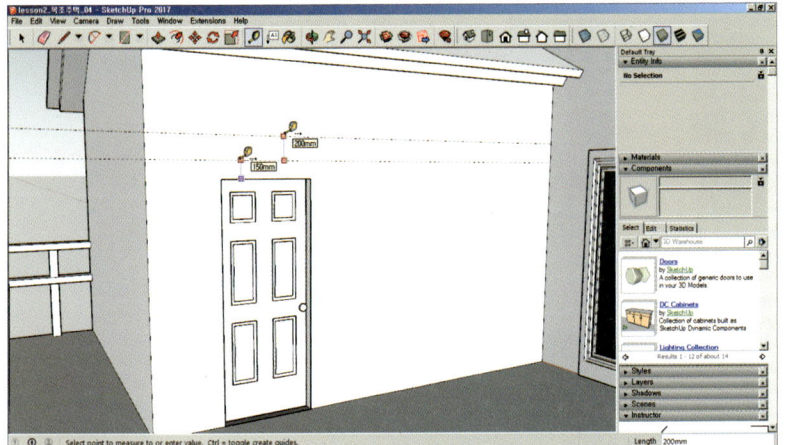

**206** 정문위의 지붕을 제작해 보자. Tape Measure Tool(줄자) 도구를 사용해서 정문 위 모서리에서 각각 150mm와 200mm 떨어진 보조선을 그린다.

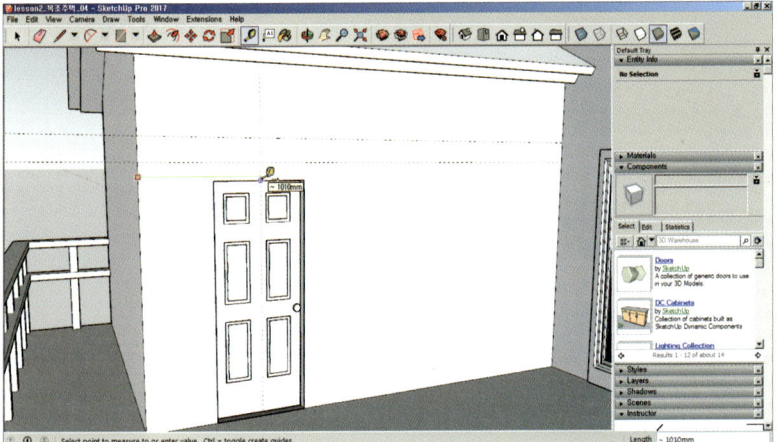

**207** 옆 모서리에서 정문의 중간점(Midpoint)까지 보조선을 그린다.

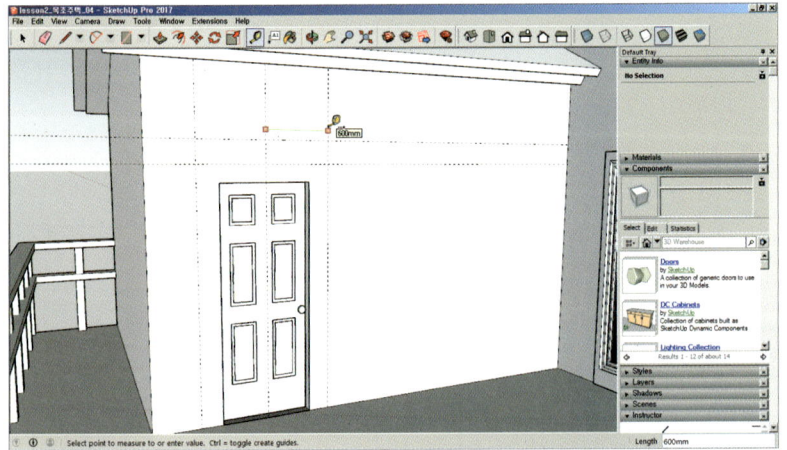

**208** 보조선에서 좌, 우로 각각 600mm 떨어진 보조선을 2개 그린다.

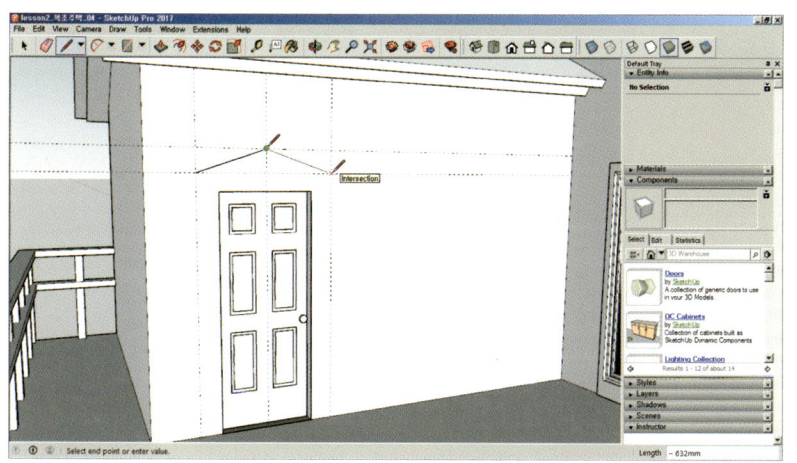

**209** Line(선) 도구를 사용해서 보조선의 교차점을 잇는 'ㅅ' 모양의 선을 그린다.

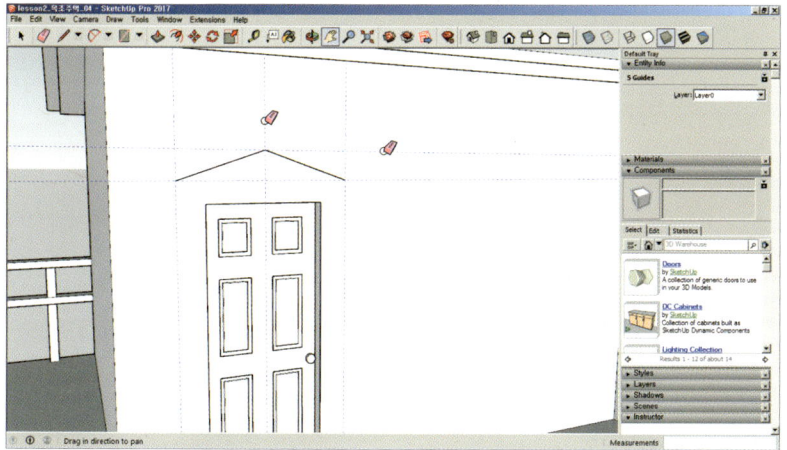

**210** 사용한 보조선은 Eraser(지우기) 도구를 사용해서 제거한다.

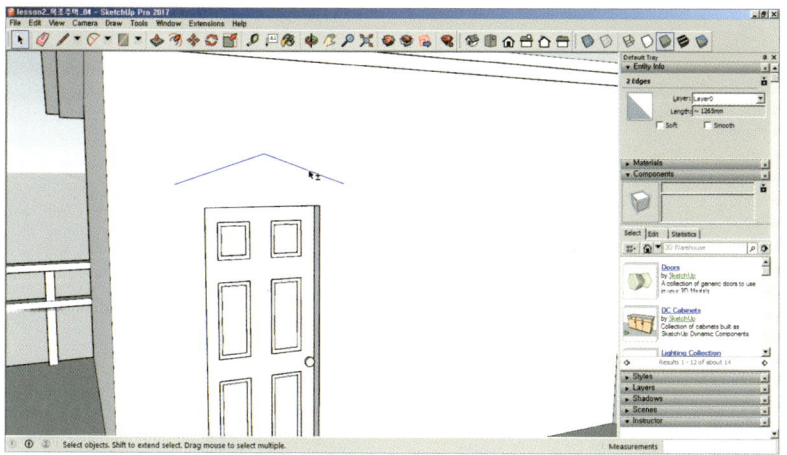

**211** Select(선택) 도구를 사용해서 Shift 키를 누른 후, 선을 선택한다.

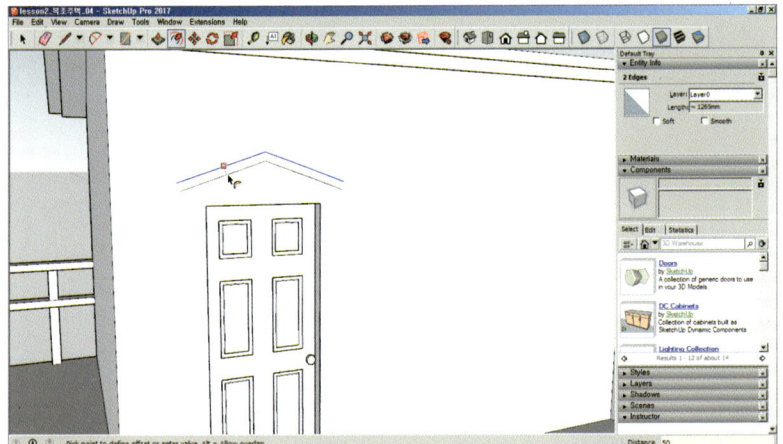

212 Offset(오프셋) 도구를 사용해서 아래쪽으로 50mm 떨어진 선을 그린다.

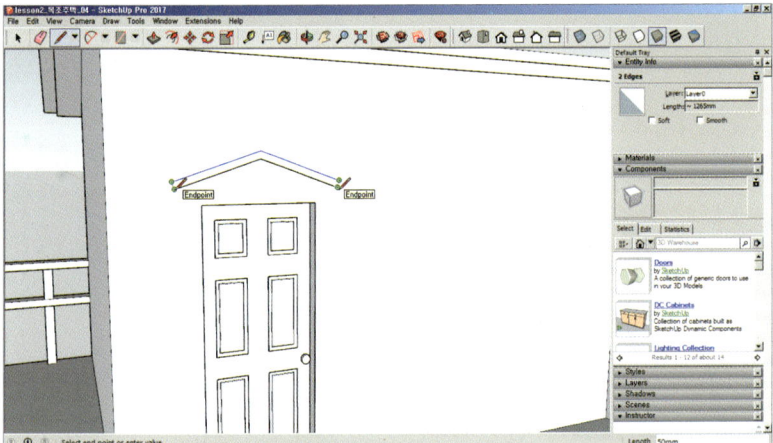

213 Line(선) 도구를 사용해서 양쪽 끝을 선으로 잇는다.

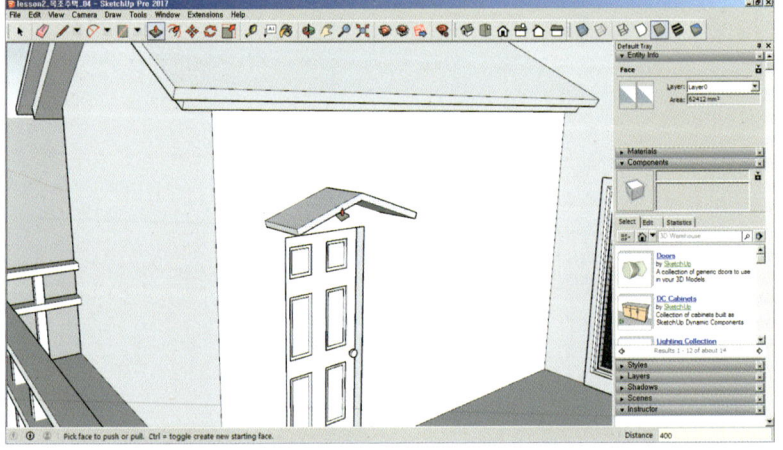

214 Push/Pull(밀기/끌기) 도구를 사용해서 바깥쪽으로 400mm 면을 생성한다.

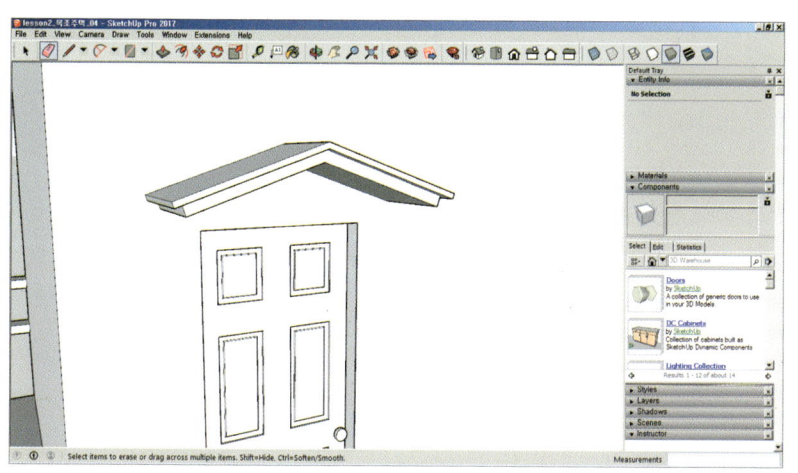

**215** 위쪽에 지붕을 하나 더 만든다.

 **Tip**

106 page Lesson 2
03 지붕공사 참조

**216** 나머지 창문부분은 Components(구성요소)를 이용해서 독자들이 직접 만들어 보자.

가져온 창문을 정확한 위치에 놓기 위해서는 Tape Measure Tool (줄자) 도구를 이용하는 것이 바람직하다. 앞부분에 창문의 모습이다.

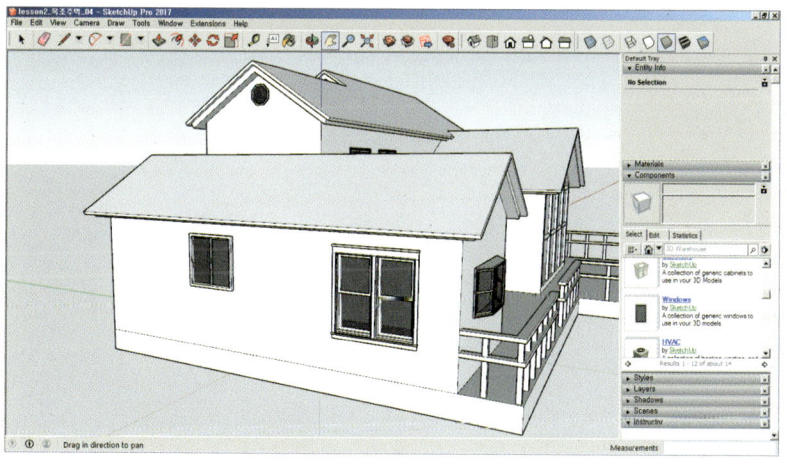

**217** 목조주택의 왼쪽의 창문의 모습이다.

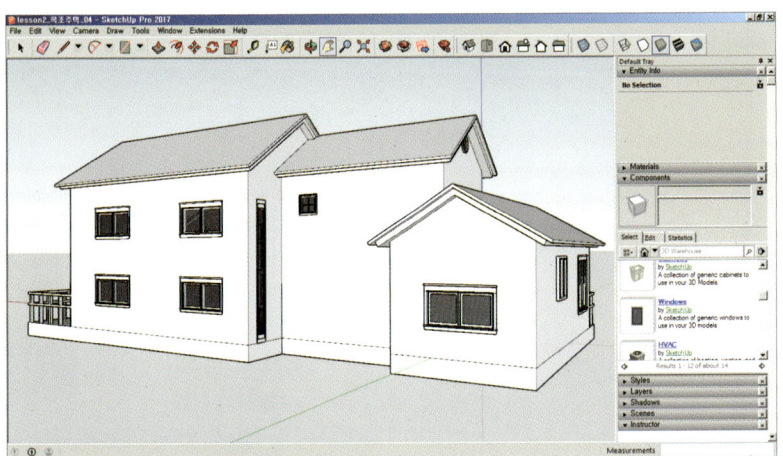

218 목조주택 뒤쪽의 모습이다.

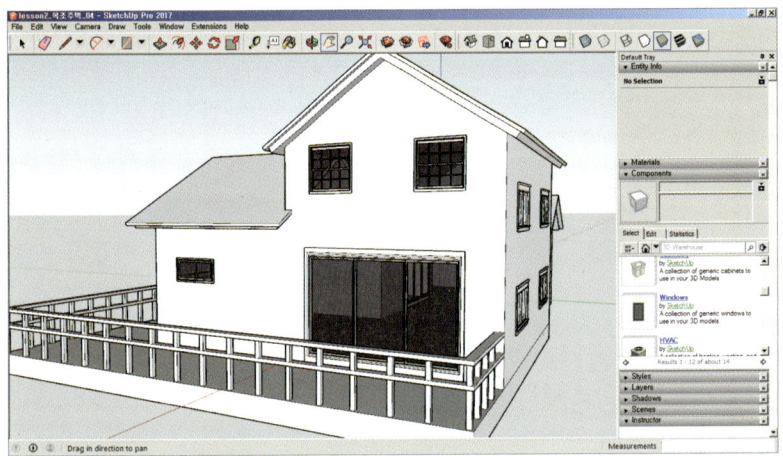

219 목조주택의 오른쪽 모습이다.

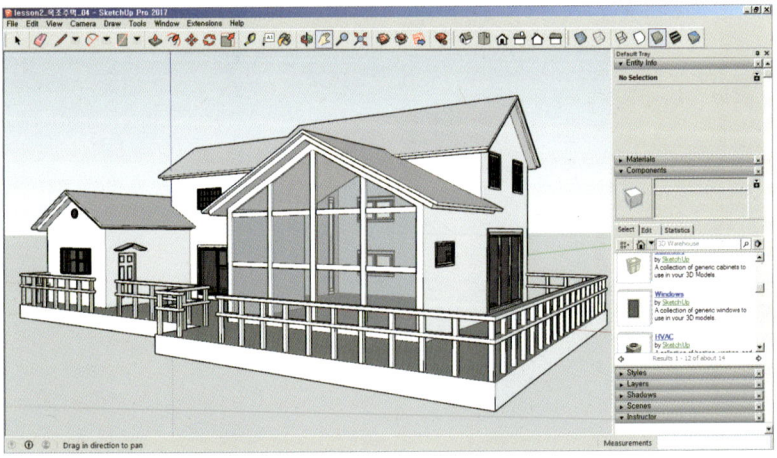

220 주택이 모두 완성되었다.

# 08 재질 적용하기

완성된 주택에 재질을 적용해 보자.

**SketchUp 2017**

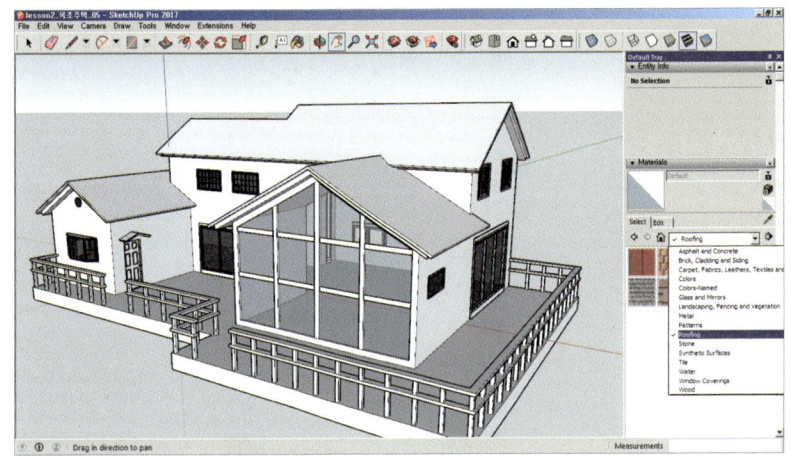

221 주택의 지붕에 재질을 적용하기 위해서 Materials(재질) Tray에서 Roofing(지붕)을 선택한다.

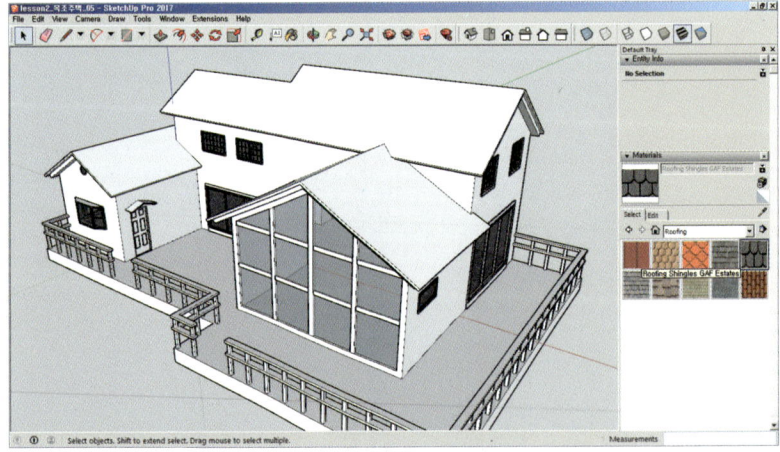

222 Roofing Shingles GFA Estates 재질을 선택한다.

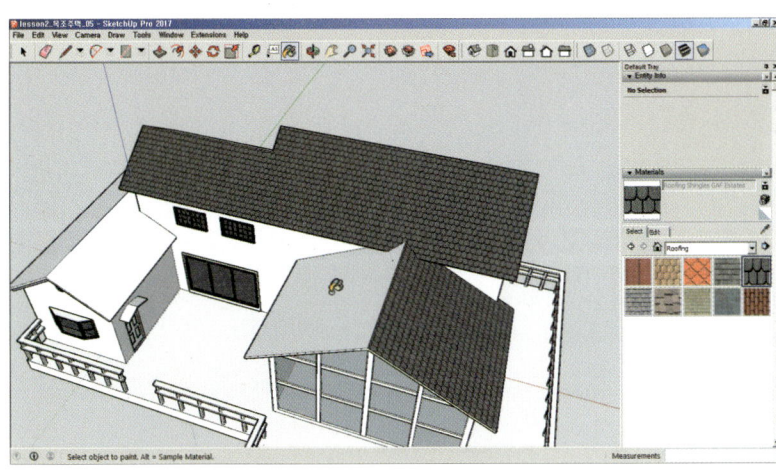

223 지붕을 클릭해서 재질을 적용한다.

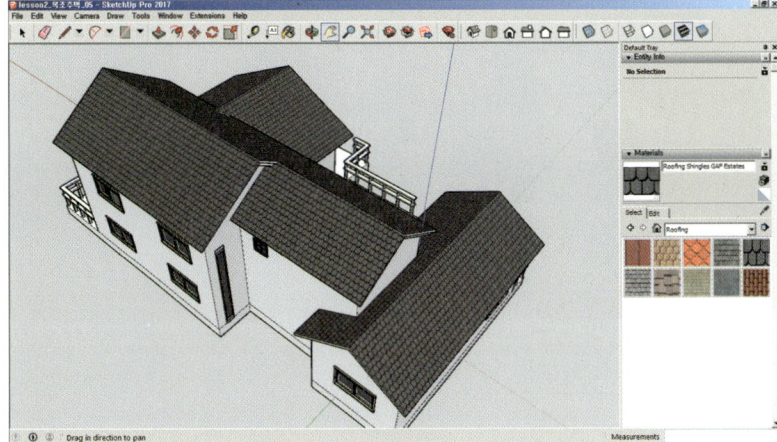

224 지붕에 모두 적용한다.

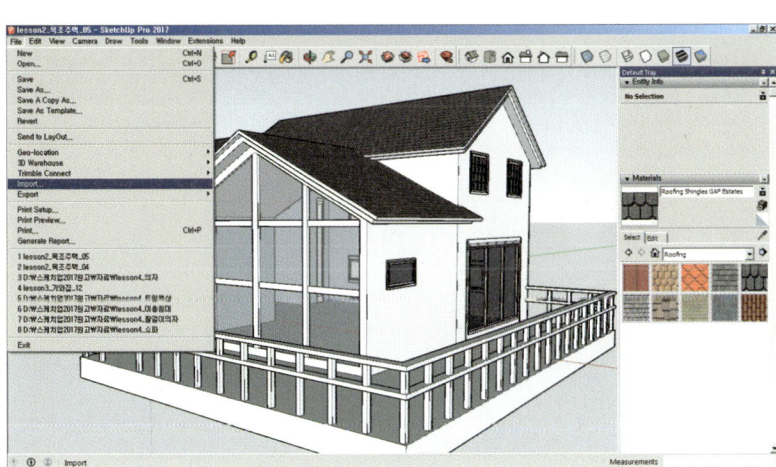

225 건물의 앞쪽부분에 다음과 같은 나무재질을 적용해 보자.

나무재질을 가져오기 위해서 File>Import를 선택한다.

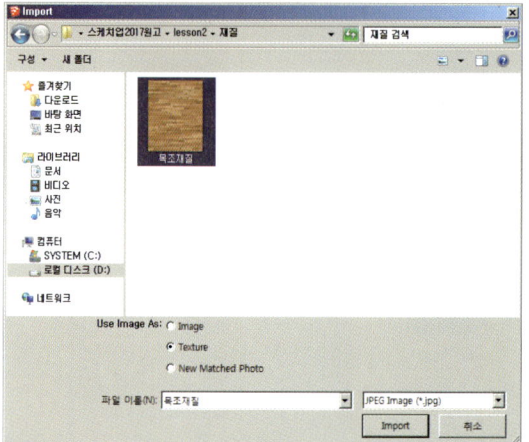

**226** 파일명 '목조재질'을 선택하고 Texture를 선택한다.

 **Tip**
이미지를 재질로 적용하기 위해서는 반드시 Texture를 선택해야만 한다. 그래야 재질을 적용하고자 하는 부분에 재질이 반복해서 적용이 되며, 재질의 크기조절이 가능해 진다.

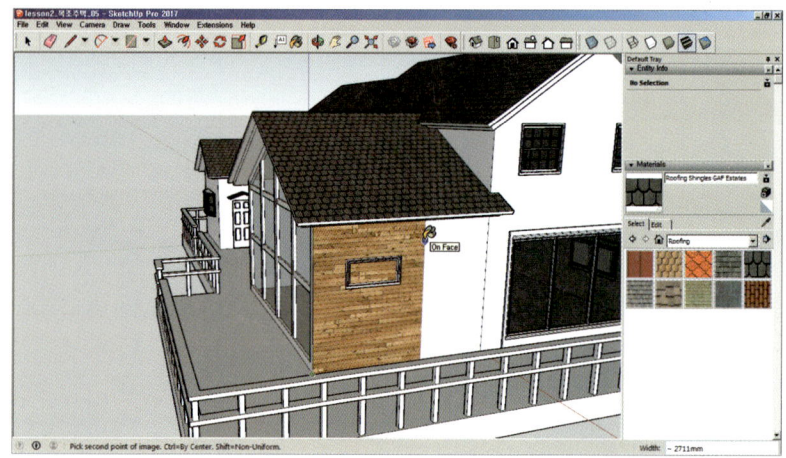

**227** 지붕을 클릭해서 재질을 적용한다.

가져온 이미지를 재질로 적용할 때 처음 드래그 하는 이미지의 크기가 재질이 반복될 크기를 정하기 때문에 주의해야 한다. 만약 그림과 같이 이미지의 크기를 작게 하면 작은 이미지가 재질로 반복 적용된다.

 **Tip**

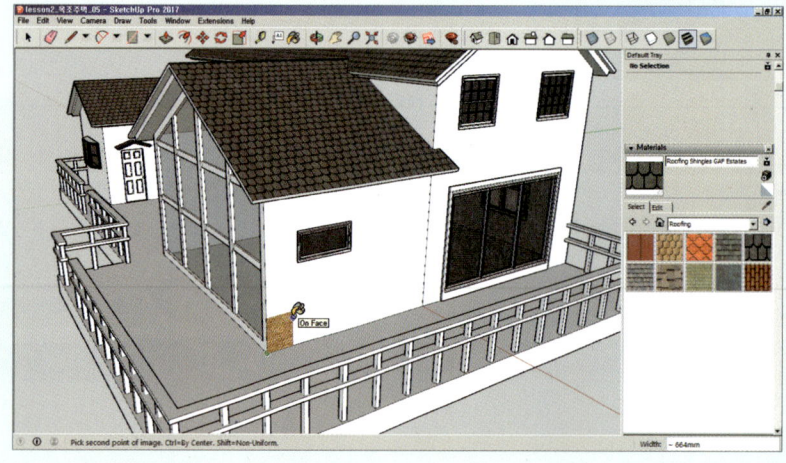

172  +  SketchUp 2017

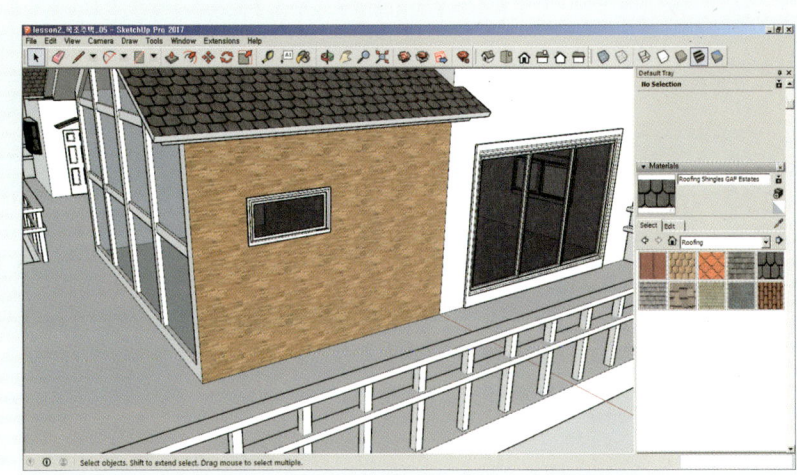

이미지가 작게 반복된다.

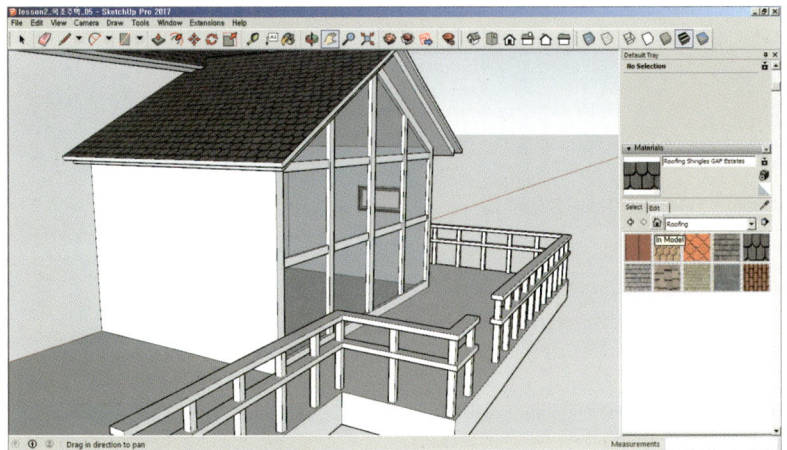

228 반대쪽에도 가져온 목조재질을 적용하기 위해서 In Modeld을 선택한다.

> **Tip**
> In Model은 지금까지 적용된 재질이 모두 쌓여 있는 곳이다. Components(구성요소)를 3D Warehouse에서 가져오더라도 적용된 재질이 모두 In Model 안에 있게 된다.

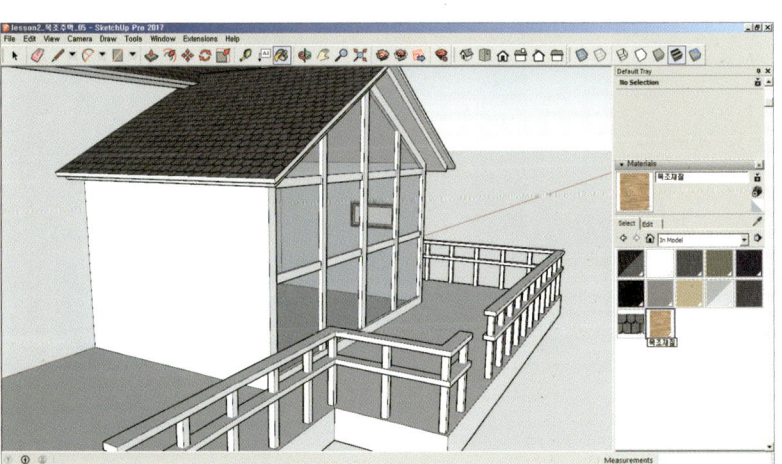

229 앞에서 가져온 목조재질을 선택한다.

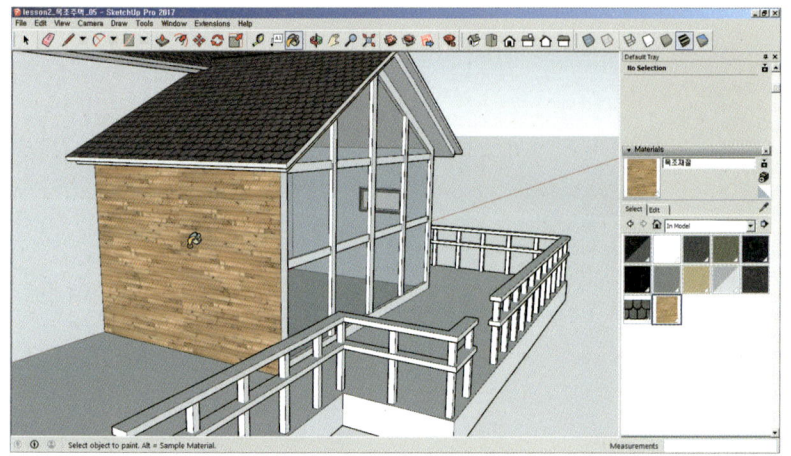

**230** 클릭해서 목조재질을 적용한다.

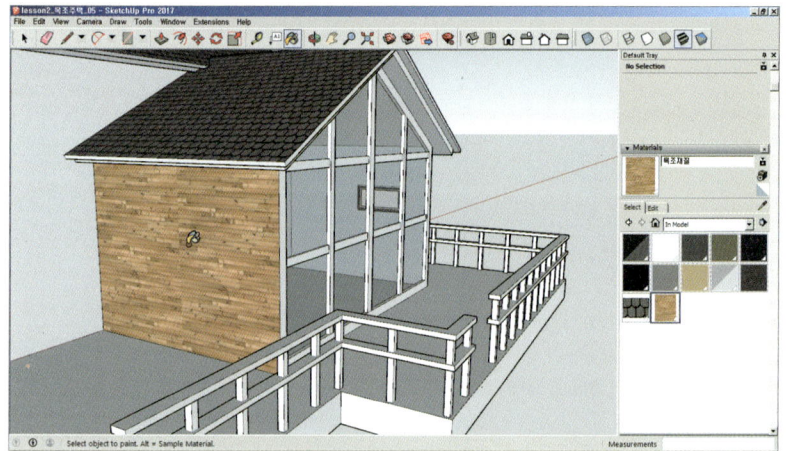

**231** 앞쪽의 창틀부분도 나무재질을 적용하기 위해서 Materials(재질) Tray에서 Wood를 선택한다.

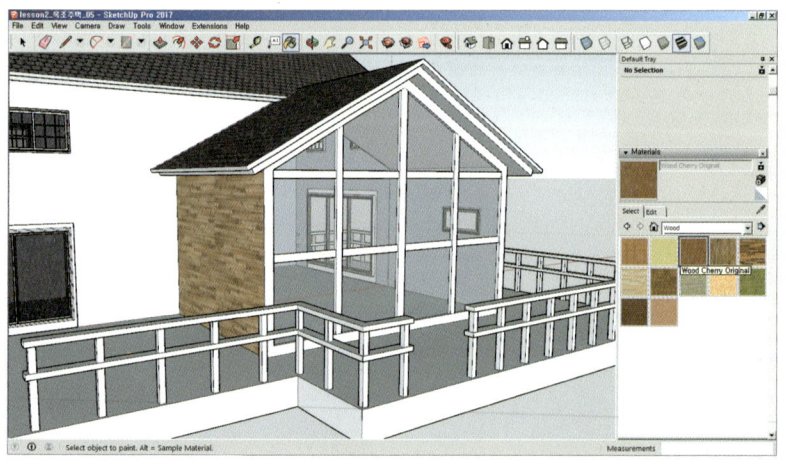

**232** Wood Cherry Original 재질을 선택한다.

**233** 앞쪽 창틀부분에 재질을 적용한다.

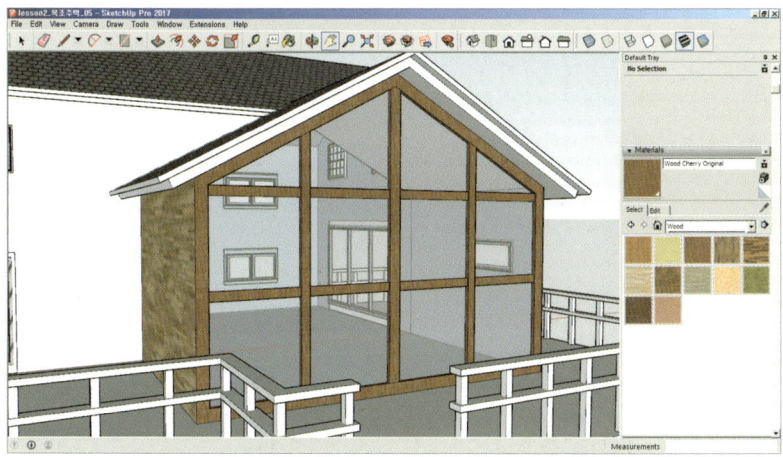

**234** 창틀의 앞쪽 부분만 아니라 창틀의 옆쪽까지 꼼꼼하게 재질을 적용해 보자.

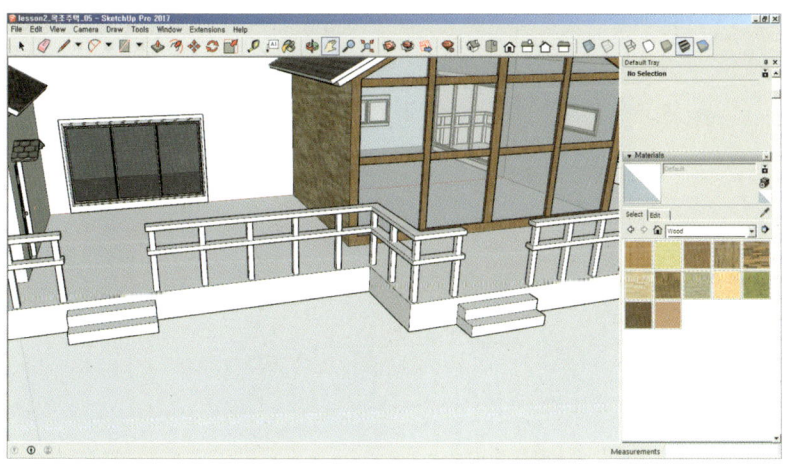

**235** 베란다로 올라가는 계단을 Tape Measure Tool(줄자) 도구와 Line(선) 도구, Push/Pull(밀기/끌기) 도구를 사용해서 그림과 같이 만들어 보자. 계단의 높이는 200mm 이다.

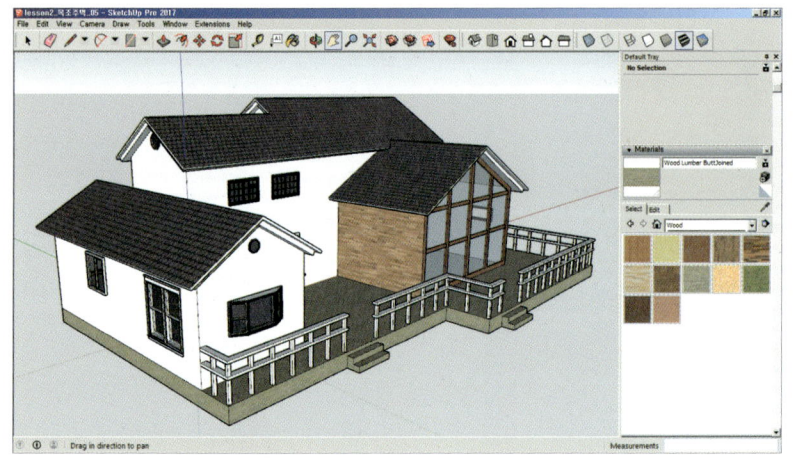

**236** 베란다 바닥부분에 나무재질을 적용한다. 독자 임의대로 나무재질을 적용해 보자.

반복학습

**237** 나머지 건물의 벽은 다음 재질을 적용해 보자.

Lesson 2
225 ~ 230번을 참조

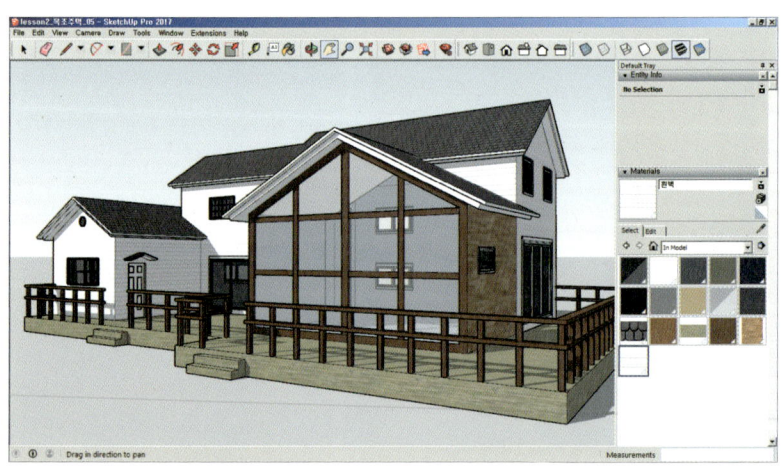

베란다 난간 부분도 나무재질을 적용한다. 목조주택이 모두 완성되었다.

## Styles(스타일) 적용하기

스케치업 프로그램에서는 자신이 모델링한 오브젝트를 여러 가지 Styles(스타일)로 설정할 수가 있다. 매직으로 그린 듯한 느낌이나, 연필로 그린 듯한 느낌 등, Styles(스타일)를 어떻게 설정하느냐에 따라서 바꿀 수 있는 것이다. 이러한 Styles(스타일) 설정하기도 역시 알아두면 유용한 기능으로 한 번 학습하고 지나갈 바란다.

**먼저 상단메뉴의 Styles(스타일)에 대하여 알아보기로 하자.**

상단메뉴의　Styles(스타일)에서는 크게 X-Ray(X선), Back Edges(뒷면 가장자리), 그리고 Wireframe(와이어프레임), Hidden Line(은선), Shaded(음영), Shaded With Textures(텍스처에 적용), Monochrome(모노) 이 두 가지로 나누어진다. Monochrome(모노)은 SketchUp 8버전까지 있었으나 SketchUp 2013버전에서 없어졌다가 다시 SketchUp 2015에서 부활했다.
이 두 가지는 모두 혼용해서 사용할 수 있다.
예를 들어 X-Ray(X선)와 Shaded(음영)를 함께 적용할 수 있고,
Back Edges(뒷면 가장자리)와 Monochrome(모노) 등도 같이 사용할 수 있다는 말이다.
아래 그림은 각각을 적용시킨 모습이다.

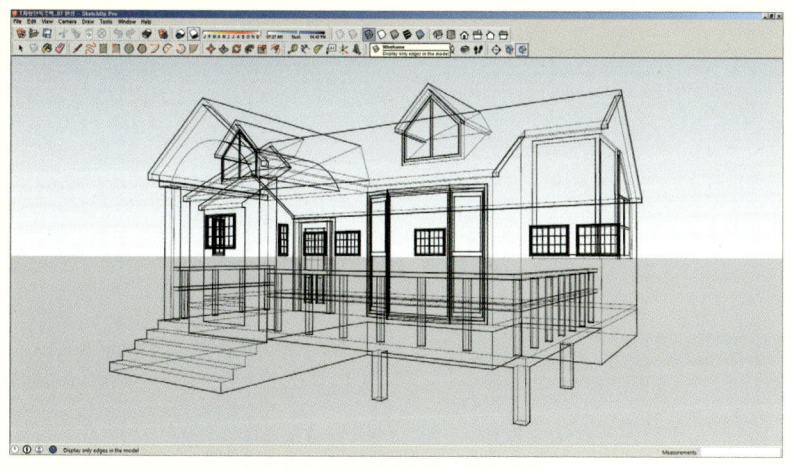

■ **Wireframe(와이어프레임)** :
Wireframe(와이어프레임)은 오브젝트를 선으로만 보여준다. 또한 그림자는 보여 지지 않는다. 따라서 Wireframe(와이어프레임)은 오브젝트가 많아져서 작업시간이 오래 걸릴 때, 적용하면 화면 전환이나 다른 작업을 빨리 실행할 수 있다.

■ **Hidden Line(은선)** :
Hidden Line(은선)은 Wireframe(와이어프레임)처럼 선으로만 보이지만 앞면에 가려져 뒤쪽에 있는 선들은 보여주지 않고 또한 그림자를 보여준다. 전제적인 오브젝트의 모양이나 그림자의 적용 등을 알아볼 때 사용하는 Style(스타일)이다.

■ Shaded(음영) :

Shaded(음영)은 재질이 적용되더라도 적용된 재질과 가장 가까운 색으로만 보여진다. 그림자 역시 적용된다. 전체적인 색의 조화를 볼 때 사용되는 Style(스타일)이다.

■ Shaded With Textures (텍스처에 적용) :

Shaded With Textures(텍스처에 적용)은 적용된 재질 그대로 보여주며, 그림자도 적용된다. 최종적인 이미지를 얻을 때 적용한다.

■ Monochrome(모노) :

Monochrome(모노)은 적용된 재질에 영향받지 않고 오직 오브젝트의 형태에 영향을 받아 보여주며, 그림자도 마찬가지다. 창문 재질은 투명하지만 Monochrome(모노)을 적용하면 투명하게 보이지 않고 그림자 역시 투명한 값에 맞추어 진하고, 밝게 적용되는 것이 아니라 오브젝트의 형태에만 적용되어 생성된다.

■ **X-Ray(X선):**
아래 그림은 Hidden Line(은선)에 X-Ray(X선)를 적용한 모습이다. X-Ray(X선)을 적용하면 오브젝트를 반투명한 상태로 보여주며, 뒤쪽 부분과 겹치는 부분 등을 볼 수 있다.

■ **Back Edges(뒷면 가장자리):**
Back Edges(뒷면 가장자리)는 X-ray(X선)과 비슷하지만 뒤쪽에 안 보이는 선 부분을 표현할 때 점선으로 표현된다.

> Styles(스타일) 설정하기 두 번째로 이번에는 Styles(스타일) 창에 가서 건축물의 Style을 바꿔보도록 하자. Styles 창에는 우리가 전에 했던 기본적인 스타일 외에 연필느낌이라든지, 매직으로 그린 듯한 느낌 등, 색을 다양하게 적용할 수 있다.

**1.** 메뉴에서 Window(창) > Styles(스타일)를 클릭해서 Styles(스타일) 창을 연다.

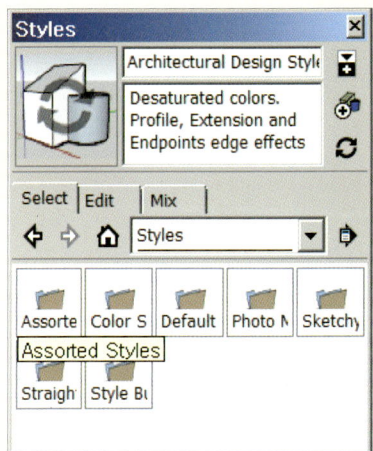

**2.** Styles(스타일) 창에서 Assorted Styles(스타일 모음) 폴더를 클릭한다.

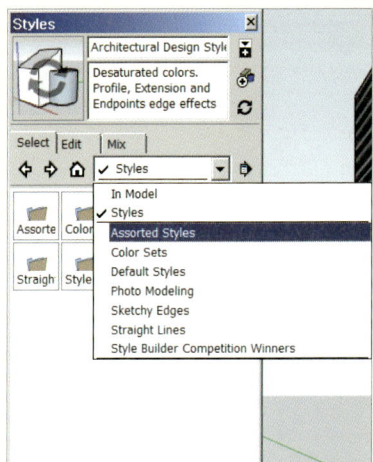

화살표를 클릭해서 Assorted Styles(스타일 모음)를 선택해도 된다.

**3.** Blueprint(청사진)를 선택하면 오브젝트의 모양이 파란색으로 변하는 것을 알 수 있다. 마치 파란색 종이에 흰색 색연필로 그린 듯한 느낌이다.

**4.** Brush Strokes on Canvas(캔버스의 브러시 획)를 선택하면 캔버스 위에 블러시로 그린 듯 한 느낌이 된다.

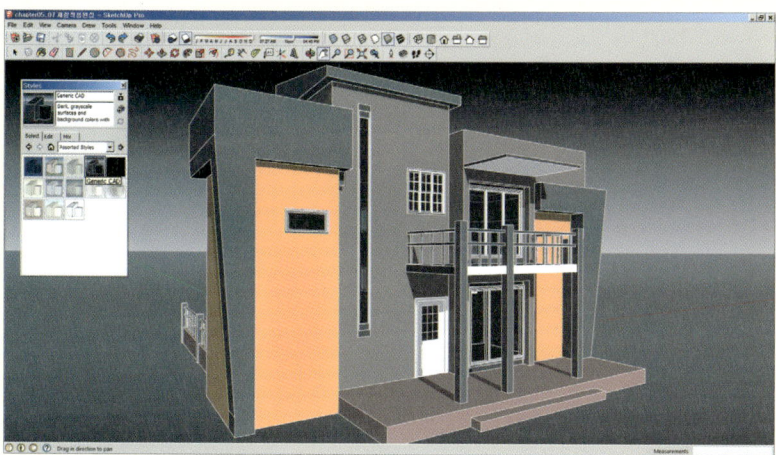

**5.** Generic CAD(일반 CAD)를 선택한 모양이다.

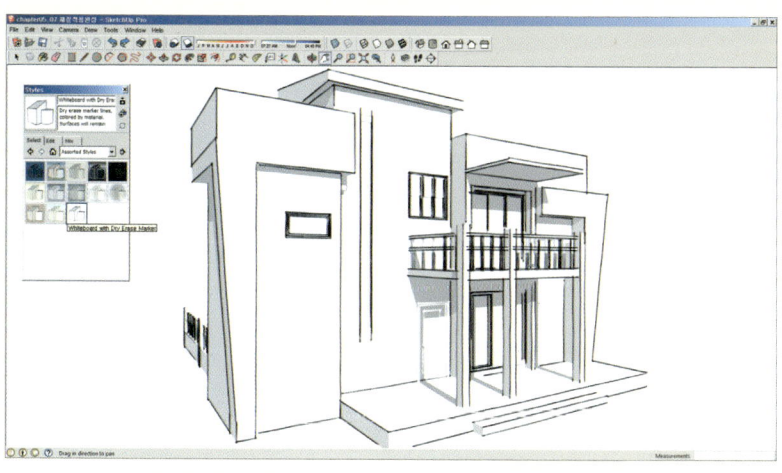

**6.** Whiteboard with Dry Erase Marker(화이트보드와 건식 소거 마커)를 선택하면 마커로 그린 듯한 느낌을 표현할 수 있다. 나머지도 한 번씩 클릭해 봐서 어떠한 스타일인지 확인해 보길 바란다.

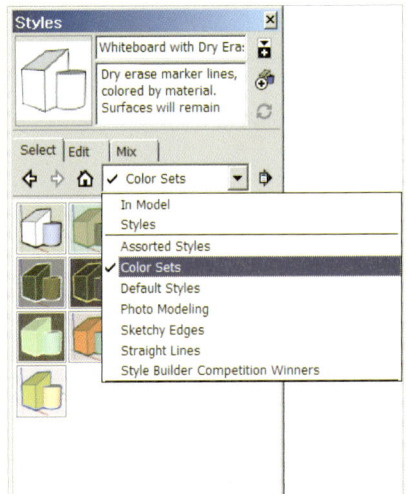

**7.** 다시 화살표를 클릭해서 Color Sets(색상모음)를 선택한다.
Color Sets(색상모음)에서는 다양한 색상의 스타일을 적용할 수 있다.

**8.** Blue and Orange(파랑 및 주황)를 적용한 모습이다. 배경색이 파란색이며 외곽선이 오렌지 색으로 변한다.

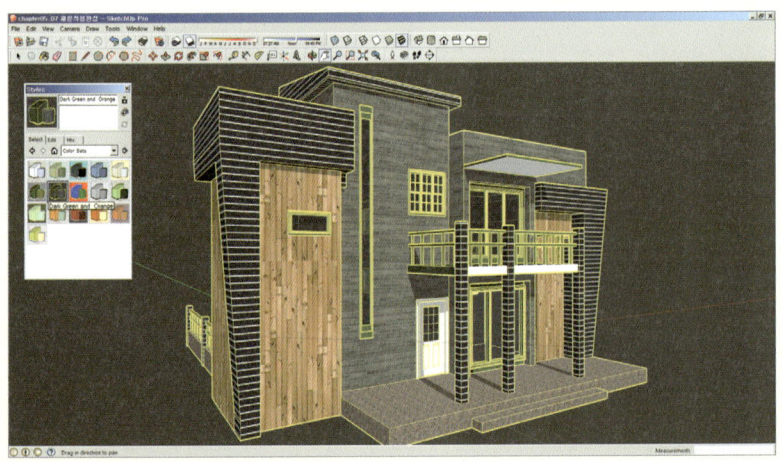

**9.** Dark Green and Orange(진한 녹색 및 주황색)를 적용한 모습이다.

**10.** Mint Green(연녹색)을 적용한 모습이다. 나머지 스타일도 한 번씩 적용해 보면 알 수 있다.

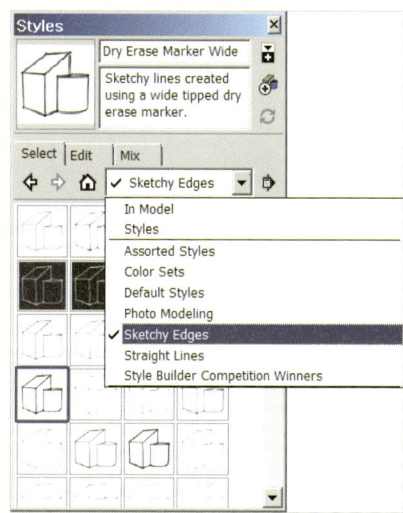

**11.** 특히 많이 쓰이는 스타일만 짚고 넘어가도록 하겠다. 다시 Styles(스타일) 창에서 Sketchy Edges(가장자리 스케치)를 선택한다. Sketchy Edges(가장자리 스케치) 스타일은 사람이 연필이나 혹은 마커로 그린 듯 한 스타일을 적용할 수 있다.

**12.** 다양한 Sketchy Edges(가장자리 스케치) 스타일

① 연필로 그린 듯한 느낌

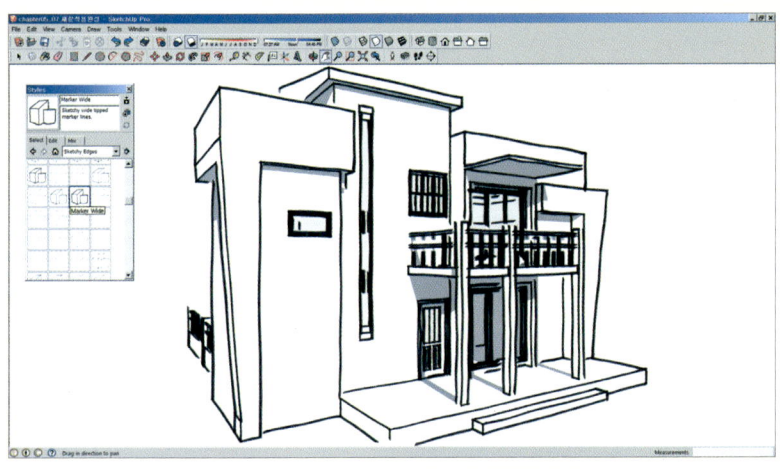

② 굵은 펜으로 그린 듯한 느낌

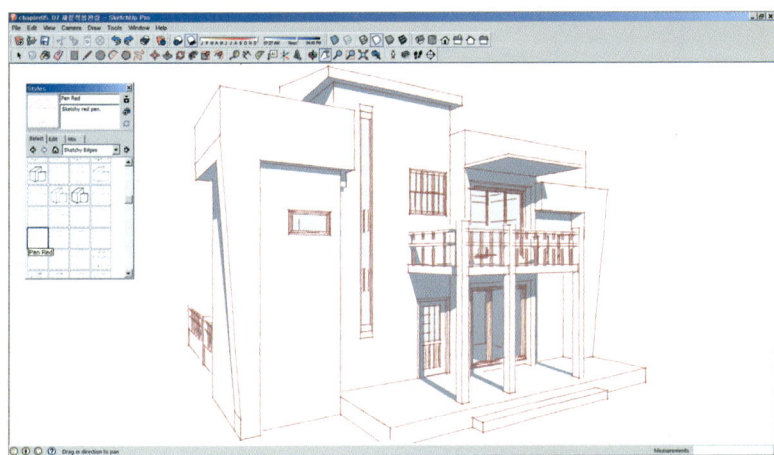

③ 붉은색 펜으로 그린 듯한 느낌이다. 이외에도 여러 가지 스타일로 표현할 수 있다.

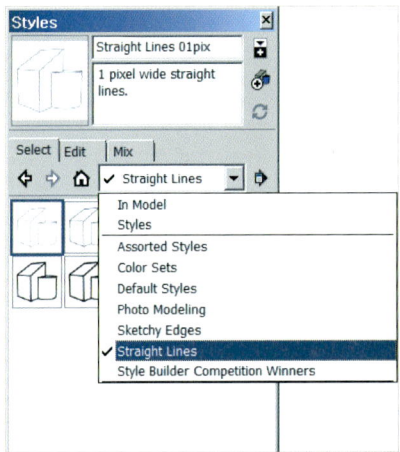

13. 다시 Styles(스타일) 창에서 Straight Lines(직선) 스타일을 선택한다.

Straight Lines(직선)는 Sketchy Edges(가장자리 스케치)와 비슷하지만 차이가 있다면 손으로 그린 것과 도구(자)를 이용한 것의 차이이다. Straight Lines(직선)는 자를 대고 반듯한 선을 그린 듯 한 느낌이고 Sketchy Edges(가장자리 스케치)는 손으로 그린 듯 한 느낌이다.

## 14. Straight Lines(직선) 스타일

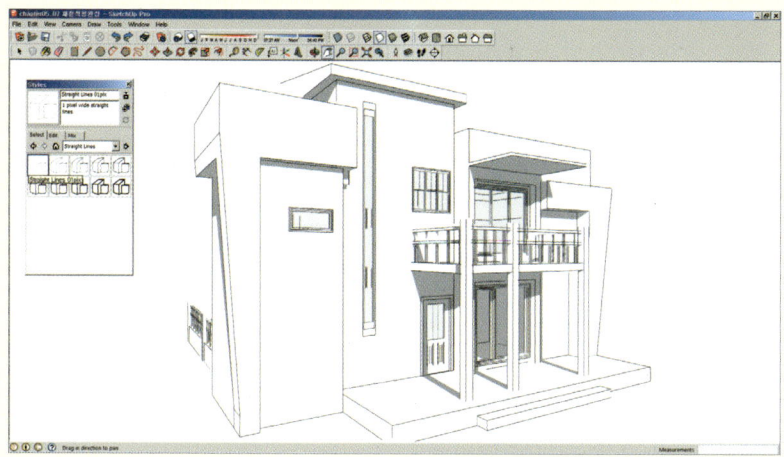

① Straight Lines 01pix(직선 01pix)는 얇은 펜으로 그린 듯한 모습이다.

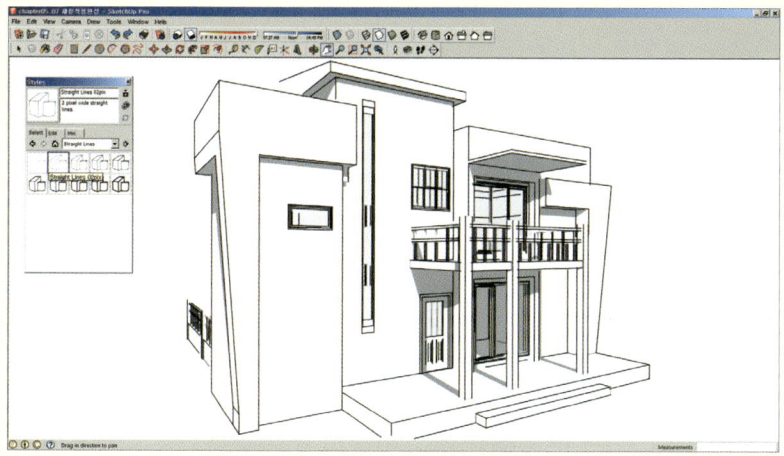

② Straight Lines 02pix((직선 02pix)좀 더 굵은 펜으로 그린 듯한 모습이다.

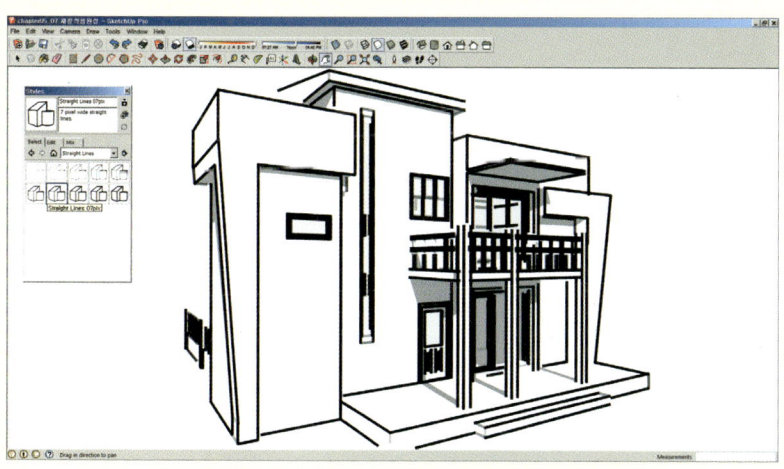

③ Straight Lines 07 pix(직선 07pix) 마커로 그린 듯한 모습이다.

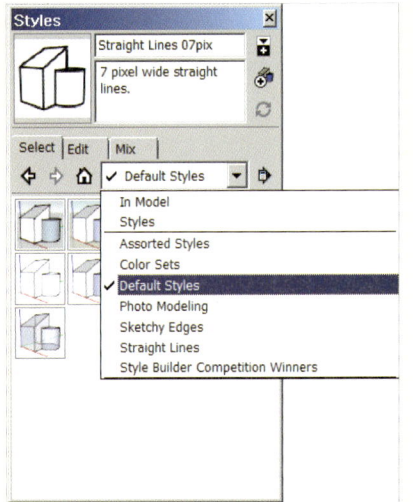

**15.** 마지막으로 Styles(스타일)창에서 Default Styles(기본스타일)를 선택한다. Default Styles(기본스타일)은 기본적으로 제공되는 스타일로 여러 가지 스타일로 적용한 후, 마음에 들지 않아 맨 처음으로 되돌아 갈 때 사용하면 된다.

**16.** Architectural Design Style(건축 설계 스타일)을 적용하면 원래 상태로 되돌아온다.

**17.** Simple Style(단순 스타일)을 적용한 모습이다. SketchUp 7 이전은 다음 그림이 Default Style(기본 스타일) 이었다. 필자도 SketchUp 5부터 사용해서 그런지 이 스타일이 매우 친숙하다.

SKETCHUP 2017

# LESSON 03

# 기와집

기초공사
지붕공사
용마루
내림마루
처마
서까래
보
기둥

대청마루
중간기둥과 **주춧돌**
쪽마루
벽무늬
문, 창문
재질적용하기

# LESSON 3

우리의 전통가옥인
기와집을 만들어 보자.

# 기와집

기와집은 기와로 지붕을 이은 집이다.
보통 칠흙으로 만든 검은색기와를 많이 썼고, 신분이 높은
양반들은 푸른 유약을 발라 만든 청기와를 사용하기도 했다.
기와집의 특징은 온돌과 마루에 있다. 겨울에는 따뜻한
온돌방에서 지내고 여름에는 시원한 마루에서 낮잠을 즐겼다.
우리 조상들의 삶의 지혜를 볼수 있는 대목이다.
또 하나의 특징은 바로 처마에 있다. 처마는 벽보다 조금 더
바깥쪽으로 나와 있어 바바람을 막아주고 적당한 햇빗이
들어오게 하였다. 이 처마는 매우 아름다운 곡선의 형태를
하고 있어 집을 우아하게 보이게 한다. 이번 Lesson에서는
이러한 기와집의 아름다운 모습을 제작해 볼 수 있다.

▶ 이번 Lesson에서 사용되는 도구

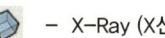 - Views 도구모음

- X-Ray (X선) 도구
- Circle (원) 도구
- Follow me (따라가기) 도구
- 2Point Arc (2점호) 도구
- Rotate (회전) 도구
- Offset (오프셋) 도구

# 01 기초공사

**SketchUp 2017**

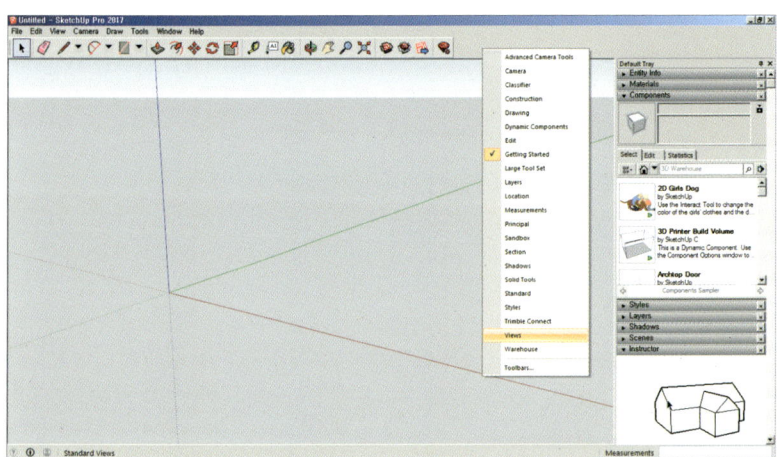

**1** 기초공사를 정확한 치수로 그리기 위해서 Viewport(뷰포트)를 전환해 보도로 하자. 도구창 빈 곳에서 오른쪽 마우스 클릭을 해서 Views(보기)를 선택한다.

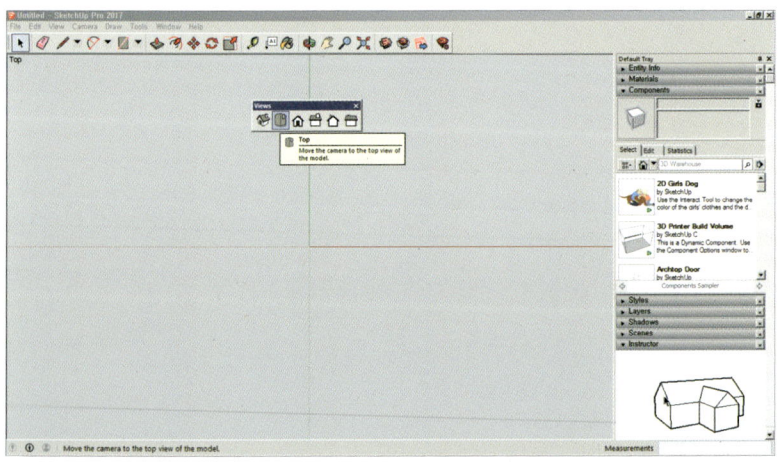

**2** Views(보기) 창이 활성화 되는데 이때 Top(맨위) 클릭해서 화면을 Top View(맨위 보기)로 전환한다.

**Tip** 다른 아이콘들을 클릭해서 ISO(ISO), Front(정면도), Right(우측면도), Left(좌측면도) 등에 대해서도 화면전환이 어떻게 이루어지는지 알아보자.

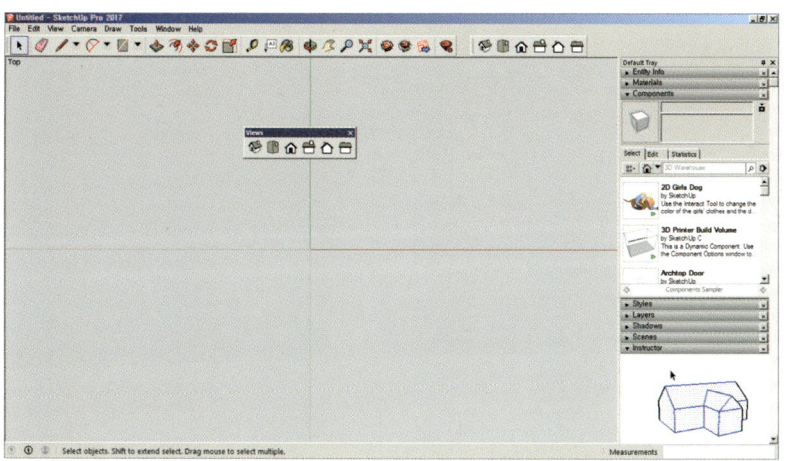

**3** Views(보기) 창을 도구모음 쪽으로 이동해서 아이콘을 활성화한다. 아이콘을 활성화하면 프로그램을 종료하고 다시 시작하더라도 도구는 그대로 남아있다.

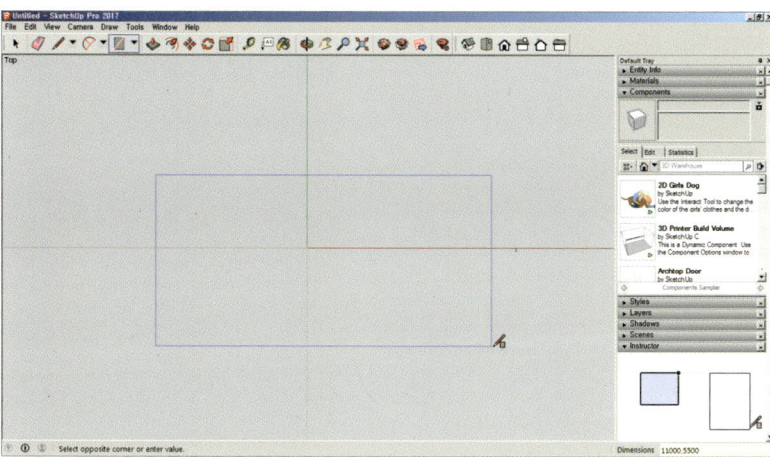

**4** Top View에서 Rectangle (직사각형) 도구를 사용해서 11000, 5500 인 사각형을 그린다.

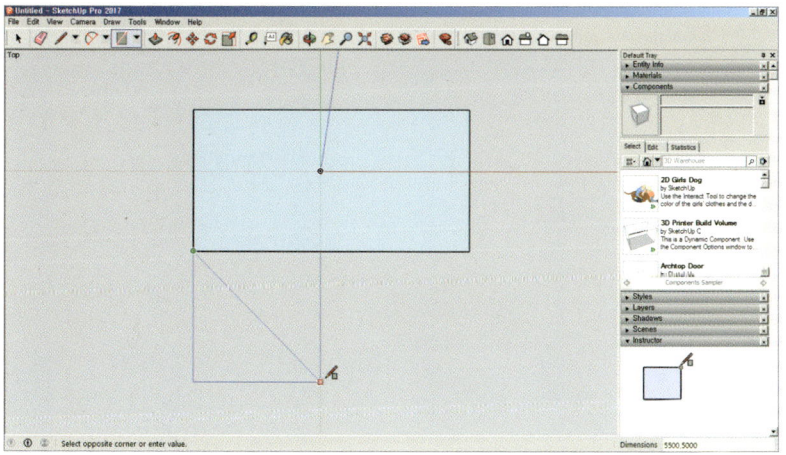

**5** 왼쪽 하단 모서리에서 시작하는 사각형 (5500,5000)을 그린다.

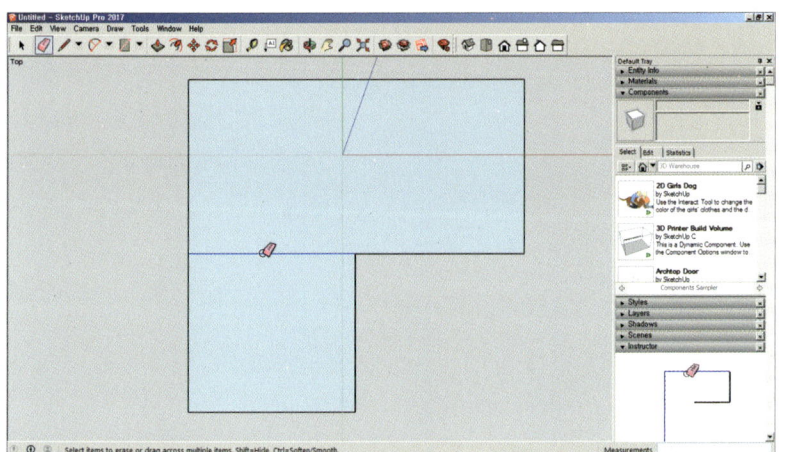

**6** Eraser(지우기) 도구를 사용해서 가운데 선을 제거한다.

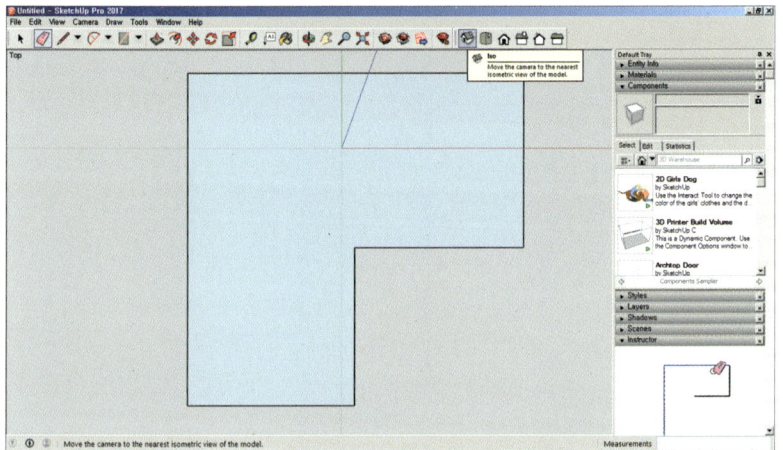

**7** ISO 도구모음에서 Iso선택해서 화면을 ISO 보기로 전환한다.

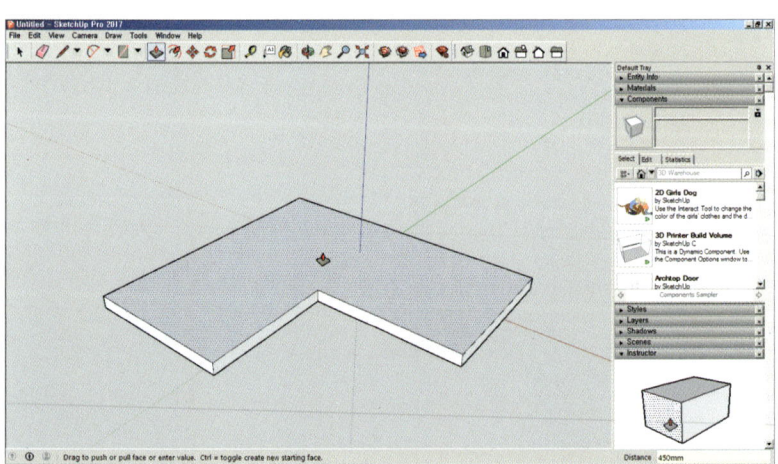

**8** Push/Pull(밀기/끌기) 도구를 사용해서 450mm 만큼 면을 생성한다. 기와집의 디딤돌을 만들기 위해서이다.

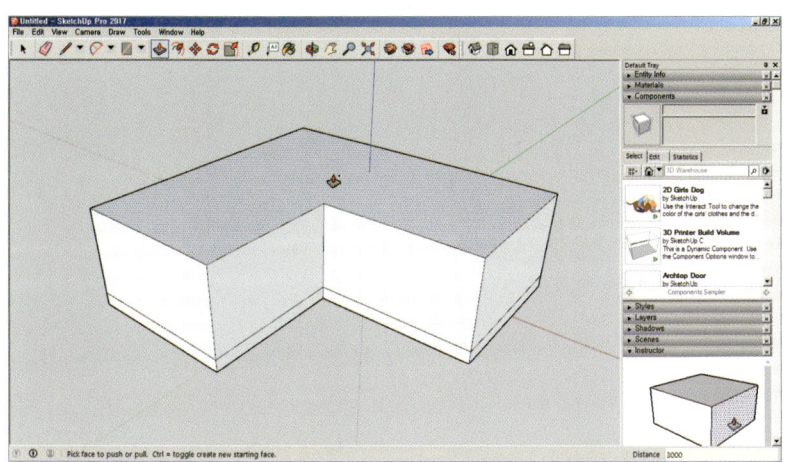

**9** Ctrl키를 누른 후, Push/Pull(밀기/끌기) 도구를 사용해서 새로운 면을 3000mm 생성한다.

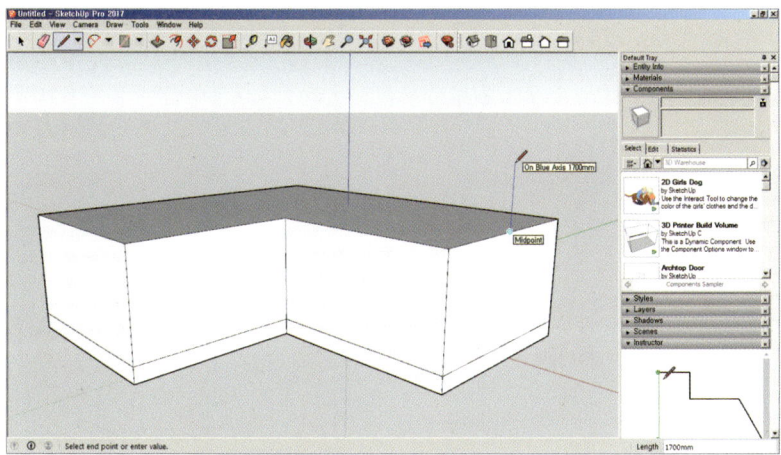

**10** Line(선) 도구를 사용해서 오른쪽 모서리 중간점(Midpoint)에서 Blue축 방향으로 1700mm 선을 그린다.

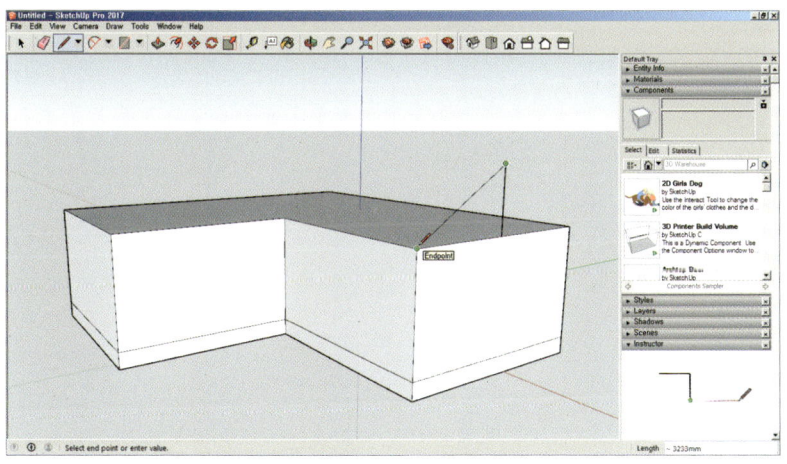

**11** 선의 꼭지점에서 주택의 모서리까지 선을 그린다.

Lesson 3 기와집 + **195**

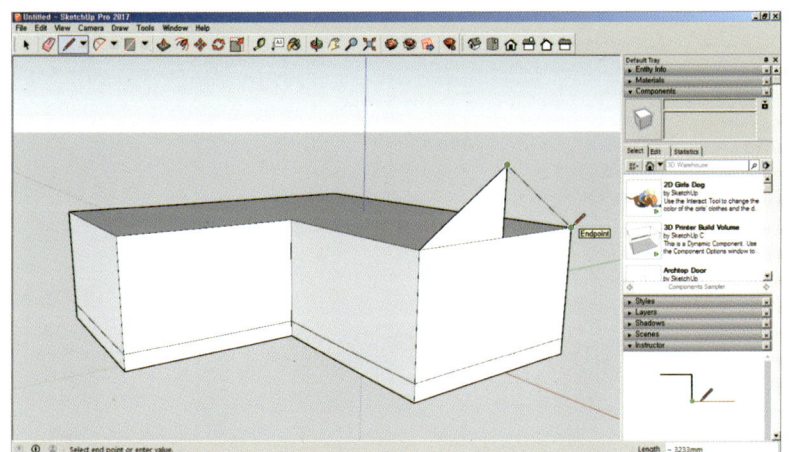

**12** 반대쪽도 선을 그린다.

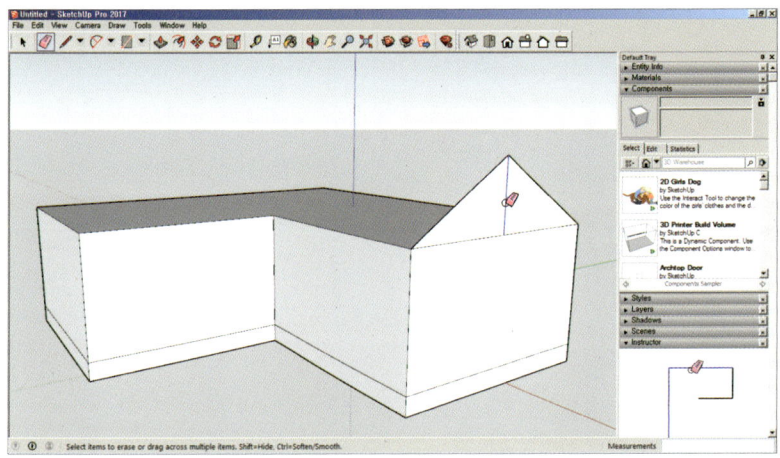

**13** 가운데 선은 필요없기 때문에 Eraser(지우기) 도구를 사용해서 제거한다.

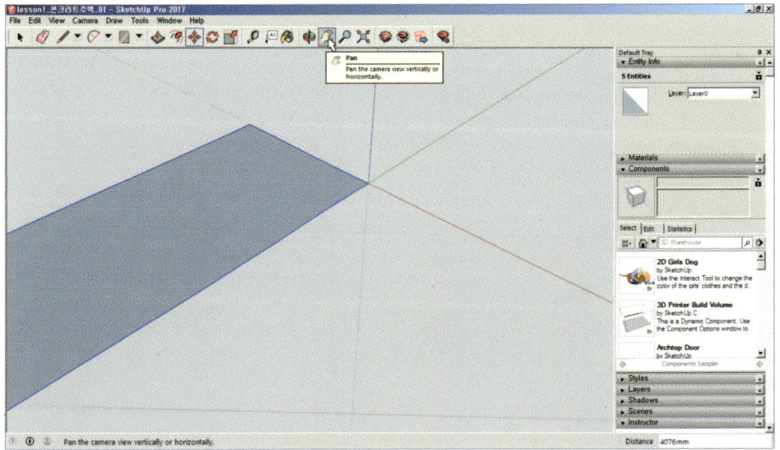

**14** Push/Pull(밀기/끌기) 도구를 사용해서 삼각면을 주택의 모서리 끝부분까지 생성한다.

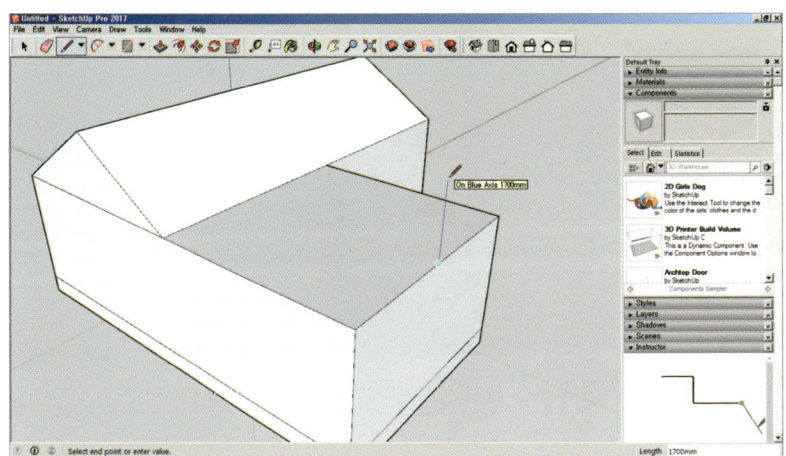

**15** 다른 쪽 주택도 Line(선) 도구를 사용해서 Blue 축 방향으로 1700mm 선을 그린다.

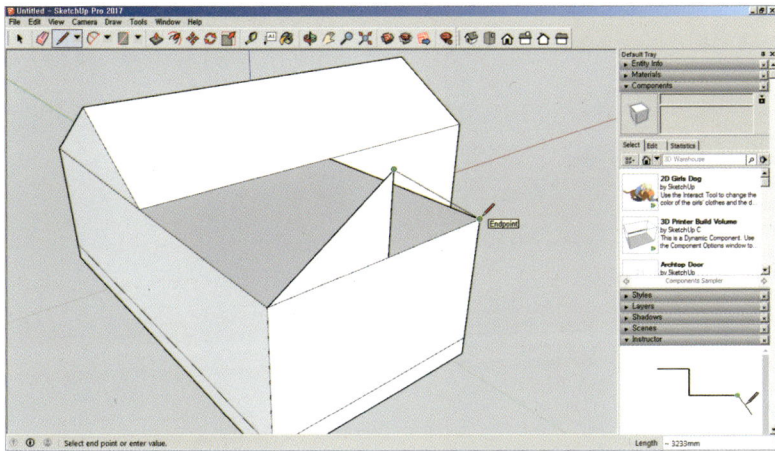

**16** 선의 끝점에서 양쪽 모서리로 선을 그려서 삼각면을 만든다.

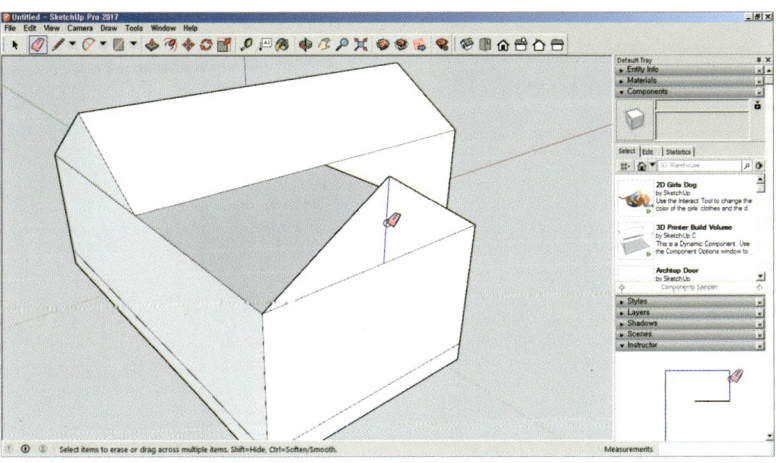

**17** Eraser(지우기) 도구로 가운데 선을 제거한다.

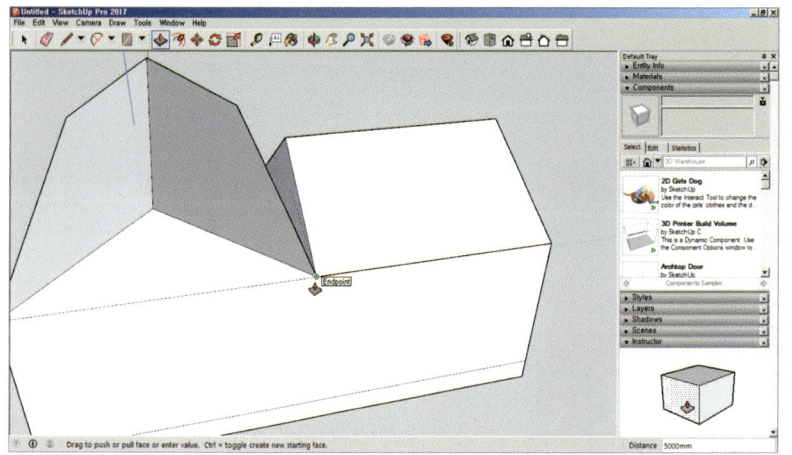

**18** Push/Pull(밀기/끌기) 도구를 사용해서 그림과 같이 모서리의 끝점(Endpoint)까지 면을 생성한다.

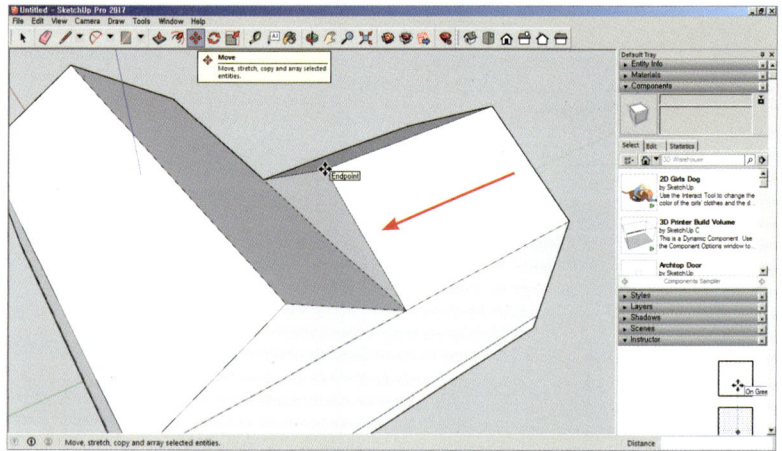

**19** 도구모음에서 Move(이동) 도구를 선택한 후, 그림과 같이 삼각면의 꼭지점을 클릭한다.

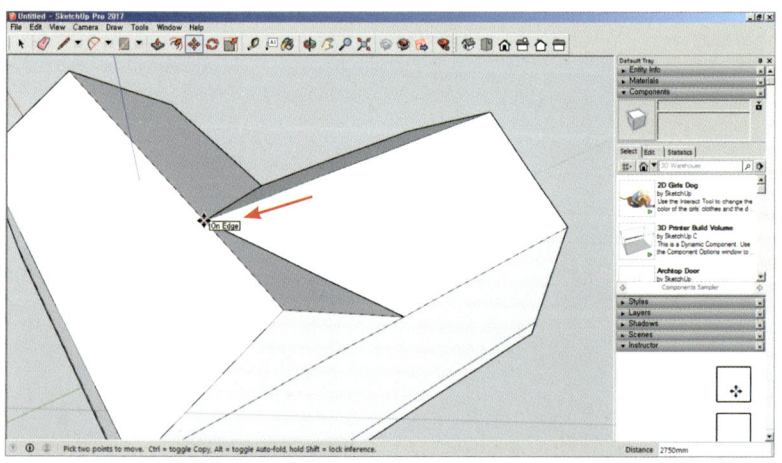

**20** 꼭지점을 Green 축 방향으로 이동해서 지붕 모서리까지 지붕면을 생성한다.

> **Tip**  Move(이동) 도구는 점(꼭지점), 선(모서리), 면, 입체 등을 선택하고 각각 이동할 수 있다.
> 이때 점, 선, 면, 입체 중 어떤 것을 선택했느냐에 따라 이동했을 때 오브젝트의 모양이 달라지므로 정확하게 선택해야만 한다.

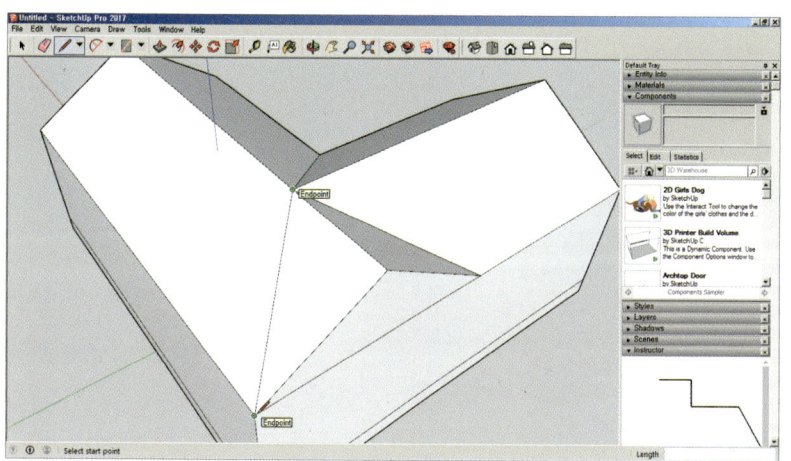

**21** 지붕의 모양을 완성하기 위해서 ✏ Line(선) 도구를 사용해서 그림과 같이 양쪽 지붕이 만나는 점에서 대각선 방향으로 선을 그린다.

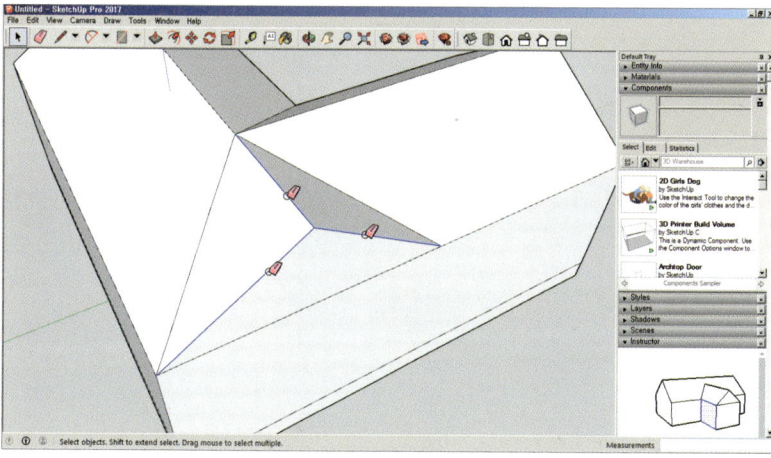

**22** 가운데 불필요한 선들은 ⌫ Eraser(지우기) 도구를 사용해서 제거한다.

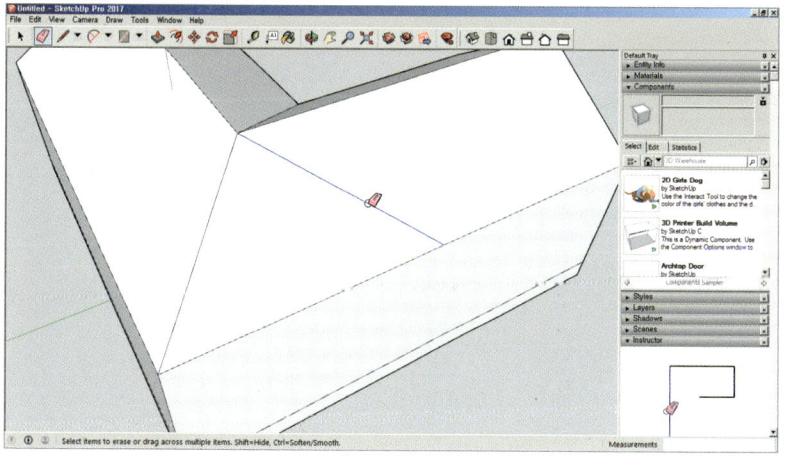

**23** 마지막으로 지붕면의 선도 ⌫ Eraser(지우기) 도구를 사용해서 제거한다.

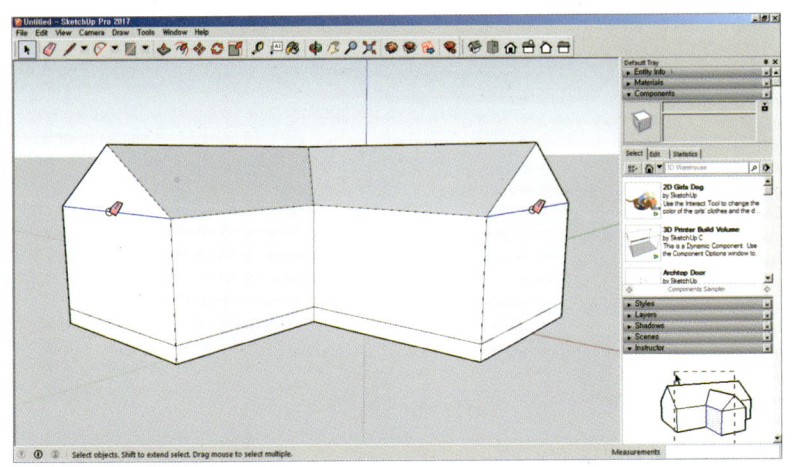

**24** 양쪽 벽면의 선도 제거한다.

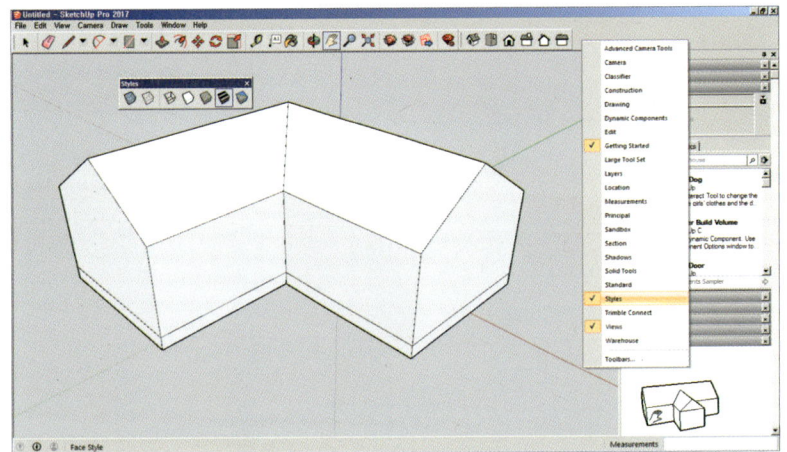

**25** 건물 안쪽의 안보이는 선들을 제거해 보자. 건물 안쪽 선들은 겉에서 보면 사실 보이지는 않지만 나중에 건물을 모델링할 때 혹시나 에러가 발생할 수 있으므로 깔끔하게 정리하는 것이 바람직하다. 안쪽의 선을 보이게 하기 위해서 도구모음 영역에서 오른쪽 마우스 클릭을 해서 Styles(스타일)을 클릭한다.

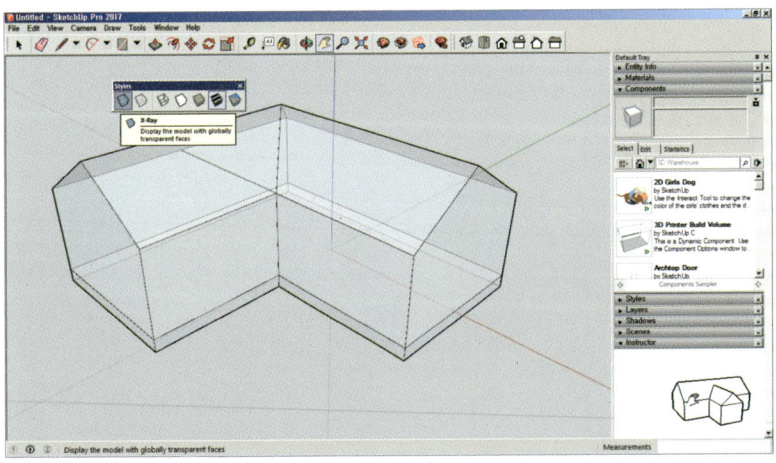

**26** X-Ray(X선)를 선택해서 반투명한 상태로 전환한다.

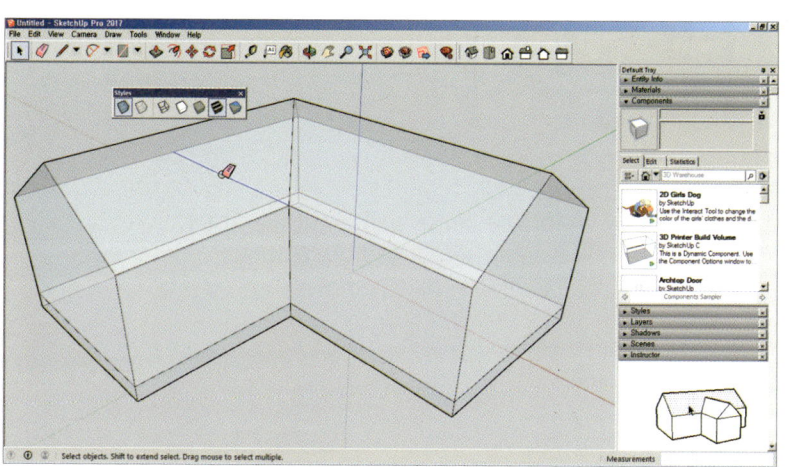

**27** Eraser(지우기) 도구를 사용해서 안쪽의 불필요한 선을 제거한다.

**Tip** 앞에서도 설명했듯이 건물 안쪽의 선들은 실제로 보이지는 않지만 주택 모델링이 점점 복잡해지고 벽을 수정해서 작업할 때 혹시라도 에러가 발생할 수 있기 때문에 필요없는 선들은 깔끔하게 정리하는 것이 바람직하다.

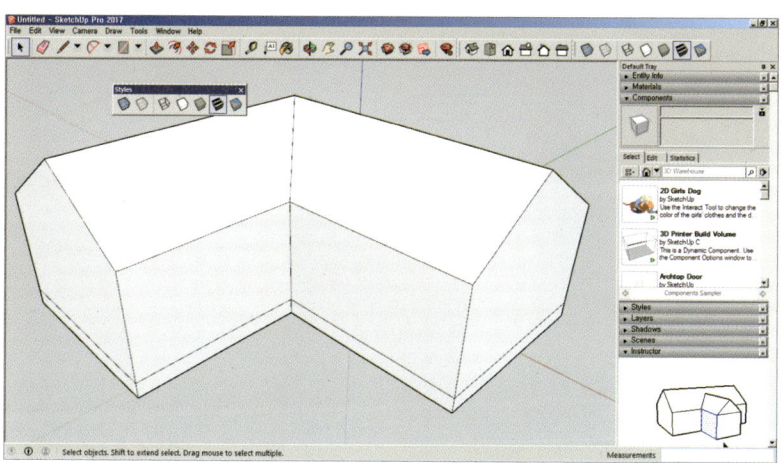

**28** X-Ray(X선)를 한 번 더 선택해서 X-Ray(X선) 모드를 해제한 후, Styles 창을 도구모음영역으로 드래그해서 도구를 활성화 한다.

# 02 지붕공사

기와집의 지붕을 만들어 보자. 기와집의 가장 큰 특징중의 하나가 바로 지붕이다. 목조주택이나 콘크리트 주택보다 복잡하고 어렵지만 우리의 전통가옥이니만큼 보람이 있을 것이다. 또한 이번 Chapter에서 🦋 Follow me(따라가기) 기능이 나오기 때문에 잘 알아두어야 한다.

**SketchUp 2017**

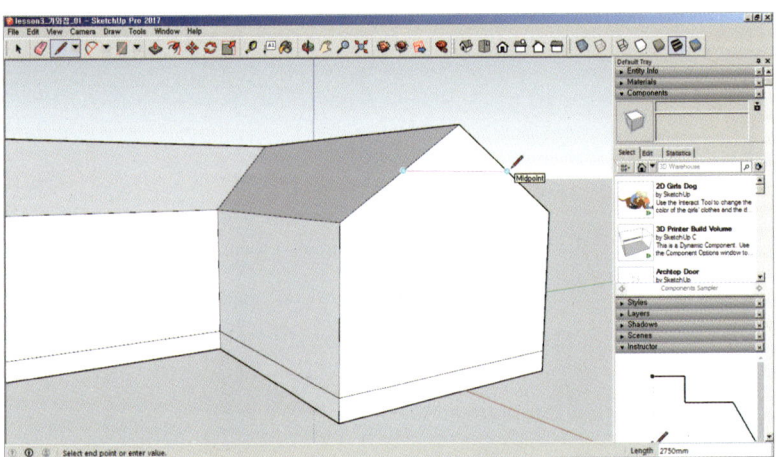

**29** ✏️ Line(선) 도구를 사용해서 지붕 모서리 Midpoint(중간점)에 선을 그린다.

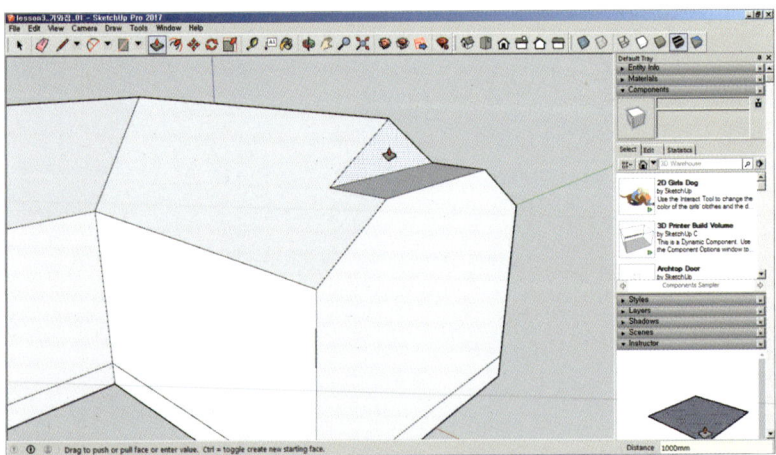

**30** ◆ Push/Pull(밀기/끌기) 도구를 사용해서 안쪽으로 1000mm만큼 면을 집어넣는다.

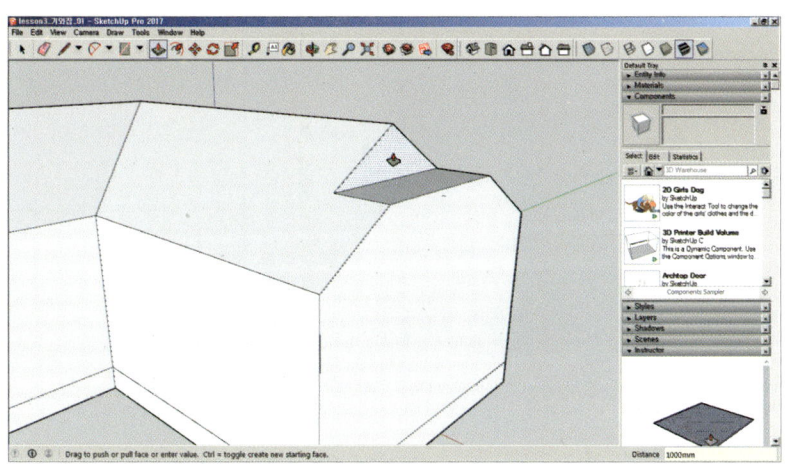

**31** 지붕의 형태를 만들기 위해서 모서리에서 끝점(Endpoint)으로 선을 그린다.

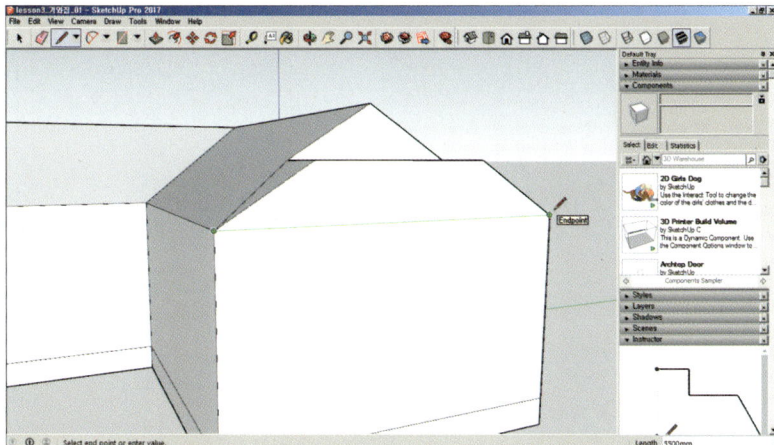

**32** 벽면에도 Green축 방향으로 선을 그린다.

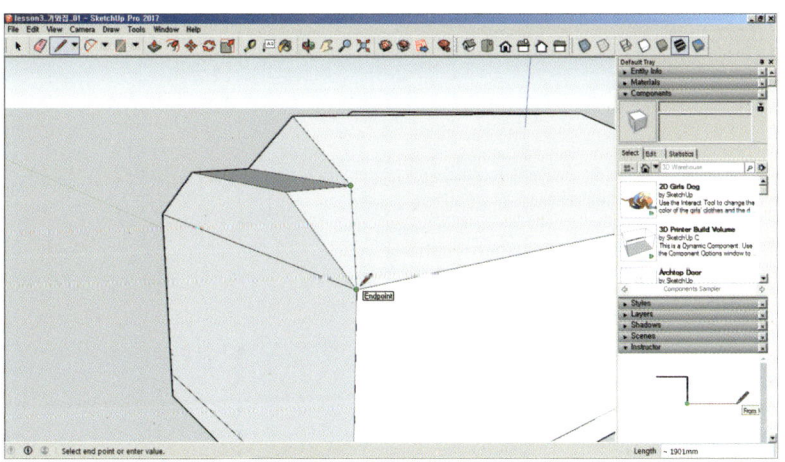

**33** 반대쪽도 선을 그린다.

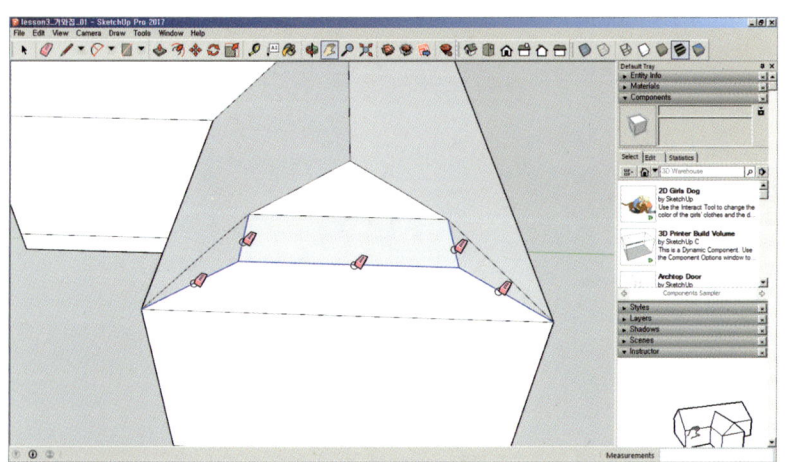

**34** Eraser(지우기) 도구를 사용해서 안쪽의 선을 제거한다.

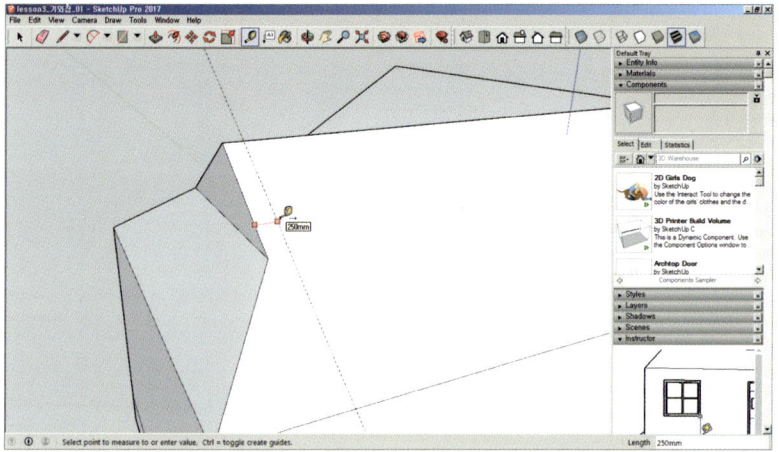

**35** Tape Measure Tool(줄자) 도구를 사용해서 모서리에서 250mm 떨어진 보조선을 그린다.

 이때 보조선을 그릴 때 반드시 지붕위에다 그려야 한다. 지붕위에 보조선을 그리기 위해서는 모서리에서 보조선을 드래그할 때 반드시 Red 선이 나타나도록 그린다.

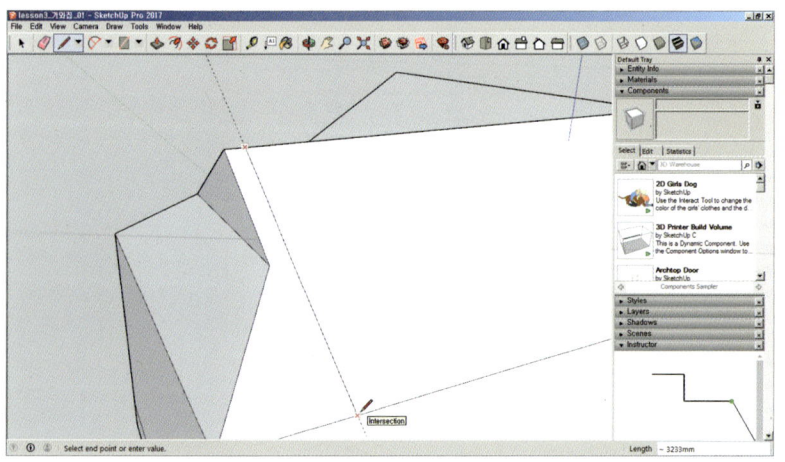

**36** 보조선에 맞추어 지붕위에 선을 그린다.

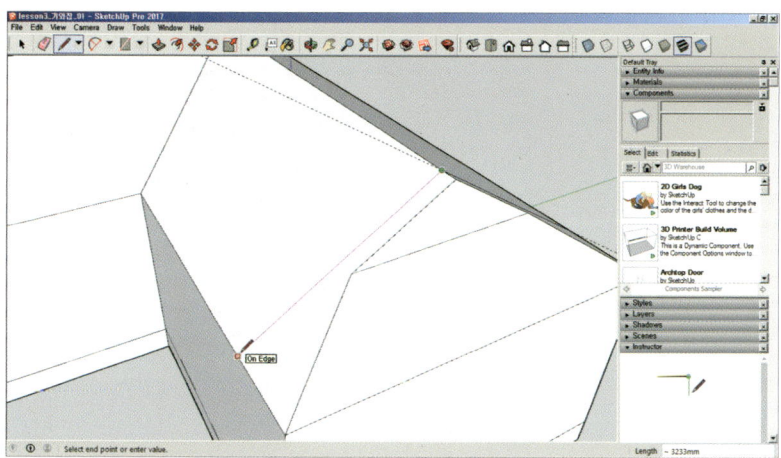

**37** 반대쪽도 선을 그린다. 이때 반드시 분홍색 선이 나타나도록 선을 그려야 한다. 분홍색 선은 옆의 모서리와 평행한 선을 나타낸다.

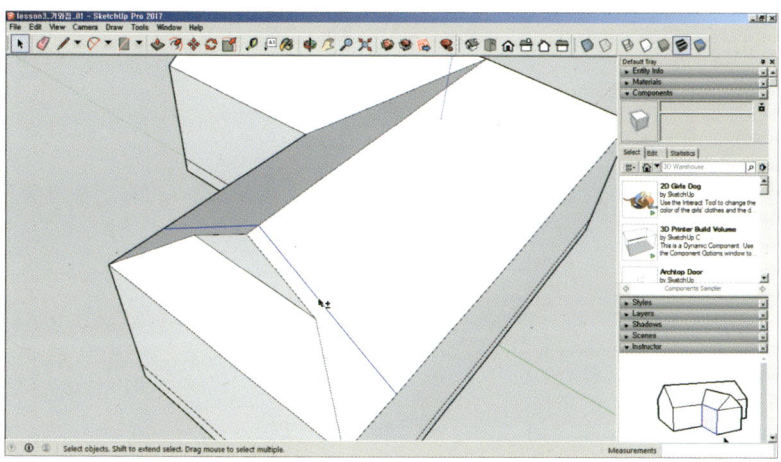

**38** 사용한 보조선은  Eraser (지우기) 도구를 사용해서 제거하고 (tools\select.jpg) Select(선택) 도구를 사용해서 그림과 같이 방금 그린 지붕위의 선을 선택한다.

**Tip** 연속해서 선을 선택하기 위해서는 Ctrl키를 누르면 된다.

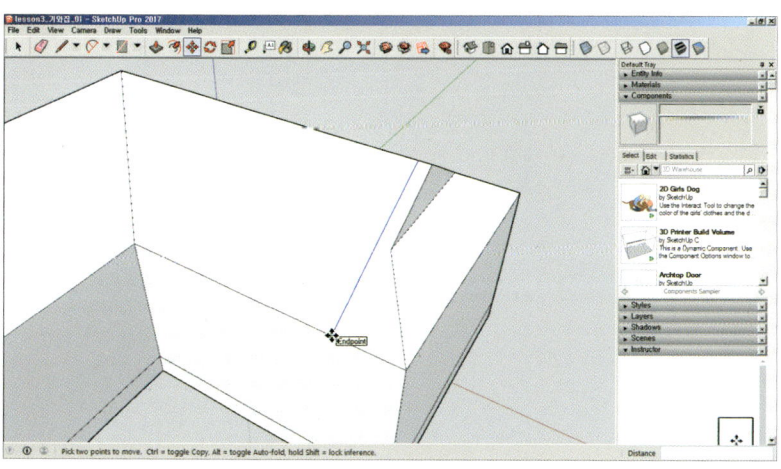

**39** Move(이동) 도구를 선택한 후, Ctrl키를 누르고 선의 끝점(Endpoint)을 클릭한다.

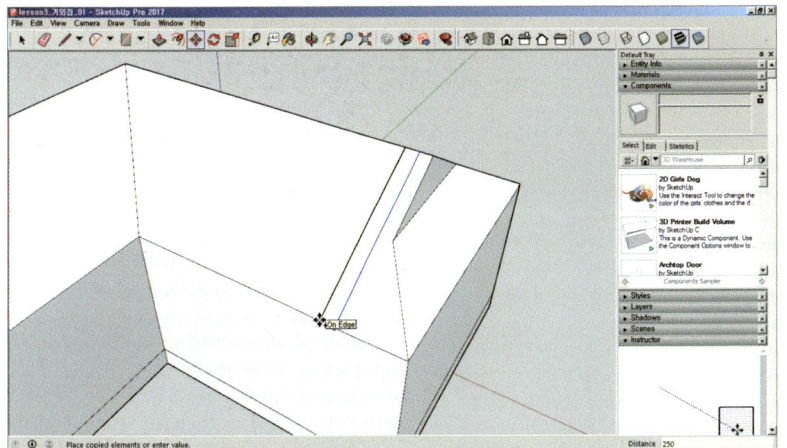

**40** 250mm 만큼 Red 축 방향으로 이동한다.

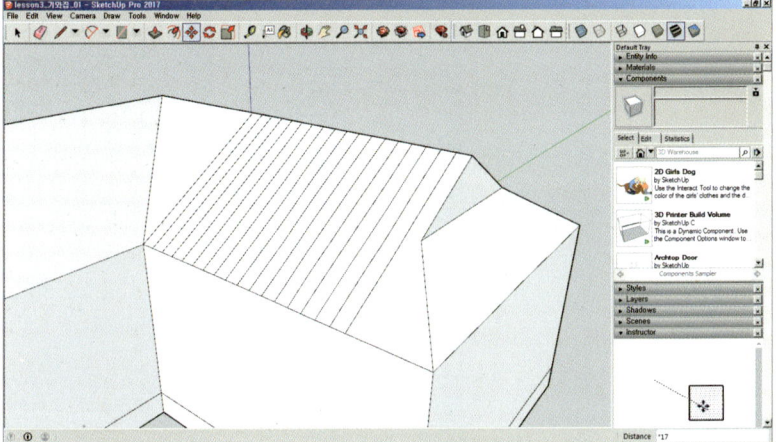

**41** Distance *17 수치입력창에 *17을 입력해서 17개를 복사한다.

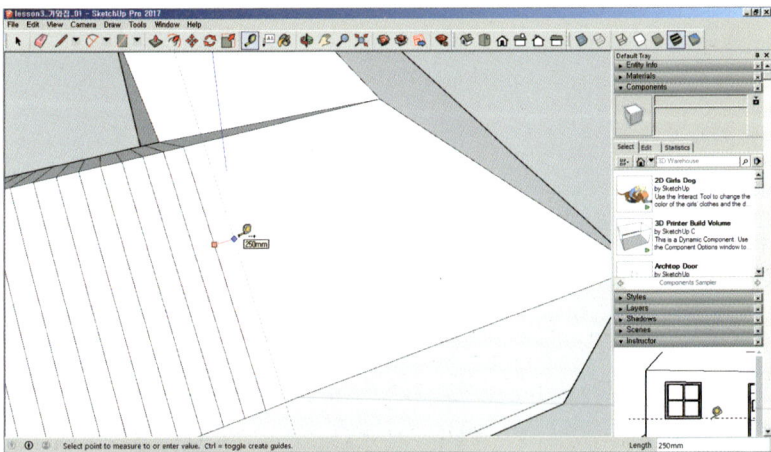

**42** 나머지부분도 선을 그리기 위해서 먼저 Tape Measure Tool (줄자) 도구를 사용해서 250mm 떨어진 보조선을 그린다.

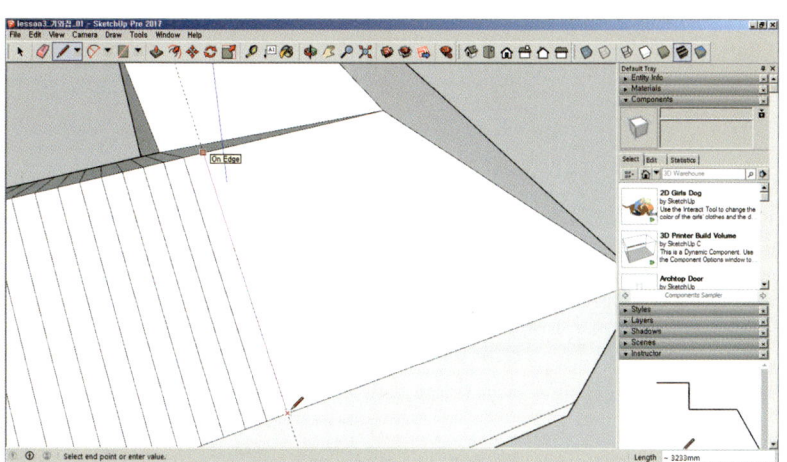

**43** 보조선에 맞추어 선을 그린다.

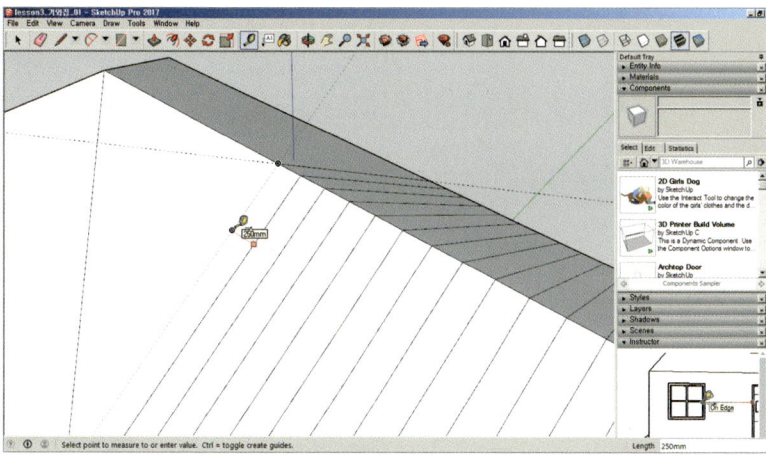

**44** 반대쪽도 Tape Measure Tool(줄자) 도구를 사용해서 250mm 떨어진 보조선을 그린다.

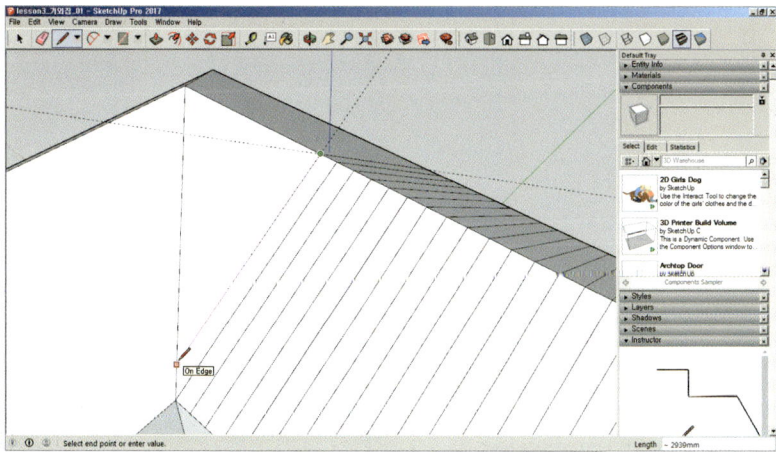

**45** Line(선) 도구를 사용해서 그림과 같이 모서리 부분까지 선을 그린다.

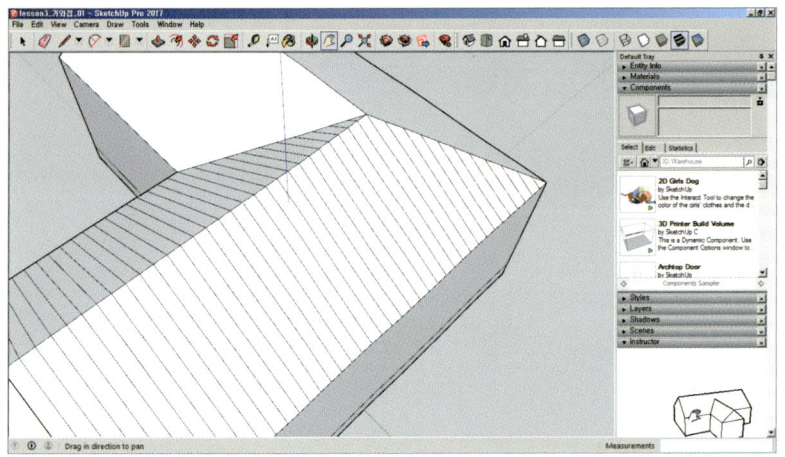

**46** 같은 방법으로 나머지 부분도 Tape Measure Tool(줄자) 도구와 Line(선) 도구를 사용해서 그림과 같이 선을 완성한다.

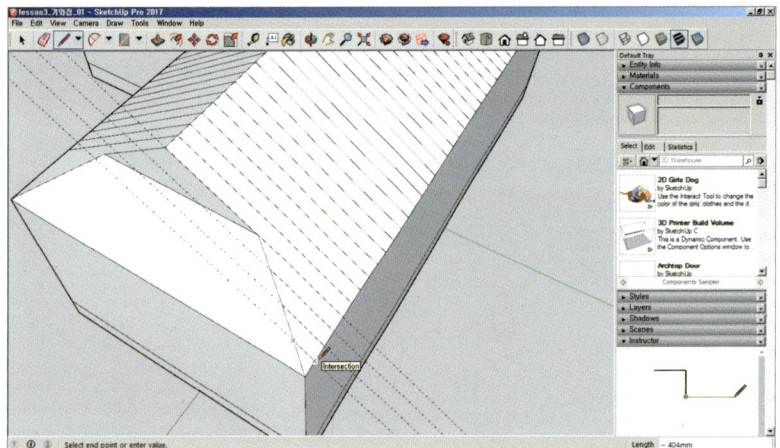

**47** 앞부분도 Tape Measure Tool(줄자) 도구와 Line(선) 도구를 사용해서 250mm 간격의 선을 그린다.

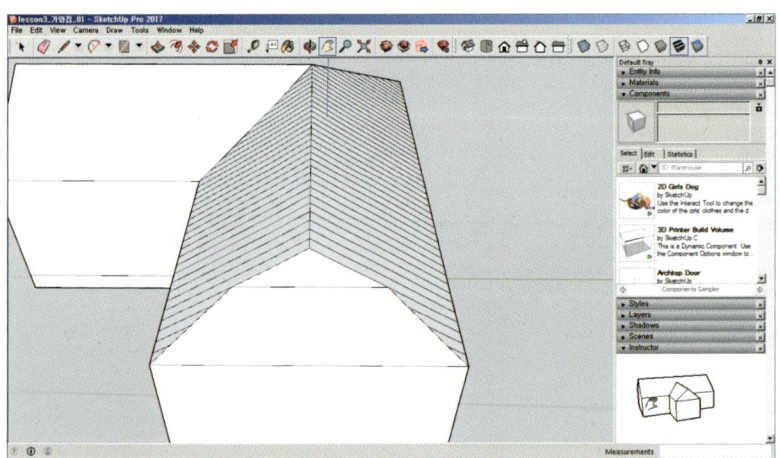

**48** 반대쪽도 선을 그려서 그림과 같이 지붕위의 선을 완성한다.

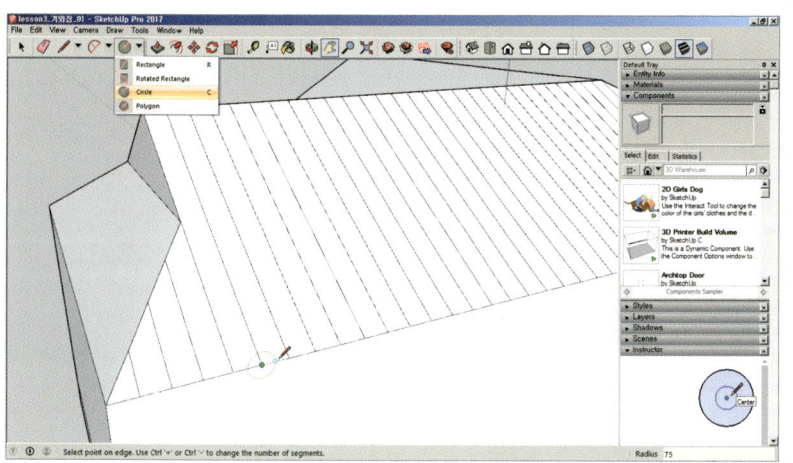

**49** 기와지붕을 만들기 위해서 그림과 같이 Circle(원) 도구를 사용해서 선의 끝점에서 반지름이 75mm인 원을 그린다.

> **Tip** 원을 그릴 때 반드시 녹색원이 보여야 한다. 녹색원이 뜻하는 것은 벽면과 방향이 같음을 말하고 지면과 수직방향이다.

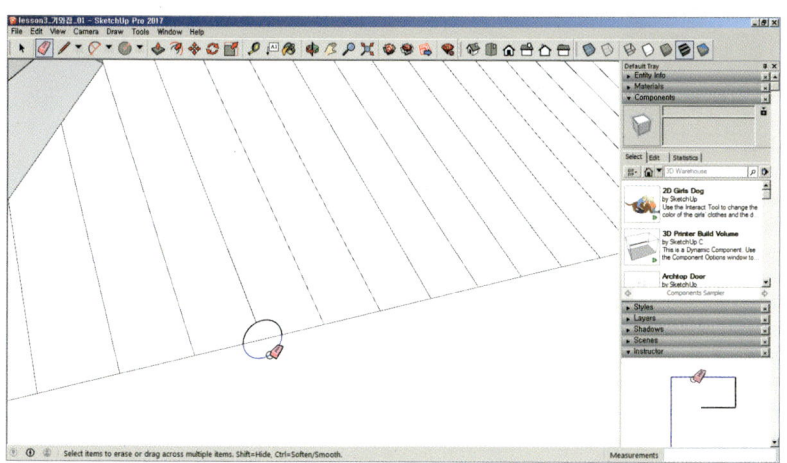

**50** Eraser(지우기) 도구를 사용해서 아래쪽 원을 제거한다. 기와지붕을 만들기 위해서 반원만 필요하기 때문이다.

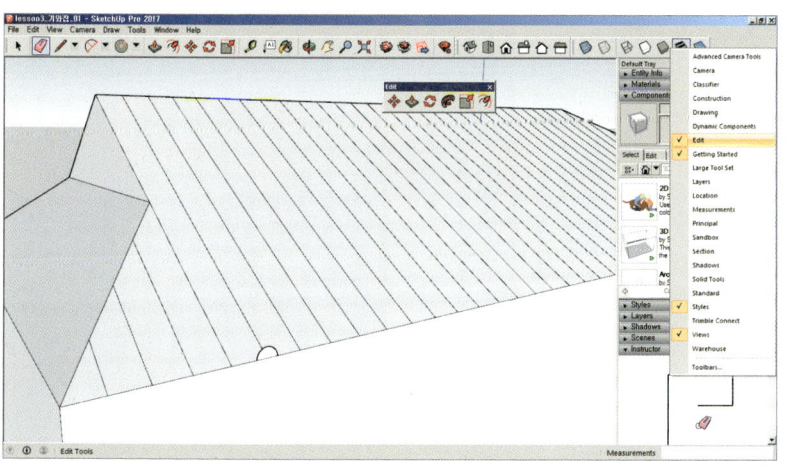

**51** Follow me(따라가기) 기능을 사용해서 기와지붕을 완성할 것이다. Follow me(따라가기) 아이콘을 활성화하기 위해서 도구모음 빈 공간을 오른쪽 마우스 클릭을 해서 Edit를 선택해서 Edit 창을 활성화한다.

Lesson 3 기와집 + **209**

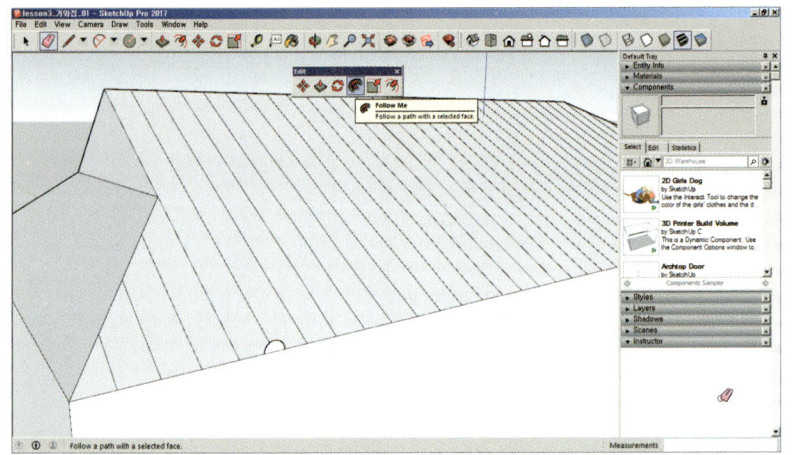

**52** Follow me(따라가기)를 선택한다.

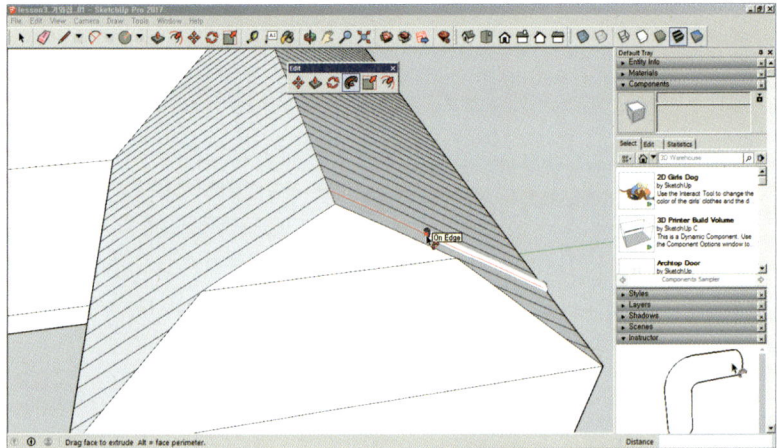

**53** 반원 뒤쪽을 선택한 후 지붕의 선을 따라 면을 생성한다.

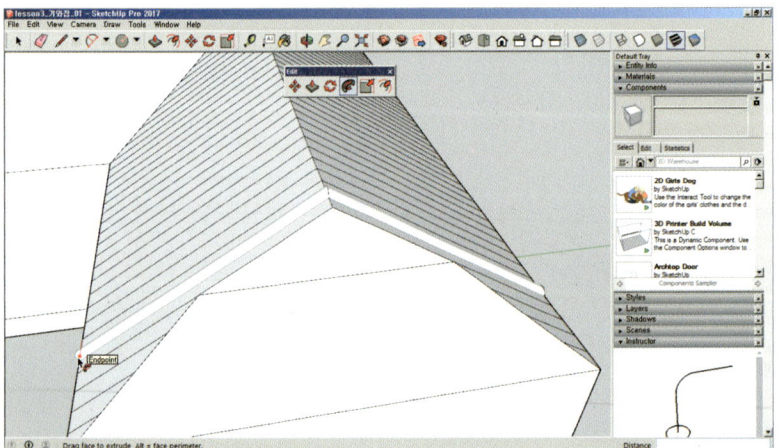

**54** 반대쪽 끝점(Endpoint)까지 기와지붕을 생성한다.

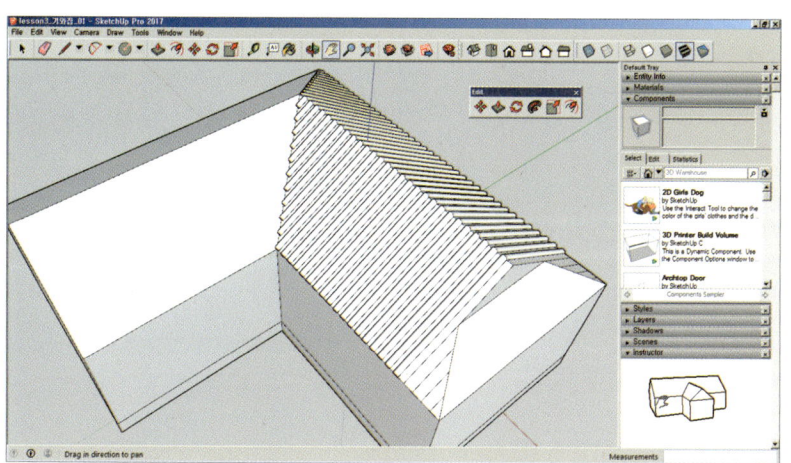

55 같은 방법(49번~54번)으로 그림과 같이 기와지붕을 완성한다.

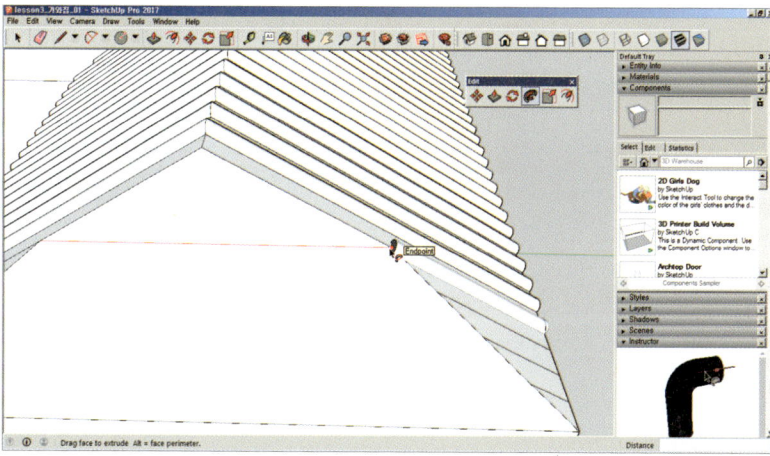

56 앞쪽부분도  Circle(원) 도구와 Follow me(따라가기) 도구를 사용해서 그림과 같이 기와지붕을 만든다.

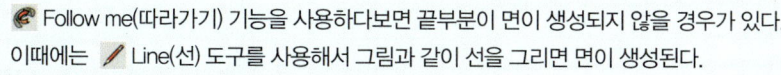

Tip

Follow me(따라가기) 기능을 사용하다보면 끝부분이 면이 생성되지 않을 경우가 있다. 이때에는 Line(선) 도구를 사용해서 그림과 같이 선을 그리면 면이 생성된다.

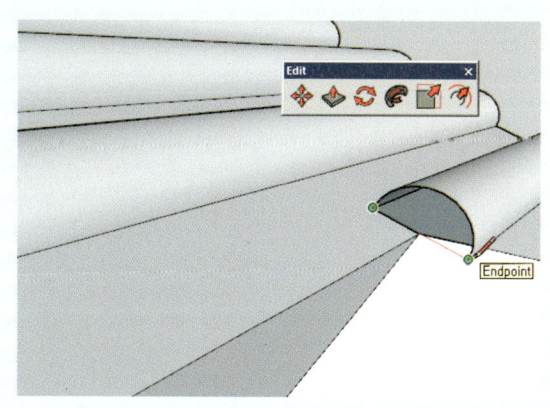 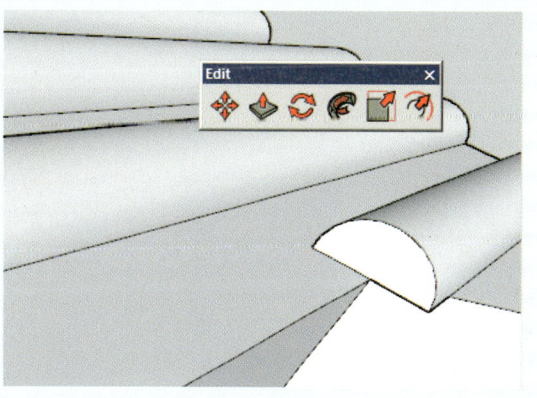

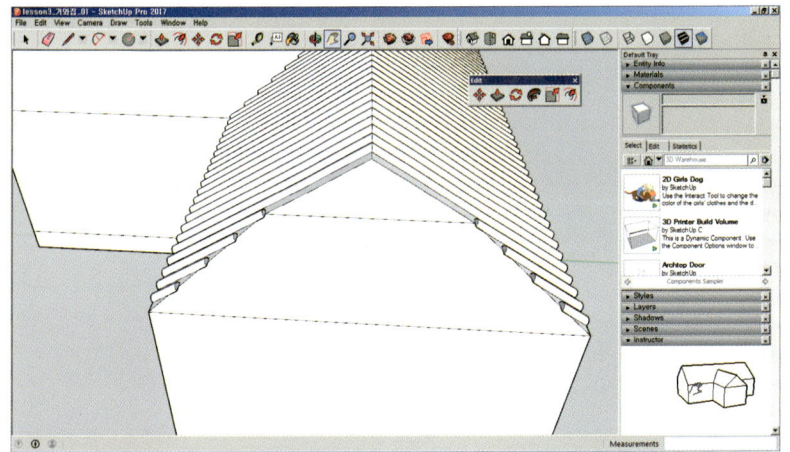

**57** 앞부분도 그림과 같이 Circle(원) 도구와 Follow me(따라가기) 도구를 사용해서 완성한다.

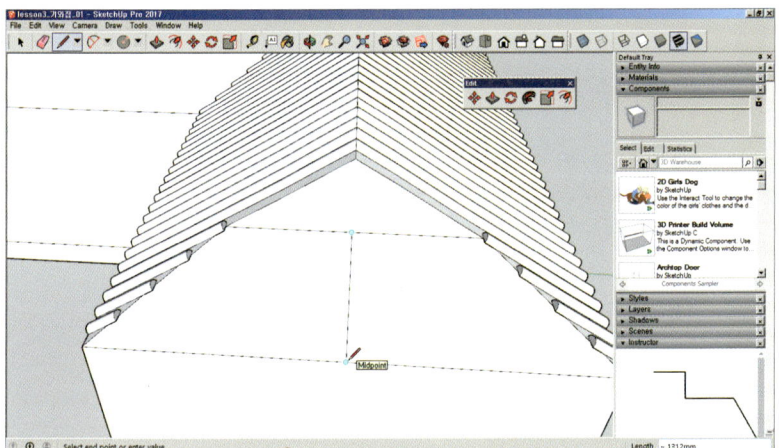

**58** 앞부분에도 기와지붕을 만들어 보자. Line(선) 도구를 사용해서 중간점(Midpoint)을 서로 연결하는 선을 그린다.

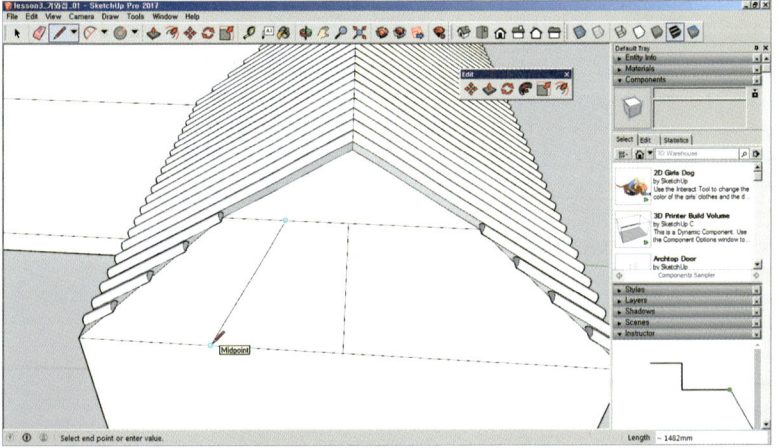

**59** 다시 한 번 중간점(Midpoint)을 연결하는 선을 그린다.

> **Tip**
> SketchUp 프로그램의 장점이 바로 중간점(Midpoint), 끝점(Endpoint), 교차점(intersection) 등을 바로 표시해 준다는 것이다.
> 중간점은 선을 나누게 되면 나뉜 선도 중간점이 표시가 된다. 따라서 중간점들을 연결하면 정확하게 선을 그릴 수 있다.

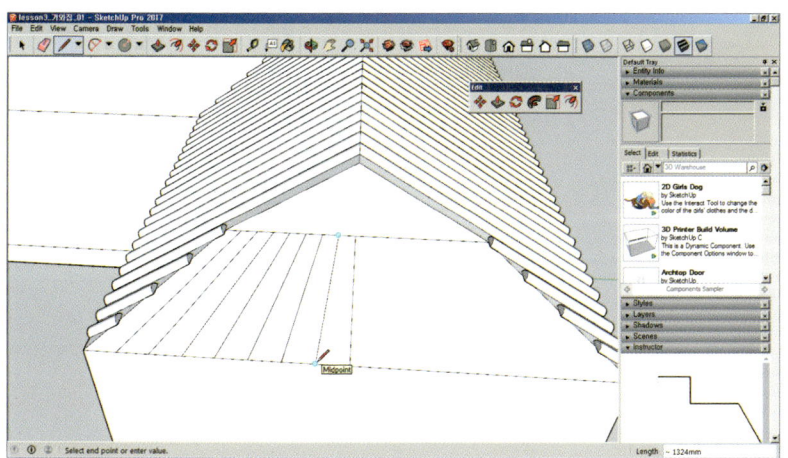

**60** 계속해서 중간점(Midpoint)을 연결해서 선을 그린다.

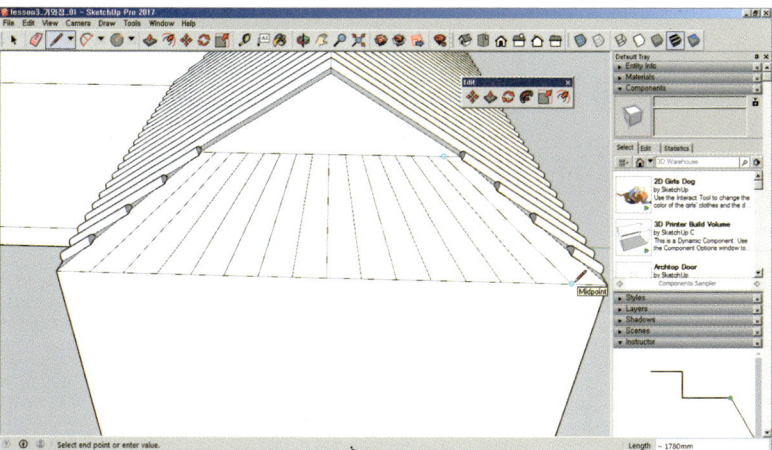

**61** 반대쪽도 중간점(Midpoint)을 연결해서 선을 그린다.

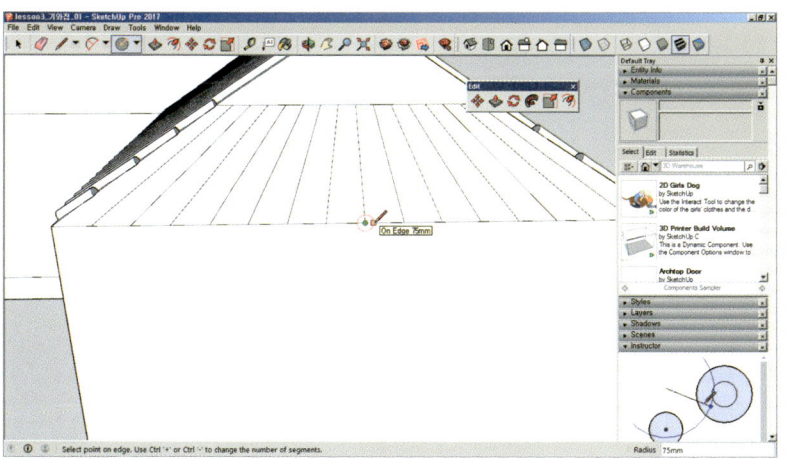

**62** Circle(원) 도구를 사용해서 반지름이 75mm인 원을 그린다.

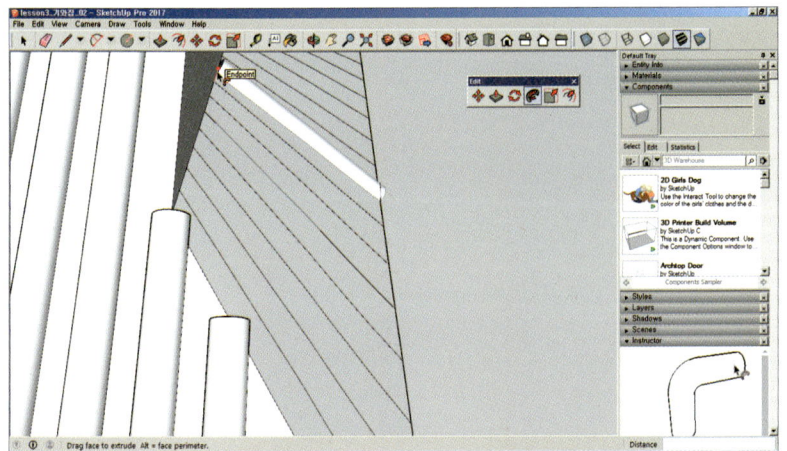

**63** Follow me(따라가기) 도구를 사용해서 위쪽까지 면을 생성한다.

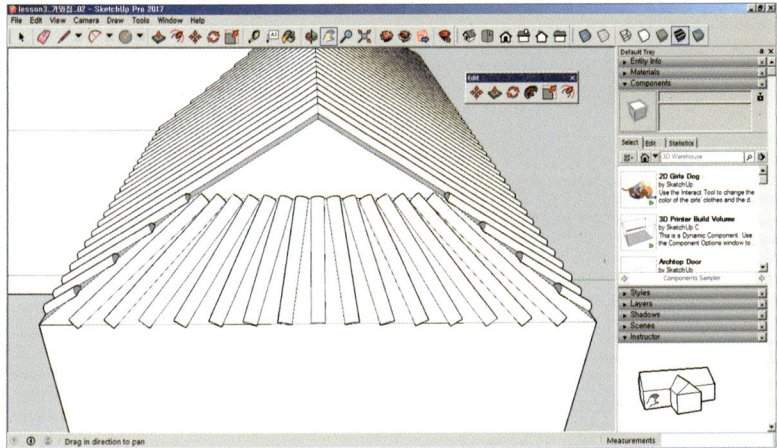

**64** 다른 부분도 Circle(원) 도구와 Follow me(따라가기) 도구를 사용해서 그림과 같이 완성한다.

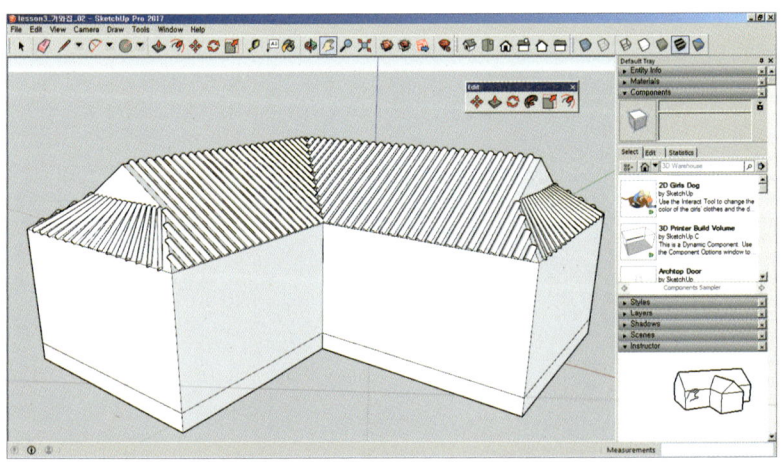

**65** 같은 방법으로 반대쪽 지붕도 그림과 같이 완성한다. 시간이 오래 걸리지만 천천히 하나하나 완성해 보도록 한다.

# 03 용마루

기와집의 중심을 이루며 서까래의 받침이 되는 부분인 용마루를 만들어 보자.

**SketchUp 2017**

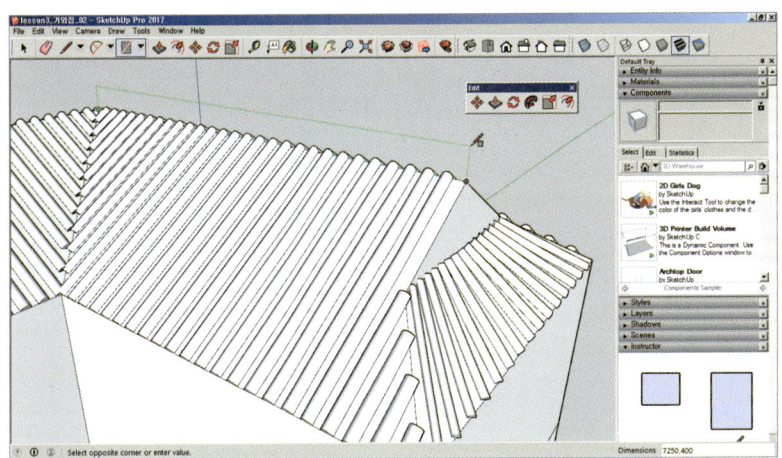

66 용마루를 만들기 위해서 먼저 용마루의 형태를 따라(Follow me) 선을 만들어야 한다. 용마루가 제작될 부분에 Rectangle (직사각형) 도구를 사용해서 지면과 수직방향으로 7250, 400인 사각형을 그린다.

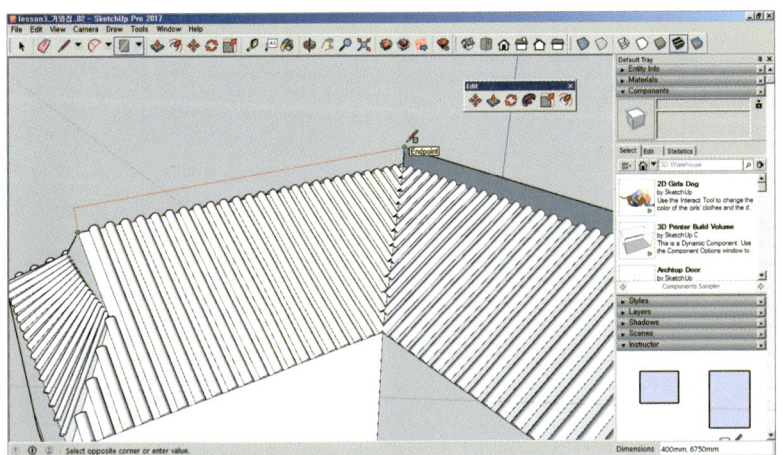

67 반대편에도 400, 6750인 사각형을 그린다.

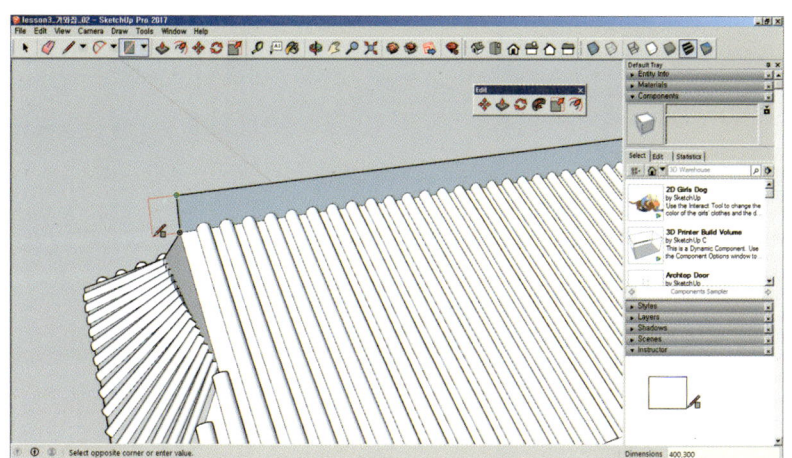

**68** 사각형의 앞쪽에 추가로 400, 300인 사각형을 그린다. 용마루가 좀 더 앞쪽으로 튀어나와야 하기 때문이다.

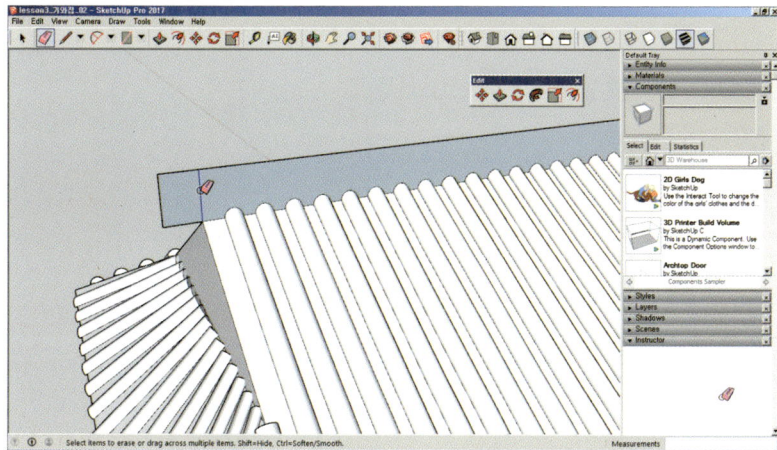

**69** 가운데 선은 Eraser(지우기) 도구로 제거한다.

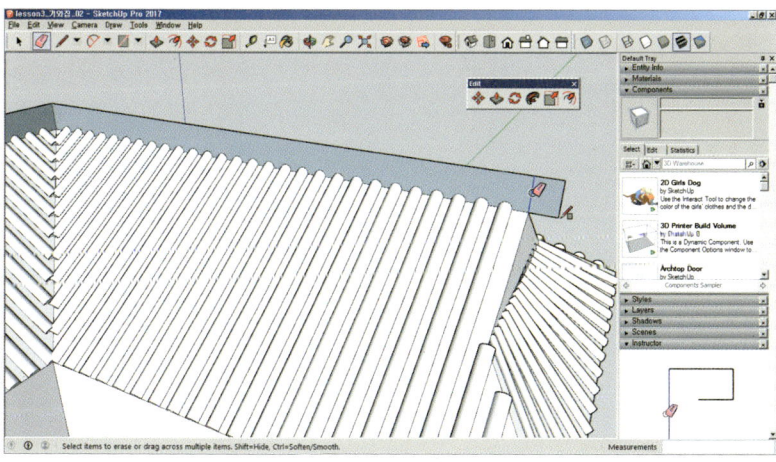

**70** 반대쪽에도 Rectangle (직사각형) 도구로 400, 300인 사각형을 그린 후, 가운데 선은 Eraser(지우기) 도구로 제거한다.

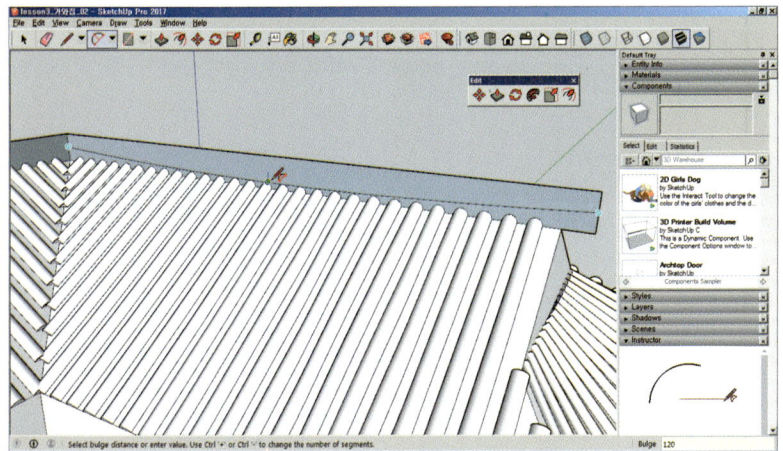

**71** 2Point Arc(2점호) 도구를 사용해서 사각형의 Midpoint(중간점)을 연결하고 Bulge(돌출부)가 120mm인 호를 그린다.

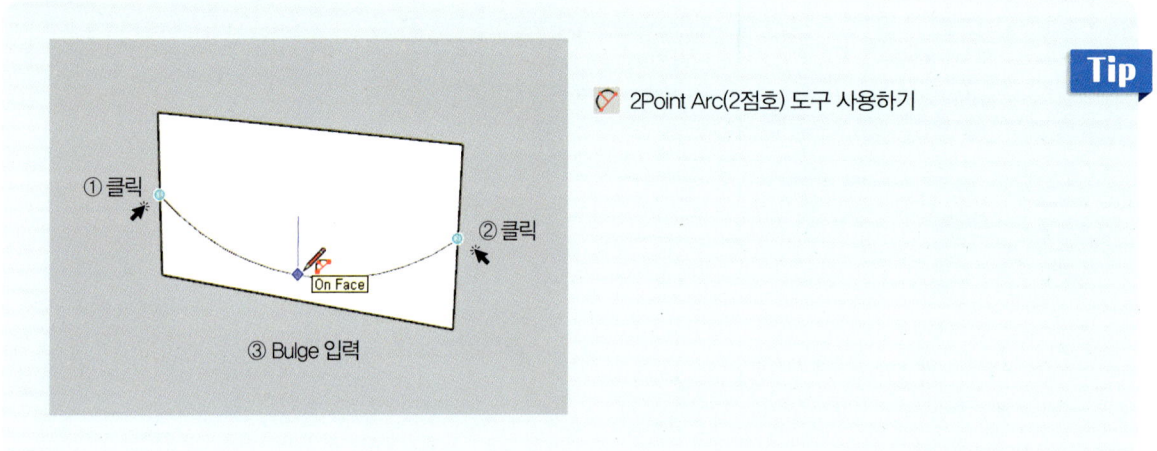

2Point Arc(2점호) 도구 사용하기

① 클릭
② 클릭
③ Bulge 입력

**Tip**

**72** 반대쪽도 2Point Arc(2점호) 도구를 사용해서 사각형의 Midpoint(중간점)을 연결하고 Bulge(돌출부)가 120mm인 호를 그린다.

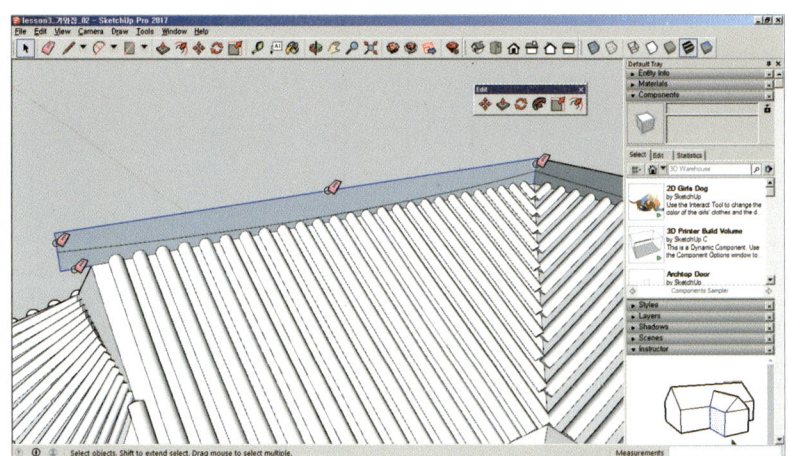

**73** Eraser(지우기) 도구를 사용해서 그림과 같이 호만 남기고 사각형의 윗모서리와 옆모서리를 제거한다.

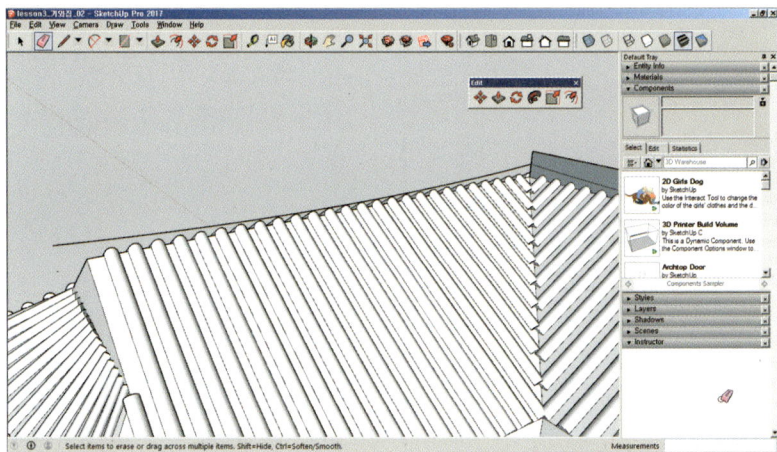

**74** 곡선만 남게 된다. 이 곡선이 용마루를 만드는데 레일의 역할을 하게 될 것이다.

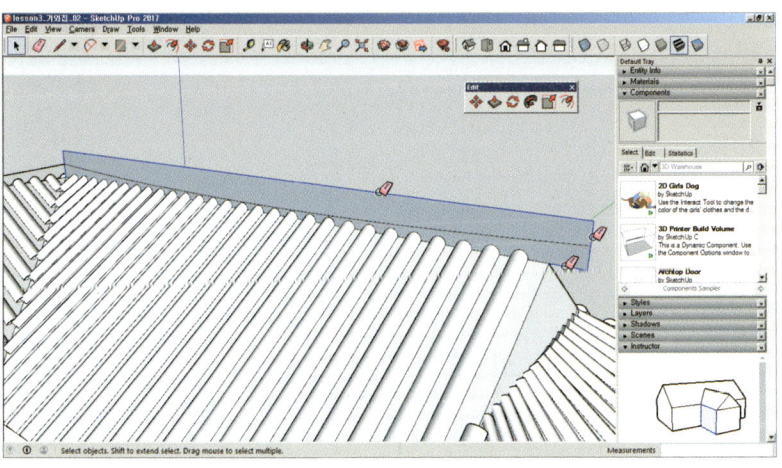

**75** 반대쪽도 마찬가지로 곡선만 남기고 나머지 모서리를 제거한다.

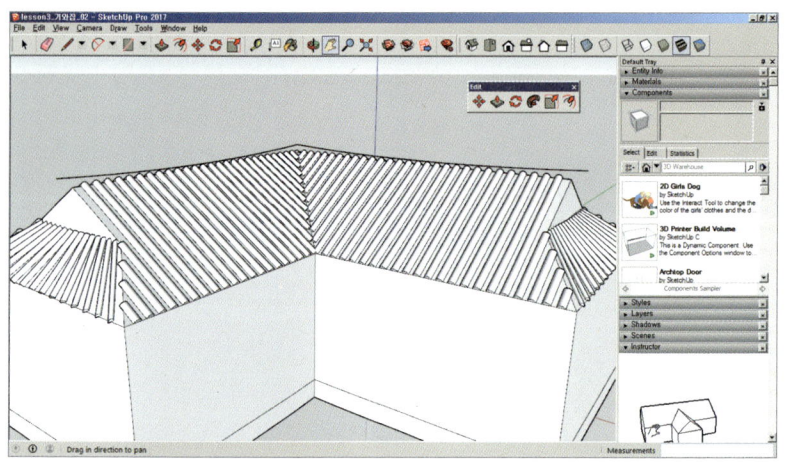

**76** 그림과 같이 용마루를 만들 곡선이 완성되었다.

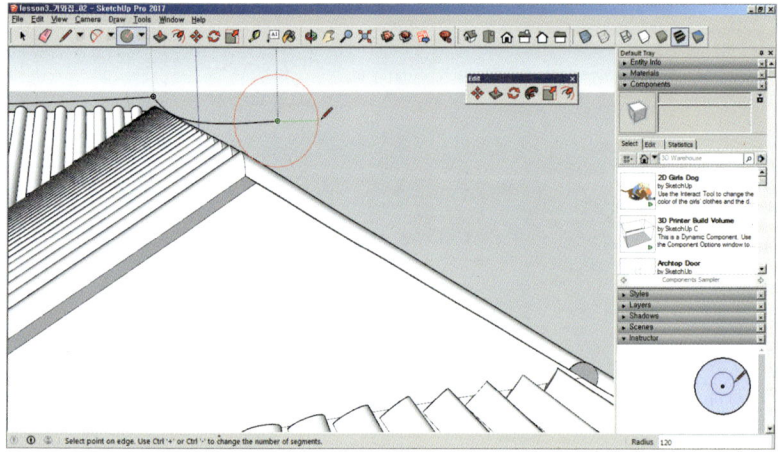

**77** 용마루의 형태를 만들어 보자. Circle(원) 도구를 사용해서 곡선의 맨 끝점을 중심으로 하는 반지름이 120mm인 원을 그린다.

 이때 반드시 원은 지면과 수직방향이 되어야 한다.

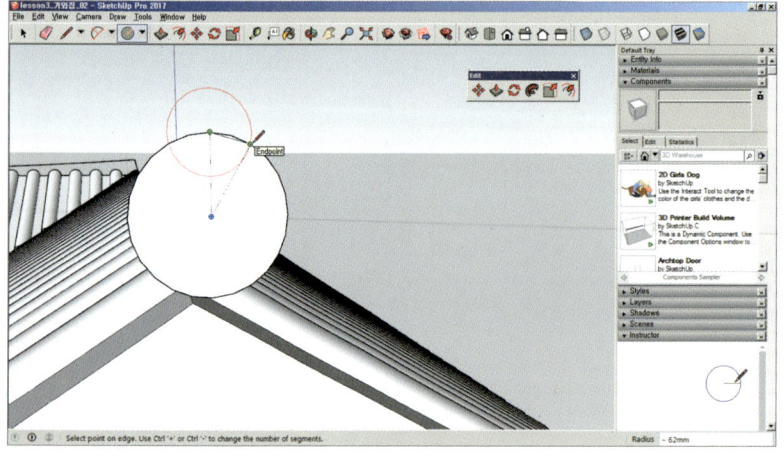

**78** 방금 그린 원의 맨 윗점을 중심으로 하는 반지름이 62mm인 원을 하나 더 그린다.

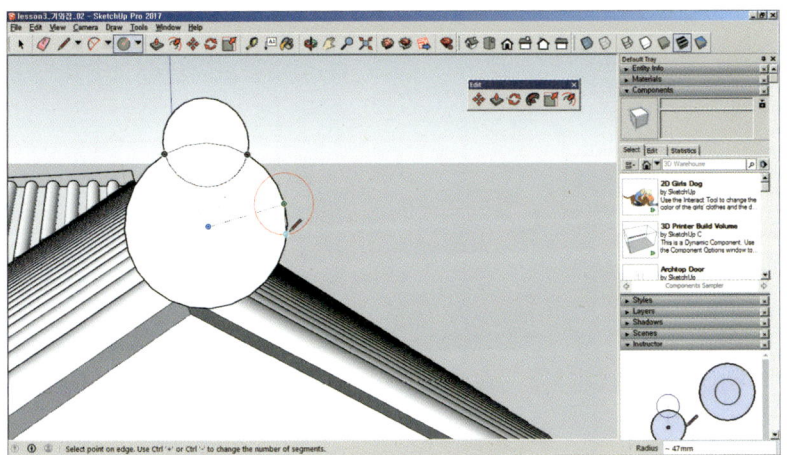

**79** ◯ Circle(원) 도구를 사용해서 그림과 같이 반지름이 47mm인 원을 그린다.

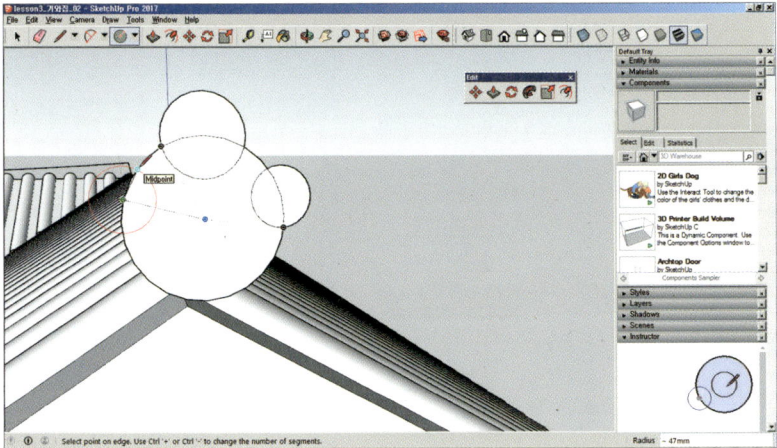

**80** 반대쪽에도 반지름이 42mm인 원을 그린다.

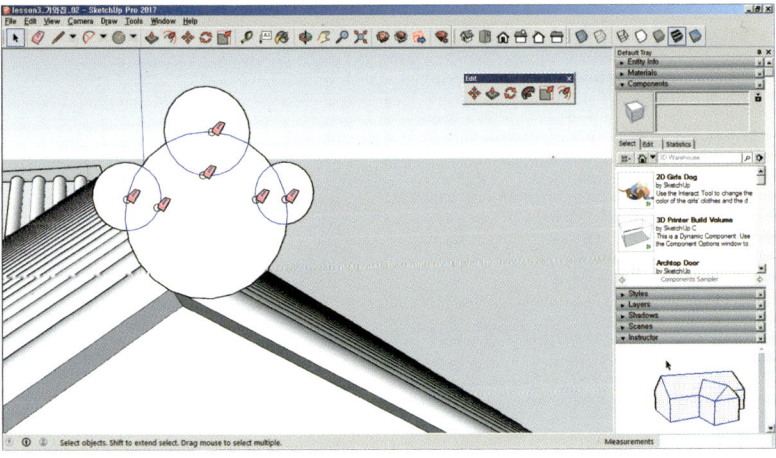

**81** ✐ Eraser(지우기) 도구를 사용해서 안쪽 선들을 제거한다.

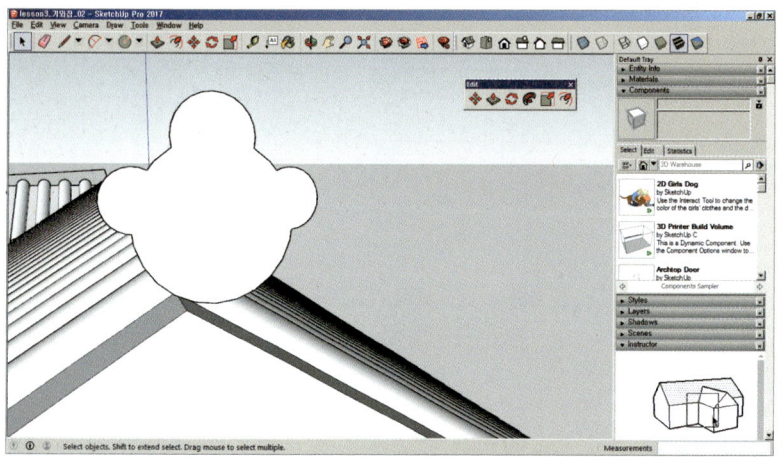

**82** 용마루의 형태가 완성되었다. 독자들도 다양한 모양의 단면을 제작해 보길 바란다.

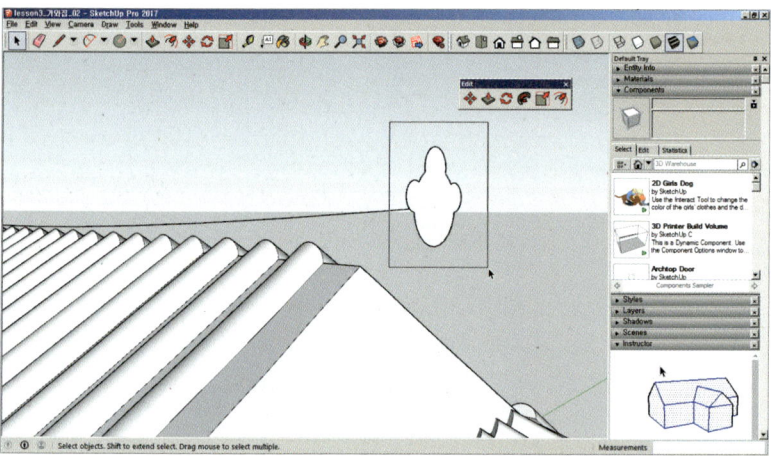

**83** ▶ Select(선택) 도구를 사용해서 방금 그린 용마루의 형태가 모두 선택되도록 오른쪽 드래그해서 선택한다.

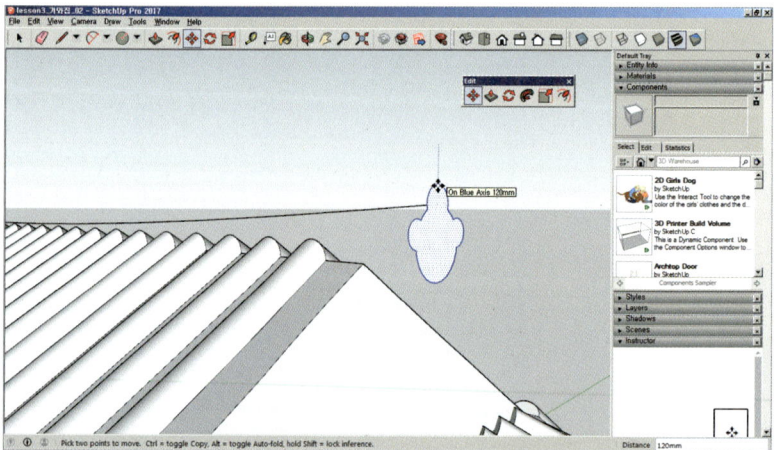

**84** On Blue Axis (블루 축 방향)으로 120mm 이동한다.

> **Tip** 용마루의 단면의 모양을 아래쪽으로 이동하는 이유는 용마루의 형태가 곡선을 따라 (tools₩follow_me.jpg) Follow me(따라가기) 될 때 지붕과 이격을 없애기 위해서다.

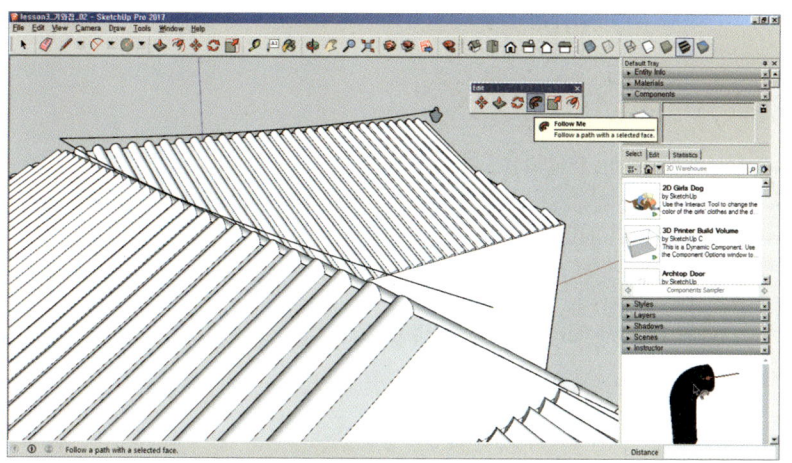

**85** 곡선을 따라 Follow me(따라가기) 할 것이므로 곡선이 모두 보이게 화면을 전환한 후, Edit 창에서 Follow me(따라가기) 도구를 선택한다.

**Tip** (tools\follow_me.jpg) Follow me(따라가기) 도구는 중간에 멈출 수가 없기 때문에 따라가는 곡선을 모두 보이게 하는 것이 좋다.

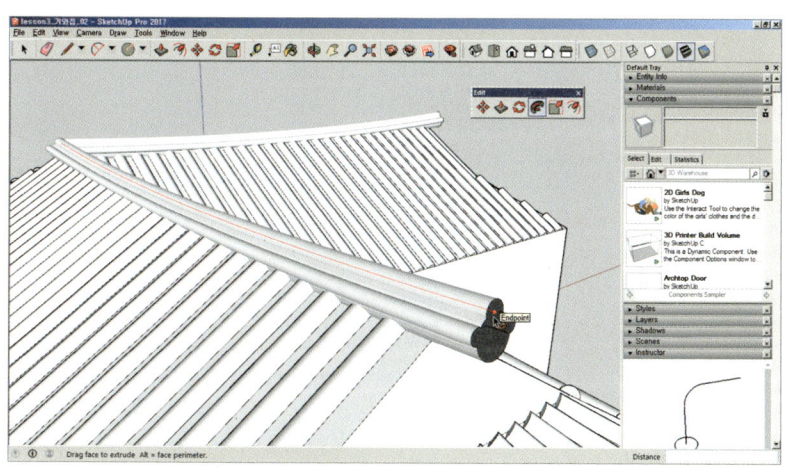

**86** 용마루의 단면을 선택한 후, 곡선을 따라 용마루를 만든다.

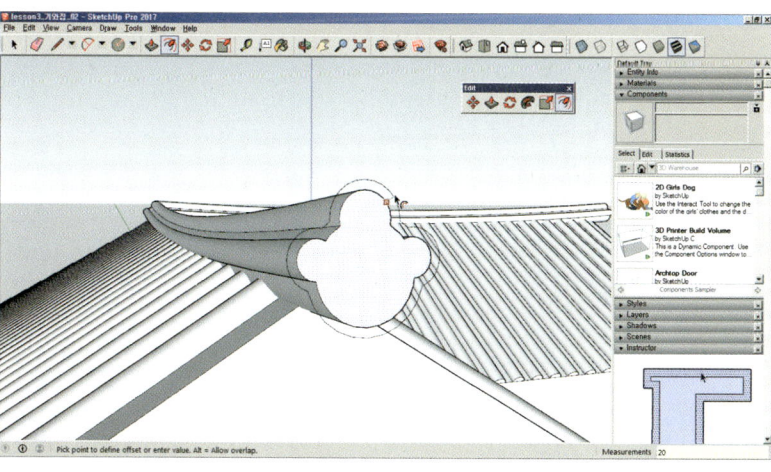

**87** 용마루 끝 면에서 Offset(오프셋) 도구를 사용해서 20mm 큰 단면을 그린다.

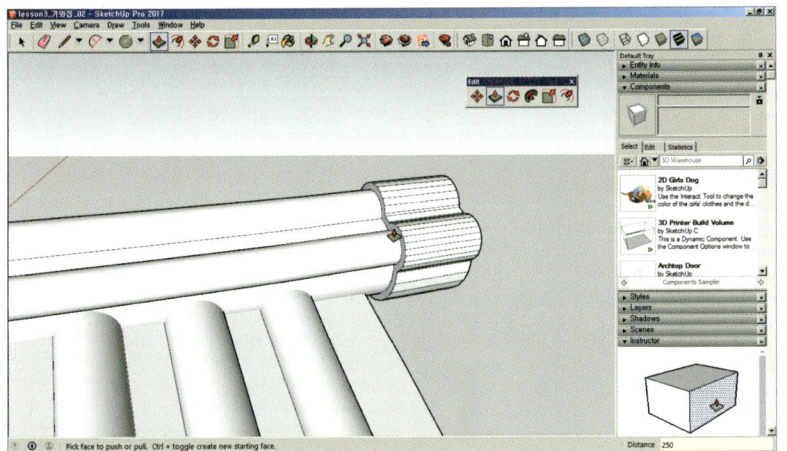

**88** Push/Pull(밀기/끌기) 도구를 사용해서 뒤쪽으로 250mm 면을 생성한다.

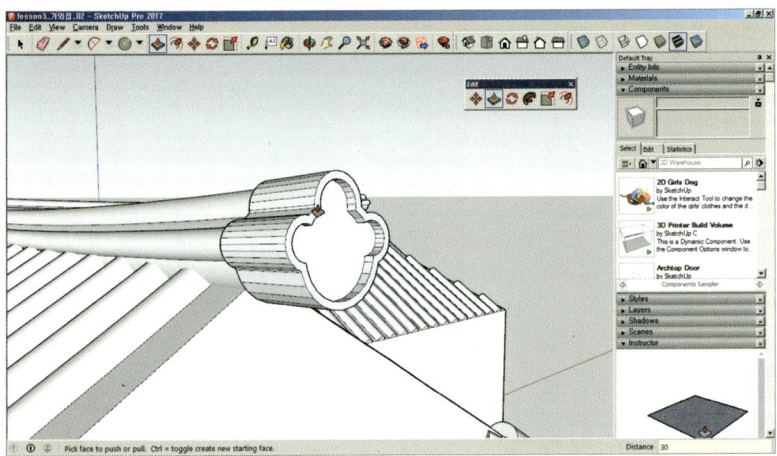

**89** Push/Pull(밀기/끌기) 도구를 사용해서 앞쪽으로도 30mm 면을 생성한다.

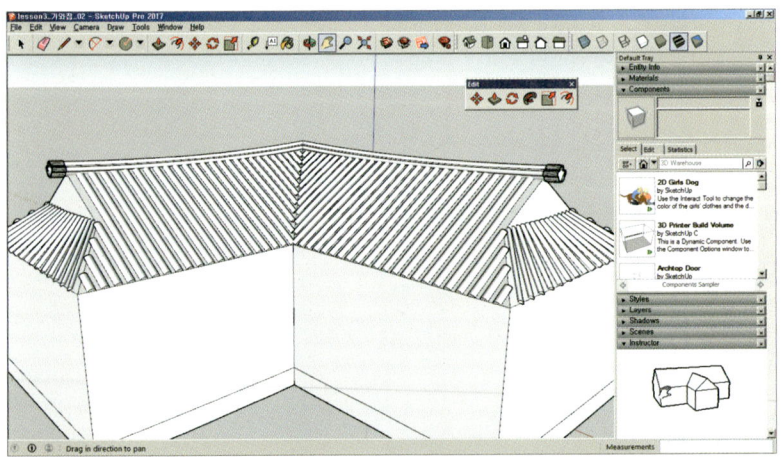

**반복학습**

**90** 반대편에도 같은 방법(87~89번)으로 용마루의 끝모양을 완성한다.

# 04 내림마루

내림마루는 지붕마루 중에서 용마루의 양쪽 끝단에서 기왓골 방향으로 내려오는 마루를 말한다.

**SketchUp 2017**

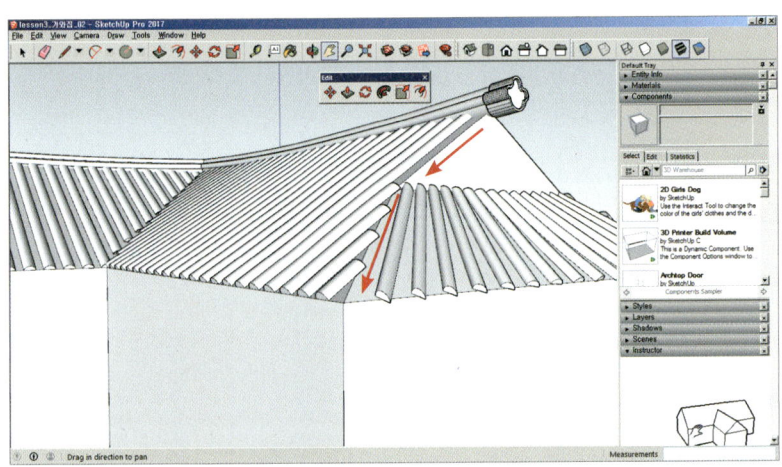

**91** 붉은 색선을 따라 용마루에서 아래로 내려오는 내림마루를 제작해 보자.

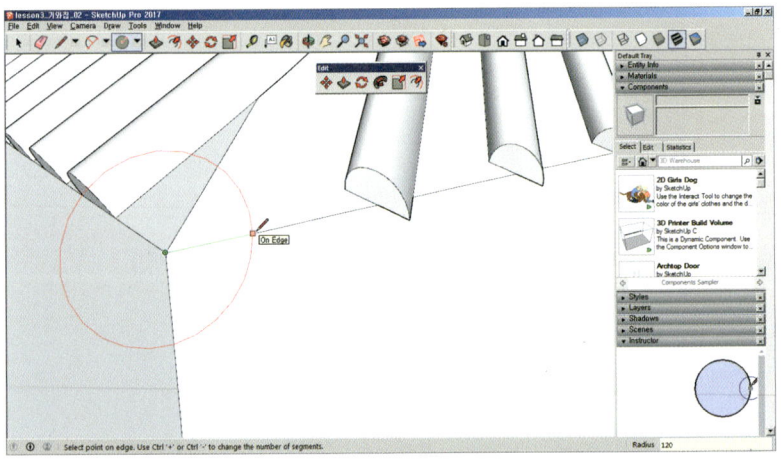

**92** 내림마루는 원래 용마루에서 처마로 내려오는 개념이지만 SketchUp에서 제작할 때에는 아래 모서리에서 선을 따라 위로 올라가게 만들 것이다. 기와집 모서리에서 ⊙ Circle(원) 도구를 사용해서 반지름이 120mm인 원을 그린다.

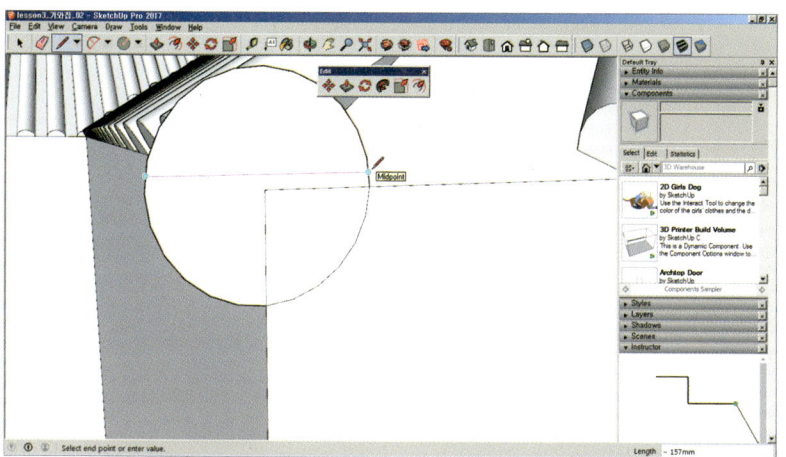

**93** ✏️ Line(선) 도구를 사용해서 그림과 같이 선을 그린다.

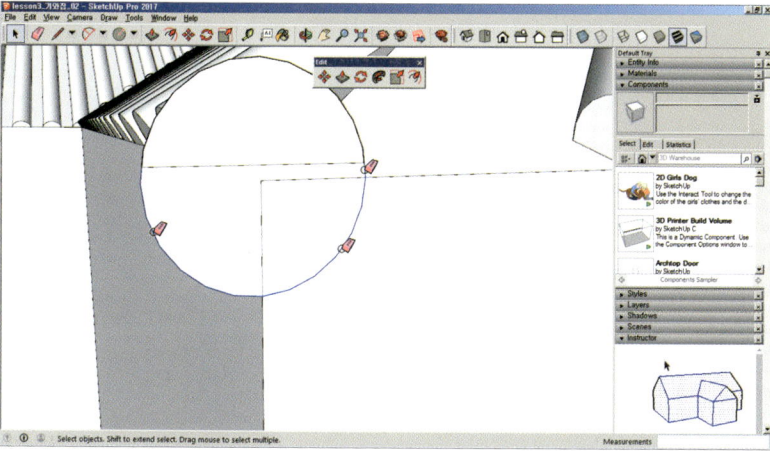

**94** 위 쪽의 반원만 남기고 나머지는 🧽 Eraser(지우기) 도구를 사용해서 제거한다.

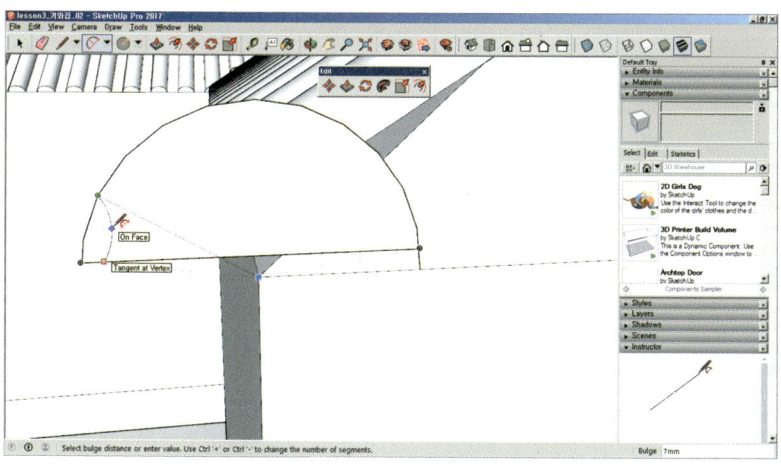

**95** 내림마루 단면의 모양을 만들기 위해서 ⌒ 2Point Arc(2점호) 도구를 사용해서 그림과 같이 Bulge(돌출부)가 7mm인 호를 그린다.

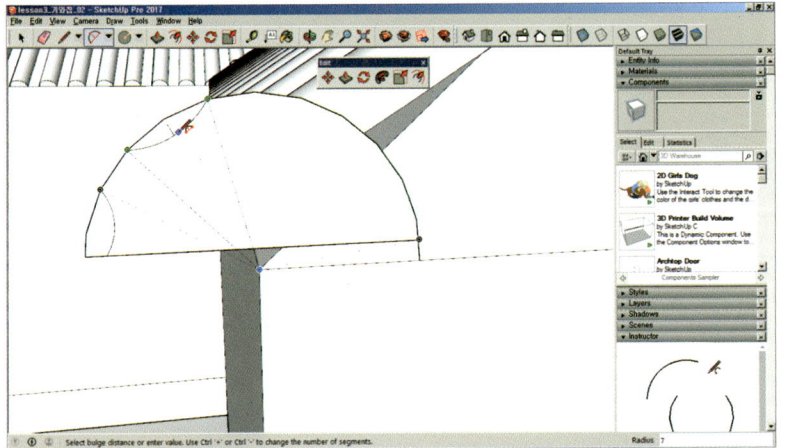

**96** 계속해서 2Point Arc(2점호) 도구를 사용해서 원의 두 모서리와 Radius(반경)이 7인 호를 그린다.

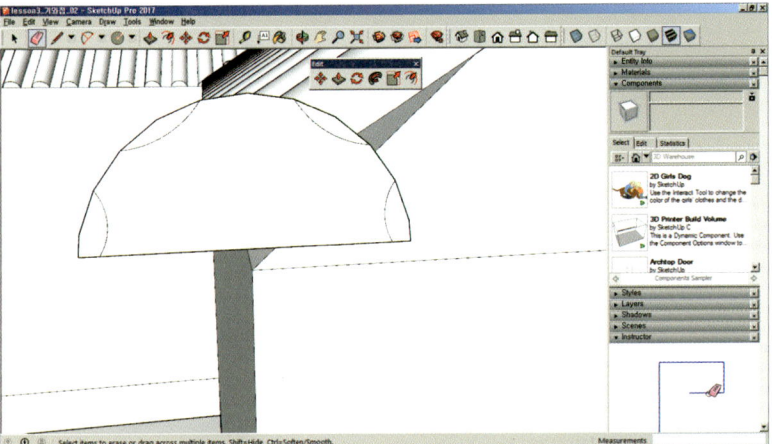

**97** 반대쪽에도 같은 방법(95~96번)으로 호를 2개 더 그린다.

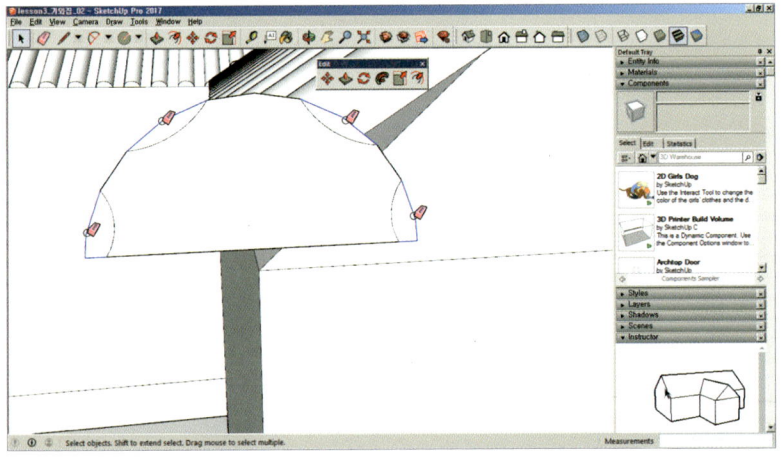

**98** 그림과 같이 원의 모서리를 Eraser(지우기) 도구를 사용해서 제거한다.

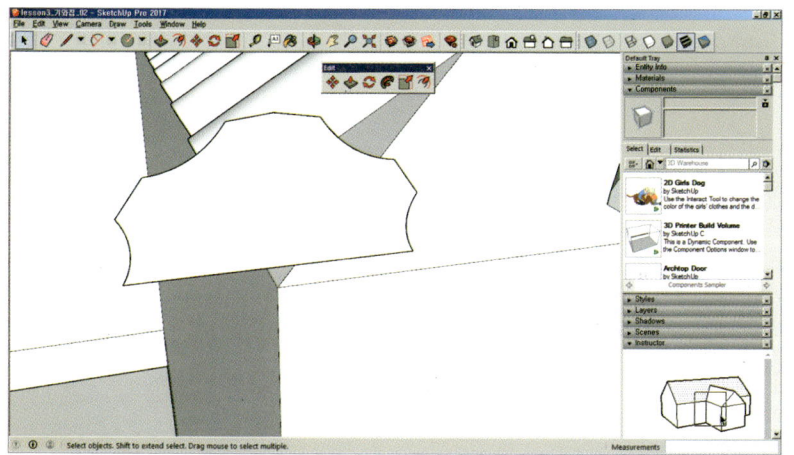

**99** 내림마루의 단면 모양이 완성되었다. 내림마루의 단면도 더 좋은 모양을 독자들이 임의대로 만들어 보길 바란다.

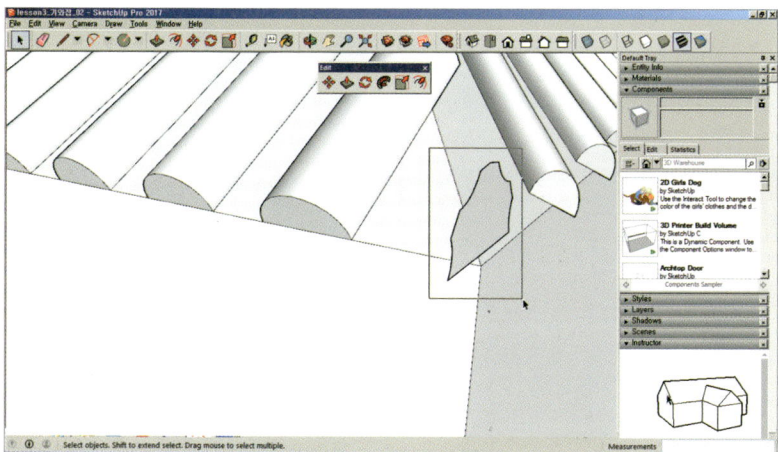

**100** 이제 내림마루의 단면의 모양을 모서리에 위치해 보도록 하자. Select(선택) 도구를 사용해서 내림마루 단면이 모두 선택되도록 한다.

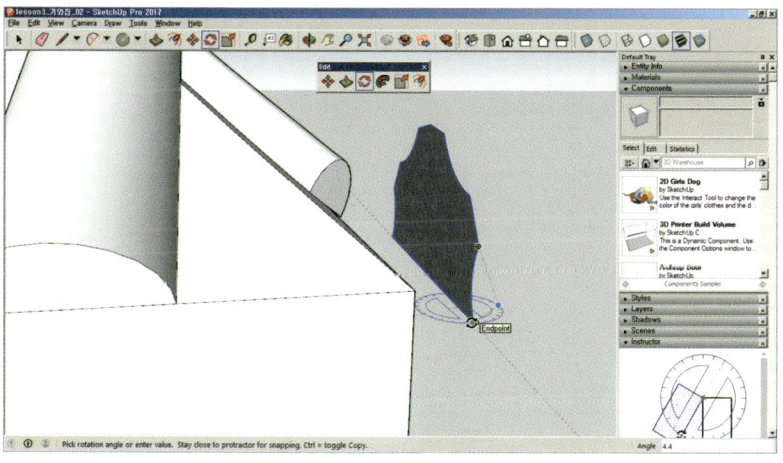

**101** 단면의 모양을 회전하기 위해서 도구모음에서 Rotate(회전) 도구를 선택한 후, 그림과 같이 내림마루의 끝점을 잡고 파란색 각도기가 나오도록 한다.

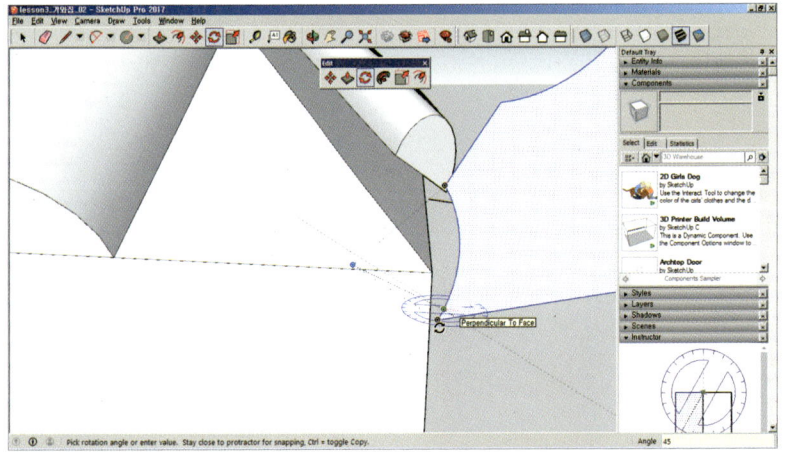

**102** 수치입력창에

Angle 45

Angle(각도) 값을 45도 입력하여 내림마루 단면을 45도 회전한다.

> **Tip** 단면을 45도 회전하는 이유는 내림마루를 만들 선의 위치가 45도 방향이기 때문이다.

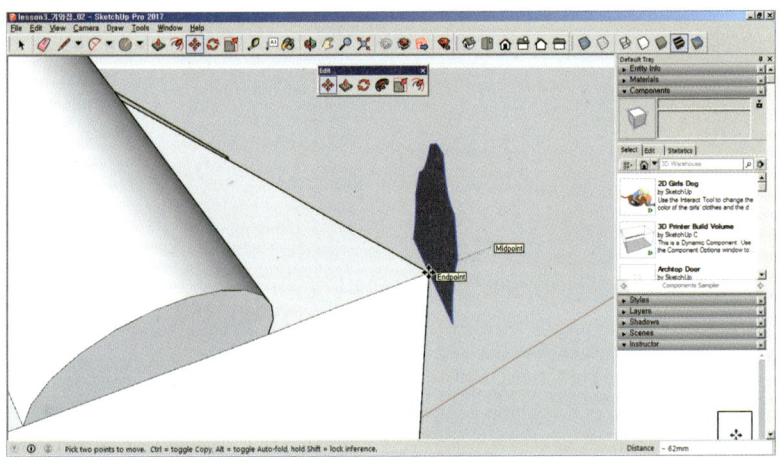

**103** Move(이동) 도구를 사용해서 내림마루 단면의 Midpoint(중간점)을 선택하고 모서리 끝점(Endpoint)으로 이동한다.

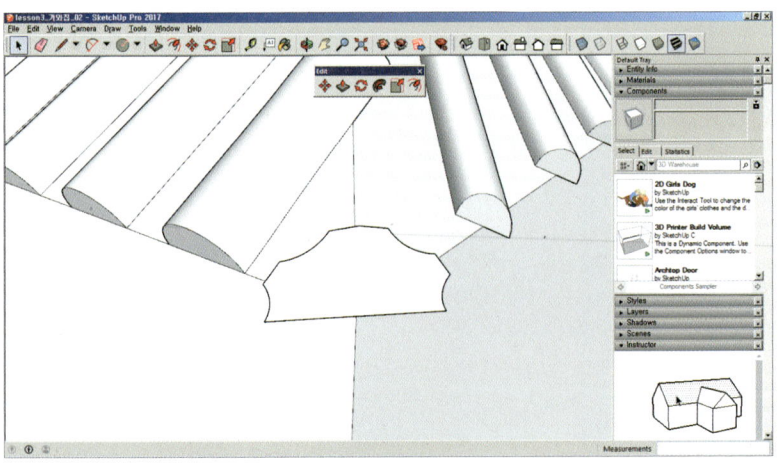

**104** 내림마루의 단면이 모서리에 붙어있다. Follow me(따라가기) 선의 방향과 90도가 된 것을 알 수 있다.

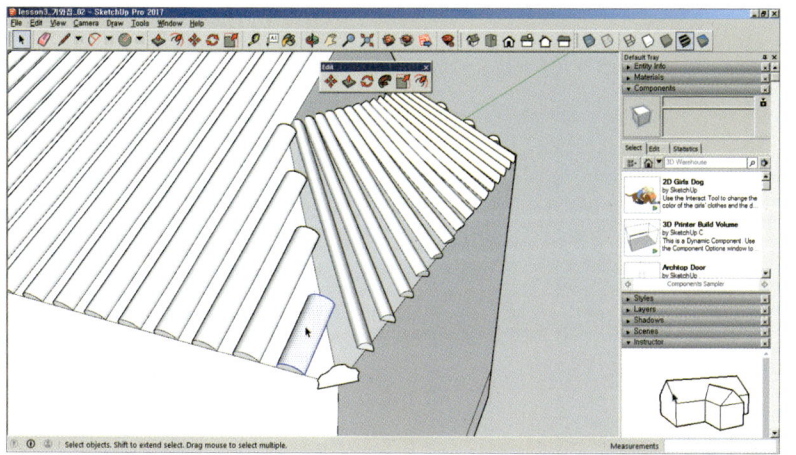

**105** 붉은 색 화살표의 방향대로 Follow me(따라가기)를 해야 하는데 그림에서와 같이 기와지붕이 방해를 하고 있는 모양새이다. Follow me(따라가기) 기능을 쉽게 사용하기 위해서 방해가 되는 기와지붕들을 숨겨(Hide) 보도록 하자. Select(선택) 도구를 '더블클릭'해서 기와지붕을 선택

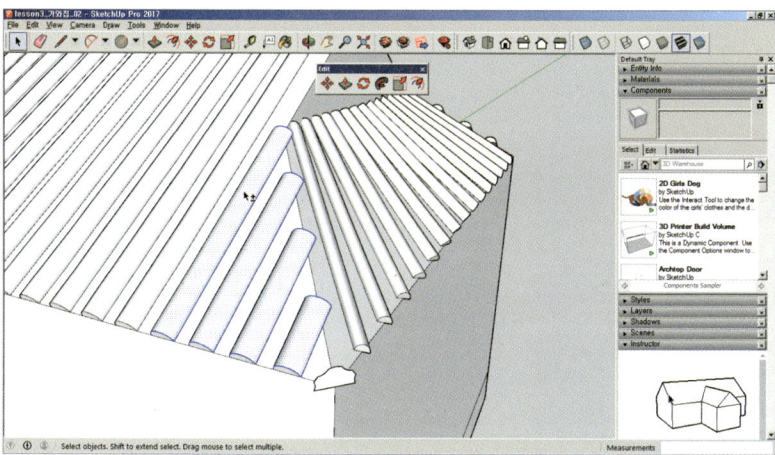

**106** Ctrl키를 누르고 계속 더블클릭해서 옆에 있는 기와지붕을 모두 선택한다.

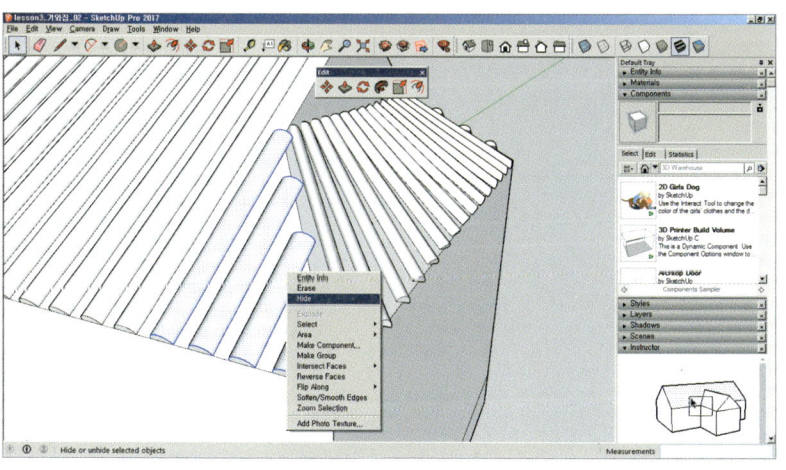

**107** 오른쪽 마우스 클릭을 해서 Hide를 선택한다.

> **Tip** Hide(숨김) 한다는 것은 오브젝트를 지우는 것이 아니라 잠깐 화면에서 사라지게 하는 기능이다.
> 따라서 언제든지 다시 불러올 수 있는 장점이 있다.

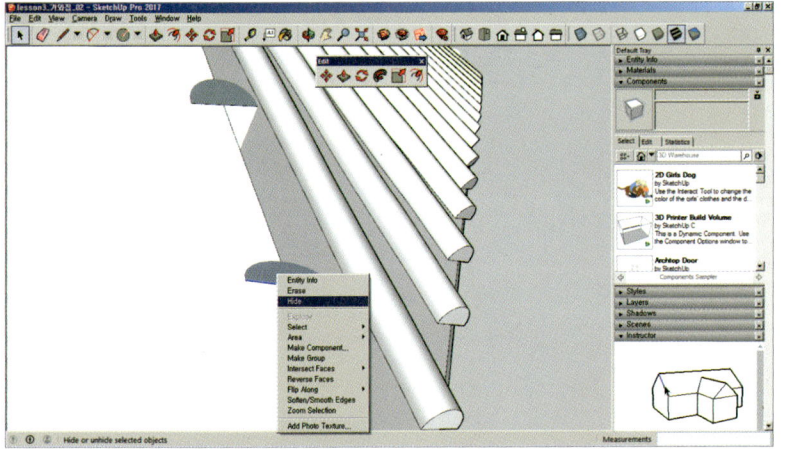

**108** 기와지붕이 숨겨(Hide) 졌는데 그림과 같이 완전히 숨겨진 것은 아니다. 남아있는 반원과 선들도 모두 선택해서 오른쪽 마우스 클릭을 해서 Hide를 선택한다.

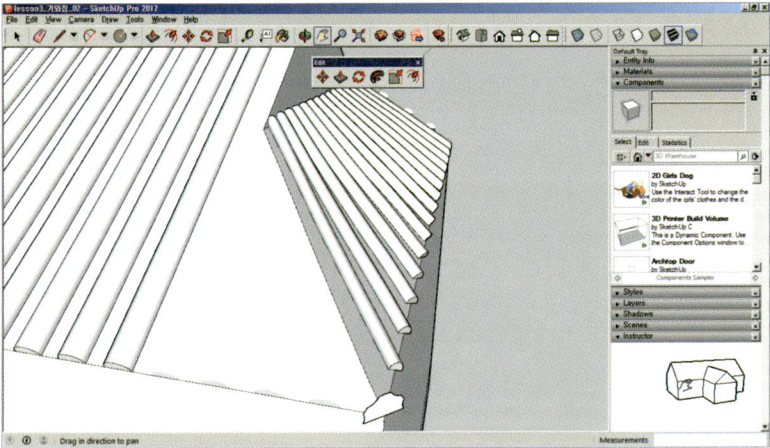

**109** 나머지 부분도 모두 숨긴다.

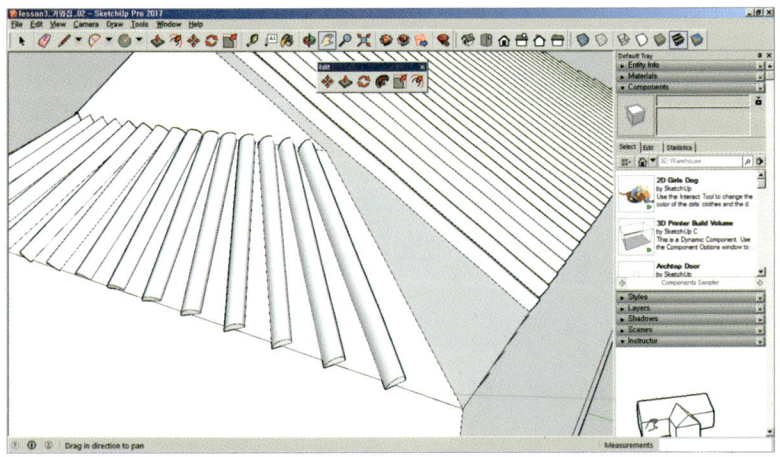

**110** 반대쪽도 같은 방법(105~109번)으로 기와지붕을 Hide(숨김)한다.

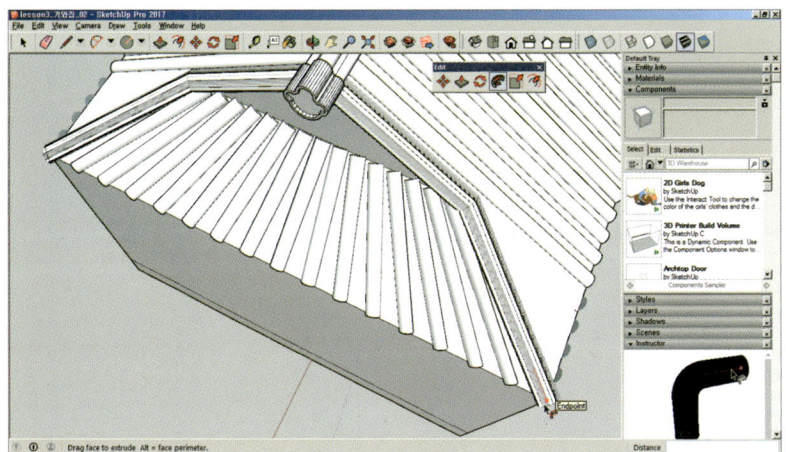

**111** Follow me(따라가기) 도구를 사용해서 내림마루의 단면을 그림과 같이 면을 생성한다.

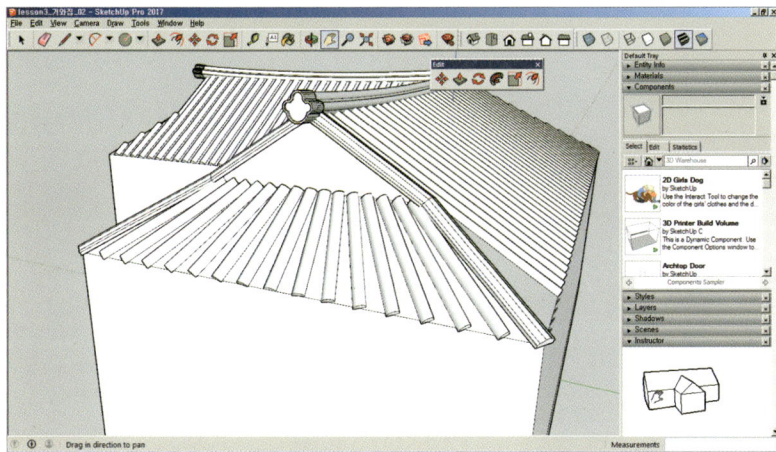

**112** 내림마루가 생성된 것을 확인할 수 있다. 내림마루의 끝부분을 제작해 보자.

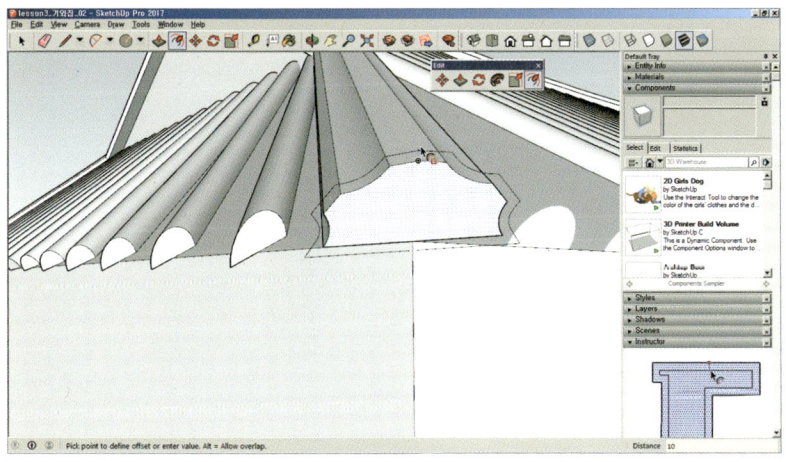

**113** 내림마루의 끝부분 단면에서 Offset(오프셋) 도구를 사용해서 10mm 더 큰 단면을 그린다.

Lesson 3 기와집 + 233

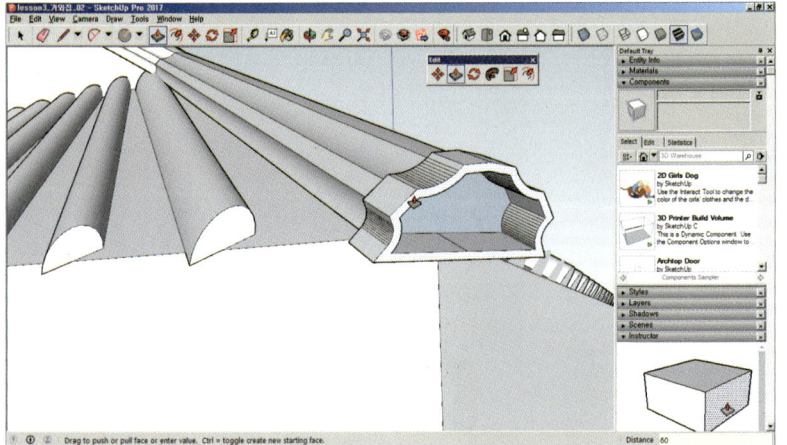

**114** Push/Pull(밀기/끌기) 도구를 사용해서 앞쪽으로 면을 60mm 생성한다.

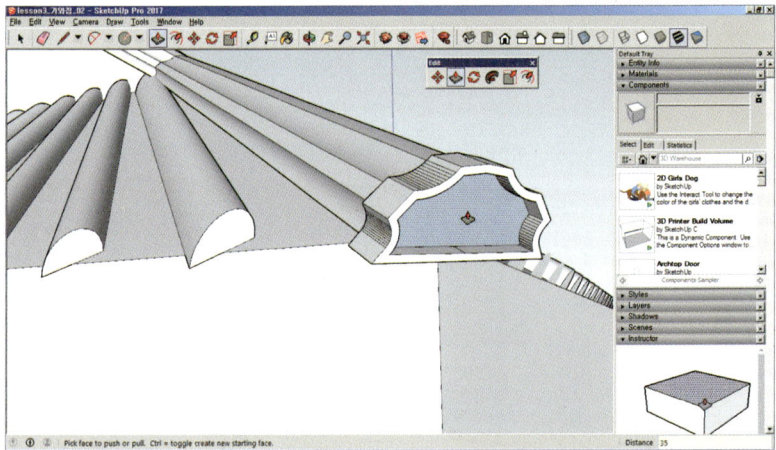

**115** 안쪽 면도 35mm 생성한다.

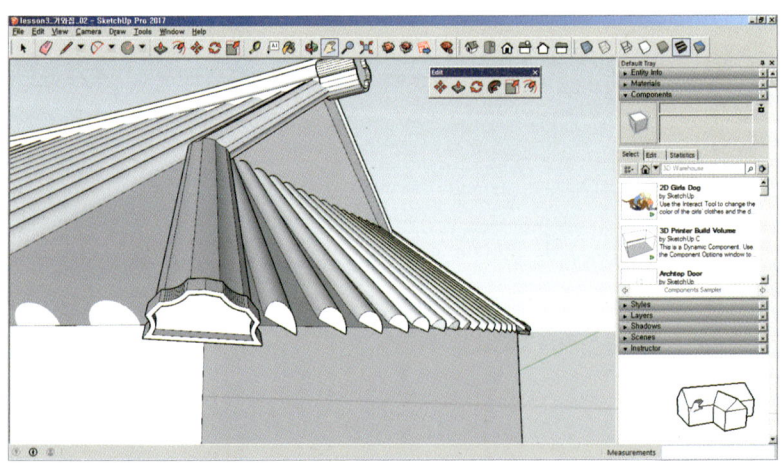

**116** 내림마루의 끝 모양이 완성되었다.

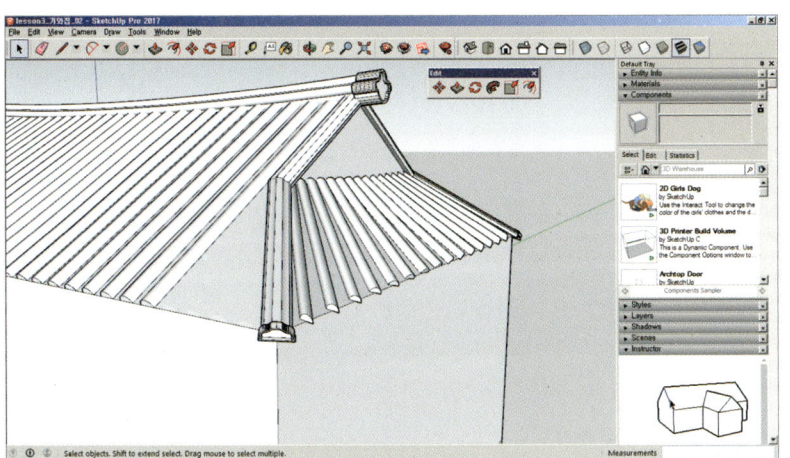

**반복학습**

**117** 반대쪽도 같은 방법(113~116번)으로 끝모양을 완성한다.

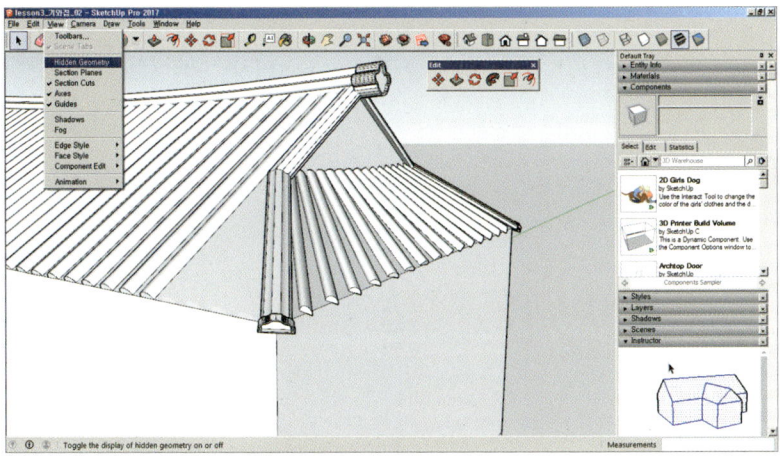

**118** 이제 숨겨놓았던(Hide) 기와지붕을 보이도록 해보자. 메뉴에서 View(보기) > Hidden Geometry(숨겨진 도형)을 클릭한다.

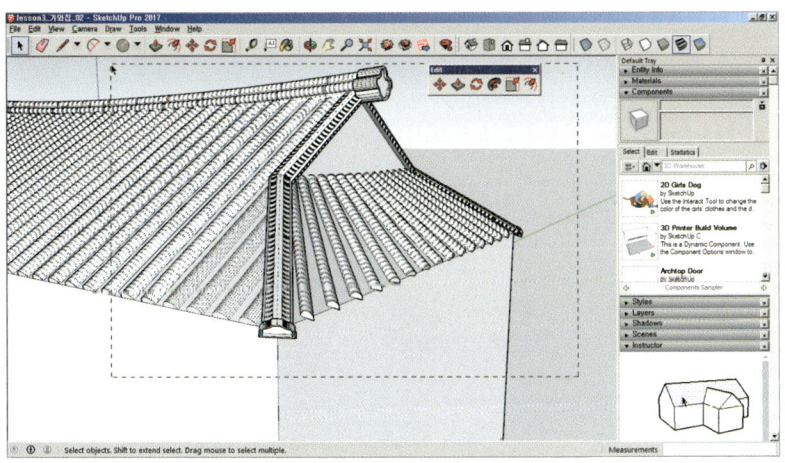

**119** 숨겨진 기와지붕이 점선으로 보인다. Select(선택) 도구를 선택해서 왼쪽드래그 해서 숨겨졌던 오브젝트를 모두 선택한다.

**Tip** 이때 꼭 숨겨놓았던 오브젝트만 선택할 필요는 없다. 숨겨졌던 오브젝트를 포함해서 원래 보이던 오브젝트를 선택해도 무방하다.

Lesson 3 기와집 + **235**

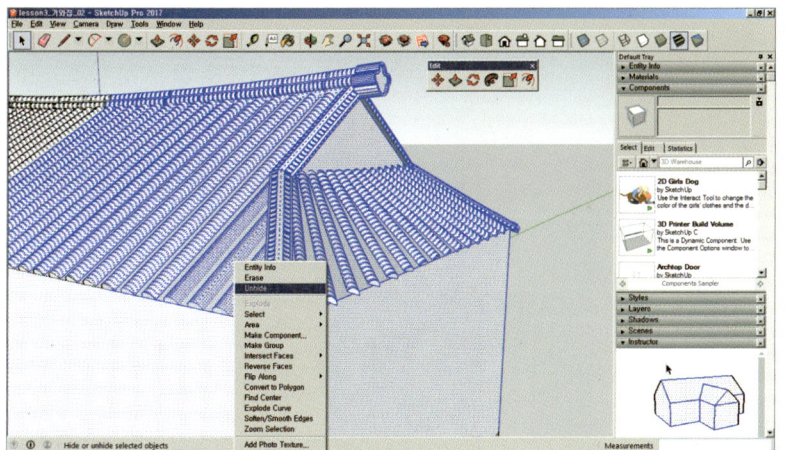

**120** 오른쪽 마우스 클릭을 해서 Unhide(숨기기 취소)를 선택한다.

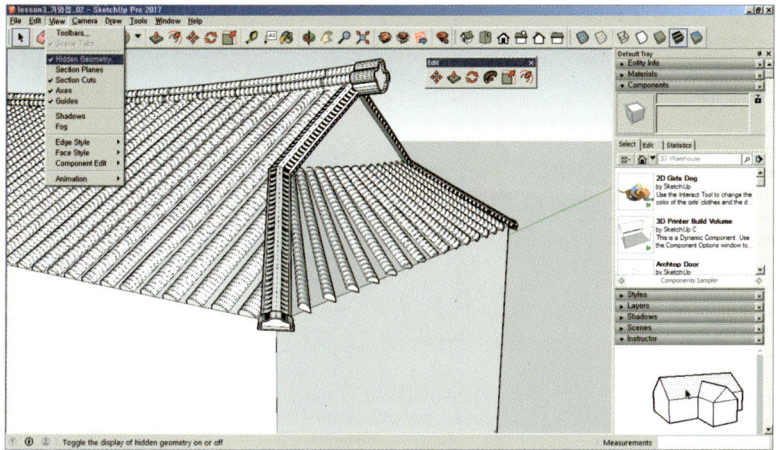

**121** 메뉴에서 View(보기) > Hidden Geometry(숨겨진 도형)을 한번 더 선택한다.

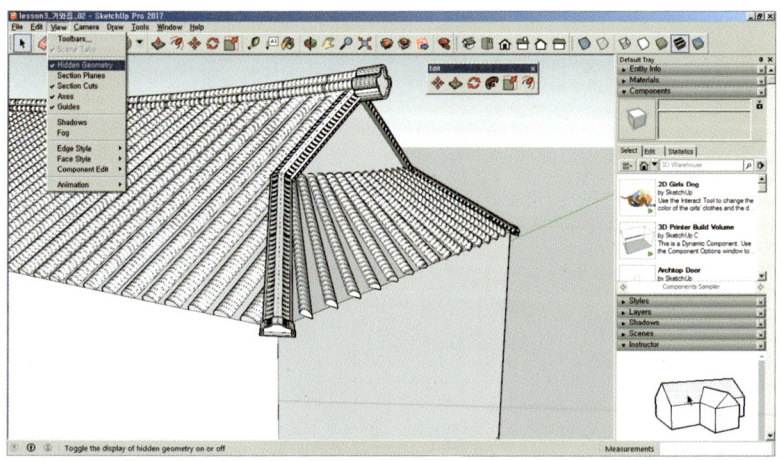

**122** 오브젝트의 모양이 점선에서 원래대로 돌아왔다.

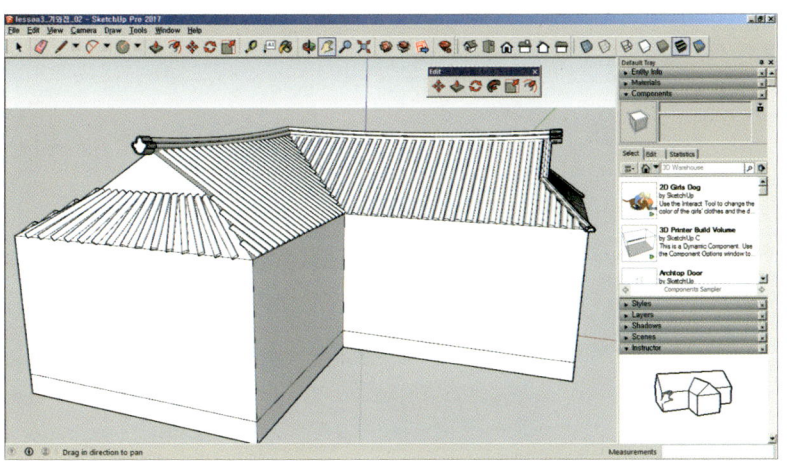

**반복학습**

**123** 반대쪽 부분도 방법은 같기 때문에 독자들이 한 번 만들어 보길 바란다. 참고(91~122번)

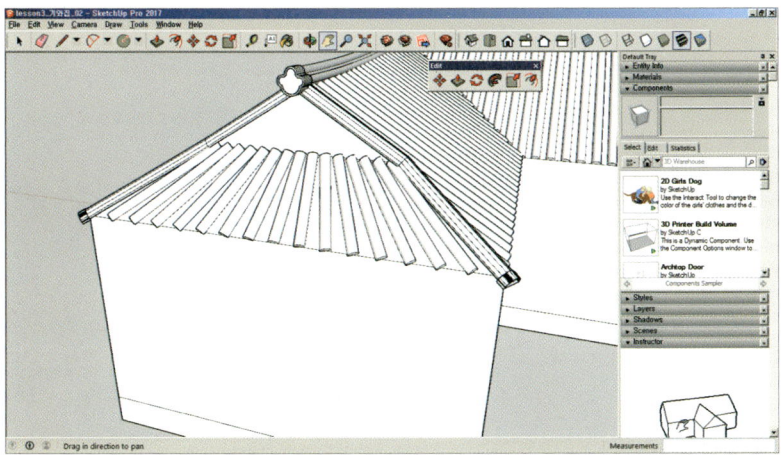

**124** 반대편 내림마루를 완성한 모습이다.

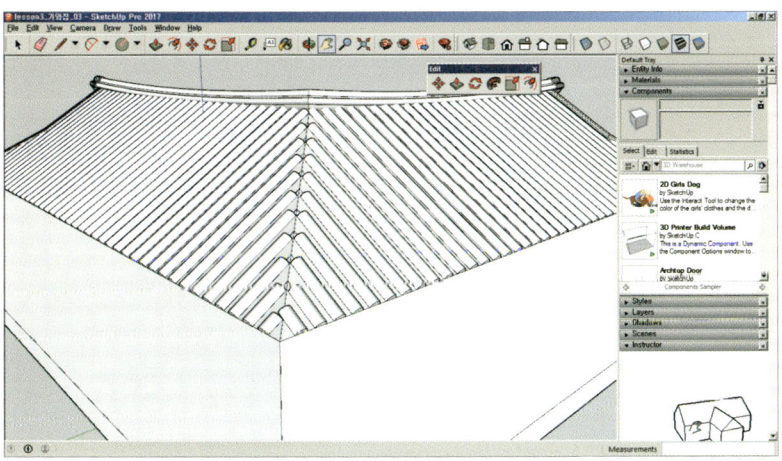

**125** 꺾긴 부분도 같은 방법으로 내림마루를 제작해 보자.

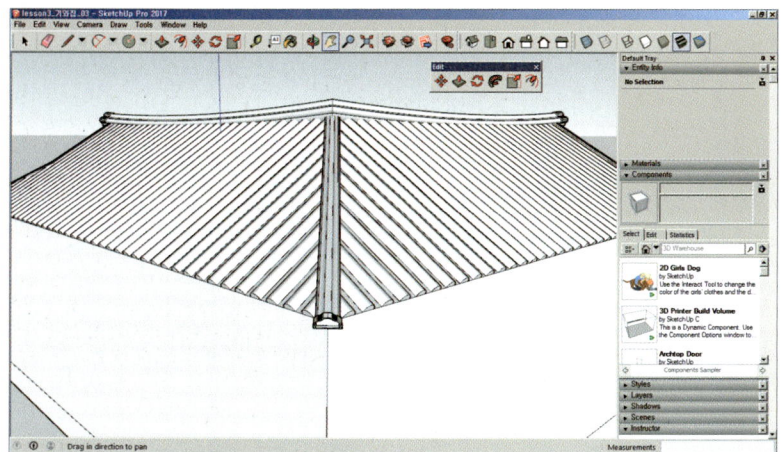

**126** 내림마루가 모두 완성되었다.

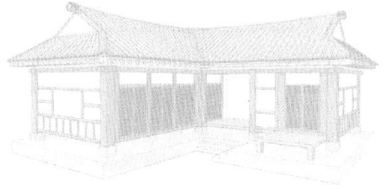

# 05 처마

처마는 서까래가 기둥밖으로 빠져나온 부분을 통칭해서 부르는 명칭이다.
외벽을 비로부터 보호하고 우리에게는 아주 추운 겨울 고드름이 주렁주렁 달린 곳으로
기억하는 곳이다.

### SketchUp 2017

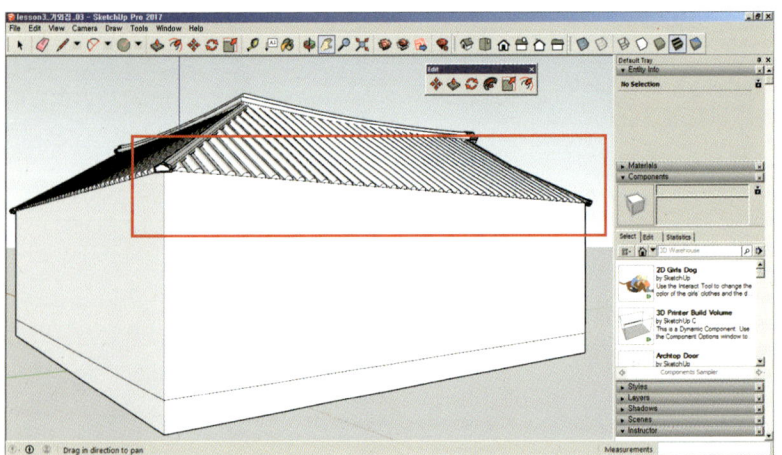

**127** 붉은 색 네모 부분에 처마를 만들어 보자. 처마는 제작하는데 시간이 오래 걸릴 뿐 실제 모델링 방법은 어렵지 않고 반복되는 것이 많다. 시간이 좀 오래 걸리더라도 포기하지 말고 꼭 완성해 보길 바란다.

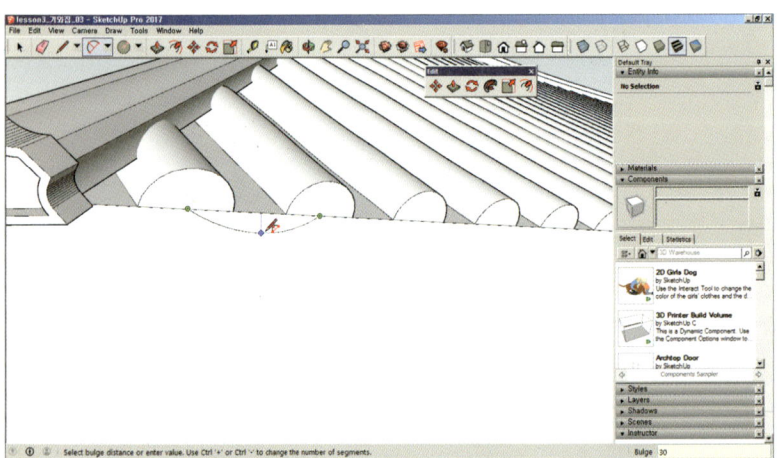

**128** 2Point Arc(2점호) 도구를 사용해서 기와 지붕 끝점(End point)을 연결하고 Bulge(돌출부)가 30mm인 호를 그린다.

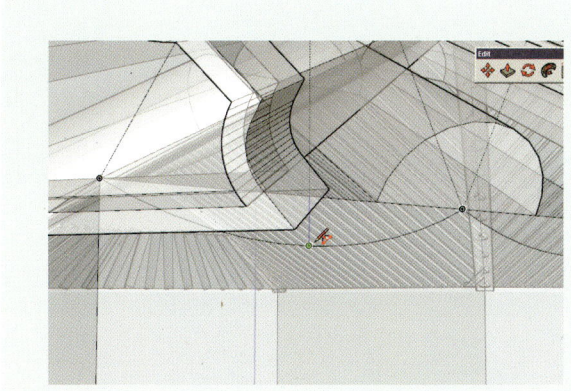

**Tip**

그림과 같이 끝점이 보이지 않을 경우에는
Styles(스타일)에서 (tools₩x-ray.jpg) X-Ray(X선)를 선택한 후,
반투명한 상태에서 곡선을 그리면 된다.

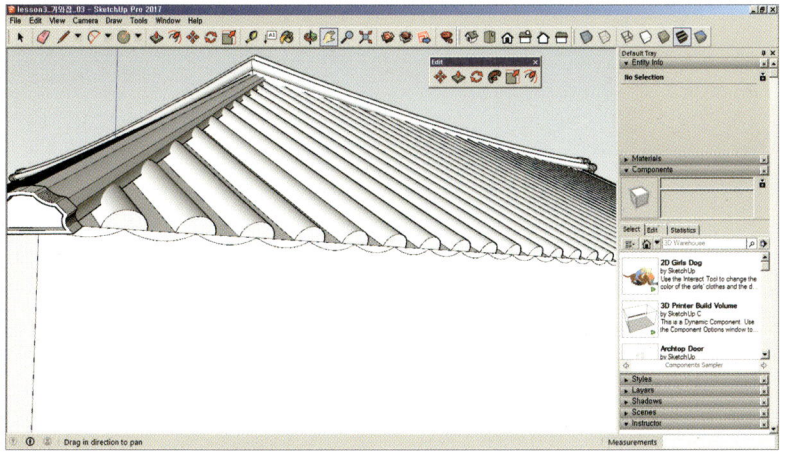

**129** 계속해서 2Point Arc(2점호) 도구를 사용해서 끝까지 호를 그린다.

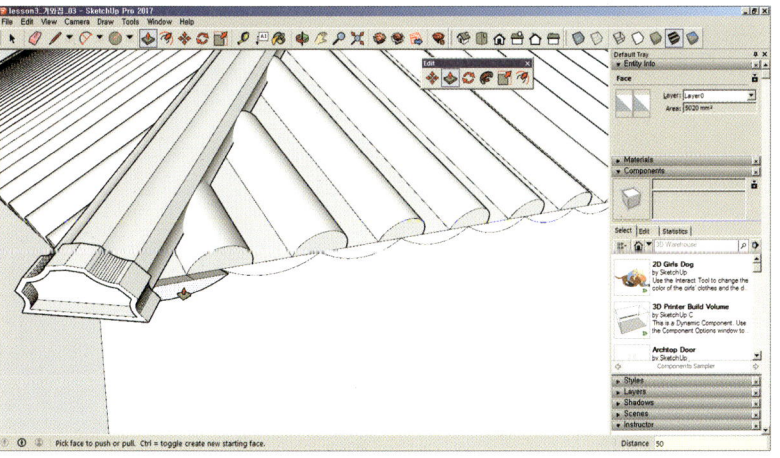

**130** Push/Pull(밀기/끌기) 도구를 사용해서 앞에서 그린 호의 면을 앞쪽으로 50mm 생성한다.

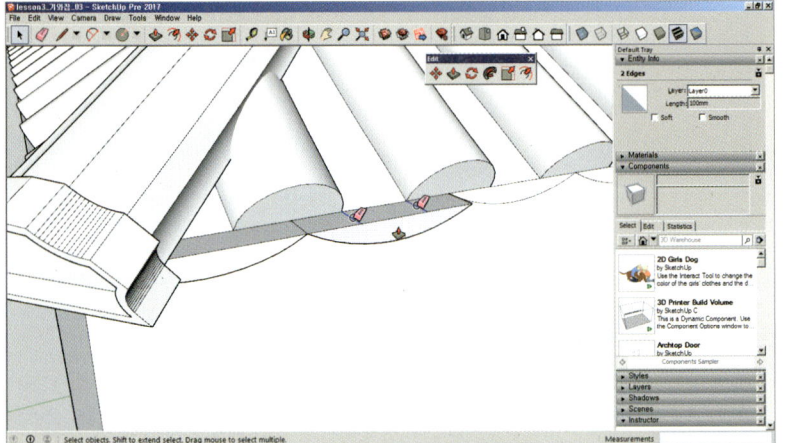

**131** 두 번째 곡선 면도 '더블클릭'해서 앞에서 적용된 Push/Pull(밀기/끌기) 50mm 값을 적용한다. 위에 생긴 불필요한 선을 Eraser(지우기) 도구를 사용해서 제거한다.

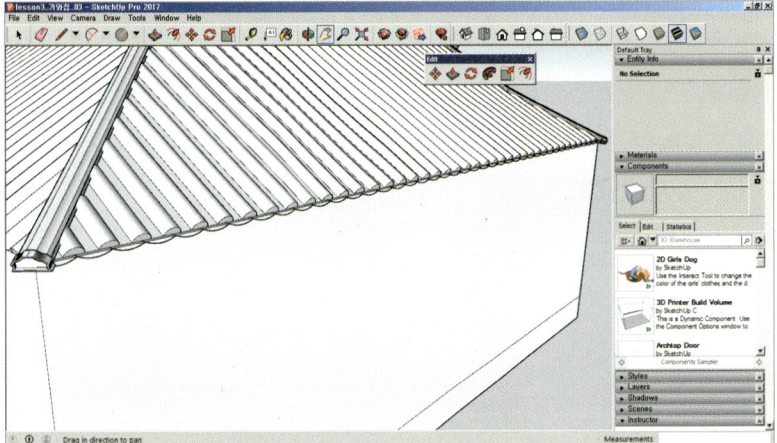

**132** 같은 방법으로 곡선면 모두 50mm 생성한다.

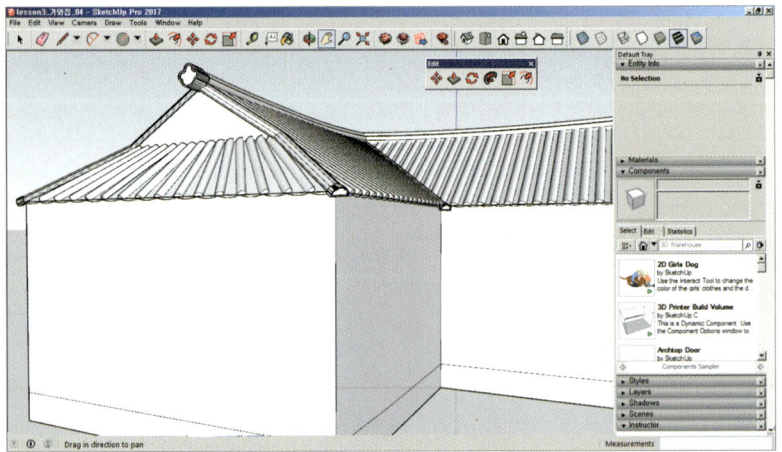

**반복학습**

**133** 같은 방법(128~132번)으로 모든 면에 곡선면을 생성한다. 시간이 오래 걸릴 뿐 어렵지 않기 때문에 포기하지 말고 꼭 그려보길 바란다.

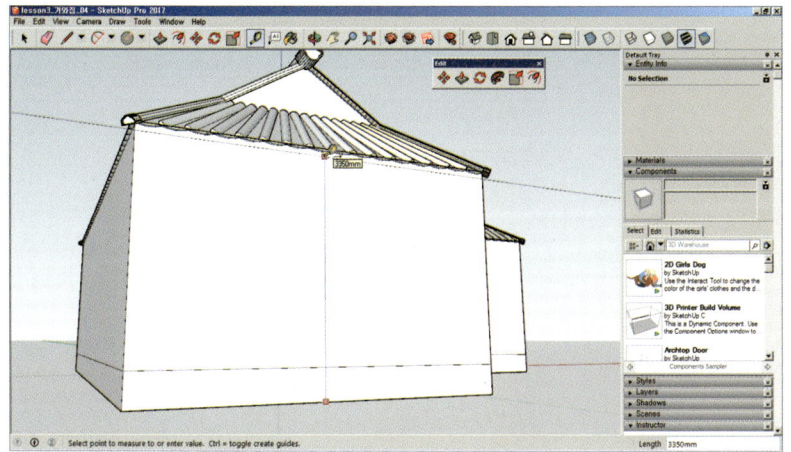

**134** 처마를 만들기 위해서 Tape Measure Tool (줄자) 도구를 사용해서 지면에서 3350mm 떨어진 보조선을 그린다.

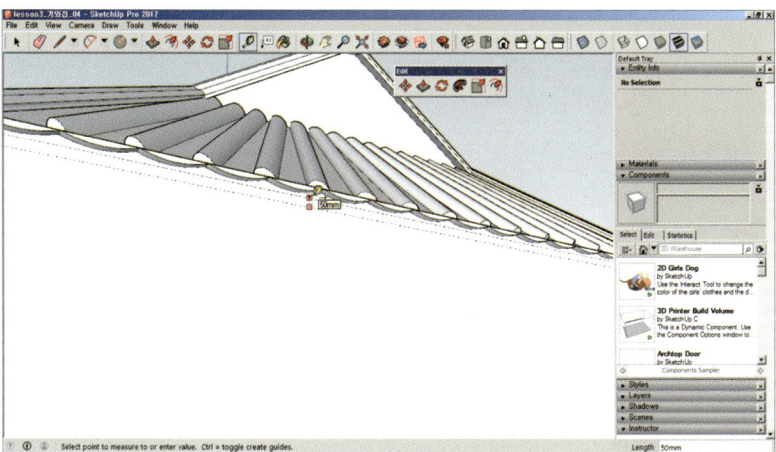

**135** 방금 그린 보조선에서 50mm 떨어진 보조선을 한 번 더 그린다.

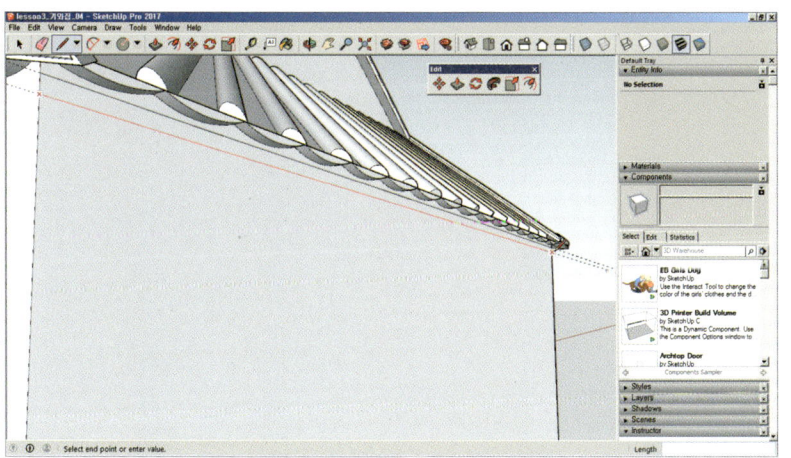

**136** Line(선) 도구를 사용해서 보조선에 맞춰서 선을 2개 그린다.

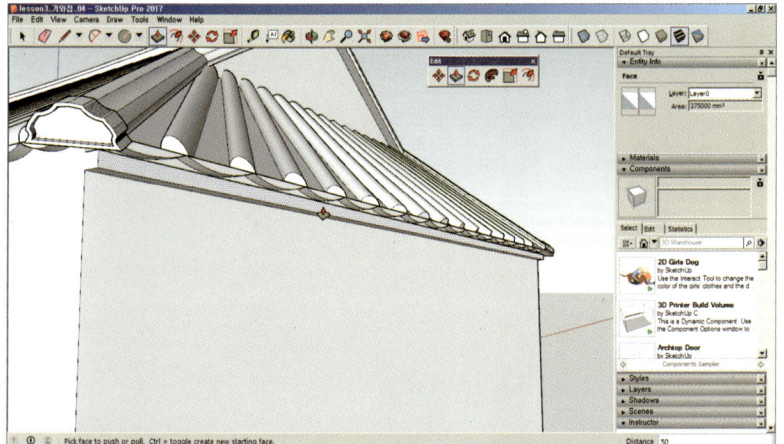

**137** Push/Pull(밀기/끌기) 도구를 사용해서 앞쪽으로 면을 50mm 생성한다.

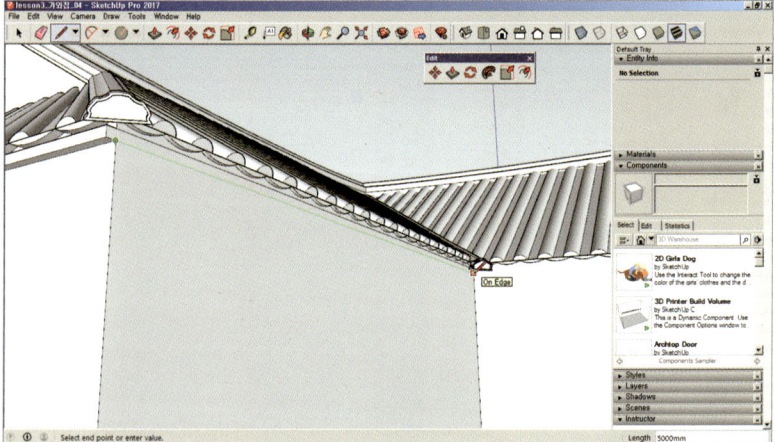

**138** 계속해서 옆면으로 Line\(선) 도구를 사용해서 Green축 방향으로 선을 그린다.

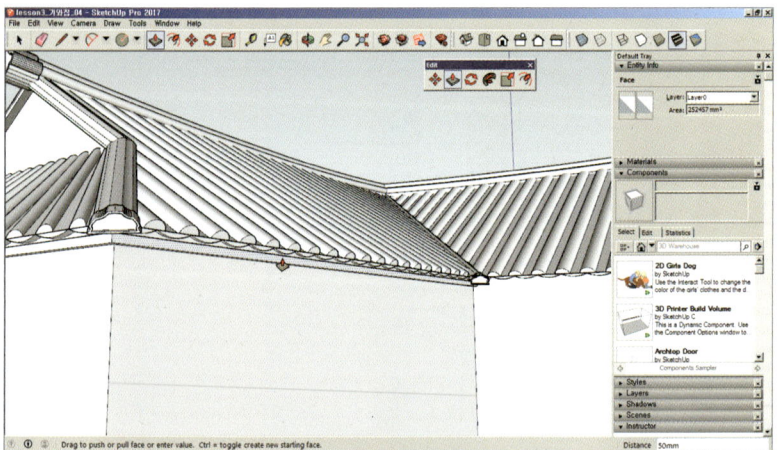

**139** Push/Pull(밀기/끌기) 도구를 사용해서 50mm 면을 생성한다.

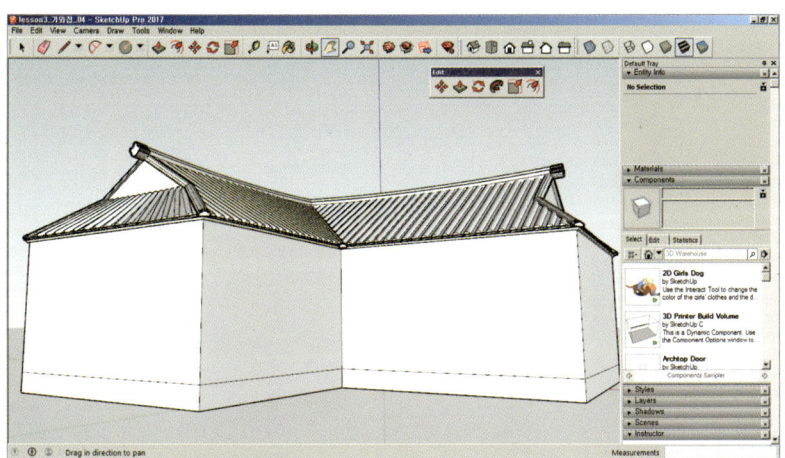

**반복학습**

**140** 기와집의 나머지 벽면도 같은 방법(138~139번)으로 면을 생성한다.

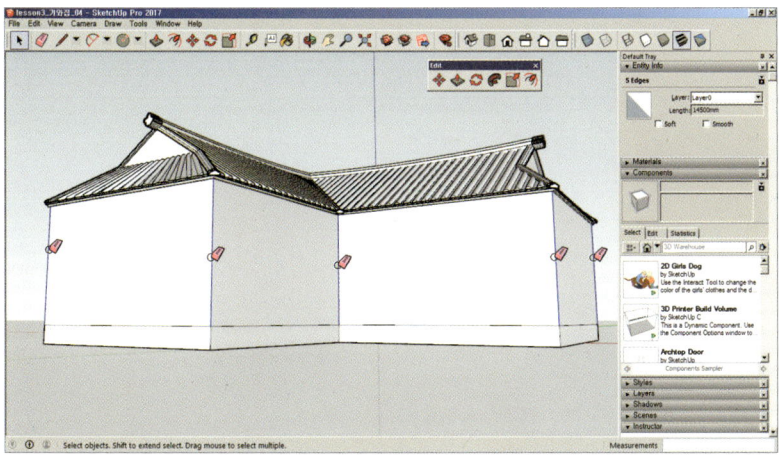

**141** 처마를 만들기 위해서 기와집의 벽면을 Eraser(지우기) 도구를 사용해서 제거한다.

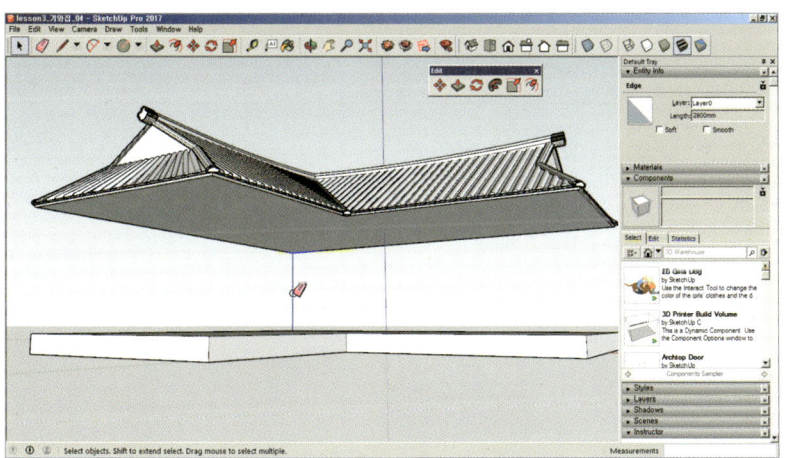

**142** 반대쪽 모서리도 Eraser(지우기) 도구를 사용해서 완전히 제거한다.

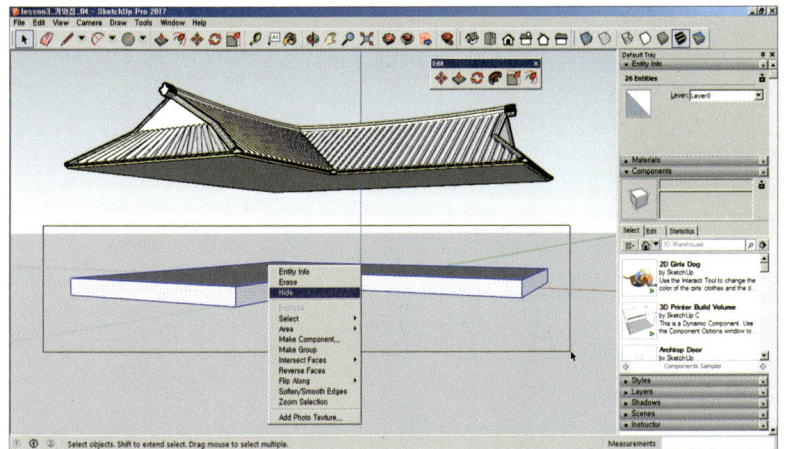

**143** 작업의 편의성을 위해서 아래 기와집의 바닥 부분을 선택한 후, 오른쪽 마우스를 클릭해서 Hide(숨기기)한다.

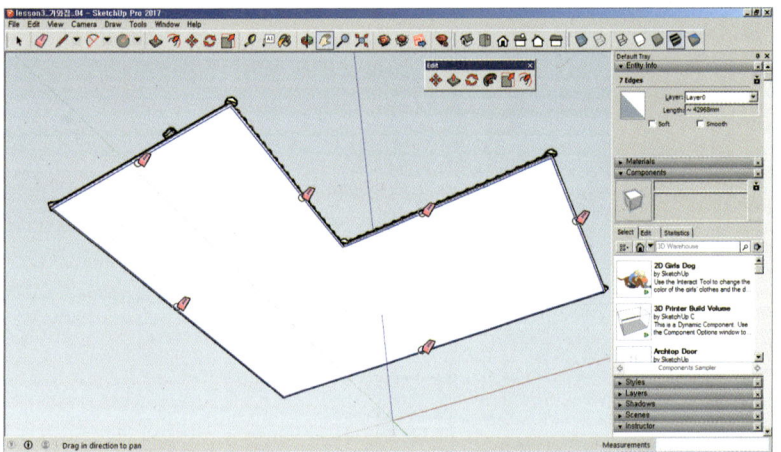

**144** 지붕아래 선들을 모두 제거한다.

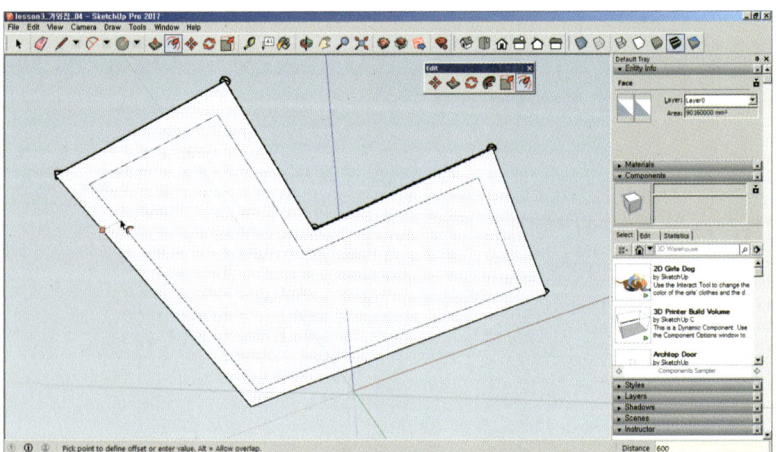

**145** Offset(오프셋) 도구를 사용해서 600mm 작은 면을 그린다. 처마가 완성되었다.

# 06 서까래

처마 밑에 서까래를 제작해 보자. 서까래 역시 반복되는
작업이 많기 때문에 포기하지 말고 끝까지 제작해 보도록 한다.

**SketchUp 2017**

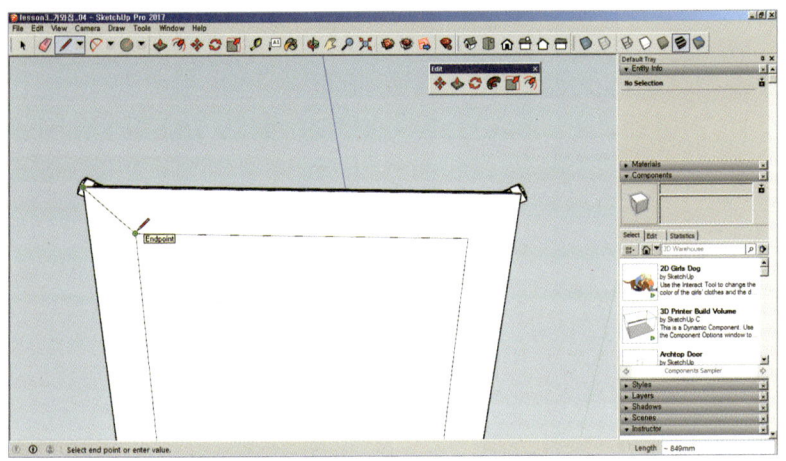

**146** 지붕아래의 한쪽 부분에 서까래를 제작해 보자. 나머지는 모두 같은 방법이기 때문에 처음에 주의해서 살펴보도록 한다. Line(선) 도구를 사용해서 그림과 같이 지붕 모서리에서 대각선으로 선을 그린다.

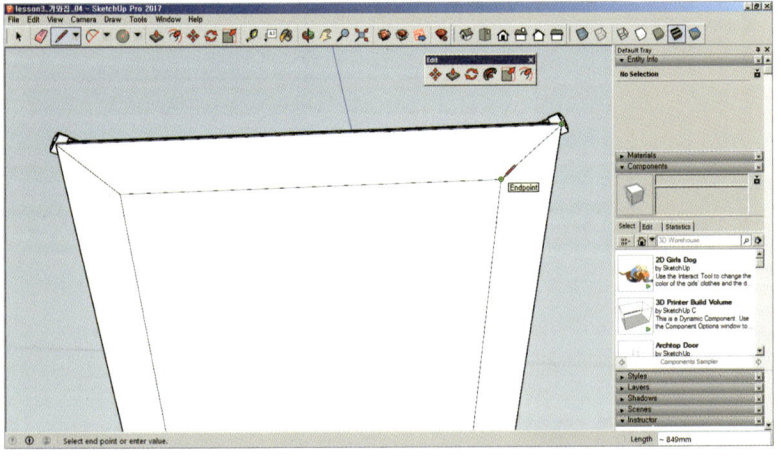

**147** 반대쪽도 마찬가지로 선을 그린다.

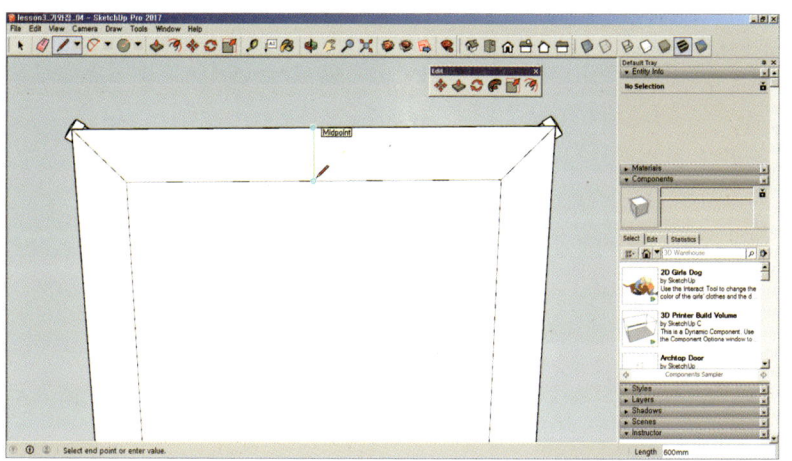

**148** 지붕 모서리 Midpoint(중간점)에서 작은 면의 Midpoint(중간점)을 연결하는 선을 그린다.

> **Tip** 이때 반드시 Midpoint(중간점)끼리 선을 연결해야 한다. 그래야 나중에 선의 간격이 일정하게 유지된다. 만약 Midpoint(중간점)을 연결하지 않았을 경우에는 나중에 Follow me(따라가기) 기능을 적용할 때 힘들어진다.

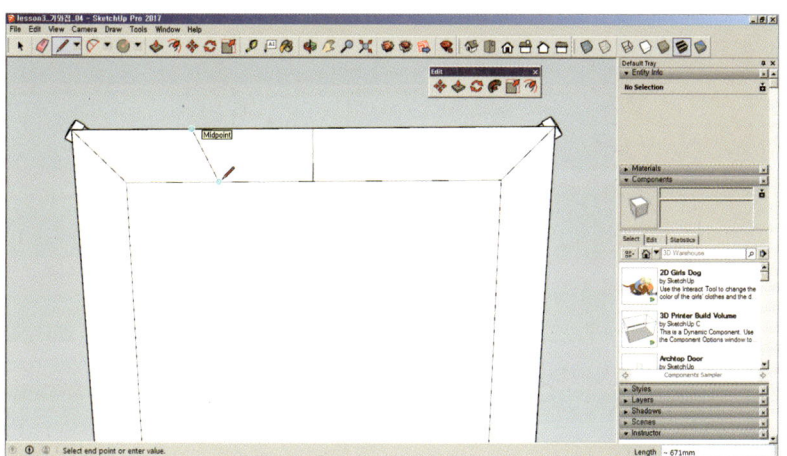

**149** 계속해서 Midpoint(중간점)들을 선으로 연결한다.

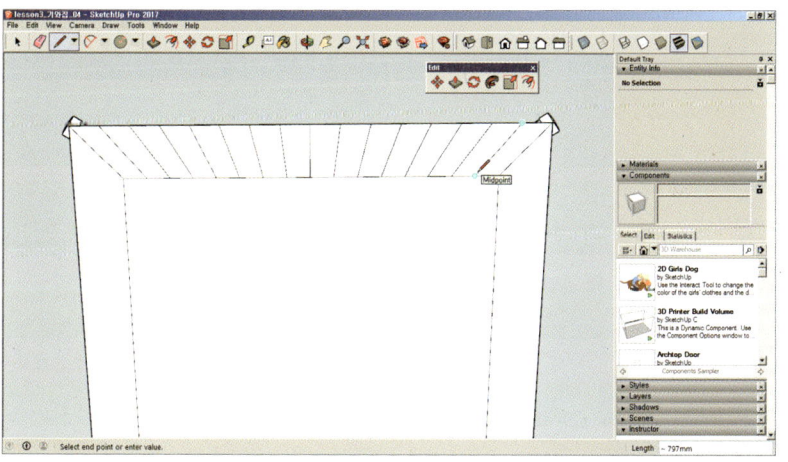

**150** 그림과 같이 모두 Midpoint(중간점)을 선으로 연결한다.

Lesson 3 · 기와집

Lesson 3 기와집 + **249**

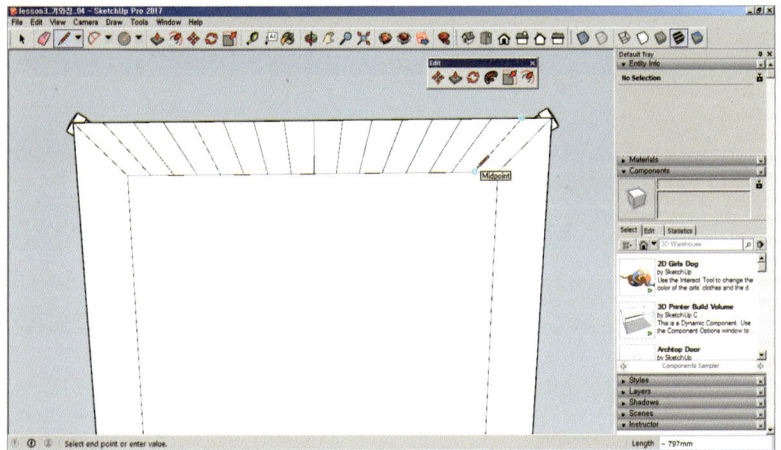

**151** 앞에서 그린 선의 끝점에서 ◉ Circle(원) 도구를 사용해서 반경이 50mm인 원을 그린다.

> **Tip** 원을 그릴 때 반드시 지면과 수직방향, 즉 Green 색 원이 나오도록 그려야 한다.

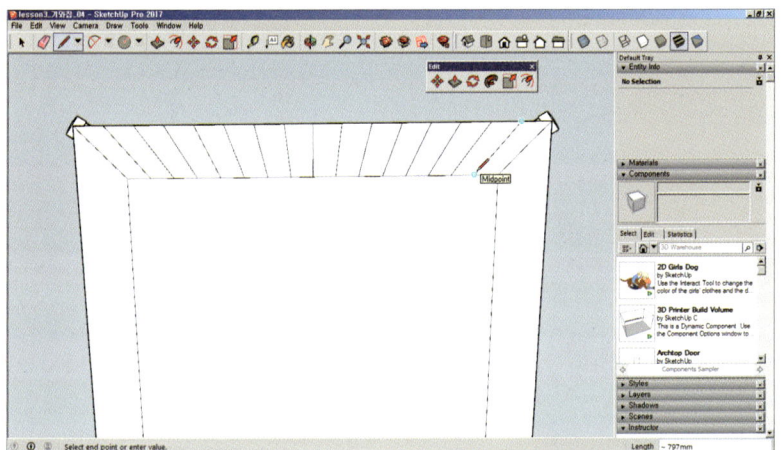

**152** 방금 그린 원 아래쪽 끝점(Endpoint)을 중심으로 하고 반경이 50mm인 원을 하나 더 그린다.

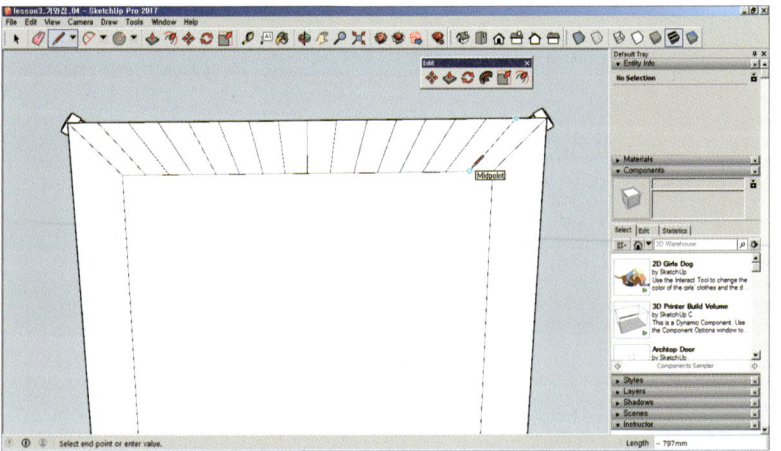

**153** 처음에 그린 원은 두 번째 원을 그리기 위해서 임의로 그린 원이기 때문에 ✐ Eraser(지우기) 도구를 사용해서 제거한다.

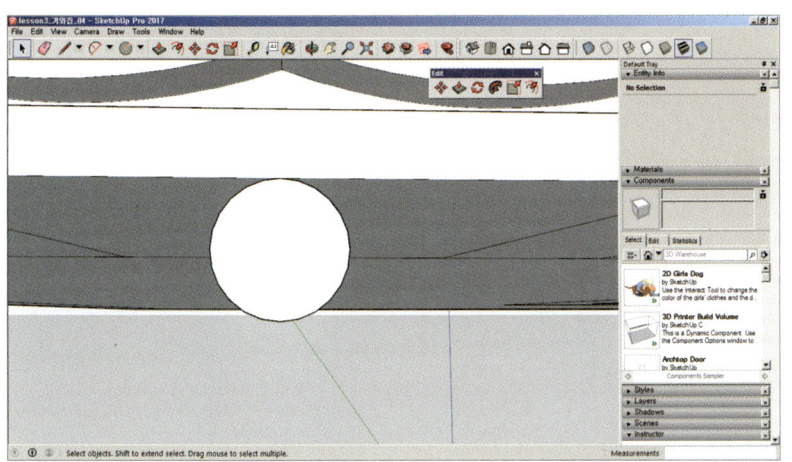

**154** 두 번째 원만 남게 된다. 이것이 바로 서까래의 단면이 될 것이다.

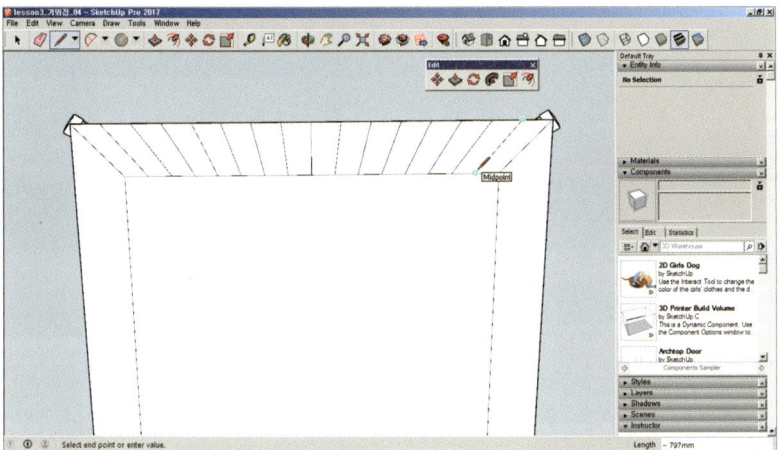

**155** 화면을 전환한 후, Follow me(따라가기) 도구를 사용해서 원 단면을 뒤쪽 선을 따라 면을 생성한다.

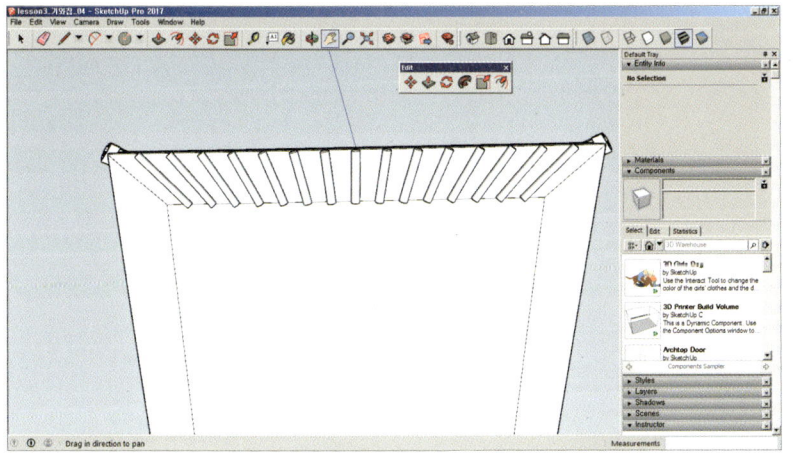

**반복학습**

**156** 같은 방법(151~155번)으로 모서리 부분을 제외한 모든 선에 그림과 같이 서까래를 제작한다.

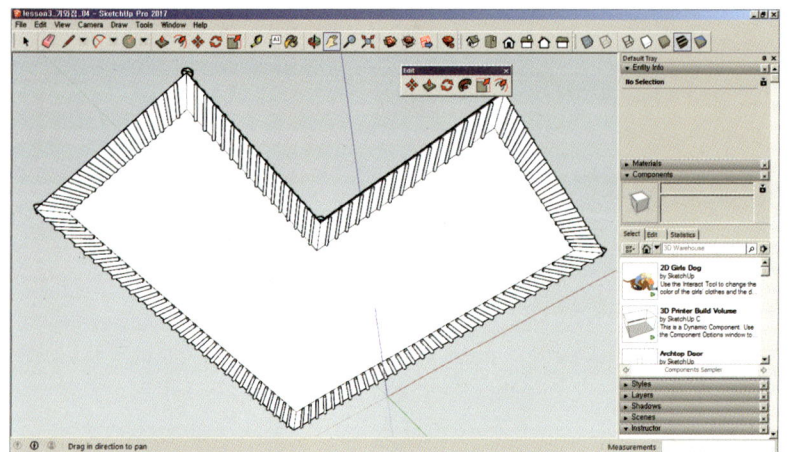

**157** 지붕 아래쪽 모든 곳에 서까래를 제작한다. 방법은 동일하며 시간이 오래 걸리더라도 포기하지 않고 끝까지 만들어 보길 바란다.

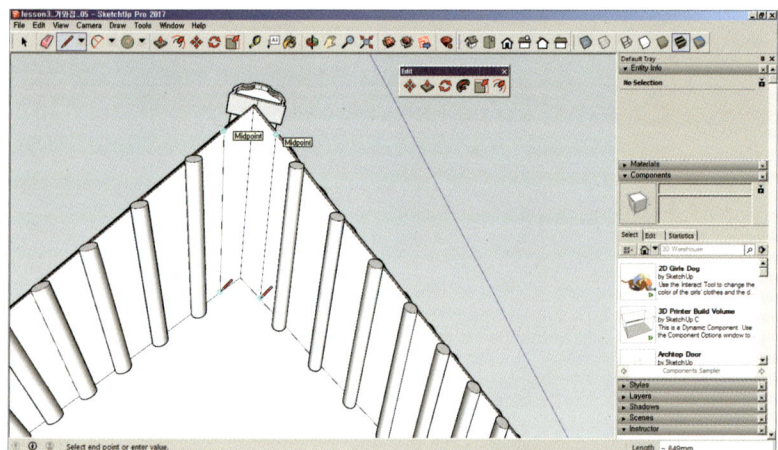

**158** 모서리 부분에 Line(선) 도구를 사용해서 Midpoint(중간점)을 연결하는 선을 2개 그린다.

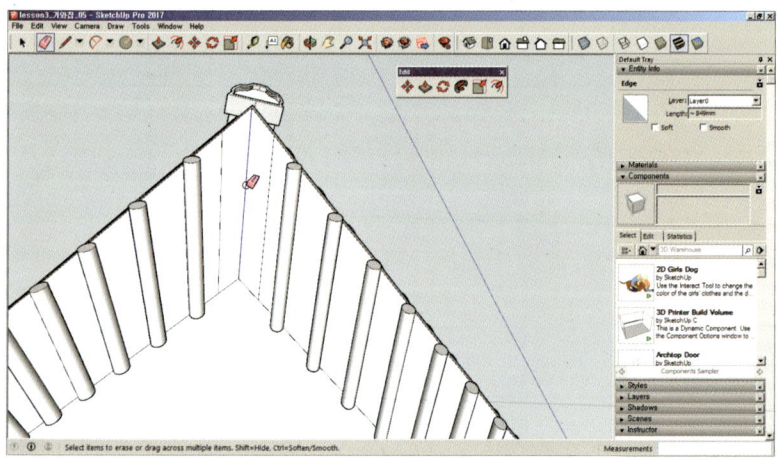

**159** 가운데 선은 Eraser(지우기) 도구를 사용해서 제거한다.

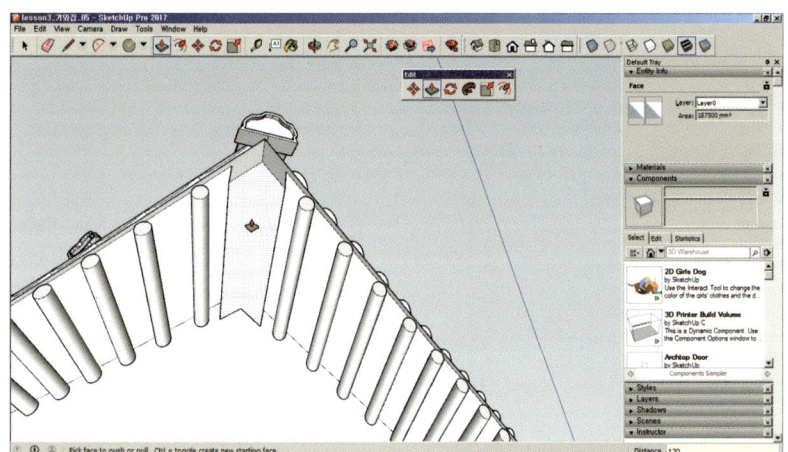

**160** Push/Pull(밀기/끌기) 도구를 사용해서 아래쪽으로 120mm 만큼 면을 생성한다.

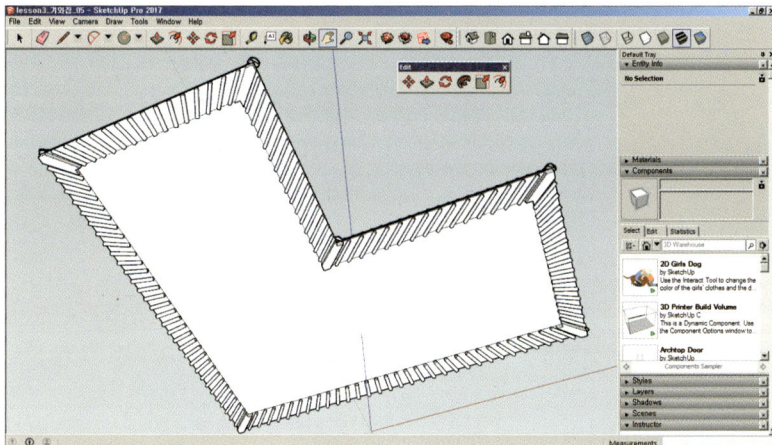

**반복학습**

**161** 나머지 모서리부분도 같은 방법(158~160번)으로 면을 생성해서 서까래 만들기를 완성한다.

# 07 보

보는 지붕을 지탱해주는 가로, 세로 방향의 큰 목재이다.
지붕 아래쪽에 보를 제작해 보자.

**SketchUp 2017**

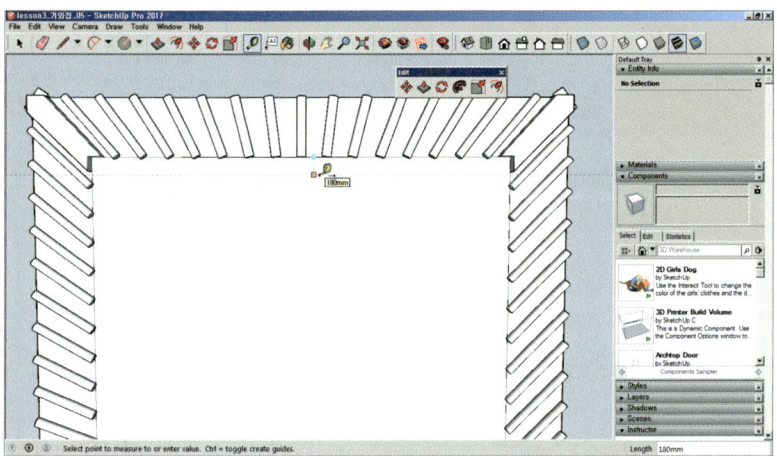

**162** Tape Measure Tool(줄자) 도구를 사용해서 안쪽 모서리에서 180mm 떨어진 보조선을 그린다. 이 보조선의 간격이 바로 보의 너비가 될 것이다.

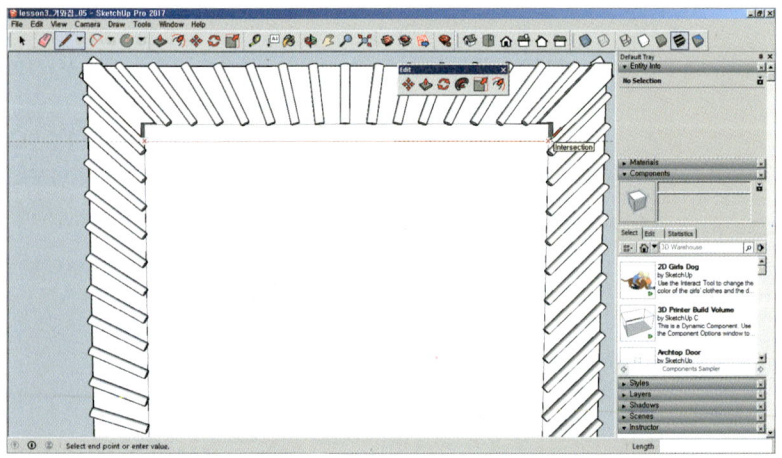

**163** 보조선에 맞추어 Line(선) 도구를 사용해서 선을 그린다.

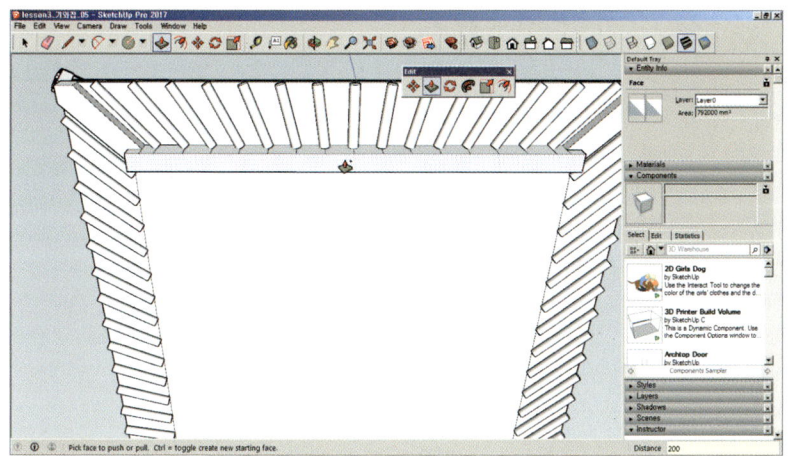

164 ◆ Push/Pull(밀기/끌기) 도구를 선택한 후, Ctrl 키를 누르고 200mm 면을 아래쪽 방향으로 생성한다.

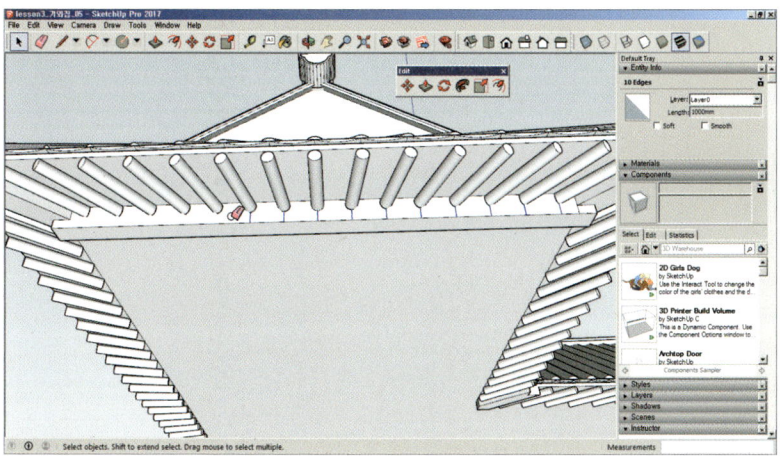

165 면을 생성할 때 생긴 옆면의 불필요한 선들은 ◢ Eraser(지우기) 도구를 사용해서 제거한다.

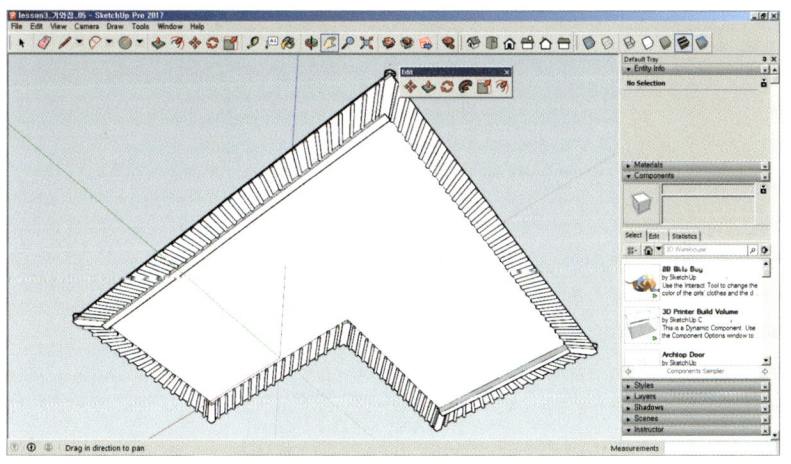

**반복학습**

166 반대쪽에도 같은 방법(162~165번)으로 가로 방향 보를 제작한다.

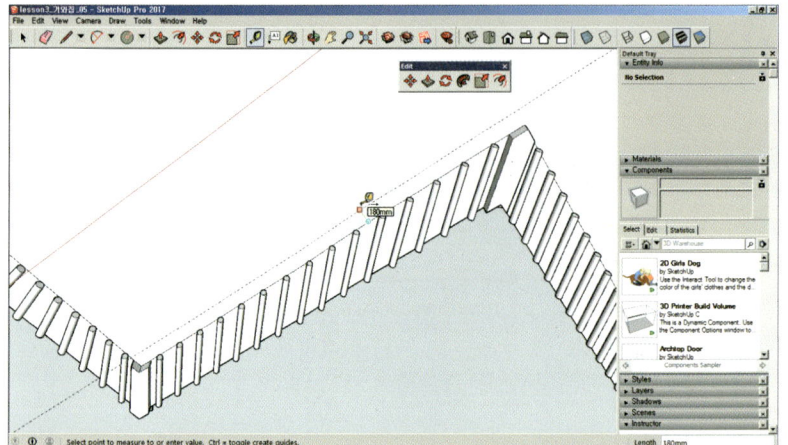

**167** 가운데 가로방향 보를 제작하기 위해서 모서리에서 180mm 떨어진 보조선을 그린다.

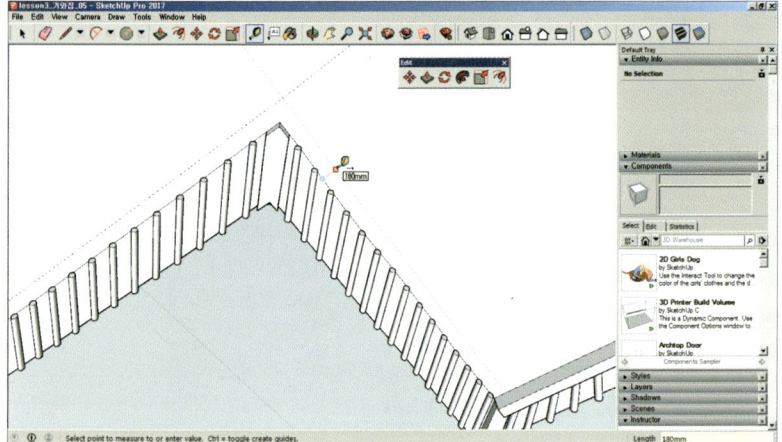

**168** 세로방향도 180mm 떨어진 보조선을 그린다.

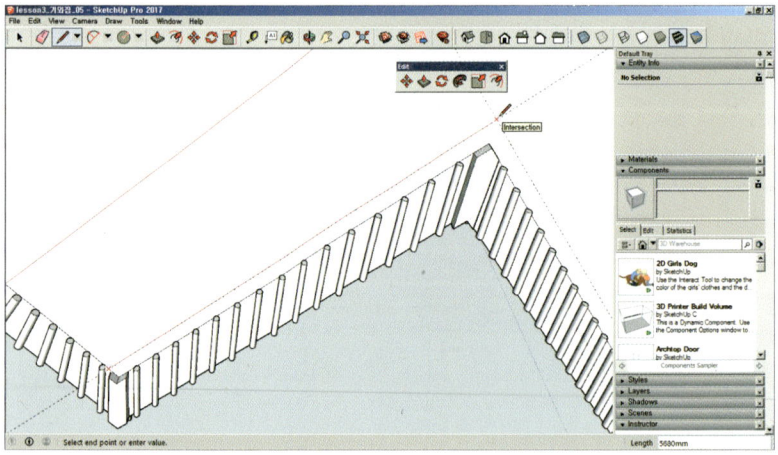

**169** 보조선에 맞추어 Line (선) 도구로 선을 그린다.

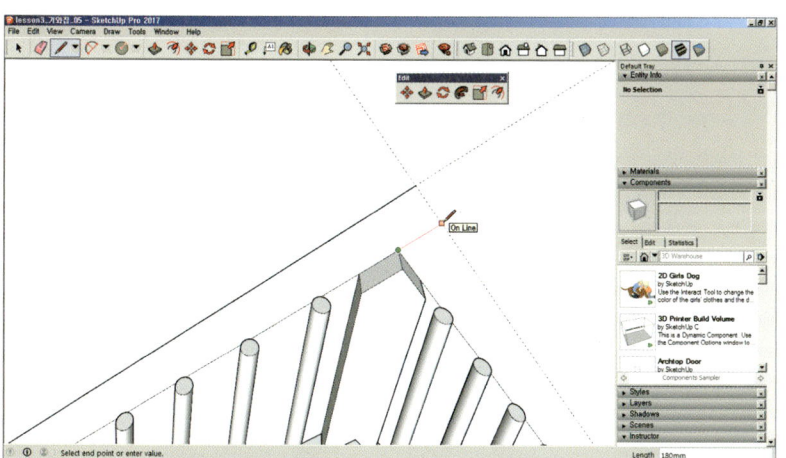

**170** 'ㄱ'자 만나는 점에서 Red축 방향으로 보조선까지 선을 그린다.

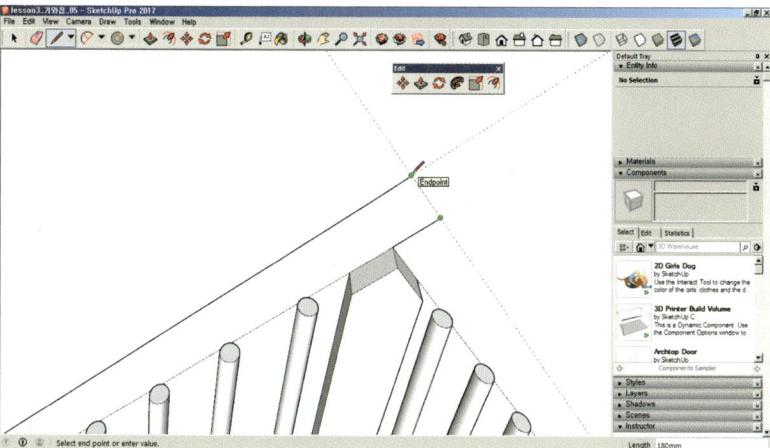

**171** 선의 끝점을 연결한다.

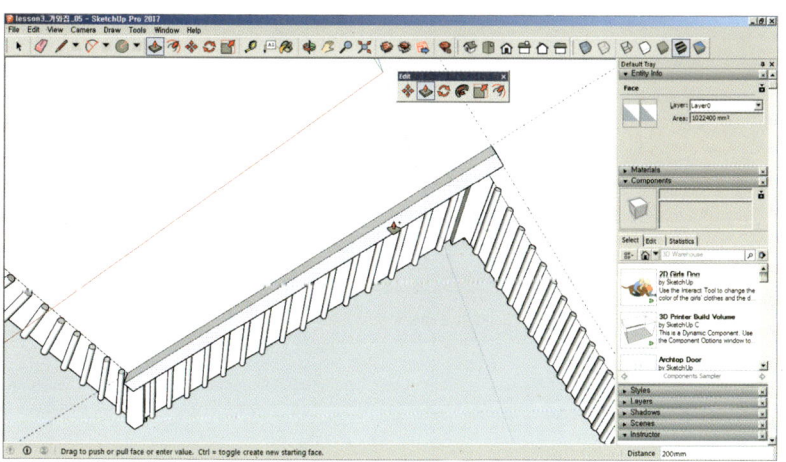

**172** Push/Pull(밀기/끌기) 도구를 사용해서 면을 200mm 생성한다.

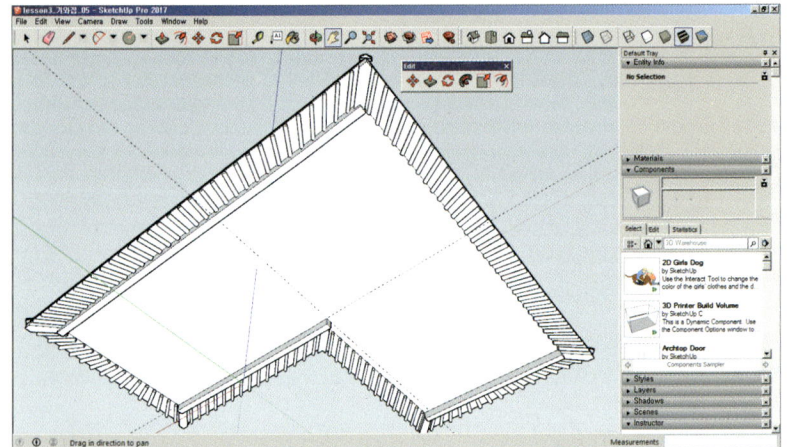

**173** 가로방향 보가 모두 완성되었다.

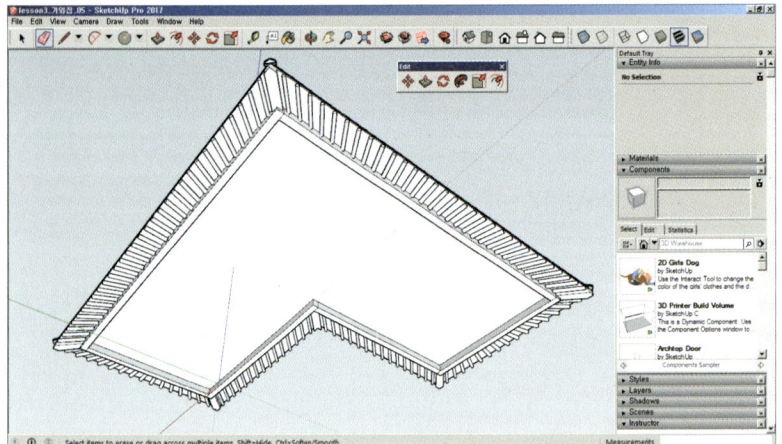

**174** 가로방향 보 만들기를 참고해서 세로방향의 보를 제작해 보자.

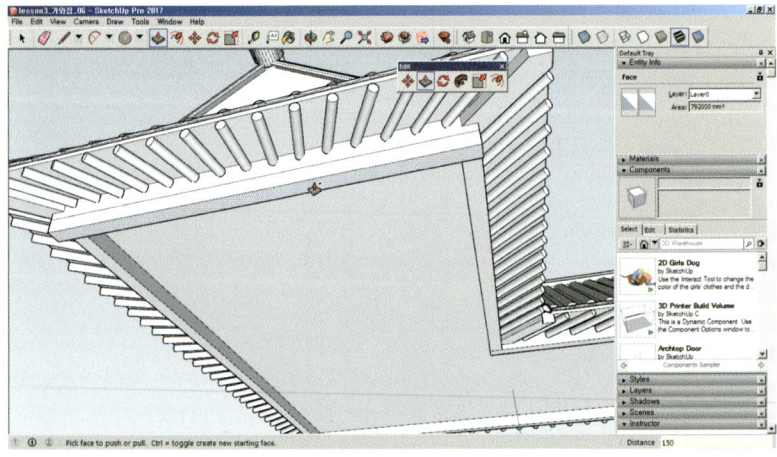

**175** Push/Pull(밀기/끌기) 도구를 선택한 후, Ctrl 키를 누르고 150mm 면을 생성한다. 보를 밑으로 하나씩 더 만들기 위해서이다.

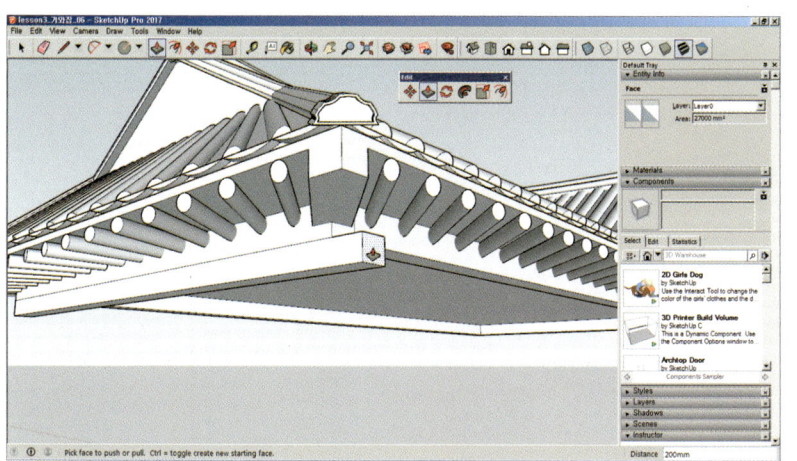

**176** 방금 생성한 보의 옆쪽 끝면을 Push/Pull(밀기/끌기) 도구를 사용해서 200mm 더 생성한다.

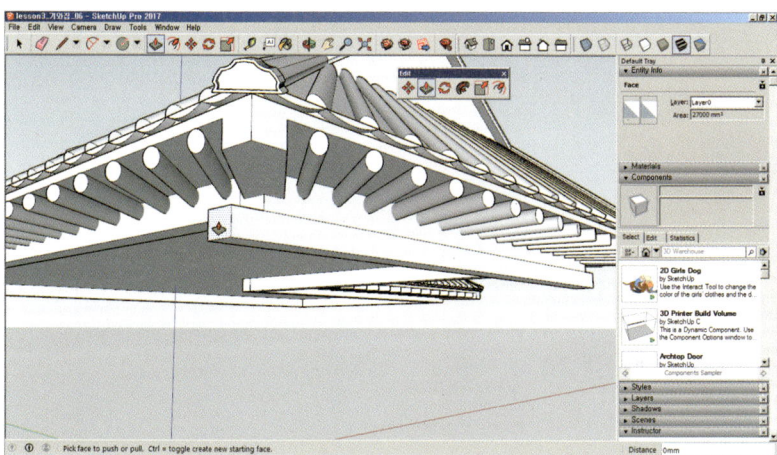

**177** 반대쪽도 마찬가지로 '더블클릭'해서 200mm 면을 생성한다.

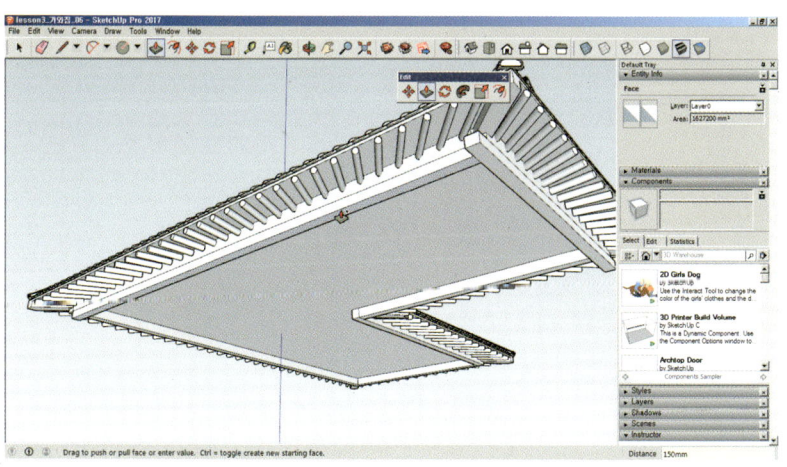

**178** 세로방향 보도 Push/Pull(밀기/끌기) 도구를 선택한 후, Ctrl 키를 눌러 면을 150mm 생성한다.

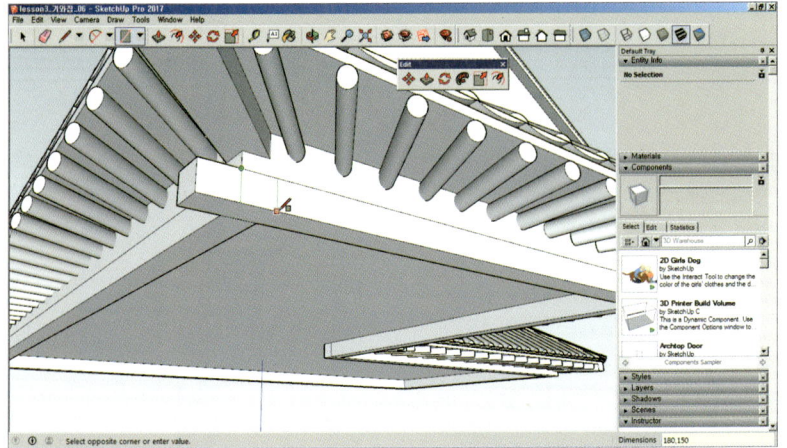

**179** 가로보와 세로보가 겹치는 부분을 만들기 위해서 ▨ Rectangle(직사각형) 도구를 사용해서 그림과 같이 위 모서리에서 180, 150인 사각형을 그린다.

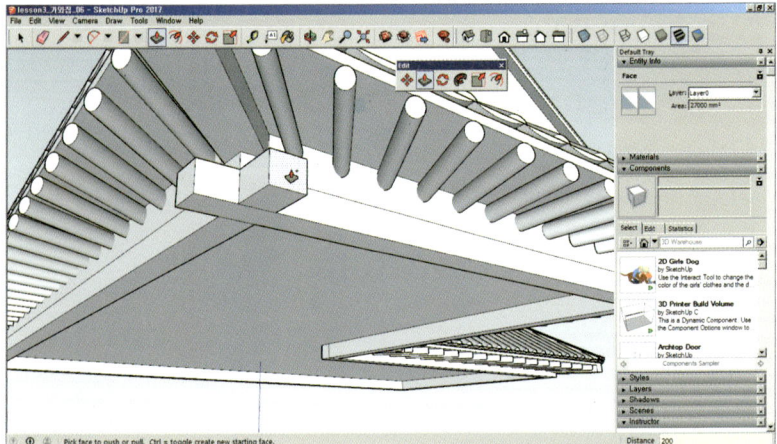

**180** ◆ Push/Pull(밀기/끌기) 도구를 선택한 후, Ctrl 키를 눌러 200mm 면을 생성한다.

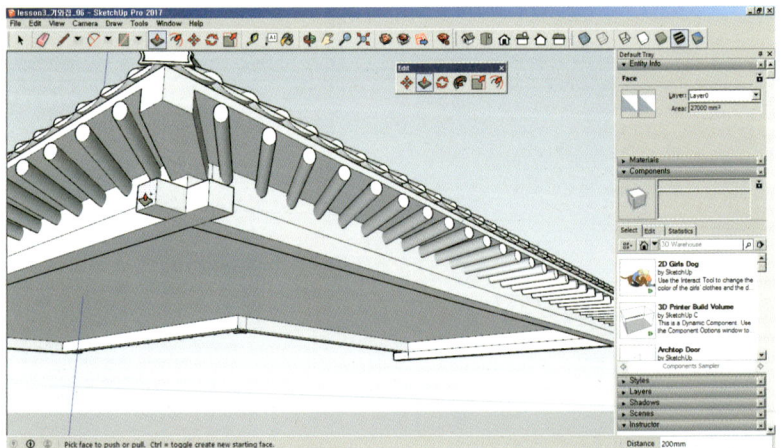

`반복학습`

**181** 반대쪽도 같은 방법(175~180번)으로 가로, 세로 보를 만든다.

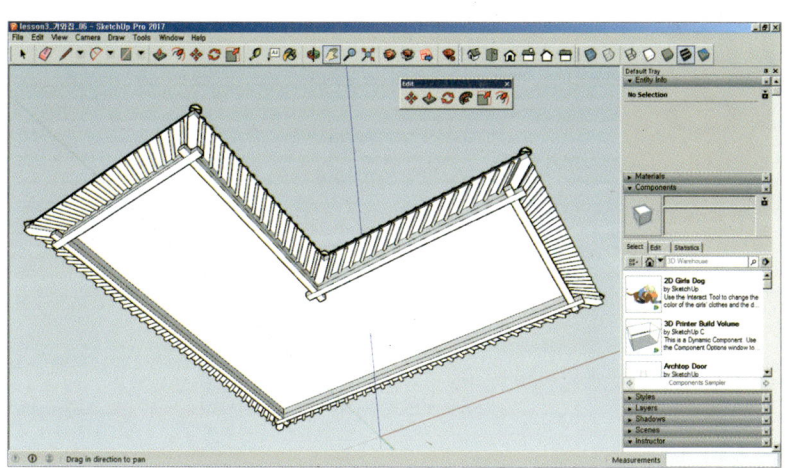

**182** 가로, 세로 보가 만나는 곳 모두 그림과 같이 완성한다.

# 08 기둥

보를 받치는 기둥을 제작해 보자. 전통가옥에서 중요하지 않은 부분이 없지만 기둥이야 말로 전체적인 가옥을 유지해주는 아주 중요한 부분이다.

**SketchUp 2017**

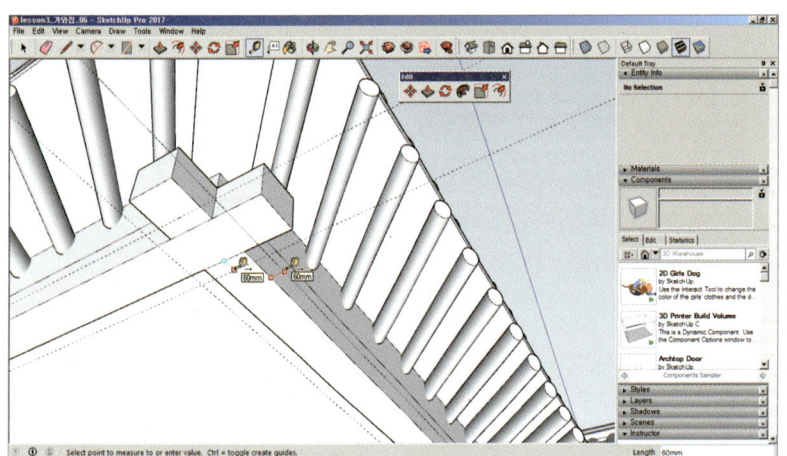

**183** 가로, 세로 보가 겹치는 부분에서 Tape Measure Tool (줄자) 도구 사용해서 각각 바깥쪽으로 60mm 떨어진 보조선을 4개 그린다.

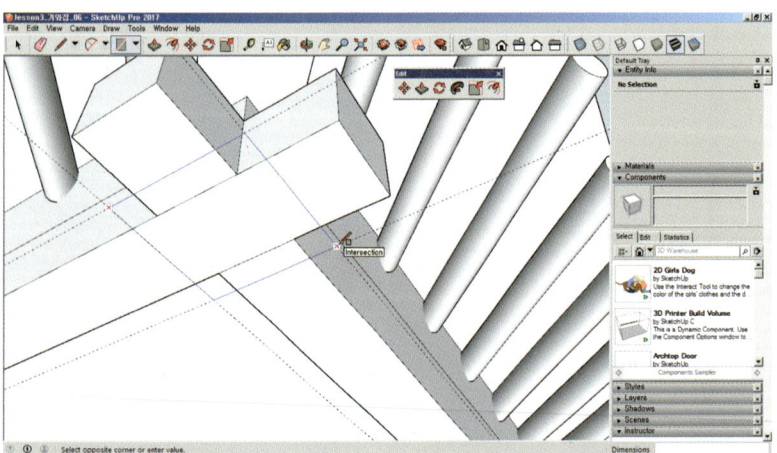

**184** 4개 보조선이 교차하는 점(Intersection)에서 Rectangle(직사각형) 도구를 사용해서 사각형을 그린다. 크기는 300, 300이다. 이 사각형이 바로 기둥의 폭과 너비이다.

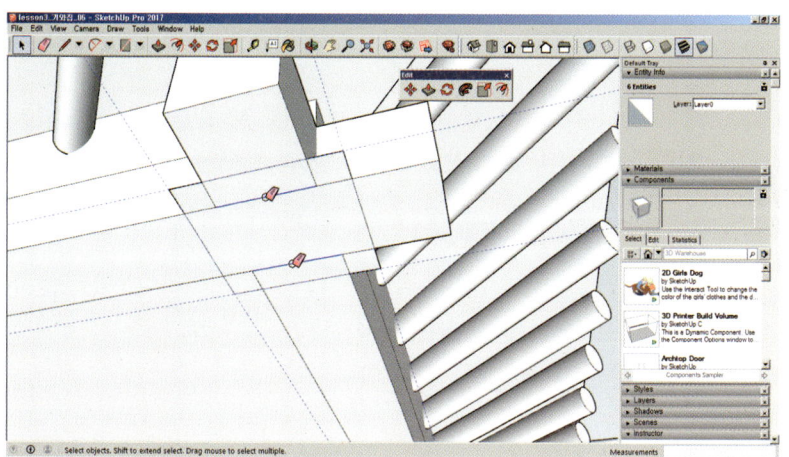

**185** 4개의 보조선과 안쪽의 선을 Eraser(지우기) 도구를 사용해서 제거한다.

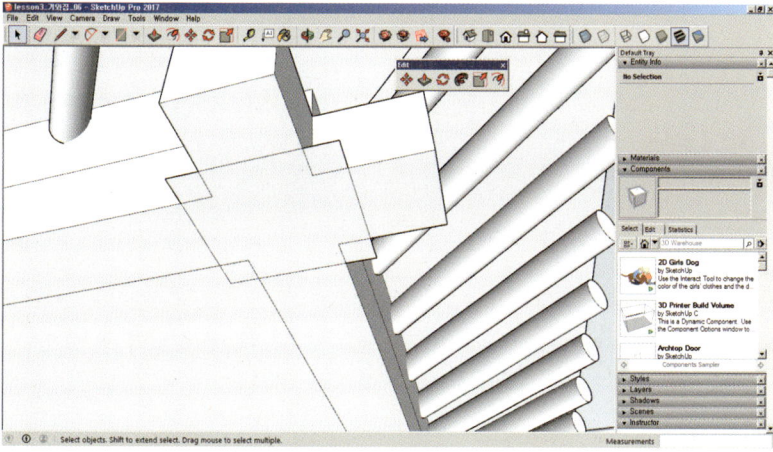

**186** 4개의 보조선과 안쪽의 선을 Eraser(지우기) 도구를 사용해서 제거한다.

모서리부분의 선을 제거하지 않은 이유는 이 부분을 제거하면 위쪽의 보까지 영향을 받아 면이 사라지기 때문이다.

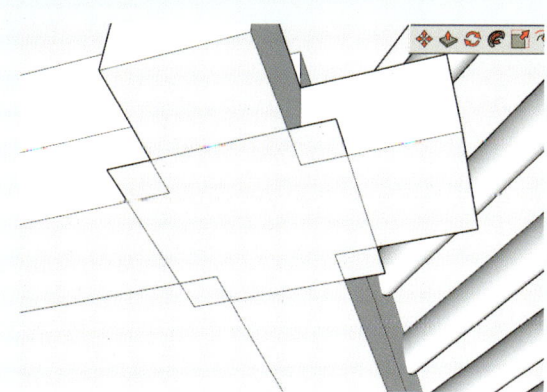 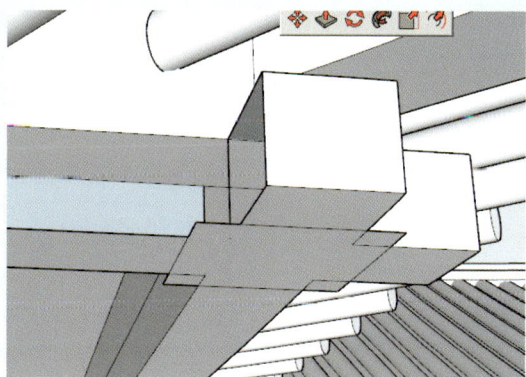

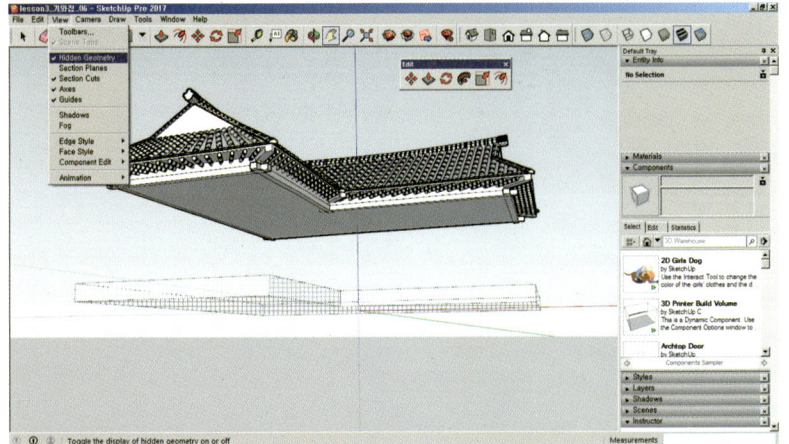

**187** 기둥을 바닥면까지 생성하기 위해서 앞에서 숨겨두었던 바닥면을 불러온다. 메뉴에서 View(보기) > Hidden Geometry(숨겨진 도형)을 선택한다.

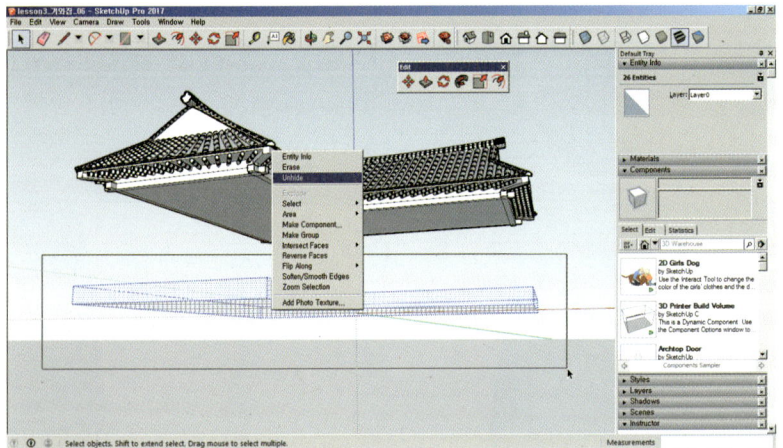

**188** 점선으로 보이는 숨겨진 바닥면을 ▶ Select(선택) 도구를 사용해서 선택한 후, 오른쪽 마우스를 클릭해서 Unhide(숨기기 취소)를 선택한다.

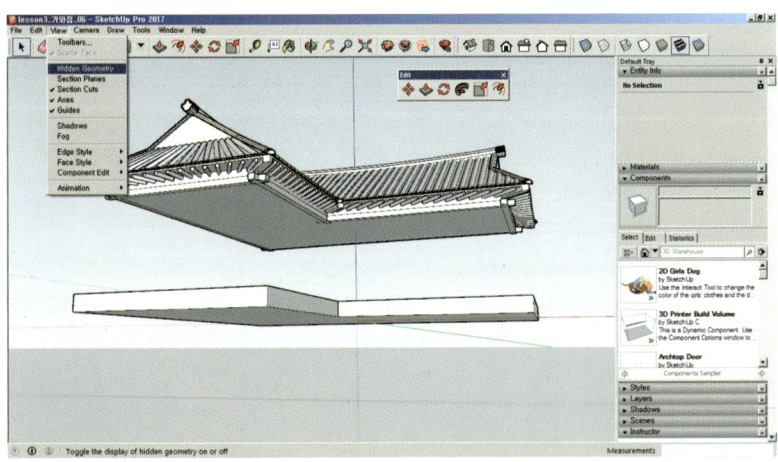

**189** 다시 메뉴에서 View(보기) > Hidden Geometry(숨겨진 도형)을 해제해서 점선모양을 없앤다.

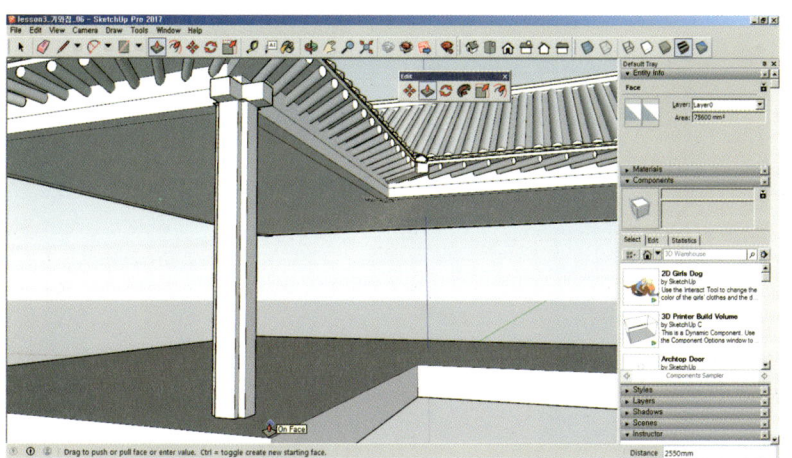

**190** Push/Pull(밀기/끌기) 도구를 사용해서 + 모양으로 된 부분을 바닥면까지 면을 생성한다.

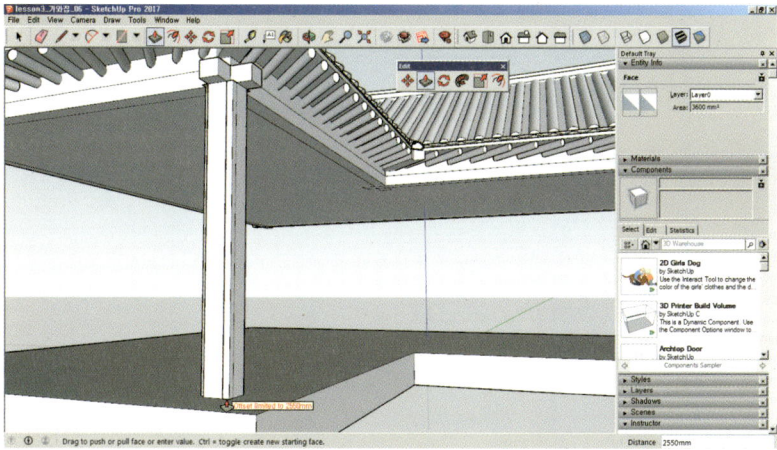

**191** 모서리 부분의 작은 사각형 부분도 바닥면까지 면을 생성한다.

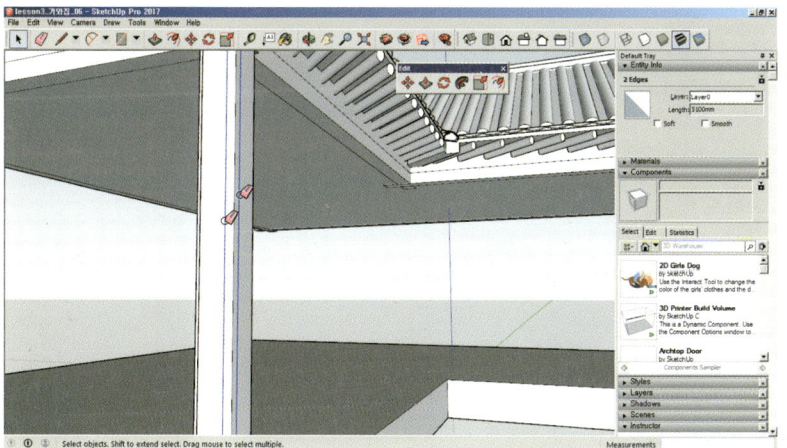

**192** 면을 생성하면서 생긴 옆쪽의 선을 Eraser(지우기) 도구를 사용해서 제거한다.

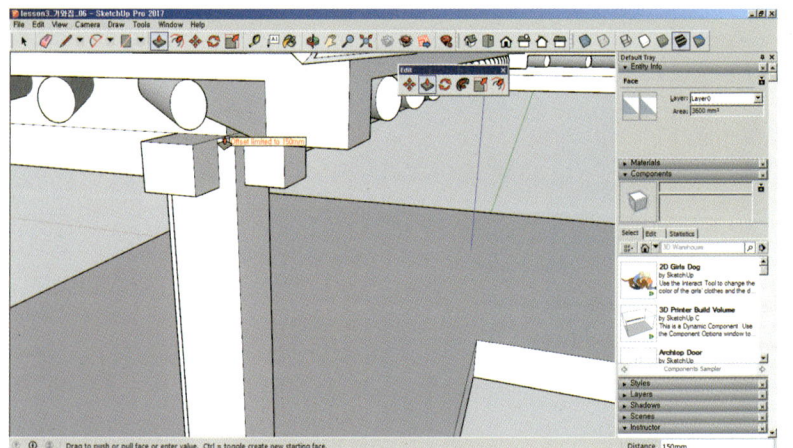

**193** 다시 Push/Pull(밀기/끌기) 도구를 사용해서 위쪽으로도 150mm 면을 생성한다.

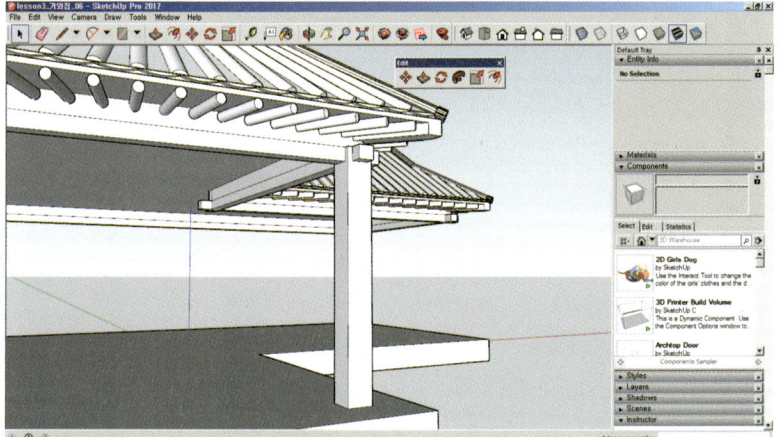

**반복학습**

**194** 나머지 3개 모서리도 같은 방법(191~193번)으로 기둥을 완성한다.

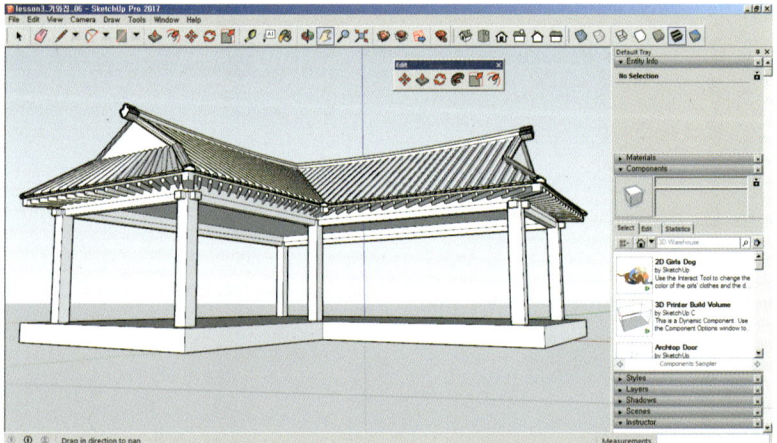

**195** 나머지 5개의 기둥도 완성한다.

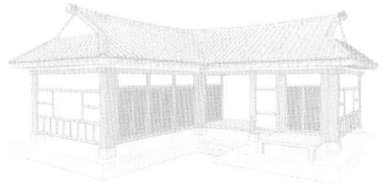

# 09 대청마루

대청마루는 집의 가운데에 위치한 마루로
집안의 통풍이나 방으로 출입하는 곳이기도 한다.

**SketchUp 2017**

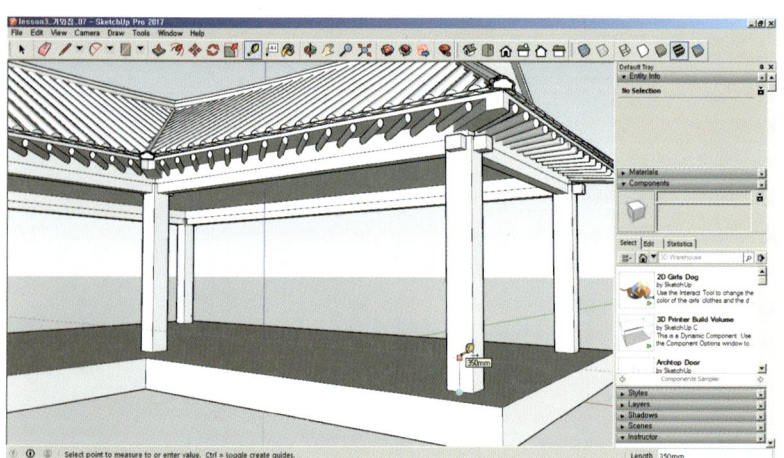

**196** 마루를 만들기 위해서 Tape Measure Tool (줄자) 도구를 사용해서 기둥의 아래부분에서 350mm 떨어진 보조선을 그린다.

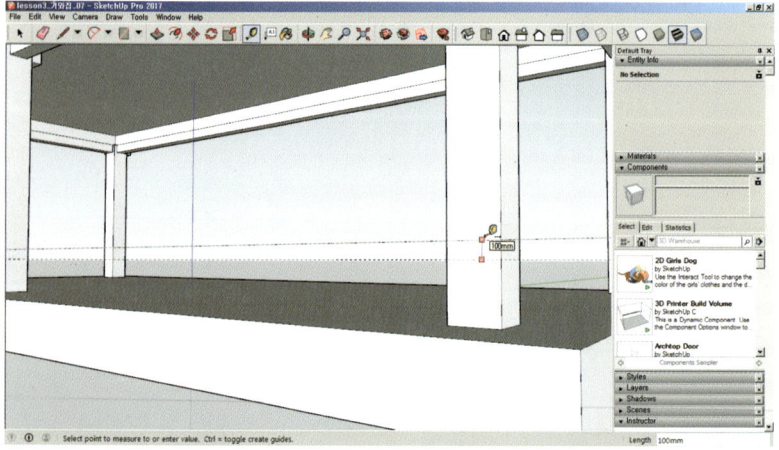

**197** 보조선에서 100mm 떨어진 보조선을 하나 더 그린다. 이 떨어진 폭이 바로 마루의 두께가 될 것이다.

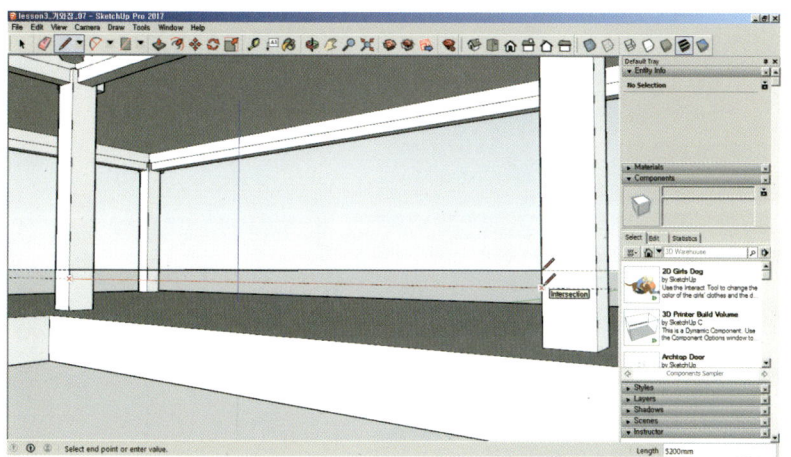

**198** Line(선) 도구를 사용해서 보조선에 맞추어 기둥사이를 선으로 연결한다.

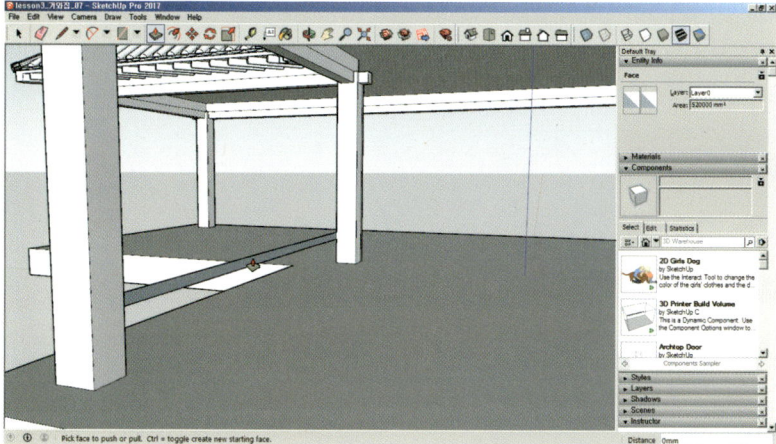

**199** 화면을 회전하여 뒷면이 보이도록 하고, Push/Pull(밀기/끌기) 도구를 선택한다.

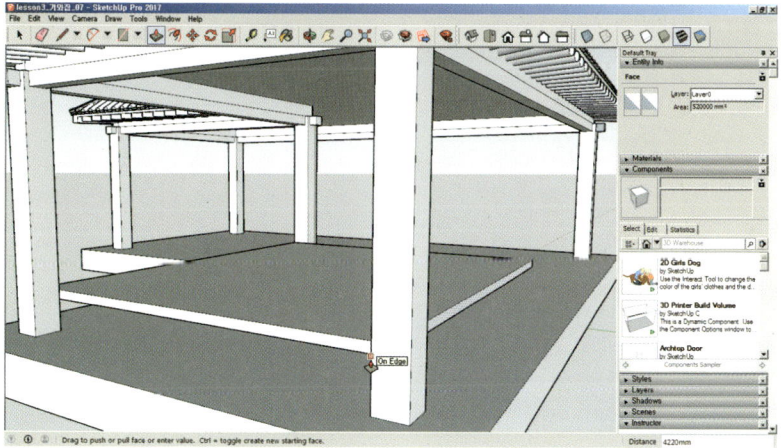

**200** 뒤쪽의 기둥 앞면까지 면을 생성한다. 길이는 4220mm이다.

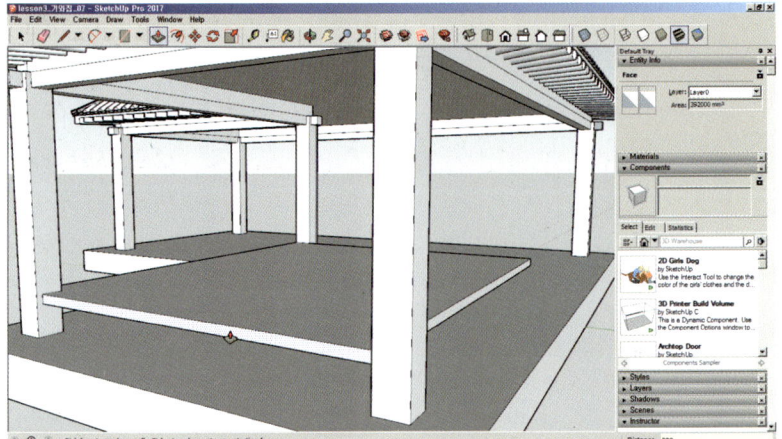

**201** 옆면을 200mm 생성한다.

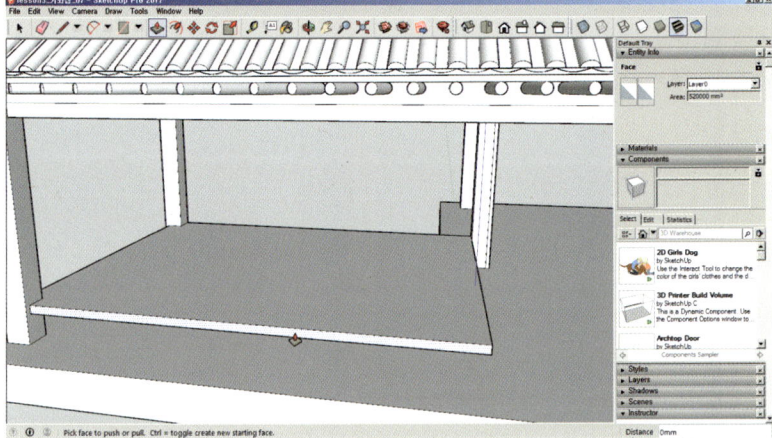

**202** 오른쪽 면도 '더블클릭' 해서 면을 200mm 생성한다.

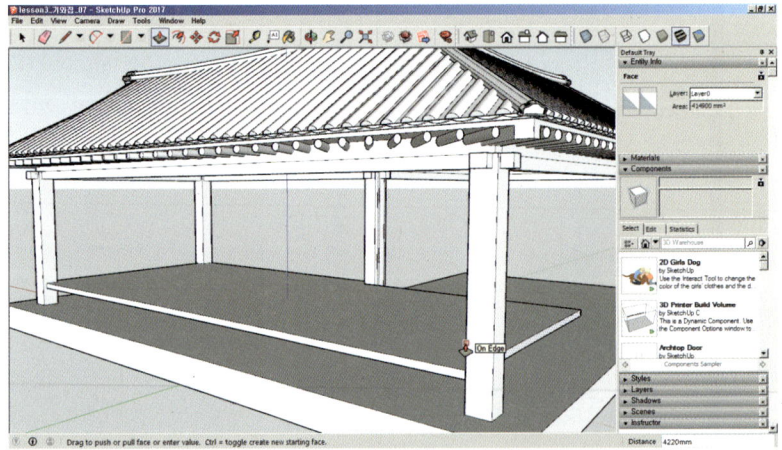

**203** 뒤쪽에도 기둥의 앞면까지 면을 생성한다.

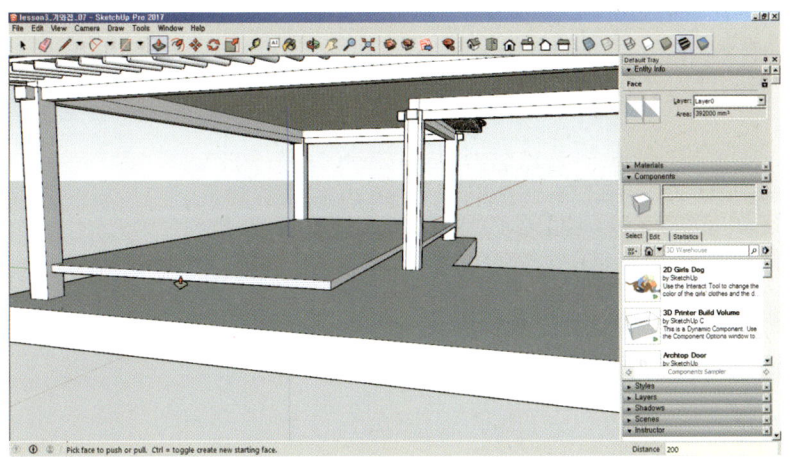

**204** 뒤쪽으로 한 번 더 200mm 면을 생성한다.

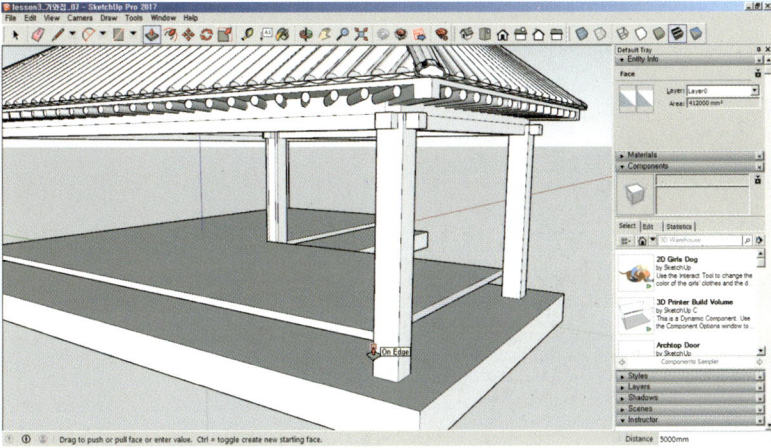

**205** 마루의 오른쪽 면을 선택한 후, 역시 기둥의 앞면까지 면을 생성한다.

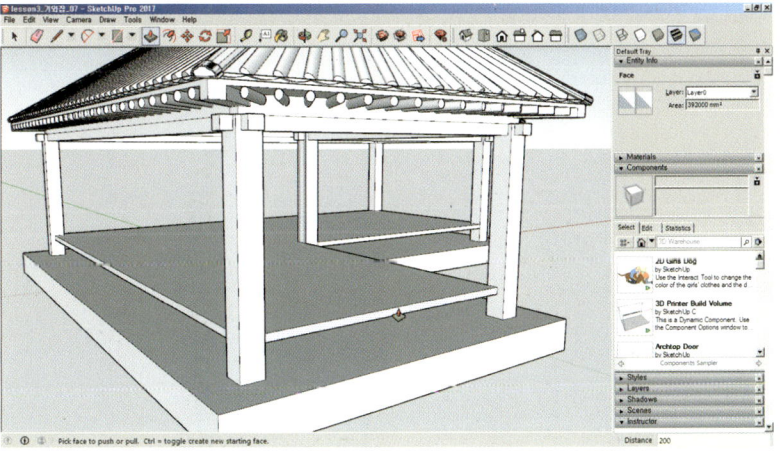

**206** 앞쪽으로 200mm 면을 더 생성한다.

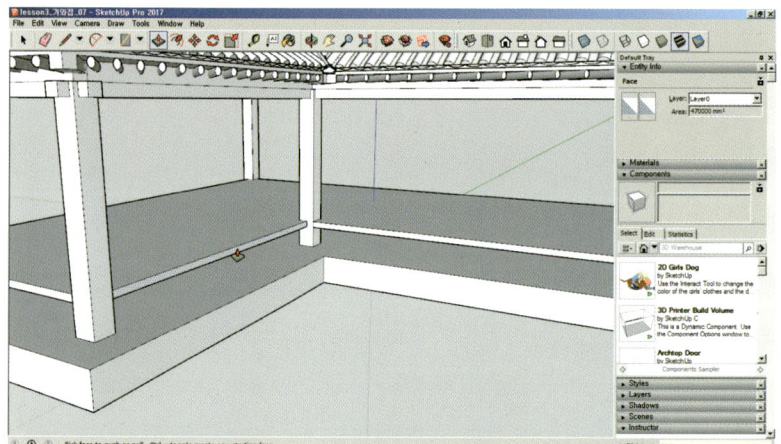

**207** 오른쪽 방향으로 200mm 면을 생성한다.

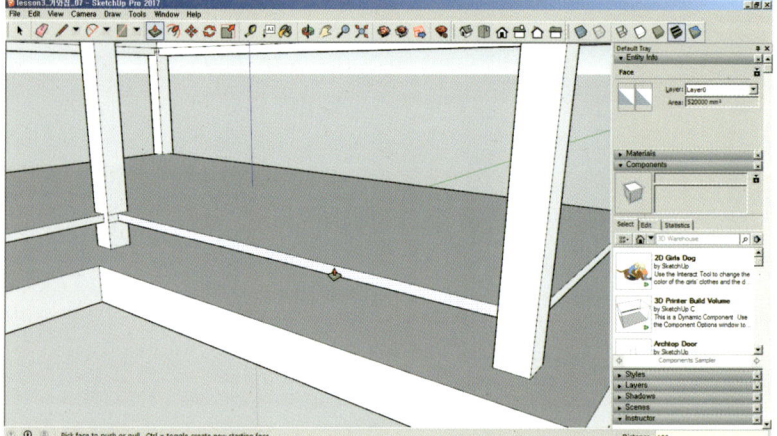

**208** 맨 처음 마루를 만들었던 곳은 반대로 100mm 집어 넣는다.

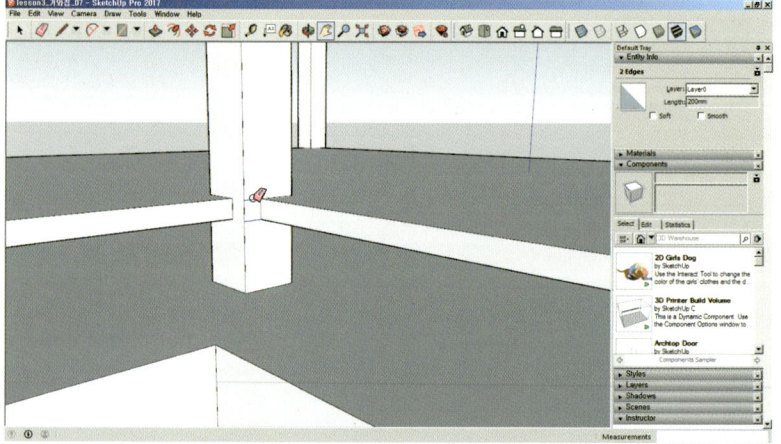

**209** 면을 안쪽으로 집어 넣으면서 생긴 선을 Eraser(지우기) 도구로 제거한다. 반대쪽도 마찬가지이다.

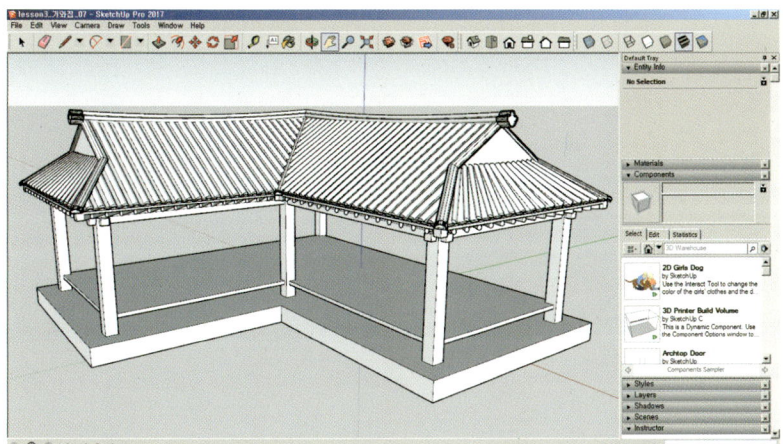

**210** 마루가 완성되었다. 이제 마루를 기준으로 기와집의 벽면을 세워보도록 하자.

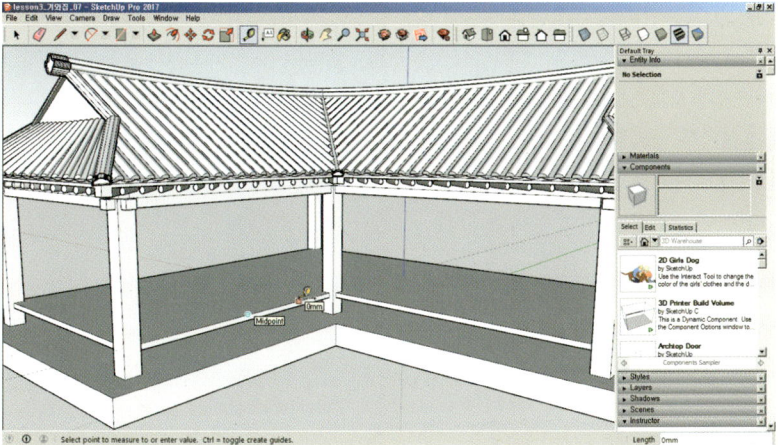

**211** Tape Measure Tool (줄자) 도구를 선택한 후, 그림과 같이 마루의 모서리 Midpoint(중간점)에서 일직선으로 보조선을 그린다.

**Tip** Tape Measure Tool (줄자) 도구를 사용할 때 모서리와 같은 방향으로 클릭하면 그 모서리와 같은 방향으로 보조선이 생성된다.

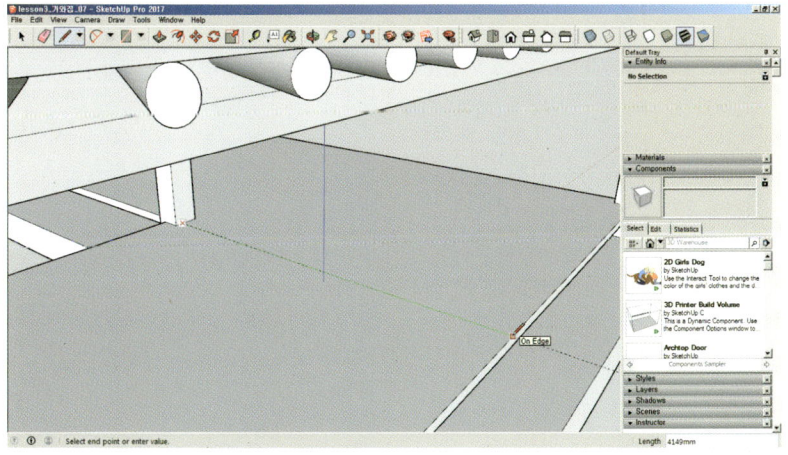

**212** 화면을 뒤쪽으로 전환한 후, 보조선에 맞추어 Line(선) 도구를 사용해서 마루위에 선을 그린다.

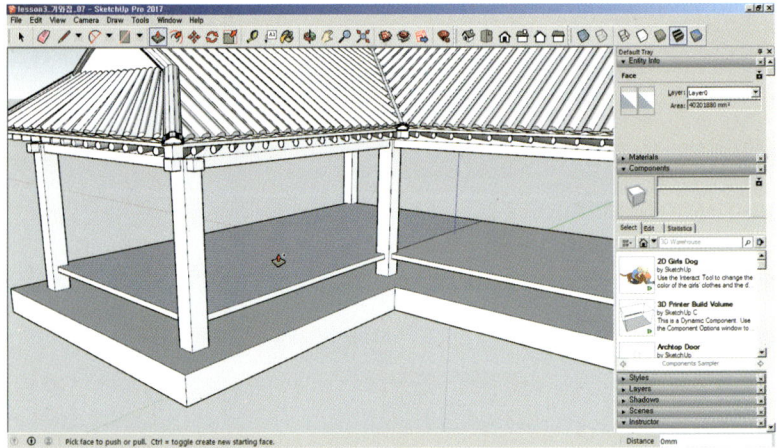

213 Push/Pull(밀기/끌기) 도구를 선택하고 Ctrl키를 누른 후, 마루 면을 선택한다.

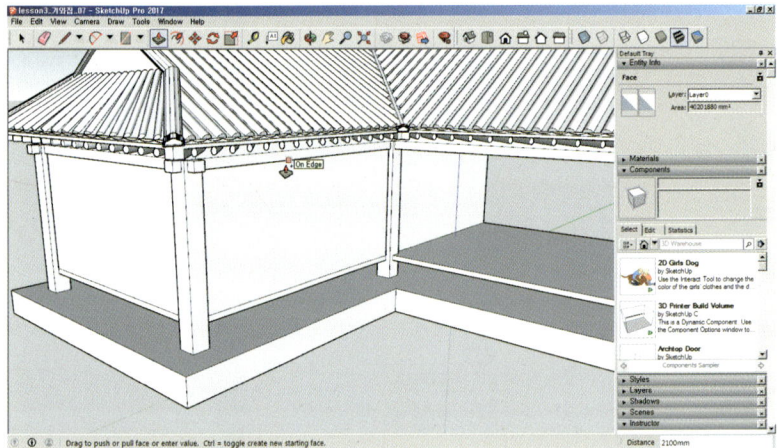

214 바닥면에서 위쪽까지(On Edge) 면을 생성한다.

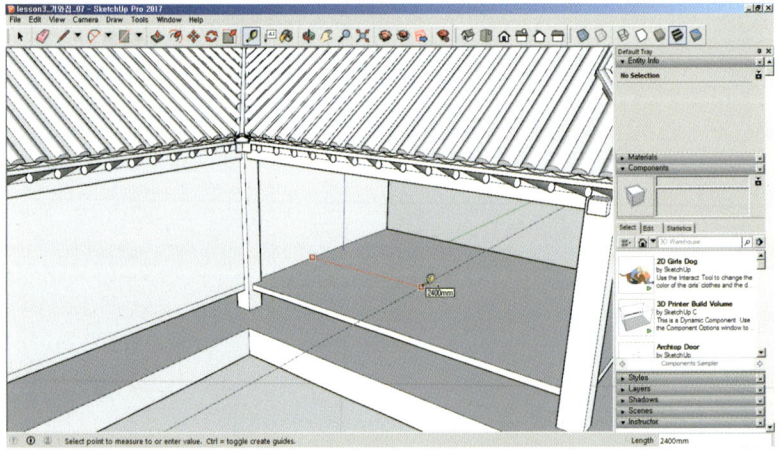

215 대청마루 부분을 만들기 위해서 Tape Measure Tool (줄자) 도구를 사용해서 안쪽 벽면에서 2400mm 떨어진 보조선을 그린다.

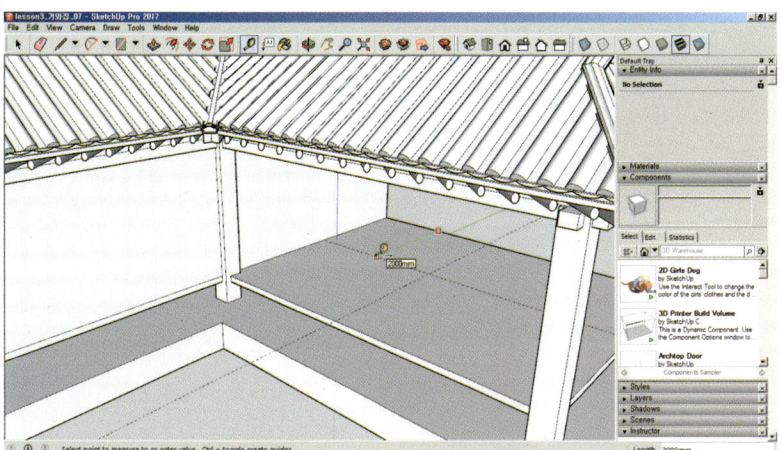

**216** 마루의 뒤쪽 모서리에서 앞쪽으로 2000mm 떨어진 보조선을 그린다.

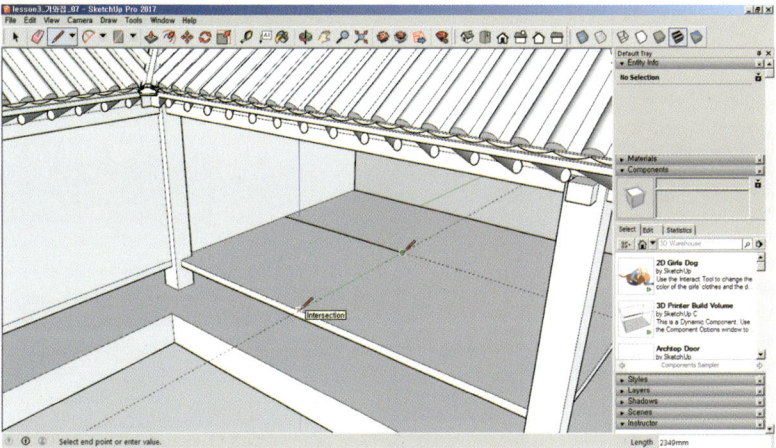

**217** Line(선) 도구를 사용해서 보조선에 맞추어 'ㄱ' 모양으로 선을 그린다.

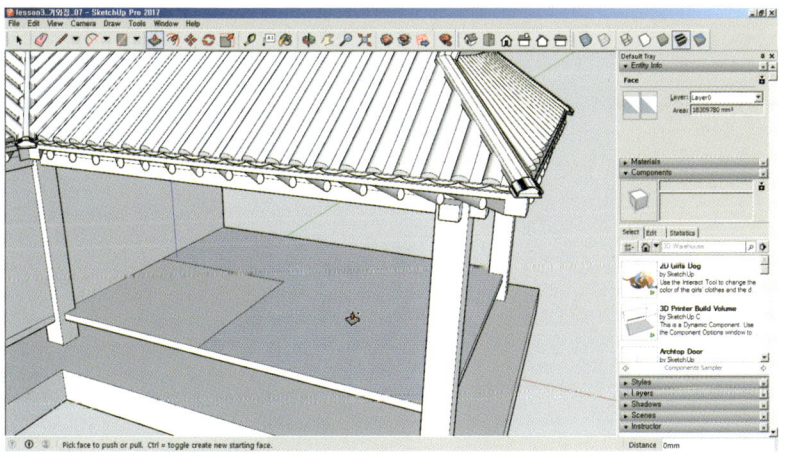

**218** Push/Pull(밀기/끌기) 도구를 선택한 후, Ctrl키를 누르고 'ㄱ'자 모양의 마루면을 선택한다.

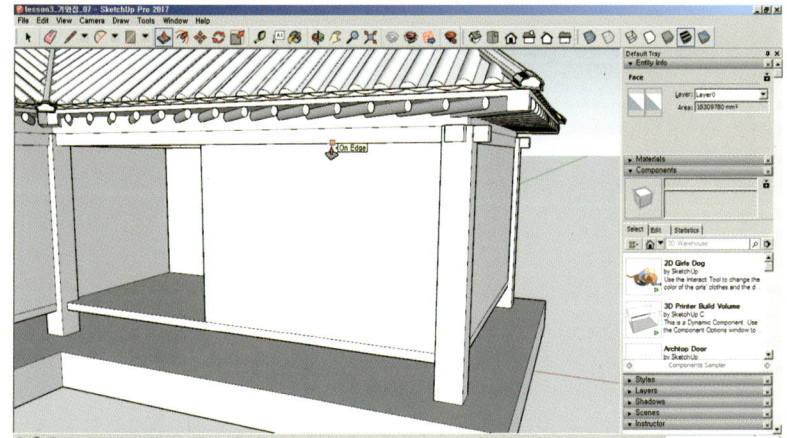

**219** 위쪽 모서리까지 면을 생성한다.

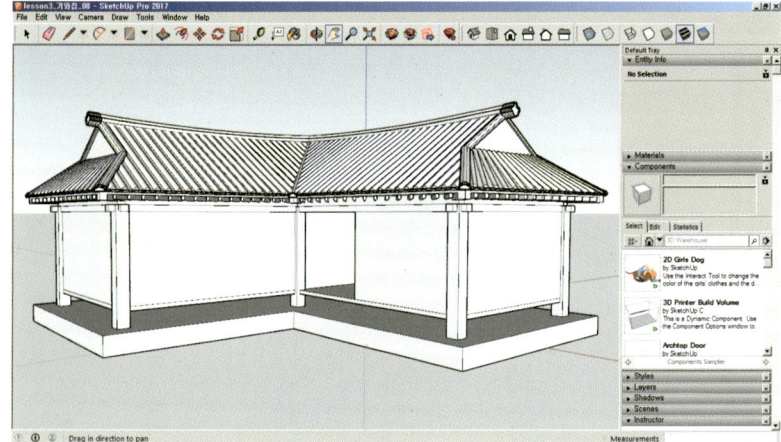

**220** 대청마루와 벽면이 완성되었다.

# 10 중간기둥과 주춧돌

기둥과 기둥 사이의 작은 중간기둥과 기둥을 받쳐주는 주춧돌을 만들어 보자.

**SketchUp 2017**

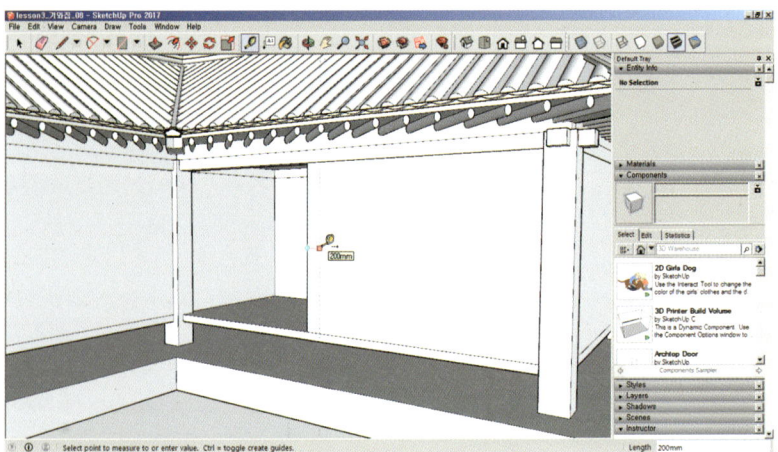

**221** 중간기둥을 만들기 위해서 Tape Measure Tool (줄자) 도구를 사용해서 모서리에서 200mm 떨어진 보조선을 그린다.

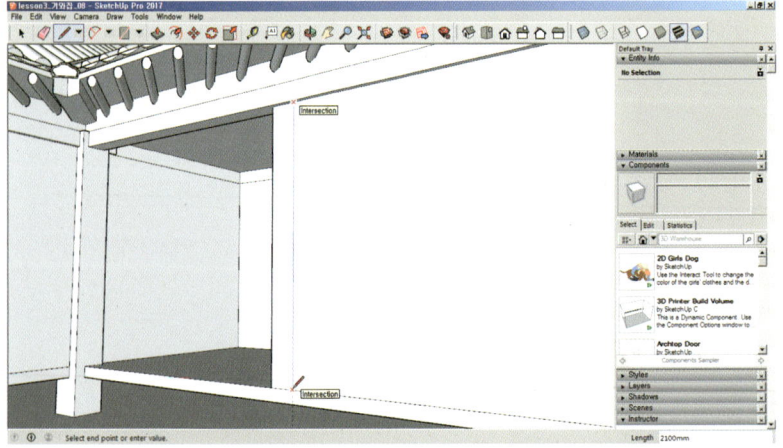

**222** 보조선에 맞추어 Line (선) 도구를 사용해서 교차점(Intersection)끼리 연결하는 선을 그린다.

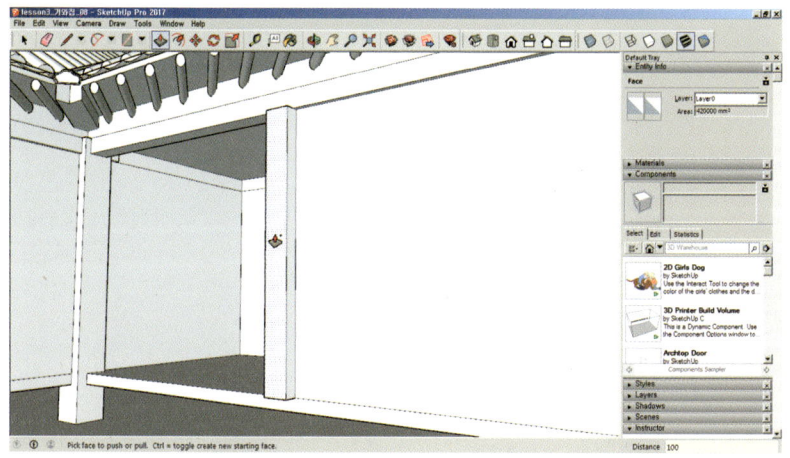

**223** 사용한 보조선은 Eraser(지우기) 도구를 사용해서 제거하고 Push/Pull(밀기/끌기) 도구를 선택한 후, Ctrl키를 누르고 앞쪽으로 100mm 면을 생성한다.

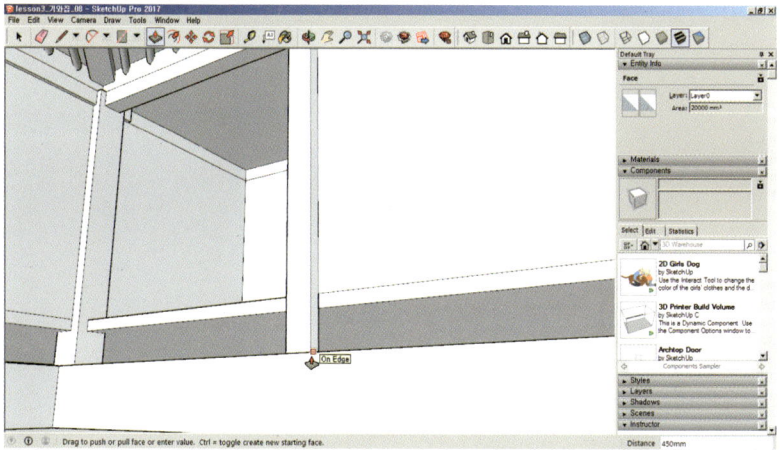

**224** 보조기둥의 아랫면을 선택한 후, 바닥까지 면을 생성한다.

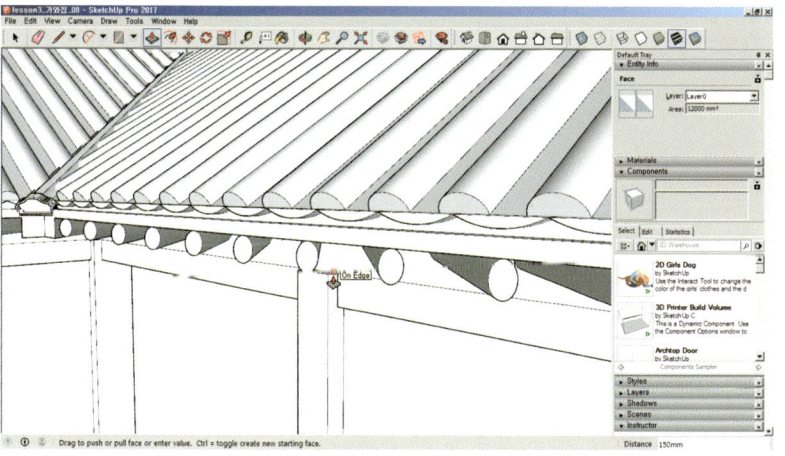

**225** 기둥의 위쪽도 보의 모서리(On Edge)까지 면을 생성한다.

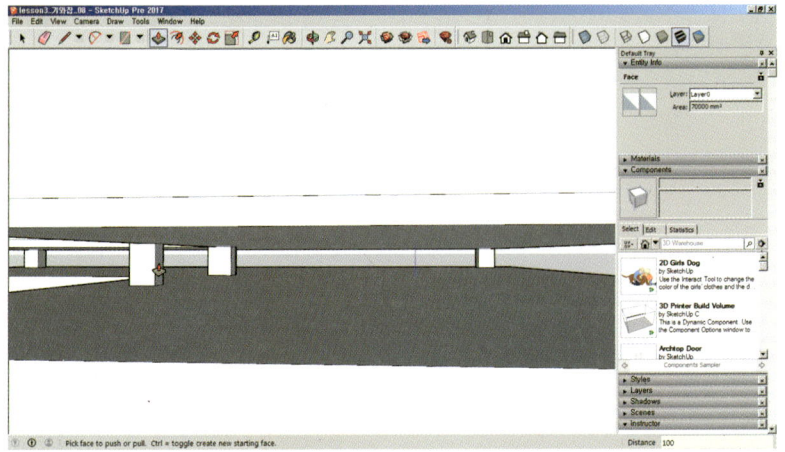

**226** 보조기둥의 아랫면의 뒤쪽도 100mm 만큼 면을 생성한다. 그래야 기둥의 가로, 너비가 200mm*200mm이 된다.

반복학습

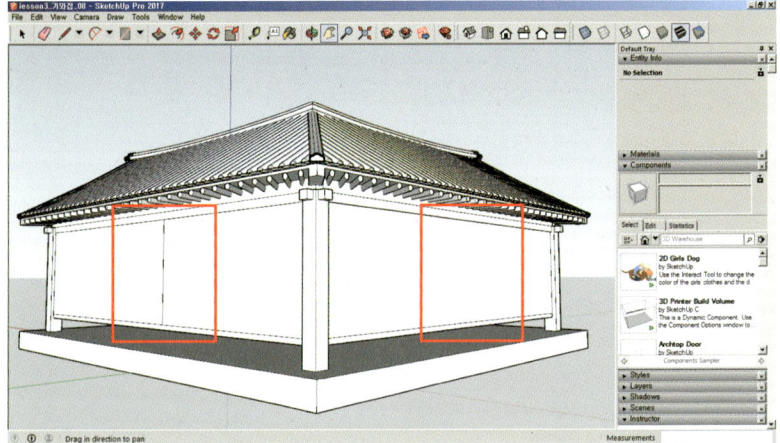

**227** 기와집의 뒤쪽에도 같은 방법(221~226번)으로 붉은색 네모 부분에 중간기둥을 제작해 보자.

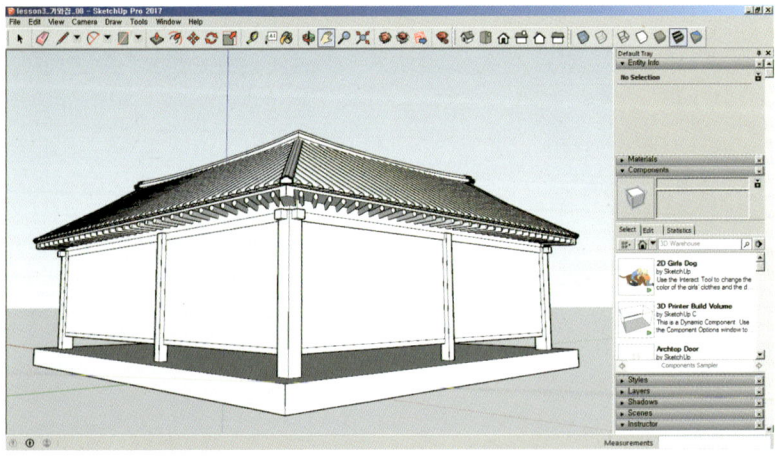

**228** 중간기둥이 완성되었다.

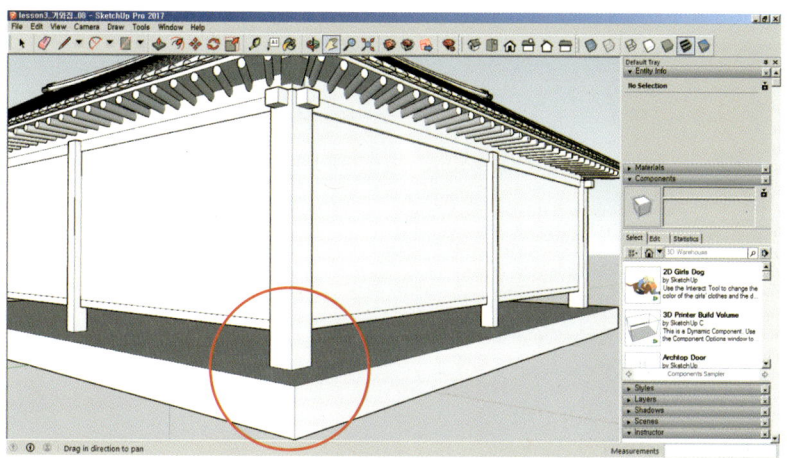

**229** 기둥의 아래쪽에 기둥을 받치는 주춧돌을 만들어 보자.

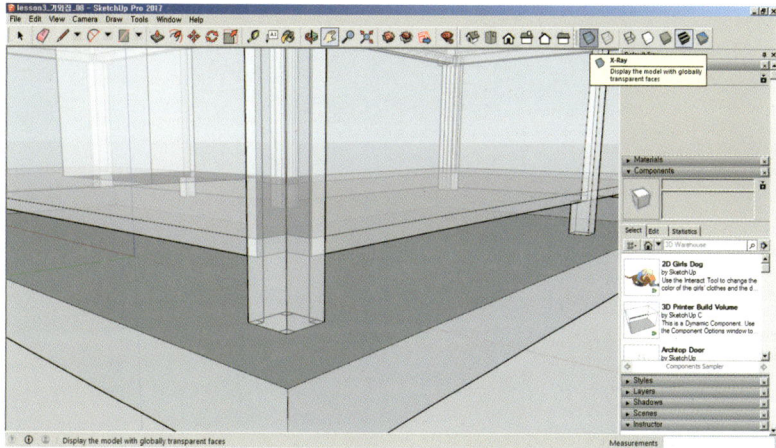

**230** 주춧돌을 만들기 위해서 화면모드를 X-Ray(X선) 모드로 전환해서 반투명한 상태로 만든다.

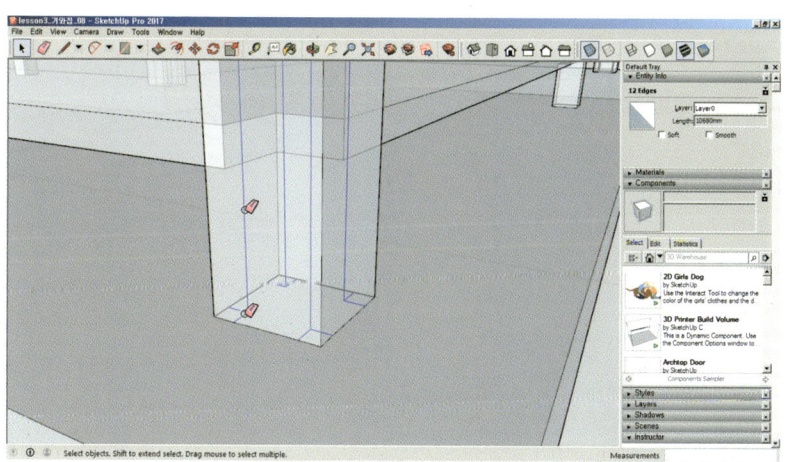

**231** 기둥의 안쪽에 있는 선은 밖에서는 보이지 않는 필요없는 선이기 때문에 Eraser(지우기) 도구를 사용해서 모두 제거한다.

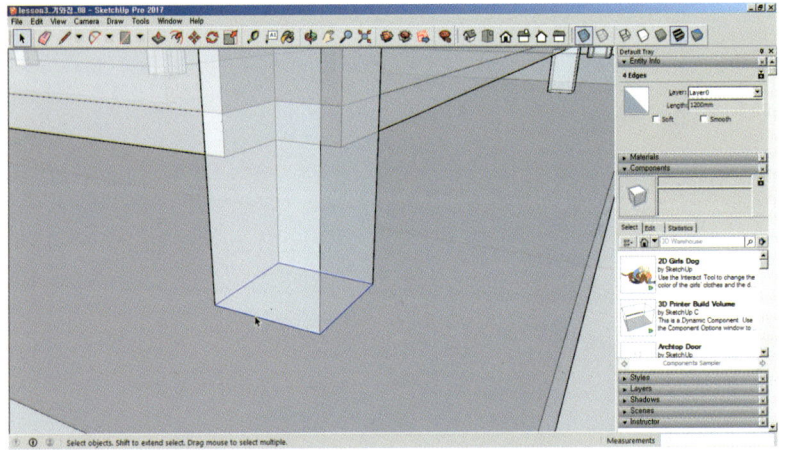

**232** Select(선택) 도구를 사용해서 기둥의 아래쪽 목서리 4개를 선택한다. 4개의 모서리를 다 중선택하기 위해서는 Shift, 혹은 Ctrl키를 누른 후 선택하면 된다.

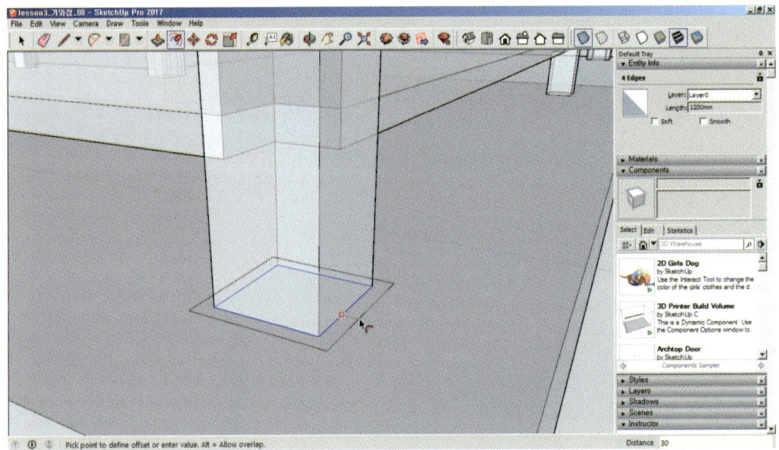

**233** Offset(오프셋) 도구를 사용해서 30mm 더 큰 사각형을 그린다.

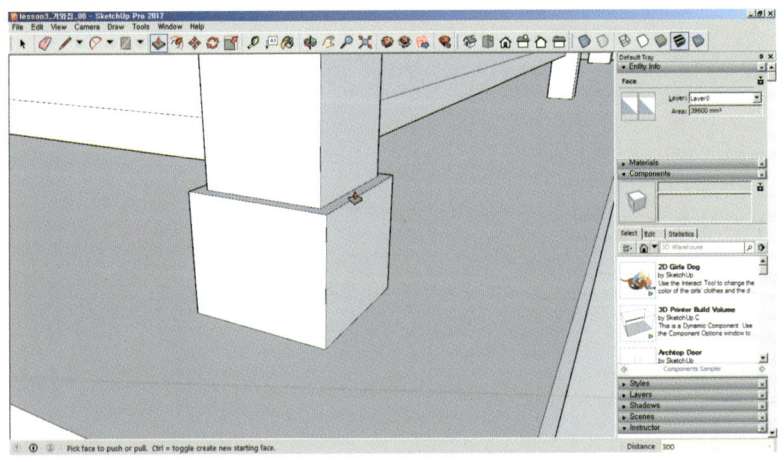

**234** X-Ray(X선) 모드를 해제한 후, Push/Pull(밀기/끌기) 도구를 사용해서 위쪽으로 300mm 면을 생성한다.

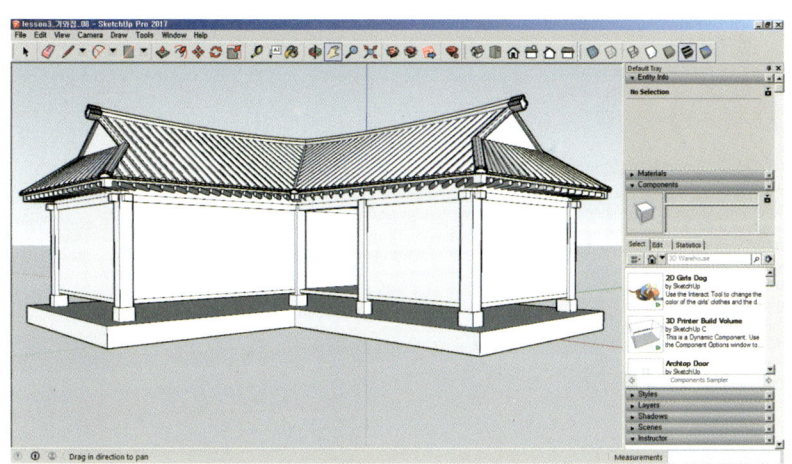

**반복학습**

**235** 나머지 주춧돌도 같은 방법 (230~234번)으로 완성한다.

# 11 쪽마루

이제 중간기둥과 안방에서 밖으로 이어지는 쪽마루를 만들어 보자.

**SketchUp 2017**

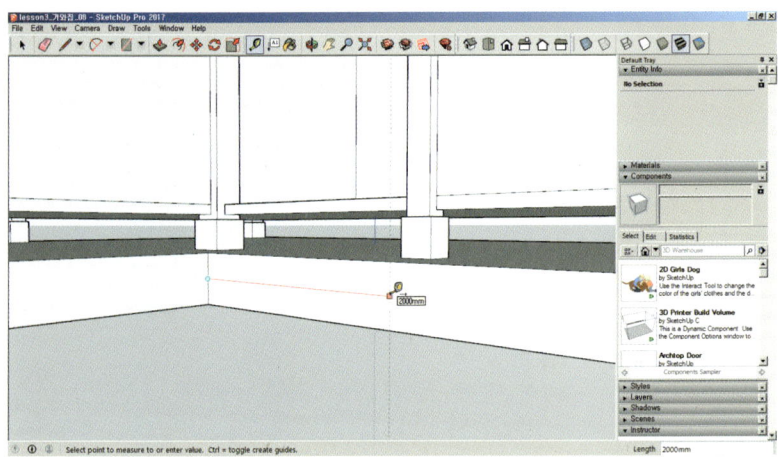

**236** 먼저 쪽마루로 올라가는 계단을 만들기 위해서 Tape Measure Tool (줄자) 도구를 사용해서 안쪽 모서리에서 2000mm 떨어진 보조선을 그린다.

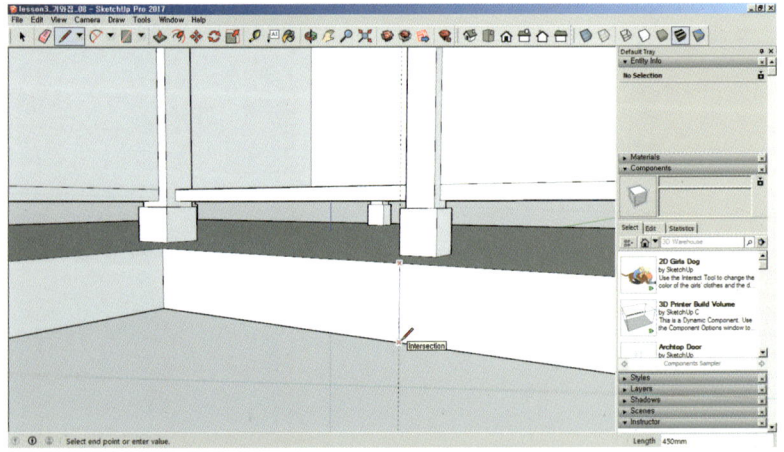

**237** 보조선에 맞추어 Line (선) 도구로 선을 그린다.

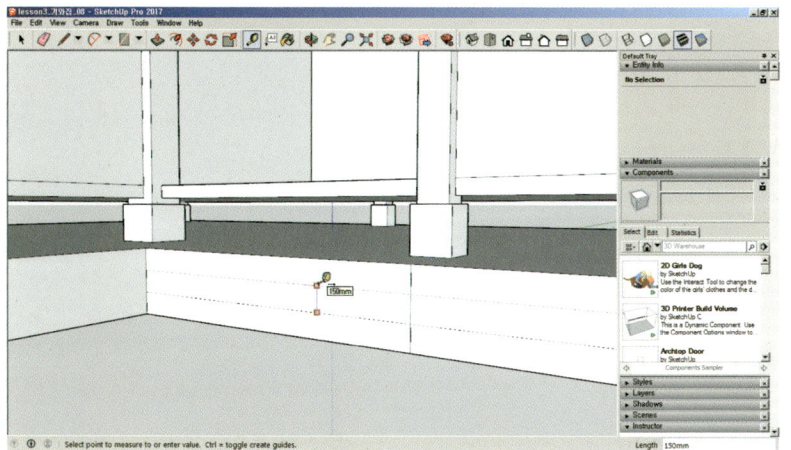

**238** Tape Measure Tool(줄자) 도구를 사용해서 바닥에서 150mm 떨어진 보조선을 그리고, 또 그 보조선에서 150mm 떨어진 보조선을 하나 더 그린다.

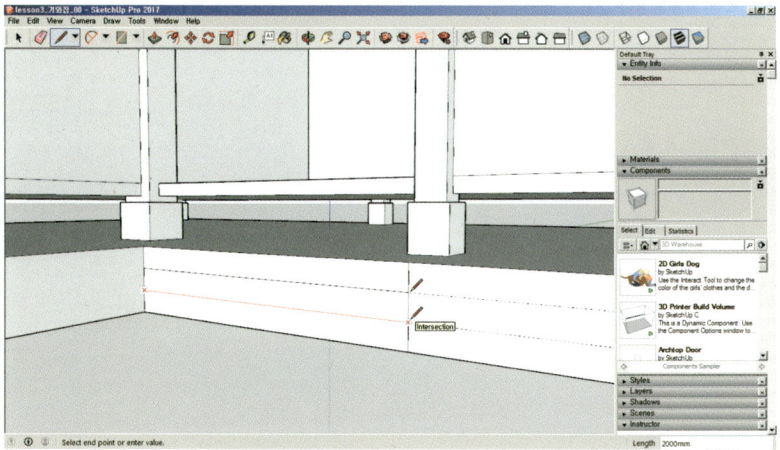

**239** 보조선에 맞추어 Line(선) 도구를 사용해서 선을 2개 그린다.

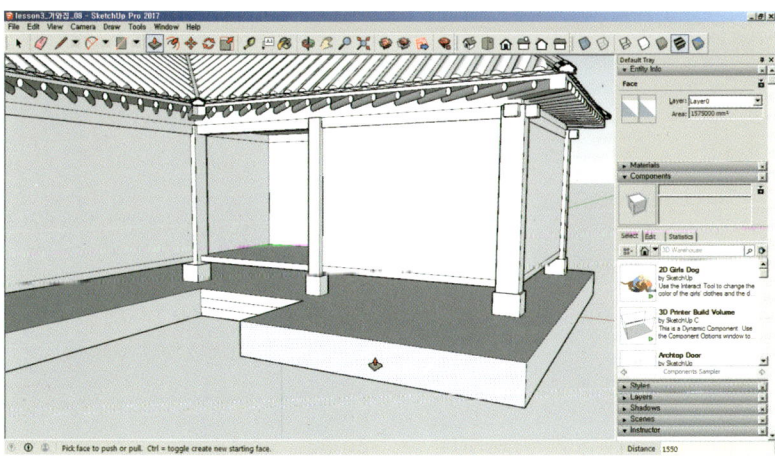

**240** Push/Pull(밀기/끌기) 도구를 사용해서 앞쪽으로 면을 1550mm 생성한다.

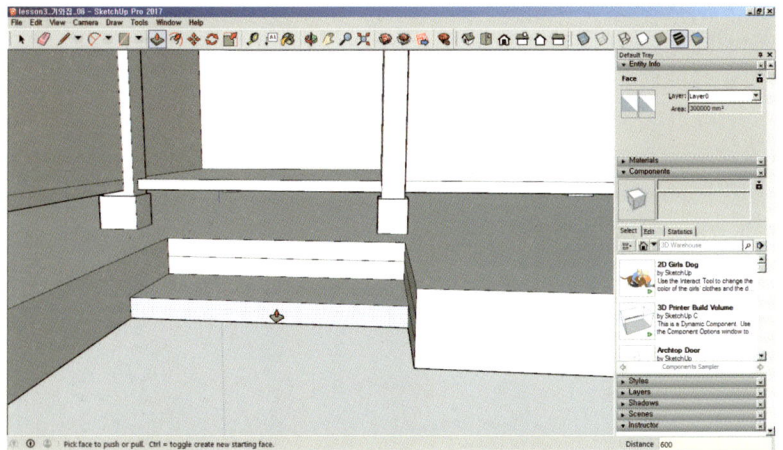

**241** 계단을 만들기 위해 맨 아랫면을 600mm 생성한다.

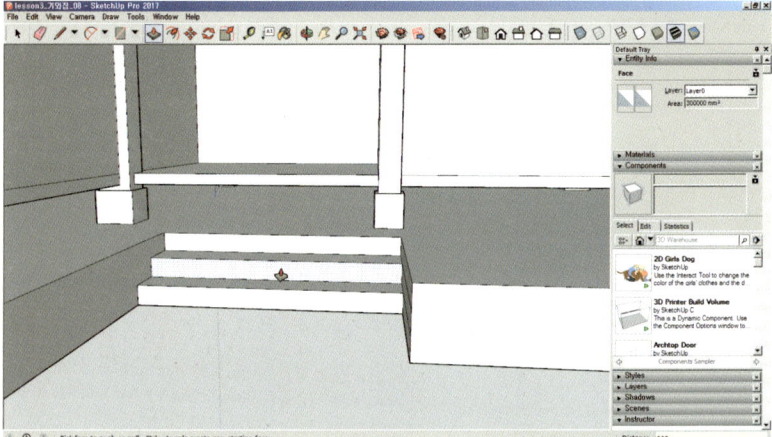

**242** 두 번째 면은 300mm 생성한다.

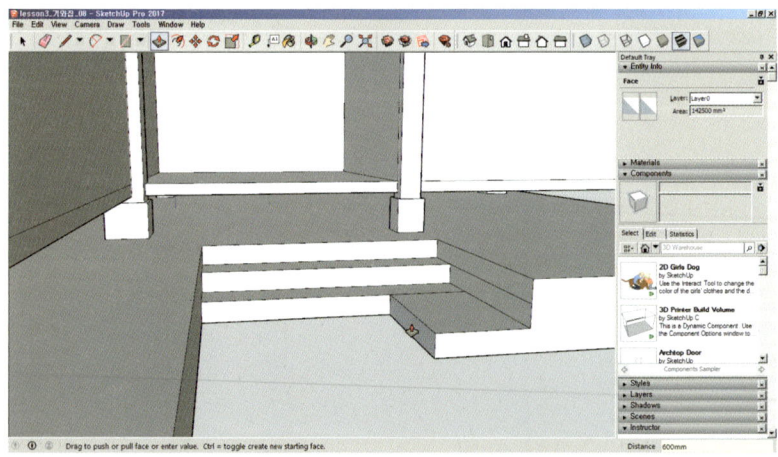

**243** 오른쪽에도 쪽마루로 올라가는 계단을 만들기 위해서 아랫면을 600mm 생성한다.

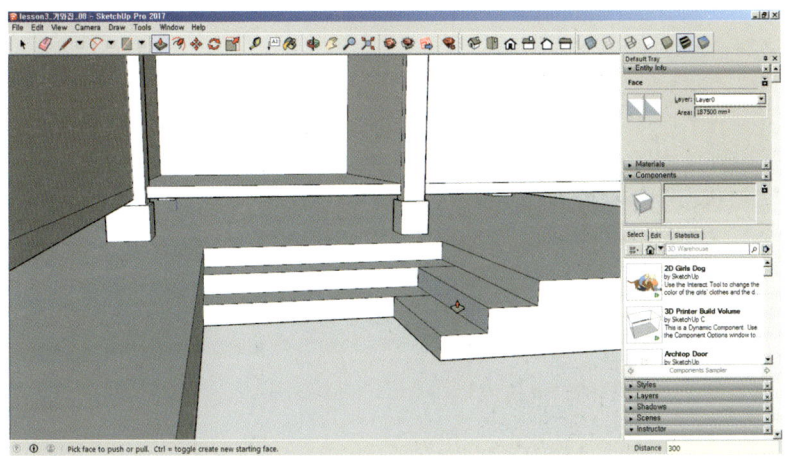

**244** 두 번째 면은 300mm 생성하고, 위쪽에 불필요한 선은 Eraser(지우기) 도구를 사용해서 제거한다.

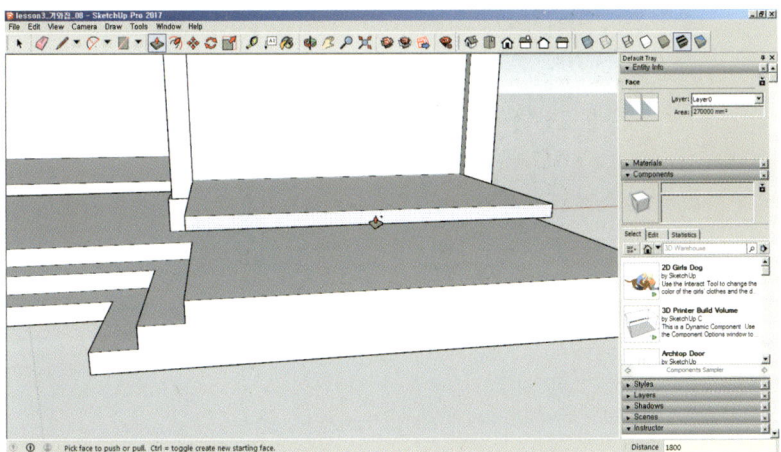

**245** Push/Pull(밀기/끌기) 도구를 사용해서, Ctrl키를 누른 후 쪽마루가 될 부분을 선택해서 앞쪽으로 1800mm 생성한다.

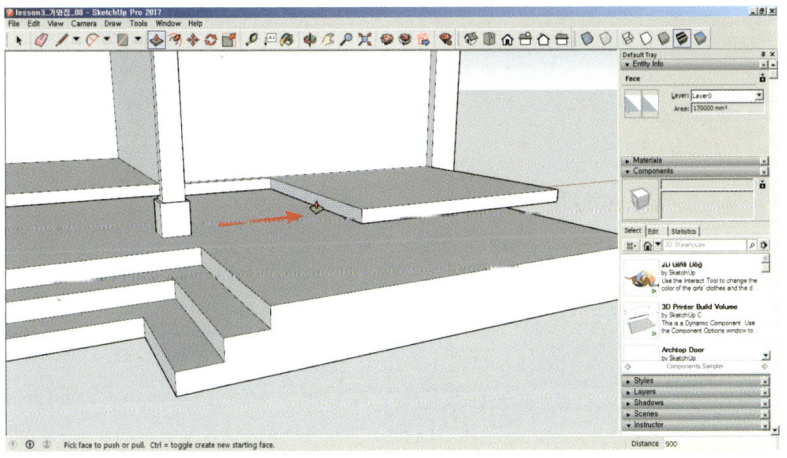

**246** 쪽마루의 왼쪽면은 안쪽으로 900mm 집어넣는다.

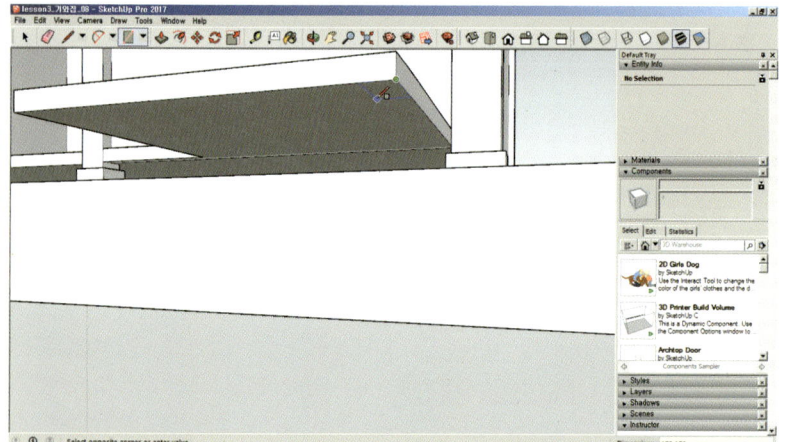

**247** 쪽마루의 다리를 만들기 위해서 Rectangle(직사각형) 도구를 사용해서 아랫면 모서리에서 150,150인 사각형을 그린다.

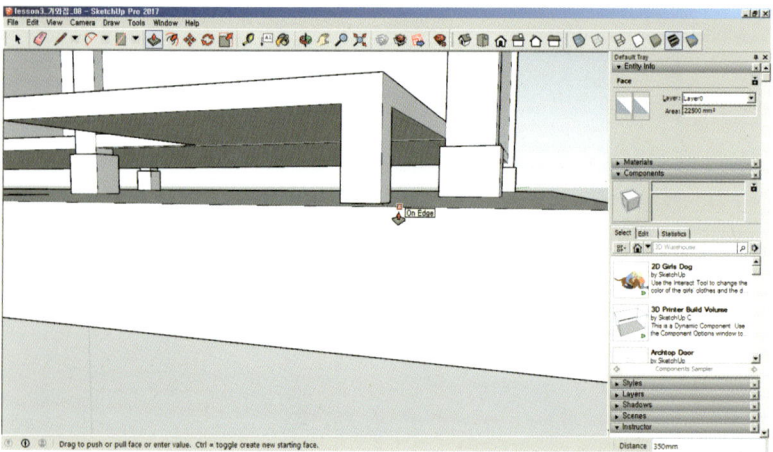

**248** Push/Pull(밀기/끌기) 도구를 사용해서 바닥면까지 면을 생성해서 쪽마루의 다리를 만든다.

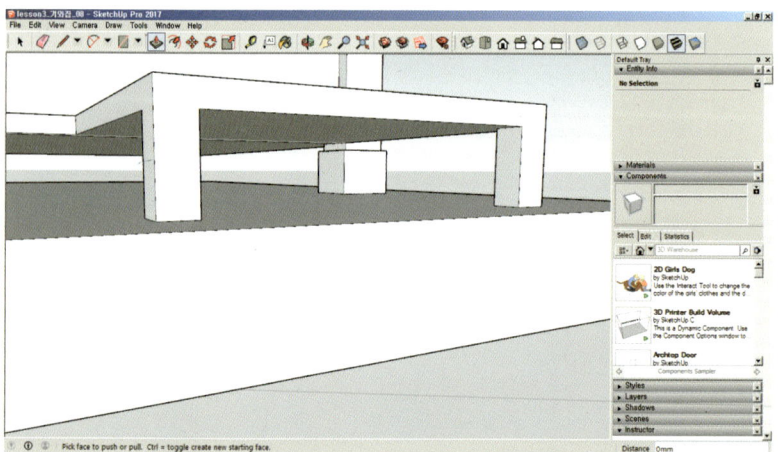

**반복학습**

**249** 반대쪽도 같은 방법(247~248번)으로 다리를 만든다.

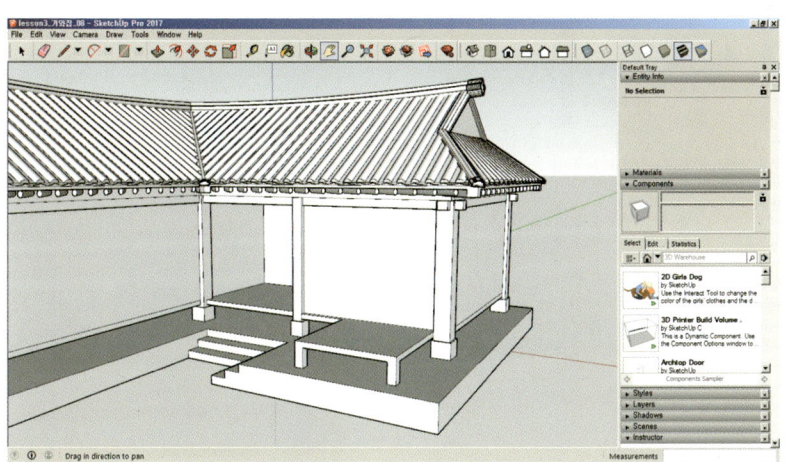

**250** 계단 및 쪽마루를 완성하였다.

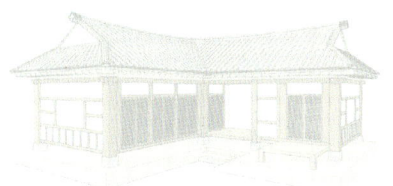

# 12 벽무늬

기와집에 맞는 벽무늬를 만들어 보자.

**SketchUp 2017**

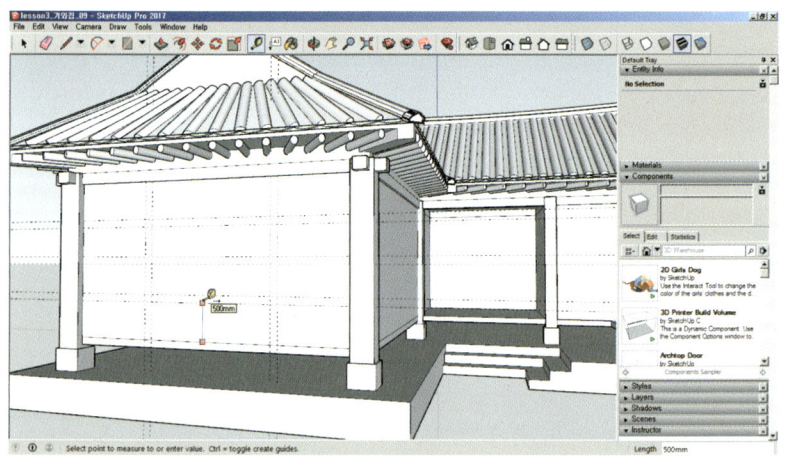

**251** Tape Measure Tool(줄자) 도구를 사용해서 그림과 같이 밑에 선에서 500mm 떨어지고 다시 100mm 간격인 보조선을 그린다. 또한 양쪽 기둥 모서리에서 각각 1200mm 떨어지고 간격이 100mm인 보조선을 그린다. 여기에서는 보조선이 떨어진 간격이 중요한 것이 아니기 때문에 임의로 보조선을 그려도 무방하다.

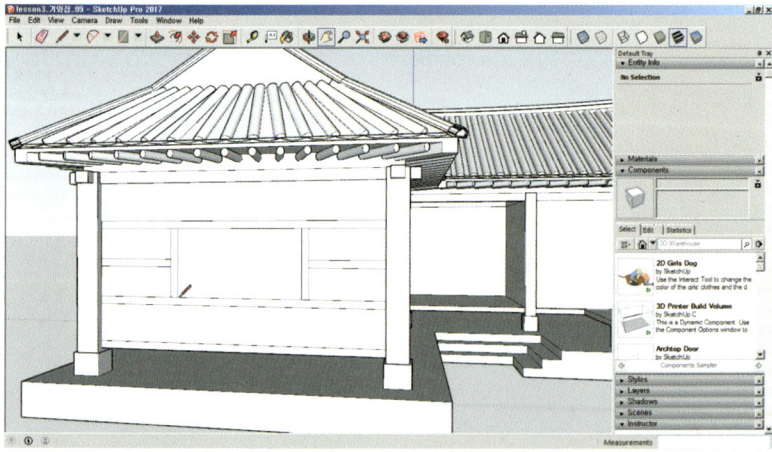

**252** 보조선에 따라 Line(선) 도구를 사용해서 그림과 같이 벽면에 선을 그린다.

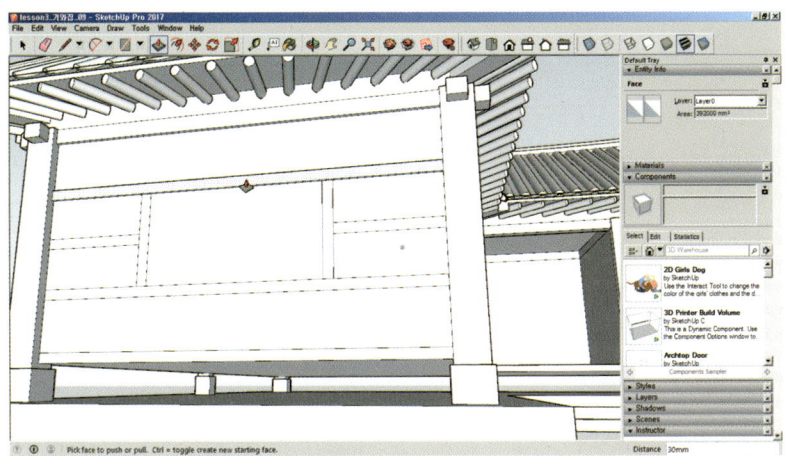

253 Push/Pull(밀기/끌기) 도구를 사용해서 바깥쪽으로 30mm 면을 생성한다.

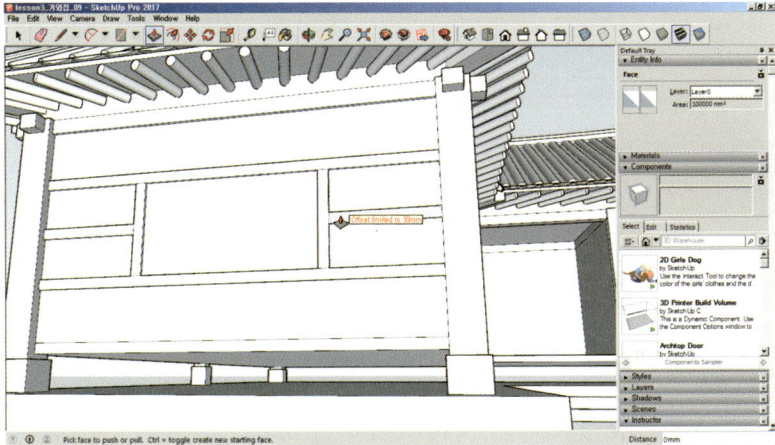

254 '더블클릭'해서 나머지 부분도 면을 30mm 생성한다.

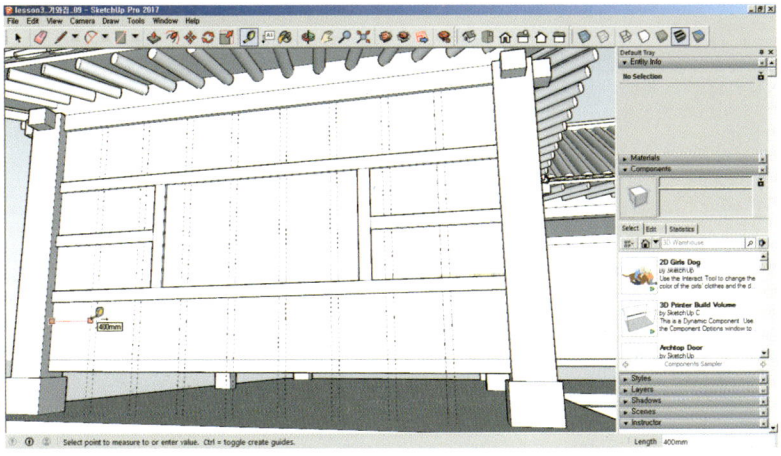

255 왼쪽 기둥에서 400mm 떨어진 보조선을 그린 후, 그 보조선에서 다시 80mm 떨어진 보조선을 그린다. 반복해서 7개 더 그린다.

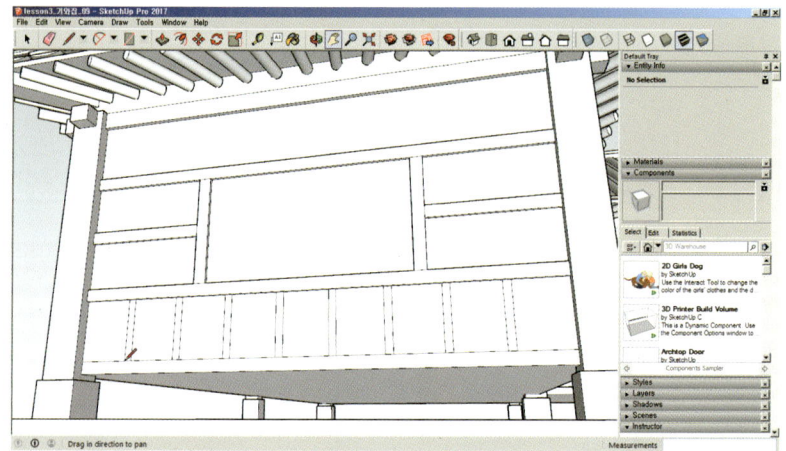

**256** 보조선에 맞추어 Line(선) 도구로 선을 그린다.

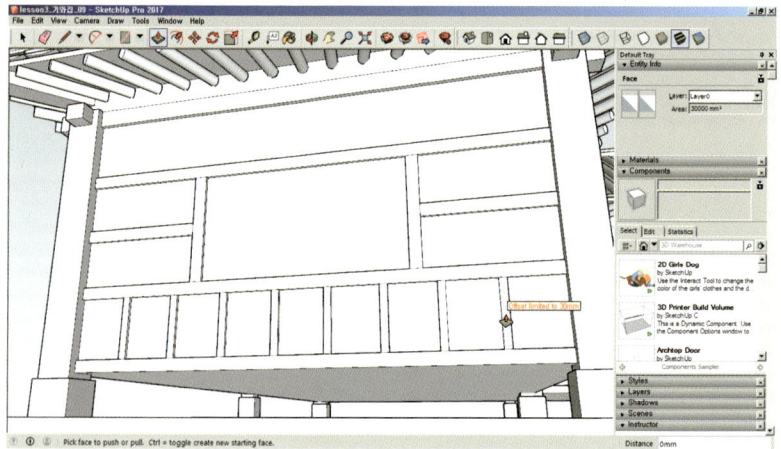

**257** Push/Pull(밀기/끌기) 도구를 사용해서 바깥쪽으로 30mm 면을 생성한다.

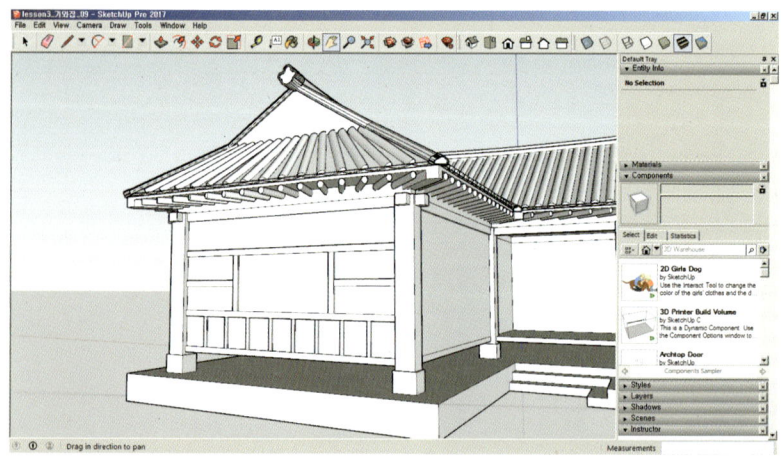

**258** 벽무늬가 완성되었다. 독자들께서도 Tape Measure Tool(줄자) 도구와 Line(선) 도구, Push/Pull(밀기/끌기) 도구를 사용해서 여러 가지 벽무늬를 만들어 보자.

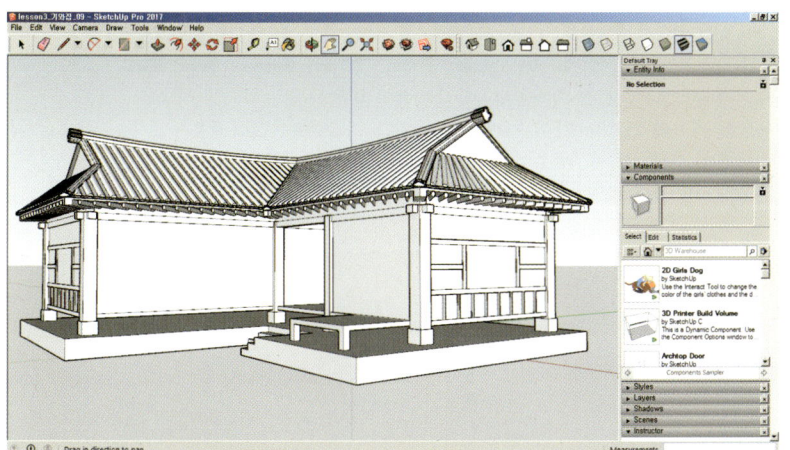

**259** 오른쪽 벽에도 같은 방법 (251~258번)으로 벽무늬를 완성한다.

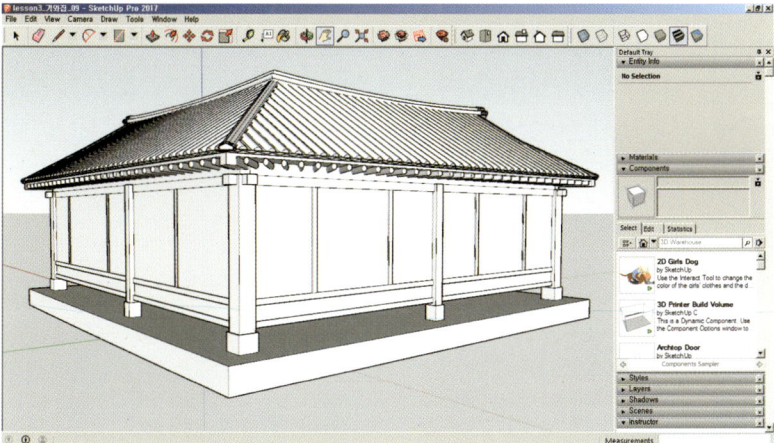

**260** 기와집의 뒤쪽도 그림과 같이 벽무늬를 만들어 보자.

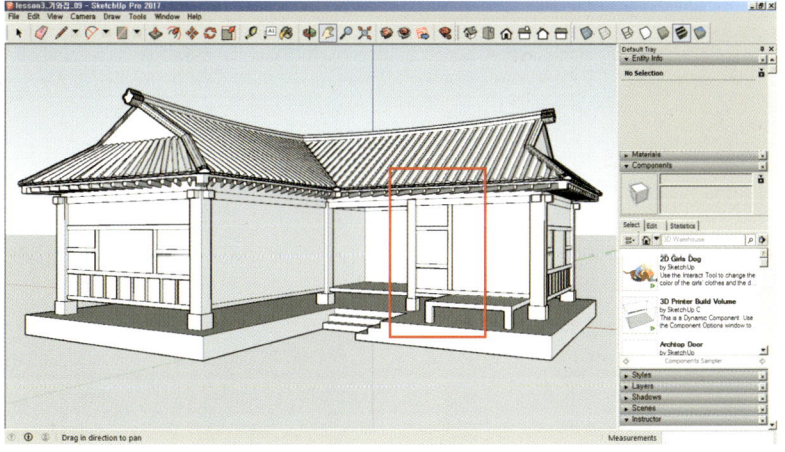

**261** 쪽마루쪽 벽면도 그림과 같이 벽무늬를 완성한다.

# Components(구성요소) 문 만들기

**알아두기 05**

Lesson1에서 Components(구성요소)를 가져와서 창문을 만들어 보았다.
Components(구성요소)는 스케치업에서 아주 중요한 역할을 한다. 인터넷에서 여러 가지 Components(구성요소)를 가져와 쉽게 모델링작업을 할 수 있다. 하지만 내가 원하는 Components(구성요소)가 없을 경우에는 직접 만들어서 사용해야 한다. 창문이나 문처럼 같은 오브젝트를 반복할 경우에는 내가 제작한 것을 Components(구성요소)로 저장한 후, 계속해서 불러올 수 있다.
이번 알아두기에서 바로 내가 제작한 문을 Components(구성요소)로 제작하는 방법에 대해서 알아보자.

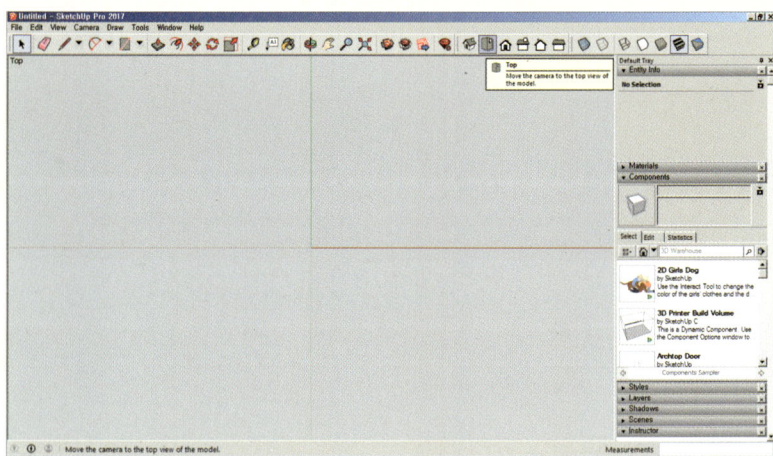

**1.** 새로운 창을 연 후, 화면을 Top View로 전환한다.

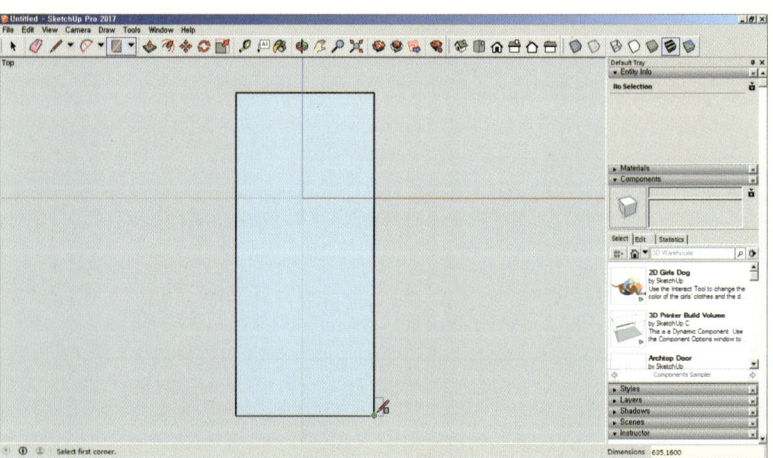

**2.** Rectangle(직사각형) 도구를 사용해서 635, 1600mm인 사각형을 그린다.

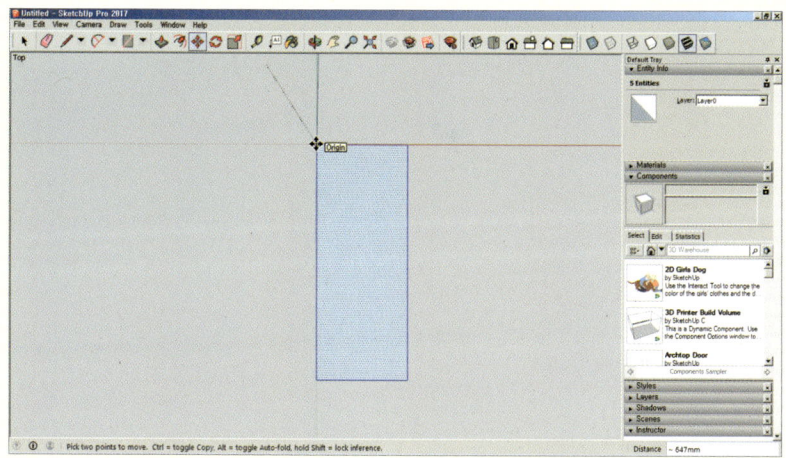

3. Move(이동) 도구를 사용해서 왼쪽 위 모서리를 선택한 후, Origin(원점)으로 이동한다. 반드시 원점으로 이동해야만 하는 것은 아니다. 작업의 편의를 위해서 이동한 것일 뿐이다.

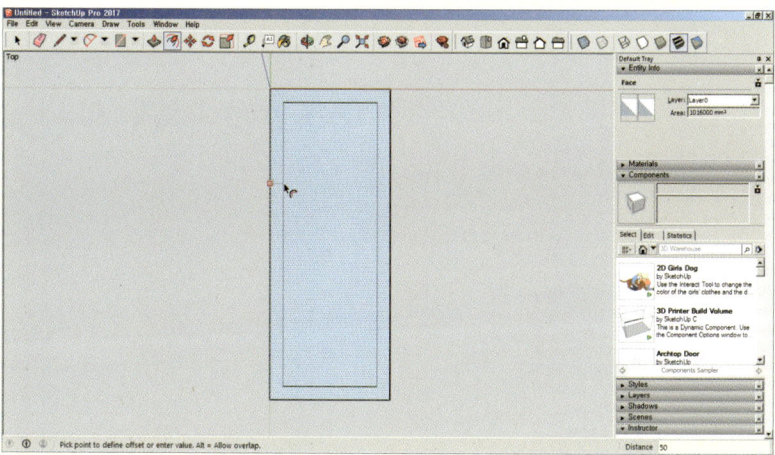

4. Offset(오프셋) 도구를 사용해서 안쪽으로 50mm 작은 사각면을 그린다.

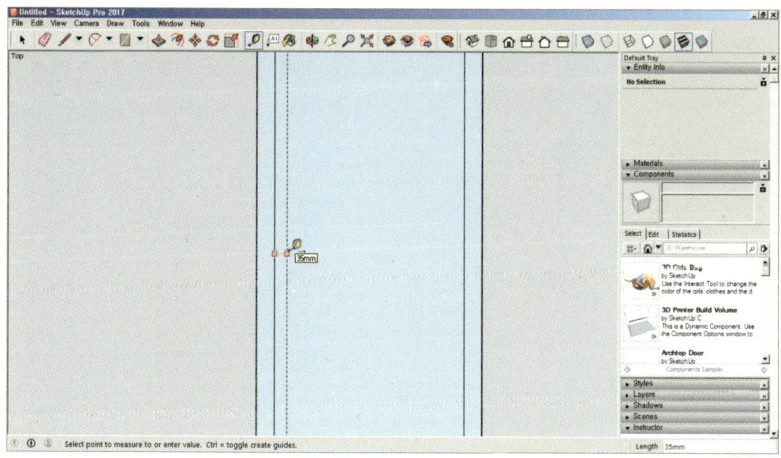

5. Tape Measure Tool (줄자) 도구를 사용해서 안쪽 사각형에서 35mm 떨어진 보조선을 그린다.

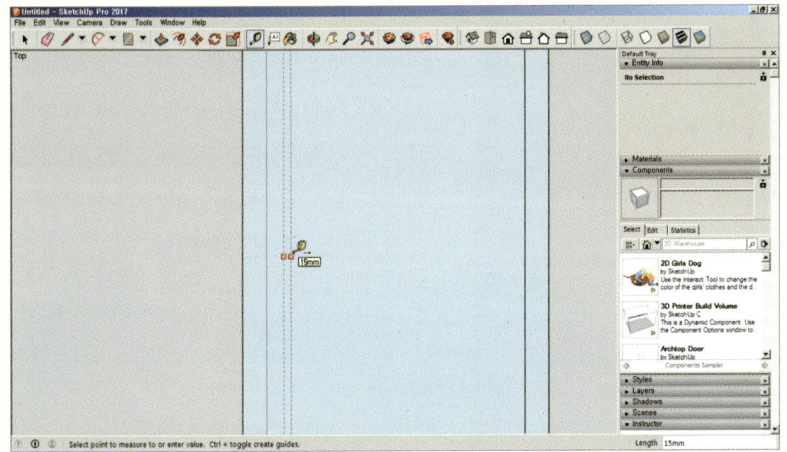

**6.** 보조선에서 다시 15mm 떨어진 보조선을 그린다.

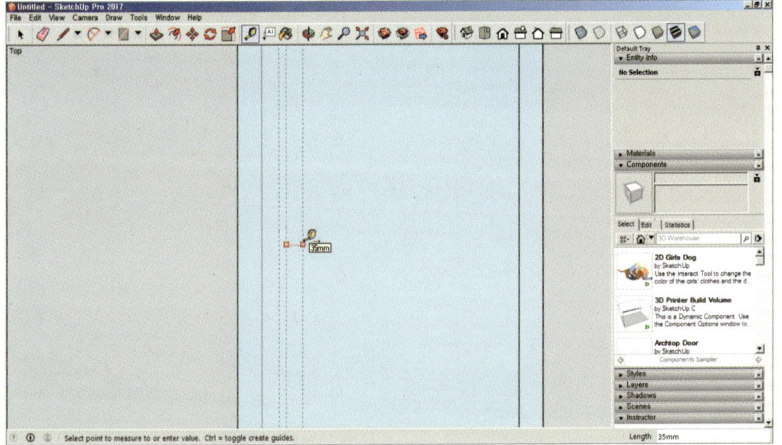

**7.** 다시 35mm 떨어진 보조선을 그린다. 선을 그린 후, 복사할 지점을 정확하기 위해서 보조선을 그린 것이다.

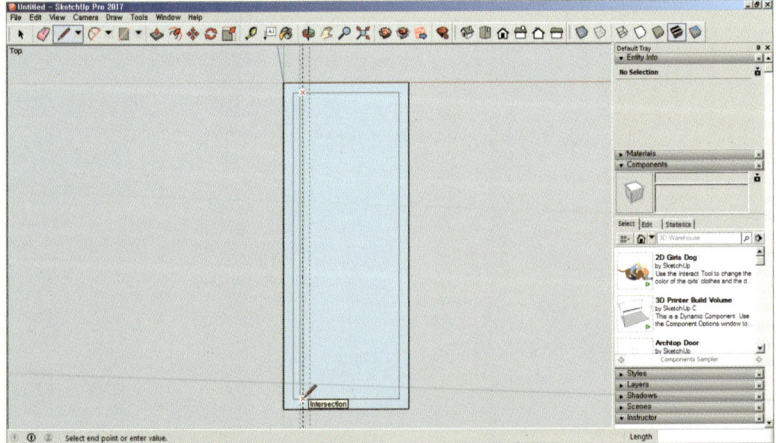

**8.** ✏ Line(선) 도구로 첫 번째와 두 번째 보조선 에 맞추어 선을 2개 그린다.

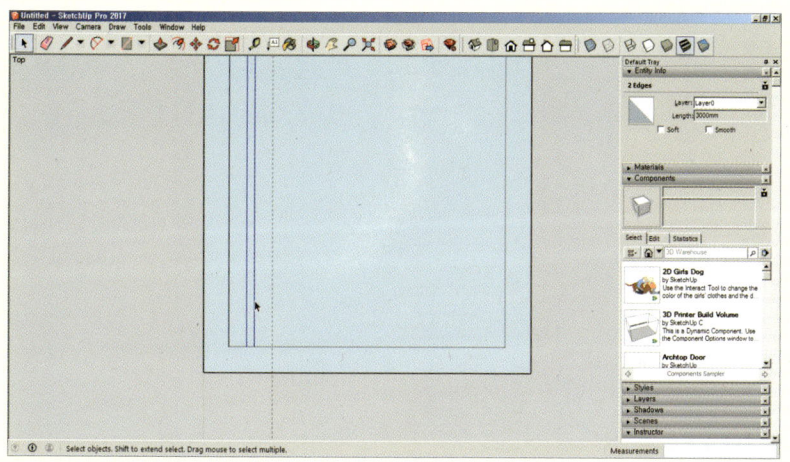

**9.** 첫 번째와 두 번째 선을 Select(선택) 도구를 사용해서 선택한다. 두 개의 선을 복사하기 위해서 이다. 또한 첫 번째와 두 번째의 보조선은 Eraser(지우기) 도구를 사용해서 제거하였다.

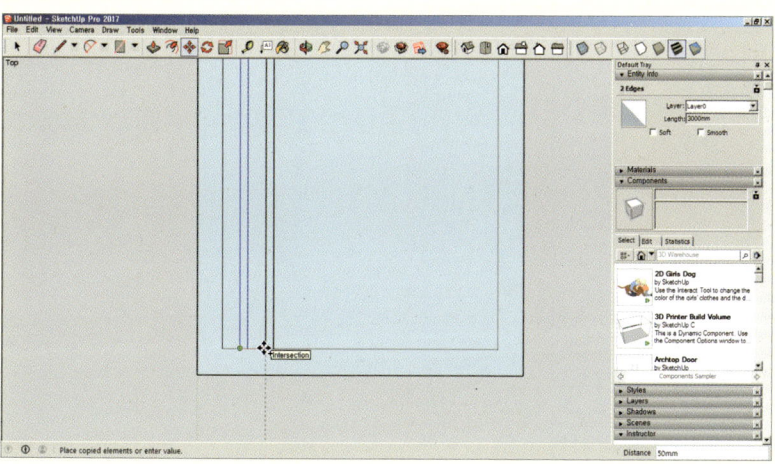

**10.** Move(이동) 도구를 선택한 후, Ctrl 키를 누르고 세 번째 보조선까지 드래그해서 복사한다.

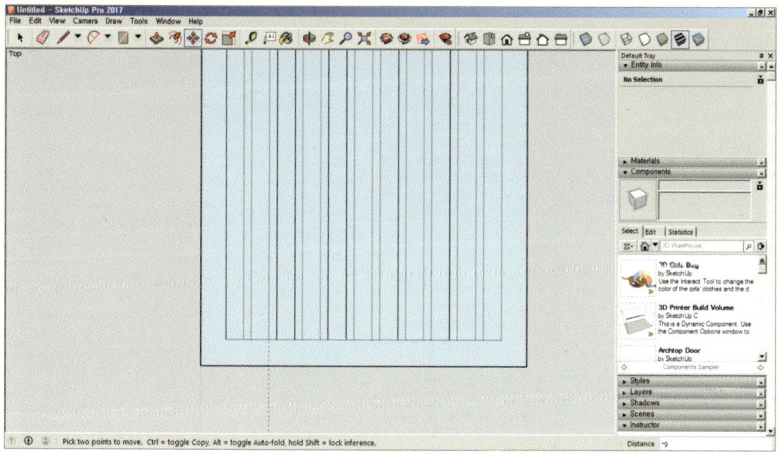

**11.** Distance *9

수치입력창에 *9를 입력해서 9개를 복사한다.

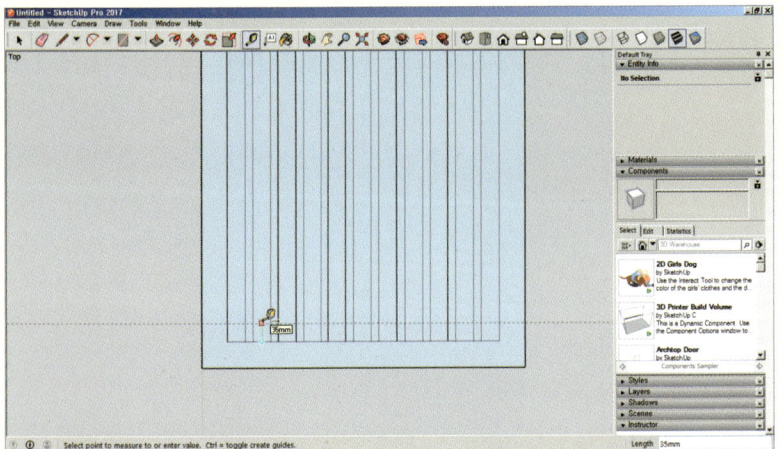

**12.** Tape Measure Tool (줄자) 도구를 사용해서 아래 안쪽선에서 35mm 떨어진 보조선을 그린다.

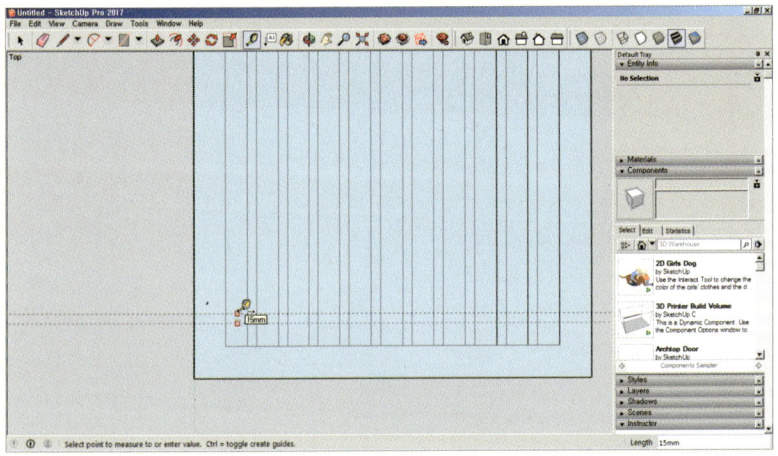

**13.** 다시 15mm 떨어진 보조선을 그린다.

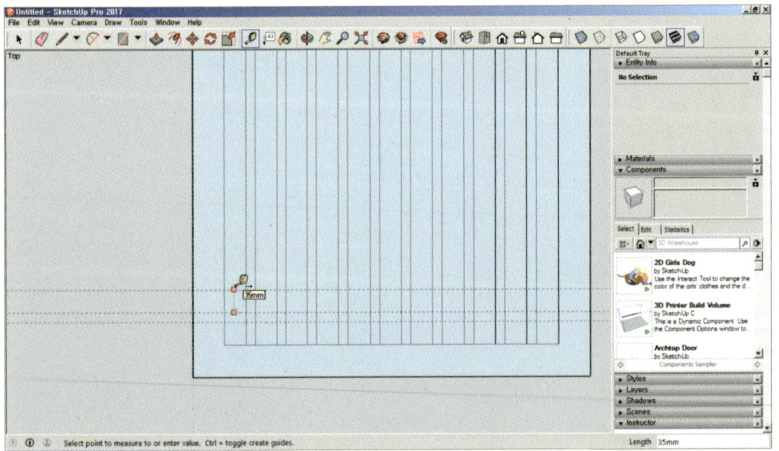

**14.** 한 번 더 35mm 떨어진 보조선을 그린다.

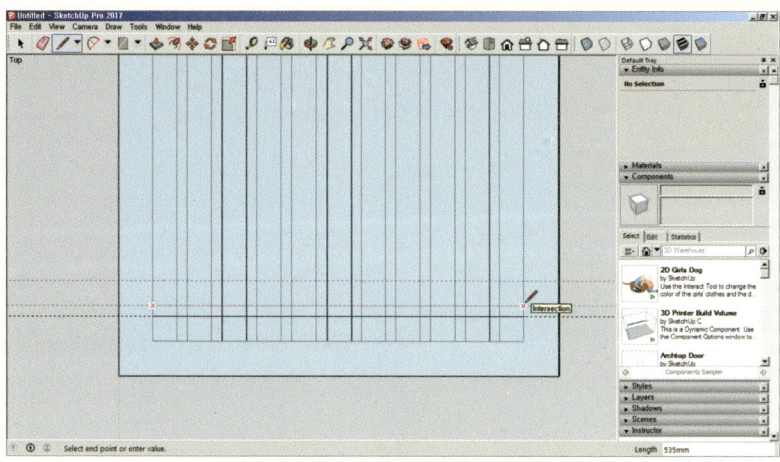

**15.** 첫 번째, 두 번째 보조선에 맞추어 Line(선) 도구로 가로선을 그린다.

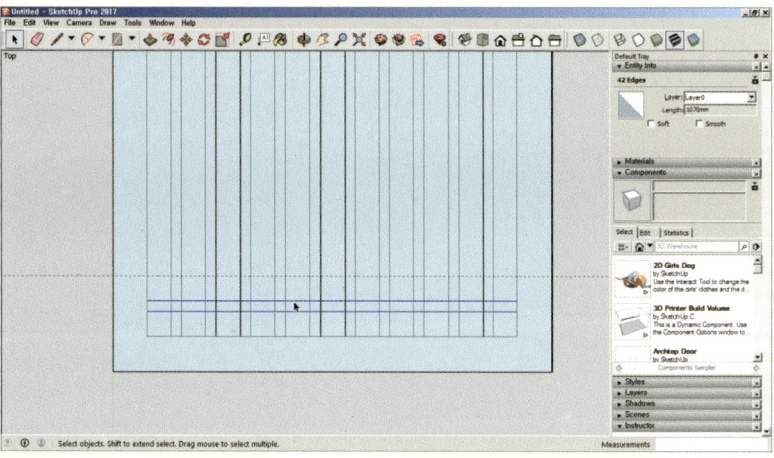

**16.** Select(선택) 도구로 첫 번째와 두 번째 선을 선택한다.

 가로선을 선택할 때 세로선에 의해서 선이 나뉘어지기 때문에 Ctrl키나 Shift키를 누르고 다중선택하거나 선하나당 사각형박스로 선택해야만 한다.

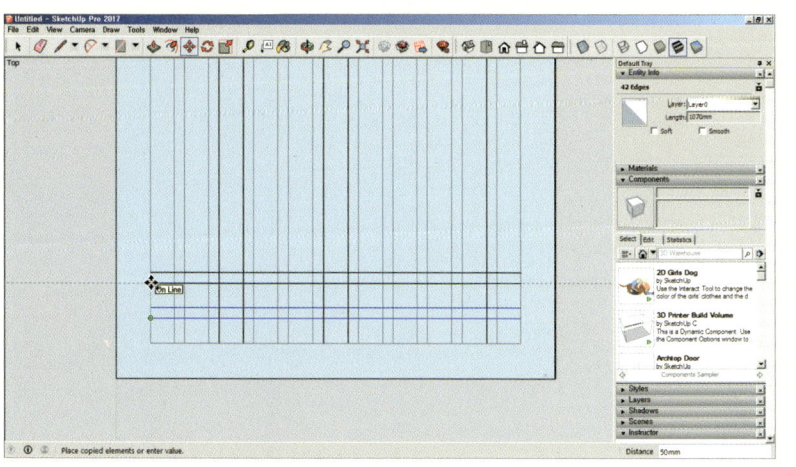

**17.** Move(이동) 도구를 선택한 후, Ctrl 키를 누르고 첫 번째 위쪽 꼭지점을 선택하고 위쪽 보조선까지 드래그해서 복사한다.

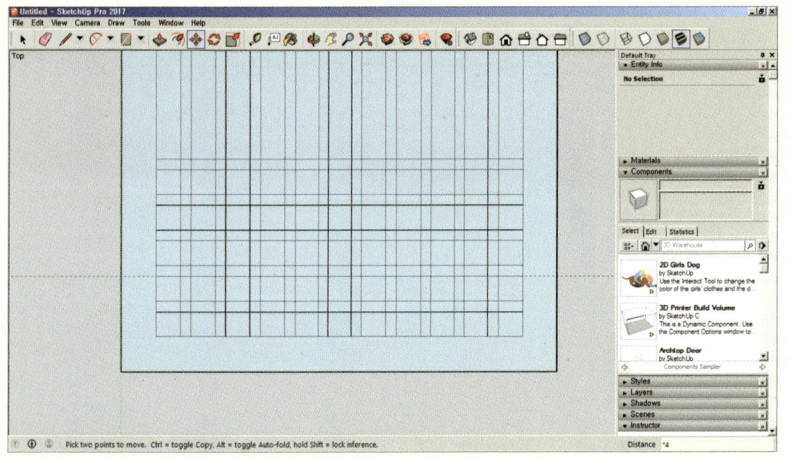

**18.** 수치입력창에 *4를 입력해서 4개를 복사한다.

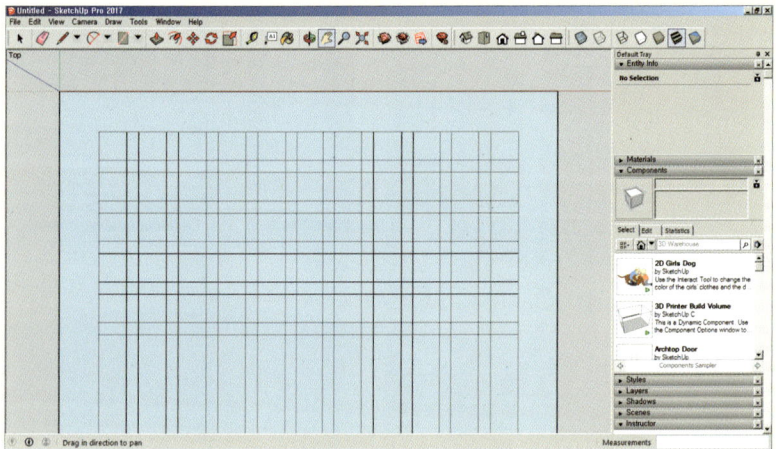

**19.** 같은 방법(12~18번)으로 위쪽도 그림과 같이 선을 그린다.

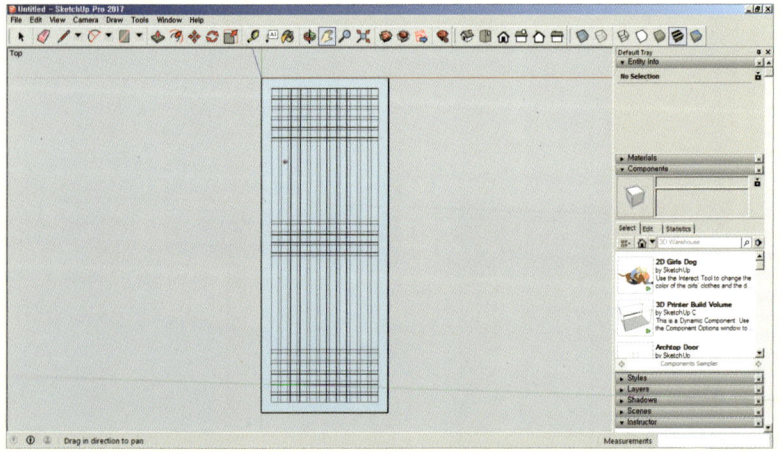

**20.** 창문의 중간부분도 그림과 같이 완성한다.

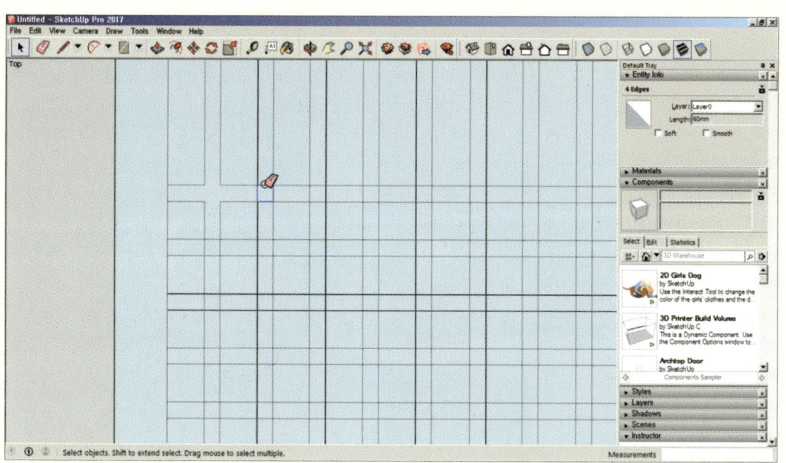

21. Eraser(지우기) 도구로 선이 교차하는 부분을 제거한다.

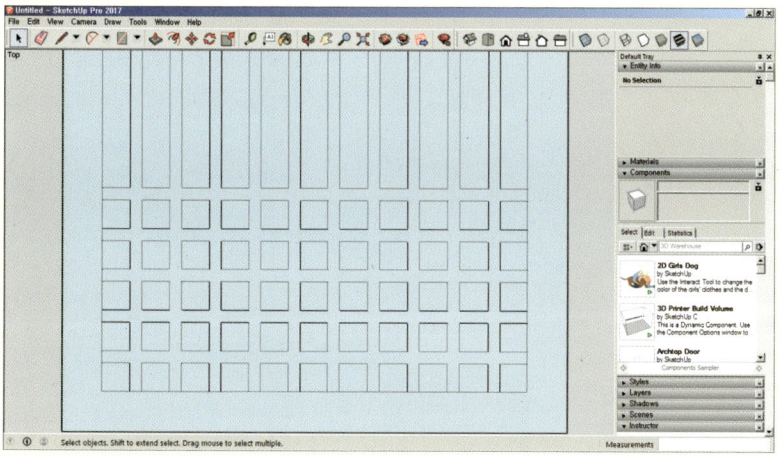

22. 아래쪽 창살무늬가 완성되었다.

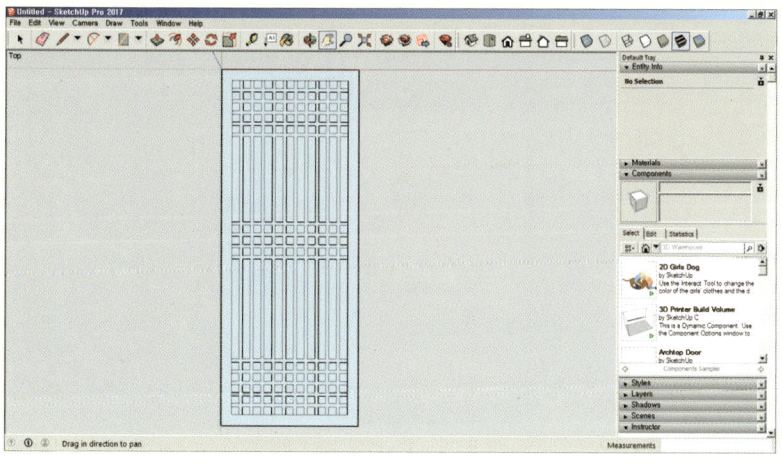

23. 위쪽과 가운데 부분도 Eraser(지우기) 도구를 사용해서 그림과 같이 완성한다.

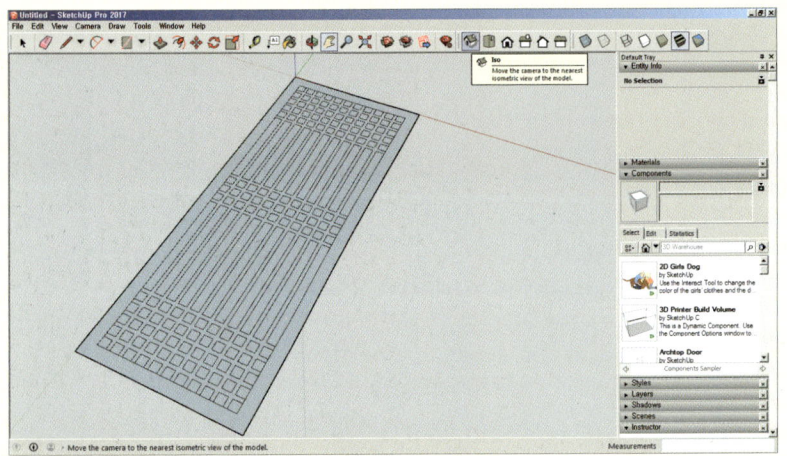

**24.** 창문틀과 창살을 입체로 만들기 위해서 화면의 View(뷰)를 ISO View(ISO보기)로 전환한다.

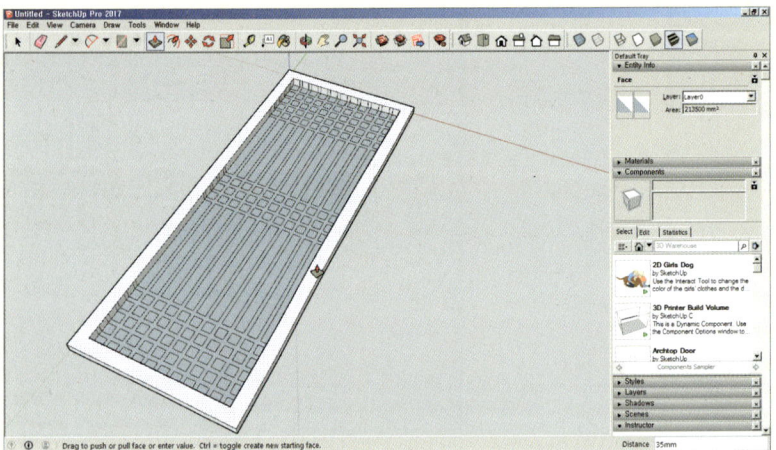

**25.** Push/Pull(밀기/끌기) 도구를 사용해서 창틀 부분을 35mm 생성한다.

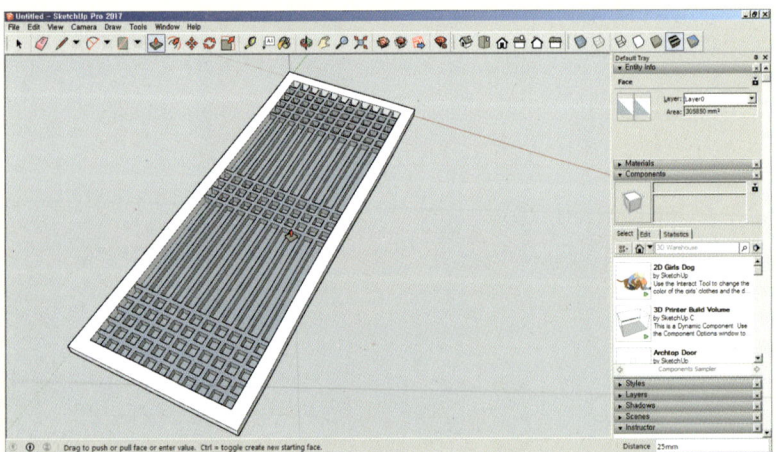

**26.** 창틀 부분도 25mm 면을 생성한다.

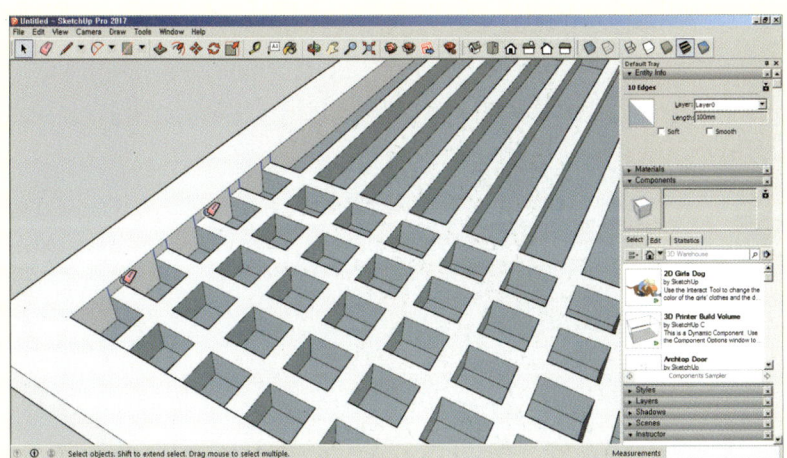

**27.** 창틀을 생성하면서 생긴 불필요한 선들은 Eraser(지우기) 도구로 제거한다.

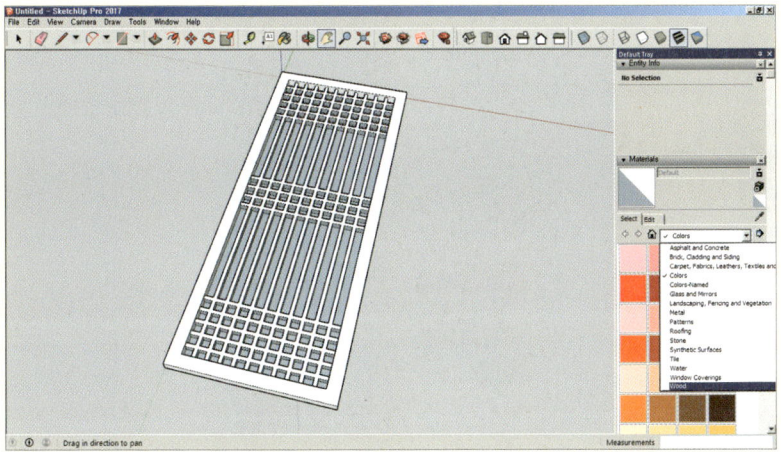

**28.** 창문의 재질을 적용하기 위해서 Materials(재질) Tray에서 'Wood'를 선택한다.

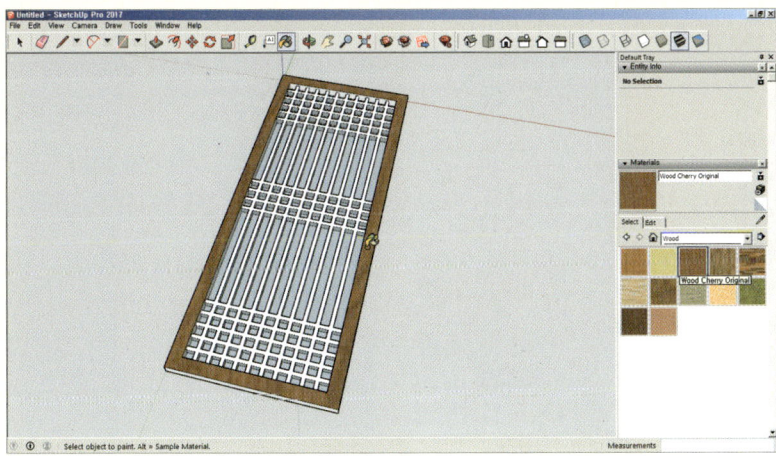

**29.** Wood Cherry Original 재질을 선택한 후, 창틀에 재질을 적용한다.

Lesson 3 기와집 + **303**

**30.** 창틀에도 같은 재질을 적용한다. 앞면뿐만이 아니라 옆에서 재질을 모두 선택해야 한다.

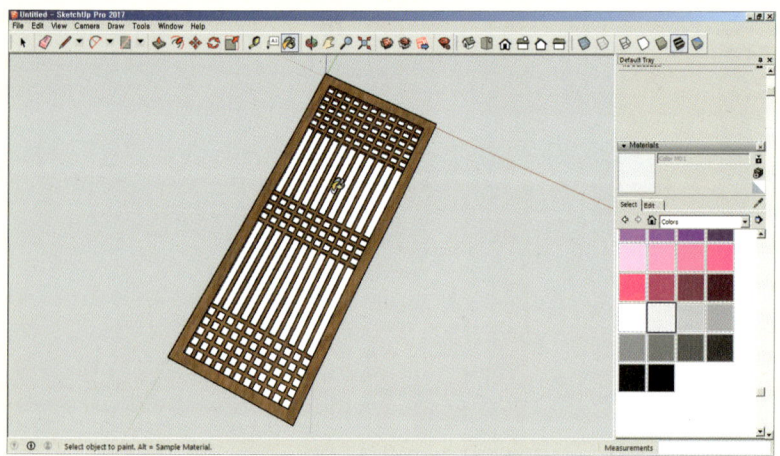

**31.** 창틀과 창살을 제외한 나머지 부분에는 Colors(색상)에서 Color M01 색상을 적용한다.

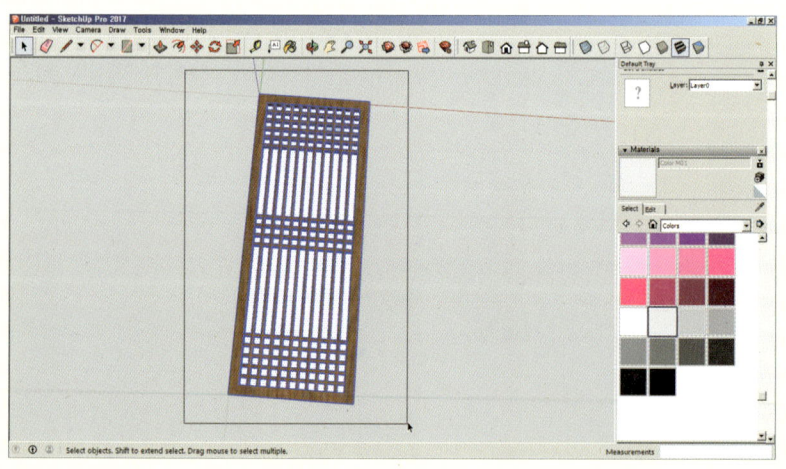

**32.** 창문 모델링이 완성되었다. 이제 만든 창문을 Components (구성요소)로 저장해 보자. Select(선택) 도구를 사용해서 드래그해서 창문을 모두 선택한다.

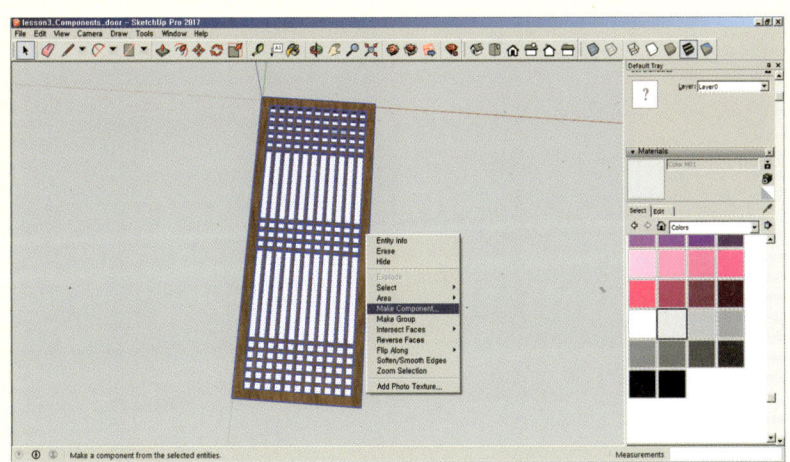

**33.** 오른쪽 마우스 클릭해서 Make Components(구성요소 만들기)를 선택한다.

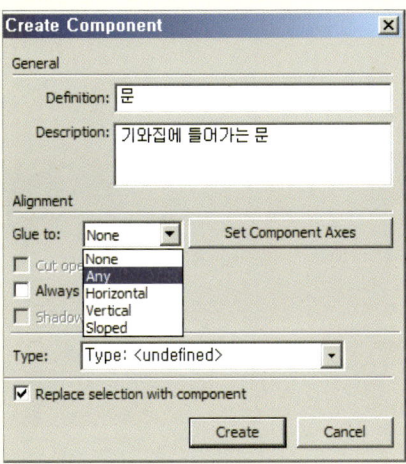

**Tip**

Glue to(연결 대)에서 반드시 Any(모두)를 선택해야 나중에 가져왔을 때 벽면의 어떠한 방향이든지 달라붙게 된다. 만약 None(없음)으로 선택하면 벽면에 달라붙지 않기 때문에 주의해야 한다. 간혹 우리가 인터넷에서 Component(구성요소)를 가져왔을 때 벽면에 달라붙지 않는 것은 제작자가 Glue to를 None으로 선택한 후 저장했기 때문이다.

**34.** Create Component(구성요소 만들기)에서 Definition(정의)와 Description(설명)을 적은 후, Glue to(연결 대)에서 Any(모두)를 선택한다.

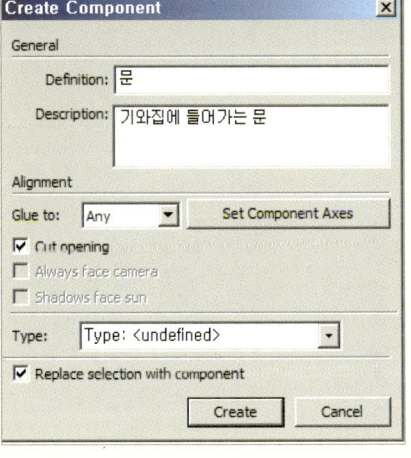

**Tip**

Cut opening(개방부 잘라내기)도 반드시 체크해야지만 나중에 불러와서 벽면에 붙였을 때 붙은 자리가 뚫려 투명한 유리의 재질이 적용된 경우 안쪽까지 볼 수 있다.

**35.** Cut opening(개방부 잘라내기)을 체크한다.

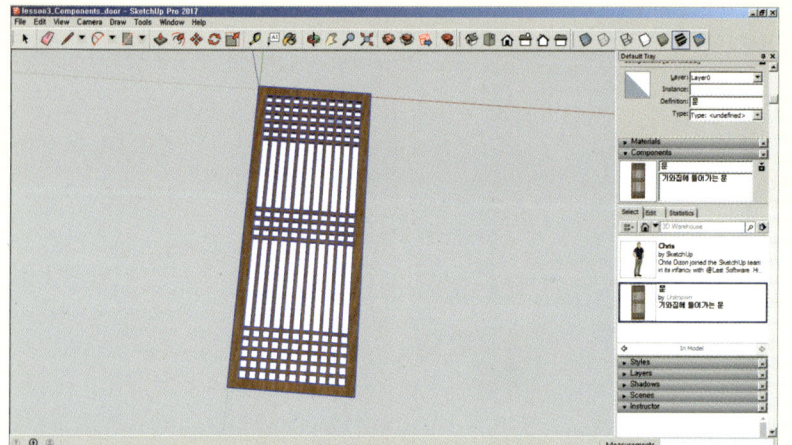

**36.** Component (구성요소)로 저장한 창문이 Components(구성요소) Tray 안에 저장된 것을 확인할 수 있다.

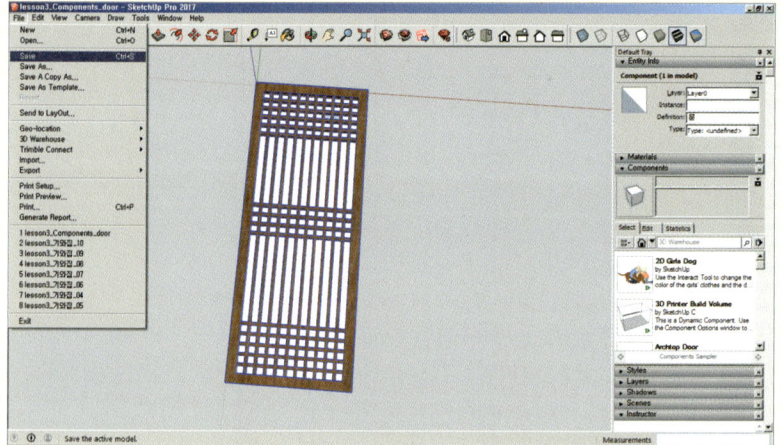

**37.** File(파일) > Save(저장)을 선택한다.

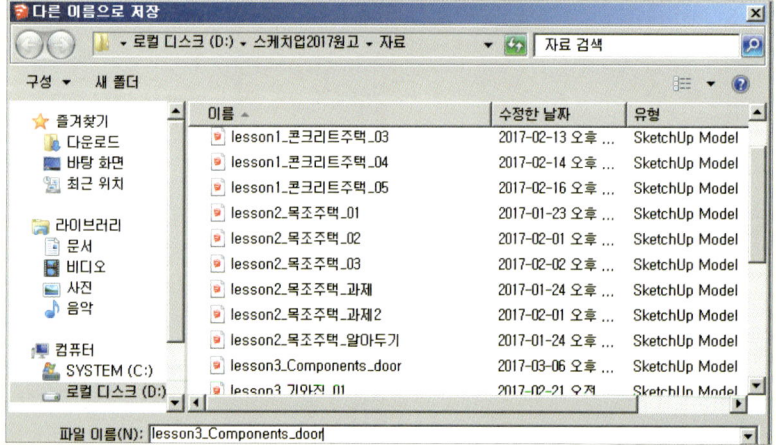

**38.** 파일 이름을 적고 저장한다.

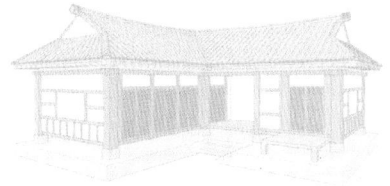

# 13 문, 창문

앞에서 제작한 Component(구성요소)를 가져다가 문과 창문을 완성해 보자.

**SketchUp 2017**

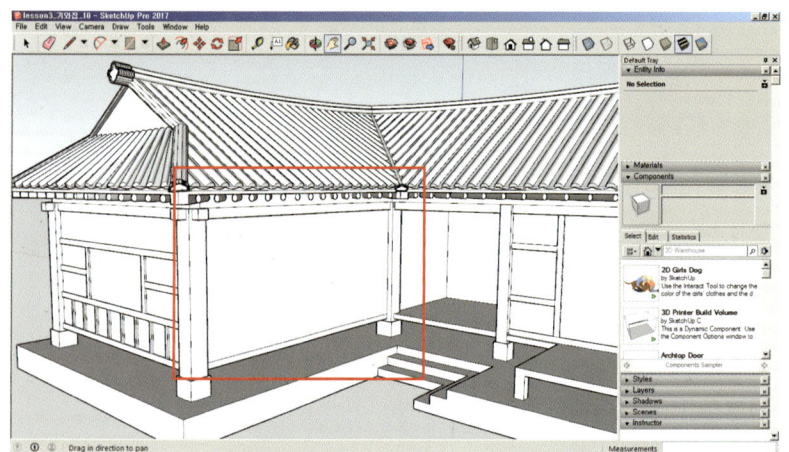

**262** 알아두기에서 제작 Component(구성요소)를 가져다가 붉은색 Box부분에 문과 창문을 제작해 보자.

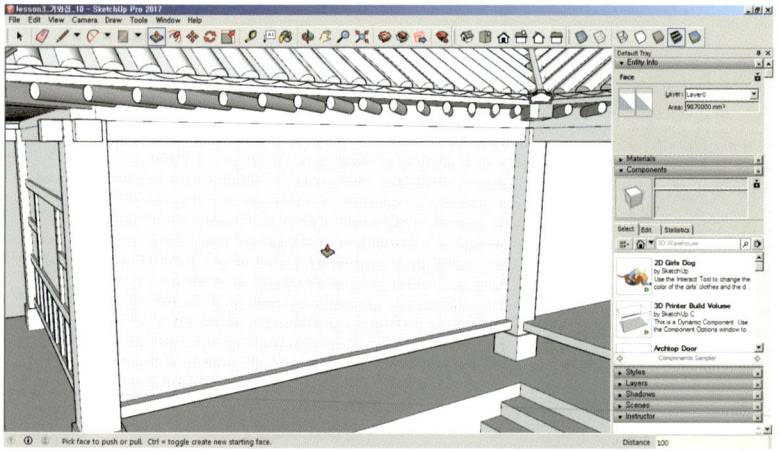

**263** 창문이 들어갈 자리를 마련하기 위해서 Push/Pull(밀기/끌기) 도구를 사용해서 벽면을 안쪽으로 100mm 밀어넣는다.

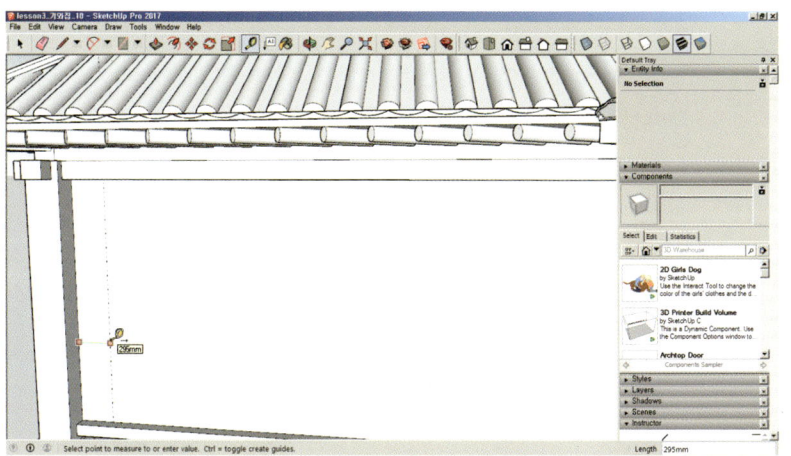

**264** 창문이 들어갈 부분을 정확하게 하기 위해서 Tape Measure Tool(줄자) 도구를 사용해서 왼쪽 벽면에서 295mm 떨어진 보조선을 그린다.

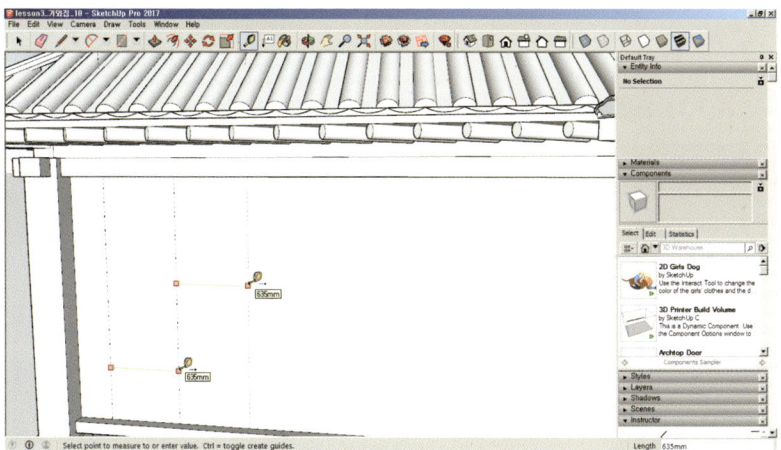

**265** 보조선에서 635mm 떨어진 보조선을 두 개 더 그린다. 문의 너비가 635mm 이기 때문이다.

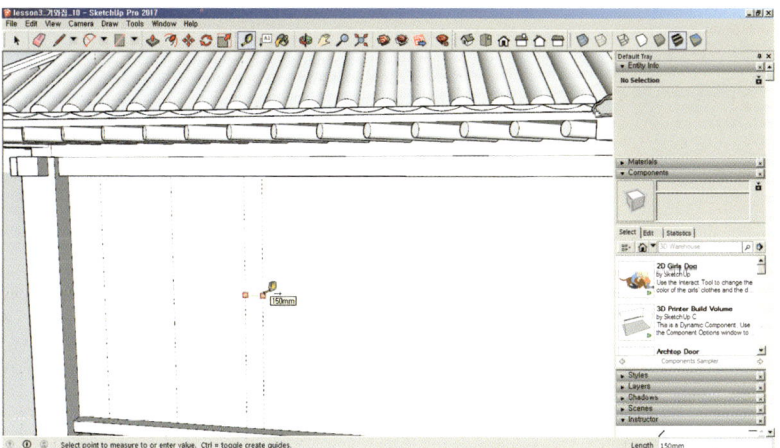

**266** 창문 옆의 기둥을 만들기 위해서 150mm 떨어진 보조선을 하나 더 그린다.

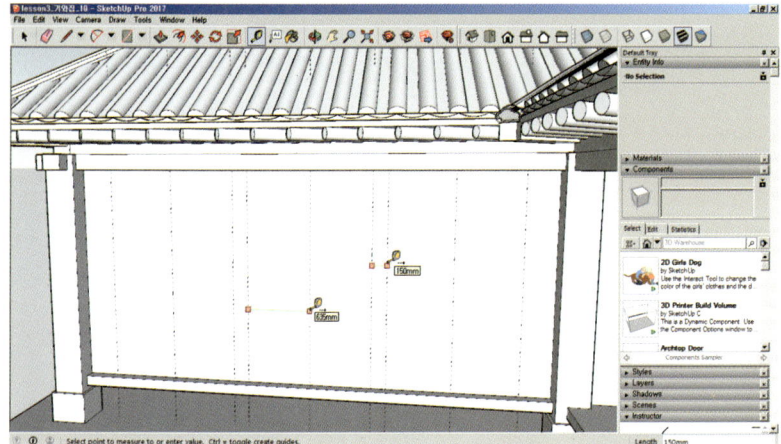

**267** 그림과 같이 635mm 떨어진 보조선 두 개와 150mm 떨어진 보조선, 그리고 마지막에 635mm 떨어진 보조선을 두 개 더 그린다.

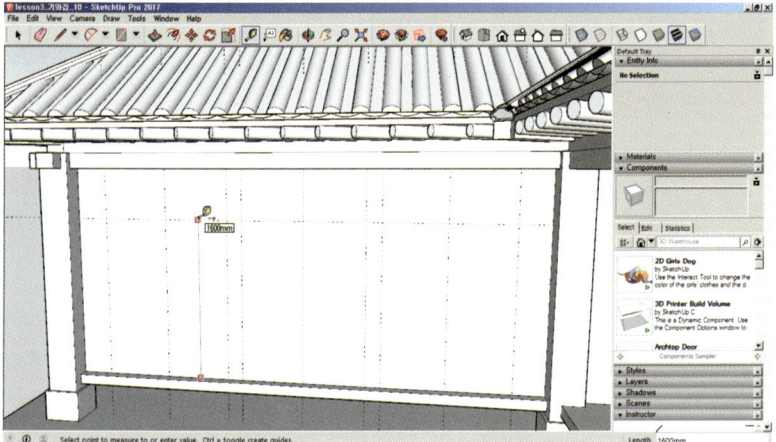

**268** 아래에서 1600mm 떨어진 보조선을 그린다. 문의 높이가 1600mm이기 때문이다.

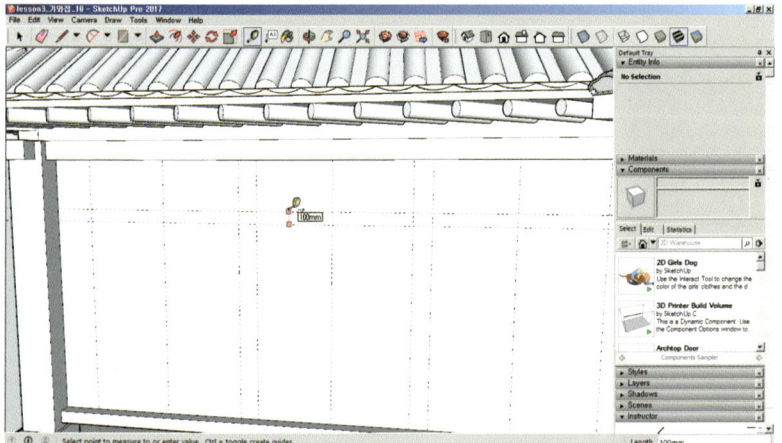

**269** 100mm 떨어진 보조선을 그린다.

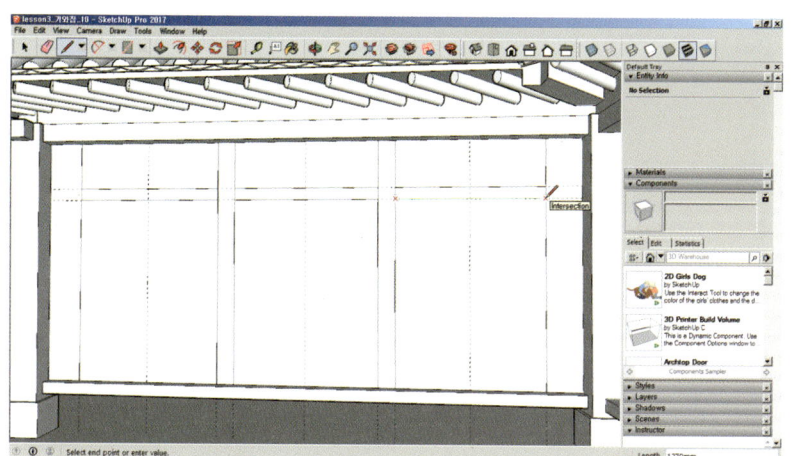

270 ✏️ Line(선) 도구를 사용해서 그림과 같이 선을 그린다.

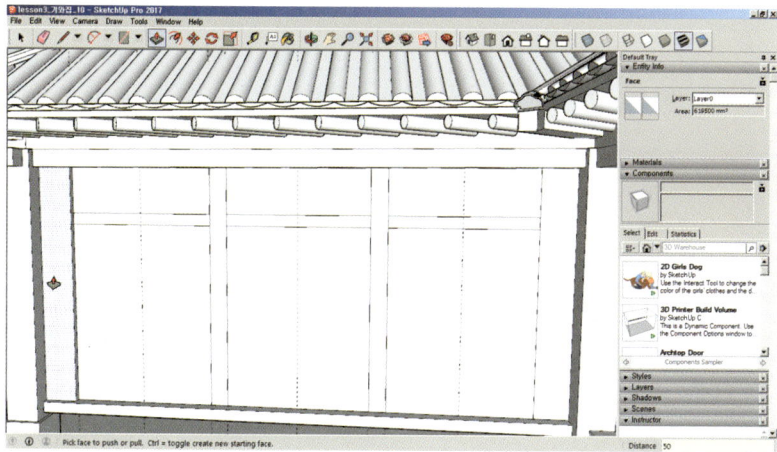

271 ◆ Push/Pull(밀기/끌기) 도구를 사용해서 문틀을 50mm 생성한다.

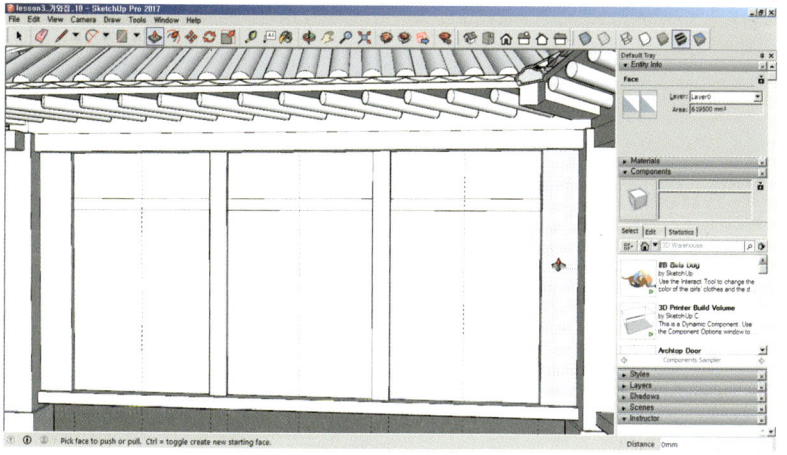

272 '더블클릭'해서 문틀을 각각 50mm 생성한다.

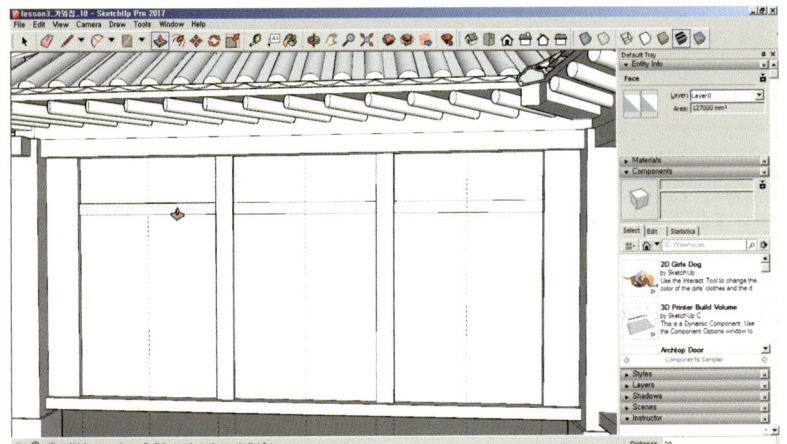

**273** 가로 문틀을 35mm 면을 생성한다.

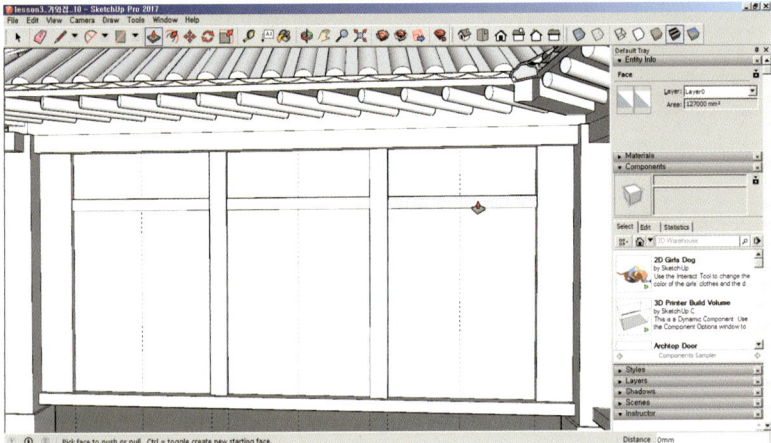

**274** '더블클릭'해서 가로 문틀을 35mm 생성한다.

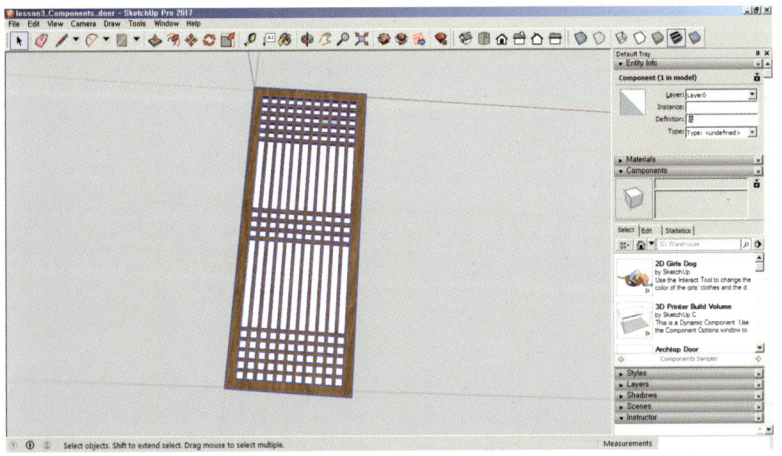

**275** 이제 Components(구성요소)로 제작한 문을 가져와 보자. Components(구성요소)로 제작한 문 파일을 열고 ▶ Select(선택) 도구로 문을 선택한 후, Ctr+C를 눌러 문을 복사한다.

| Tip | 모든 프로그램이 그렇듯 Ctrl + C 키는 SketchUp 프로그램에서도 복사하기 단축키이다. |

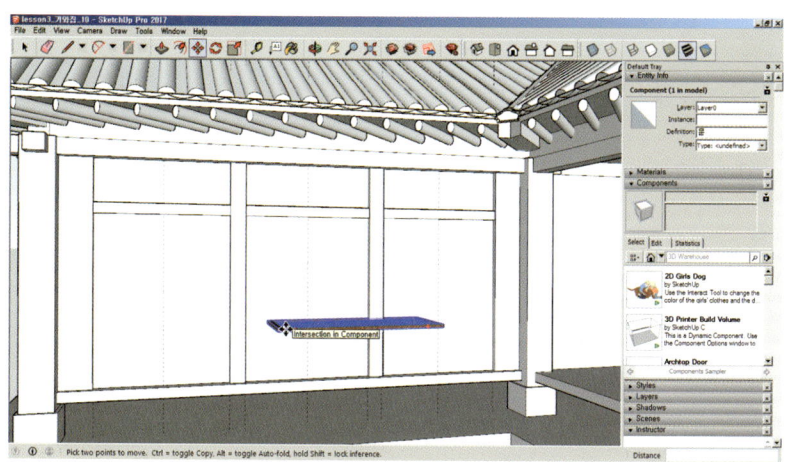

**276** 복사하고자 하는 파일을 열고, Ctrl + V (붙여넣기)해서 창문을 가지고 온다.

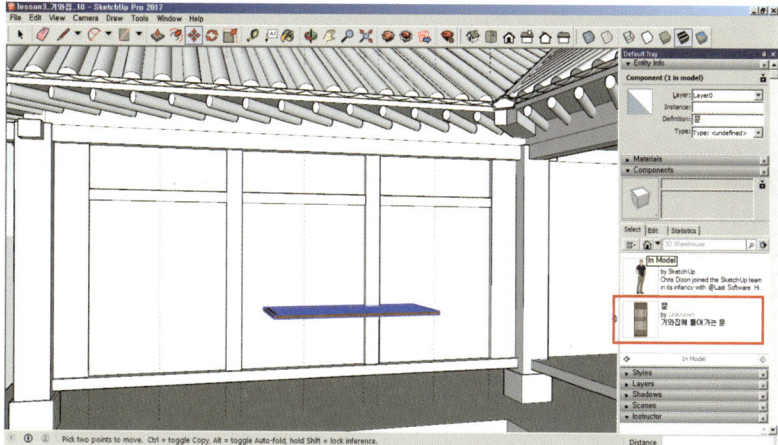

**277** Components(구성요소) Tray를 열어 보면 In Model(모델 안)에 문 Components(구성요소)가 들어와 있는 것을 확인할 수 있다.

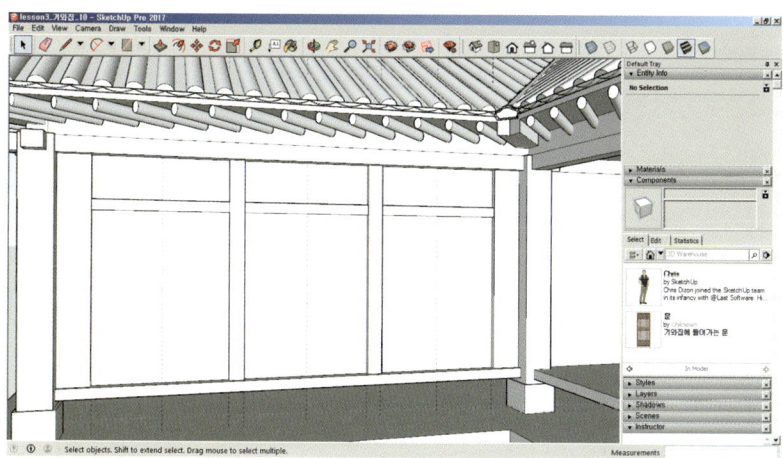

**278** Components(구성요소) Tray 안에 문이 들어와 있기 때문에 처음에 가지고 왔던 문을 Del 키를 눌러 삭제한다.

**Tip** 처음 가져온 창문을 제거하는 이유는 가져온 문을 회전하여 위치를 맞추는 것보다 Components(구성요소) Tray에서 다시 가져오는 것이 정확한 위치에 위치할 수 있기 때문이다.

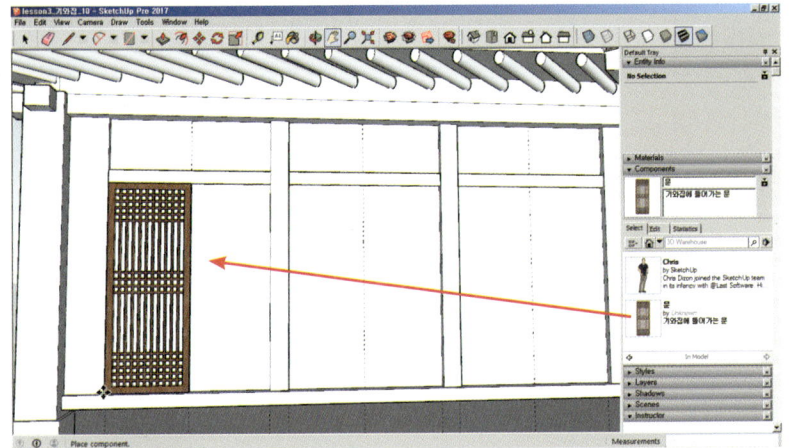

**279** Components(구성요소) Tray에서 문을 선택하고 화면에 드래그해서 가지고 온다.

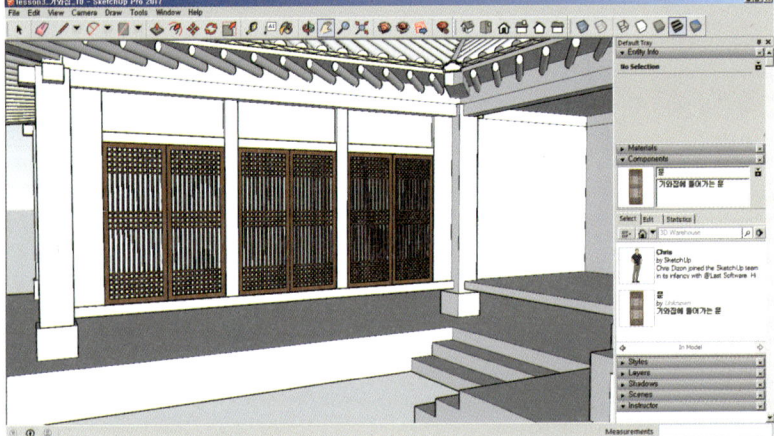

**280** 그림과 같이 연속해서 문을 가지고 온다.

**281** 안쪽 문과 사랑방 문도 Components(구성요소) Tray에서 문을 가져와 그림과 같이 완성한다.

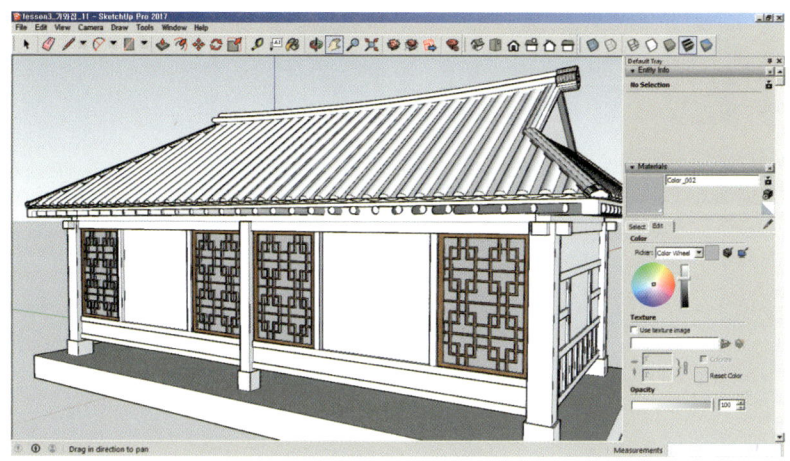

**282** 뒤쪽에도 그림과 같이 문을 완성한다. Components(구성요소)로 문을 제작한 후 가져오면 된다. 독자들이 다양한 모양의 문을 제작해 보도록 한다.

**Tip** 알아두기 05 (282page) Compoinents(구성요소) 문 만들기를 참고하여 다양한 문양의 문을 만들어 보자.

**283** 오른쪽 벽면도 그림과 같이 문을 완성한다.

Lesson 3 기와집 + **315**

# 14 재질적용하기

이제 완성된 기와집 모델을 가지고 재질을 적용해 보자.
재질은 오브젝트가 더욱 실제답게 보이는 역할을 한다.

**SketchUp 2017**

**284** Materials(재질) Tray에서 Roofing(지붕)을 선택한 후, Roofing Shingles Asphalt를 클릭해서 지붕에 재질을 적용한다.

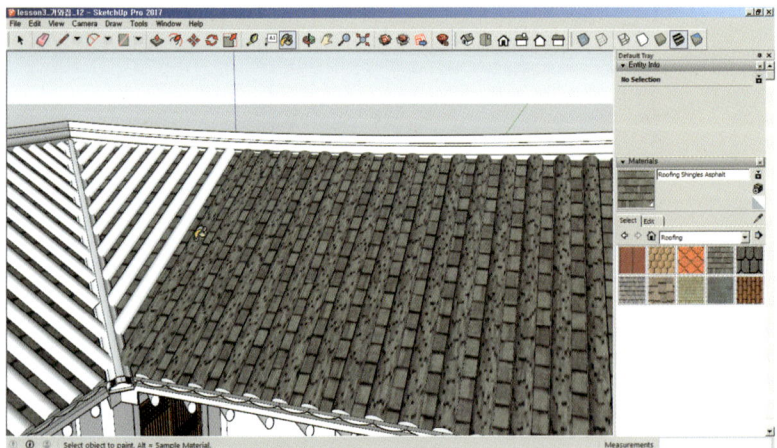

**285** 기와부분도 같은 재질로 적용한다.

**Tip** 같은 재질이라도 오브젝트의 모양이 곡면인지, 평면인지에 따라 적용되는 모양이 달라진다.

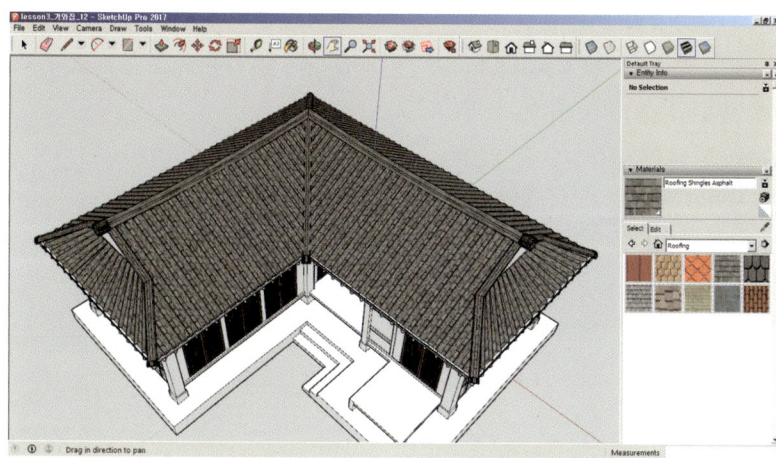

**286** 기와지붕에 모두 재질을 적용했다.

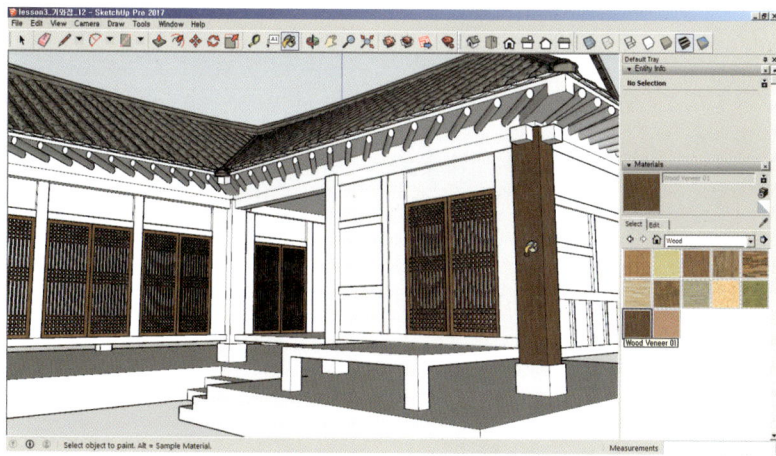

**287** 기둥재질은 Wood(나무) 재질 탭에서 Wood Veener 01 재질을 적용한다.

**288** 기둥과 벽면에 같은 나무재질을 적용한다.

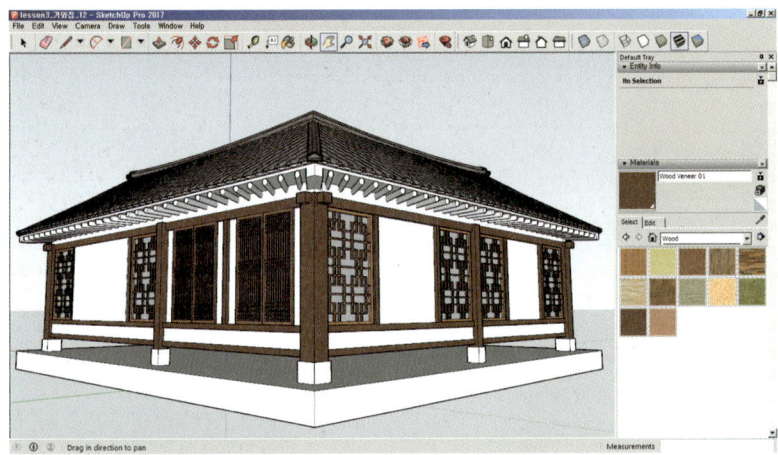

**289** 기와집 뒤쪽부분도 기둥과 벽면에 나무재질을 적용한다.

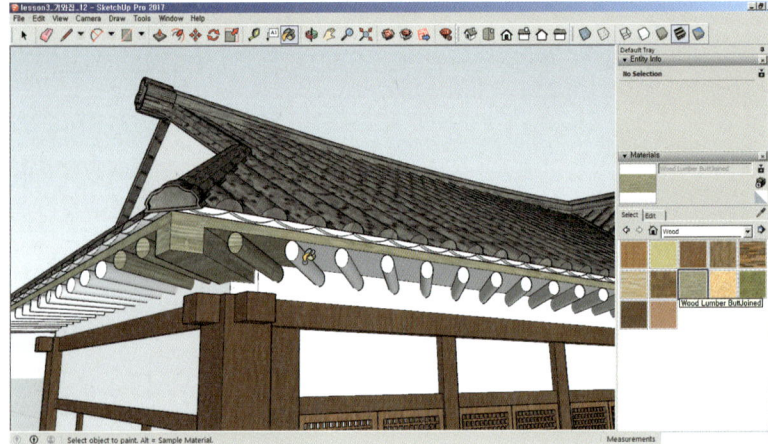

**290** 기와와 서까래 부분에 나무 재질 중 Wood Lumber Butt Joined 재질을 적용한다.

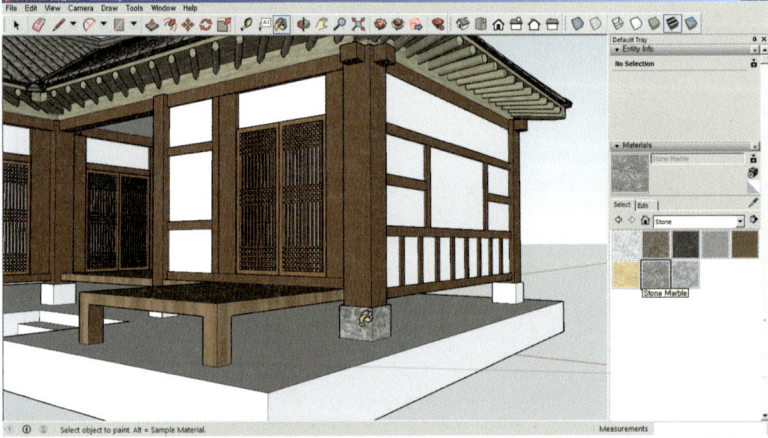

**291** 주춧돌에 Stone(돌) 탭에서 Stone Marble 재질을 적용한다.

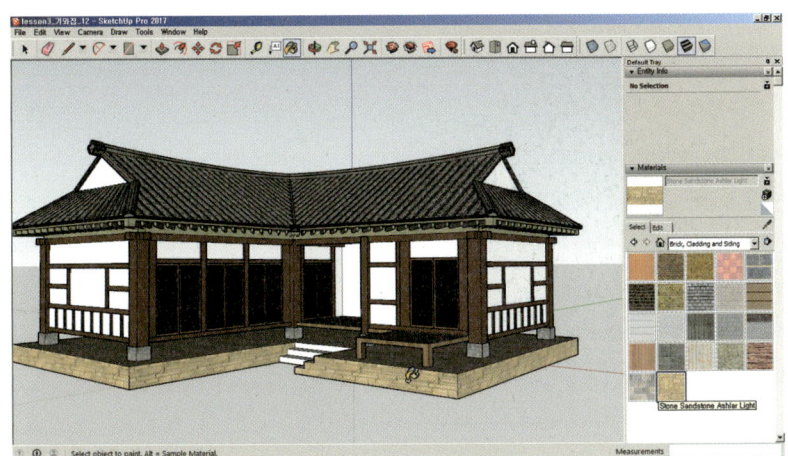

**292** 바닥면에도 돌재질인 Stone Sandstone Ashlar Light 재질을 적용한다.

**293** 재질을 모두 적용하였다.

# 그림자 생성하기

**알아두기 06**

그림자는 오브젝트의 중량감과 입체감 등 전체적인 분위기를 정하는 매우 중요한 작업이다.
알아두기를 통해 그림자를 생성해보자.
아래 두 개의 그림은 같은 기와집이지만 하나는 그림자가 없고 다른 하나는 그림자가 있다.
그림자가 있으면 밝은 부분과 어두운 부분의 차이가 생겨 중량감이 있고 입체감이 뚜렷하다.

〈그림자가 없을 때〉

〈그림자가 있을 때〉

**그럼 지금부터 그림자를 생성해 보도록 하자.**

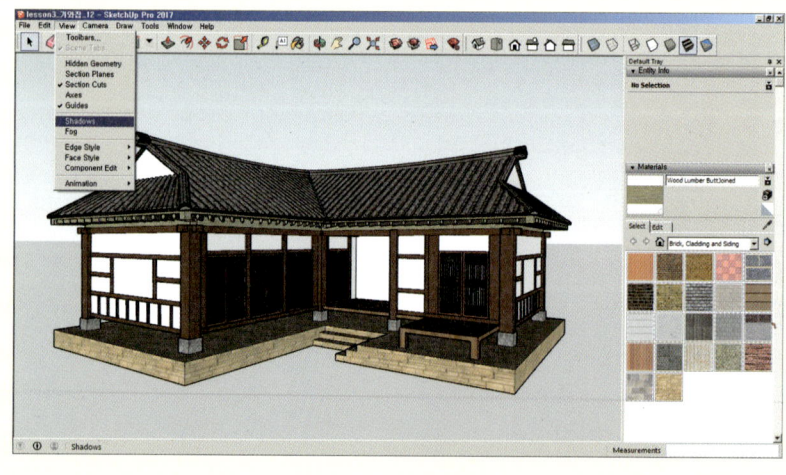

**1.** 그림자를 생성하기 위해서 메뉴에서 View > Shadows를 선택한다.

320 + SketchUp 2017

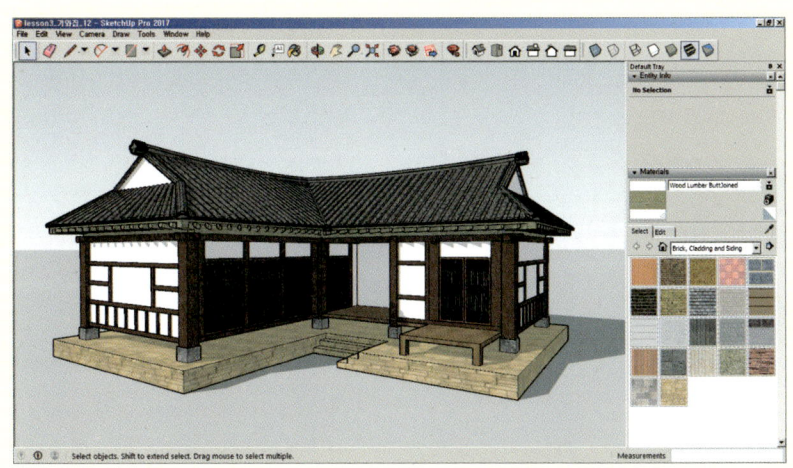

**2.** 그림자가 생성되었다.

**3.** 오늘 날짜에 맞추어 그림자를 생성해 보자. Shadows Tray를 연다.

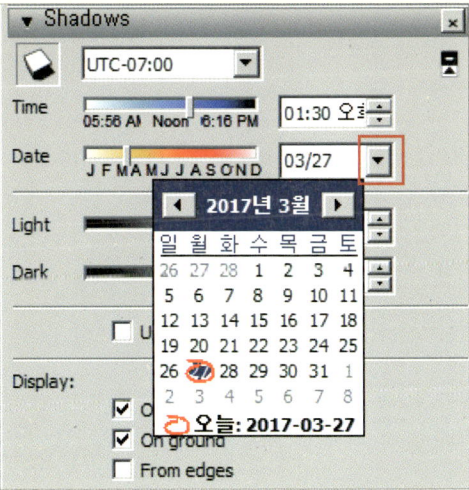

**4.** Shadows Tray에서 Date 의 화살표를 클릭한 후, 오늘 날짜를 선택한다.

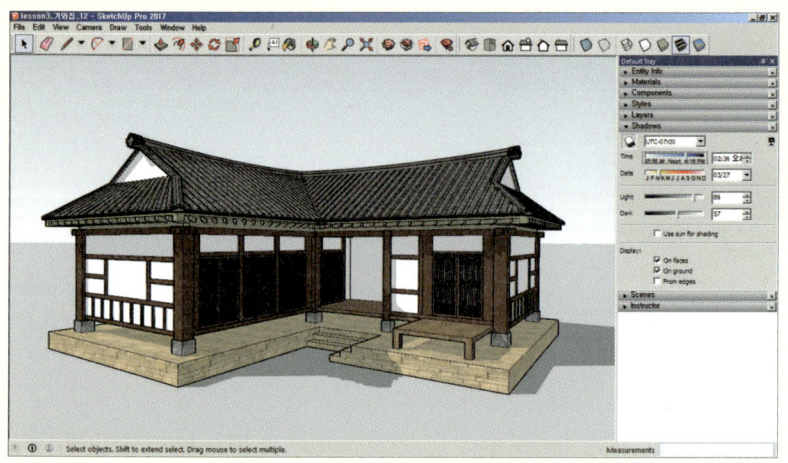

**5.** 그림자의 모습이 변한 것을 확인할 수 있다. Time(시간) 값을 조절하면 오전, 오후 등 그림자의 시간대를 설정할 수 있다.

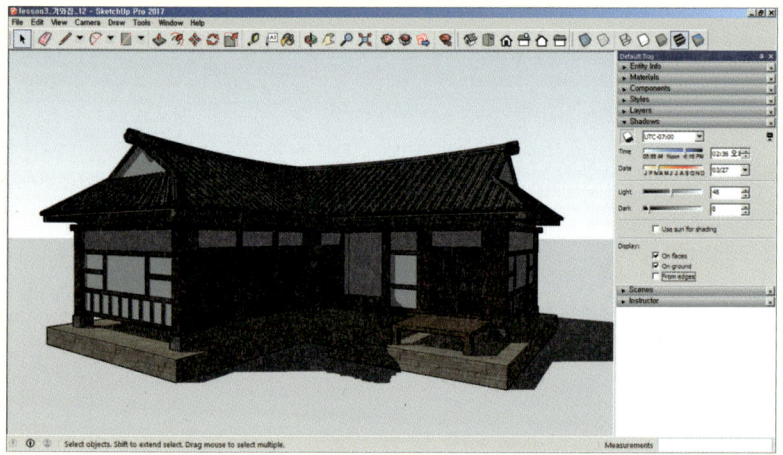

**6.** Ligth(빛)와 Dark(어둠)의 값을 조절하면 그림자의 전체적인 분위기를 조절할 수 있다.

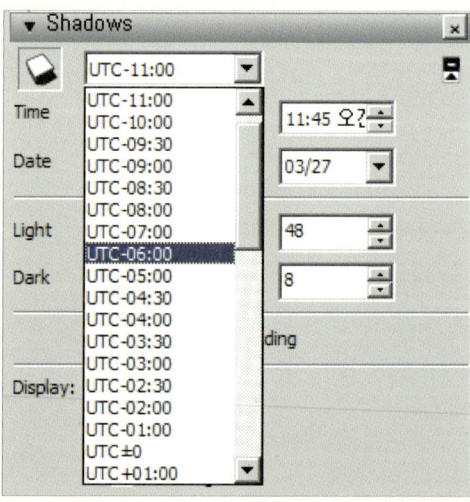

**7.** UCT(Universal Time Coordinated) 세계협정시를 설정하면, 영국 그리니치 천문대를 기준으로 하는 국제사회가 사용하는 과학적 시간의 표준을 30분 단위로 설정할 수 있다.

**8.** Shadows Tray에서 여러 가지 속성들을 조절해서 그림자를 생성해 보자.

SKETCHUP 2017

# LESSON 04

# DIY 목재가구

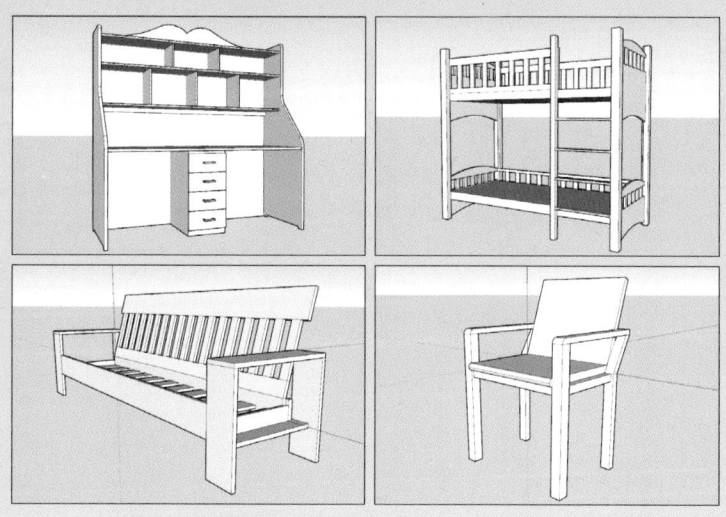

의자
팔걸이의자
목재소파
이층침대
트윈책상

# LESSON 4

이번에는 우리가 집에서 쉽게
제작할 수 있는 목재가구를 제작해 보자.

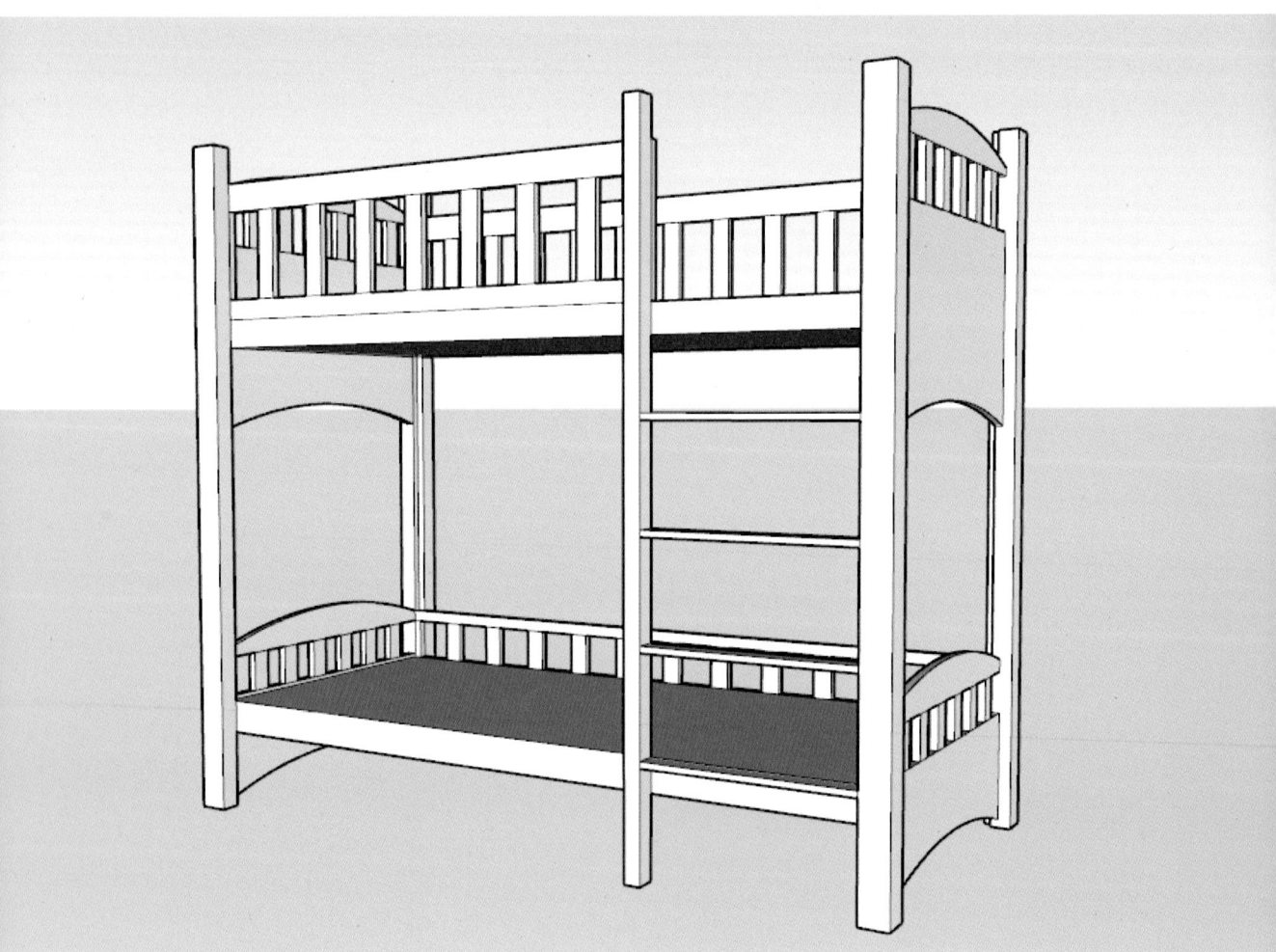

# DIY 목재가구

## 스케치업 2017 Basic & DIY

DIY(Do it yourself)는 자신이 원하는 물건을 스스로 만들 수 있도록 한 상품으로 반제품상태의 제품을 구입해 직접 조절하거나 제작하도록 한 상품을 말한다. 특히 목재가구에 많이 이용되는데 스케치업을 이용하면 상품을 주문하기전 미리 만들어 볼 수 있으며 하나 하나의 부품을 확인 할 수 있다. 이번 Lesson에서는 스케치업을 이용하여 집안에서 직접 만들수 있는 DIY 목재가구를 수록하였다. 또한 스케치업 프로그램이 지금에는 건축·인테리어 분야에서 많이 사용하지만 처음 개발된것은 바로 가구를 제작하기 위해서 였다.

### ▶ 이번 Lesson에서 사용되는 도구

- Select (선택) 도구
- Rectangle (직사각형) 도구
- Pan 이동 (상하/좌우) 도구
- Orbit (궤도) 도구
- Push/Pull (밀기/끌기) 도구
- Tape Measure Tool (줄자) 도구
- Line (선) 도구
- Eraser (지우기) 도구
- Offset (오프셋) 도구
- Move (이동) 도구
- Scale (배율) 도구
- Paint Burket / 페인트통

# 01 의자

목재로 가장 쉽게 만들 수 있는 것이 의자이다.

**SketchUp 2017**

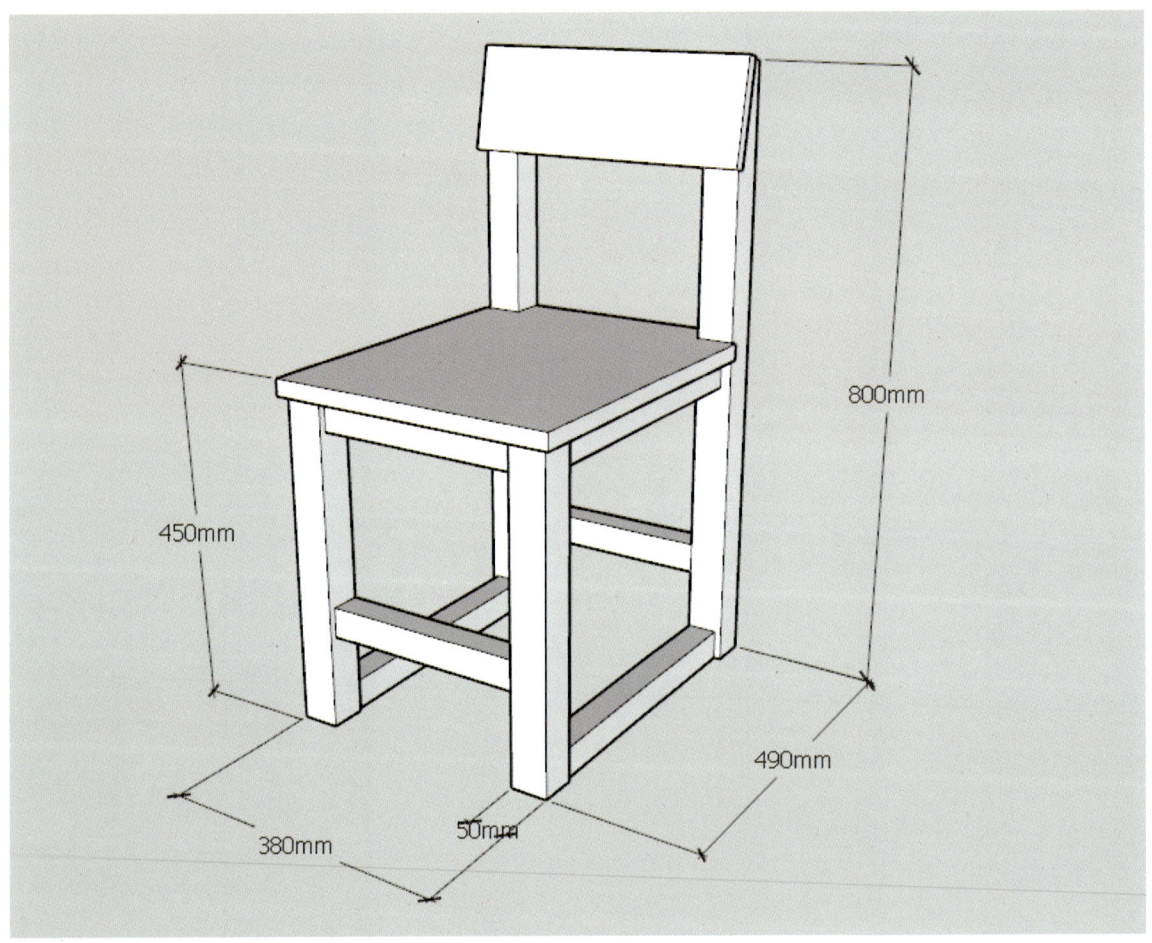

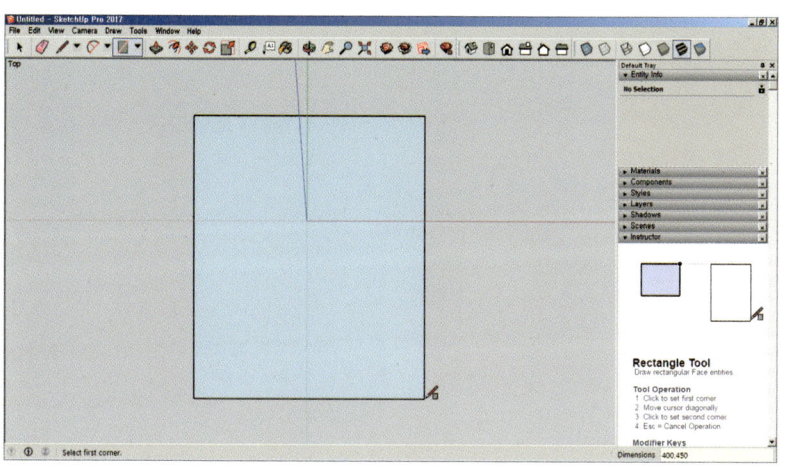

**1** Rectangle(직사각형) 도구를 사용해서 Top View에서 400, 450인 사각형을 그린다.

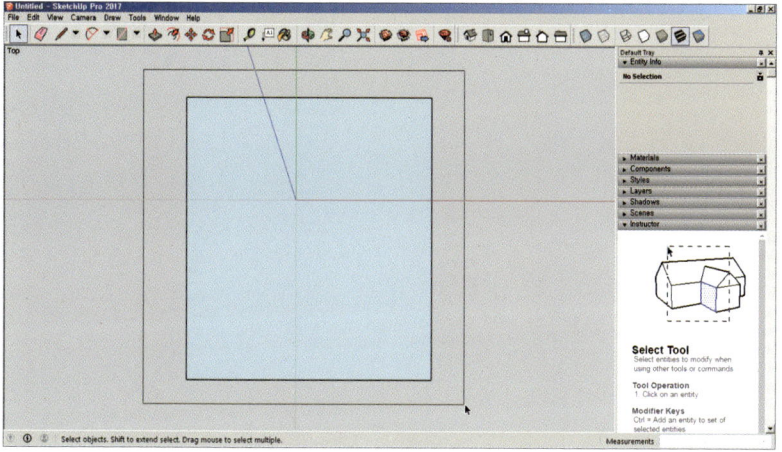

**2** Select(선택) 도구를 사용해서 사각형을 전체 선택한다.

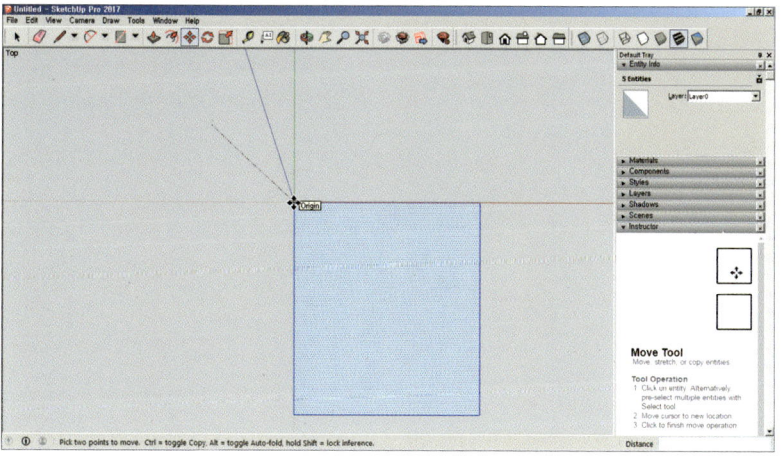

**3** Move(이동) 도구를 사용해서 모서리를 잡고 Origin(원점)으로 이동한다.

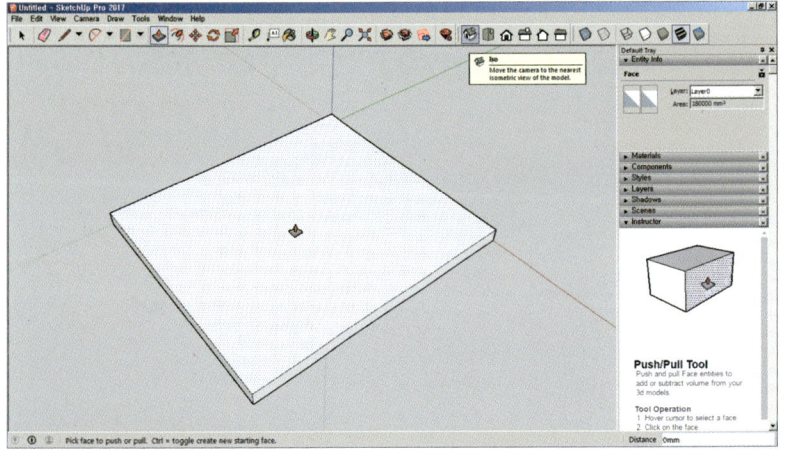

**4** 화면 View를 ISO View로 전환한 후, Push/Pull(밀기/끌기) 도구를 사용해서 22mm 면을 생성한다. 의자 바닥의 두께가 22mm이다.

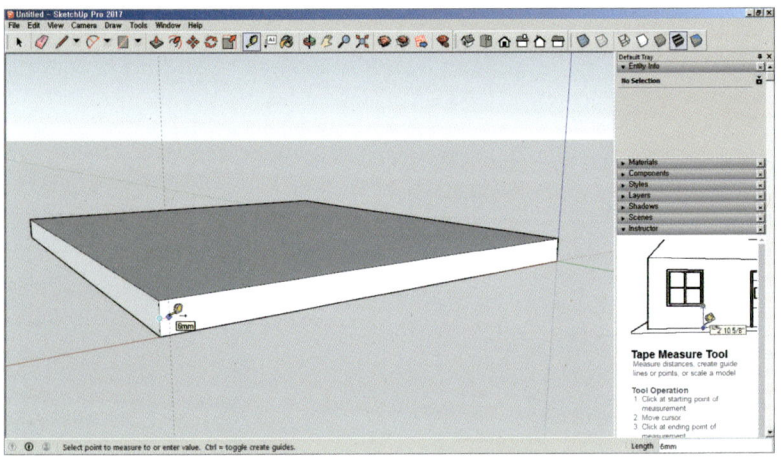

**5** 의자 뒷다리를 제작하기 위해서 뒤쪽으로 화면을 전환한 후, Tape Measure Tool (줄자) 도구를 사용해서 옆 모서리에서 6mm 떨어진 보조선을 그린다.

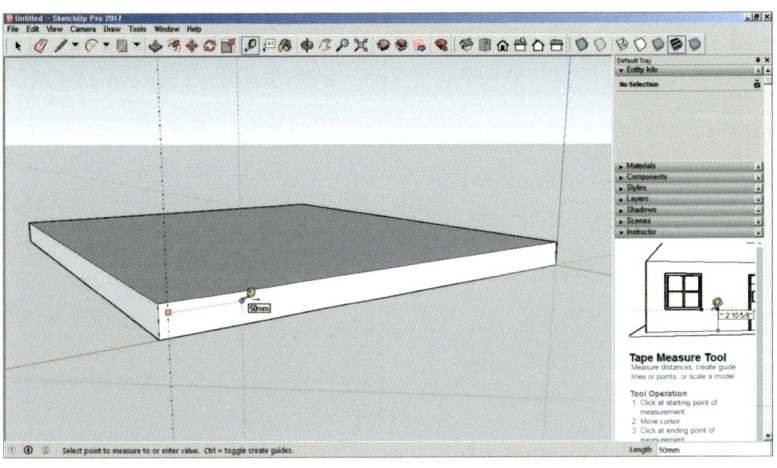

**6** 방금 그린 보조선에서 50mm 떨어진 보조선을 하나 더 그린다. 다리의 폭이 50mm이다.

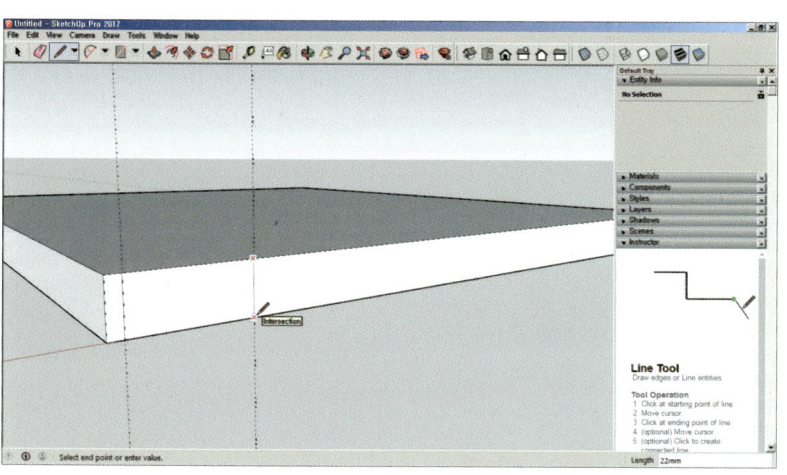

**7** 보조선에 맞추어 Line (선) 도구를 사용해서 선을 2개 그린다.

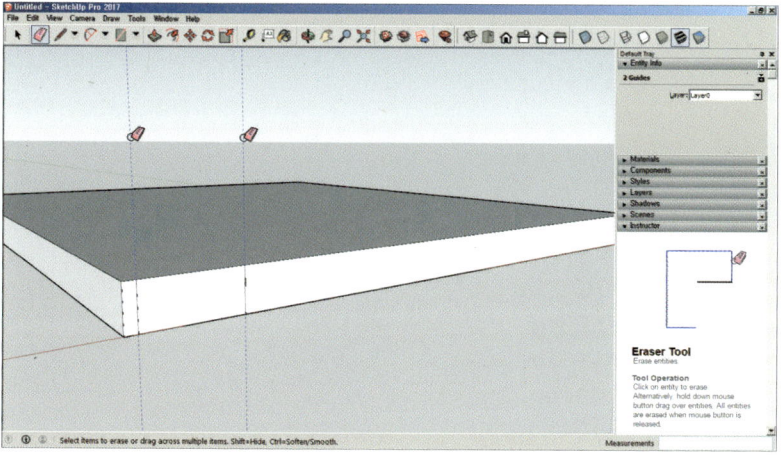

**8** Eraser(지우기) 도구로 사용한 보조선을 제거한다.

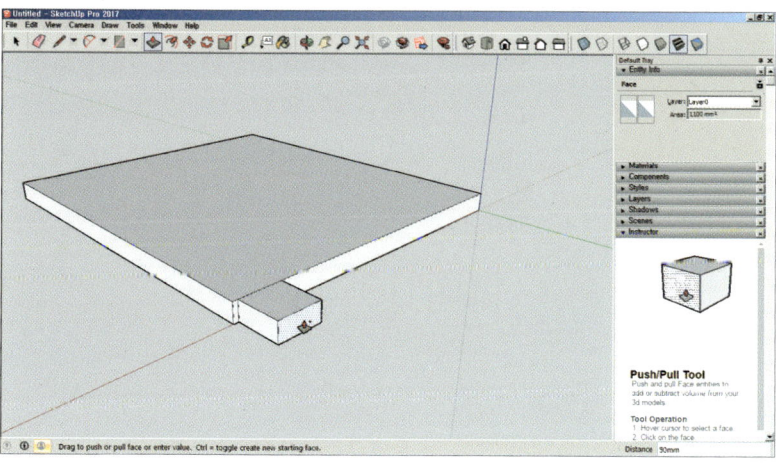

**9** Push/Pull(밀기/끌기) 도구를 사용해서 Ctrl키를 누른 후, 뒤쪽으로 면을 50mm 생성한다.

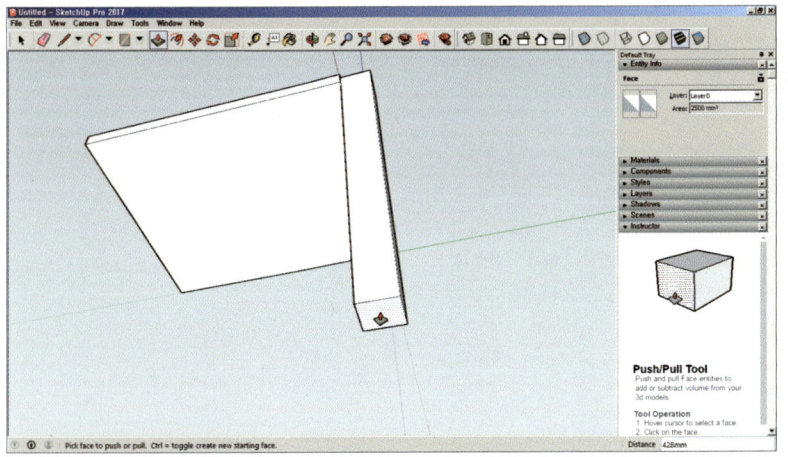

10 Push/Pull(밀기/끌기) 도구를 사용해서 아래쪽으로 428mm 생성한다.

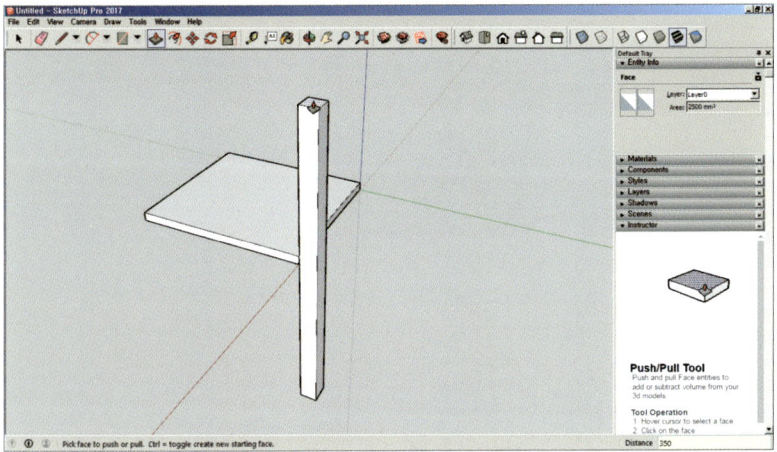

11 위쪽으로 350mm 면을 생성한다. 의자 뒤쪽 다리 하나가 완성되었다.

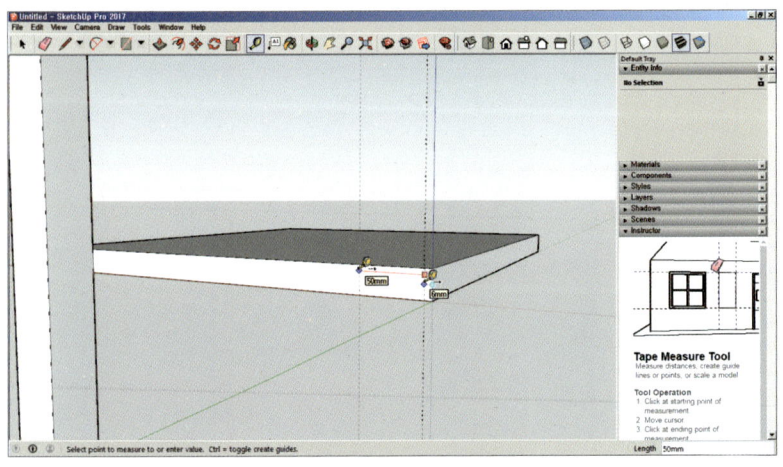

12 반대쪽에도 Tape Measure Tool (줄자) 도구를 사용해서 모서리로부터 각각 6mm와 50mm 떨어진 보조선을 그린다.

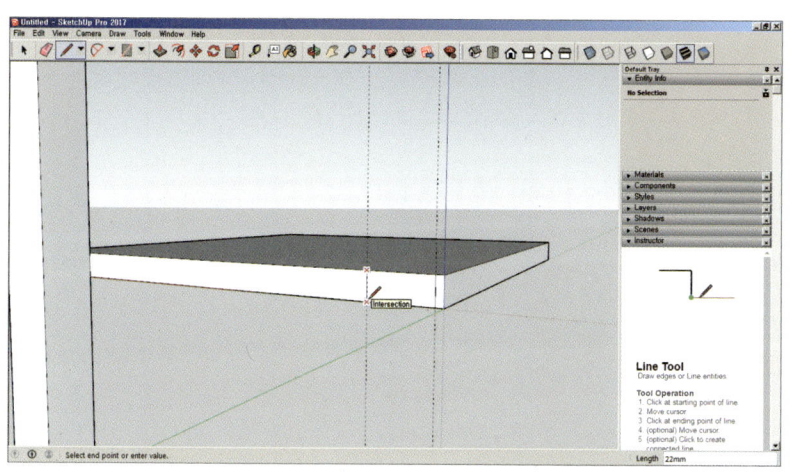

**13** 보조선에 맞추어 Line(선) 도구로 선을 2개 그린다.

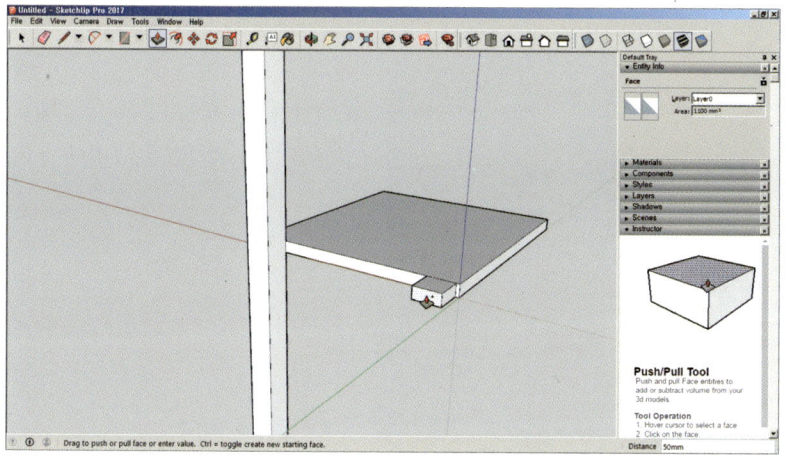

**14** Eraser(지우기) 도구로 보조선을 제거한 후, Push/Pull(밀기/끌기) 도구를 사용해서 Ctrl키를 누른 후 면을 50mm 생성한다.

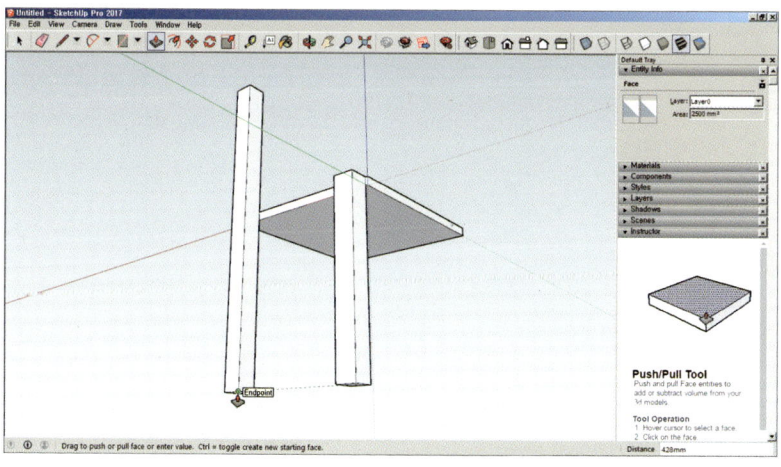

**15** 아래쪽으로 면을 옆다리의 끝점(Endpoint)까지 면을 생성한다.

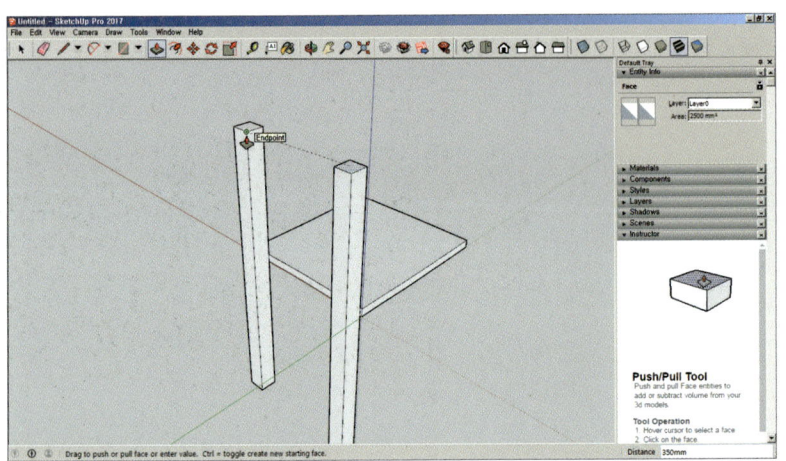

**16** 위쪽도 옆다리의 위쪽 끝점(Endpoint)까지 면을 생성한다.

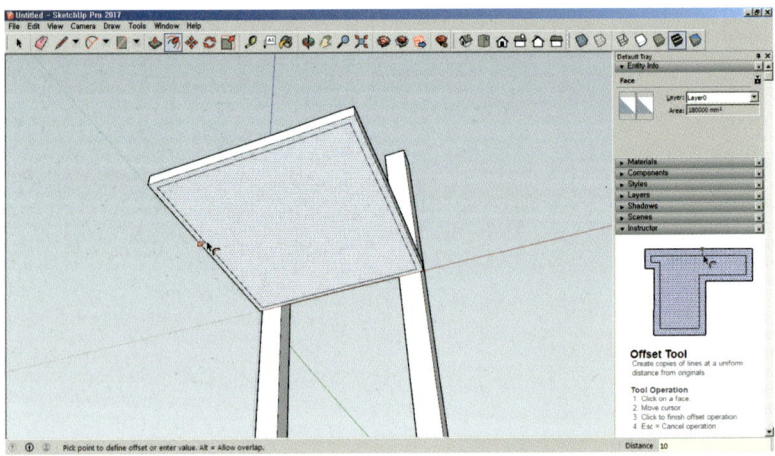

**17** 의자의 앞쪽 다리를 만들기 위해서 의자 아랫면에서 Offset(오프셋) 도구를 사용해서 10mm 작은 사각형을 그린다.

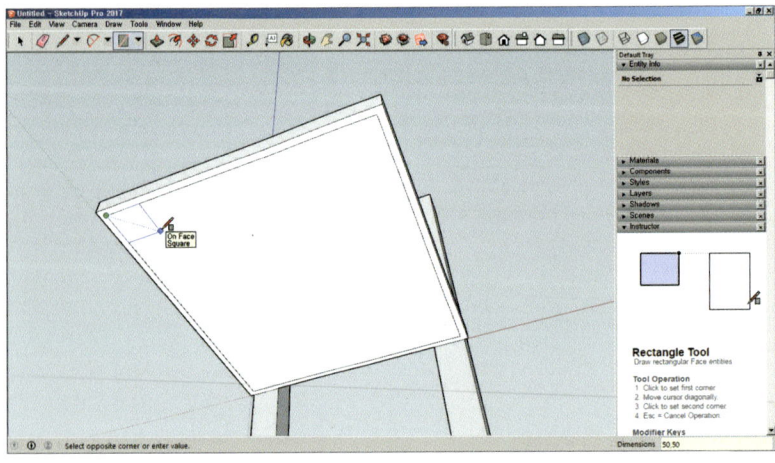

**18** 모서리에서 Rectangle(직사각형) 도구를 사용해서 50,50인 사각형을 그린다.

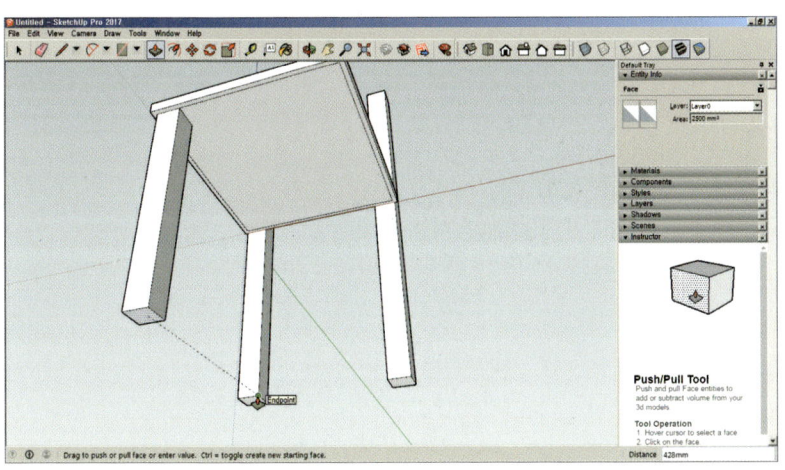

19 아래쪽으로 Push/Pull(밀기/끌기) 도구를 사용해서 의자 뒷다리까지 면을 생성한다.

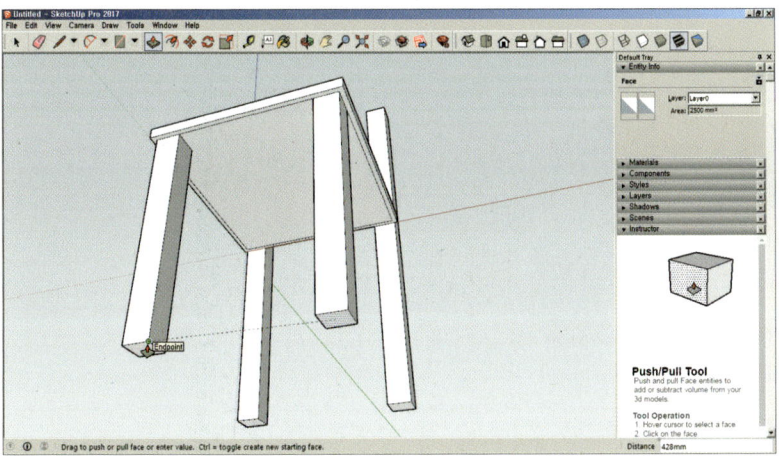

**반복학습**

20 같은 방법(18~19번)으로 앞다리를 하나 더 생성한다.

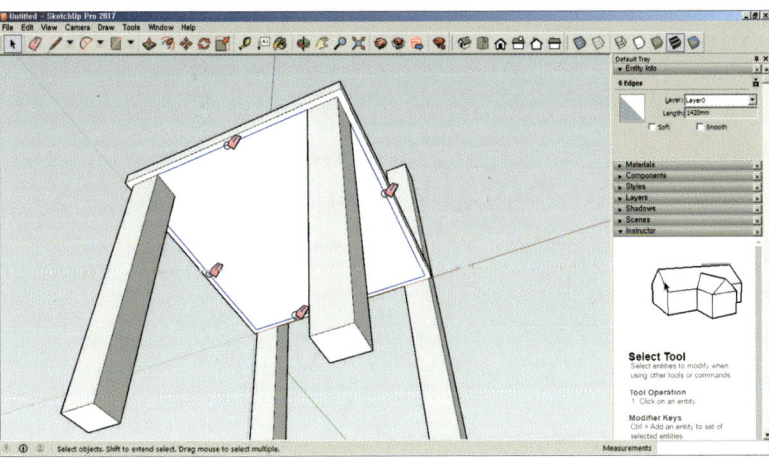

21 의자 바닥면의 선을 Eraser(지우기) 도구로 제거한다.

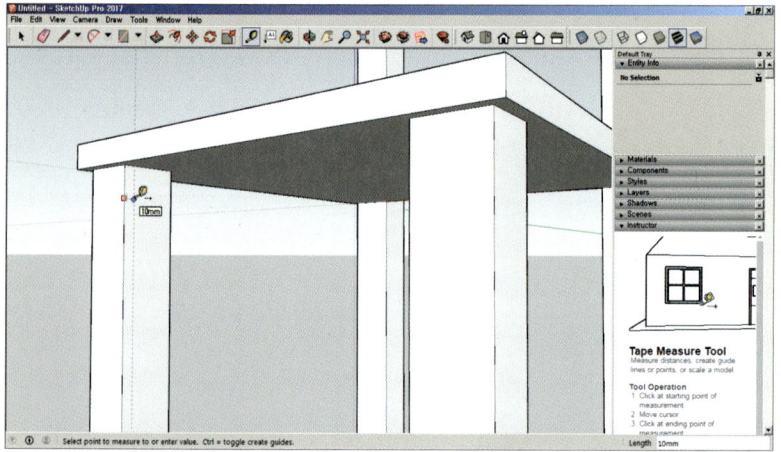

**22** 앞쪽 의자 받침대를 만들기 위해서 Tape Measure Tool (줄자) 도구를 사용해서 앞다리모서리에서 Green 축 방향으로 10mm 떨어진 보조선를 그린다.

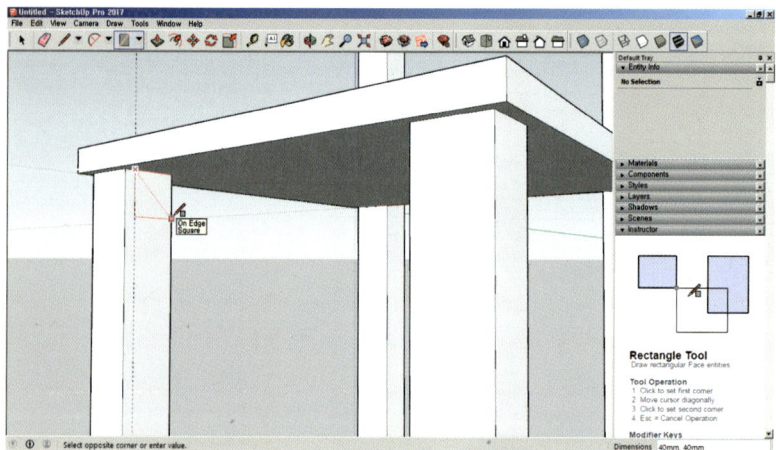

**23** Rectangle(직사각형) 도구를 사용해서 보조선과 의자바닥면의 교차하는 점에서 시작하는 40, 40인 사각형을 그린다.

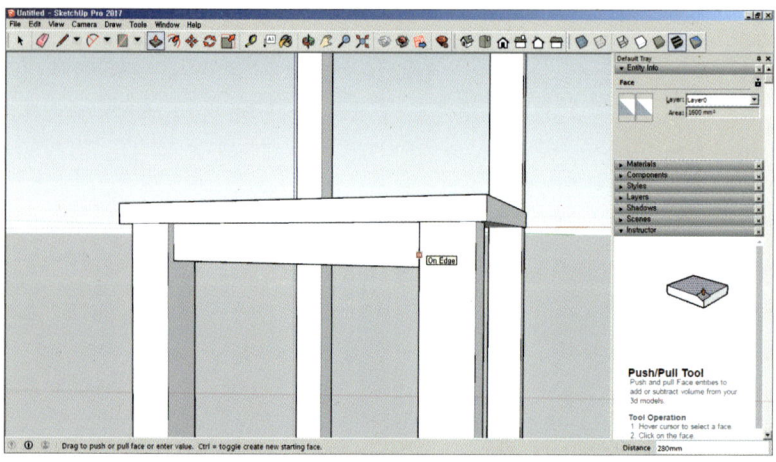

**24** Push/Pull(밀기/끌기) 도구를 사용해서 보조선과 등받이가 교차하는 점(Intersection)까지 면을 생성한다.

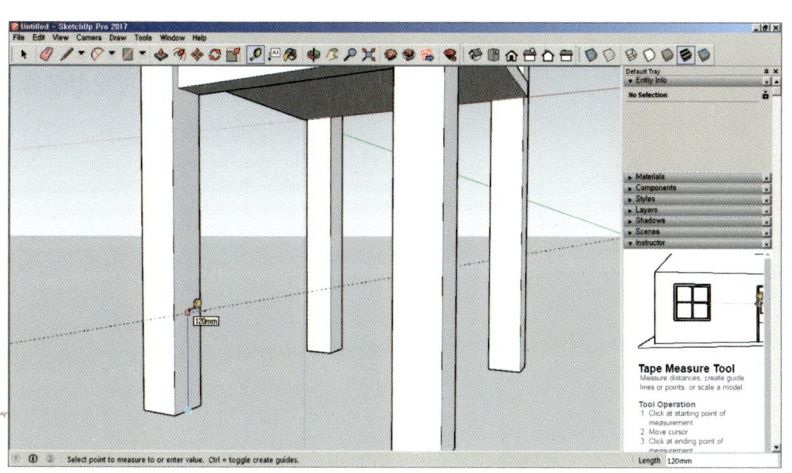

25 한 번 더 30mm 면을 생성한다.

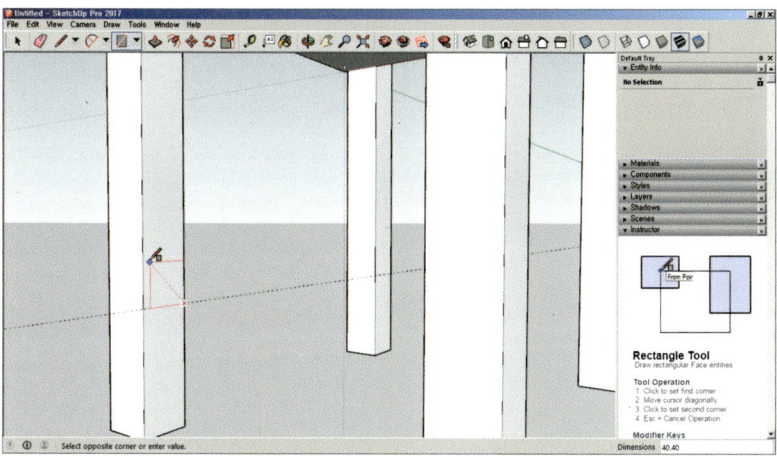

26 ✏️ Line(선) 도구를 사용해서 등받이와 팔걸이 만나는 점에서 Blue축 방향으로 수직선을 그린다.

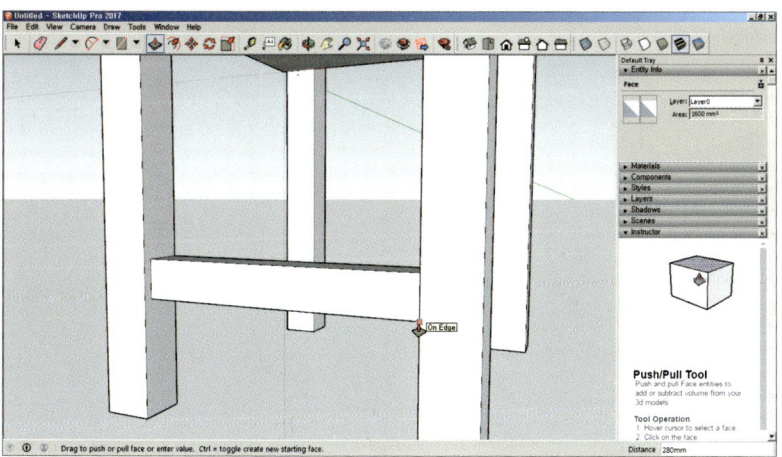

27 ◆ Push/Pull(밀기/끌기) 도구를 사용해서 뒤쪽에 면을 앞다리 끝점(Endpoint)까지 면을 생성한다.

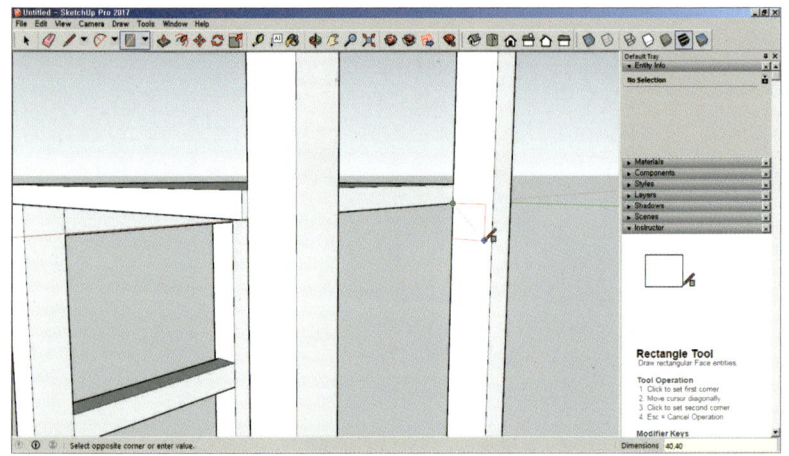

28 앞쪽에 팔걸이면을 생성하기 위해서 Line(선) 도구를 사용해서 수직선을 그린다.

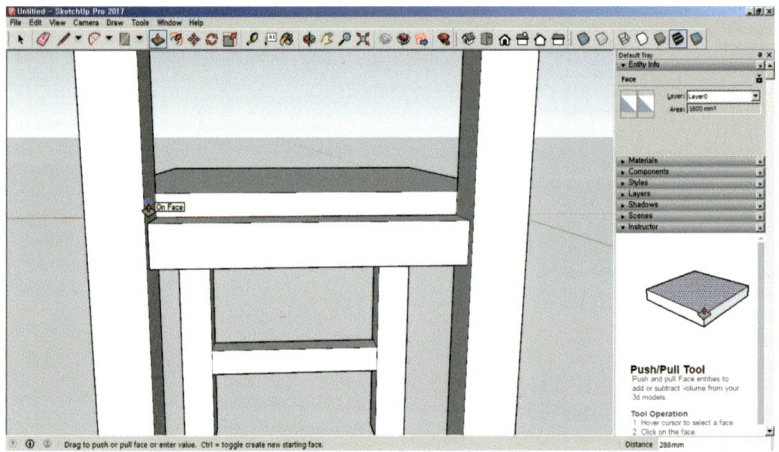

29 Push/Pull(밀기/끌기) 도구를 사용해서 앞쪽까지 면을 생성한다.

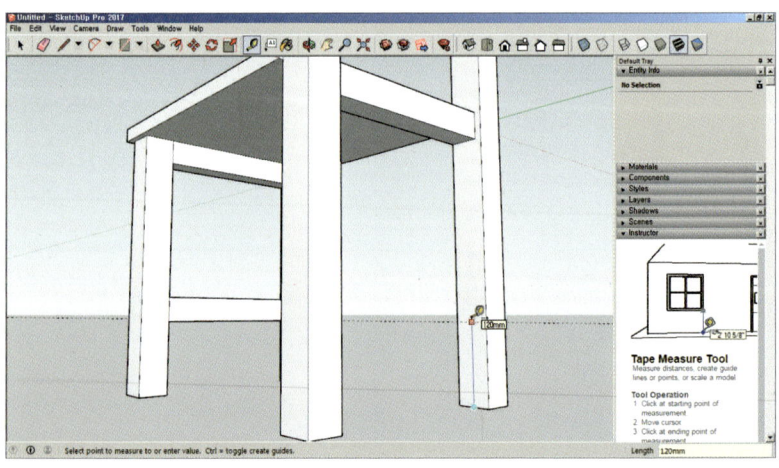

30 뒤쪽 다리 받침대를 만들기 위해서 Tape Measure Tool (줄자) 도구를 사용해서 아래 모서리에서 120mm 떨어진 보조선을 그린다.

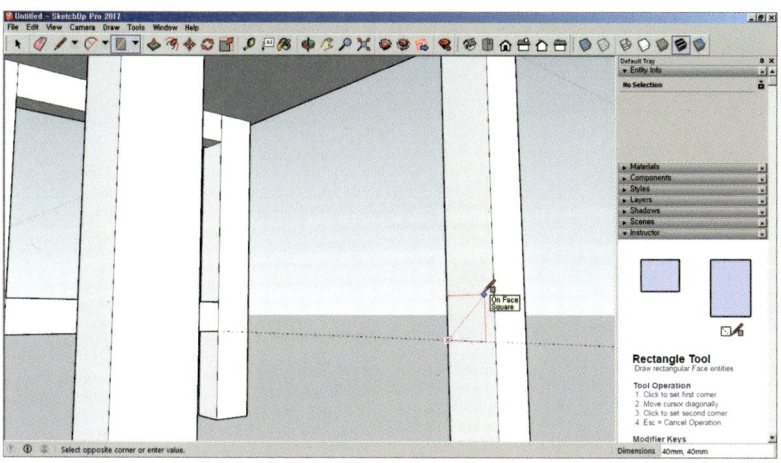

**31** Rectangle(직사각형) 도구를 사용해서 보조선과 모서리에서 시작하는 40, 40인 사각형을 그린다.

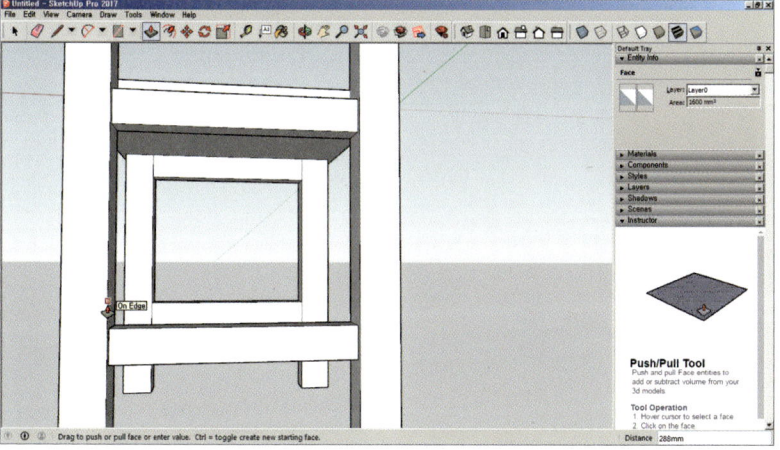

**32** Push/Pull(밀기/끌기) 도구를 사용해서 옆 면까지 면을 생성한다.

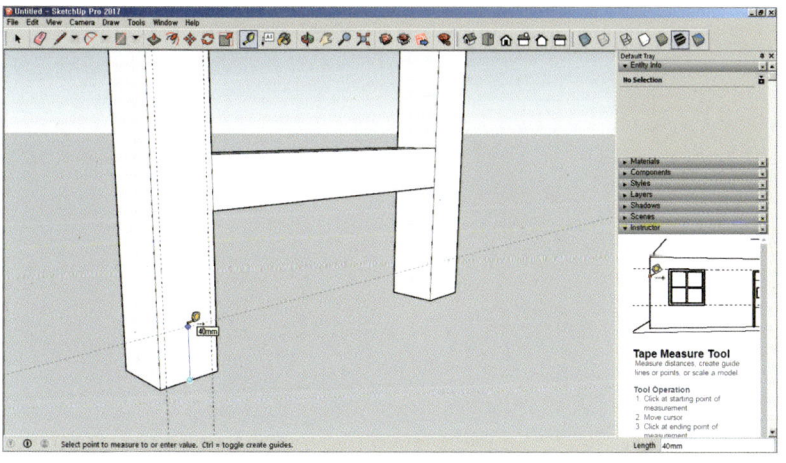

**33** 의자 옆 받침대를 만들기 위해서 Tape Measure Tool (줄자) 도구를 사용해서 모서리 양쪽에서 각각 5mm 떨어진 보조선과 아래모서리에서 40mm 떨어진 보조선을 3개 그린다.

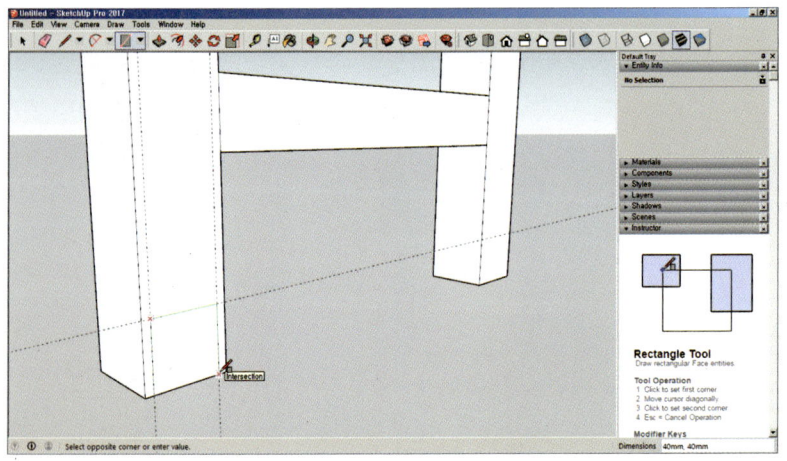

**34** Rectangle(직사각형) 도구를 사용해서 보조선의 교차점에서 시작하는 40,40인 사각형을 그린다.

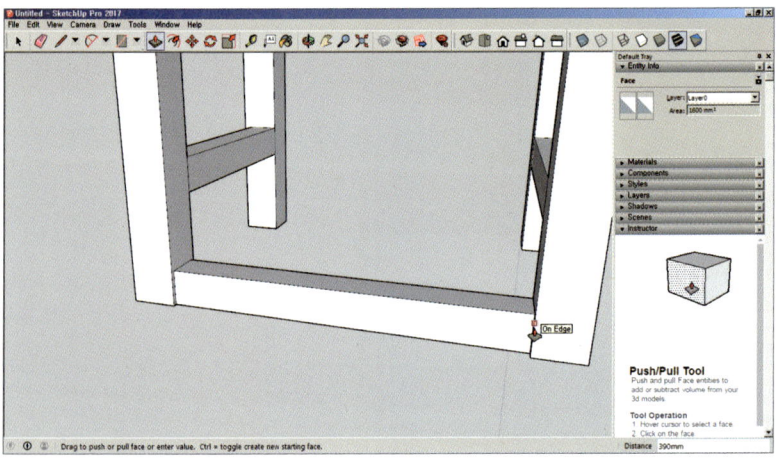

**35** Push/Pull(밀기/끌기) 도구를 사용해서 뒤쪽 모서리(On Edge)까지 면을 생성한다.

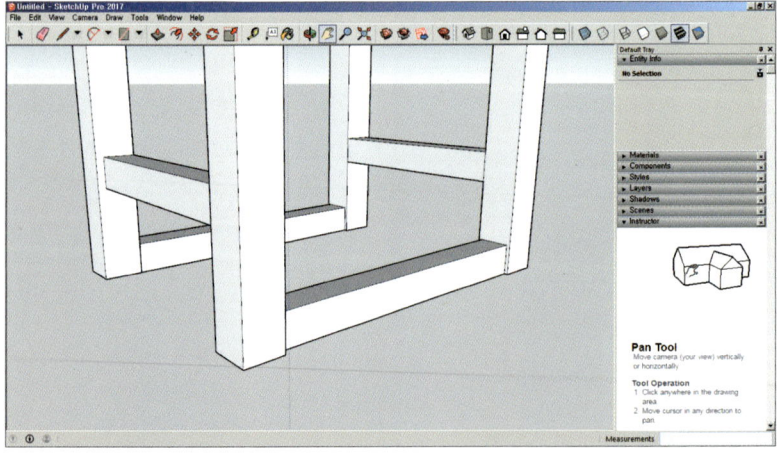

**36** 반대쪽도 같은 방법(33~35번)으로 아래 받침대를 생성한다.

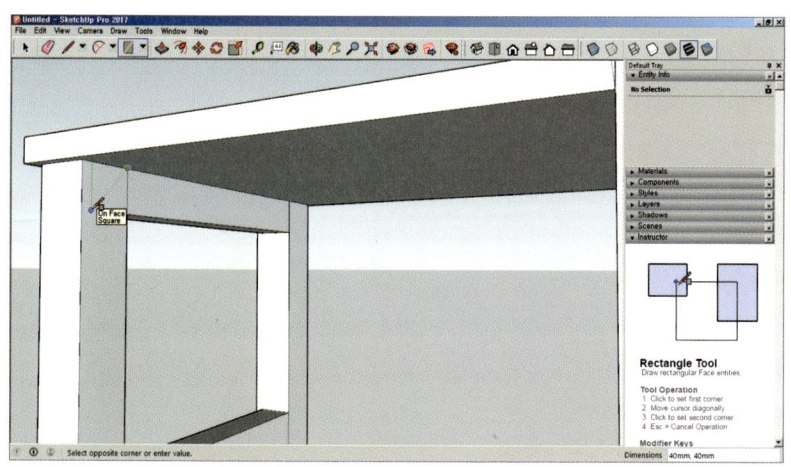

**37** 의자 바닥 아래쪽에 지지대를 만들기 위해서 그림과 같이 Rectangle(직사각형) 도구를 사용해서 40,40인 사각형을 그린다.

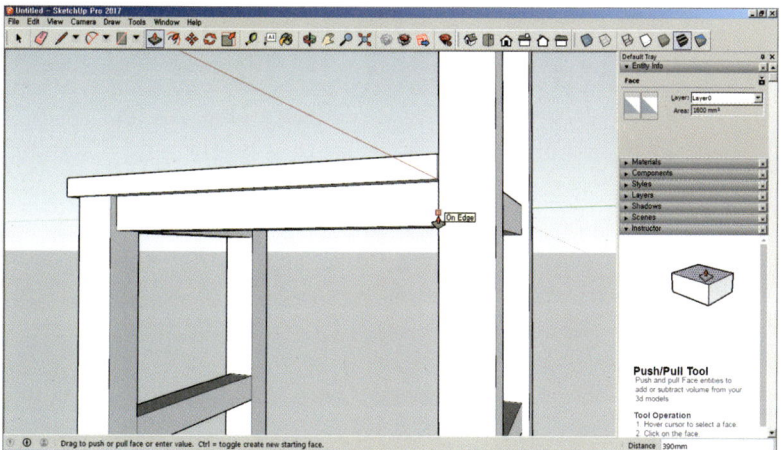

**38** Push/Pull(밀기/끌기) 도구를 사용해서 뒤쪽 모서리(On Edge)까지 면을 생성한다.

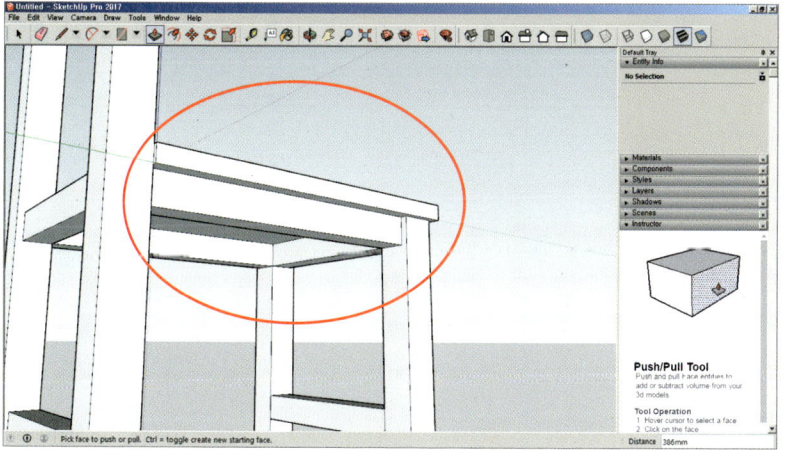

**반복학습**

**39** 같은 방법(37~38번)으로 반대쪽에도 의자 받침 지지대를 완성한다.

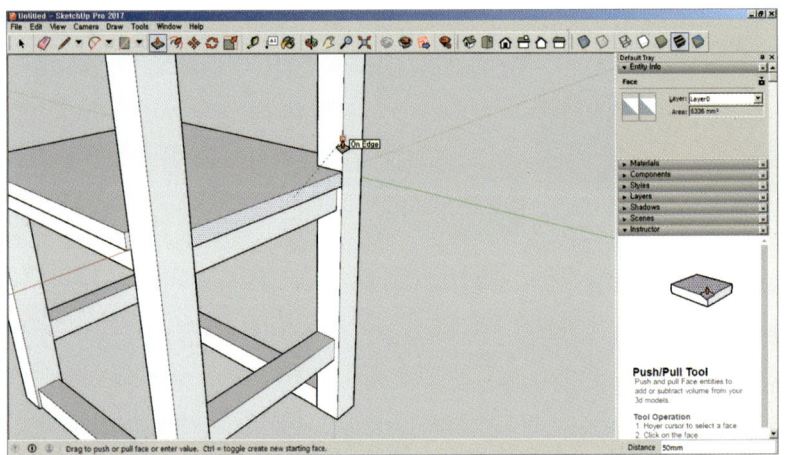

**40** Push/Pull(밀기/끌기) 도구를 사용해서 의자 뒤쪽 부분을 선택한 후, 뒤쪽 다리 모서리(On Edge)까지 면을 생성한다.

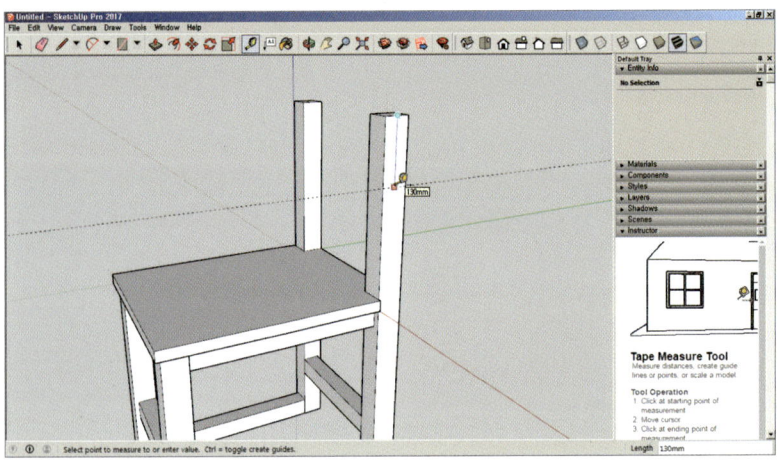

**41** 이제 등받이를 만들어 보자. 각이 진 등받이를 만들기 위해서 Tape Measure Tool (줄자) 도구를 사용해서 위쪽 모서리에서 130mm 떨어진 보조선을 그린다.

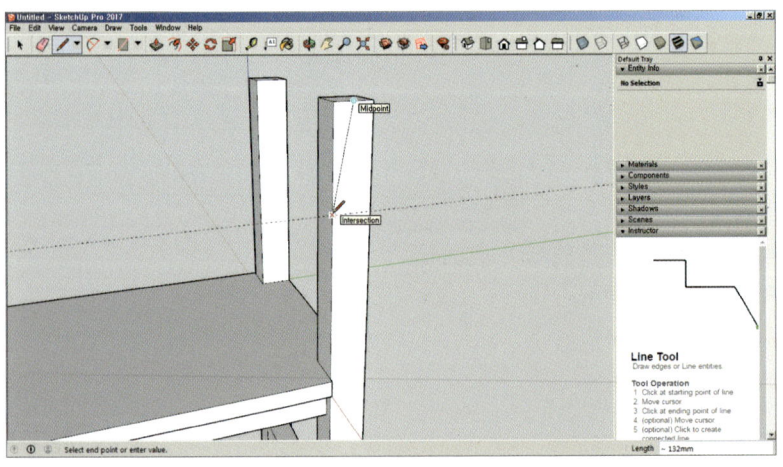

**42** Line(선) 도구를 사용해서 위 모서리 중간점(Midpoint)에서 아래쪽 보조선 교차점(Intersection)까지 연결하는 선을 그린다.

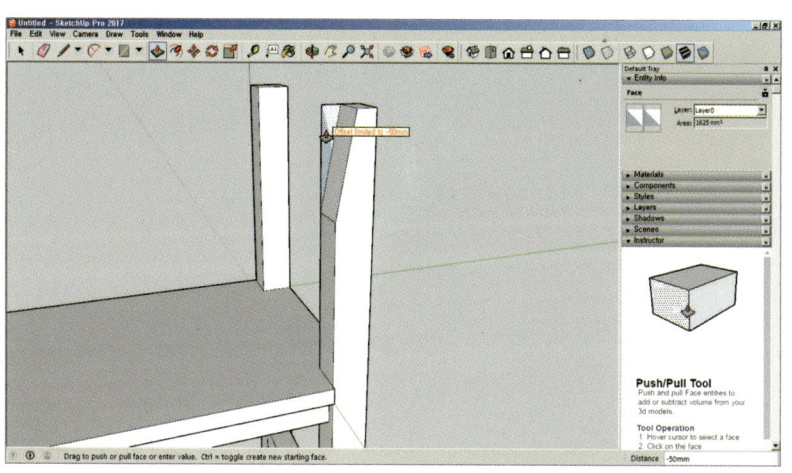

**43** Push/Pull(밀기/끌기) 도구를 사용해서 삼각면을 선택한 후, 뒤쪽으로 면을 밀어넣는다.

> **Tip** (tools₩push_pull.jpg) Push/Pull(밀기/끌기) 도구를 사용해서 면을 끝까지 밀어 넣으면 면이 삭제된다.

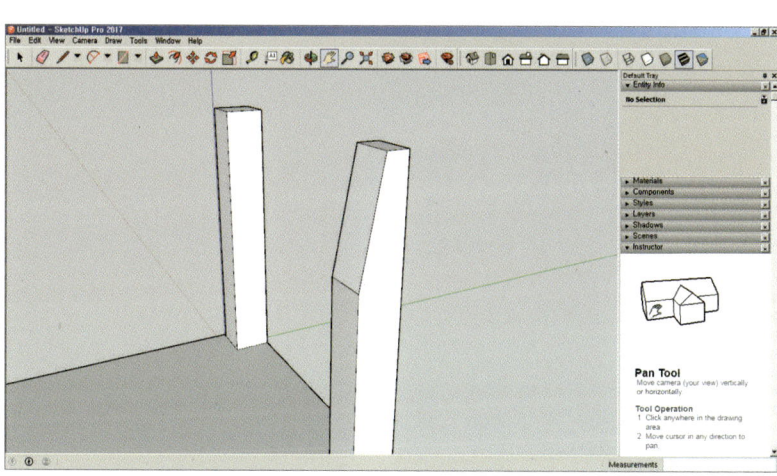

**44** 그럼 면이 없어진 것을 확인할 수 있다.

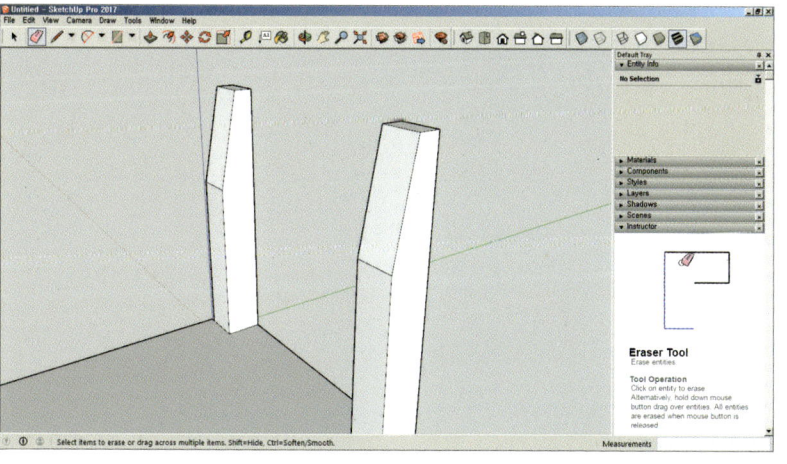

**반복학습**

**45** 같은 방법(41~43번)으로 반대쪽도 그림과 같이 각이진 다리를 완성한다.

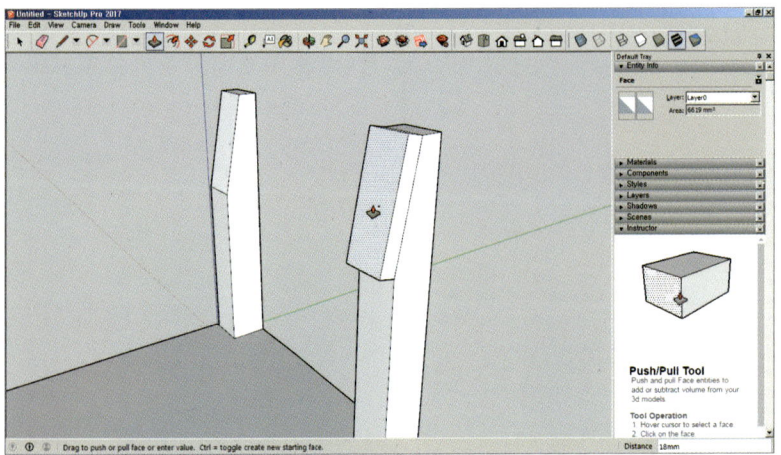

**46** 등받이를 만들기 위해서 Push/Pull(밀기/끌기) 도구를 사용해서 Ctrl키를 누른 후, 면을 18mm 생성한다. 등받이의 두께가 18mm이다.

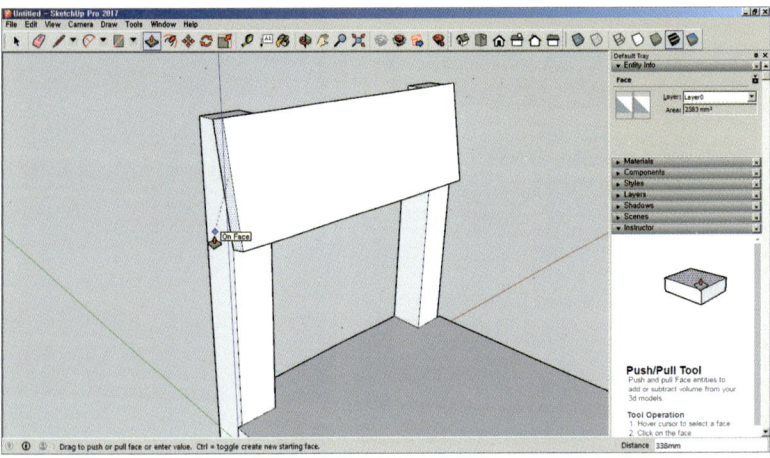

**47** 화면을 전환한 후, Push/Pull(밀기/끌기) 도구를 사용해서 뒤쪽(On Face)까지 면을 생성한다.

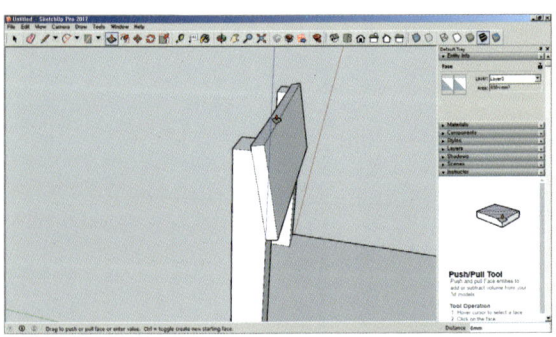

**48** Push/Pull(밀기/끌기) 도구를 사용해서 위쪽으로 면을 6mm 생성한다.

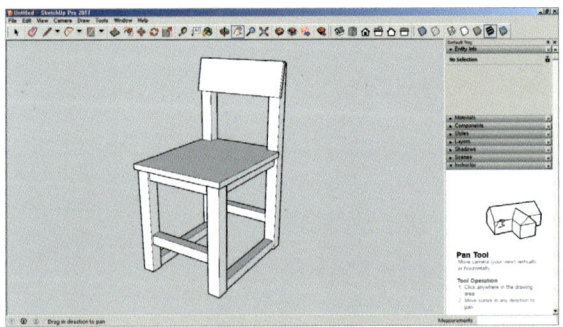

**49** 그림과 같이 의자가 완성되었다.

# 알아두기 07

## 치수기입

만들어놓은 오브젝트의 치수를 알고 싶을 때 치수를 기입하는 방법에 대하여 알아보자.

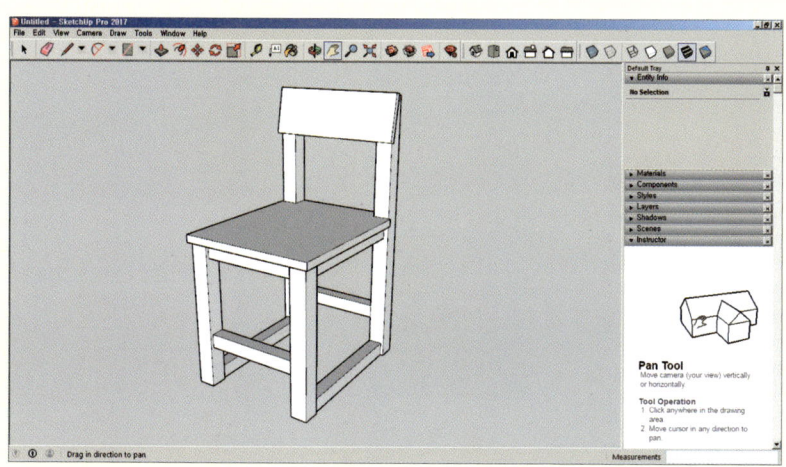

**1.** 먼저 치수를 기입할 수 있는 도구(Dimension)를 도구모음에서 가져와 보도록 하자.

**2.** 도구모음 빈 곳에서 오른쪽 마우스를 클릭해서 Construction을 클릭한다.

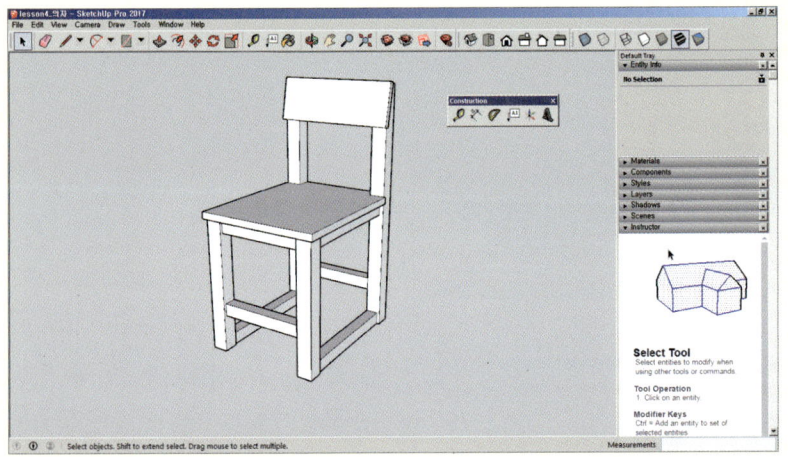

**3.** 그럼 Construction 도구가 활성화된다.

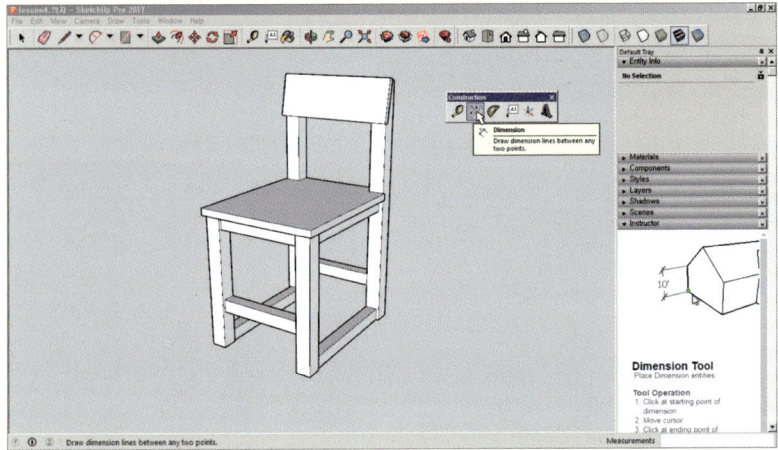

**4.** Dimension을 클릭한다.

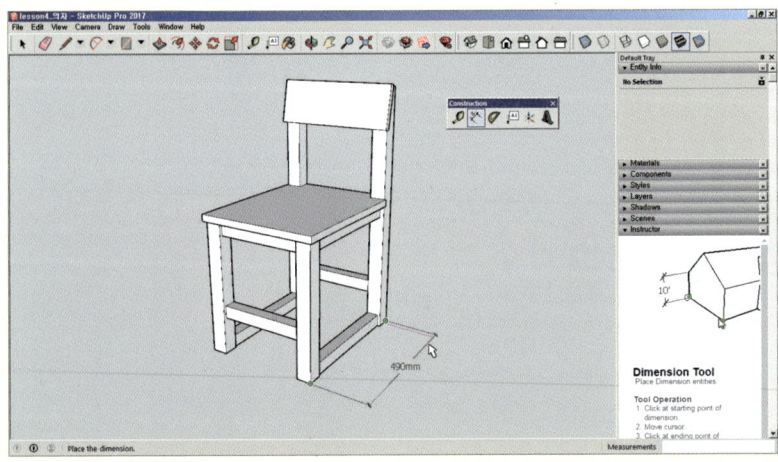

**5.** 의자의 아래 끝점(Endpoint)을 차례로 선택한 후, 바깥쪽으로 마우스를 드래그한다. 그럼 치수가 기입되는 것을 알 수 있다. 여기에서 나오는 치수는 실제로 오브젝트를 제작할 때 적용되었던 치수이다.

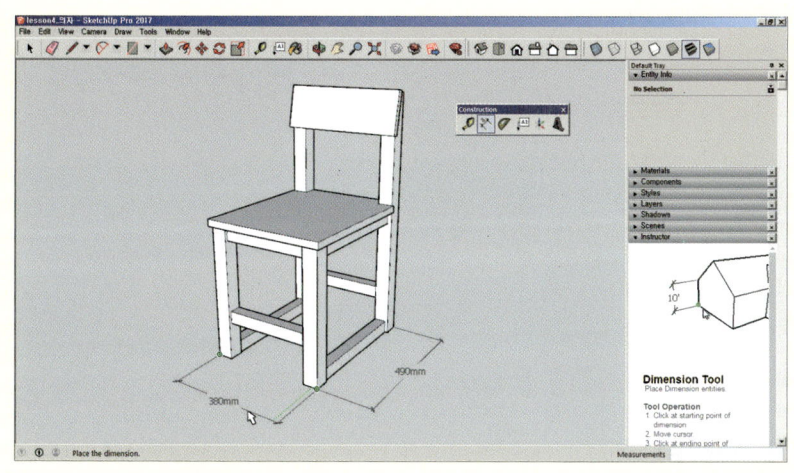

**6.** 앞쪽도 같은 방법으로 치수를 기입한다.

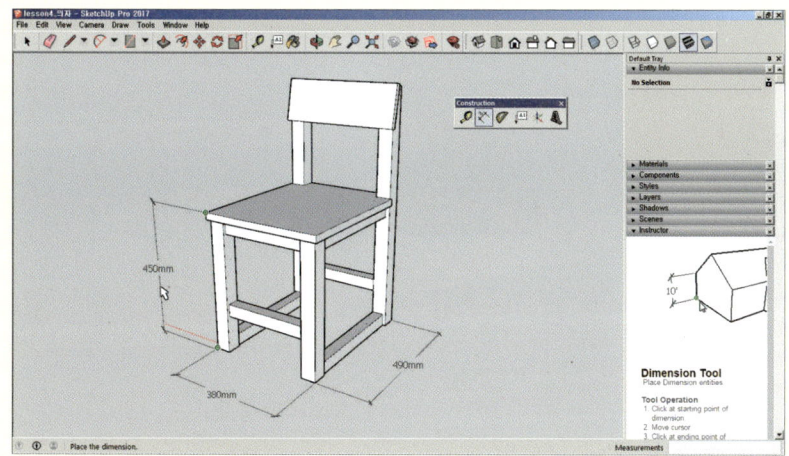

**7.** 높이에 대한 치수도 같은 방법이다. 위쪽 끝점(Endpoint)과 아래쪽 끝점(Endpoint)을 차례로 선택한 후, 바깥쪽으로 드래그 한다.

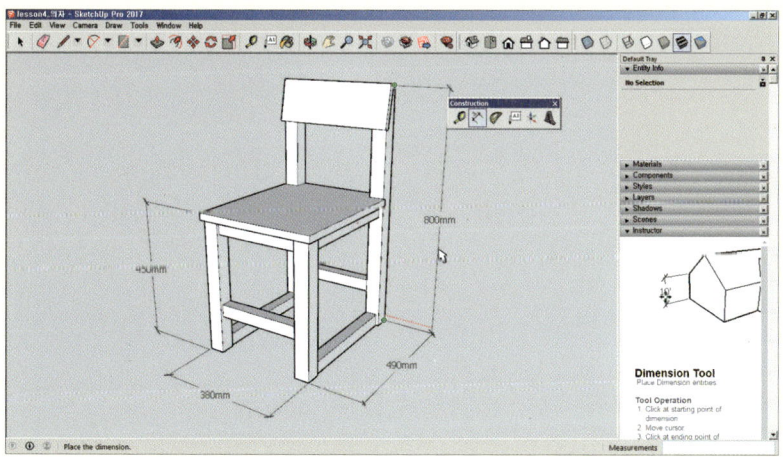

**8.** 전체적인 높이도 치수를 기입해 본다.

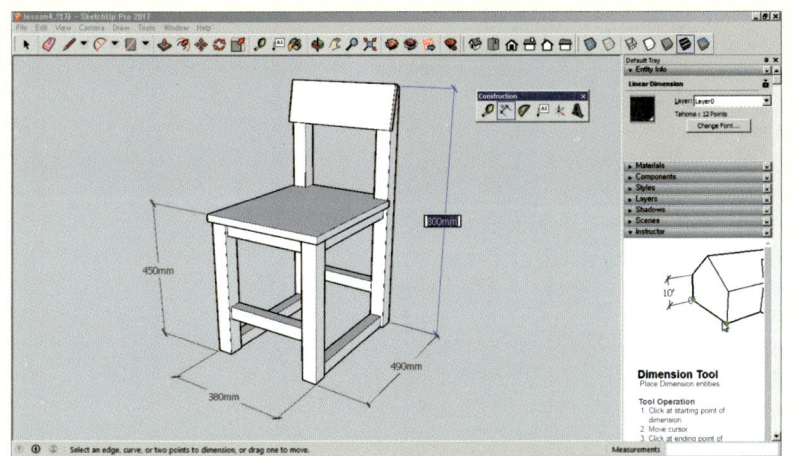

9. 적용된 치수를 변경하고자 할 때에는 치수를 '더블클릭'하면 된다.

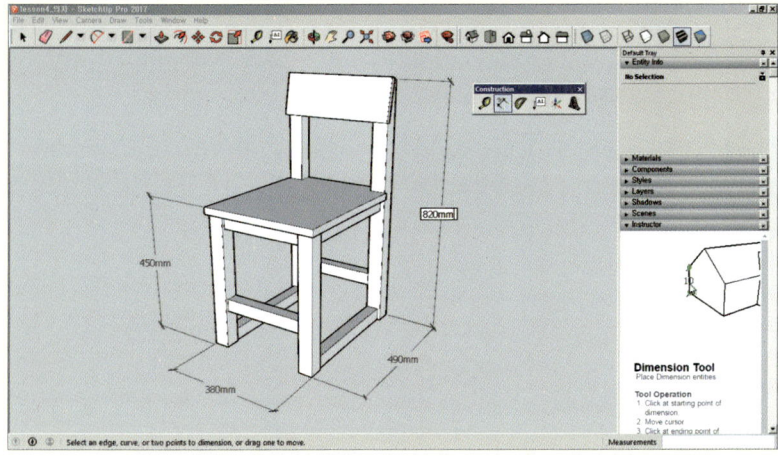

10. 원하는 치수를 기입한다.

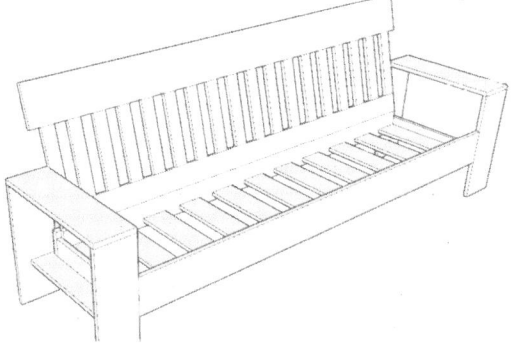

# 02 팔걸이 의자

앞에서 다룬 의자보다 약간 어려운 것으로 팔걸이가 있는 의자를 제작해 보자.

**SketchUp 2017**

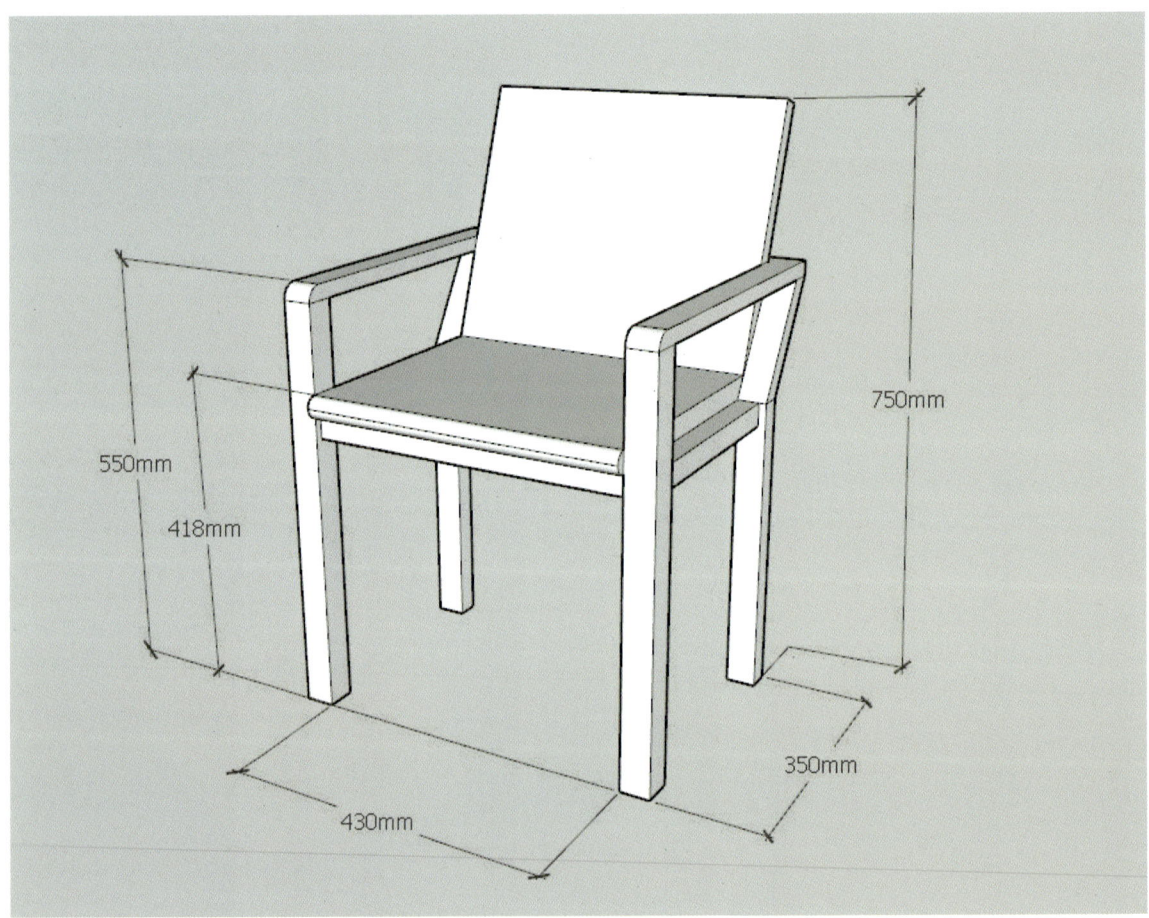

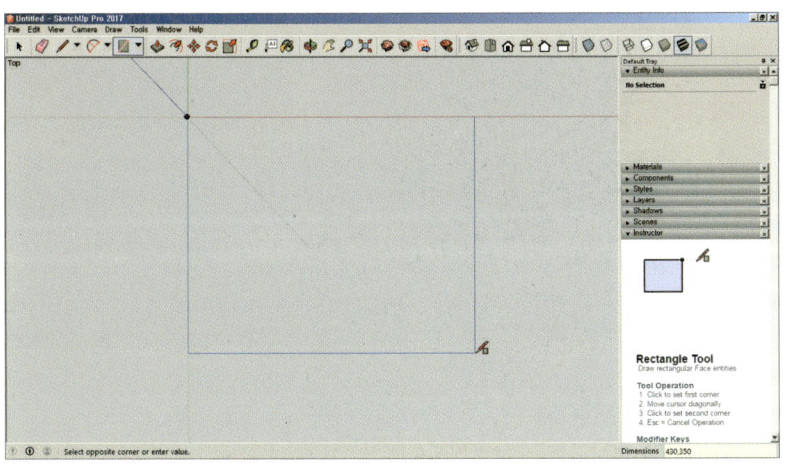

**1** Top View에서 ▭ Rectangle (직사각형) 도구를 사용해서 원점에서 시작하고 430, 350인 사각형을 그린다.

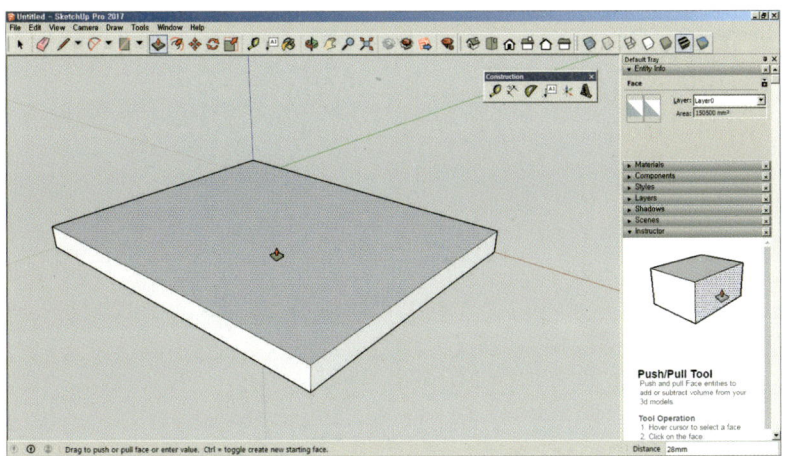

**2** 화면을 ISO View로 전환한 후, ◆ Push/Pull(밀기/끌기) 도구를 사용해서 28mm 면을 생성한다.

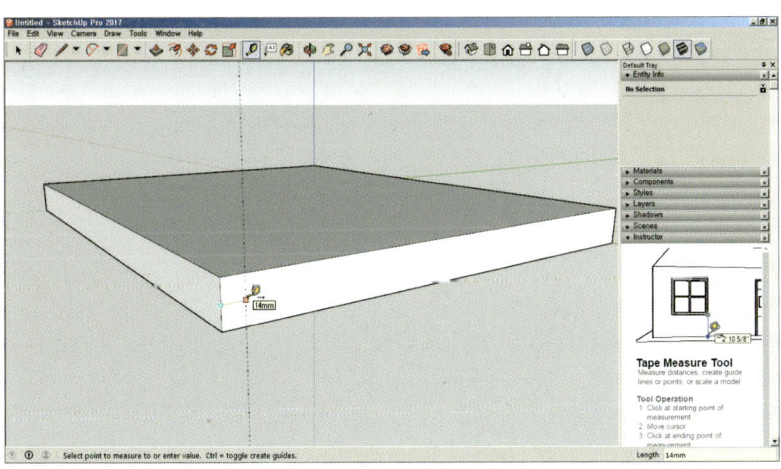

**3** 의자를 바닥 앞쪽을 둥글게 만들기 위해서 🔍 Tape Measure Tool(줄자) 도구를 사용해서 앞쪽 모서리에서 14mm 떨어진 보조선을 그린다.

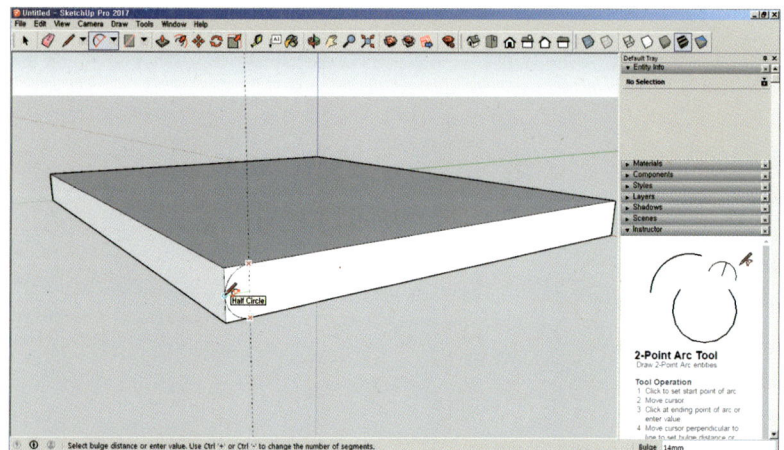

**4** 2Point Arc(2점호) 도구를 사용해서 보조선과 위, 아래 모서리를 끝점으로 하는 반원을 그린다.

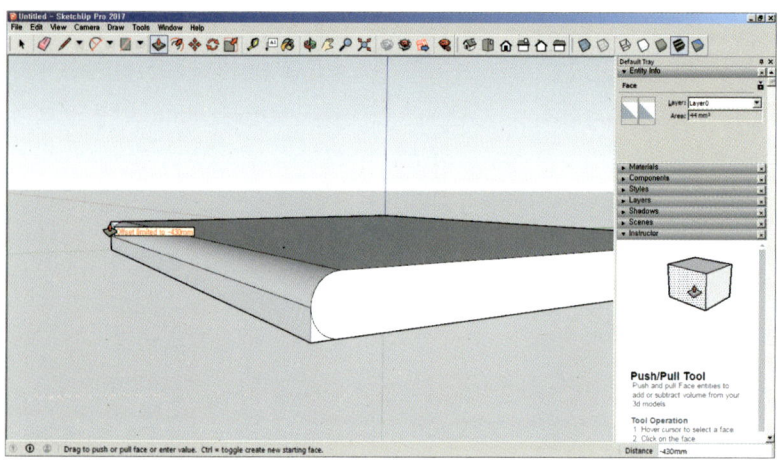

**5** Push/Pull(밀기/끌기) 도구를 사용해서 반원의 바깥쪽 면을 끝까지 밀어넣어 제거한다.

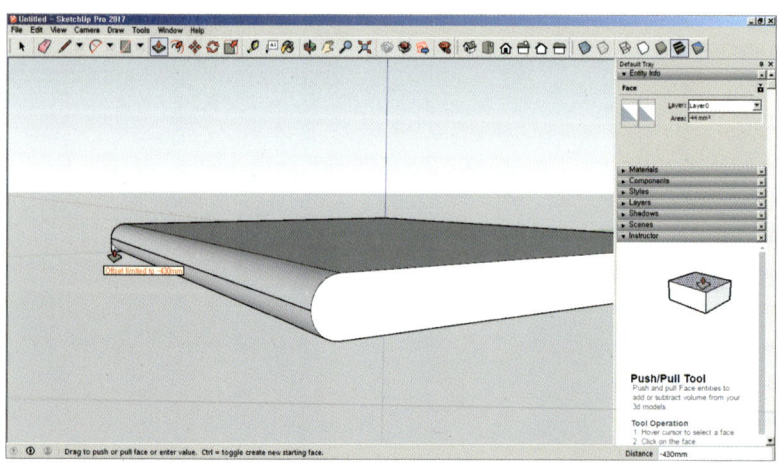

**6** 아래쪽도 Push/Pull(밀기/끌기) 도구를 사용해서 면을 제거한다.

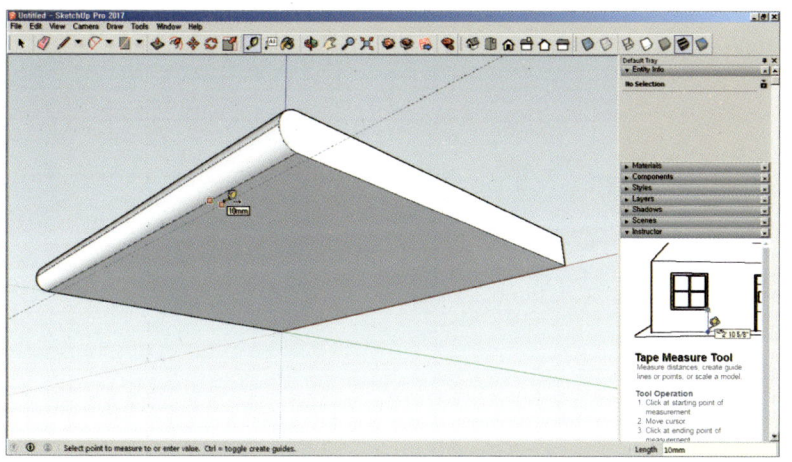

**7** 의자 바닥 지지대를 만들기 위해서 Tape Measure Tool (줄자) 도구를 사용해서 반원의 모서리에서 Green축 방향으로 10mm 떨어진 보조선을 그린다.

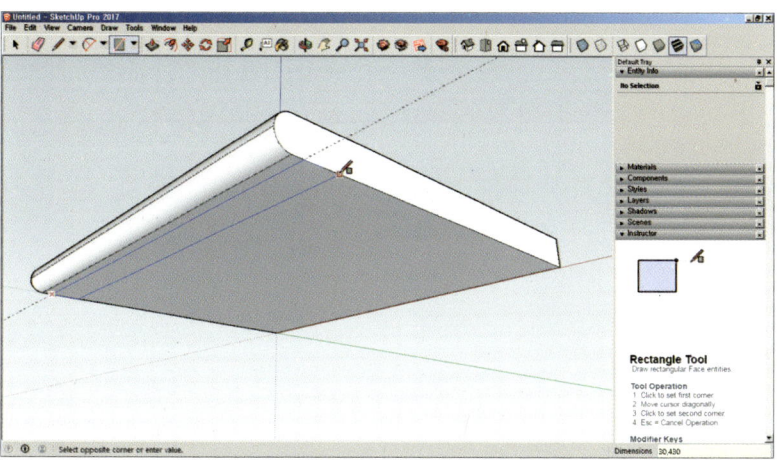

**8** Rectangle(직사각형) 도구를 사용해서 보조선과 모서리가 만나는 점에서 시작하고 30, 430인 사각형을 그린다.

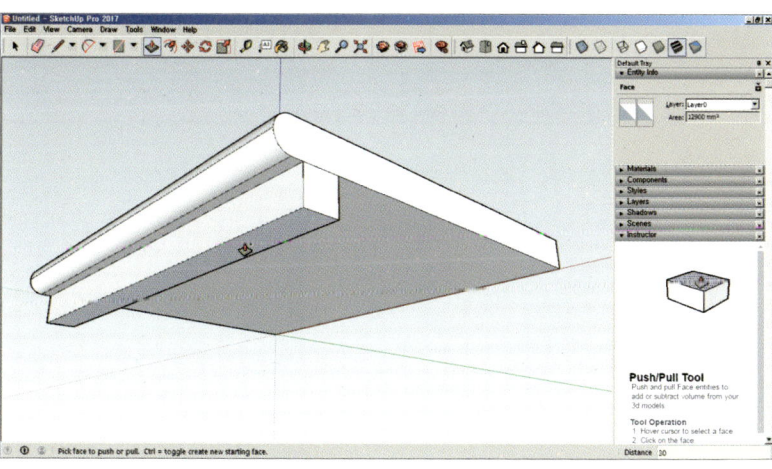

**9** Push/Pull(밀기/끌기) 도구를 선택한 후, Ctrl 키를 누르고 아래쪽으로 면을 30mm 생성한다.

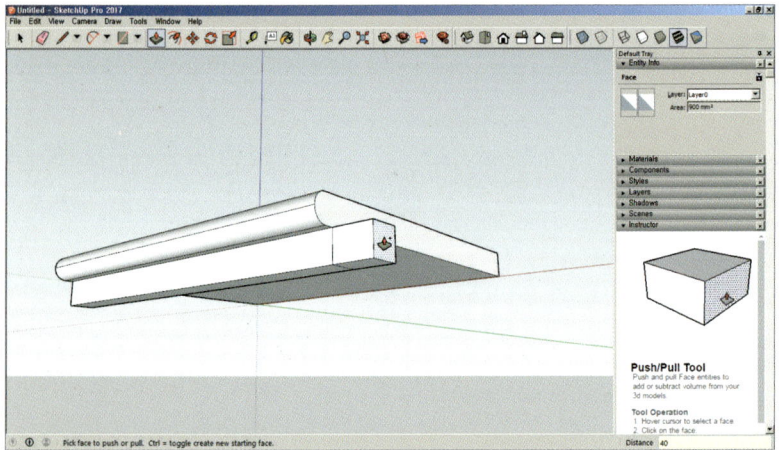

**10** 의자 다리를 만들기 위해서 옆면을 선택한 후, Ctrl키를 누르고 면을 40mm 생성한다.

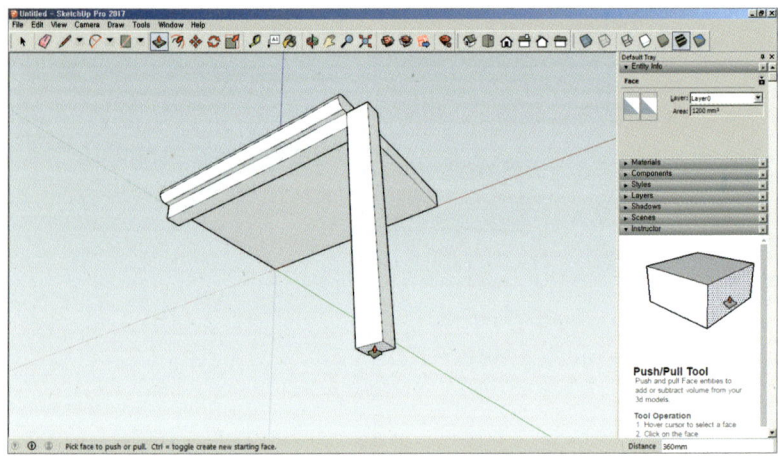

**11** Push/Pull(밀기/끌기) 도구를 사용해서 아래쪽으로 360mm 면을 생성한다.

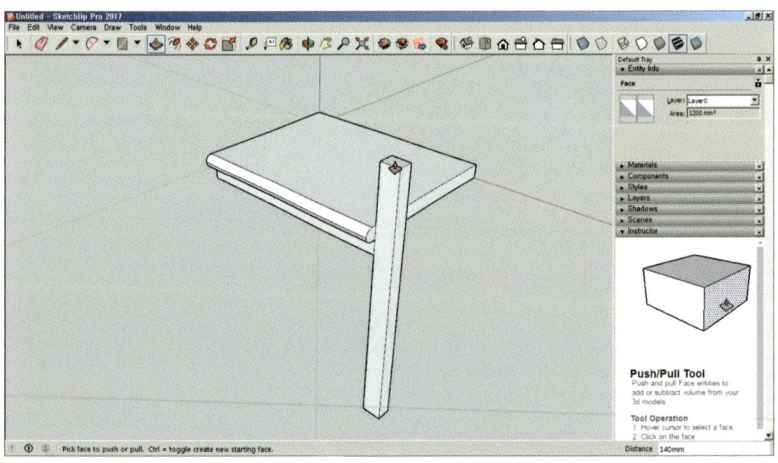

**12** 팔걸이 부분을 만들기 위해서 위쪽으로 140mm 면을 생성한다.

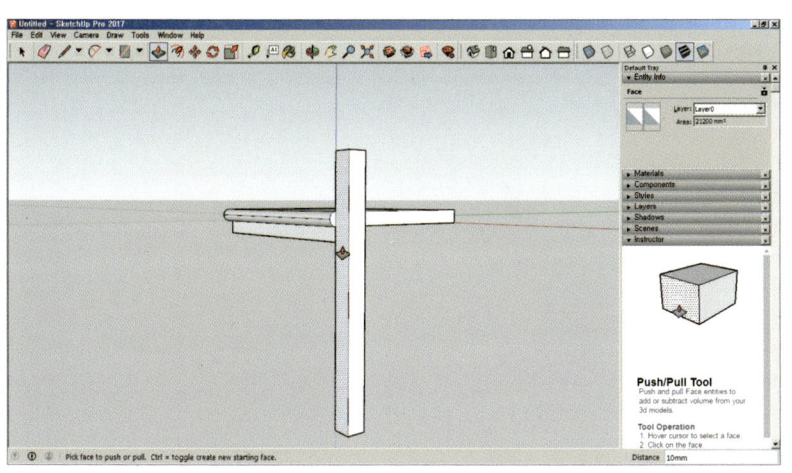

**13** 앞쪽으로 10mm 면을 생성한다.

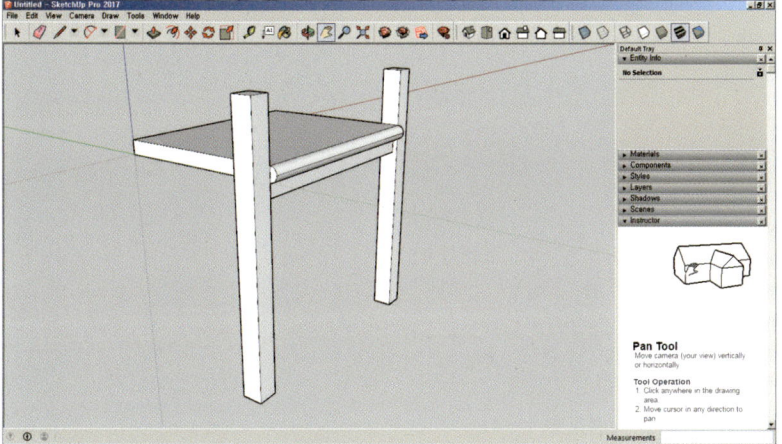

반복학습

**14** 같은 방법(10~13번)으로 반대쪽도 다리를 완성한다.

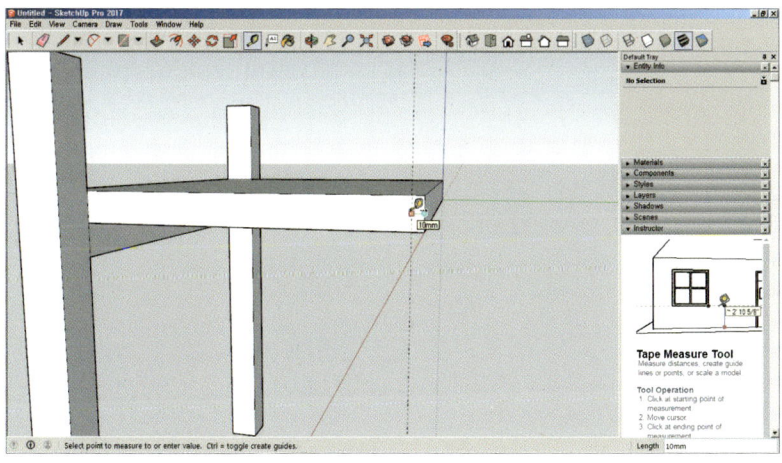

**15** 등받이 부분을 제작하기 위해서 Tape Measure Tool(줄자) 도구를 사용해서 뒤쪽 모서리에서 10mm 떨어진 보조선을 그린다.

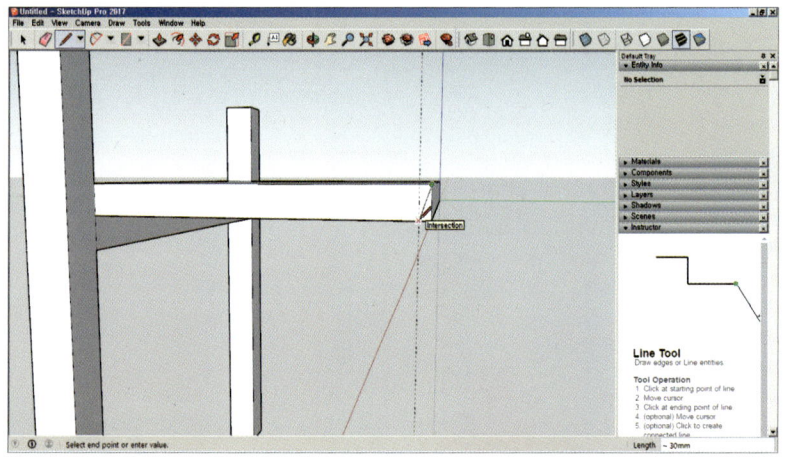

**16** Line(선) 도구를 사용해서 위쪽 모서리에서 보조선 아래 대각선 방향으로 선을 그린다.

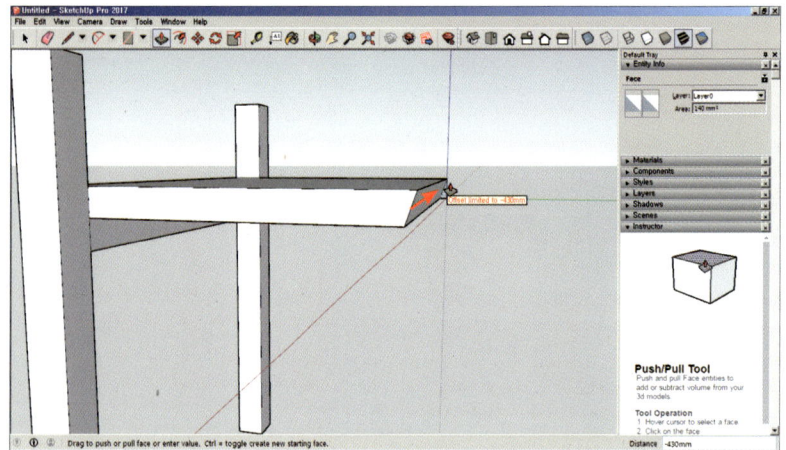

**17** Push/Pull(밀기/끌기) 도구로 삼각형부분을 선택한 후, 뒤쪽까지 밀어넣어 면을 제거한다.

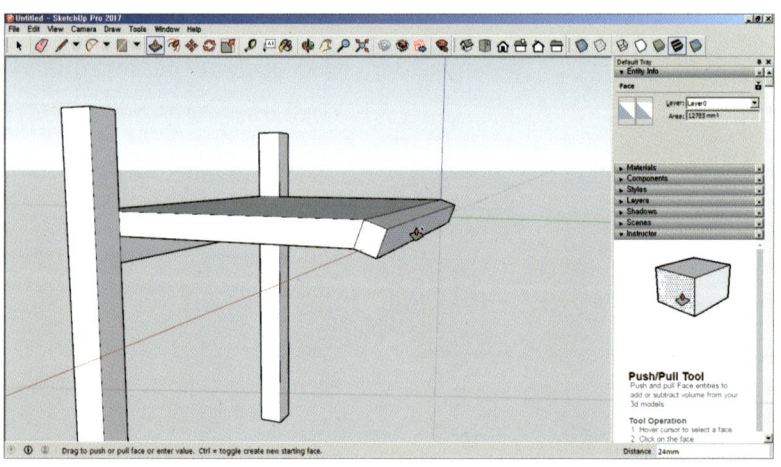

**18** Push/Pull(밀기/끌기) 도구로 각이 진 면을 선택한 후, 바깥쪽으로 24mm 생성한다.

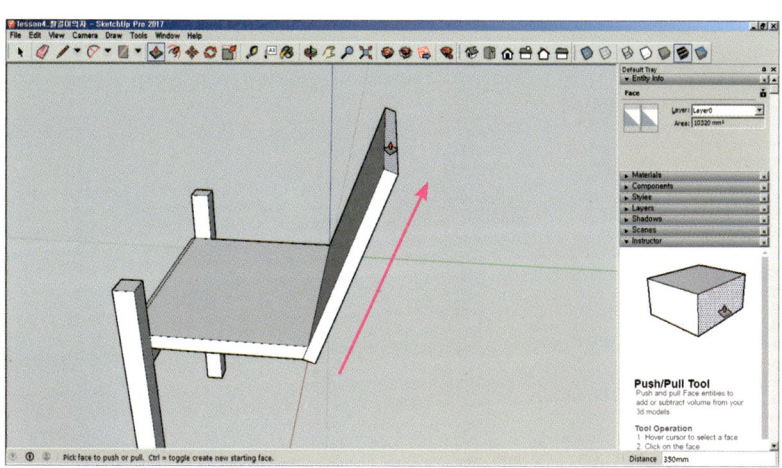

**19** 다시 위쪽으로 면을 350mm 생성한다.

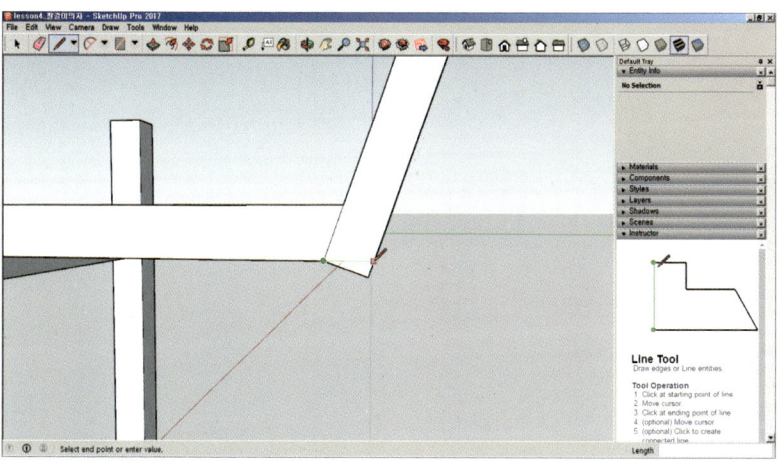

**20** 등받이의 아래쪽 튀어나온 부분을 제거하기 위해서 Line (선) 도구를 사용해서 Green 축 방향으로 선을 그린다.

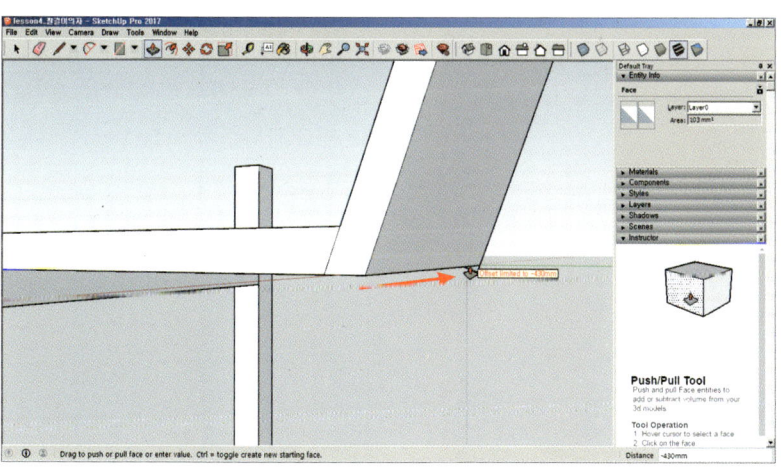

**21** Push/Pull(밀기/끌기) 도구를 사용해서 아래 튀어나온 부분을 뒤쪽까지 밀어 넣어 면을 제거한다.

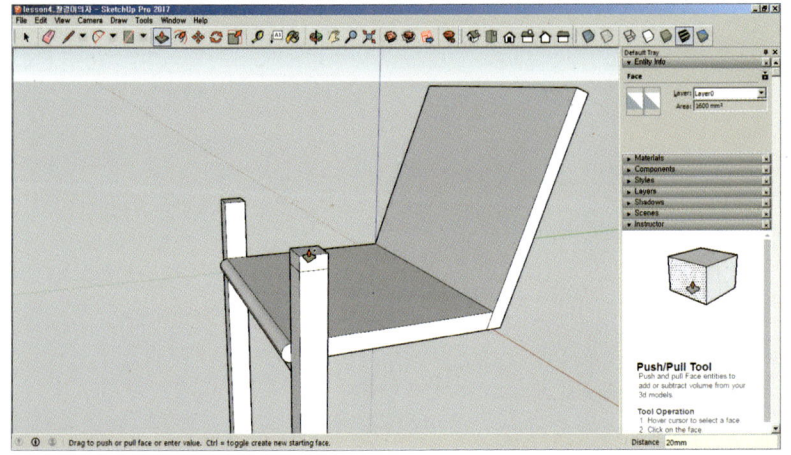

**22** 팔걸이 부분을 만들기 위해서 Push/Pull(밀기/끌기) 도구를 사용해서 Ctrl 키를 누른 후, 20mm 위쪽으로 면을 생성한다.

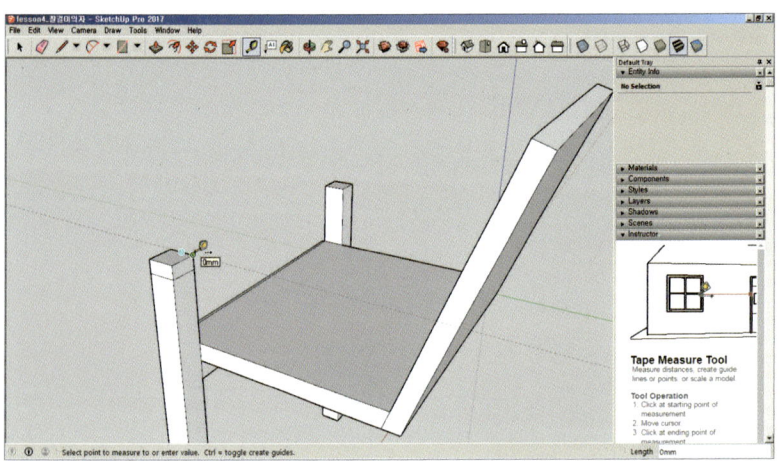

**23** 팔걸이를 뒤쪽 등받이까지 정확하게 만들기 위해서 Tape Measure Tool(줄자) 도구를 사용해서 그림과 같이 모서리를 일직선으로 선택해서 보조선을 그린다.

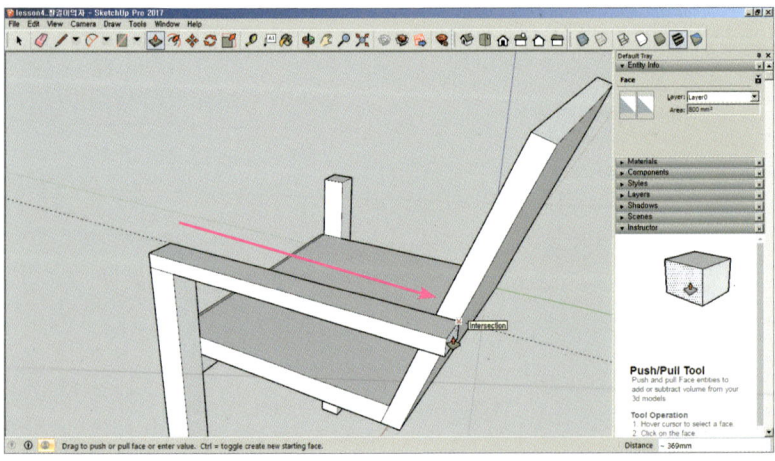

**24** Push/Pull(밀기/끌기) 도구를 사용해서 보조선과 등받이가 교차하는 점(Intersection)까지 면을 생성한다.

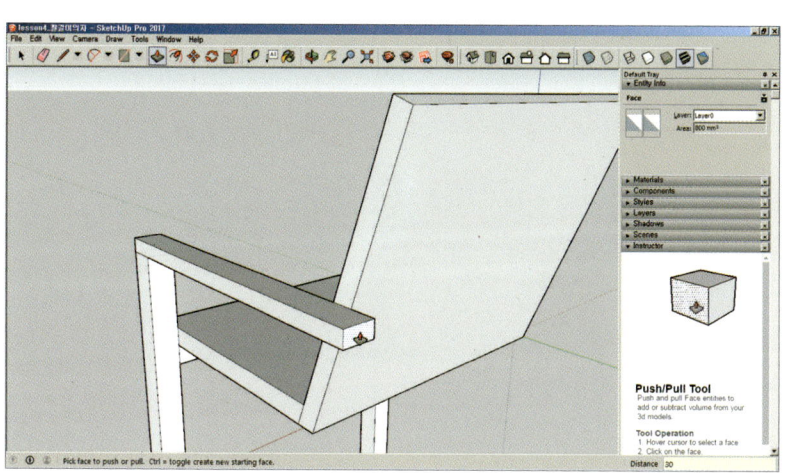

25 한 번 더 30mm 면을 생성한다.

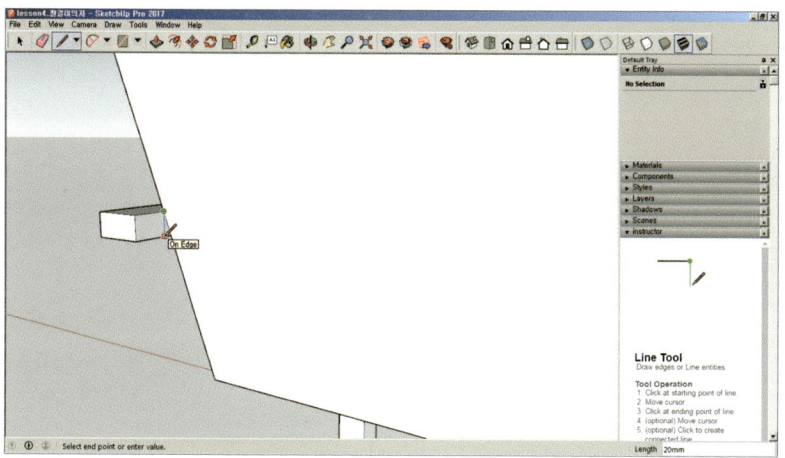

26 ✏ Line(선) 도구를 사용해서 등받이와 팔걸이 만나는 점에서 Blue축 방향으로 수직선을 그린다.

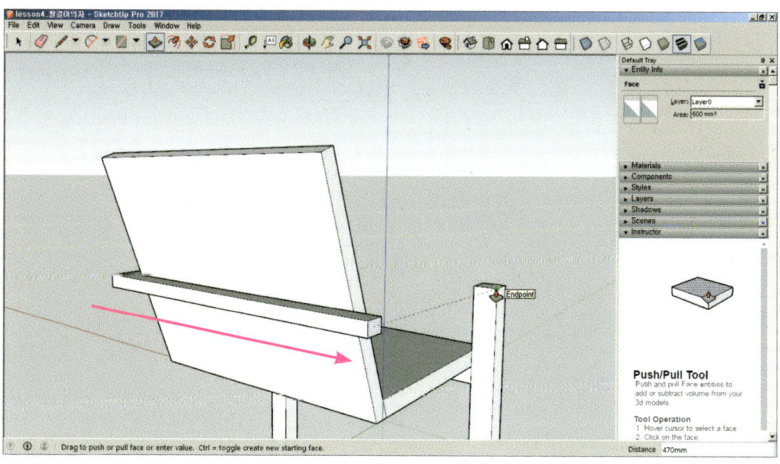

27 ◆ Push/Pull(밀기/끌기) 도구를 사용해서 뒤쪽에 면을 앞다리 끝점(Endpoint)까지 면을 생성한다.

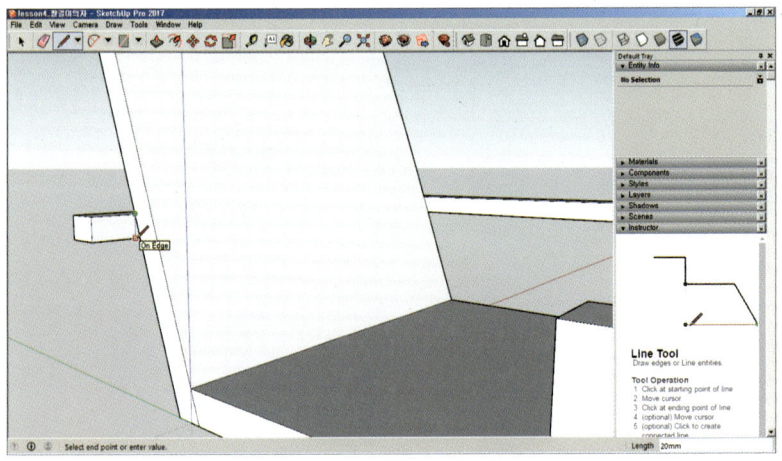

**28** 앞쪽에 팔걸이면을 생성하기 위해서 Line(선) 도구를 사용해서 수직선을 그린다.

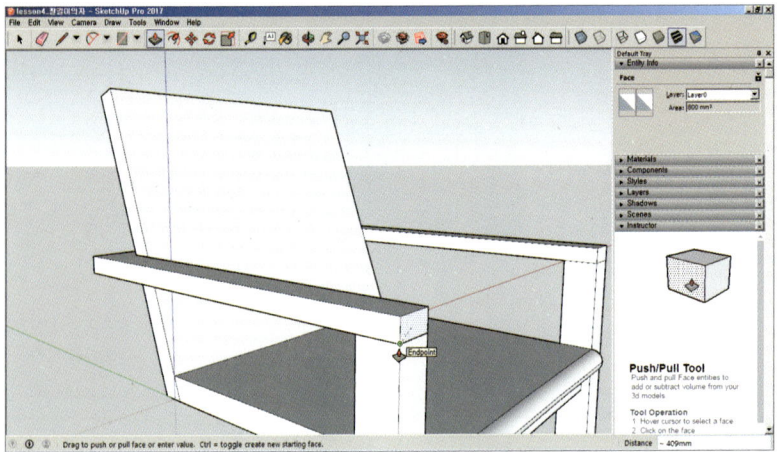

**29** Push/Pull(밀기/끌기) 도구를 사용해서 앞쪽까지 면을 생성한다.

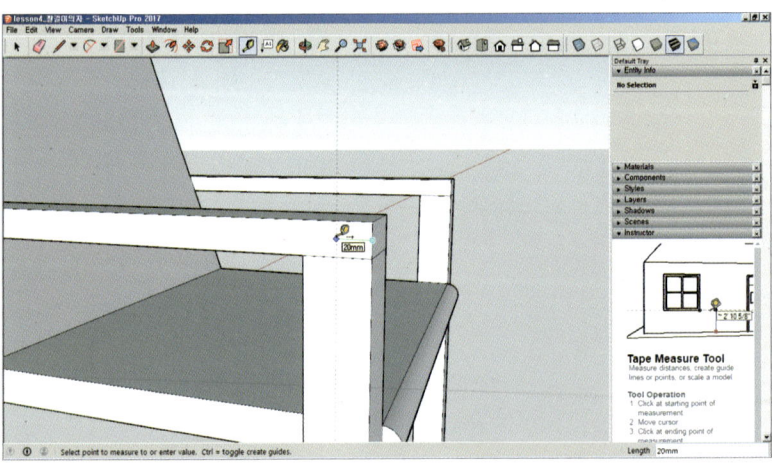

**30** 팔걸이 앞부분을 둥글게 만들기 위해서 Tape Measure Tool (줄자) 도구를 사용해서 앞쪽에서 20mm 떨어진 보조선을 그린다.

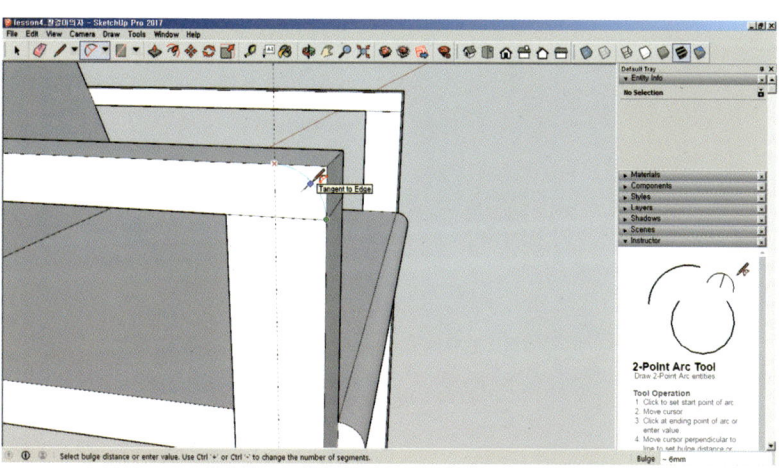

**31** 2Point Arc(2점호) 도구를 사용해서 그림과 같이 1/4원을 그린다.

> **Tip** 1/4원을 그리기 위해서 반드시 Tangent to Edge(가장자리에 접함) 메시지가 나와야 한다

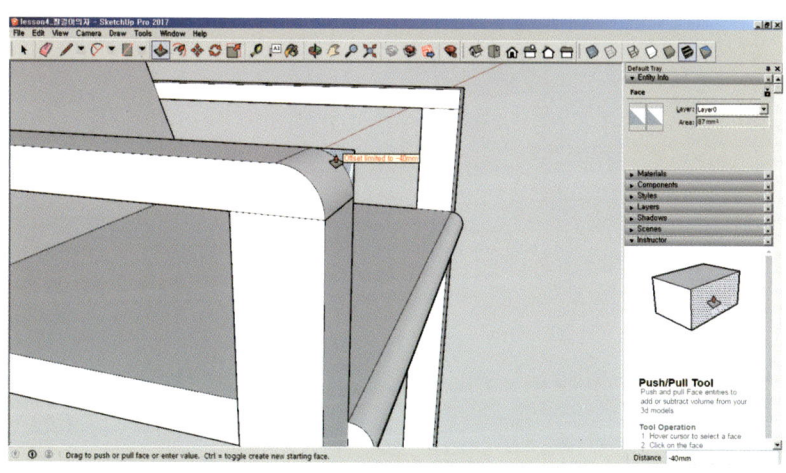

**32** Push/Pull(밀기/끌기) 도구를 사용해서 둥근 모서리를 제외한 나머지 부분을 제거한다.

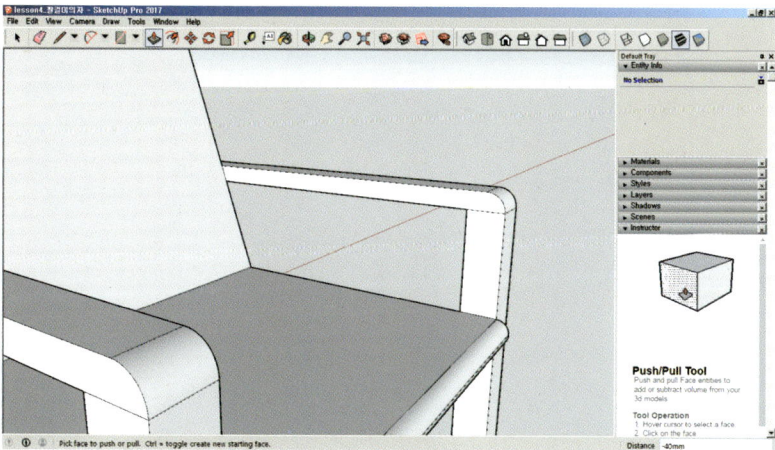

**33** 반대쪽도 같은 방법(30~32번)으로 팔걸이를 완성한다.

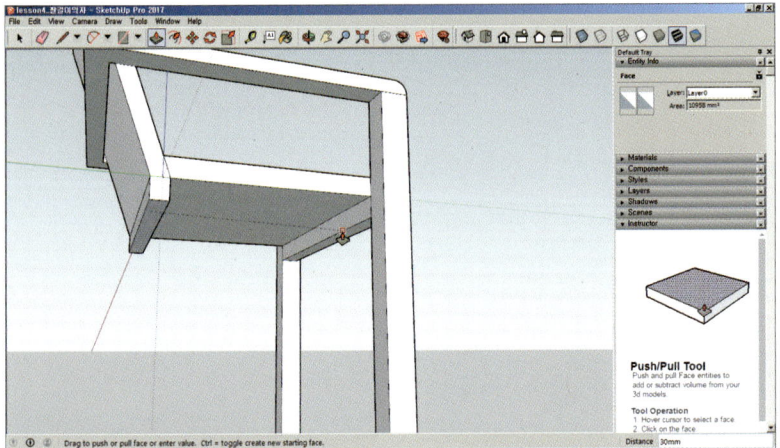

**34** 등받이의 아래쪽을 Push/Pull(밀기/끌기) 도구를 사용해서 30mm 면을 생성한다.

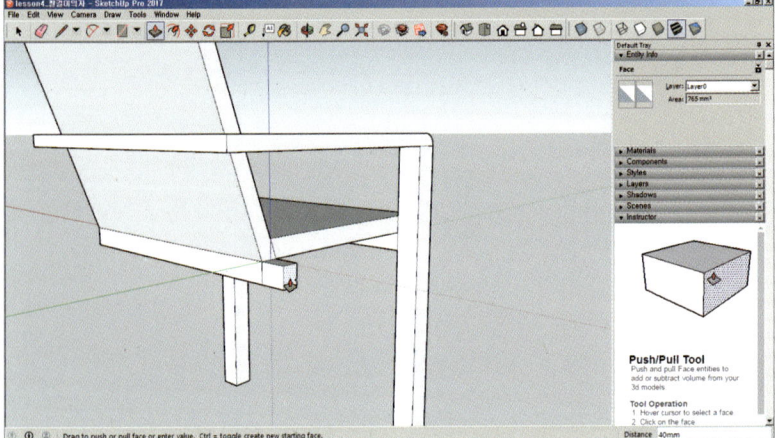

**35** 옆면을 40mm 생성한다.

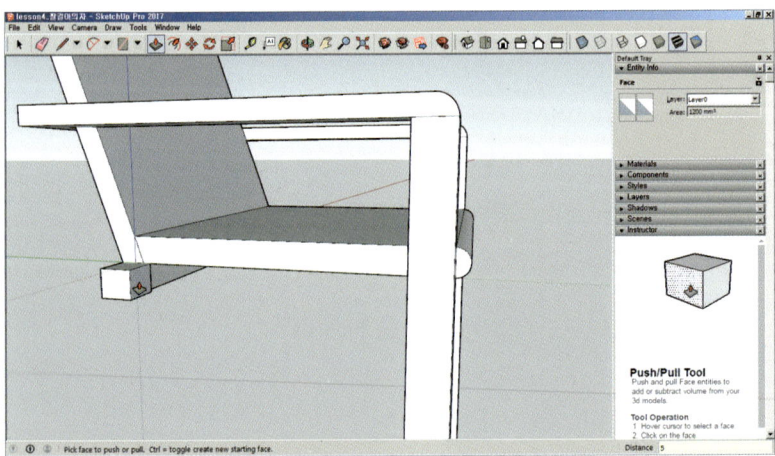

**36** 앞쪽으로 5mm 면을 생성한다. 다리의 폭과 너비가 30mm *30mm이기 때문이다.

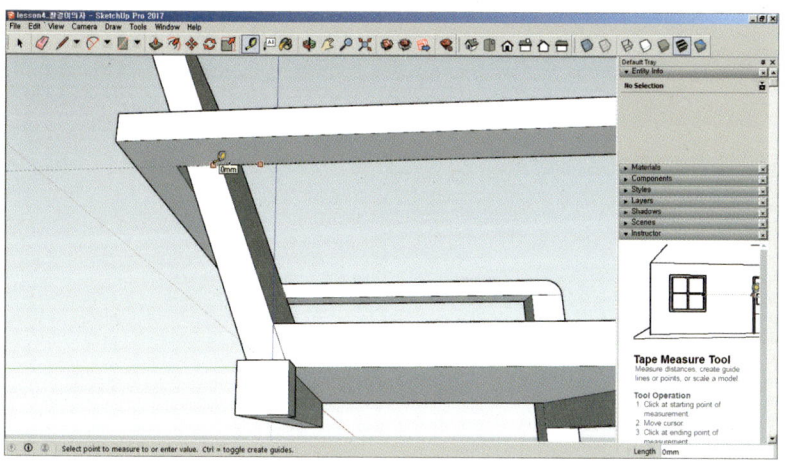

37 위쪽 팔걸이 부분과 다리부분을 연결하기 위해서 우선 Tape Measure Tool(줄자) 도구를 사용해서 팔걸이 모서리와 같은 방향인 보조선을 그린다.

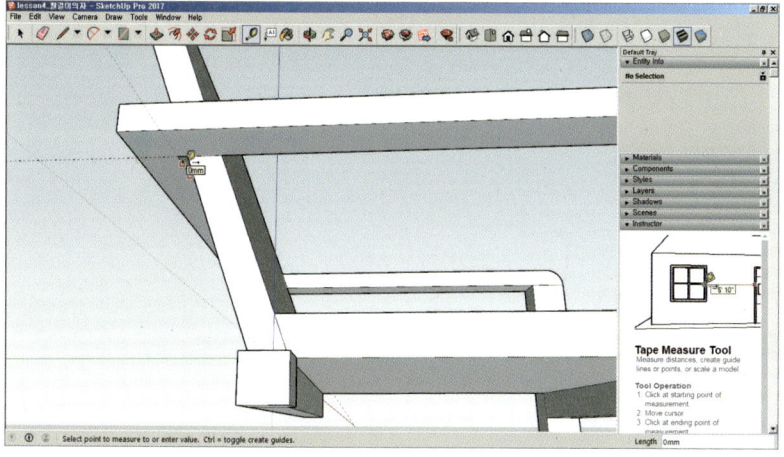

38 수직방향도 보조선을 그린다.

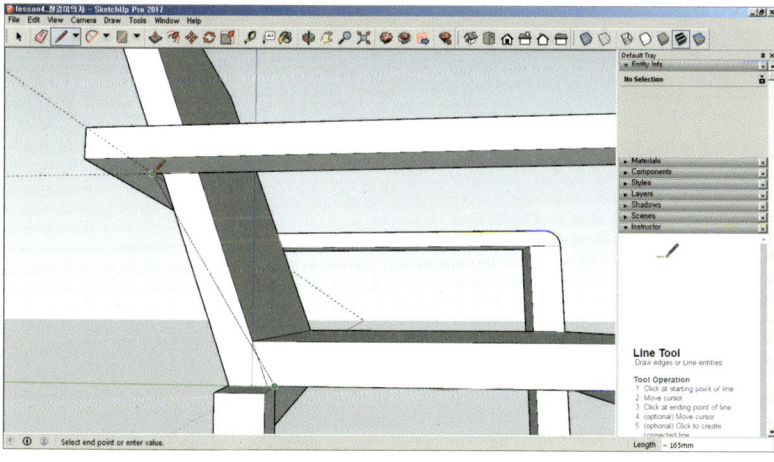

39 Line(선) 도구를 사용해서 그림과 같이 아래 모서리에서 위쪽 꼭지점까지 선을 그린다.

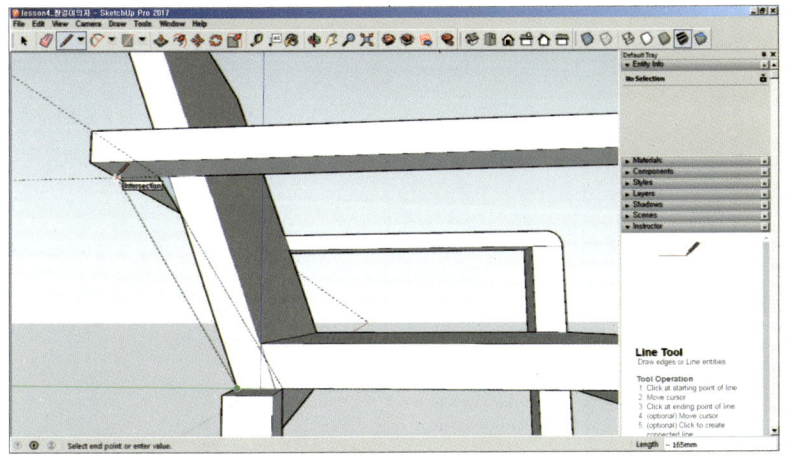

**40** 계속해서 앞쪽으로도 아래에서 위쪽으로 전에 그린 선과 평행하게 선을 그린다.

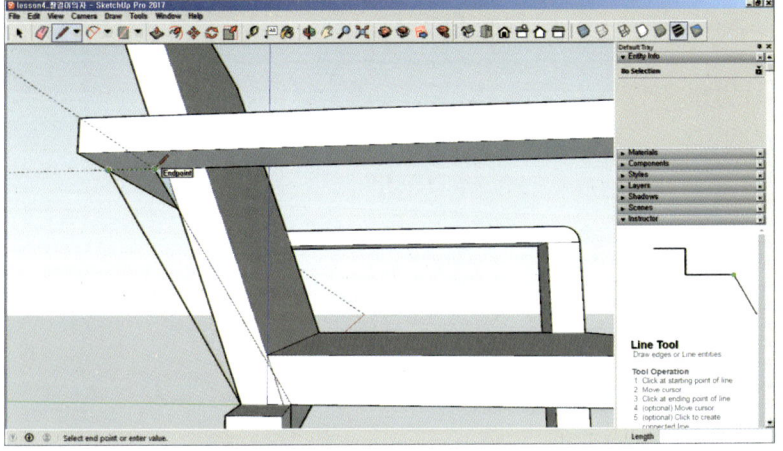

**41** 위쪽에 선을 연결해서 면을 생성한다.

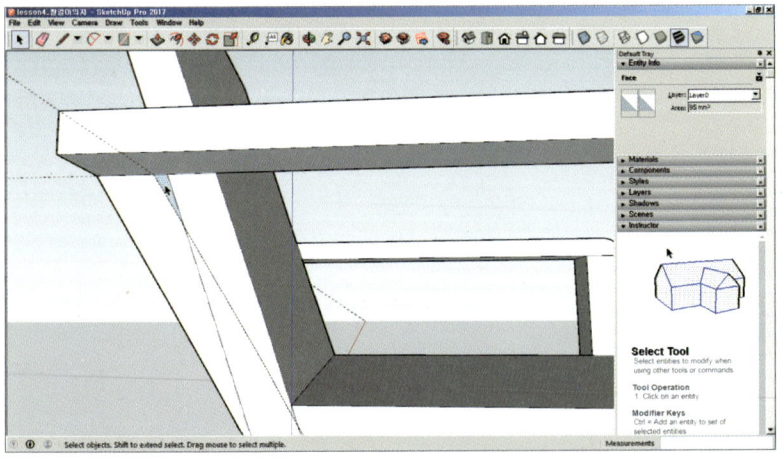

**42** 그림과 같이 삼각형 부분은 뚫려 있어야 하기 때문에 Select(선택) 도구로 선택한 후, Del 키를 눌러 제거한다.

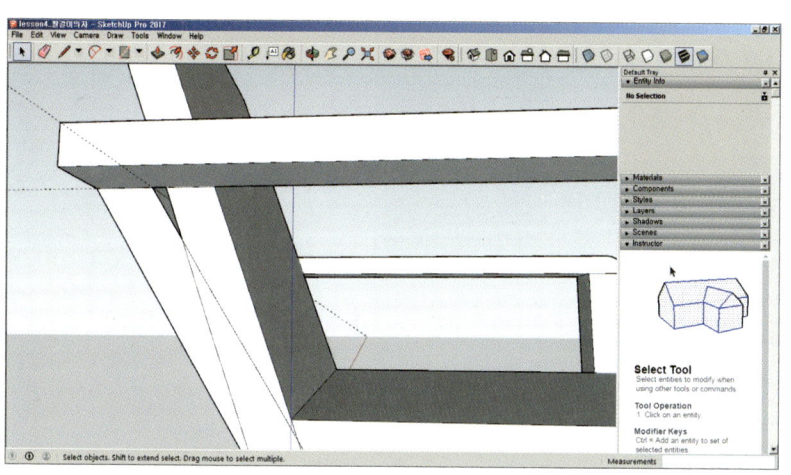

43 면이 뚫린 것을 확인할 수 있다.

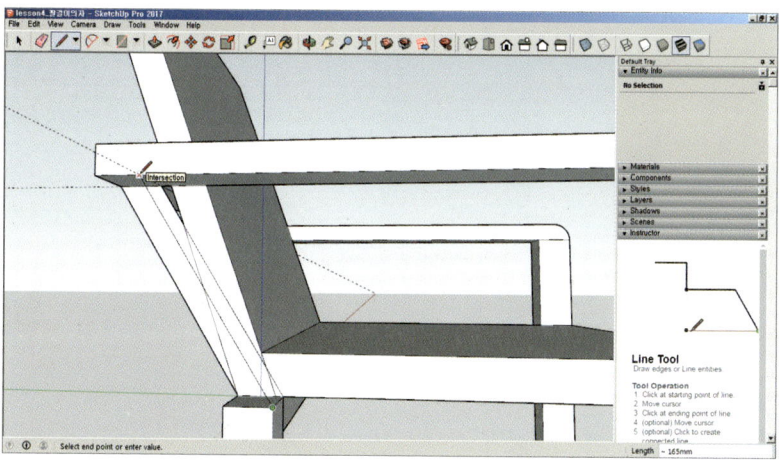

44 계속해서 팔걸이와 다리 부분을 연결하기 위해서 ✏ Line (선) 도구를 사용해서 그림과 같이 아래쪽에서 위쪽 모서리까지 선을 그린다.

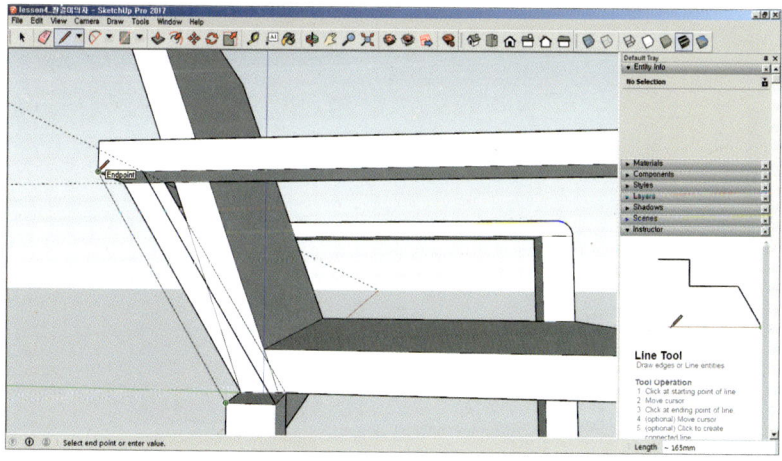

45 계속해서 아래쪽 모서리와 위쪽 끝점(Endpoint)을 연결하는 선을 그린다.

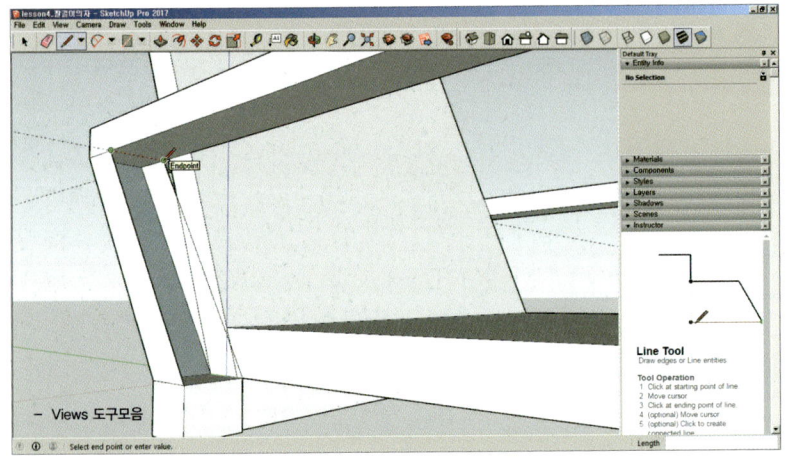

**46** 그림과 같이 뚫려 있는 면을 닫기 위해서 Red 축 방향으로 선을 연결한다.

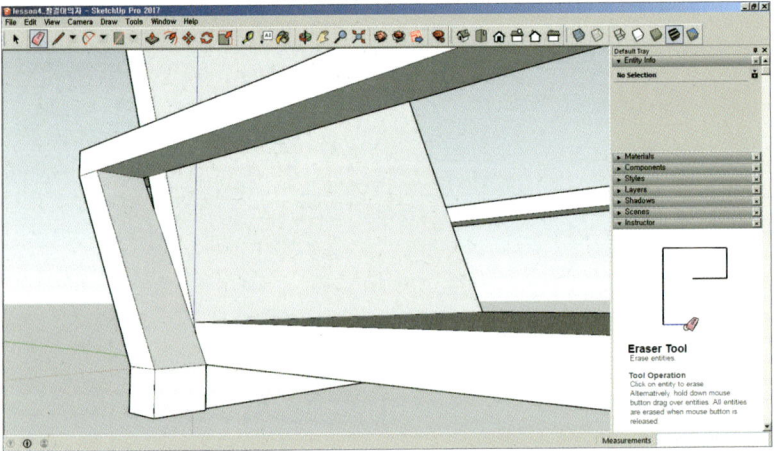

**47** 팔걸이와 다리 부분이 연결된 것을 확인할 수 있다.

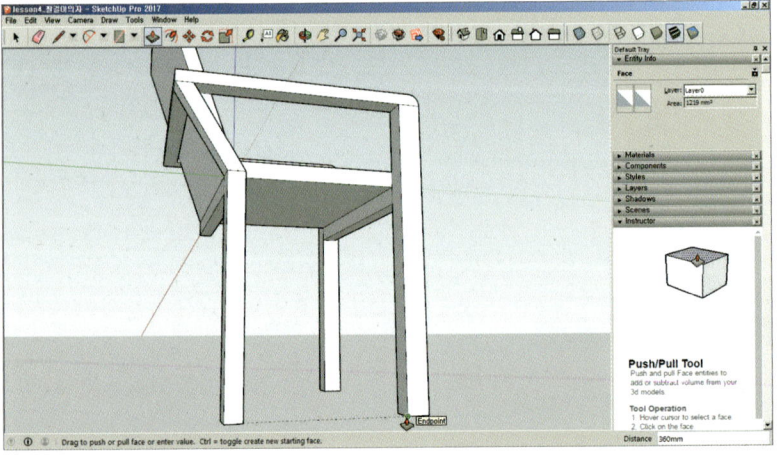

**48** Push/Pull(밀기/끌기) 도구를 사용해서 의자의 다리를 앞쪽 다리 길이 만큼 면을 생성한다.

**반복학습**

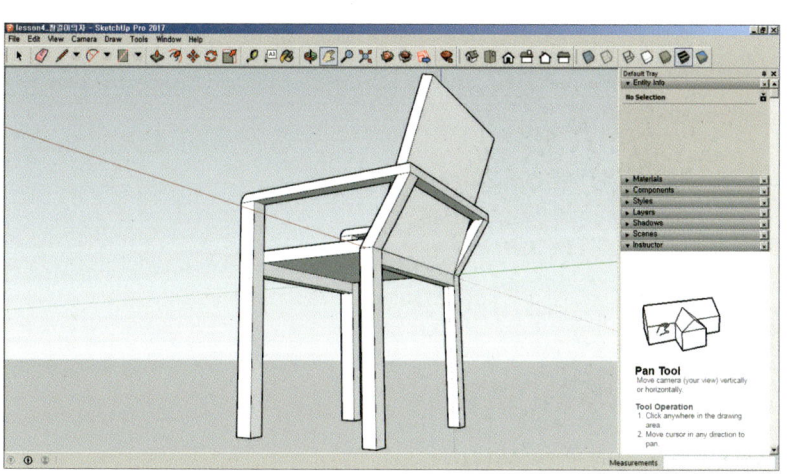

**49** 반대쪽도 같은 방법(35~48번)으로 다리를 완성한다.

**Tip**

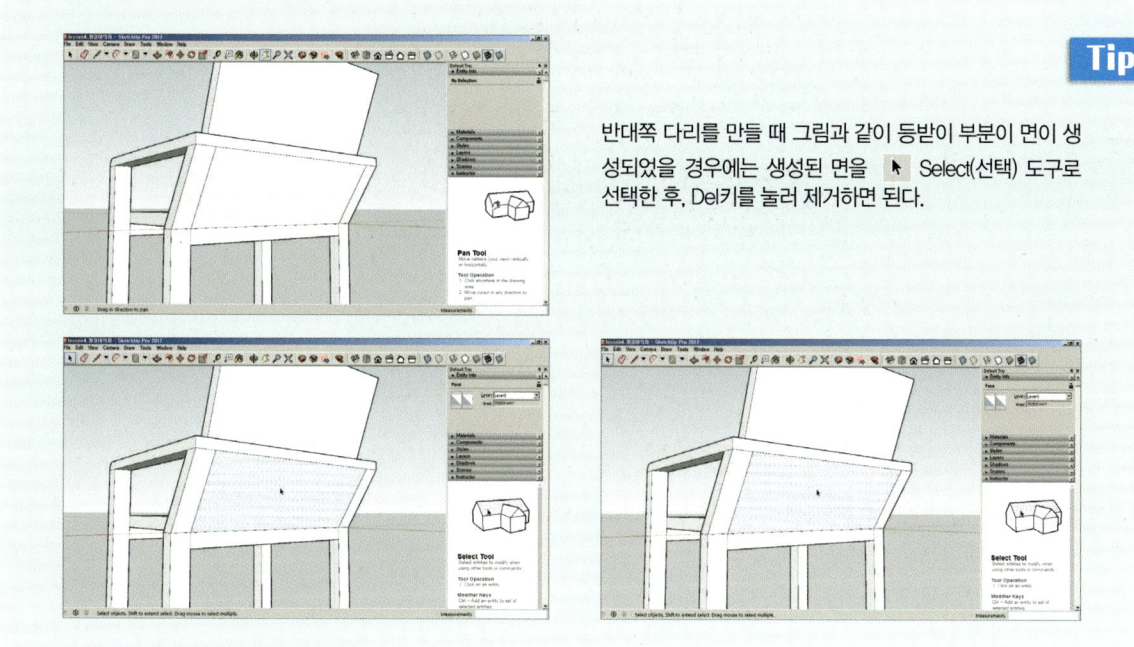

반대쪽 다리를 만들 때 그림과 같이 등받이 부분이 면이 생성되었을 경우에는 생성된 면을 Select(선택) 도구로 선택한 후, Del키를 눌러 제거하면 된다.

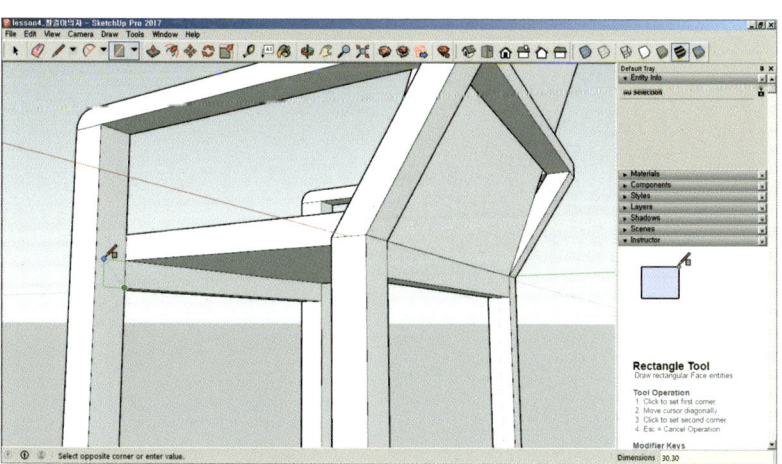

**50** 지지대를 만들기 위해서 Rectangle(직사각형) 도구를 사용해서 그림과 같이 30,30인 사각형을 그린다.

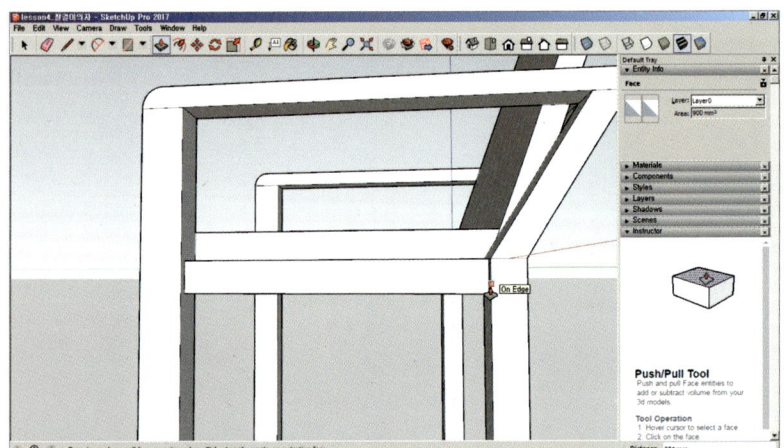

**51** Push/Pull(밀기/끌기) 도구를 사용해서 뒤쪽 모서리까지 면을 생성한다.

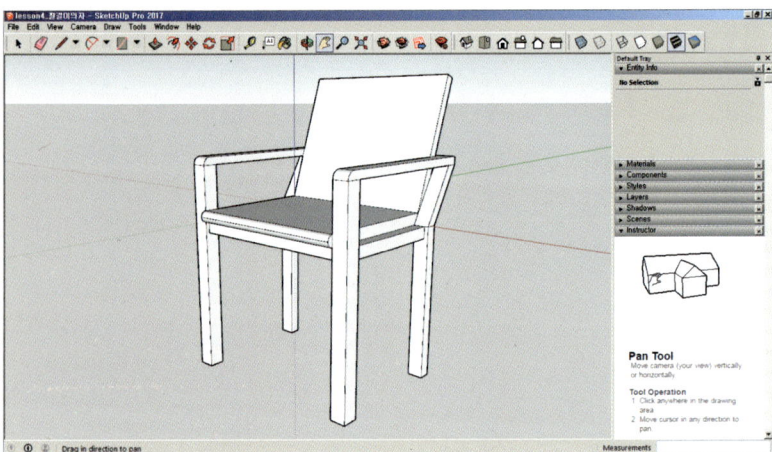

반복학습

**52** 반대쪽도 같은 방법(50~51)으로 지지대를 완성한다. 자 그럼 팔걸이 의자가 완성되었다.

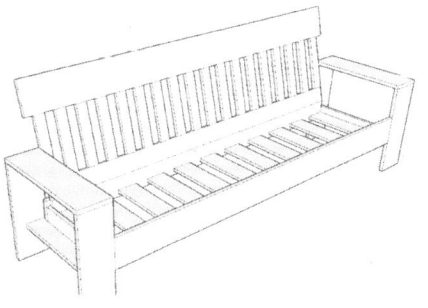

# 03 목재소파

집안 거실에 둘 수 있는 원목소파를 제작 해 보자.

**SketchUp 2017**

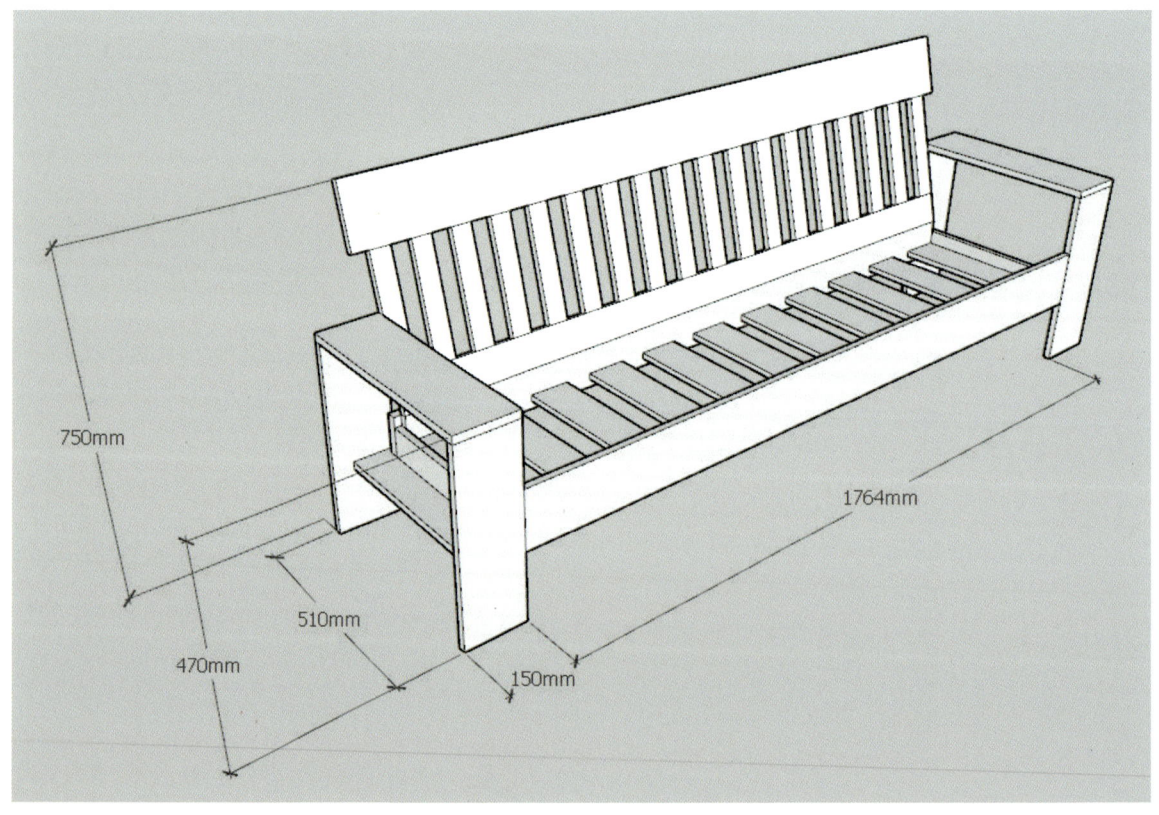

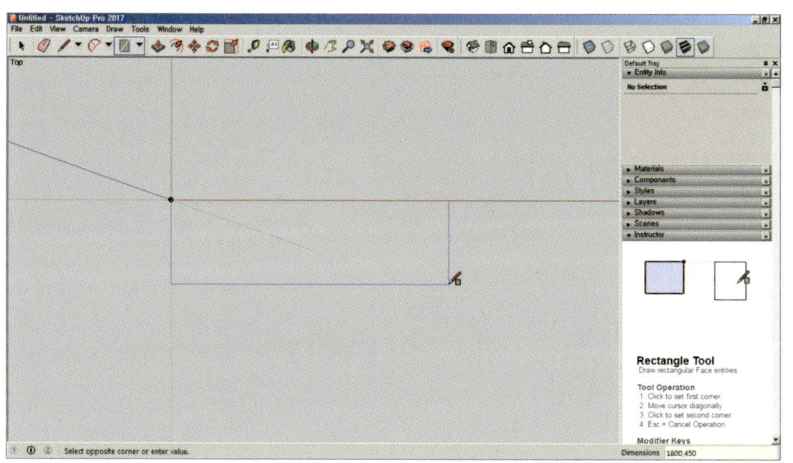

**1** Top view에서 ▭ Rectangle (직사각형) 도구를 사용해서 원점(Origin)에서 시작하는 1800,450인 사각형을 그린다.

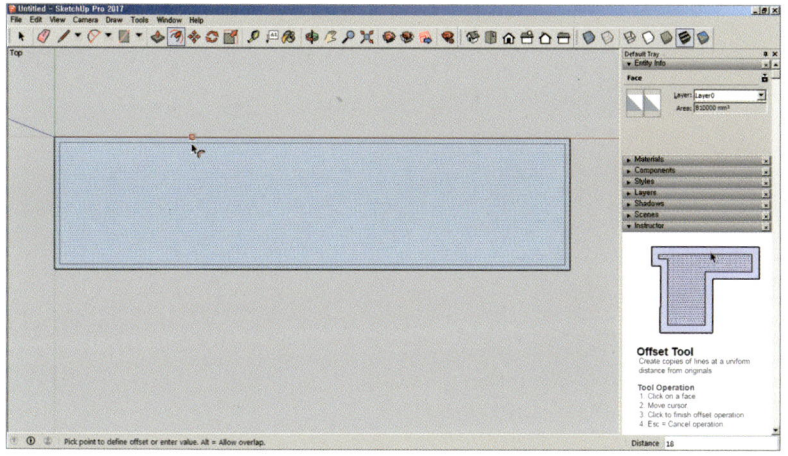

**2** Offset(오프셋) 도구를 사용해서 18mm 작은 사각형을 그린다.

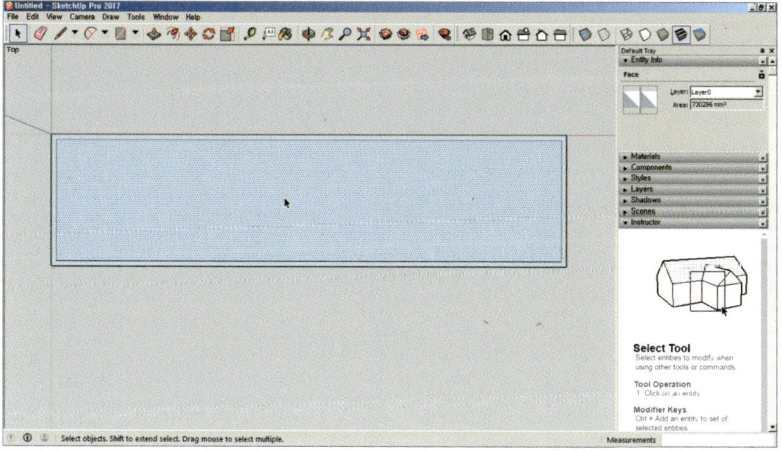

**3** 안쪽 면을 제거하기 위해서 Select(선택) 도구로 안쪽 면을 선택한 후, Del키를 눌러 면을 제거한다.

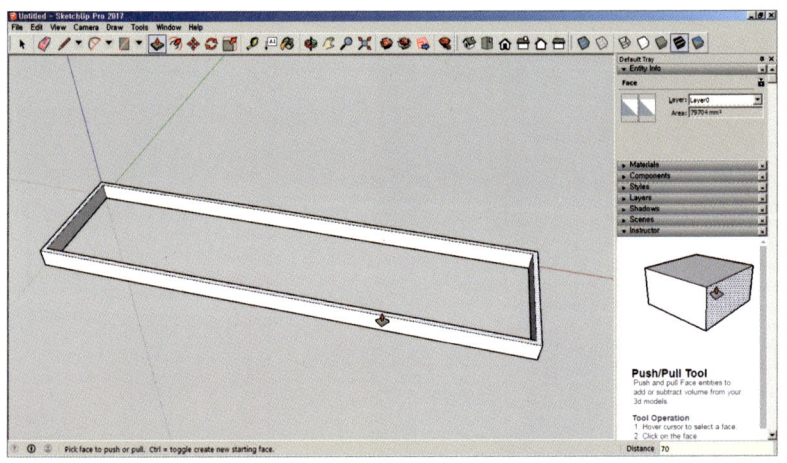

**4** ISO View로 전환한 후, Push/Pull(밀기/끌기) 도구를 사용해서 면을 70mm 생성한다.

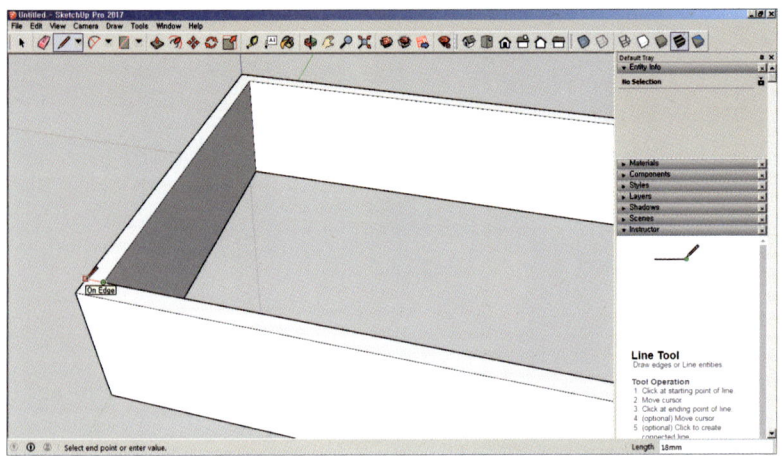

**5** Line(선) 도구로 그림과 같이 Red 축 방향으로 선을 그린다.

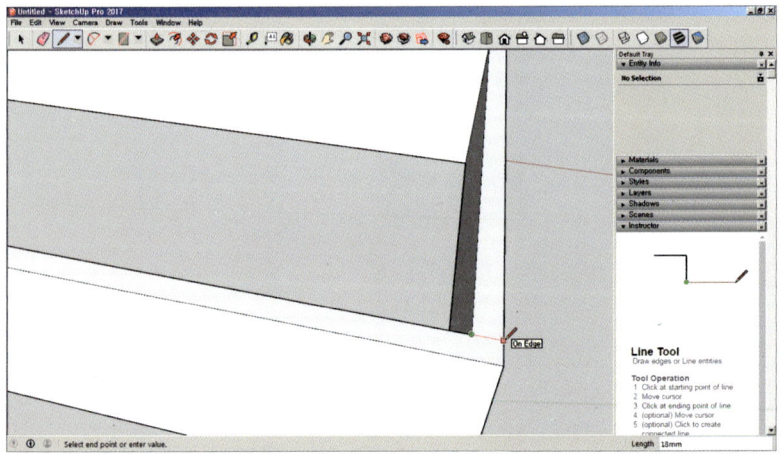

**6** 반대쪽도 선을 그린다.

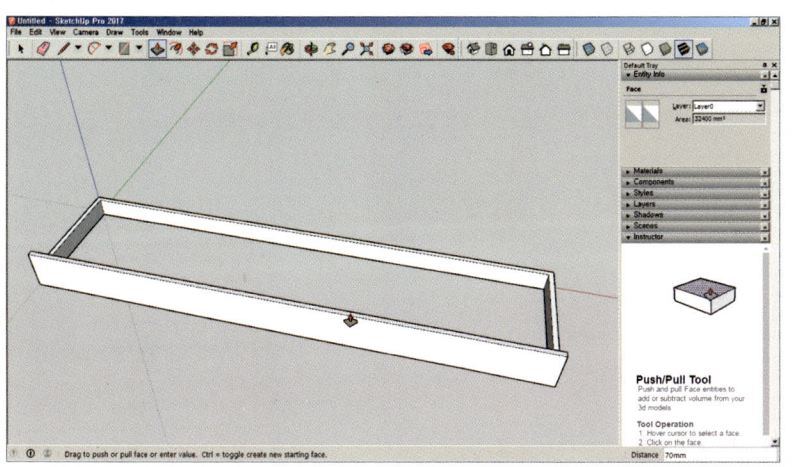

**7** Push/Pull(밀기/끌기) 도구를 사용해서 앞쪽 면을 위로 70mm 생성한다.

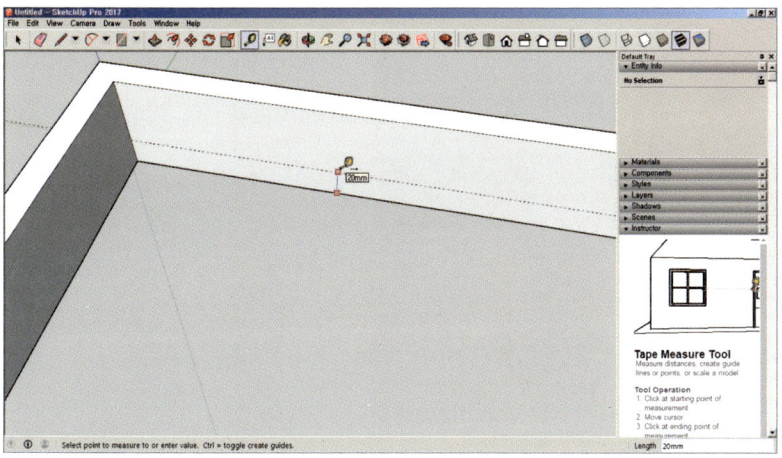

**8** 소파에서 지지대를 만들기 위해서 Tape Measure Tool (줄자) 도구를 사용해서 안쪽 아래 모서리에서 20mm 떨어진 보조선을 그린다.

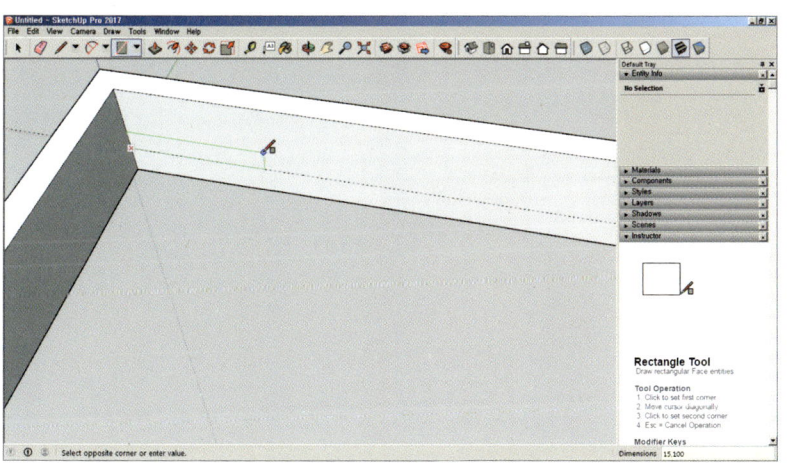

**9** Rectangle(직사각형) 도구를 사용해서 보조선과 안쪽모서리에서 시작하는 15,100인 사각형을 그린다.

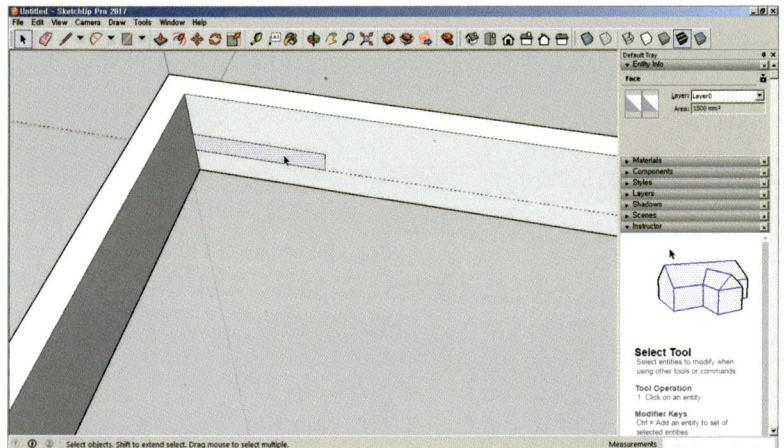

**10** 앞에서 그린 사각형을 복사해 보도록 하자. Select(선택) 도구를 사용해서 사각면을 선택한다.

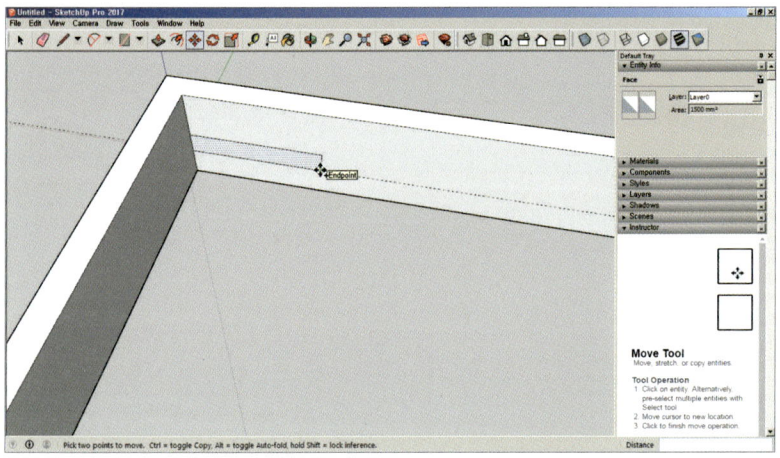

**11** Move(이동) 도구를 클릭한 후, Ctrl키를 누르고 끝점(End point)을 선택한다.

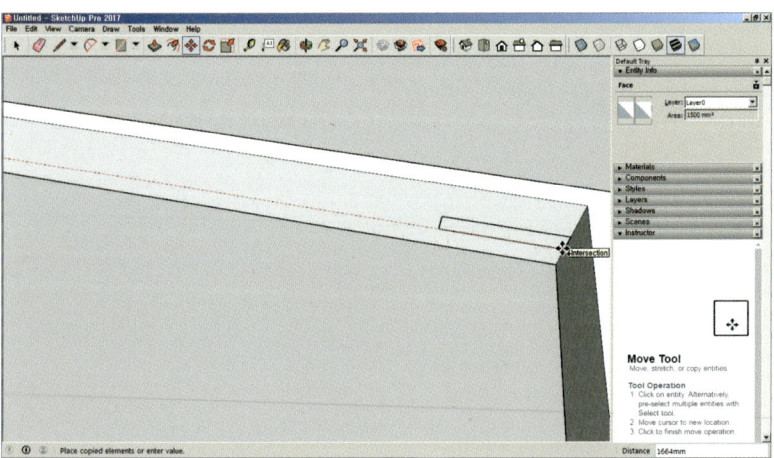

**12** 반대쪽 모서리 교차점(Intersection) 까지 드래그해서 사각형을 복사한다.

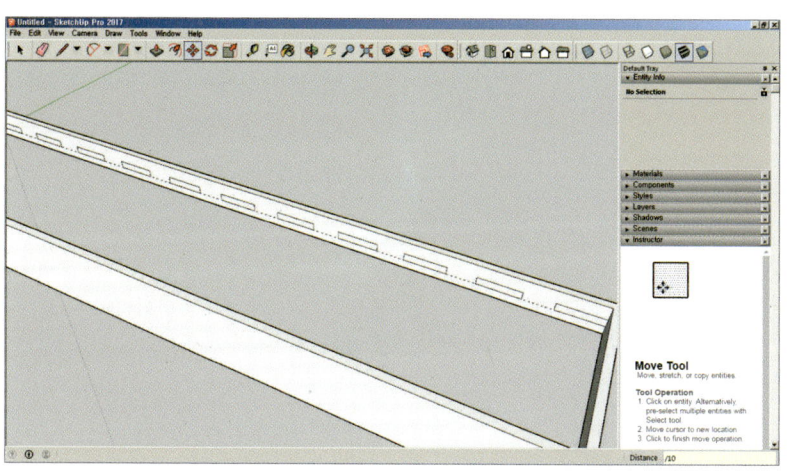

**13** 바로 수치입력창에 '/10'을 입력해서 10개를 복사한다.

Distance /10

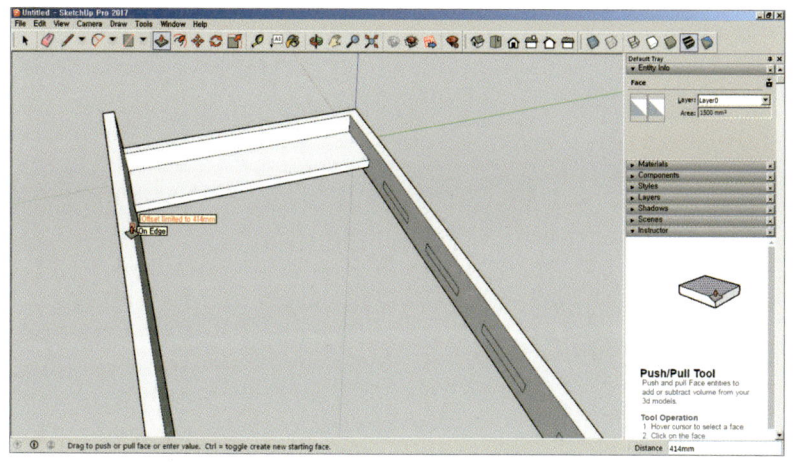

**14** Eraser(지우기) 도구로 사용한 보조선을 제거하고(tools\push_pull.jpg) Push/Pull(밀기/끌기) 도구로 사각형을 앞쪽 모서리까지 면을 생성한다.

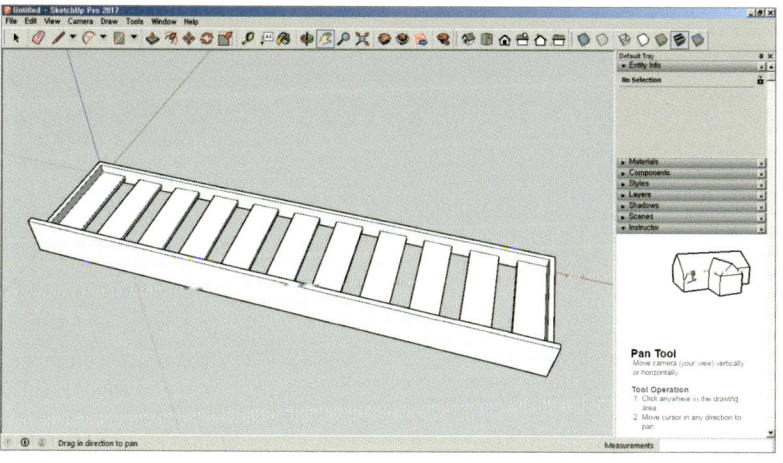

**15** 나머지도 '더블클릭'해서 면을 완성한다.

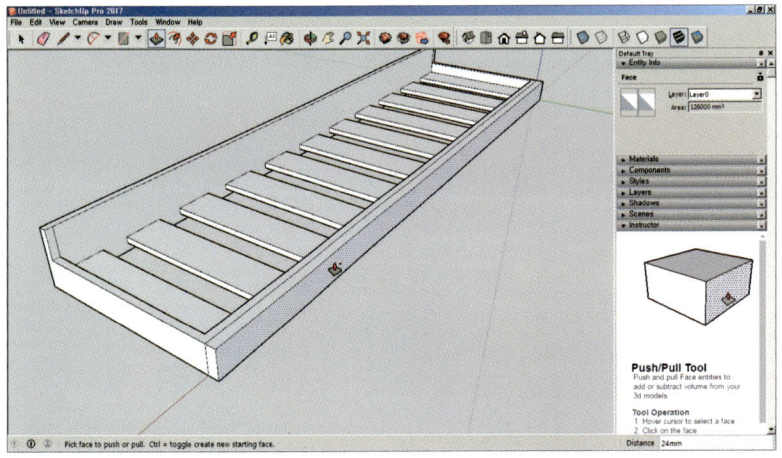

**16** 소파 등받이를 제작해 보자. 뒷면에서 Push/Pull(밀기/끌기) 도구를 사용해서 Ctrl키를 누른 후 면을 24mm 생성한다.

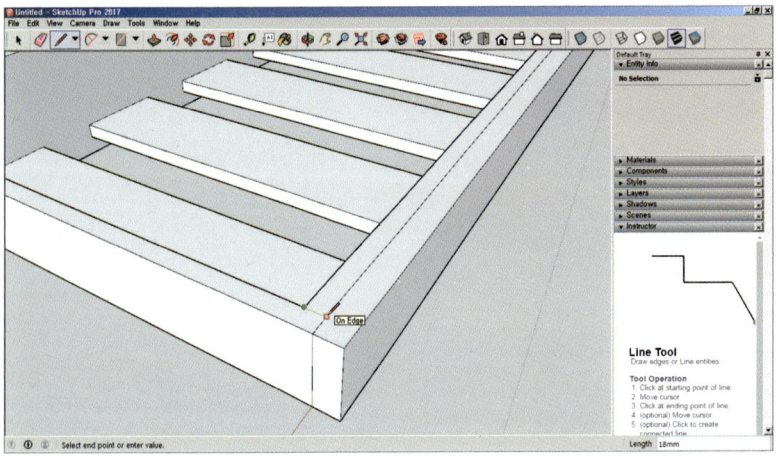

**17** Line(선) 도구를 사용해서 그림과 같이 Green축 방향으로 선을 그린다.

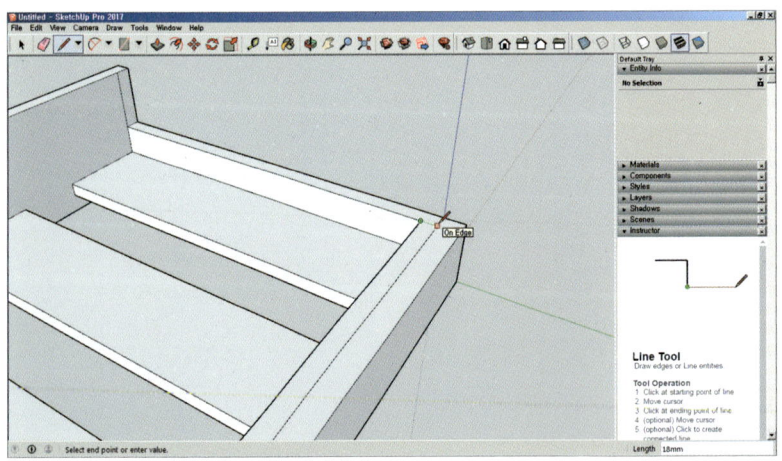

**18** 마찬가지로 반대쪽도 선을 그린다.

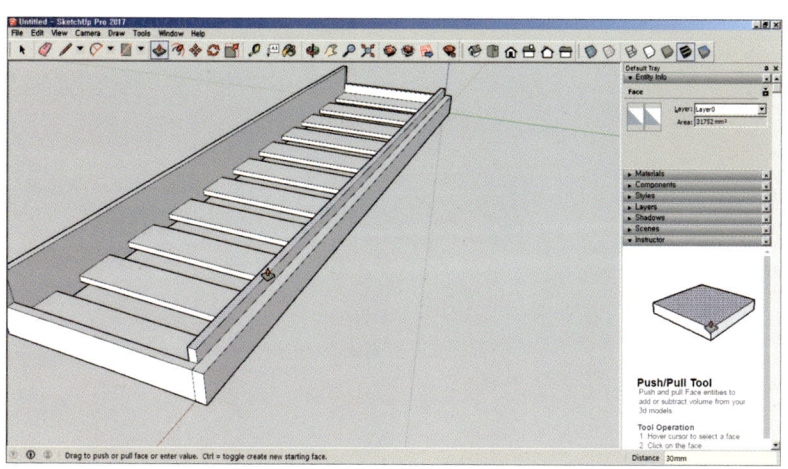

**19** 안쪽면을 Push/Pull(밀기/끌기) 도구를 사용해서 30mm 생성한다.

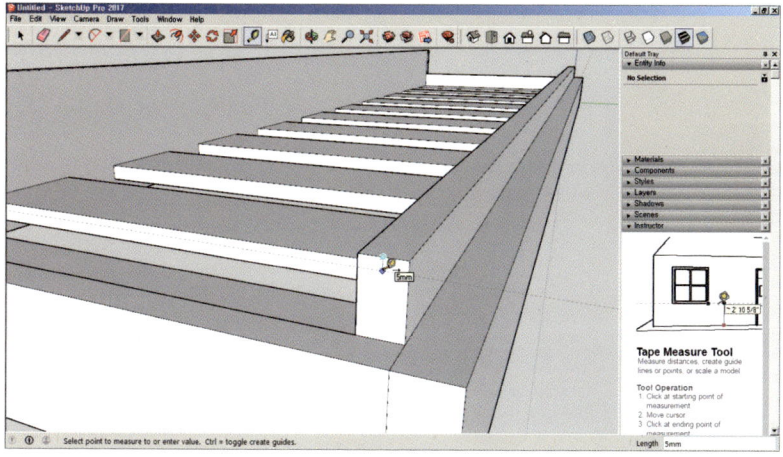

**20** 옆쪽 모서리에서 Tape Measure Tool(줄자) 도구를 사용해서 5mm 떨어진 보조선을 그린다.

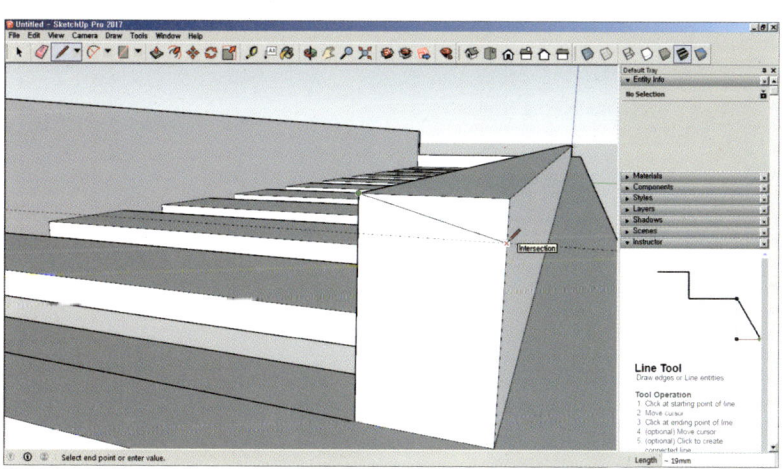

**21** Line(선) 도구를 사용해서 꼭지점과 보조선과의 교차점(Intersection)을 연결하는 대각선을 그린다.

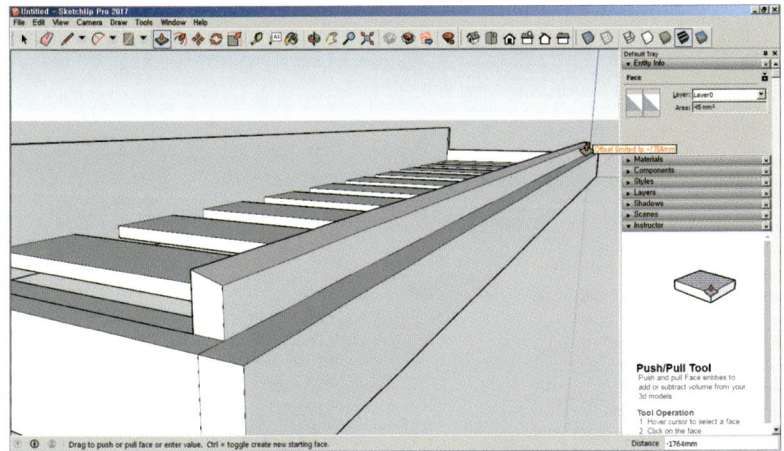

**22** ◆ Push/Pull(밀기/끌기) 도구를 사용해서 삼각면을 제거한다.

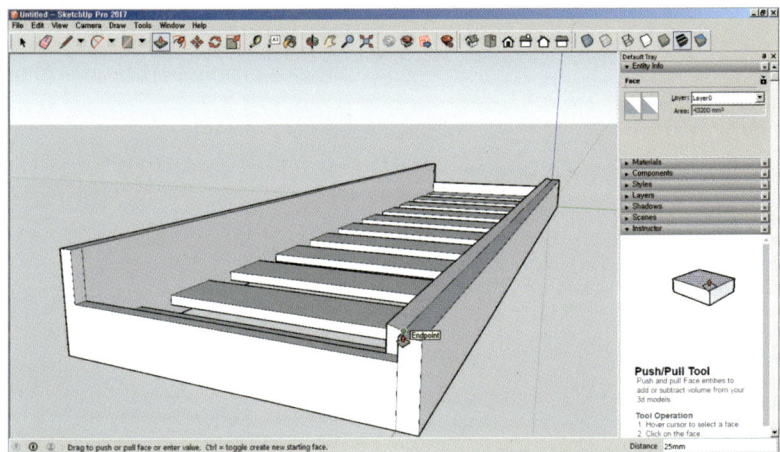

**23** ◆ Push/Pull(밀기/끌기) 도구를 사용해서 뒤쪽면도 위쪽으로 앞면의 끝점(Endpoint)까지 면을 생성한다.

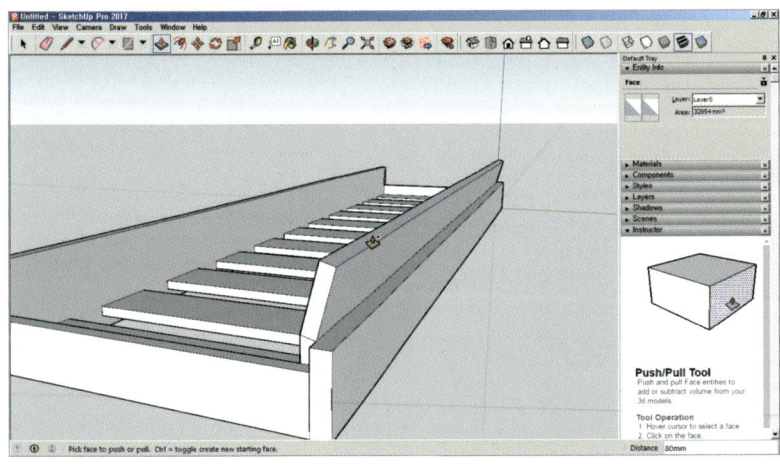

**24** ◆ Push/Pull(밀기/끌기) 도구를 사용해서 Ctrl 키를 누른 후, 위쪽으로 면을 80mm 생성한다.

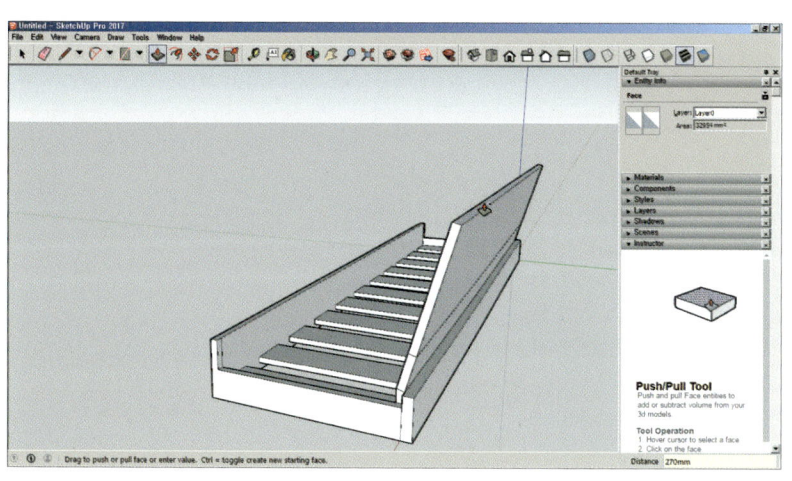

**25** 마찬가지로 Ctrl 키를 누르고 면을 270mm 생성한다.

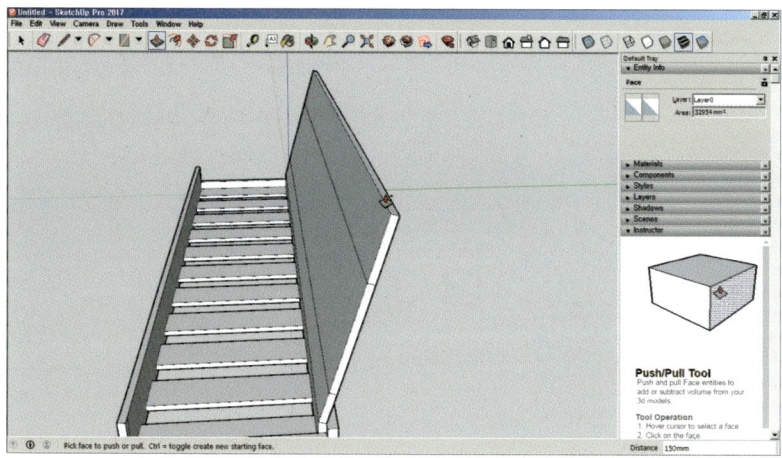

**26** 마지막으로 Ctrl키를 누른 후, 면을 150mm 생성한다. 이렇게 면을 3단계로 새롭게 생성한 이유는 나중에 중간에 있는 면을 제거하기 위해서다.

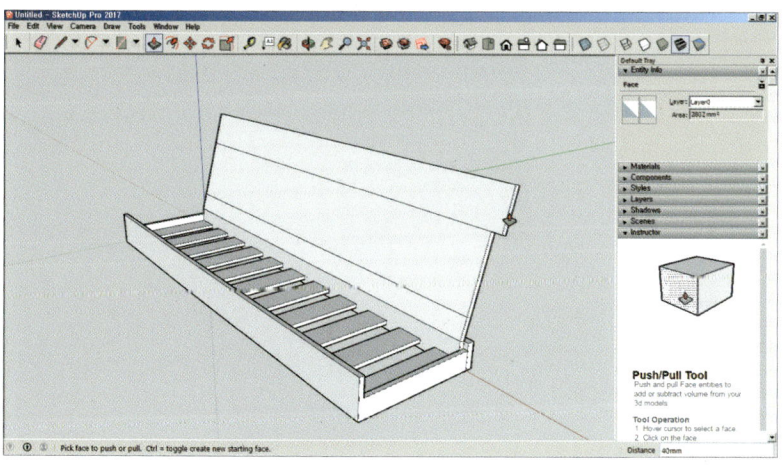

**27** 윗면의 옆쪽에 40mm 면을 생성한다.

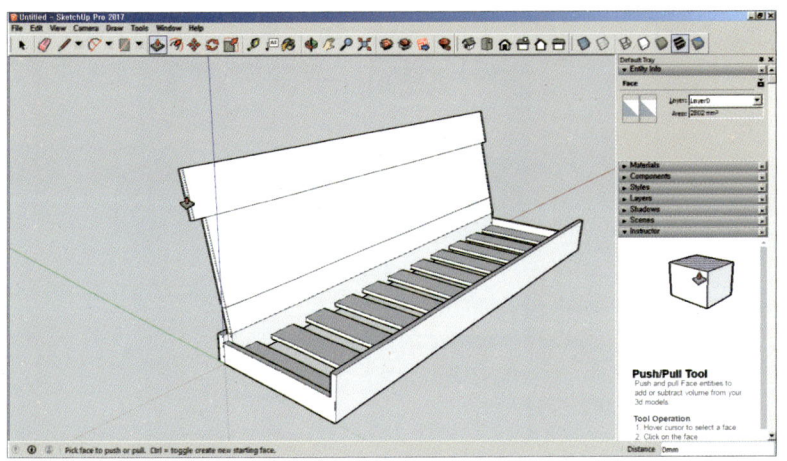

28 반대쪽도 '더블클릭'해서 같은 치수(40mm)로 면을 생성한다.

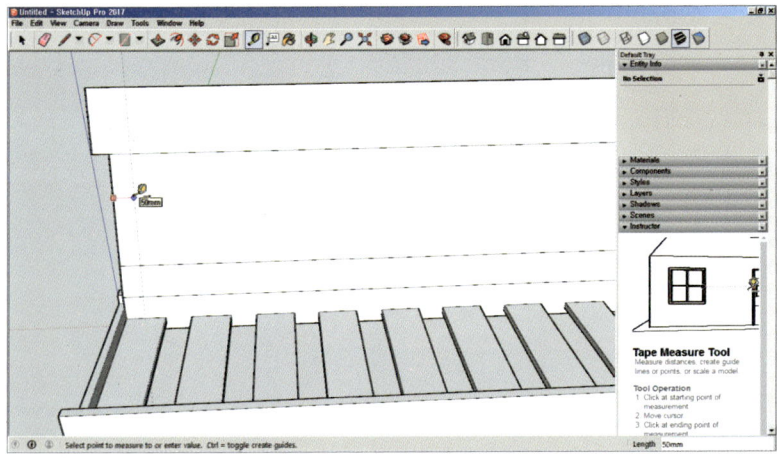

29 등받이의 가운데 면을 만들기 위해서 Tape Measure Tool (줄자) 도구를 사용해서 옆쪽에서 50mm 떨어진 보조선을 그린다.

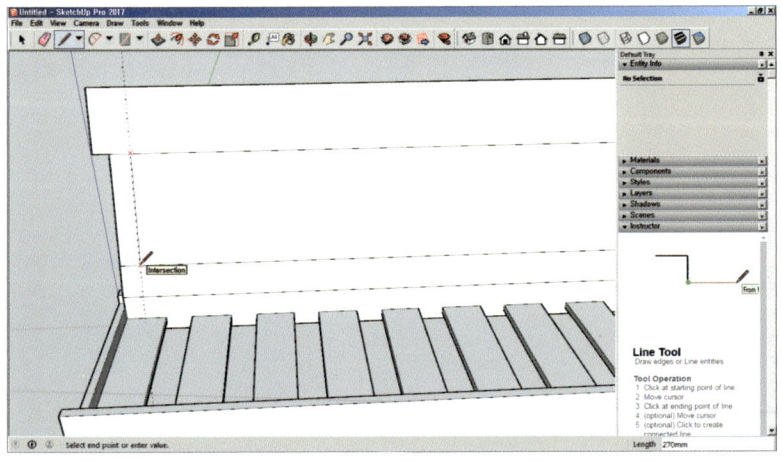

30 보조선에 맞추어 Line (선) 도구로 선을 그린다.

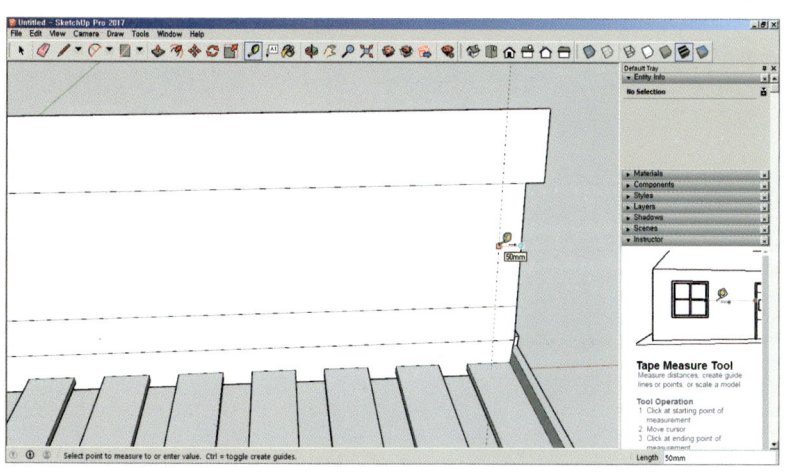

**31** 반대쪽에도 Tape Measure Tool(줄자) 도구를 사용해서 50mm 떨어진 보조선을 그린다.

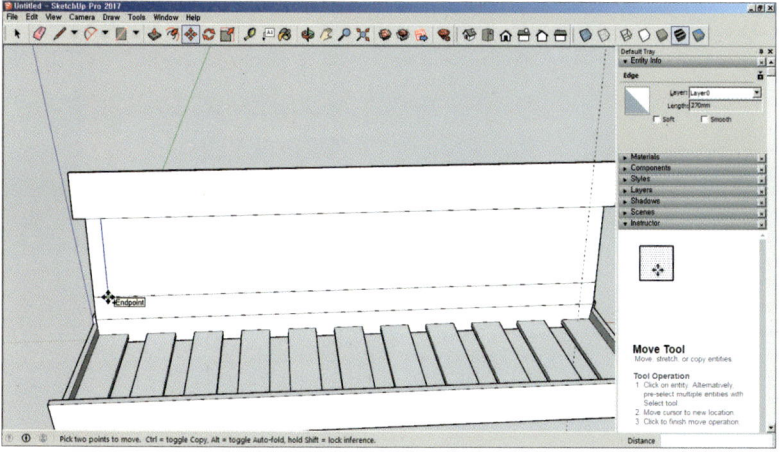

**32** Select(선택) 도구로 선을 선택한 후, Move(이동) 도구를 선택하고 Ctrl키를 누른 후, 선의 아래 끝점(Endpoint)을 클릭한다.

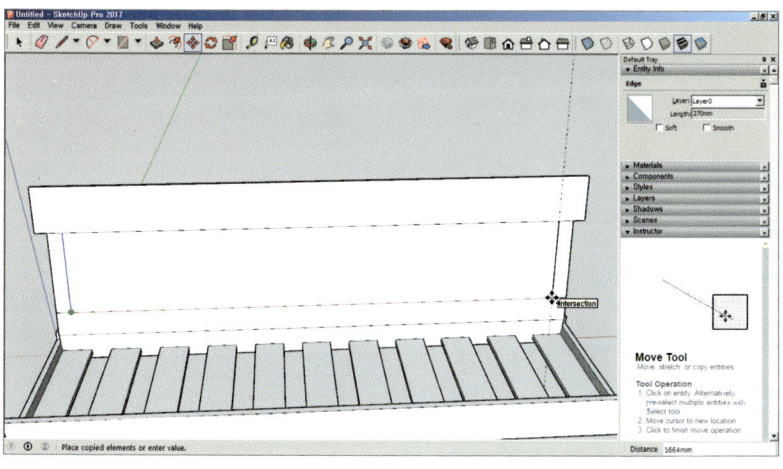

**33** 선을 드래그해서 반대쪽 보조선 교차점(Intersection)까지 복사한다.

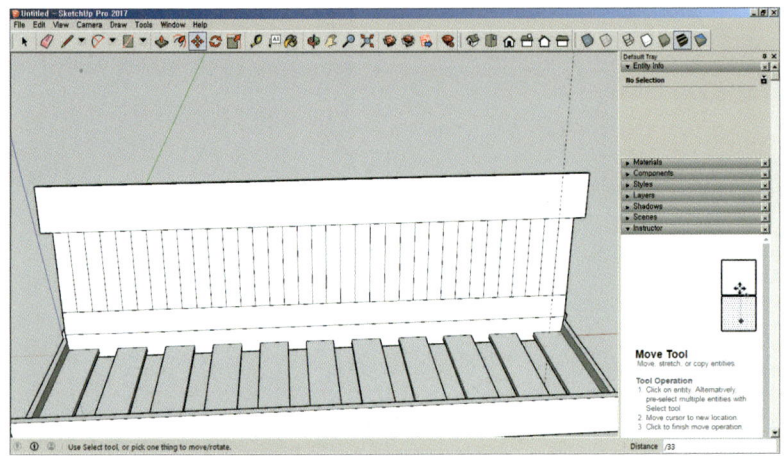

**34** 수치입력창에 '/33'을 입력해서 33개를 복사한다.

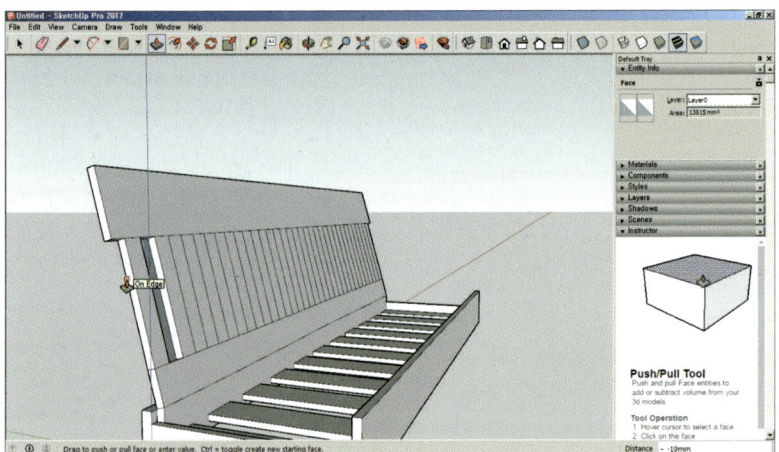

**35** 중간의 면들을 제거하기 위해서 Push/Pull(밀기/끌기) 도구로 끝 모서리(On Edge)까지 면을 집어넣는다.

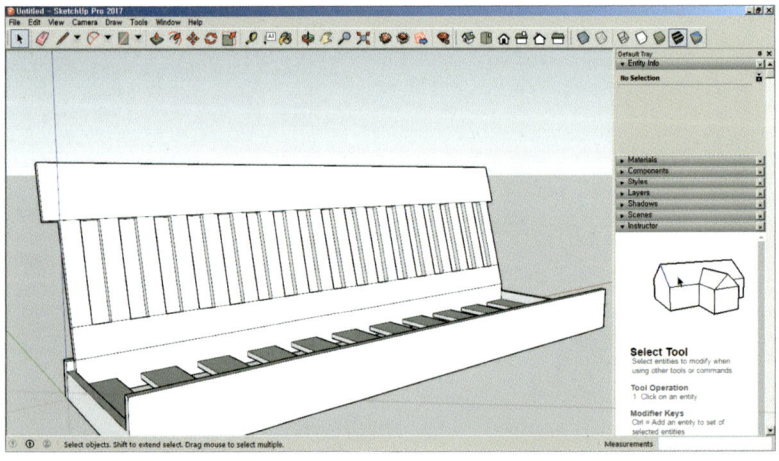

**36** '더블클릭'해서 중간에 있는 면을 안쪽으로 집어넣는다.

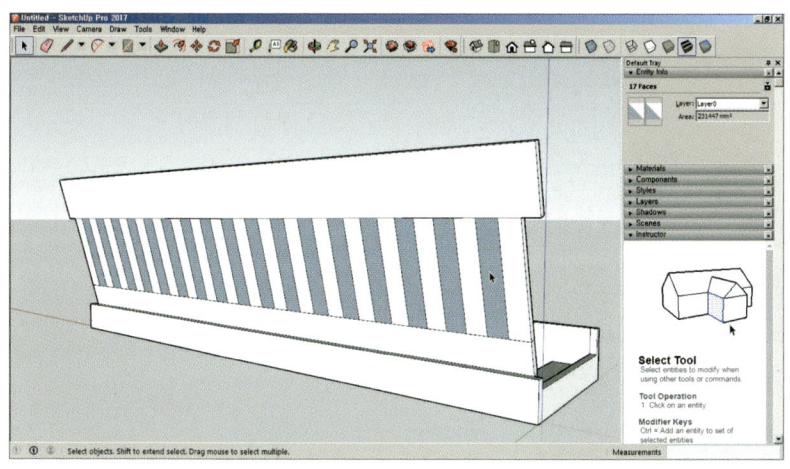

**37** 하지만 면이 제거되지 않았다. 제거되지 않은 이유는 위쪽과 아래쪽에 다른 면이 접해있기 때문이다. Select(선택) 도구를 사용해서 Ctrl키를 누른 후, 뒤쪽 면을 모두 선택한다.

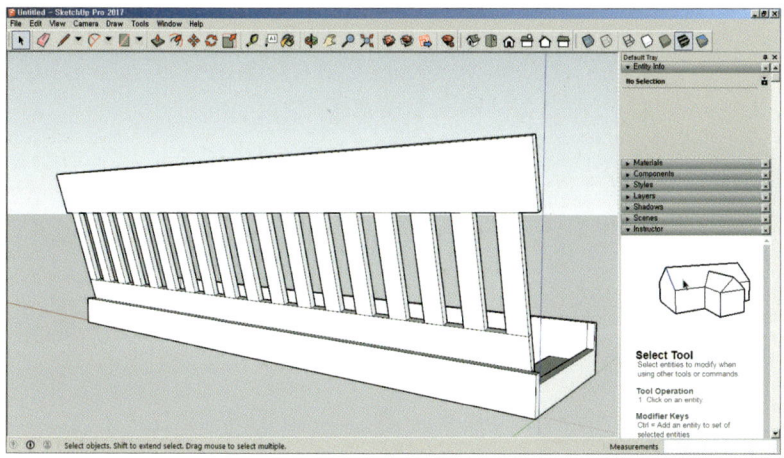

**38** Del키를 눌러 면을 제거한다.

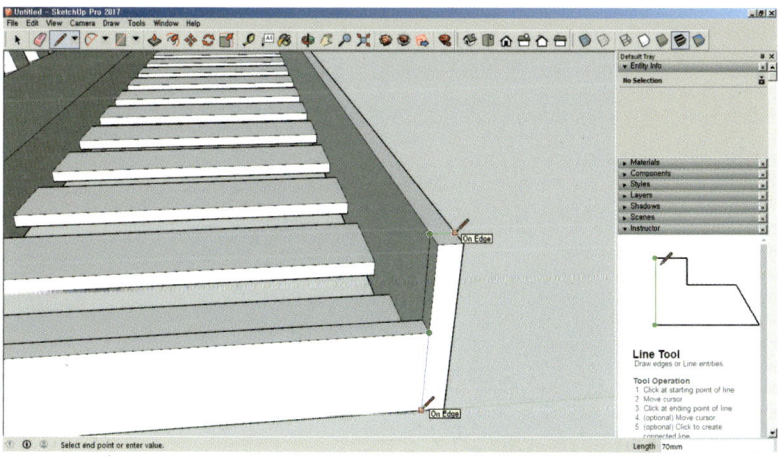

**39** 이제 소파의 다리와 옆쪽 팔걸이를 제작해 보자. 앞쪽면에서 Line(선) 도구를 사용해서 그림과 같이 선을 그린다.

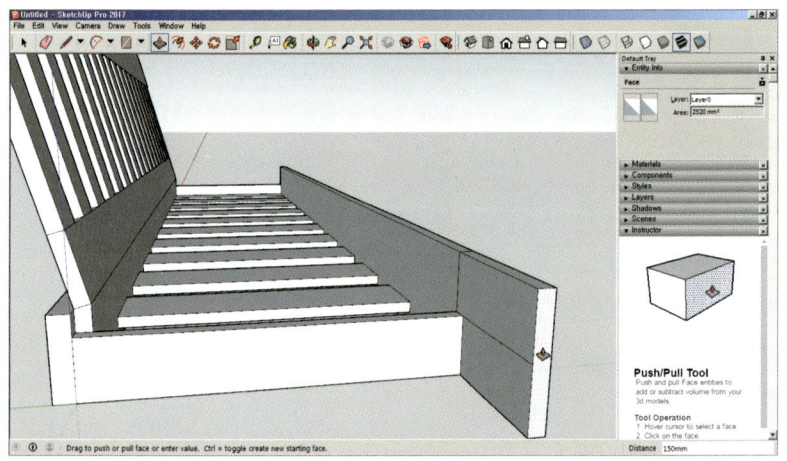

**40** Push/Pull(밀기/끌기) 도구를 사용해서 옆쪽으로 150mm 만큼 면을 생성한다.

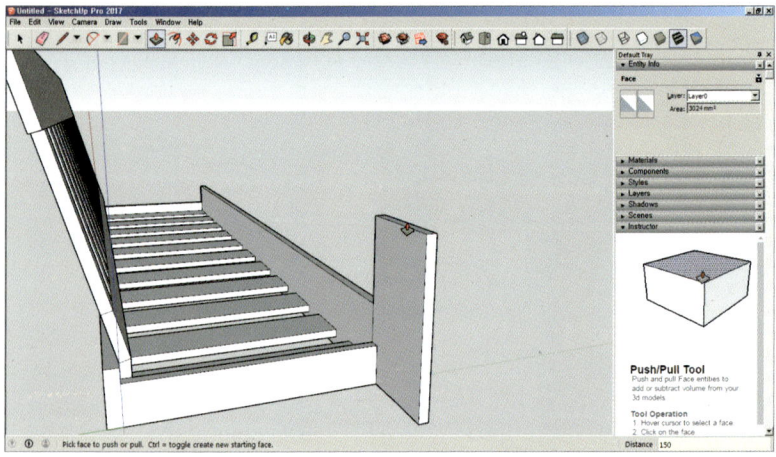

**41** Eraser(지우기) 도구로 면에 있는 선을 제거하고, 다시 Push/Pull(밀기/끌기) 도구를 사용해서 위쪽으로 150mm 면을 생성한다.

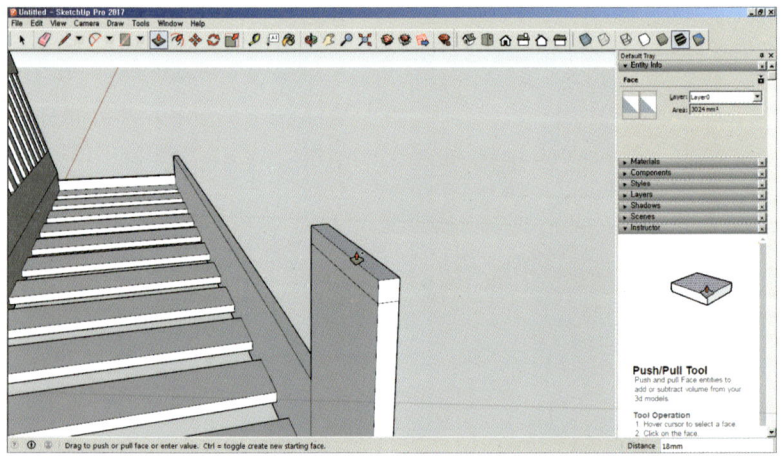

**42** Ctrl키를 누른 후, 위쪽으로 18mm 면을 생성한다.

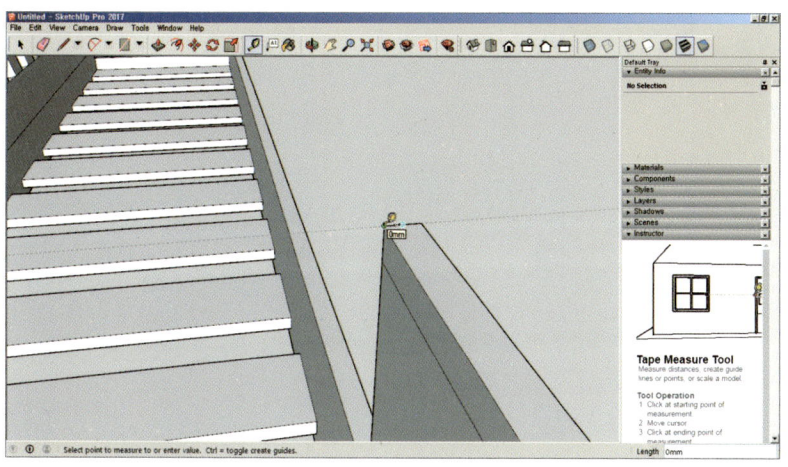

43 팔걸이를 제작하기 위해서 Tape Measure Tool (줄자) 도구를 사용해서 위쪽 모서리에서 평행하게 보조선을 그린다.

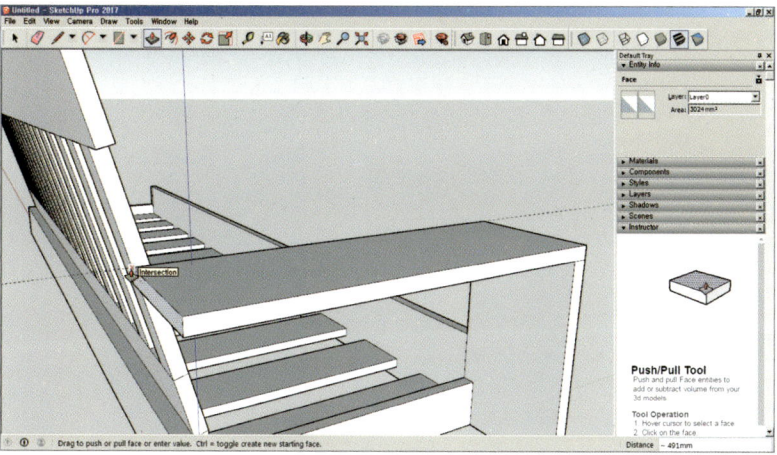

44 Push/Pull(밀기/끌기) 도구를 사용해서 보조선의 교차점(Intersection)까지 면을 생성한다.

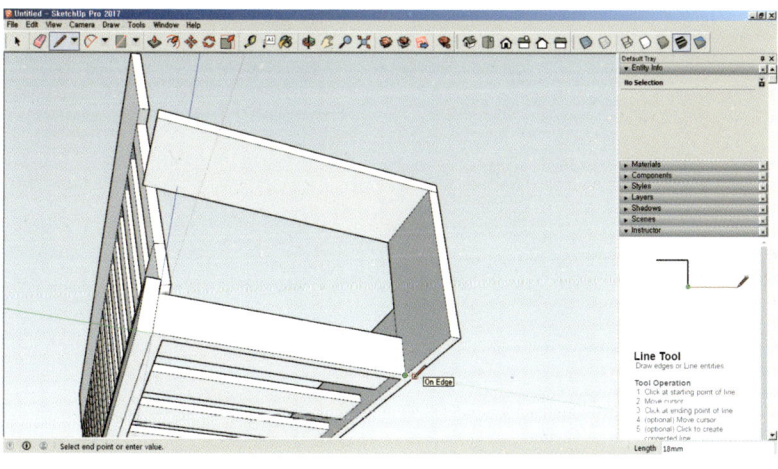

45 소파의 다리를 만들기 위해서 Line(선) 도구를 사용해서 Green 축 방향으로 선을 그린다.

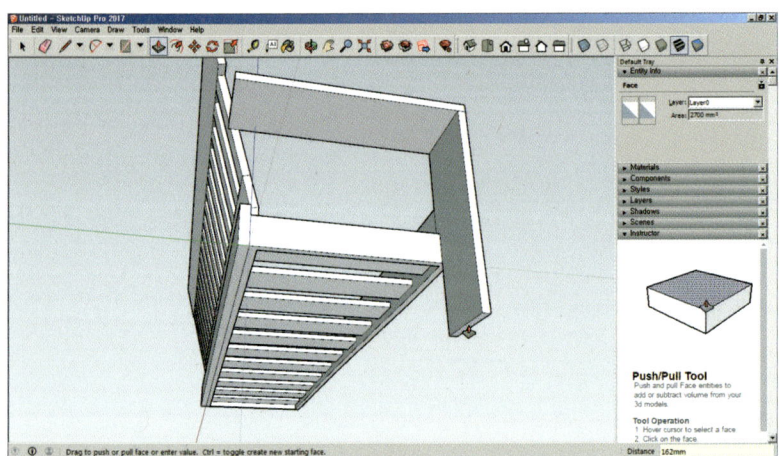

**46** Push/Pull(밀기/끌기) 도구를 사용해서 아래쪽으로 162mm 만큼 면을 생성한다.

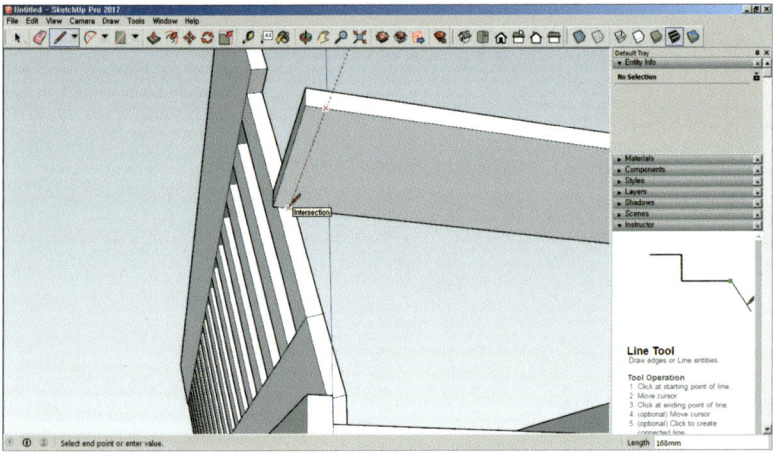

**47** 뒤쪽도 다리를 생성하기 위해서 먼저 Tape Measure Tool (줄자) 도구로 18mm 떨어진 보조선을 그린 후, 보조선에 맞추어 Line(선) 도구로 선을 그린다.

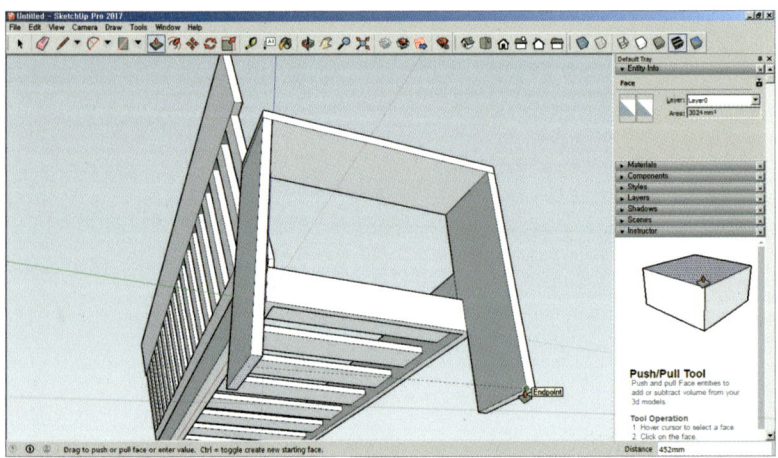

**48** Push/Pull(밀기/끌기) 도구를 사용해서 앞쪽 다리의 끝점(Endpoint)까지 면을 생성한다.

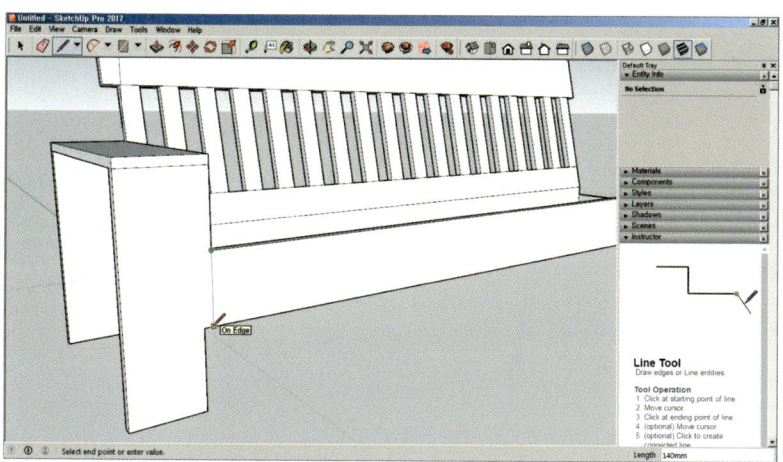

**49** 앞부분의 다리를 완성하기 위해서 Line(선) 도구를 사용해서 Blue 축 방향으로 수직선을 그린다.

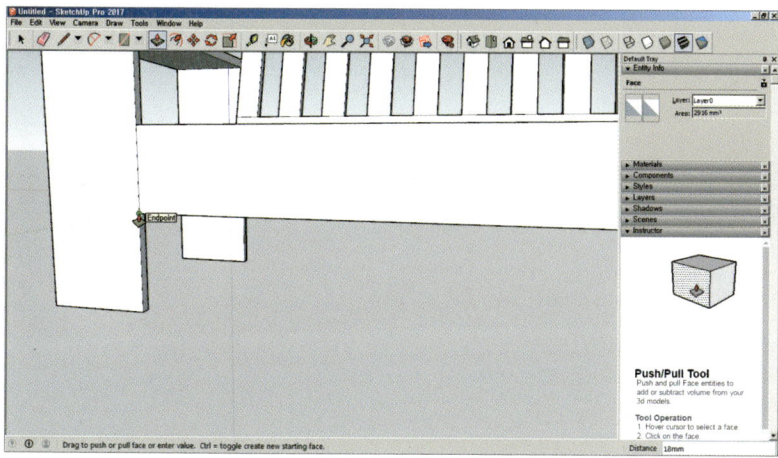

**50** Push/Pull(밀기/끌기) 도구를 사용해서 선의 끝점(End point)까지 면을 생성한다.

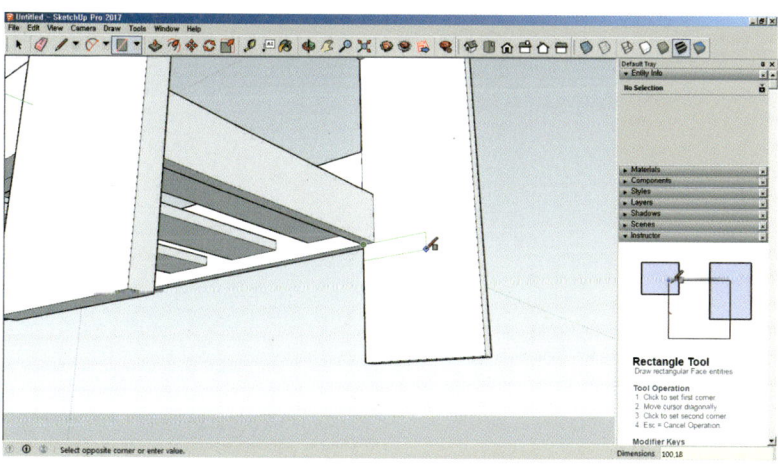

**51** 받침대를 만들기 위해서 Rectangle(직사각형) 도구를 사용해서 100, 18인 사각형을 그린다.

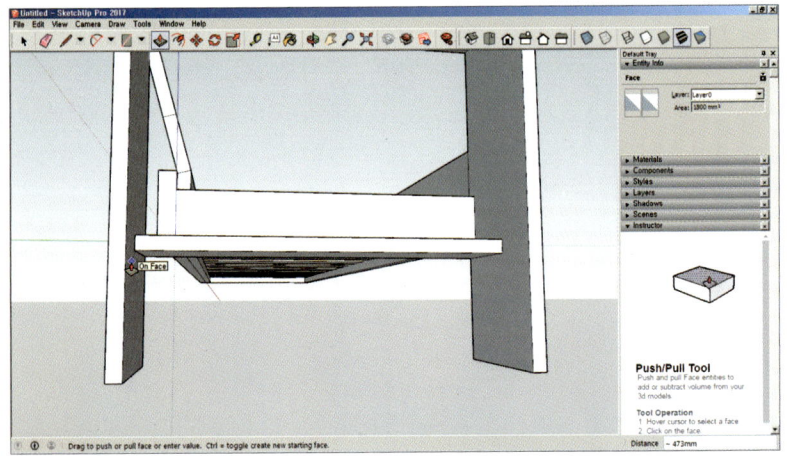

**52** Push/Pull(밀기/끌기) 도구를 사용해서 뒷면(On Face)까지 면을 생성한다.

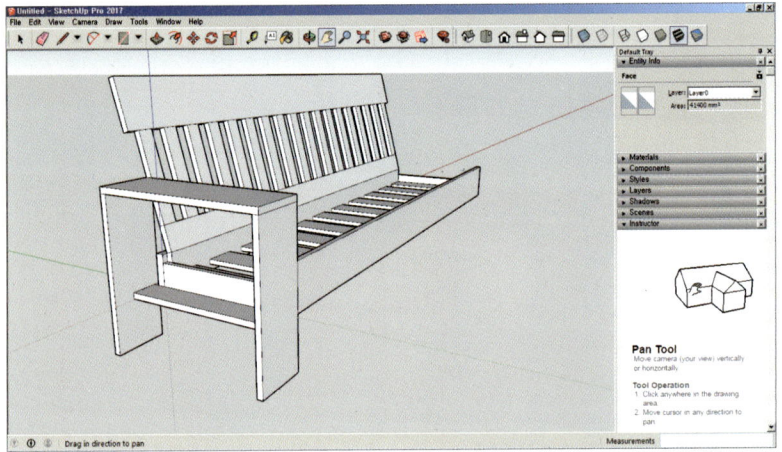

**53** 소파의 팔걸이와 다리가 완성되었다.

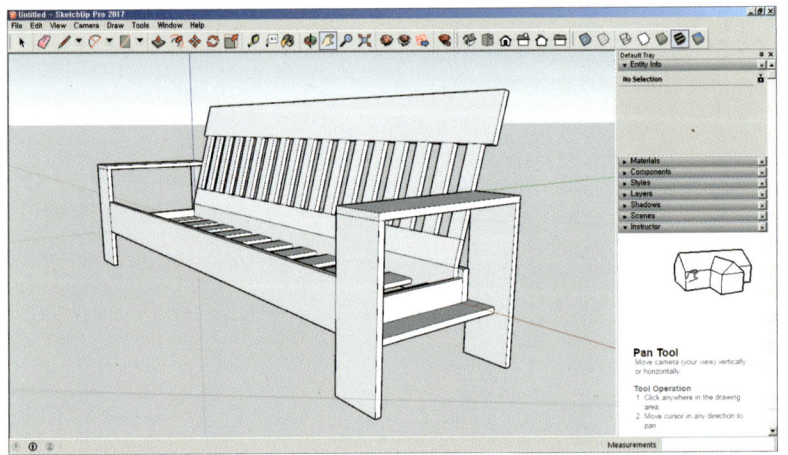

반복학습

**54** 반대쪽도 같은 방법(39~52번)으로 팔걸이와 다리를 완성한다.

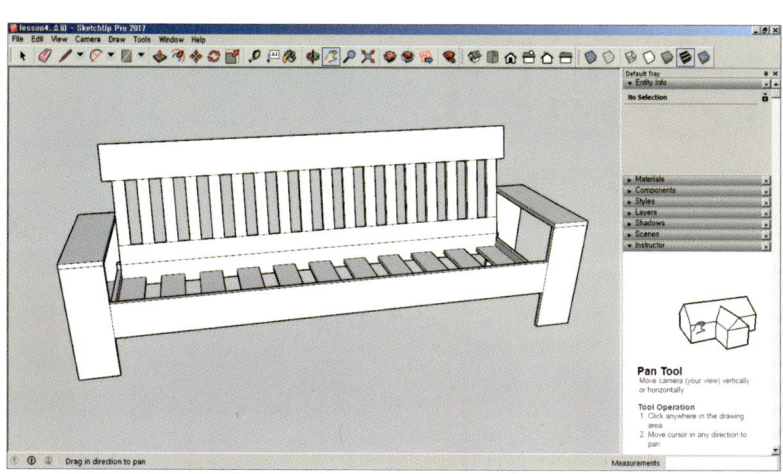

**55** 목재소파가 완성되었다.

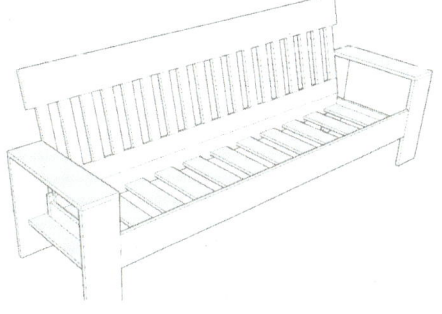

# 04 이층침대

이번에는 아동용 이층침대를 만들어 보자.

**SketchUp 2017**

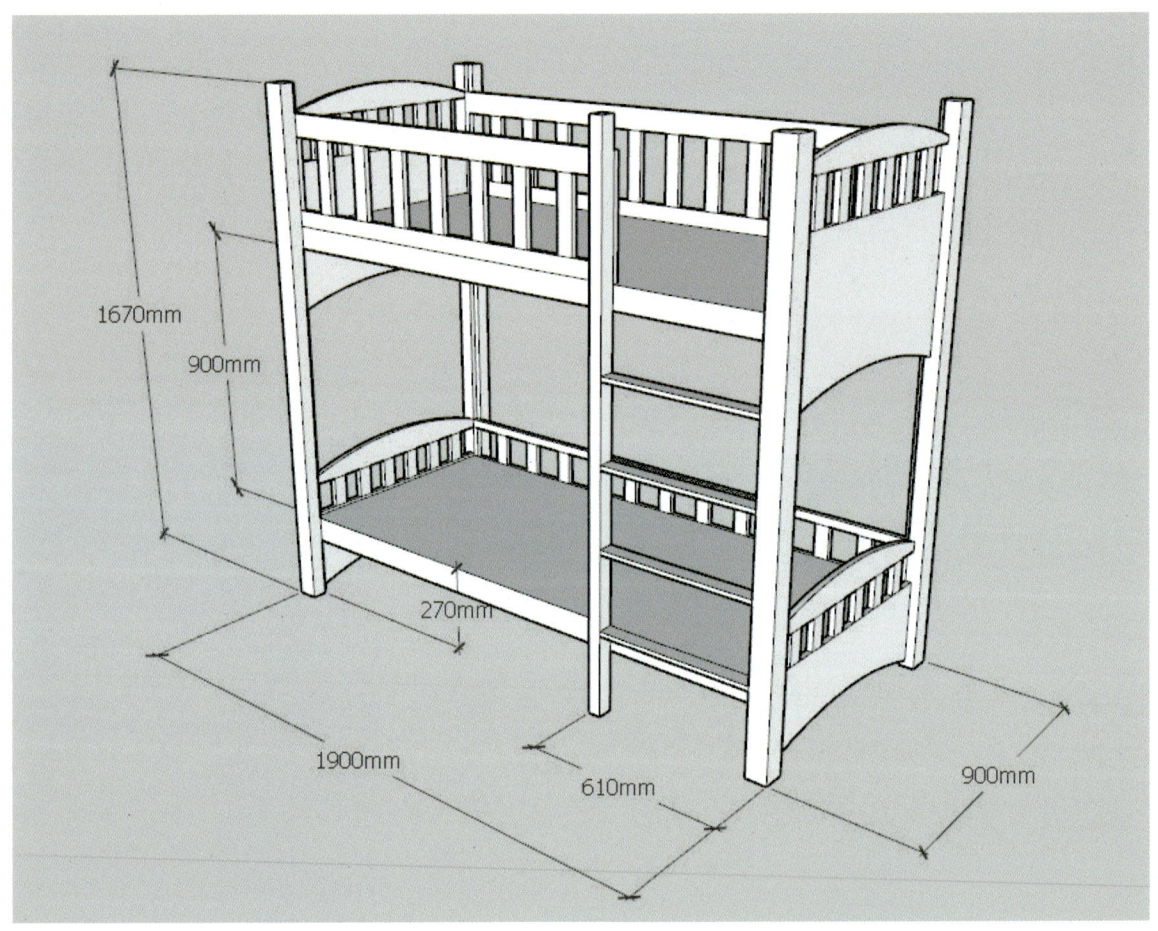

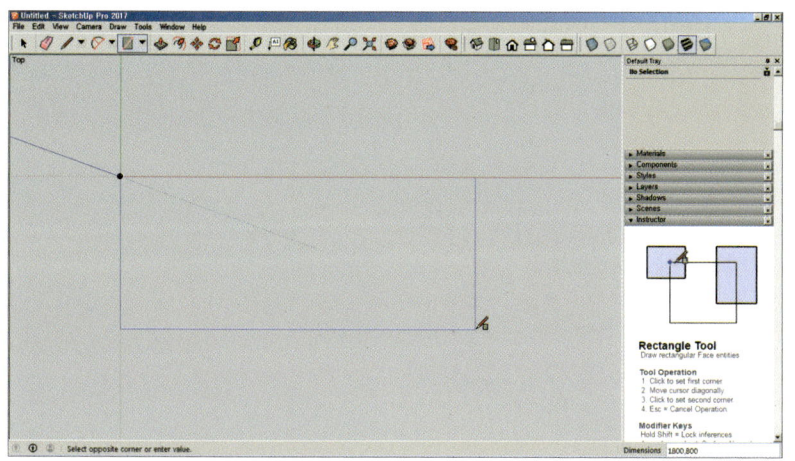

1 Top View에서 Rectangle(직사각형) 도구로 1800, 800인 사각형을 그린다.

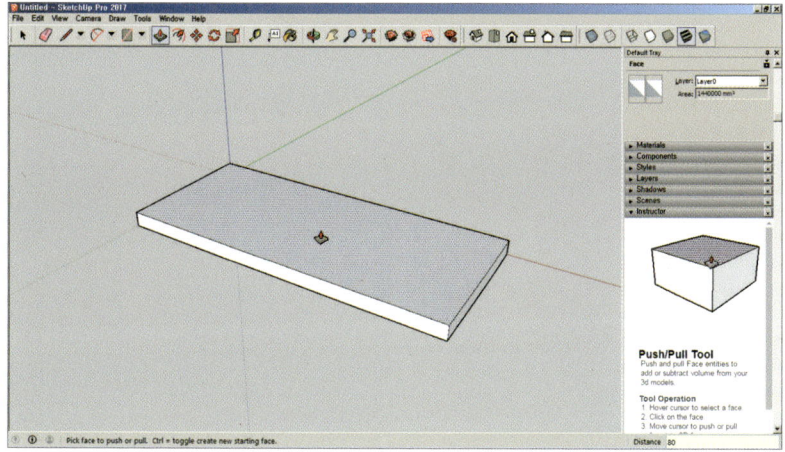

2 Push/Pull(밀기/끌기) 도구로 80mm 면을 생성한다.

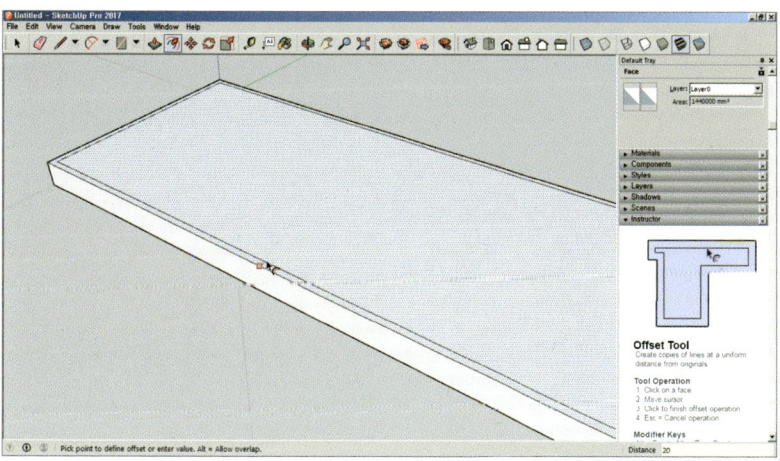

3 Offset(오프셋) 도구를 사용해서 20mm 작은 사각면을 그린다.

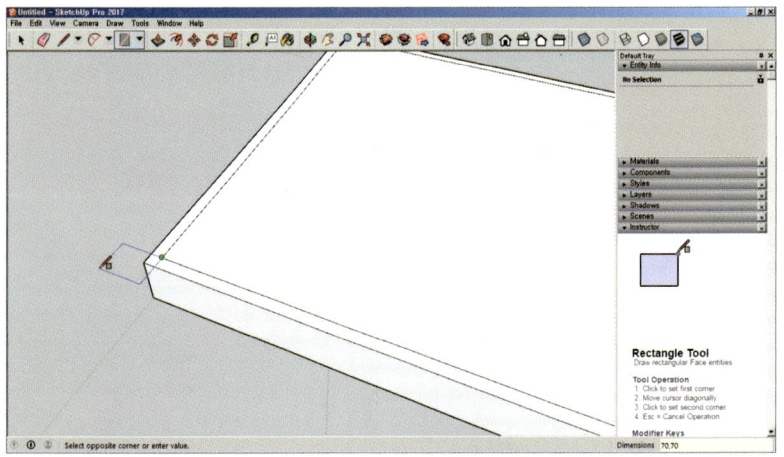

**4** Rectangle(직사각형) 도구를 사용해서 안쪽 사각형 모서리에서 70,70인 사각형을 그린다.

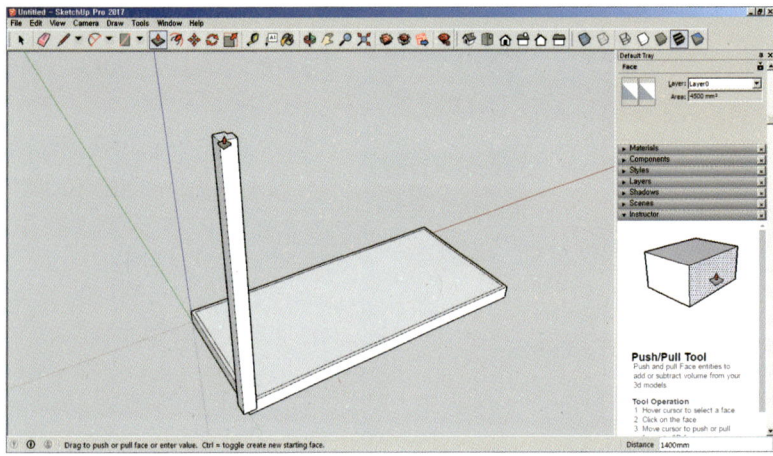

**5** Push/Pull(밀기/끌기) 도구를 사용해서 위쪽으로 1400mm 면을 생성한다.

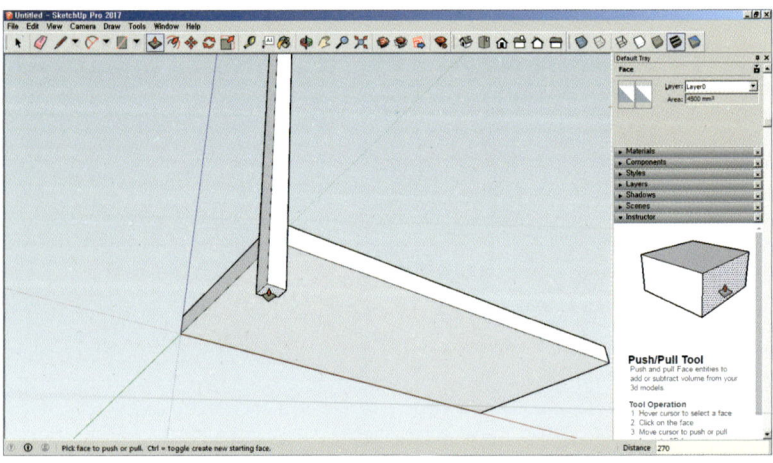

**6** 면 아래부분을 Push/Pull(밀기/끌기) 도구를 사용해서 아래쪽으로 270mm 생성한다.

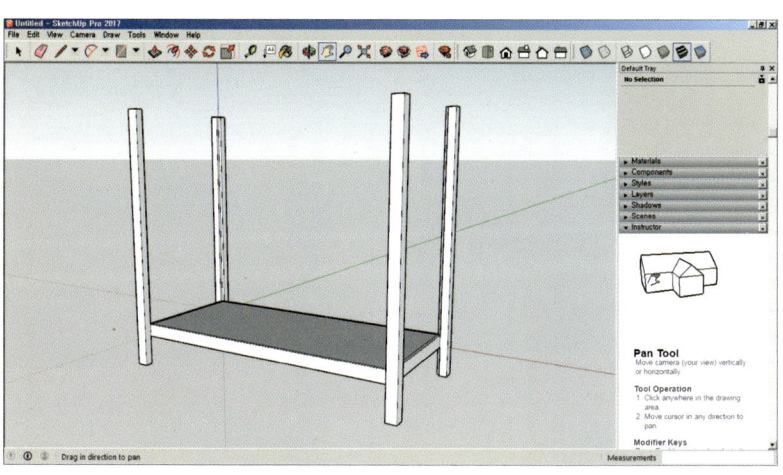

**7** 같은 방법(4~6번)으로 4개의 모서리 전부 그림과 같이 완성한다.

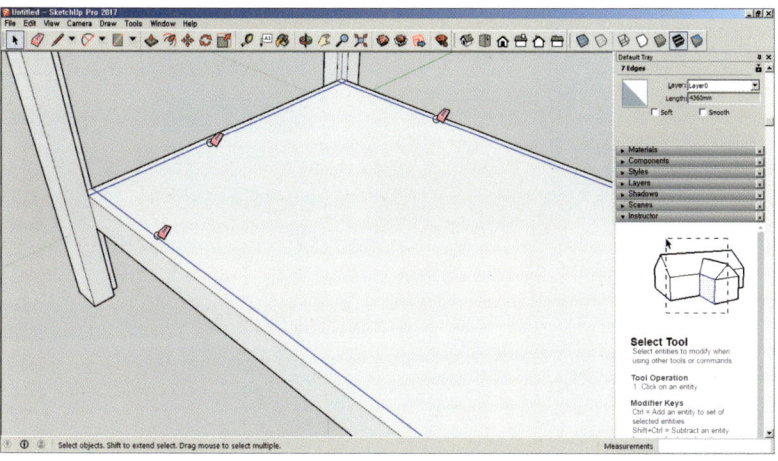

**8** Eraser(지우기) 도구를 사용해서 안쪽의 선들을 모두 제거한다.

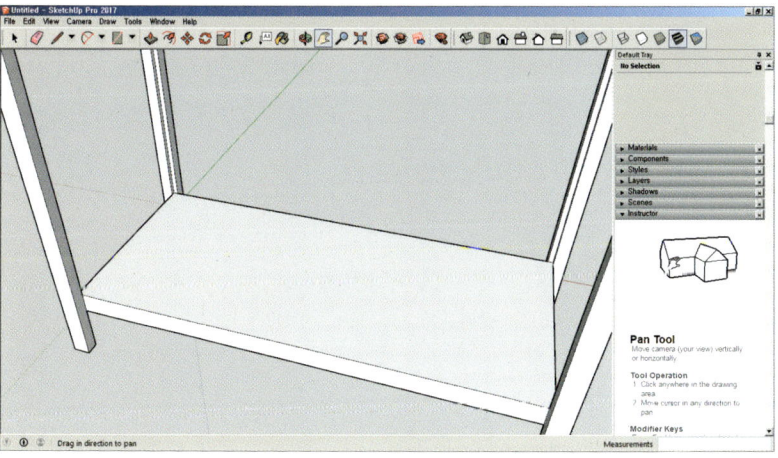

**9** 안쪽의 선들이 제거된 모습이다.

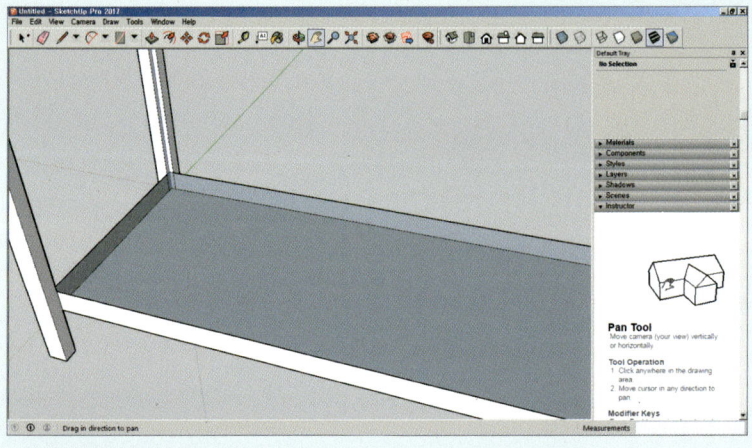

안쪽의 선들을 제거했을 때 간혹 윗면이 없어지는 경우가 있다.

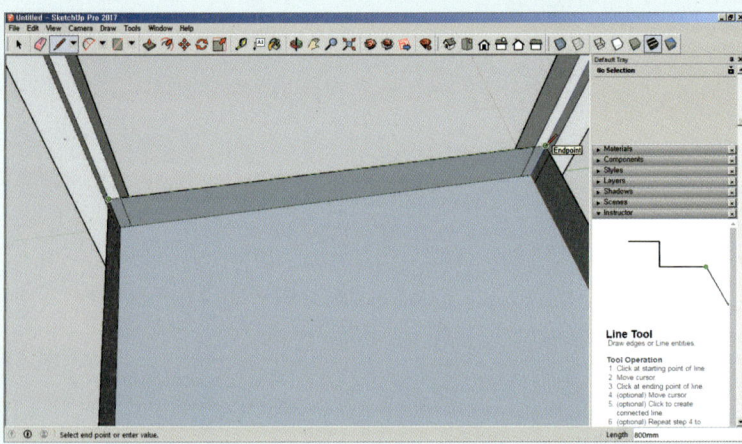

이때에는 Line(선) 도구를 사용해서 모서리에 선을 다시 그리면 된다

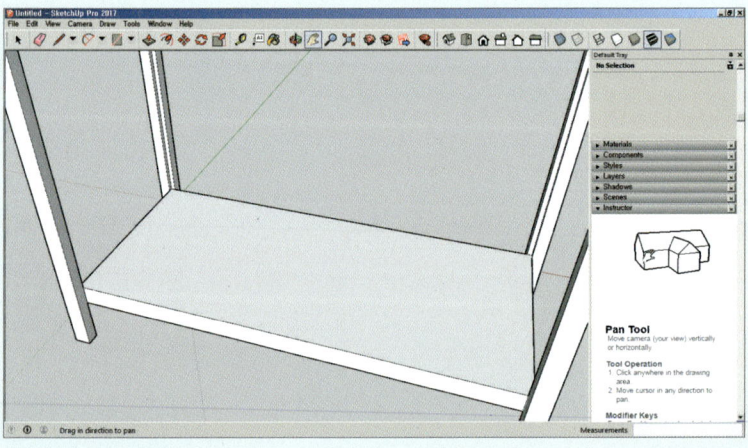

그럼 윗면이 생성된다.

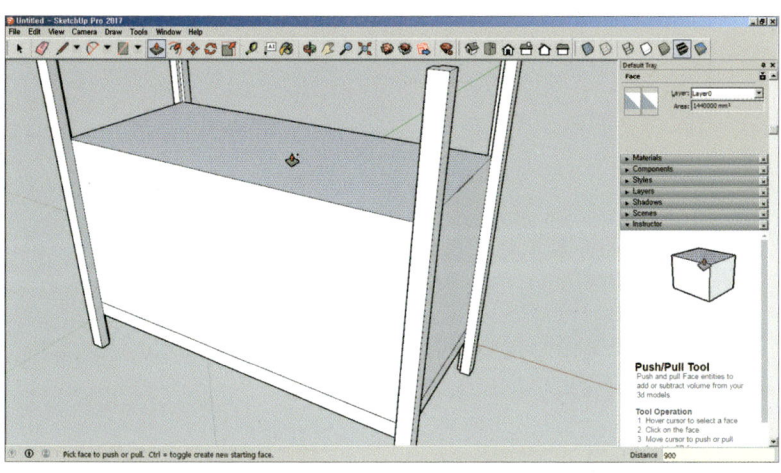

10 Push/Pull(밀기/끌기) 도구를 선택한 후, Ctrl 키를 누르고 위쪽으로 면을 900mm 생성한다.

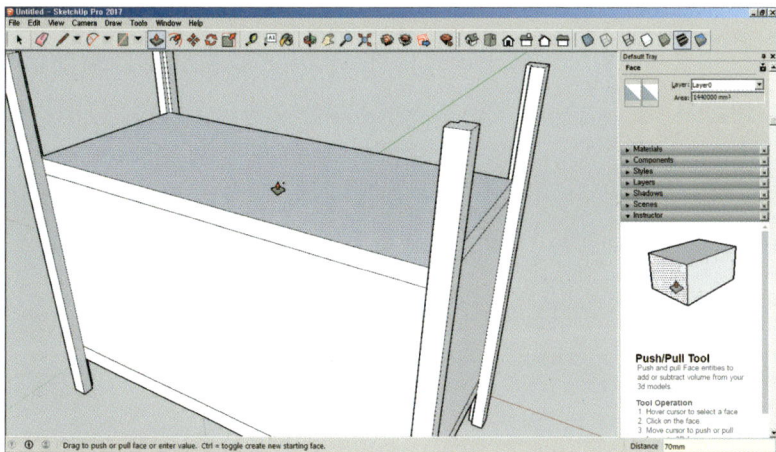

11 다시 한 번 Ctrl 키를 누르고 면을 70mm 더 생성한다.

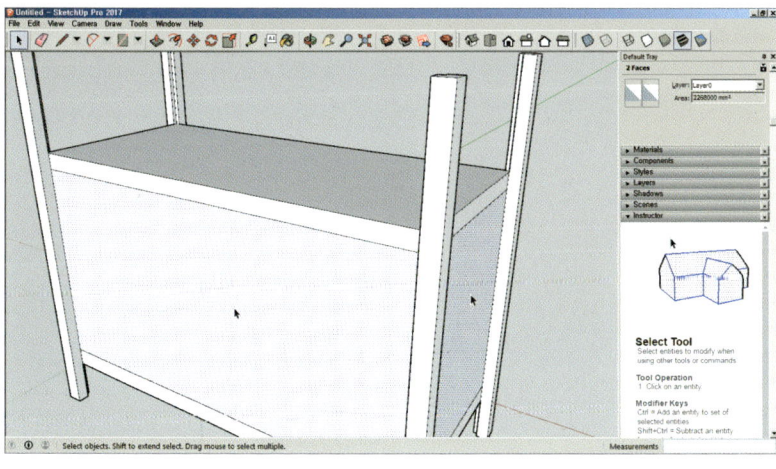

12 중간 부분의 면을 제거하기 위해서 4군데 면을 Select(선택) 도구를 사용해서 선택한다. 다중선택은 Ctrl키 또는 Shift키를 누르면 된다.

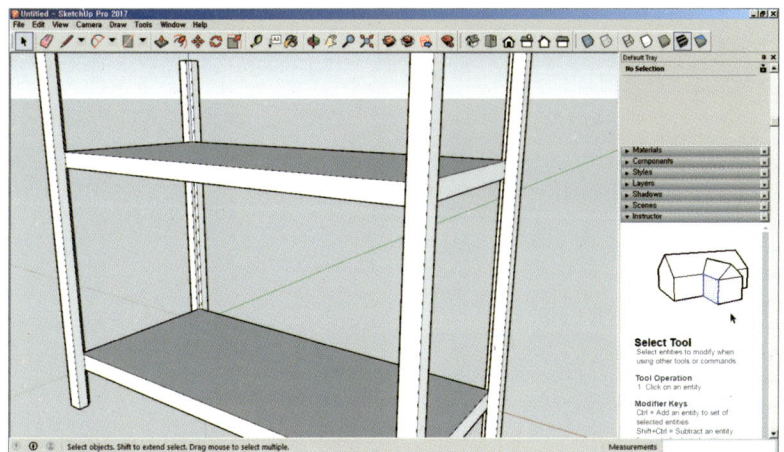

13  Del키를 눌러 중간면을 제거한다

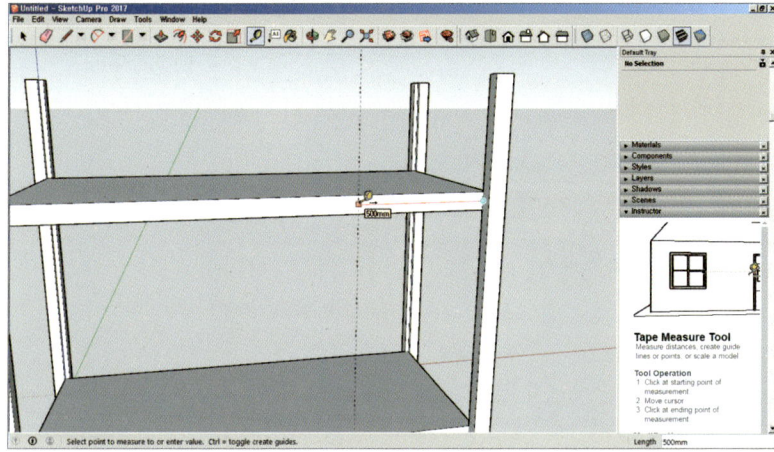

14  이층침대로 올라가는 사다리를 만들어 보자. Tape Measure Tool (줄자) 도구를 사용해서 옆 모서리에서 500mm 떨어진 보조선을 그린다.

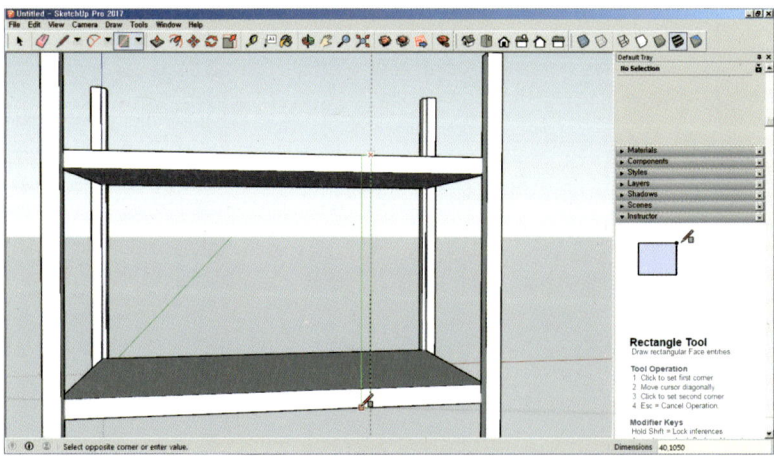

15  Rectangle(직사각형) 도구를 사용해서 보조선 교차점(Intersection)에서 시작하는 40, 1050인 사각형을 그린다.

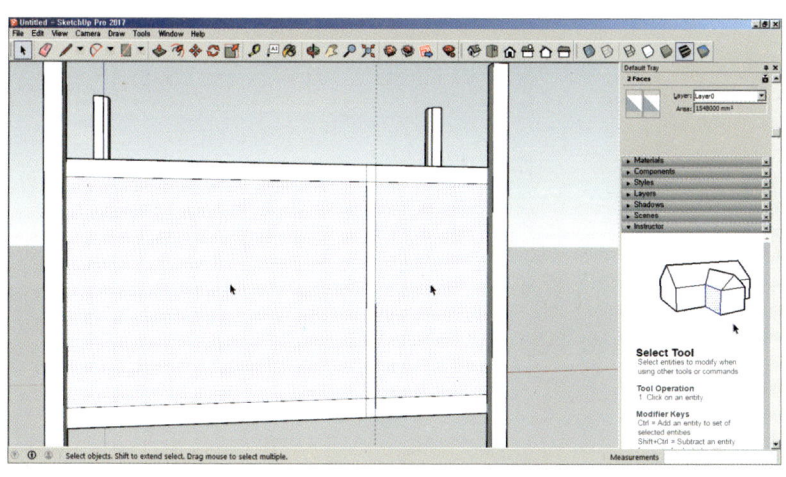

**16** 사각형을 그리면서 생기는 불필요한 면을 제거하기 위해서 Select(선택) 도구를 사용해서 면을 선택한다.

> **Tip** 스케치업 프로그램은 선과 면이 따로 떨어져 존재하는 것이 아니라 하나의 덩어리로 인식되기 때문에 뚫은 면에 사각형을 그리더라도 원치 않은 곳에 면이 생성되는 경우가 있다. 이때에는 Select(선택) 도구로 선택한 후, Del키로 제거하면 된다.

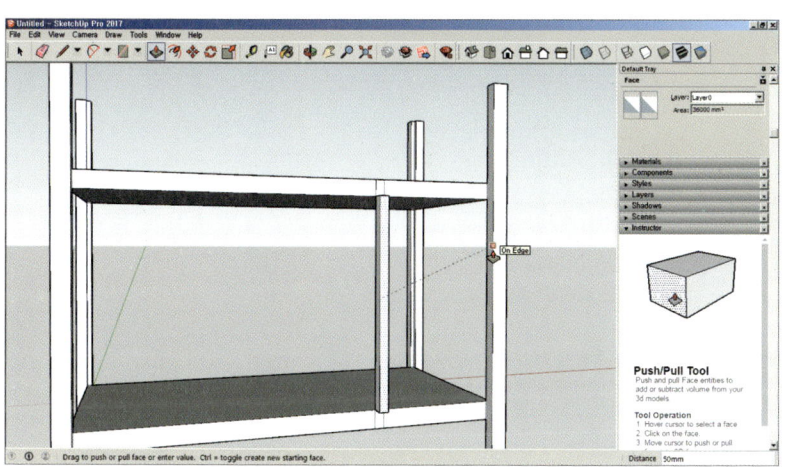

**17** Push/Pull(밀기/끌기) 도구를 사용해서 바깥쪽으로 옆기둥의 모서리(On Edge)까지 면을 생성한다.

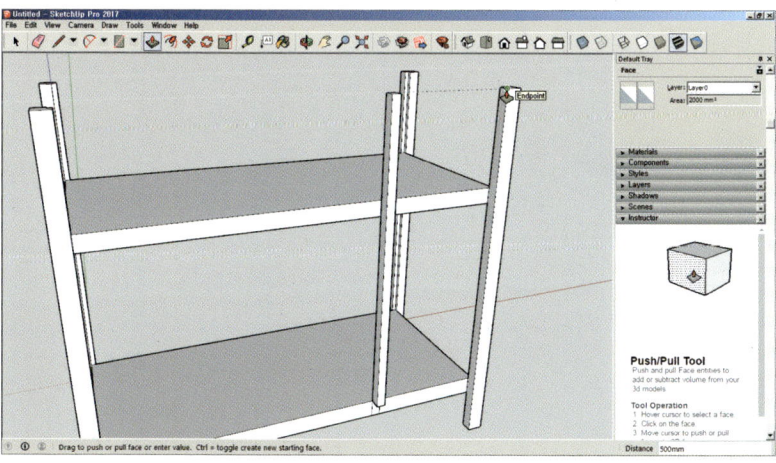

**18** 위쪽으로 옆 기둥의 끝점(Endpoint)까지 면을 생성한다.

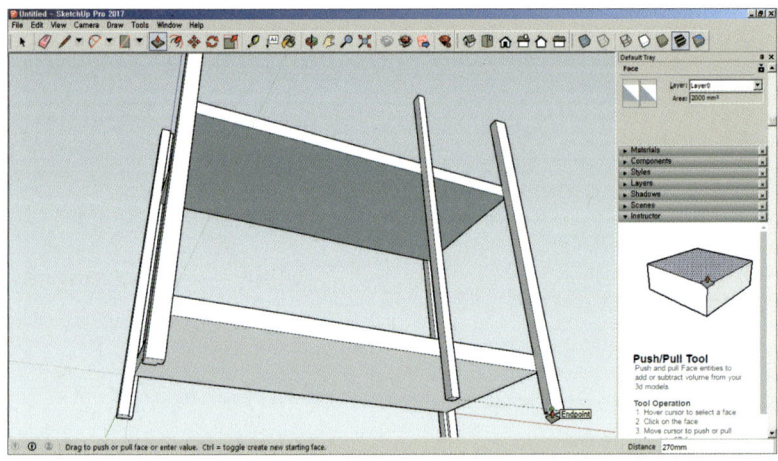

**19** 아래쪽도 옆기둥의 아래쪽 끝점(Endpoint)까지 면을 생성한다.

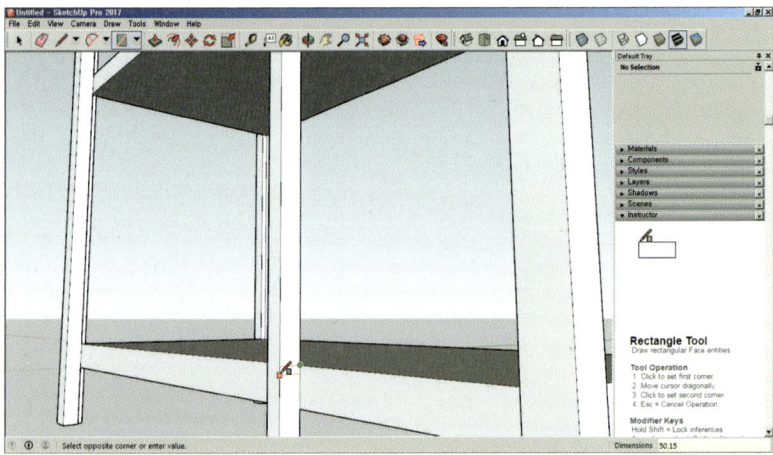

**20** 계단을 만들기 위해서 Rectangle(직사각형) 도구를 사용해서 사다리와 아래쪽 베드 부분이 만나는 점에서 시작하는 50, 15인 사각형을 그린다.

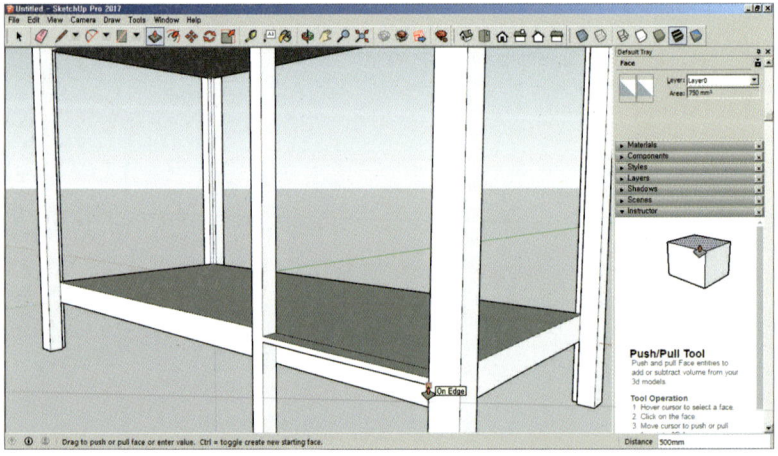

**21** Push/Pull(밀기/끌기) 도구를 사용해서 옆까지 모서리(On Edge)까지 면을 생성한다.

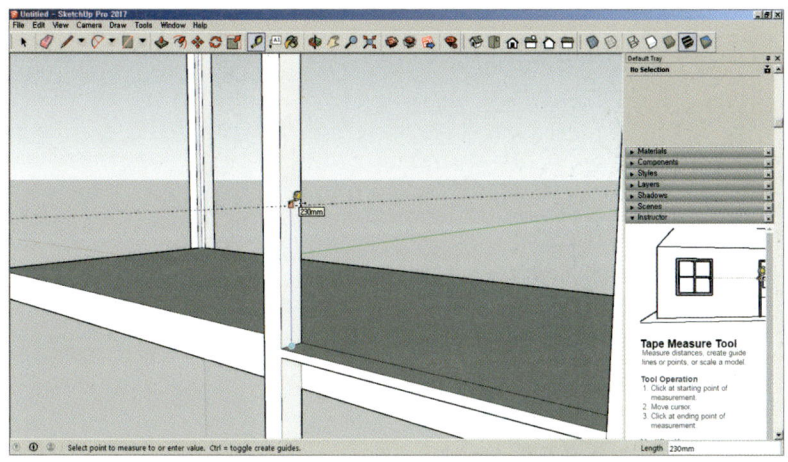

**22** 두 번째 계단을 만들기 위해서 Tape Measure Tool (줄자) 도구를 사용해서 첫 번째 계단에서 230mm 떨어진 보조선을 그린다.

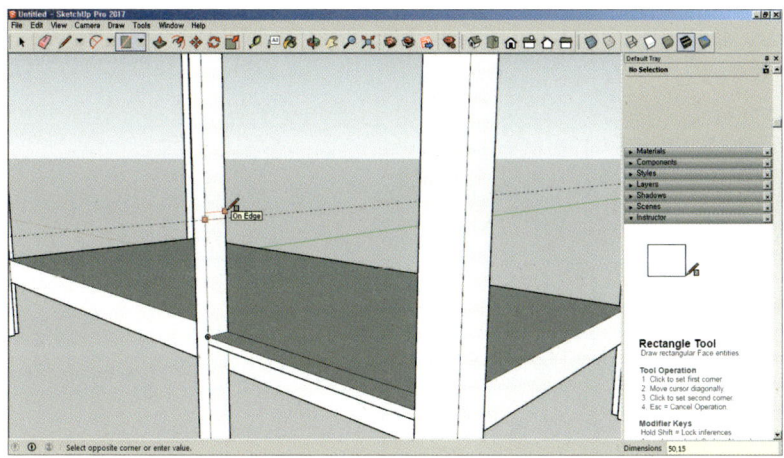

**23** Rectangle(직사각형) 도구를 사용해서 기둥과 보조선의 교차하는 점에서 시작하는 50, 15 인 사각형을 그린다.

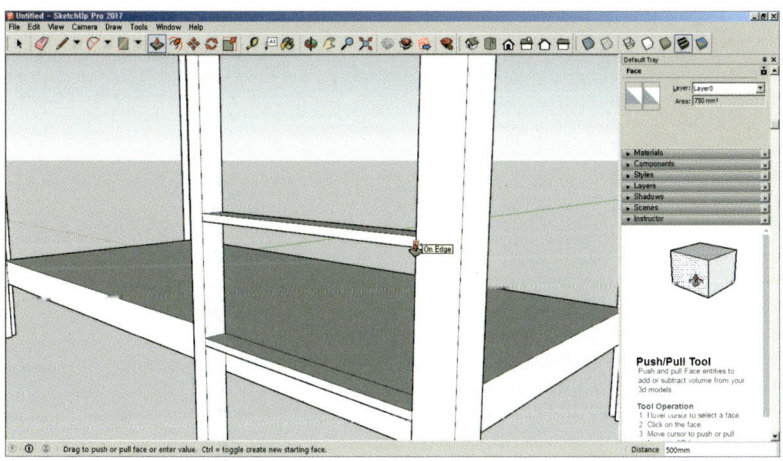

**24** Push/Pull(밀기/끌기) 도구를 사용해서 옆 기둥 모서리(On Edge)까지 면을 생성한다.

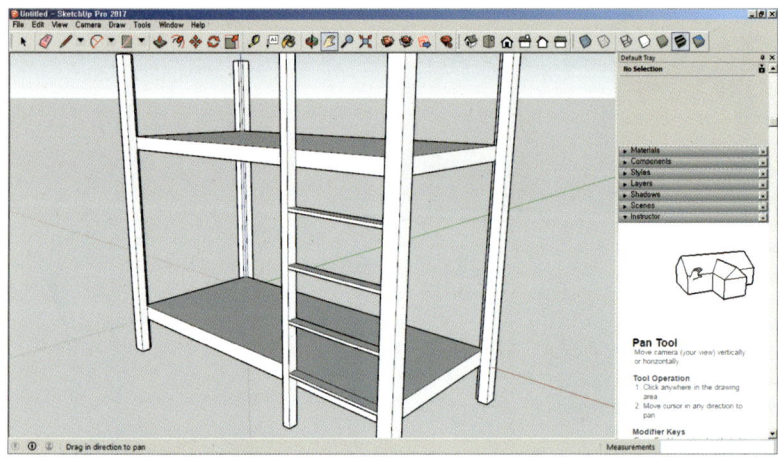

25 같은 방법(22~24번)으로 두 개의 계단을 더 생성한다.

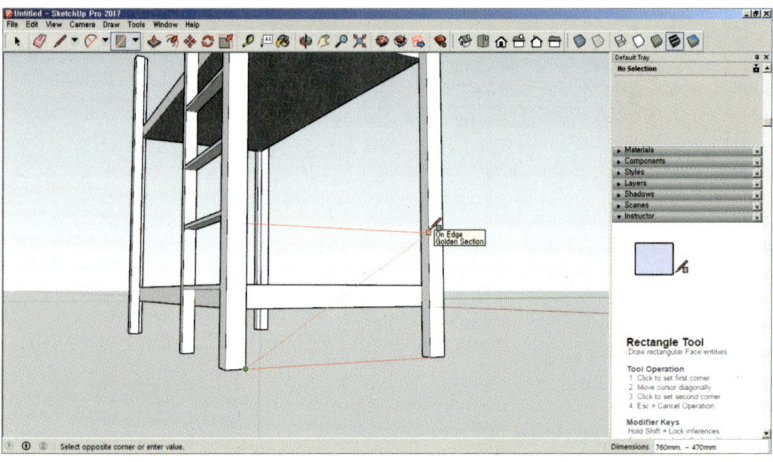

26 침대의 옆쪽 면을 제작해 보자. Rectangle(직사각형) 도구를 사용해서 침대 기둥 안쪽 면 바닥에서 옆 기둥의 안쪽 면까지 황금분할(Golden Section)인 760, 470인 사각형을 그린다.

  황금분할(Golden Section) 이란 한 선분을 두 부분으로 나눌 때 전체에 대한 큰 부분의 비와 큰 부분에 대한 작은 부분의 비가 같도록 나눈 것이다. 그 비는 약 1: 1.618로서 가로와 세로의 비가 고대 그리스 이래로 가장 아름답고 조화를 이룬 모양이다. 사람의 인체가 바로 황금비율로 되어 있다.

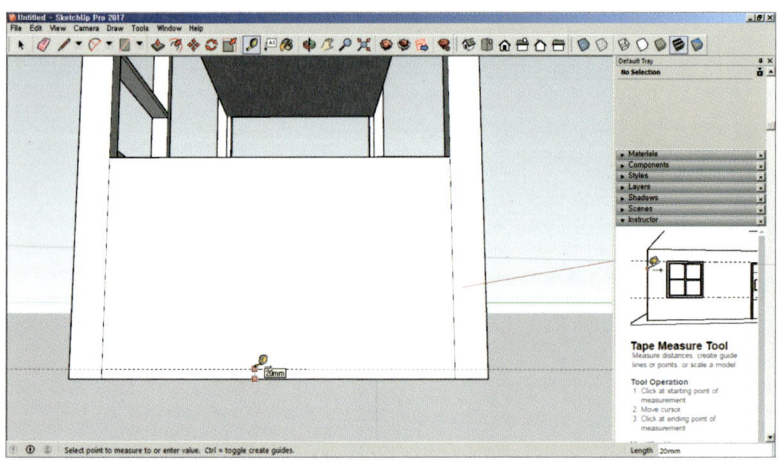

27 Tape Measure Tool (줄자) 도구를 사용해서 아래에서 20mm 떨어진 보조선을 그린다.

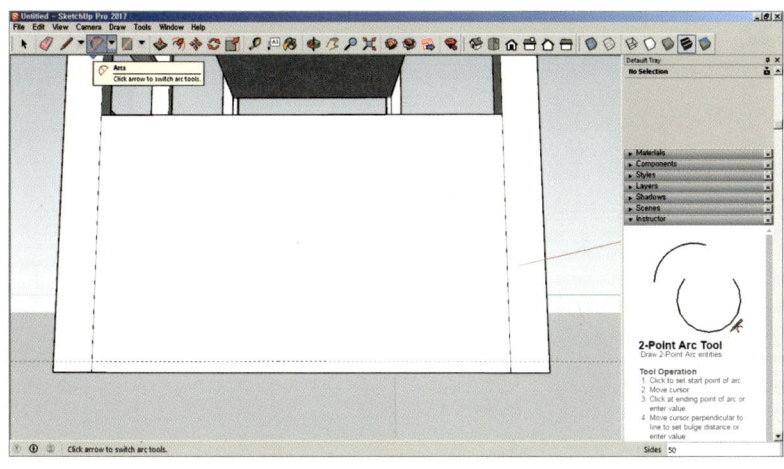

**28** 부드러운 호를 그리기 위해서 2Point Arc(2점호) 도구 선택한 후, Sides 값을 50으로 입력한다.

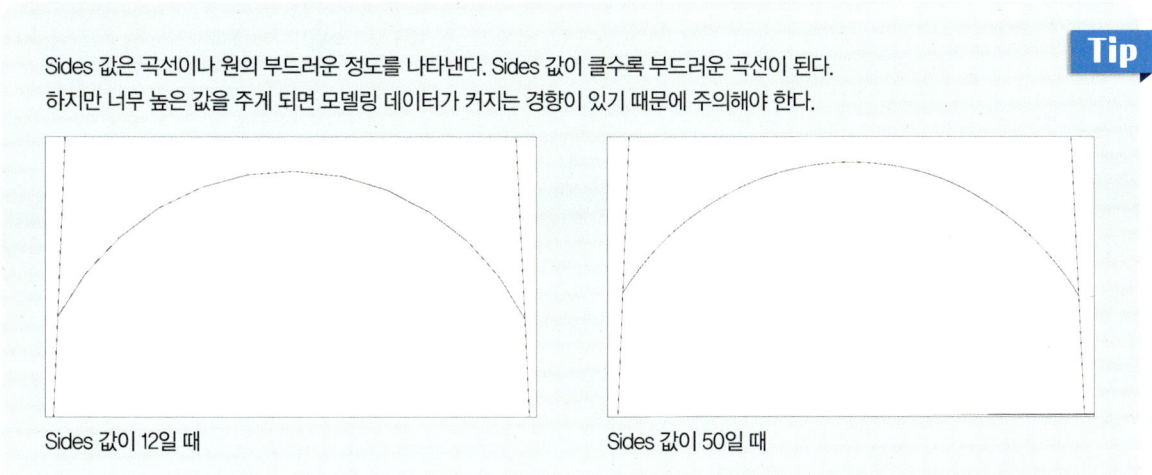

**Tip**

Sides 값은 곡선이나 원의 부드러운 정도를 나타낸다. Sides 값이 클수록 부드러운 곡선이 된다. 하지만 너무 높은 값을 주게 되면 모델링 데이터가 커지는 경향이 있기 때문에 주의해야 한다.

Sides 값이 12일 때   Sides 값이 50일 때

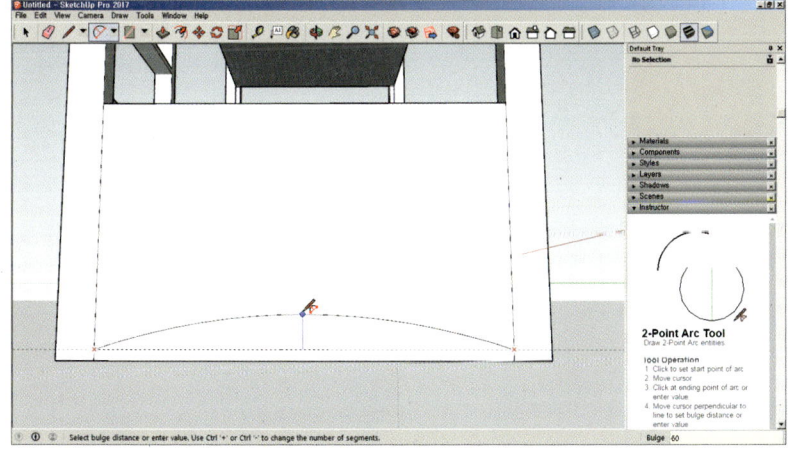

**29** 양쪽 모서리와 보조선의 교차점(Intersection)을 끝점으로 하고 Bulge(돌출부)가 60인 호를 그린다.

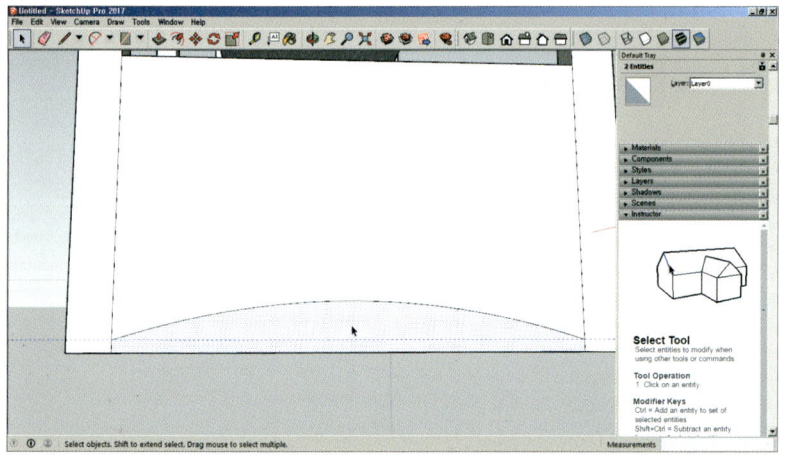

**30** 아래 곡선을 제거하기 위해서 Select(선택) 도구로 아래 곡선 면을 선택한다.

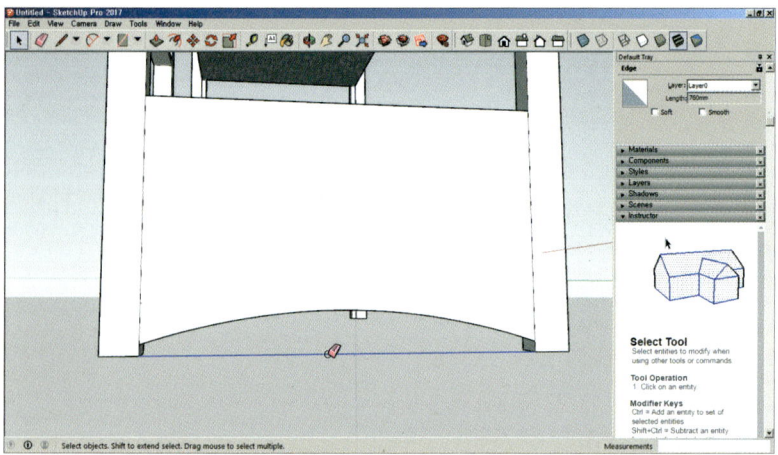

**31** Eraser(지우기) 도구를 사용해서 아래쪽 선을 제거한다.

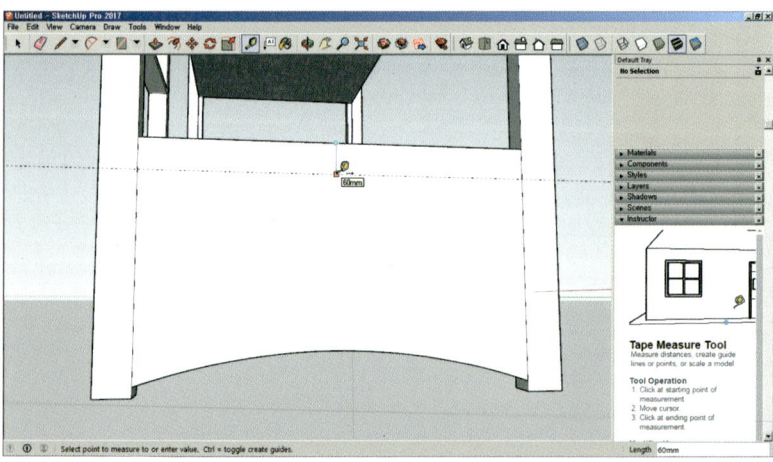

**32** Tape Measure Tool(줄자) 도구를 사용해서 윗면에서 60mm 떨어진 보조선을 그린다.

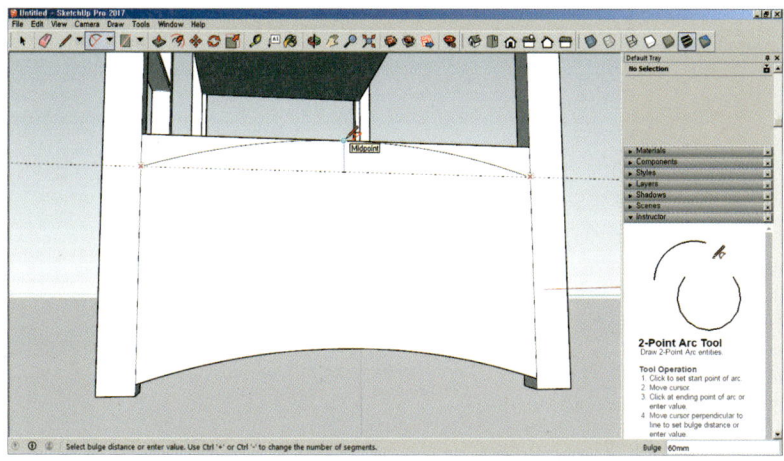

33 2Point Arc(2점호) 도구를 사용해서 안쪽 모서리와 보조선의 교차점(Intersecion)을 끝점으로 하고 Bulge(돌출부)가 60인 호를 그린다.

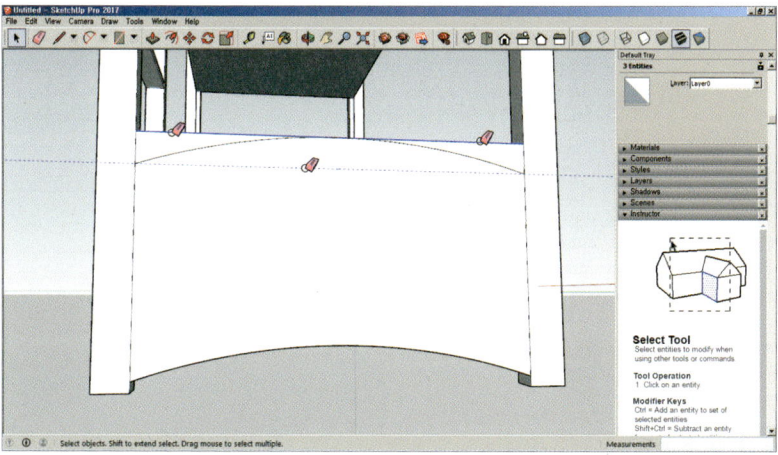

34 Eraser(지우기) 도구로 보조선과 위쪽 모서리를 제거한다.

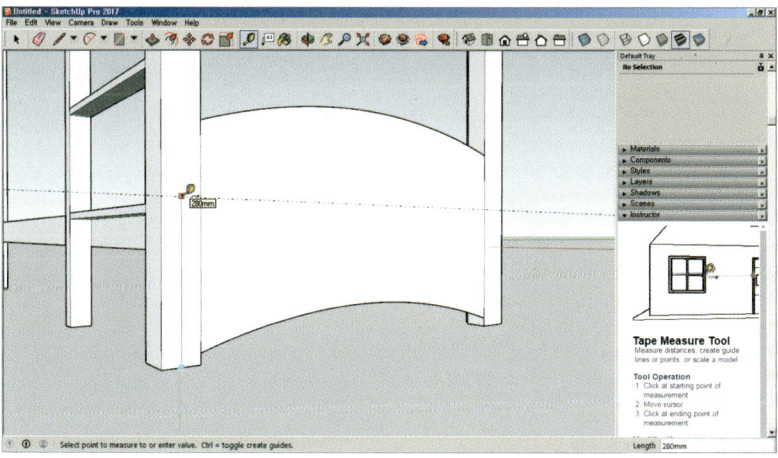

35 Tape Measure Tool(줄자) 도구를 사용해서 침대기둥의 아래 모서리에서 280mm 떨어진 보조선을 그린다.

Lesson 4 · DIY 목재가구

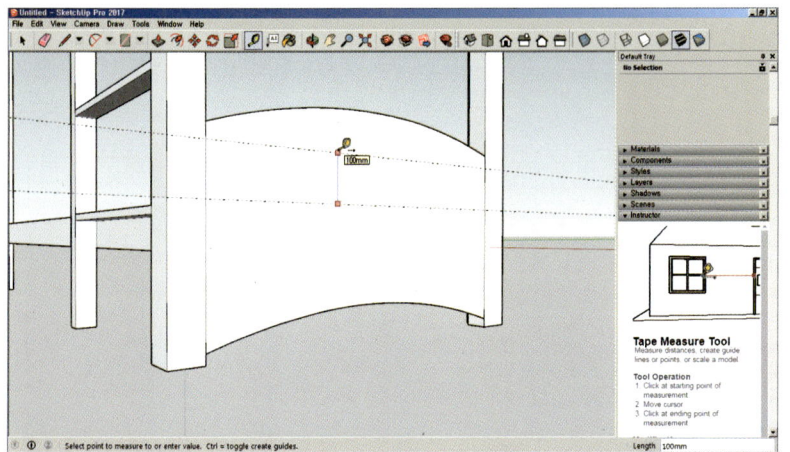

**36** 그 보조선에서 100mm 떨어진 보조선을 하나 더 그린다.

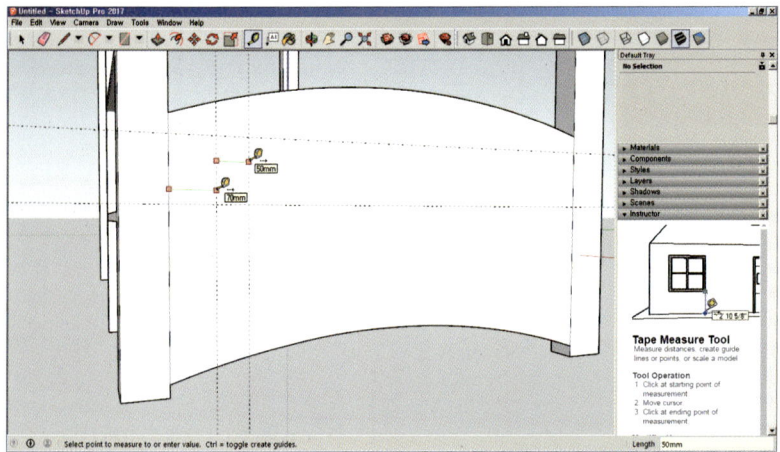

**37** 옆 모서리에서 각각 70mm와 50mm 떨어진 보조선을 그린다.

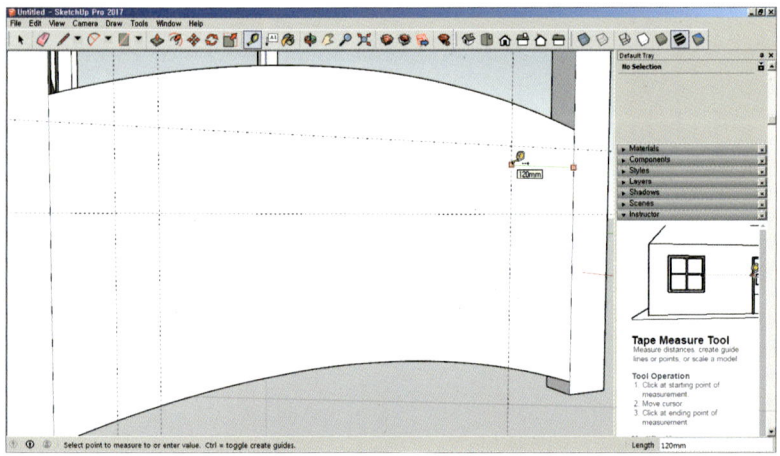

**38** 오른쪽 모서리에서 120mm 떨어진 보조선을 그린다.

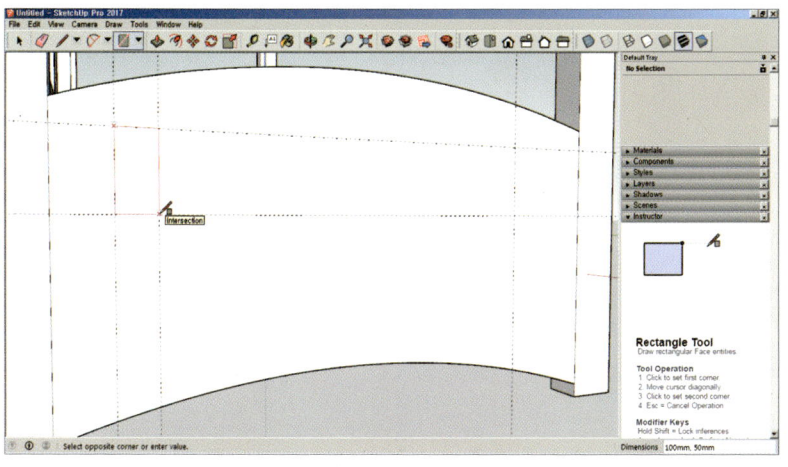

**39** ◩ Rectangle(직사각형) 도구를 사용해서 그림과 같이 4개의 보조선이 만나는 점에 사각형을 그린다.

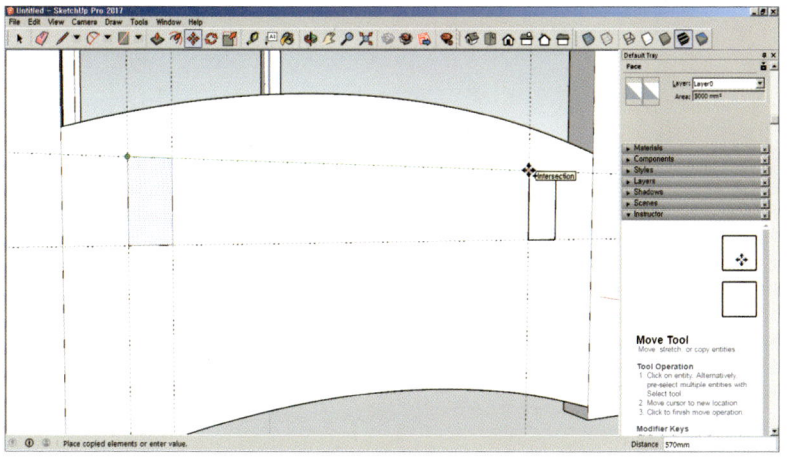

**40** 사각형을 복사하기 위해서 ▶ Select(선택) 도구로 사각형을 선택한 후, 다시 ✥ Move(이동) 도구로 왼쪽 위 모서리를 잡고 Ctrl키를 누른 후, 오른쪽의 보조선 교차점(Intersection)까지 드래그해서 이동한다.

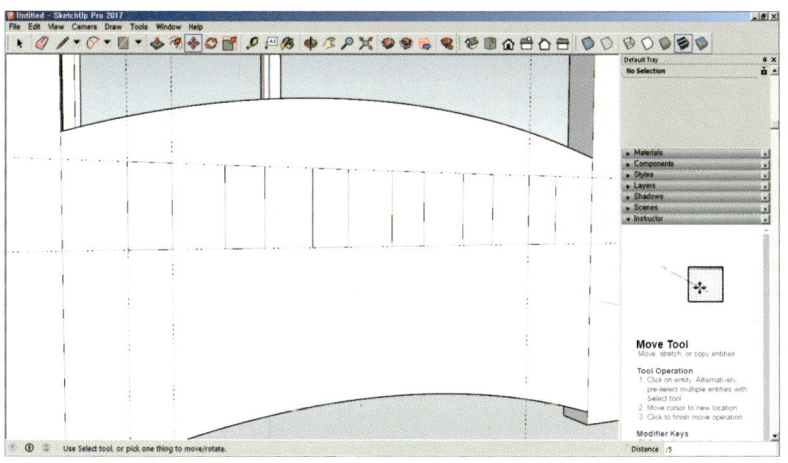

**41** 치수입력창에 '/5'를 입력해서 5개를 더 복사한다.

| Distance | /5 |
|---|---|

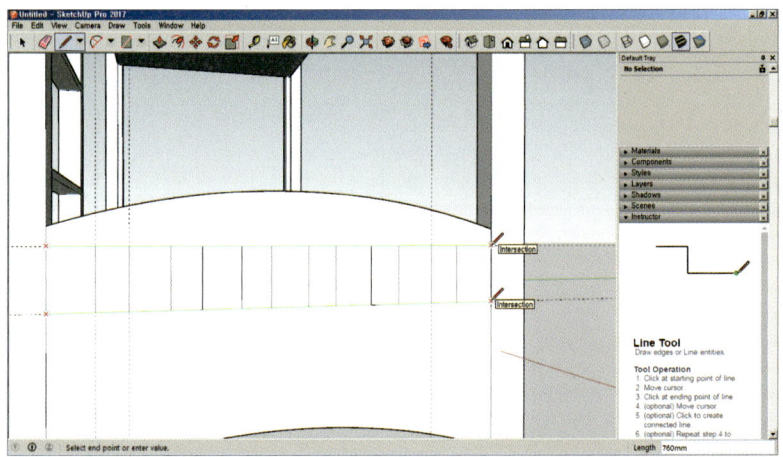

**42** 보조선에 맞추어 ✏ Line(선) 도구로 그림과 같이 보조선의 교차점(Intersection)을 연결하는 2개의 선을 그린다.

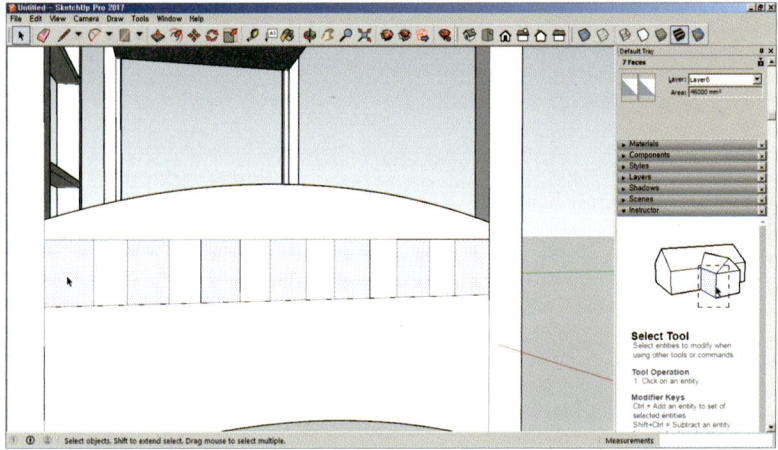

**43** 가운데 부분을 뚫기 위해서 ▶ Select(선택) 도구를 사용해서 큰 사각형들을 모두 선택한다.

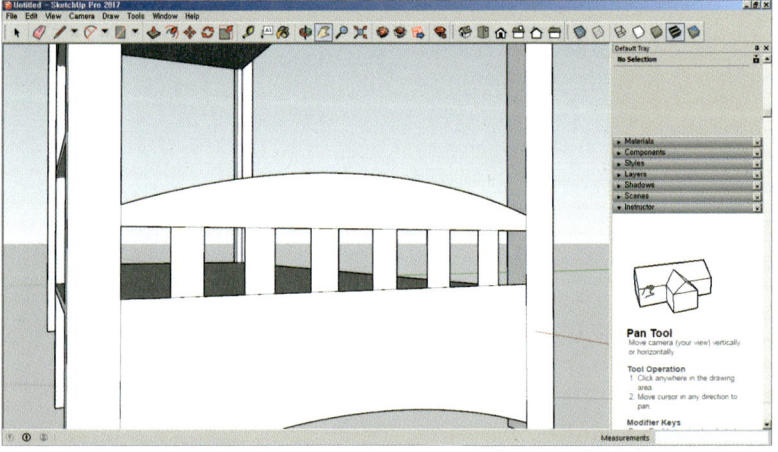

**44** Del키를 눌러 사각형을 제거한다.

> **Tip** ◆ Push/Pull(밀기/끌기) 도구는 면을 바깥쪽으로 생성하기도 하지만 안쪽으로 밀어 넣을 수도 있다.
> 면을 관통하고 싶다면 끝까지 밀어 넣으면 도넛형태처럼 가운데가 뚫린 면을 생성할 수 있다.

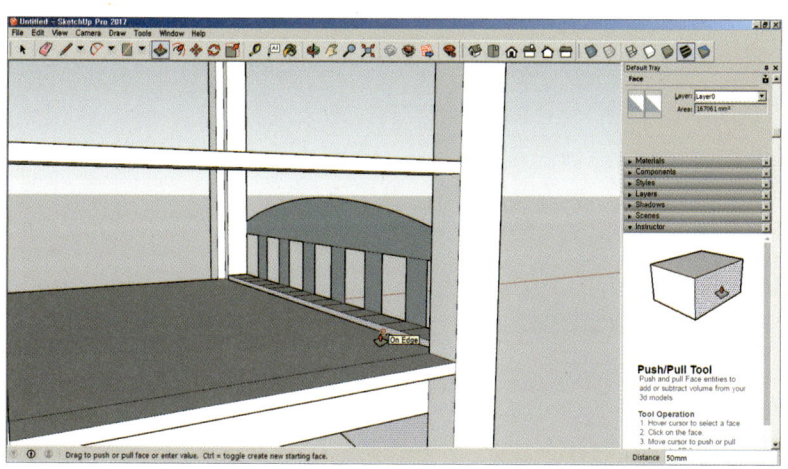

45 　Push/Pull(밀기/끌기) 도구를 선택하고, Ctrl키를 누른 후 침대의 베드까지 면을 생성한다.

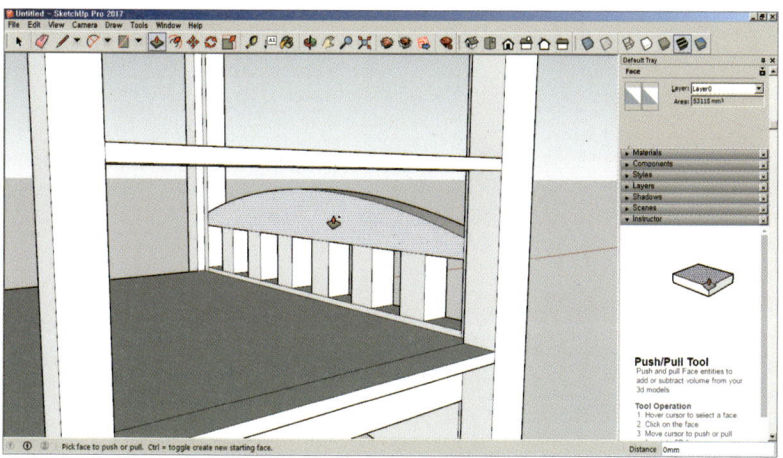

46 　Ctrl키를 누른 후, '더블클릭'해서 같은 높이의 면을 생성한다.

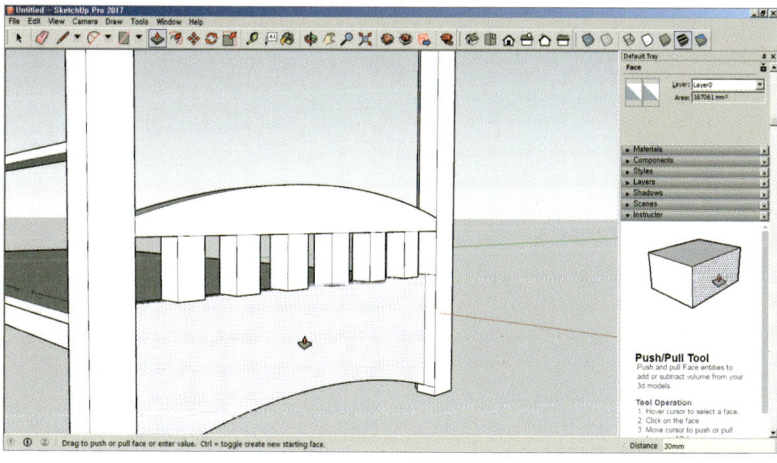

47 　Push/Pull(밀기/끌기) 도구를 사용해서 반대쪽 면은 안쪽으로 30mm 집어넣는다.

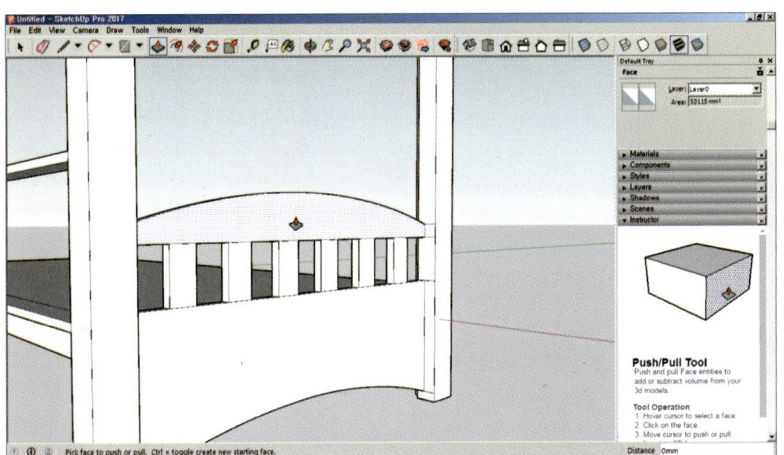

48 '더블클릭'해서 모든 면을 안쪽으로 30mm 집어넣는다.

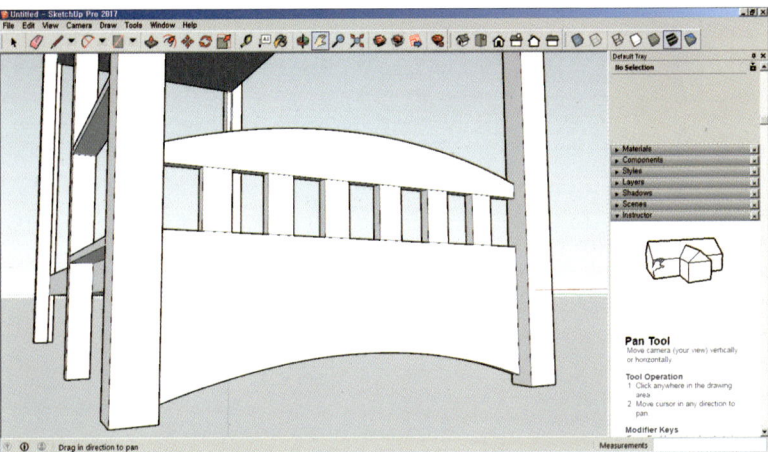

49 침대의 옆면이 완성되었다.

**반복학습**

50 같은 방법(26~49번)으로 위쪽도 옆면을 완성한다. 치수는 윗면에서 아랫면까지 높이가 700mm 이고 폭은 760mm 이다.

**반복학습**

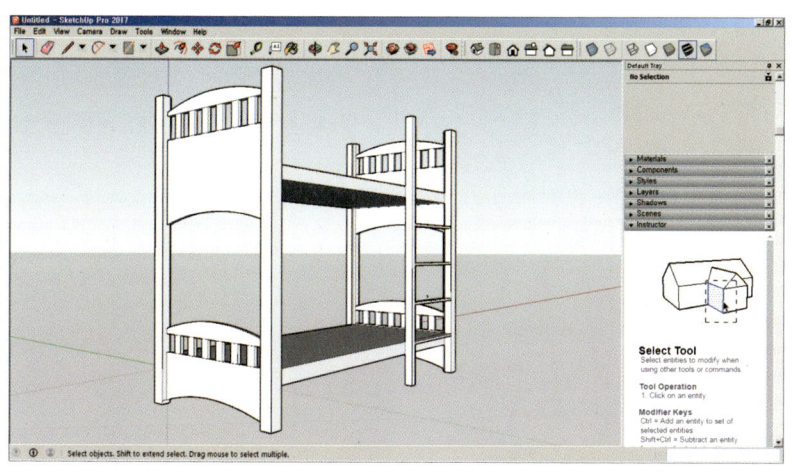

51  역시 같은 방법(26~50번)까지 반복해서 왼쪽도 같은 치수로 면을 완성한다.

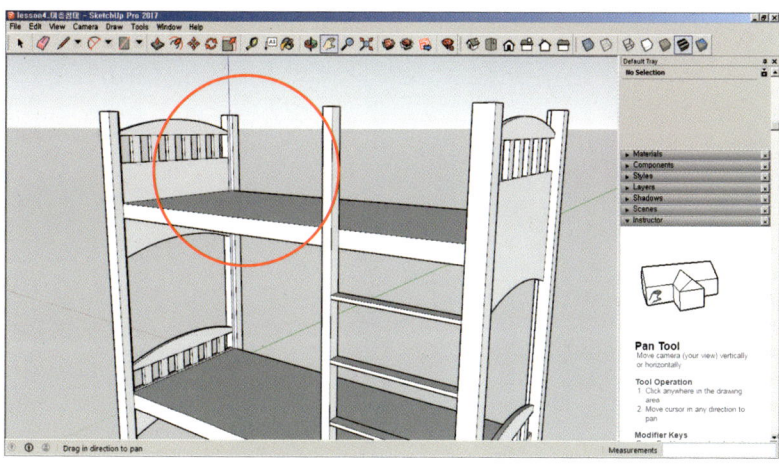

52  붉은색 원 부분에 침대의 벽면을 제작해 보자.

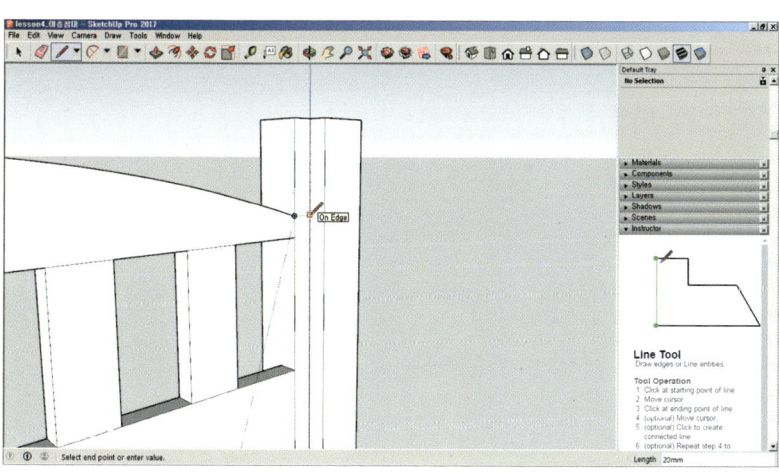

53  52번의 붉은 색 부분을 확대해서 ✏ Line(선) 도구를 사용해서 Green 축 방향으로 옆 모서리(On Edge)까지 선을 그린다.

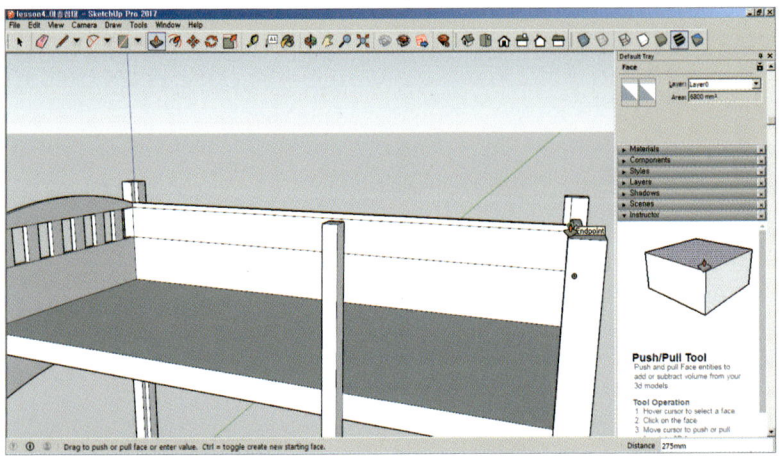

**54** Push/Pull(밀기/끌기) 도구를 사용해서 Ctrl 키를 누른 후, 반대쪽 끝점(Endpoint)까지 면을 생성한다.

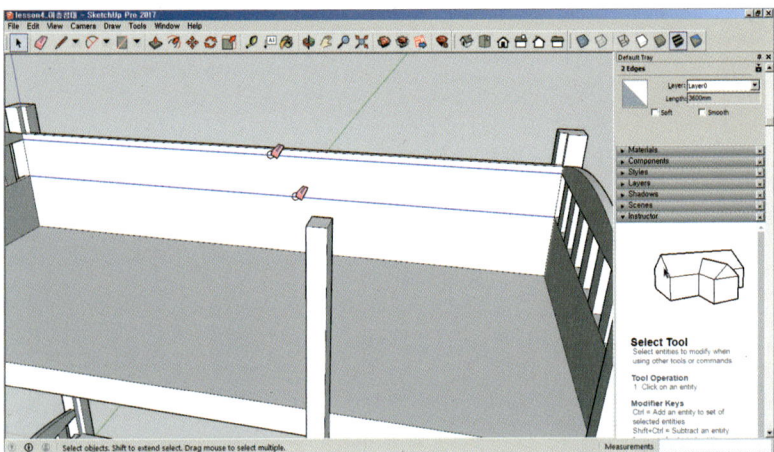

**55** 안쪽에 생성된 선은 Eraser(지우기) 도구로 제거한다.

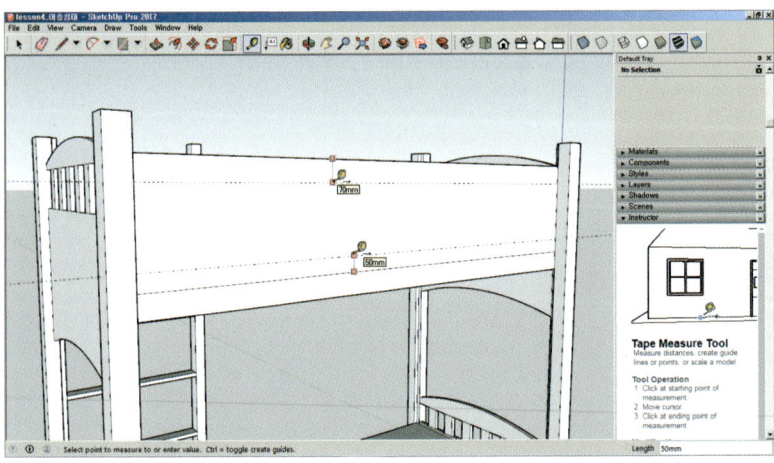

**56** 뒷면에서 Tape Measure Tool (줄자) 도구를 사용해서 위 모서리부터 70mm 떨어진 보조선과 중간 선에서 50mm 떨어진 보조선을 2개 그린다.

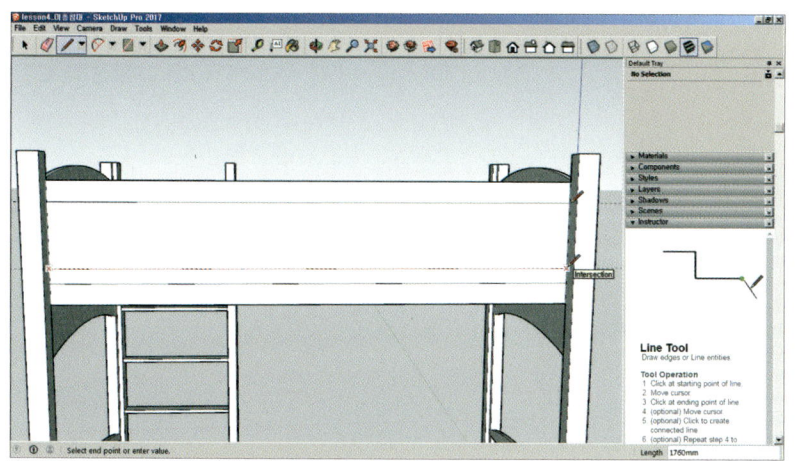

**57** Line(선) 도구를 사용해서 보조선에 맞추어 선을 2개 그린다.

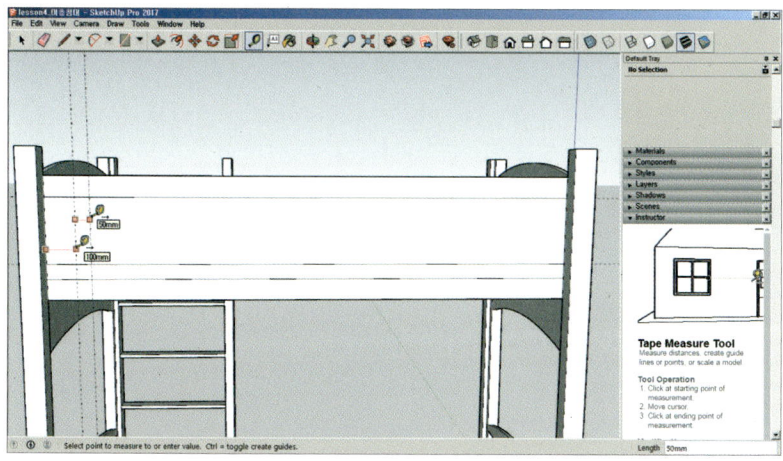

**58** Tape Measure Tool (줄자) 도구를 사용해서 옆모서리에서 100mm 떨어진 보조선과 그 보조선에서 다시 50mm 떨어진 보조선을 그린다.

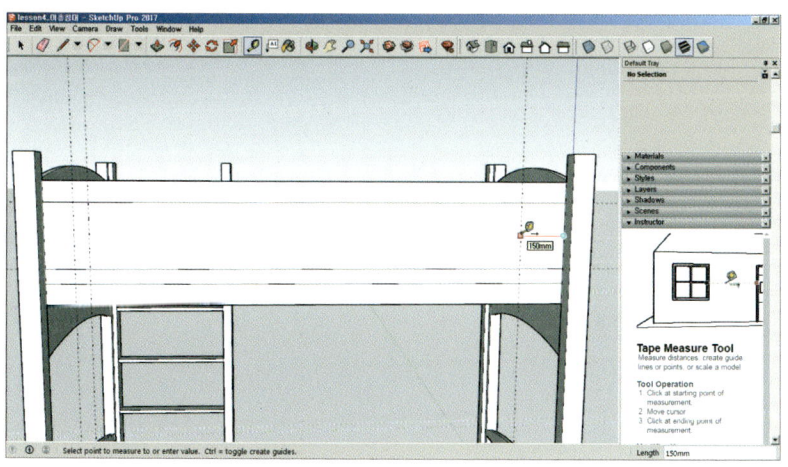

**59** Tape Measure Tool (줄자) 도구를 사용해서 반대쪽 모서리에서 150mm 떨어진 보조선을 그린다.

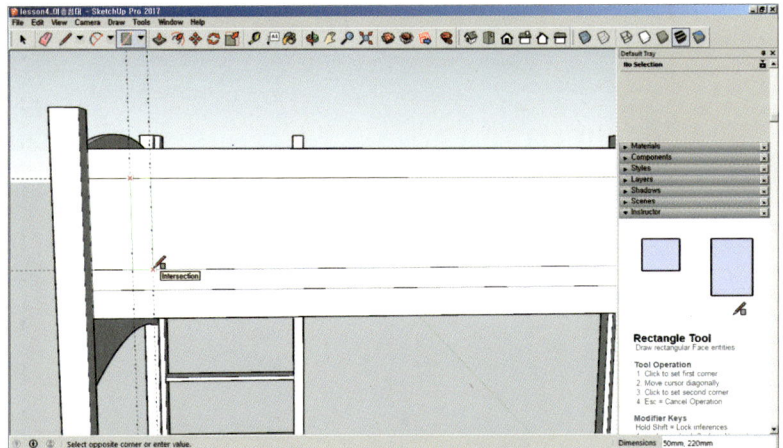

**60** ▦ Rectangle(직사각형) 도구를 사용해서 위, 아래선과 보조선이 교차하는 점(Intersection)에 사각형을 그린다.

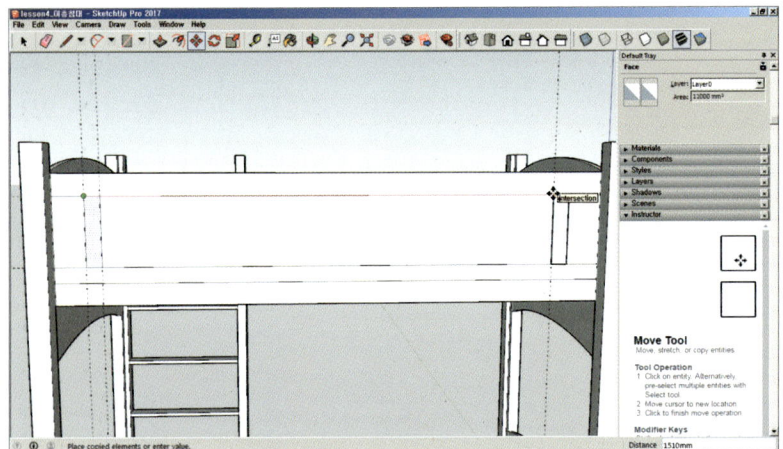

**61** 사각면을 복사하기 위해서 ▸ Select(선택) 도구로 사각면을 선택한 후, ✥ Move(이동) 도구 왼쪽 위 꼭지점을 잡고 Ctrl키를 누른 후, 오른쪽 보조선과 선의 교차점(Intersection)까지 드래그해서 복사한다.

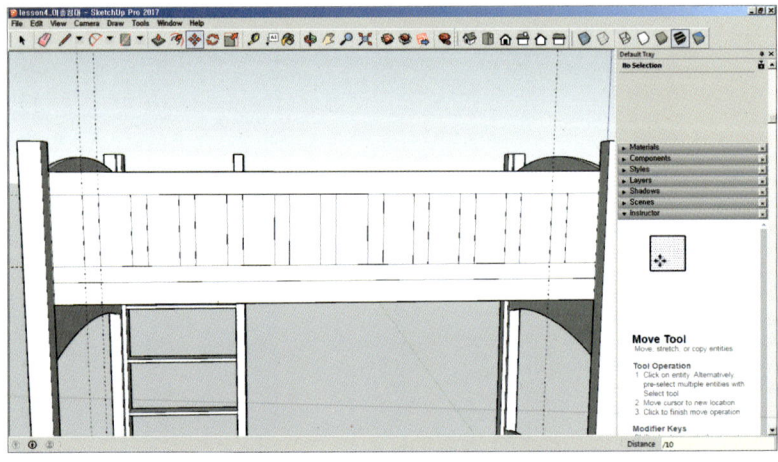

**62** 수치입력창에 '/10'을 입력해서 사각면 10개를 복사한다.

Distance /10

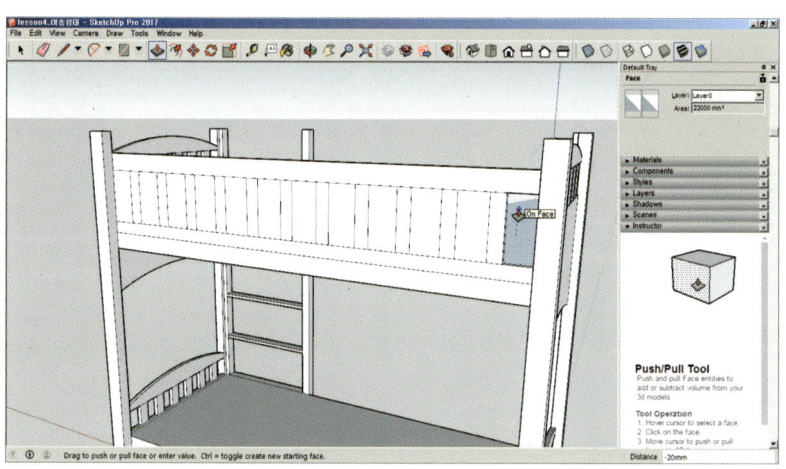

63 Push/Pull(밀기/끌기) 도구로 큰 사각면을 뒤쪽 면(On Face)까지 집어넣어 면을 제거한다.

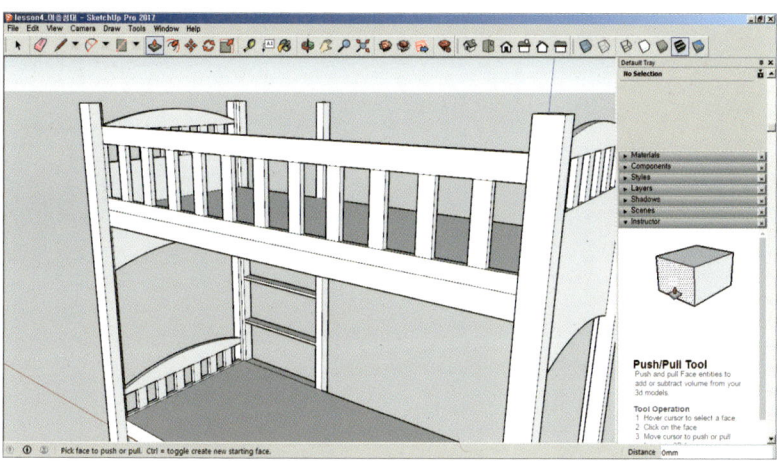

64 나머지 면도 '더블클릭'해서 면을 모두 제거한다.

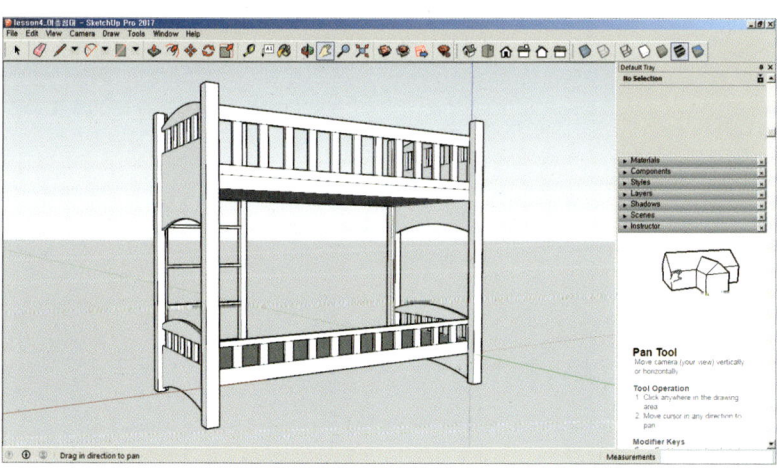

**반복학습**

65 아래쪽도 같은 방법(53~64번)으로 침대 벽면을 완성한다.

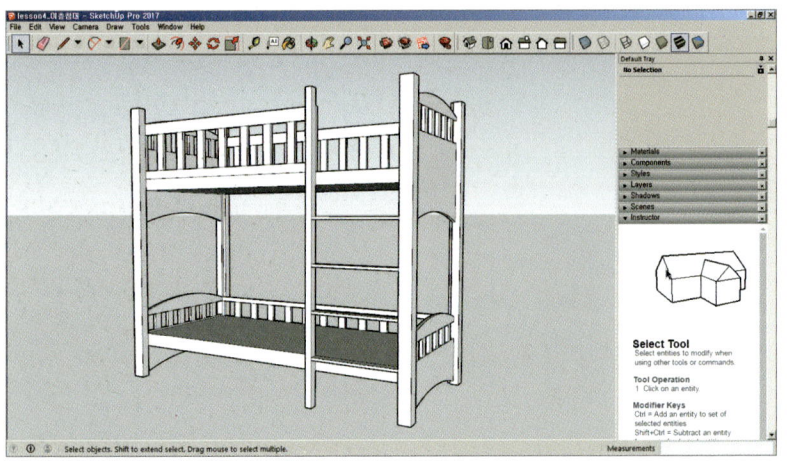

**반복학습**

**66** 앞쪽도 같은 방법(53~64번)으로 벽면을 완성한다. 2층침대가 완성되었다.

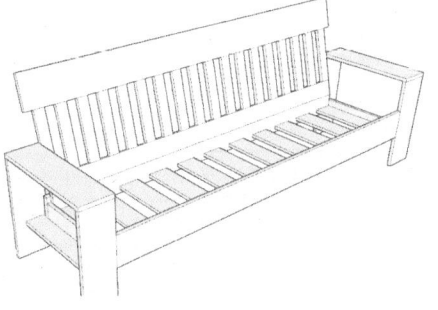

# 05 트윈책상

두 명의 자녀를 위한 트윈책상을 만들어보자.

**SketchUp 2017**

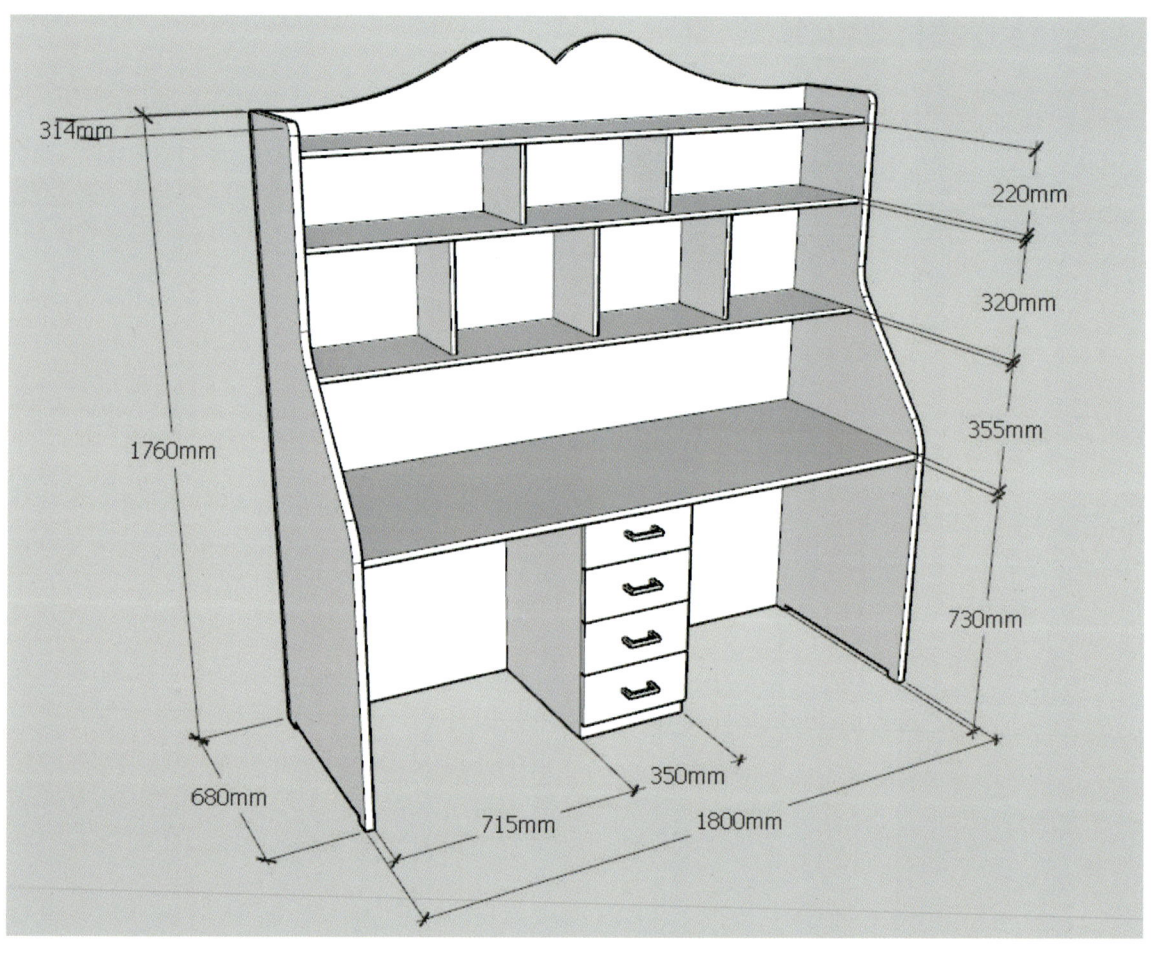

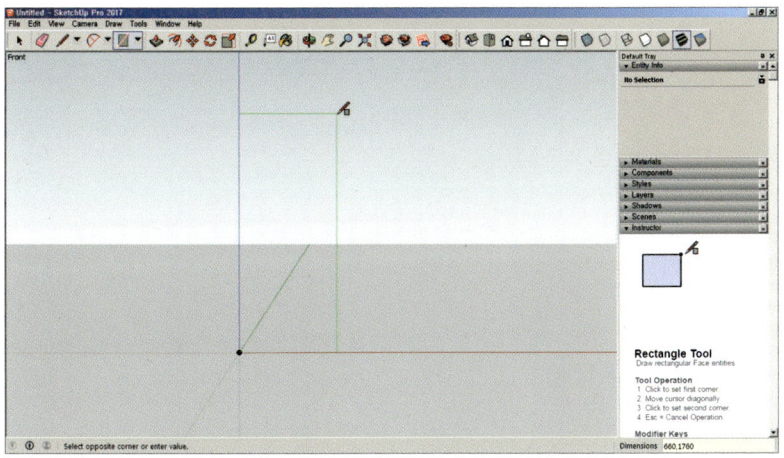

**1** 먼저 책상의 옆면부터 만들어 보자. Front View에서 Rectangle(직사각형) 도구를 사용해서 원점(Origin)에서 시작하는 660, 1760인 사각형을 그린다.

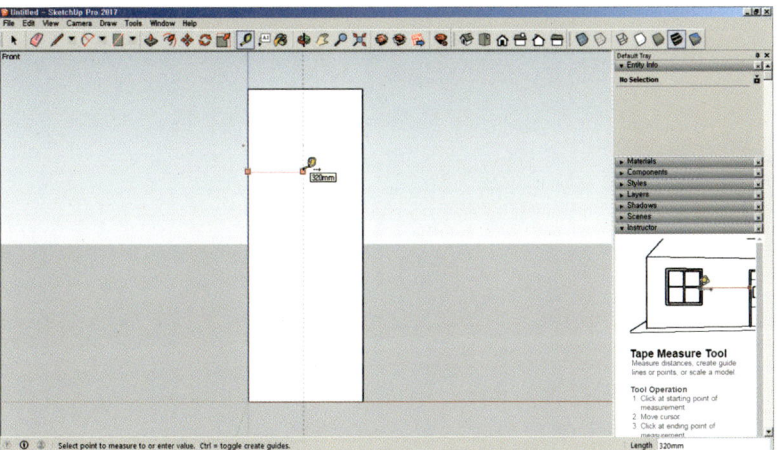

**2** Tape Measure Tool(줄자) 도구를 사용해서 옆모서리에서 320mm 떨어진 보조선을 그린다.

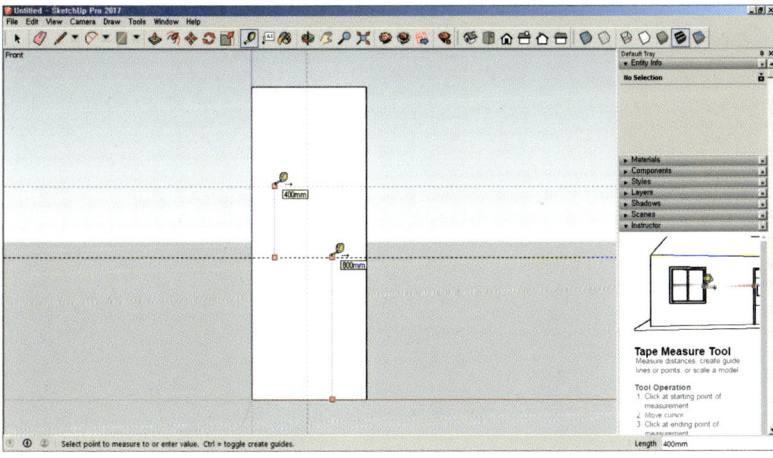

**3** 계속해서 아래 모서리에서 800mm 떨어진 보조선과 그 보조선에서 400mm 떨어진 보조선을 그린다.

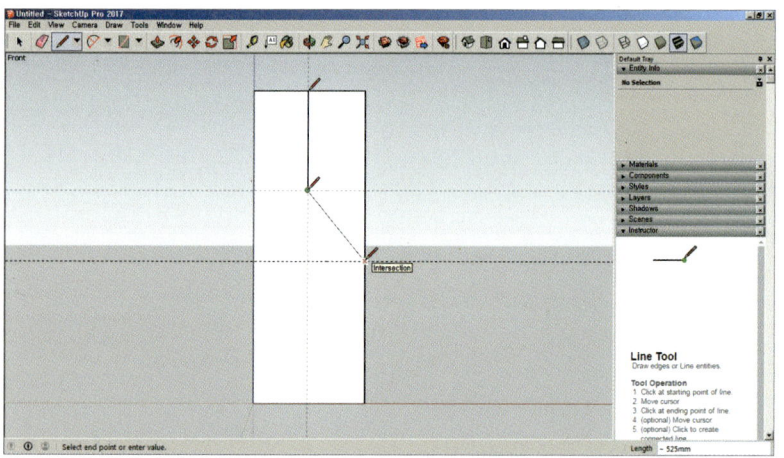

**4** Line(선) 도구로 보조선에 맞추어 선을 그린다.

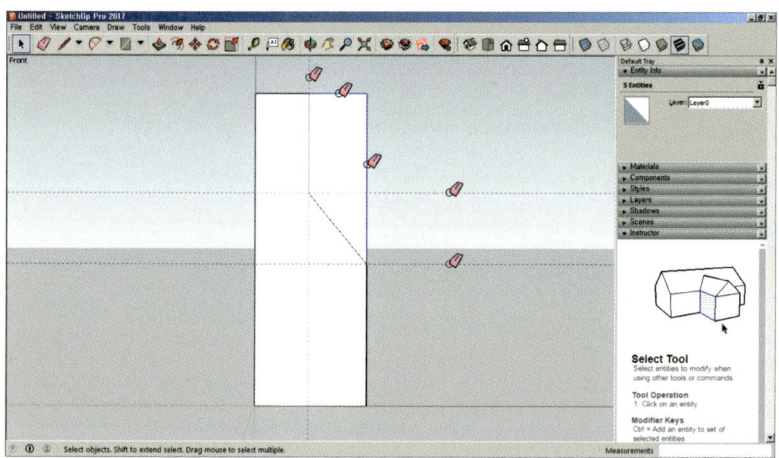

**5** Eraser(지우기) 도구로 보조선과 책상의 모서리를 제거한다.

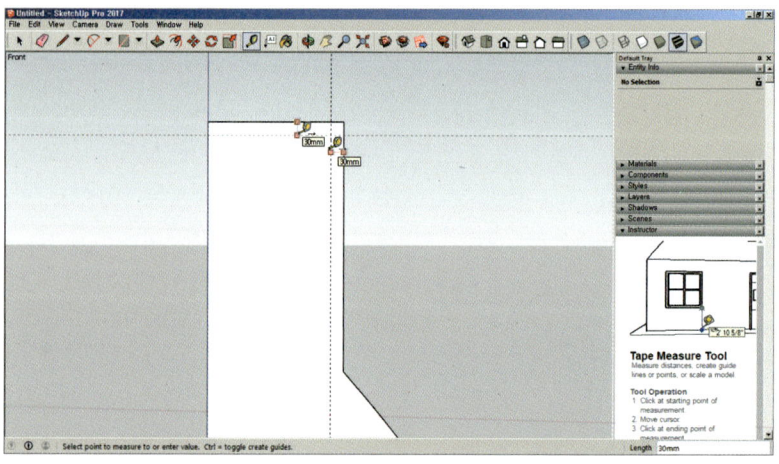

**6** 책상 모서리를 둥글게 만들기 위해서 Tape Measure Tool (줄자) 도구를 사용해서 위 모서리와 오른쪽 모서리에서 각각 30mm 떨어진 보조선을 그린다.

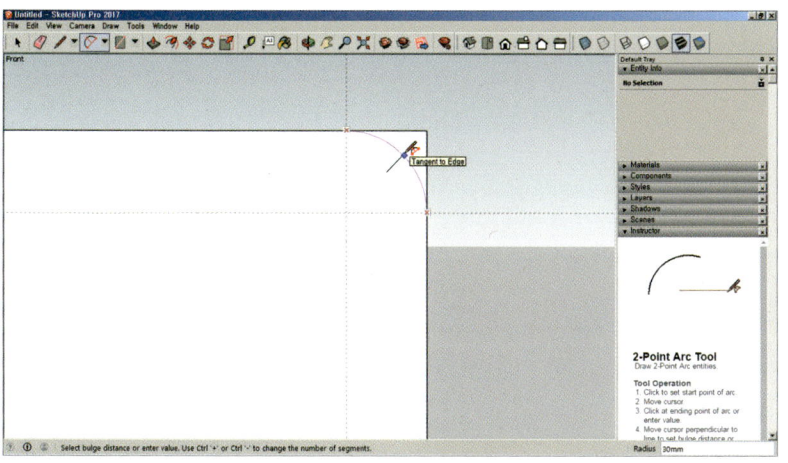

**7** 2Point Arc(2점호) 도구를 사용해서 모서리와 보조선이 교차하는 점(Intersection)을 끝점으로 하고 Radius가 30mm인 호를 그린다.

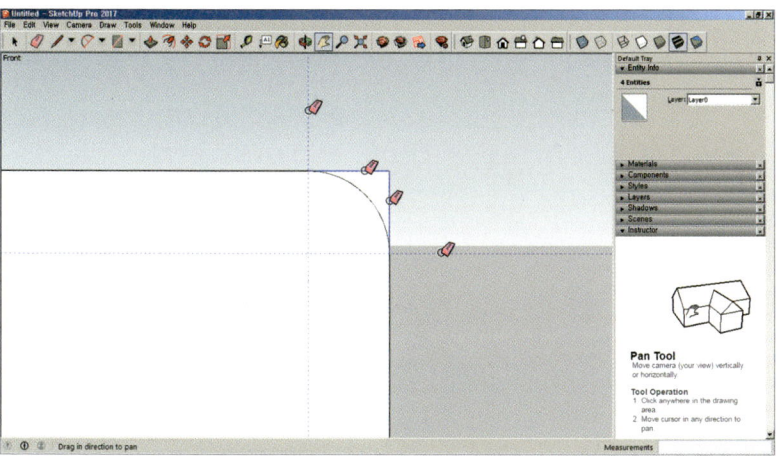

**8** Eraser(지우기) 도구로 보조선과 모서리를 제거한다.

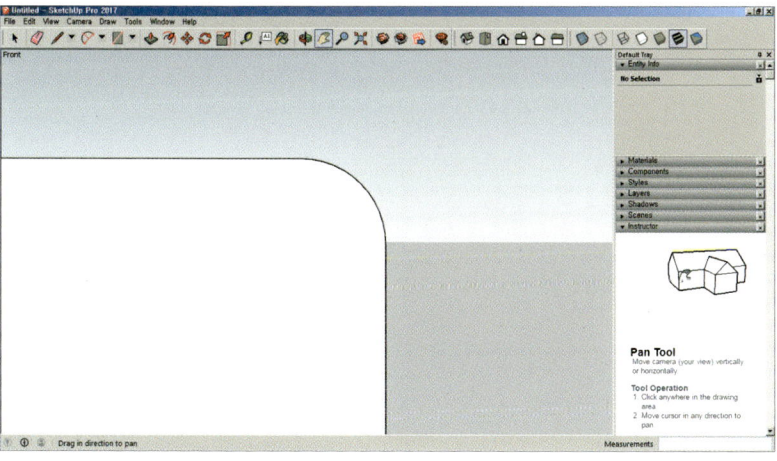

**9** 모서리 부분이 둥글게 되었다.

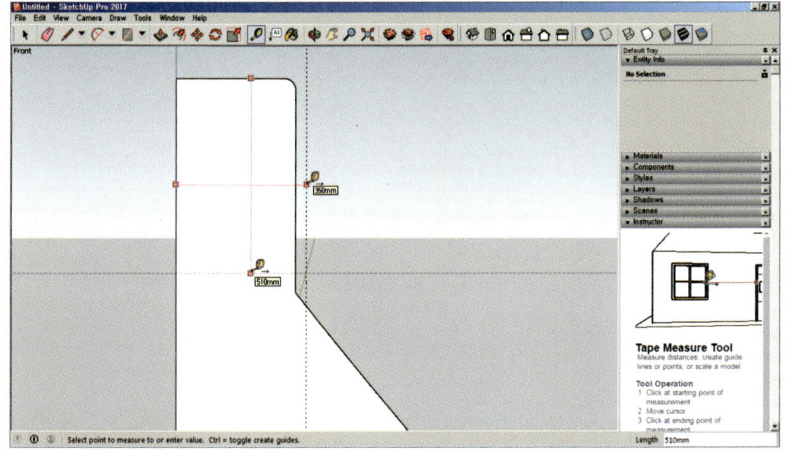

**10** 중간부분도 둥글게 만들기 위해서 Tape Measure Tool (줄자) 도구를 사용해서 옆면에서 350mm 떨어진 보조선과 위 모서리에서 510mm 떨어진 보조선을 그린다.

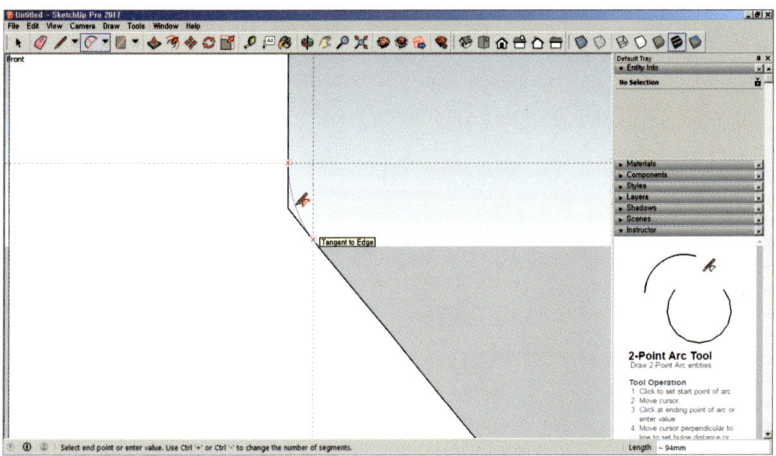

**11** 2Point Arc(2점호) 도구를 사용해서 보조선과 모서리가 교차하는 점을 양쪽 끝점으로 하는 부드러운 호(Tangent to Edge)를 그린다.

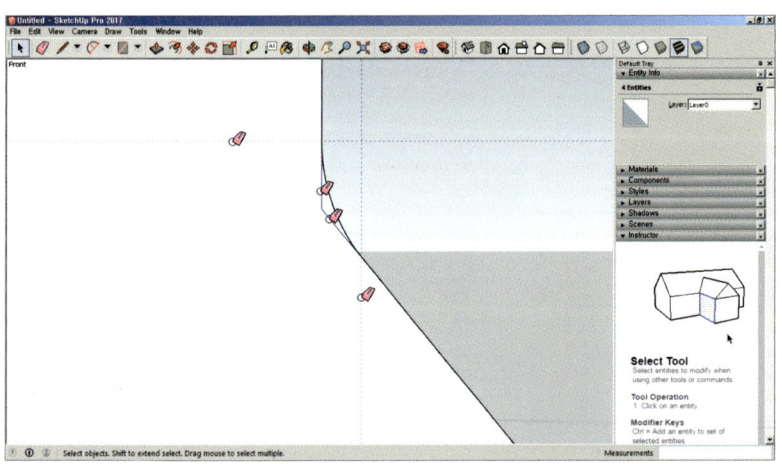

**12** Eraser(지우기) 도구로 보조선과 안쪽 선을 제거한다.

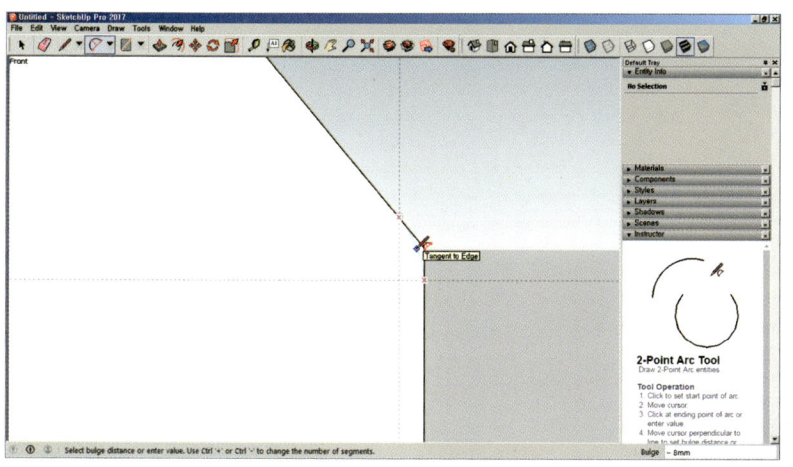

**13** 아래 부분도 같은 방법(10~11번)으로 호를 그린다. 모서리에서 각각 30mm 떨어진 보조선을 그린 후, 호를 그린다.

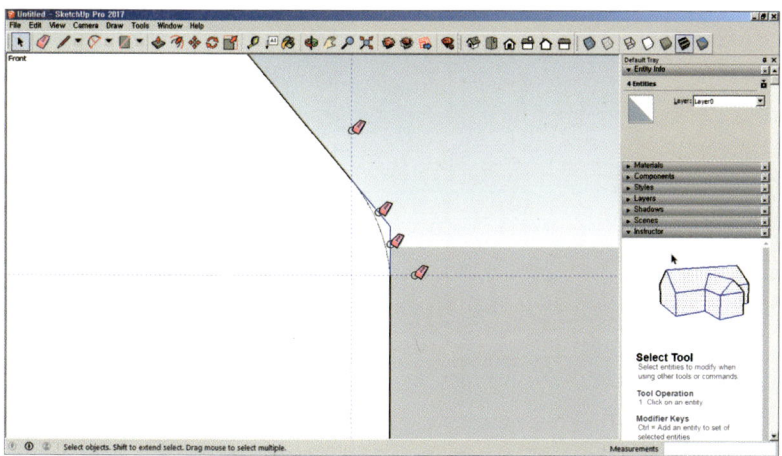

**14** Eraser(지우기) 도구로 보조선과 바깥쪽 모서리를 제거한다.

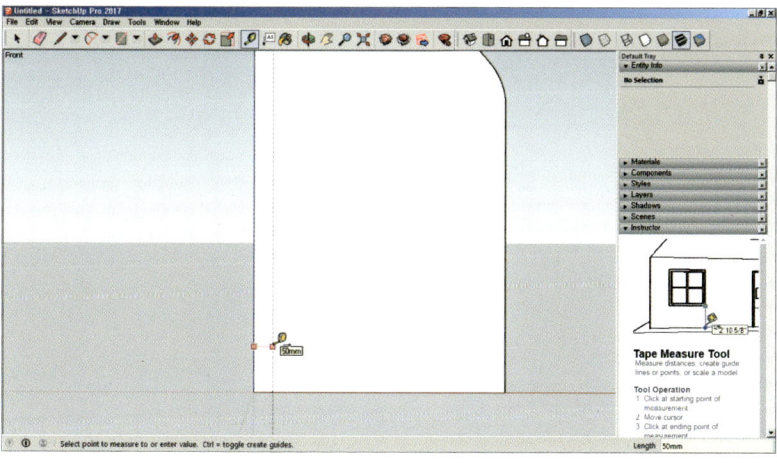

**15** 책상의 다리 부분을 만들기 위해서 Tape Measure Tool(줄자) 도구로 옆모서리에서 50mm 떨어진 보조선을 그린다.

**16** Rectangle(직사각형) 도구로 보조선과 모서리가 교차하는 점에서 시작하는 560, 20인 사각형을 그린다.

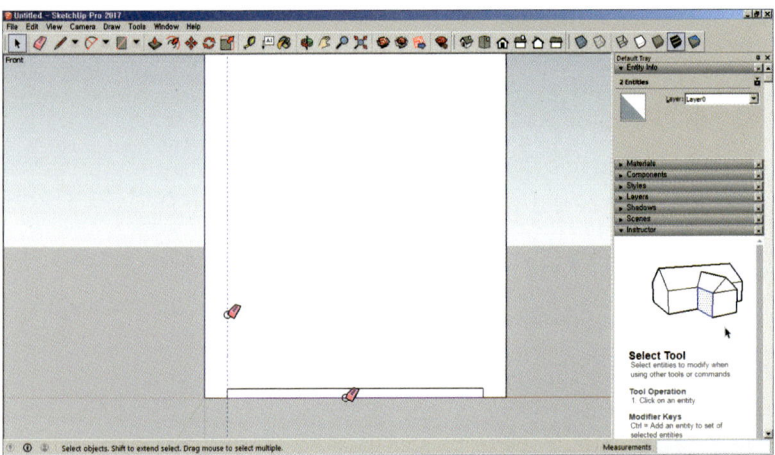

**17** Eraser(지우기) 도구로 보조선과 아래 모서리를 제거한다.

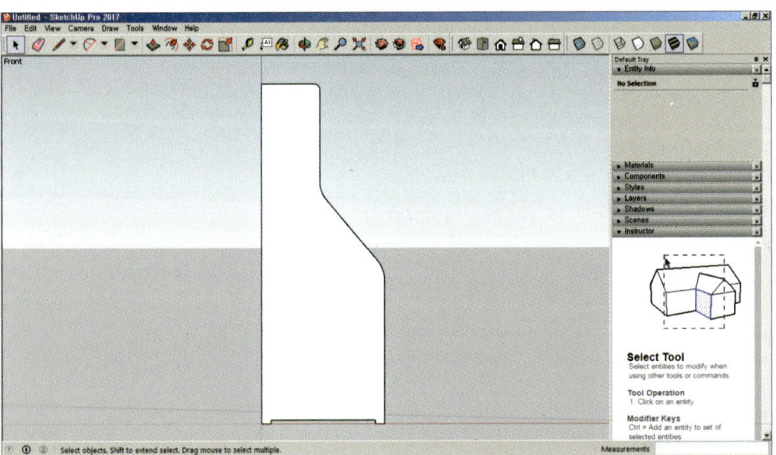

**18** 책상 옆면이 완성되었다.

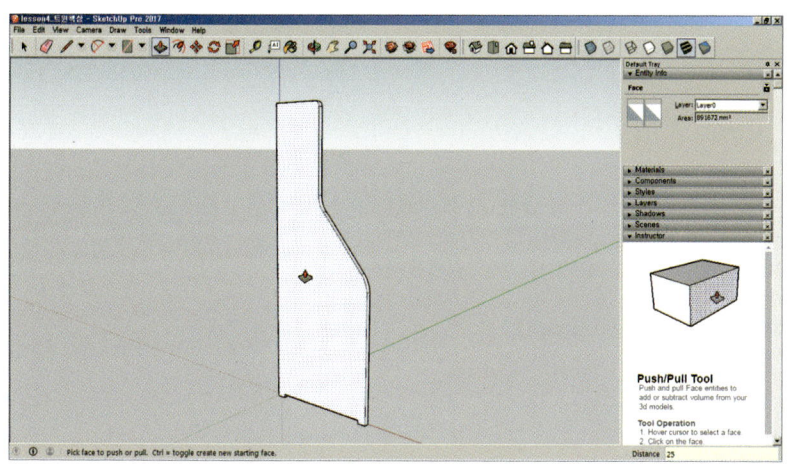

**19** Push/Pull(밀기/끌기) 도구를 사용해서 바깥쪽으로 25mm 면을 생성한다.

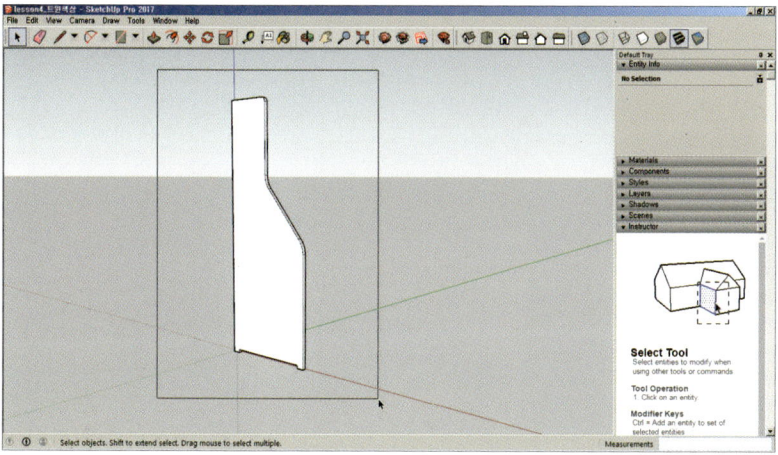

**20** 책상 옆면을 복사하기 위해서 Select(선택) 도구로 전체를 선택한다.

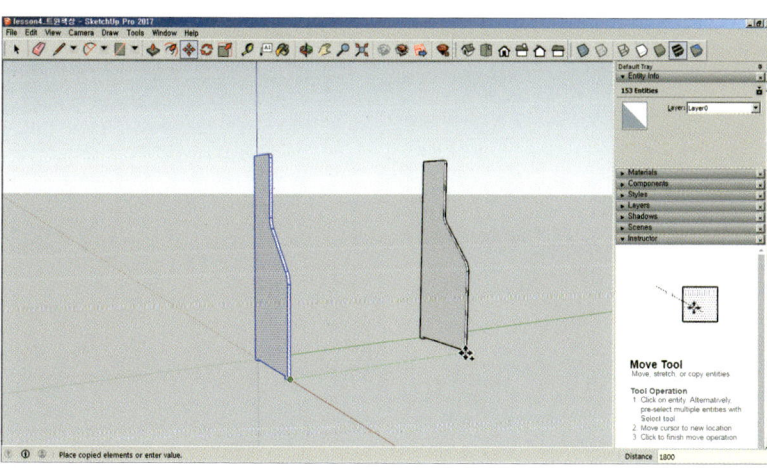

**21** Move(이동) 도구를 선택한 후, Ctrl키를 누르고 Green 축 방향으로 1800mm 이동해서 옆면을 복사한다.

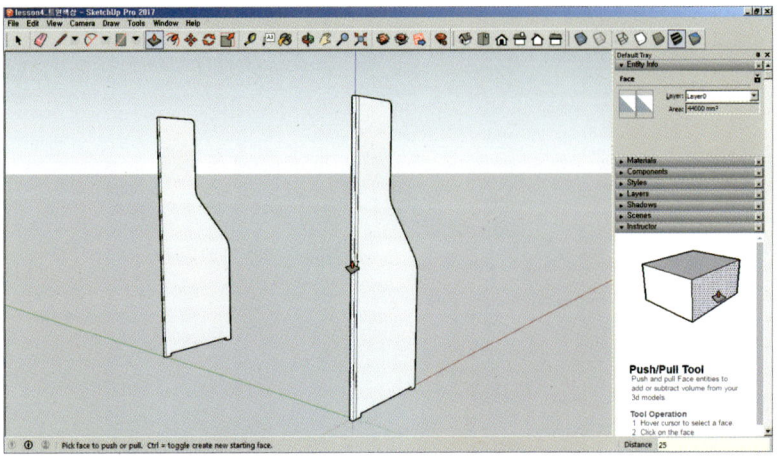

22 책상 뒷면을 만들기 위해서 Push/Pull(밀기/끌기) 도구를 선택한 후, Ctrl키를 누르고 면을 25mm 생성한다.

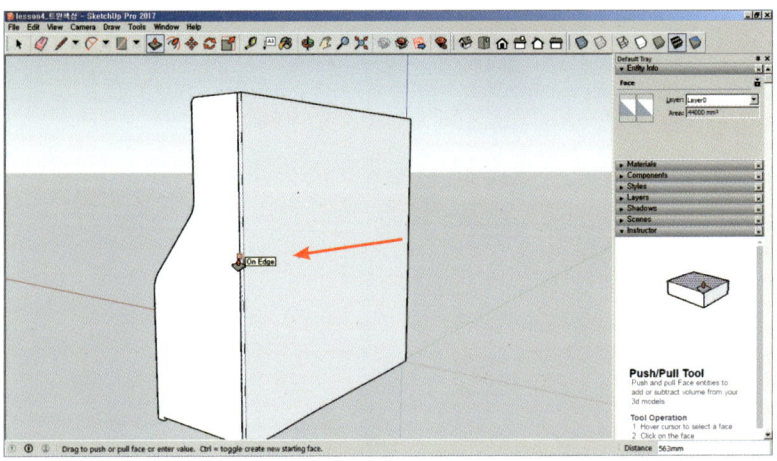

23 Push/Pull(밀기/끌기) 도구를 사용해서 반대쪽까지 책상의 뒷면을 생성한다.

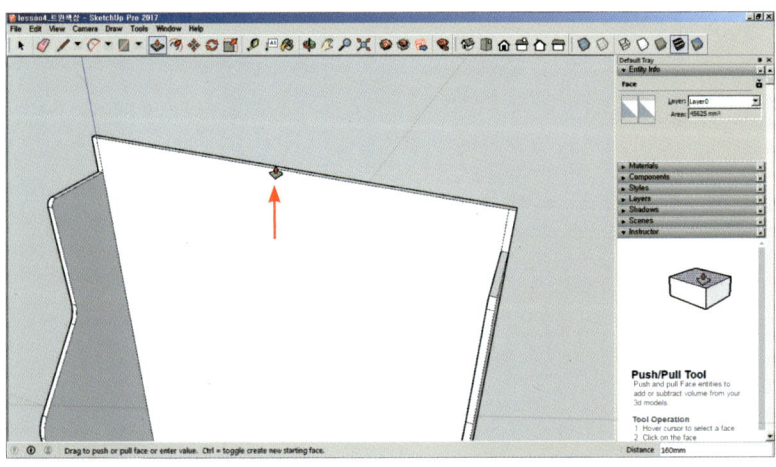

24 Push/Pull(밀기/끌기) 도구로 위쪽으로 면을 160mm 생성한다.

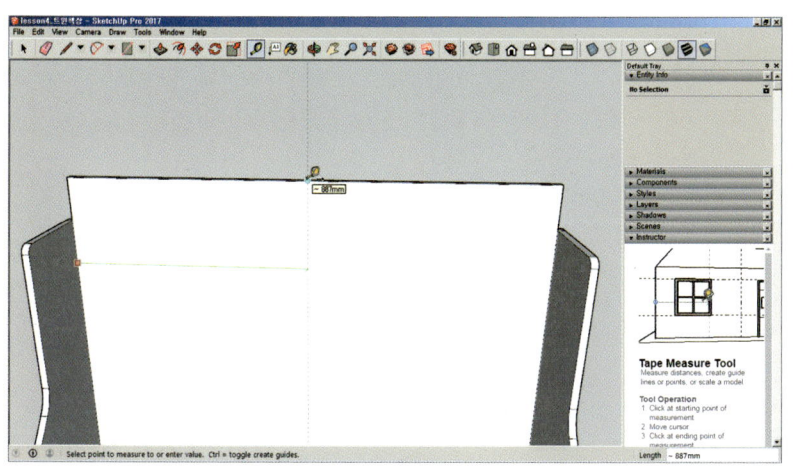

25 책상 뒷면에 문양을 만들기 위해서 Tape Measure Tool (줄자) 도구를 사용해서 옆모서리에서 중간점(Midpoint)까지 보조선을 그린다.

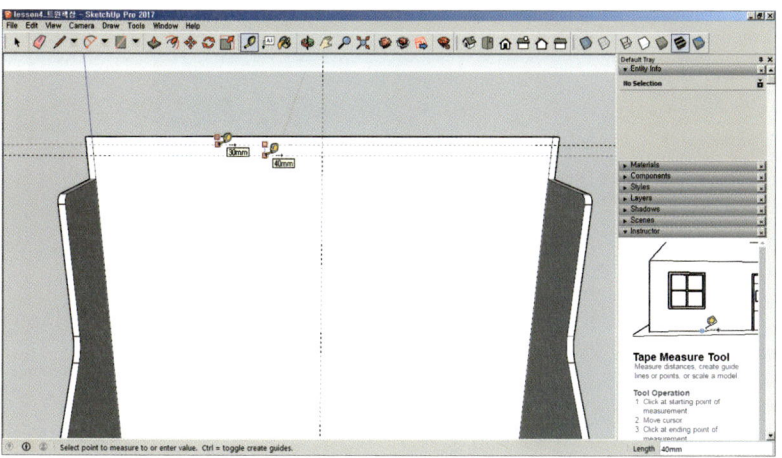

26 위 모서리에서 각각 30mm와 40mm 떨어진 보조선을 그린다.

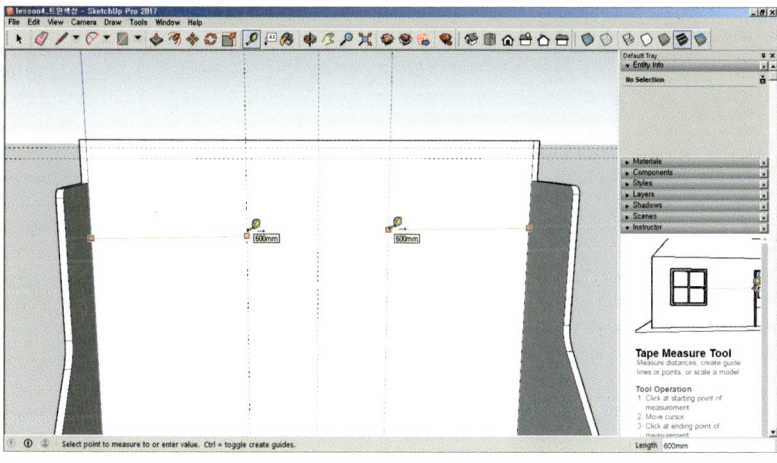

27 양쪽 모서리에서 각각 600mm 떨어진 보조선을 두 개 그린다.

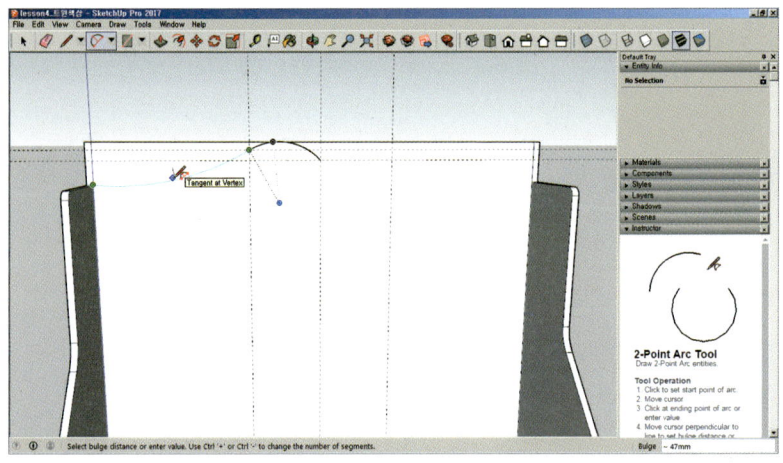

**28** 그림과 같이 2PointArc (2점호) 도구를 사용해서 호를 두 개 그린다.

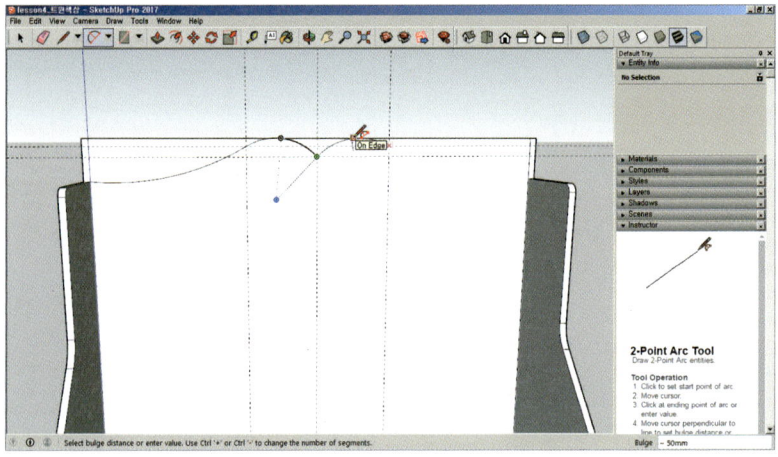

**29** 같은 방법으로 보조선을 교차점을 끝점으로 하고 위 모서리와 만나는 호를 그린다.

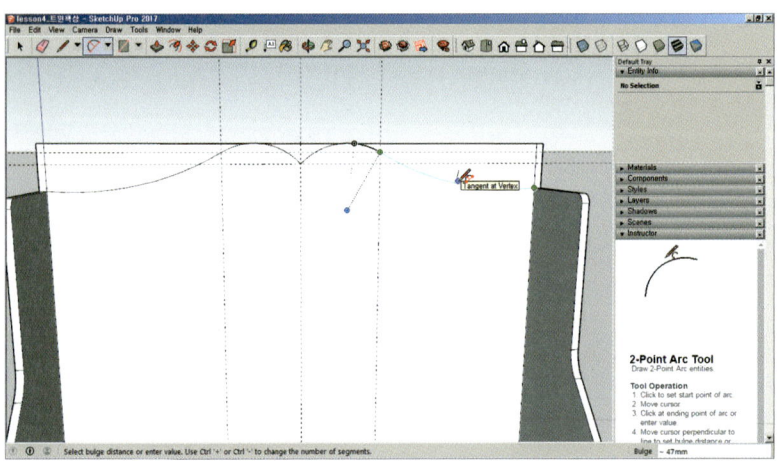

**30** 마지막으로 호를 그린다.

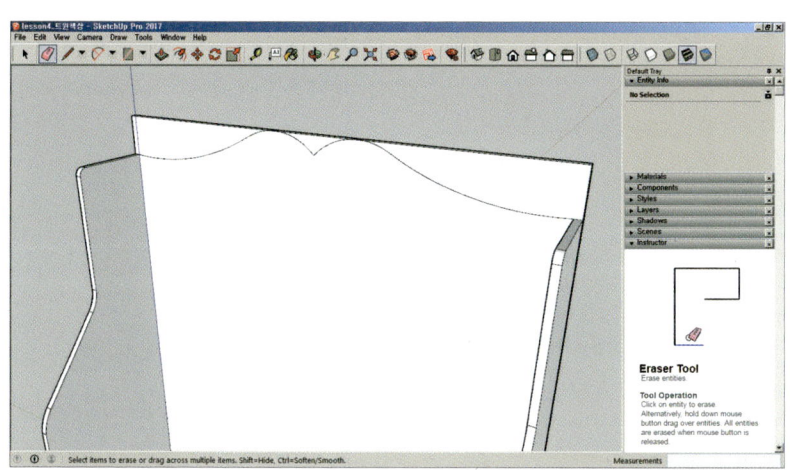

31 그림과 같이 책상 뒷면의 문양이 완성되었다.

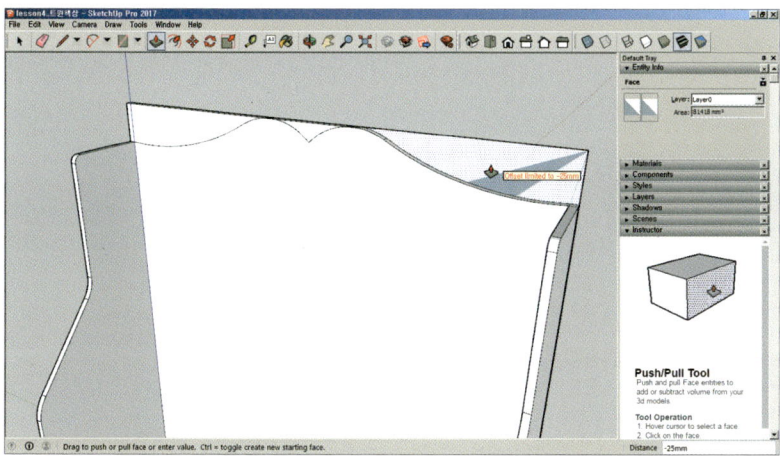

32 호 부분만 남기고 위 부분을 제거하기 위해서 Push/Pull(밀기/끌기) 도구를 사용해서 면을 뒤쪽 면까지 밀어 넣는다.

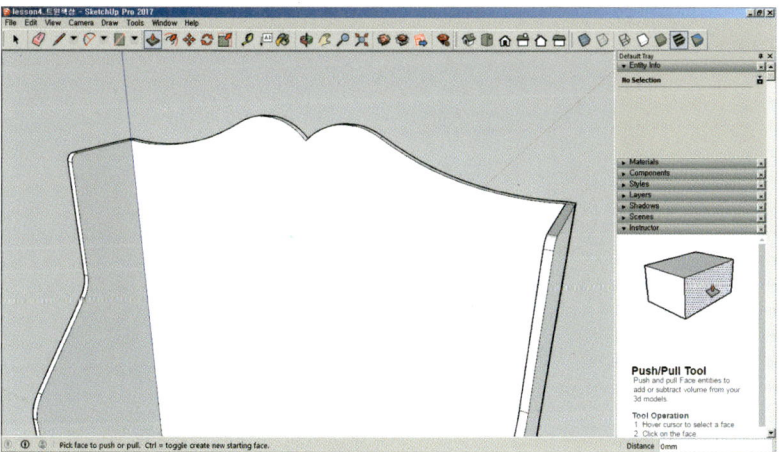

33 '더블클릭'해서 나머지 부분도 면을 제거한다.

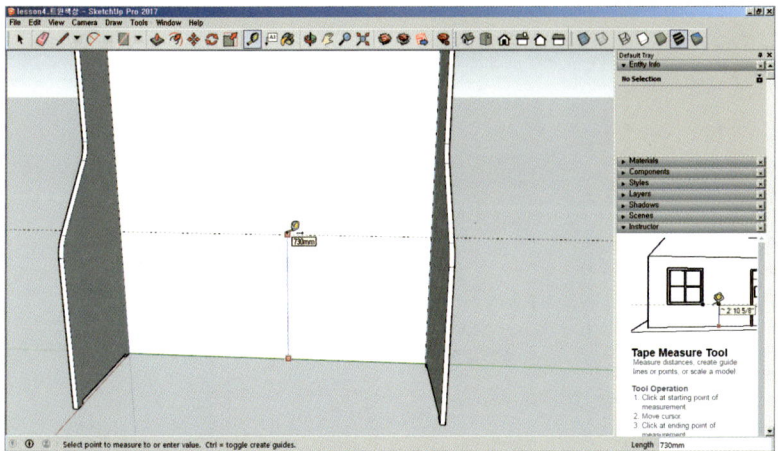

**34** 책상 면을 만들기 위해서 Tape Measure Tool (줄자) 도구를 사용해서 아래 모서리에서 730mm 떨어진 보조선을 그린다.

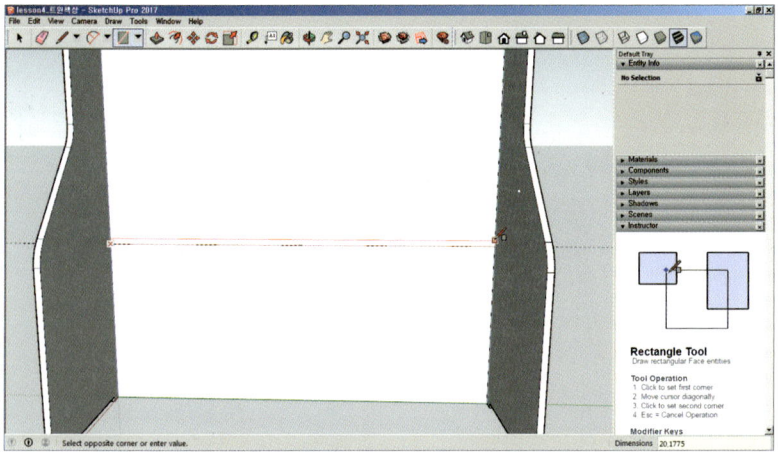

**35** Rectangle(직사각형) 도구를 사용해서 왼쪽 모서리와 보조선이 교차하는 점에서 시작하는 20,1775인 사각형을 그린다.

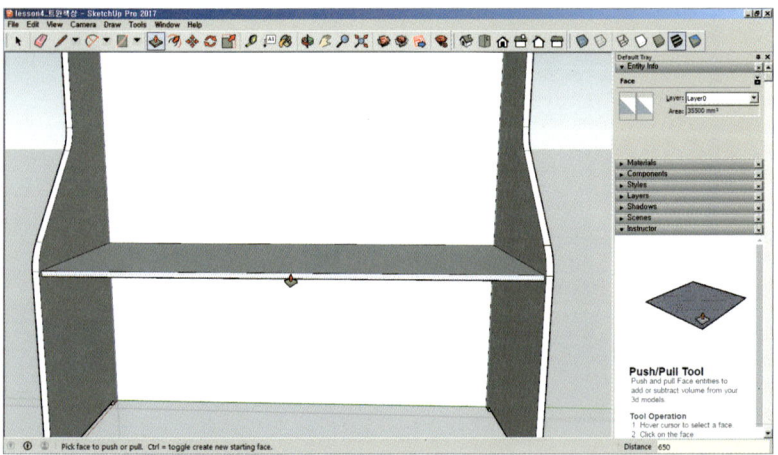

**36** Push/Pull(밀기/끌기) 도구를 사용해서 바깥쪽으로 650mm 면을 생성한다.

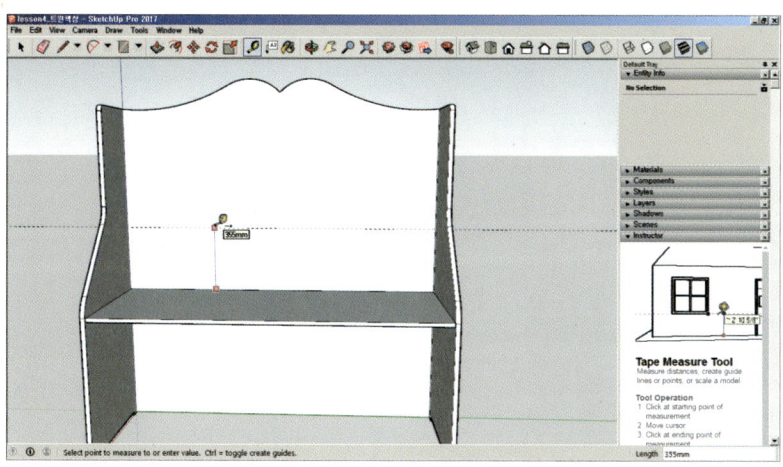

**37** 책상 면에서 Tape Measure Tool (줄자) 도구를 사용해서 355mm 떨어진 보조선을 그린다.

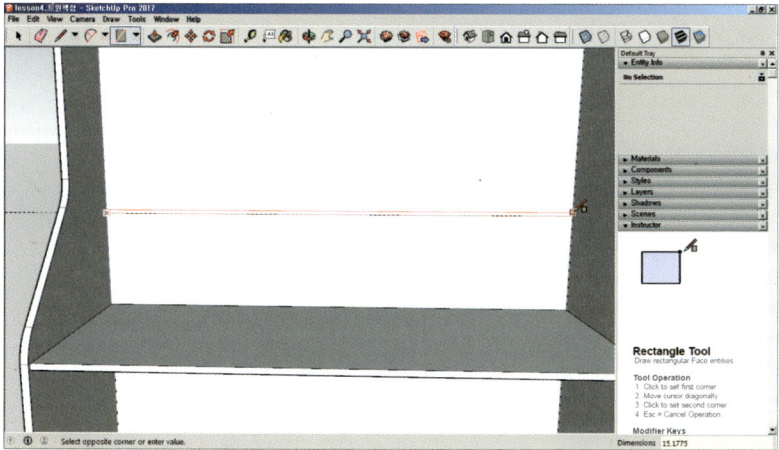

**38** Rectangle(직사각형) 도구를 사용해서 왼쪽 모서리와 보조선이 교차하는 점에서 시작하는 15, 1775인 사각형을 그린다.

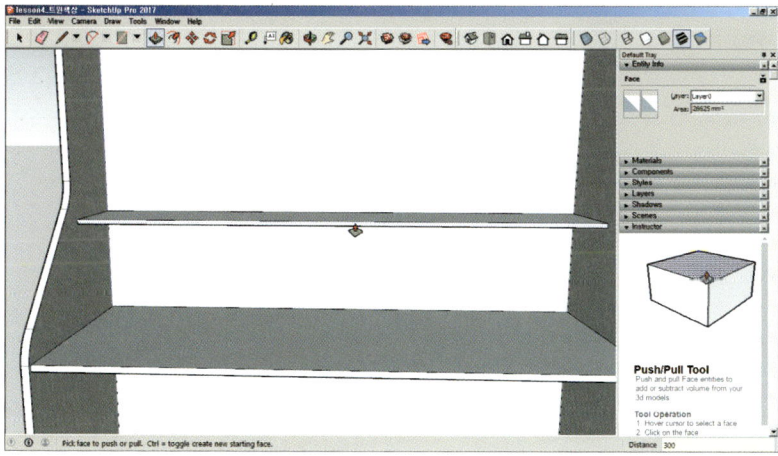

**39** Push/Pull(밀기/끌기) 도구를 사용해서 바깥쪽으로 300mm면을 생성한다.

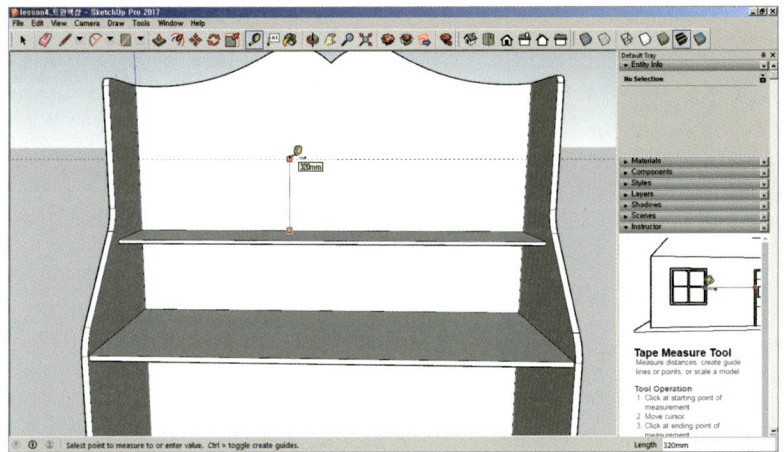

**40** 🔍 Tape Measure Tool(줄자) 도구를 사용해서 위 모서리에서 320mm 떨어진 보조선을 그린다.

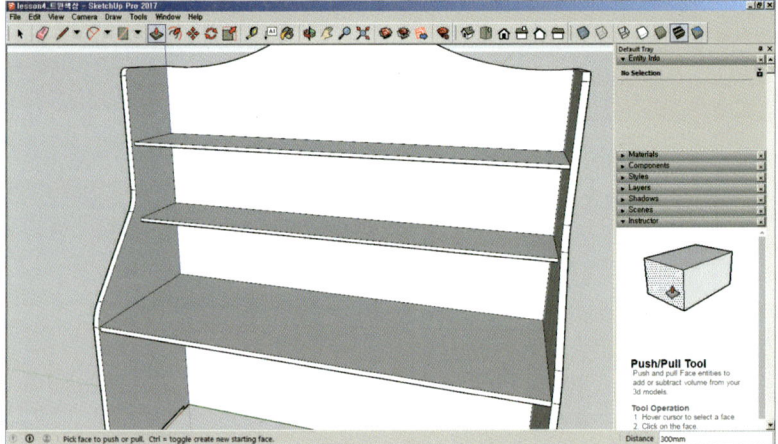

`반복학습`

**41** 같은 방법(38~39번)으로 면을 생성한다.

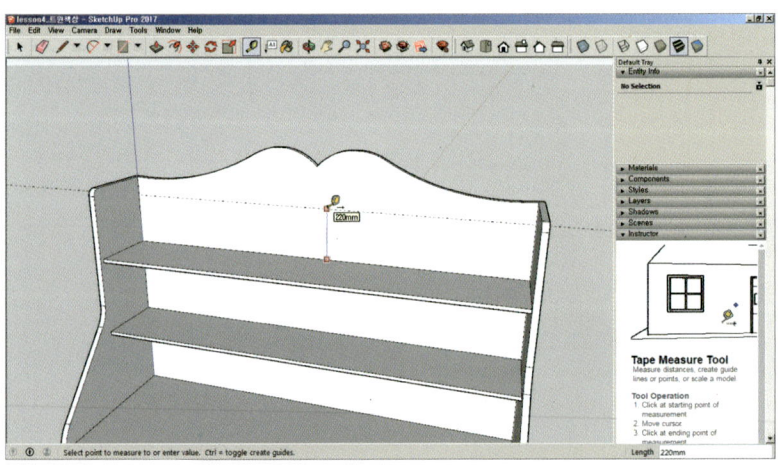

**42** 🔍 Tape Measure Tool(줄자) 도구를 사용해서 윗면에서 220mm 떨어진 보조선을 그린다.

**반복학습**

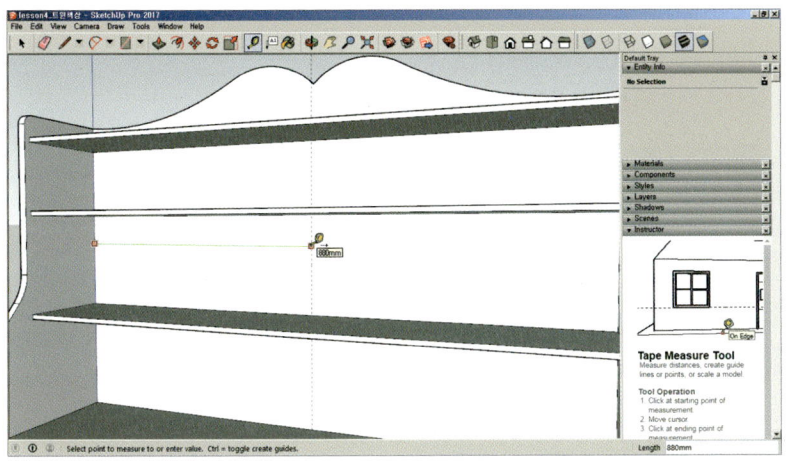

43 같은 방법(38~39번)으로 면을 생성한 후, 책장의 세로 면을 만들기 위해서 옆면에서 880mm 떨어진 보조선을 그린다.

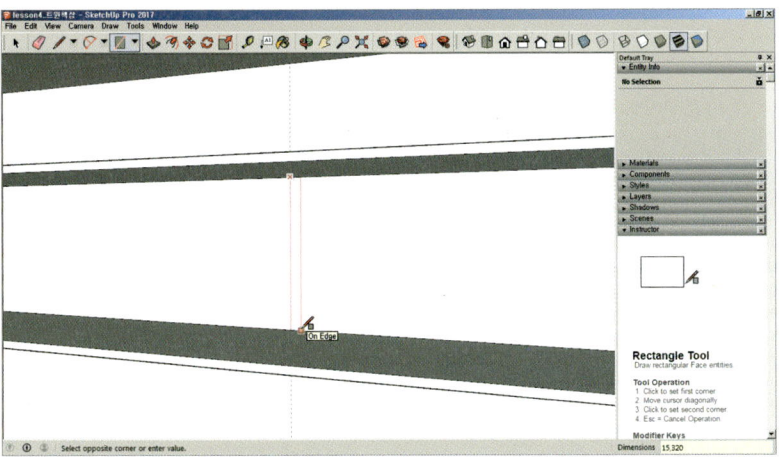

44 Rectangle(직사각형) 도구를 사용해서 보조선과 모서리가 교차하는 점에서 시작하는 15,320인 사각형을 그린다.

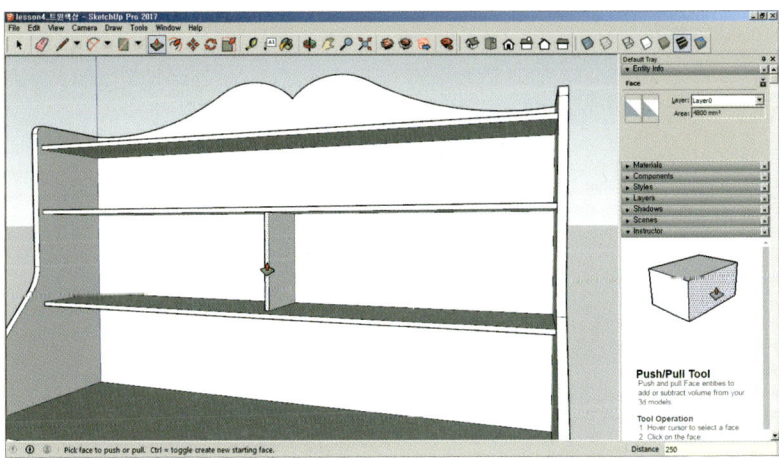

45 Push/Pull(밀기/끌기) 도구를 사용해서 바깥쪽으로 250mm 면을 생성한다.

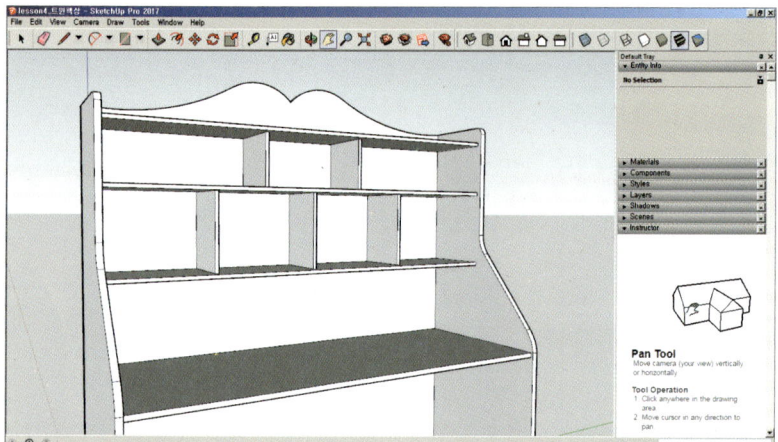

**46** 같은 방법으로 그림과 같이 세로 면을 완성한다. 세로면의 간격은 임의의 치수대로 설정해도 무방하다.

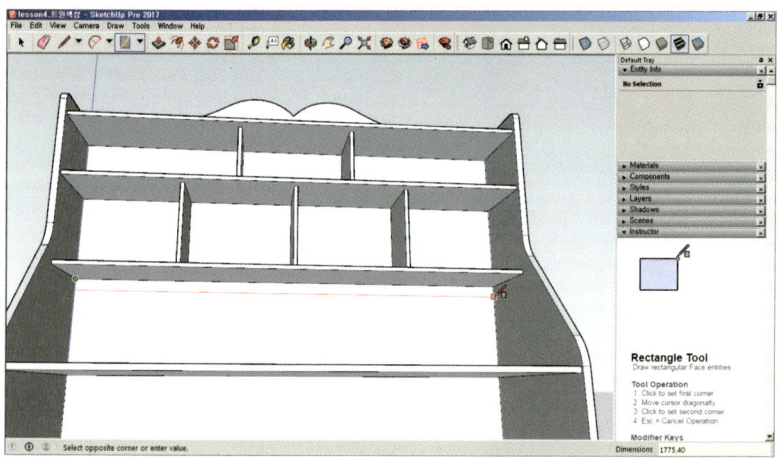

**47** 책장 지지대를 만들기 위해서 가운데 책장 면 모서리에서 Rectangle(직사각형) 도구를 사용해서 1775,40인 사각형을 그린다.

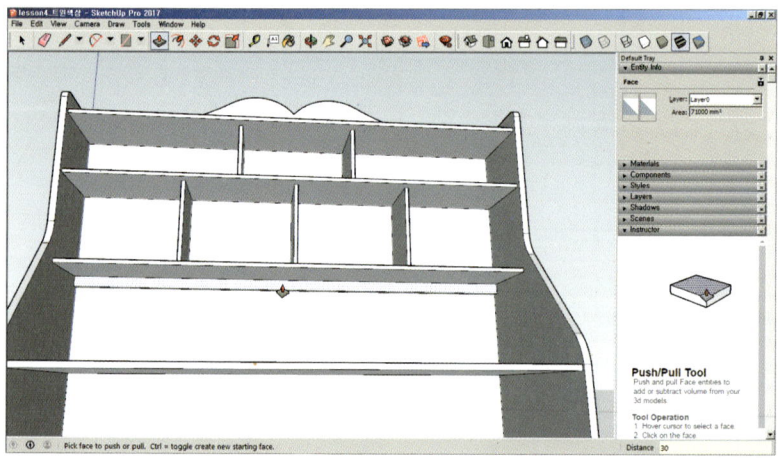

**48** Push/Pull(밀기/끌기) 도구를 사용해서 바깥쪽으로 30mm 면을 생성한다.

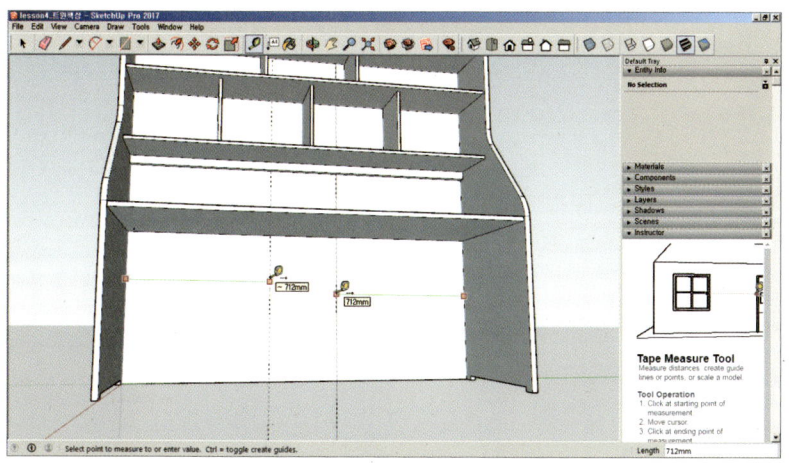

**49** 이제 책상 서랍을 만들어 보자. Tape Measure Tool (줄자) 도구를 사용해서 양쪽 모서리에서 각각 712mm 떨어진 보조선을 그린다.

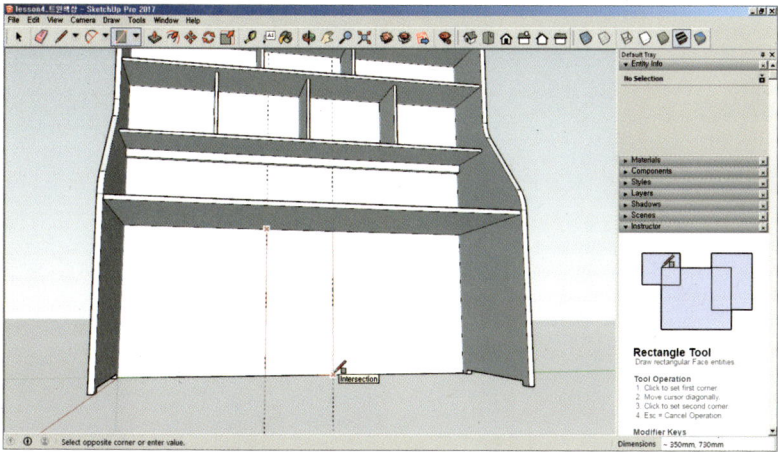

**50** 보조선에 맞추어 Rectangle(직사각형) 도구를 사용해서 350, 730인 사각형을 그린다.

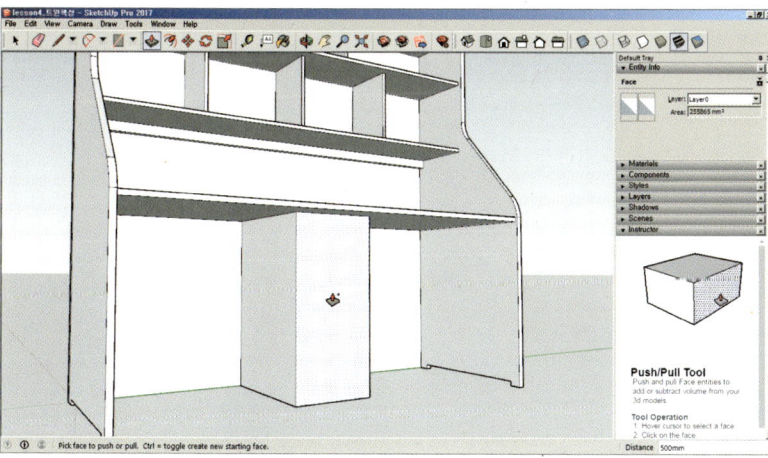

**51** Push/Pull(밀기/끌기) 도구를 선택한 후 Ctrl키를 누르고 바깥쪽으로 500mm 면을 생성한다.

Lesson 4 DIY 목재가구 + **433**

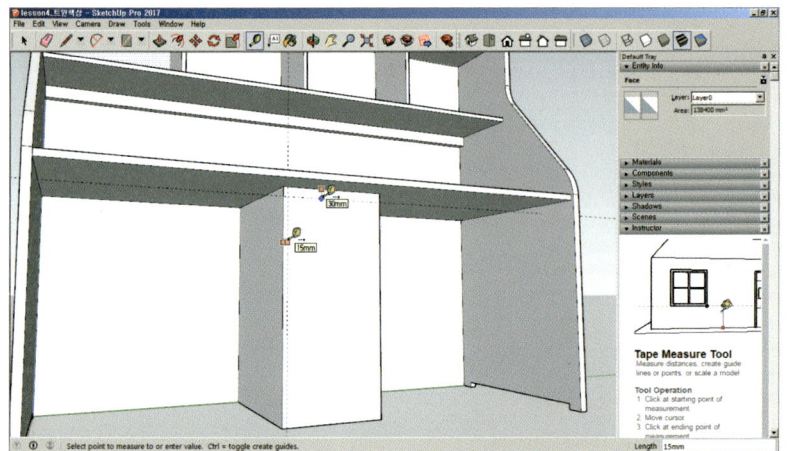

**52** 서랍을 만들기 위해서 Tape Measure Tool(줄자) 도구를 사용해서 오른쪽 모서리와 위 모서리에서 각각 15mm, 30mm 떨어진 보조선을 그린다.

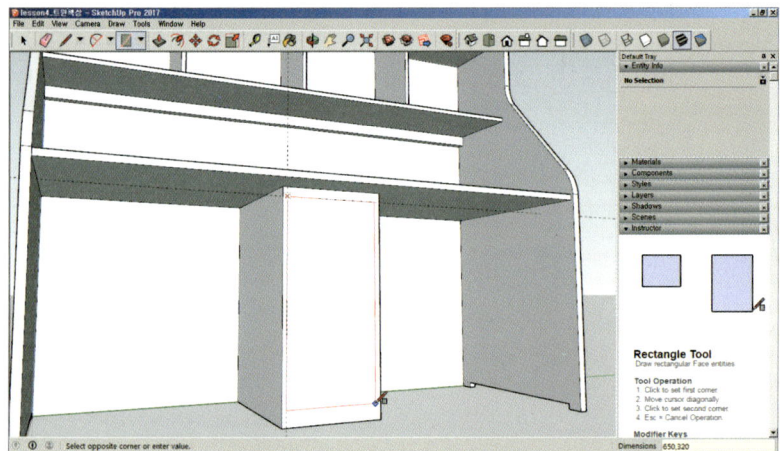

**53** Rectangle(직사각형) 도구를 사용해서 보조선의 교차점에서 시작하는 650, 320인 사각형을 그린다.

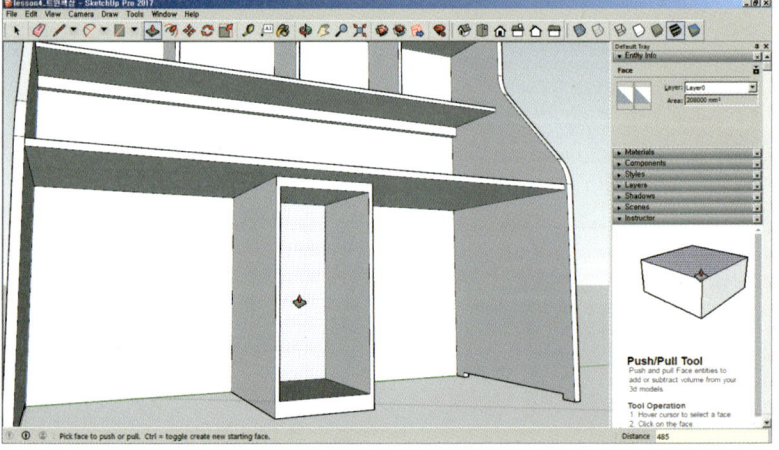

**54** Push/Pull(밀기/끌기) 도구를 사용해서 안쪽으로 485mm 밀어 넣는다.

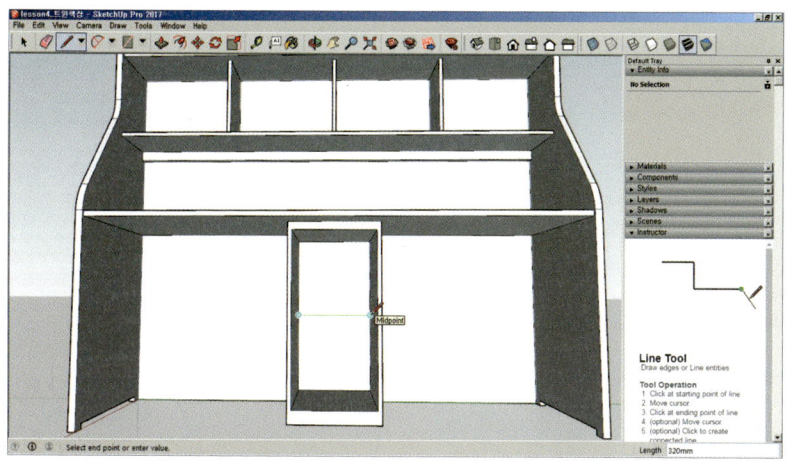

**55** 서랍 안쪽에서 Line(선) 도구를 사용해서 중간점(Midpoint)를 연결하는 선을 그린다.

**56** 계속해서 중간점(Midpoint)을 연결하는 선을 위, 아래로 두 개 그린다.

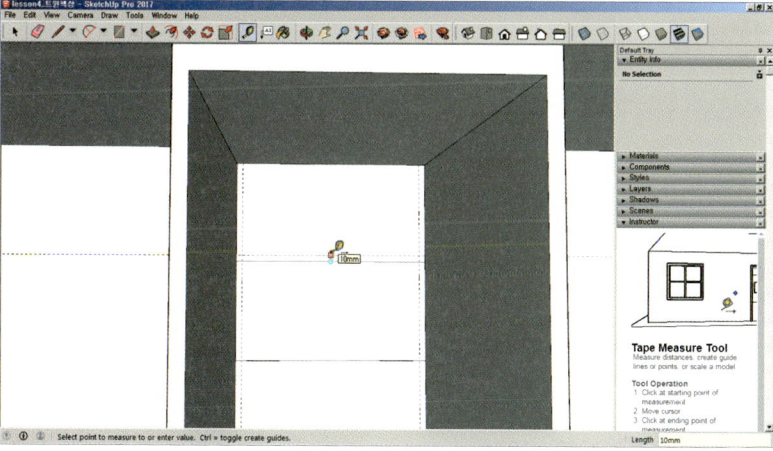

**57** 서랍 모양을 만들기 위해서 Tape Measure Tool(줄자) 도구를 사용해서 왼쪽, 오른쪽, 아래에서 각각 10mm 떨어진 보조선을 그린다.

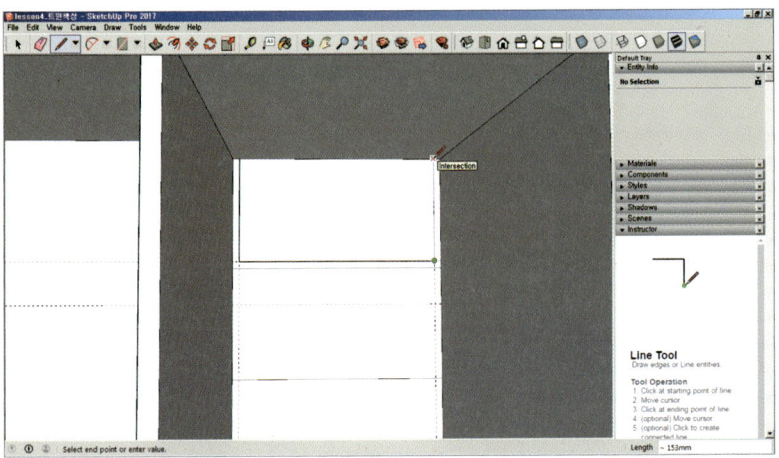

58 　Line(선) 도구로 보조선에 맞추어 U자 모양의 선을 그린다.

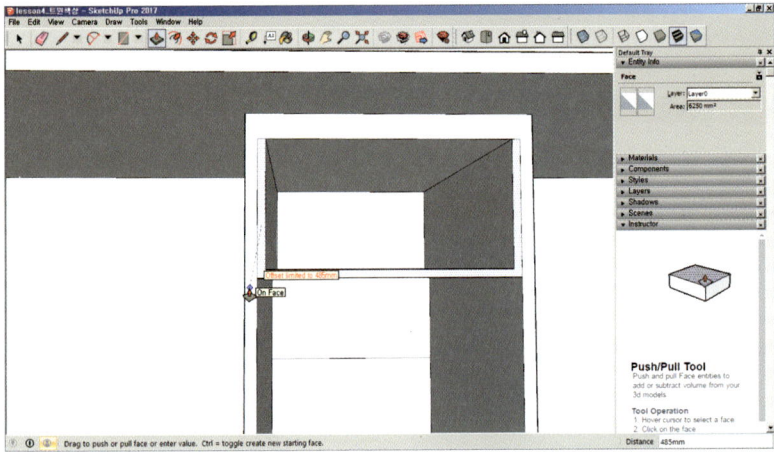

59 　Push/Pull(밀기/끌기) 도구를 사용해서 바깥쪽 면(On Face)까지 면을 생성한다.

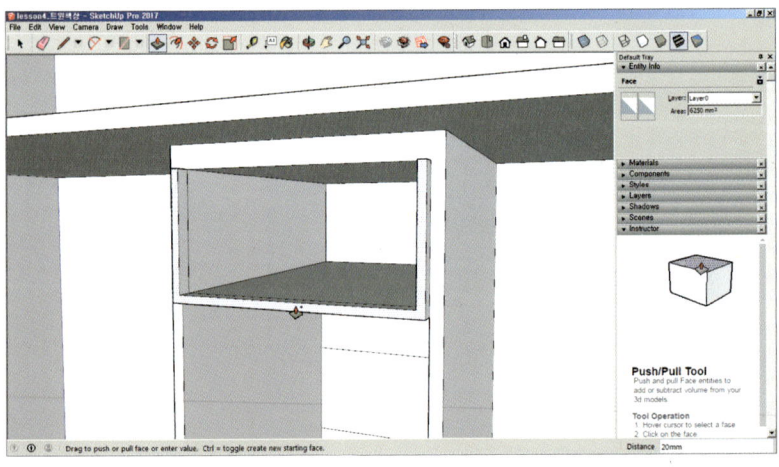

60 　서랍의 앞면을 만들기 위해서 　Push/Pull(밀기/끌기) 도구를 선택하고 Ctrl 키를 누른 후, 20mm 면을 생성한다.

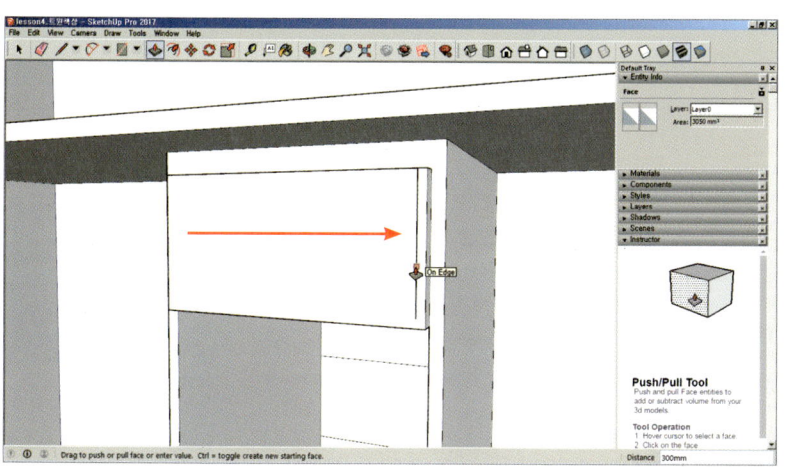

**61** Push/Pull(밀기/끌기) 도구를 사용해서 옆 모서리(On Edge)까지 면을 생성한다.

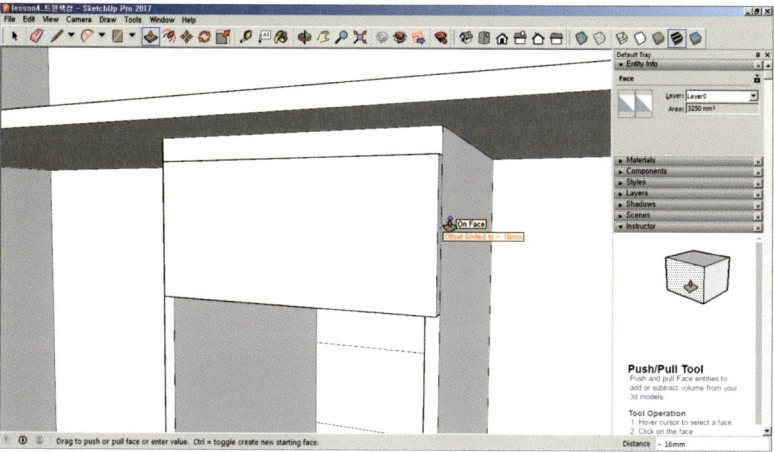

**62** 계속해서 옆면을 뒤쪽의 면까지 생성한다.

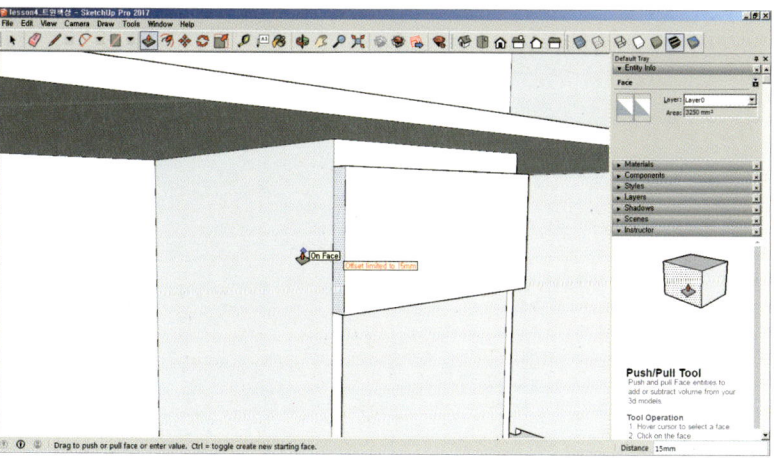

**63** 왼쪽면도 뒤쪽 면까지 생성한다.

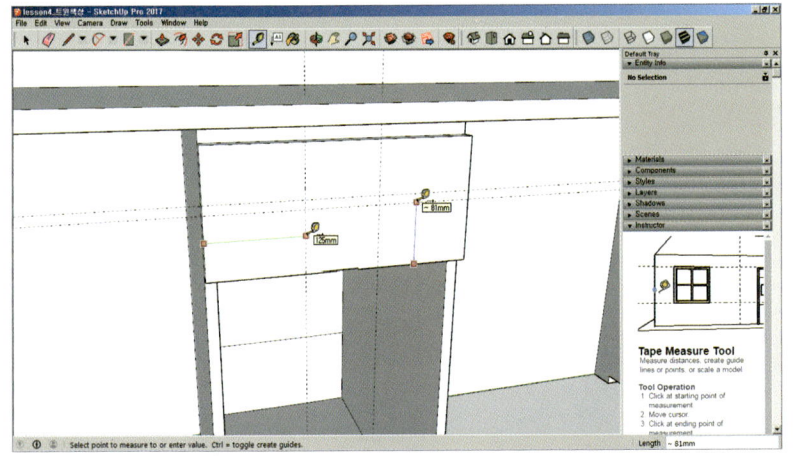

64 손잡이를 만들기 위해서 Tape Measure Tool (줄자) 도구를 사용해서 양쪽 모서리에서 각각 125mm 떨어진 보조선을 그리고, 아래에서 81mm 떨어진 보조선을 그린 후, 그 보조선에서 12mm 떨어진 보조선을 그린다.

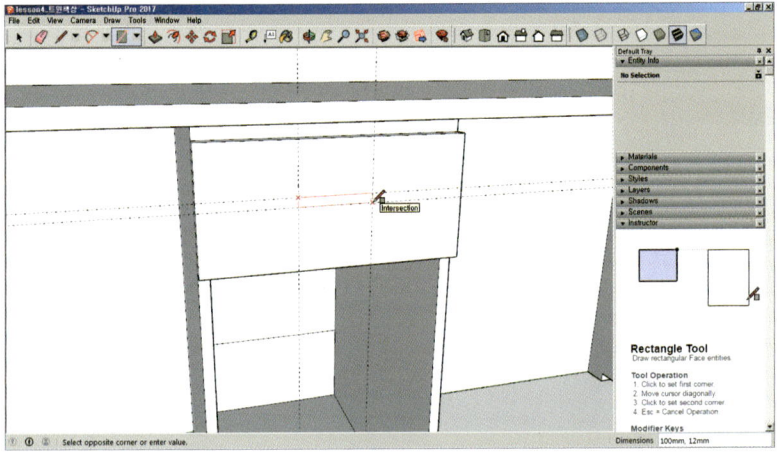

65 보조선에 맞추어 Rectangle(직사각형) 도구를 사용해서 사각형을 그린다.

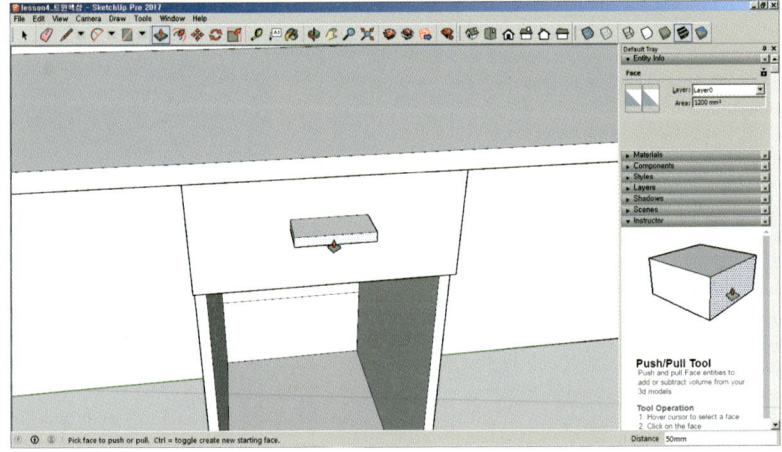

66 Push/Pull(밀기/끌기) 도구를 사용해서 앞쪽으로 면을 50mm 생성한다

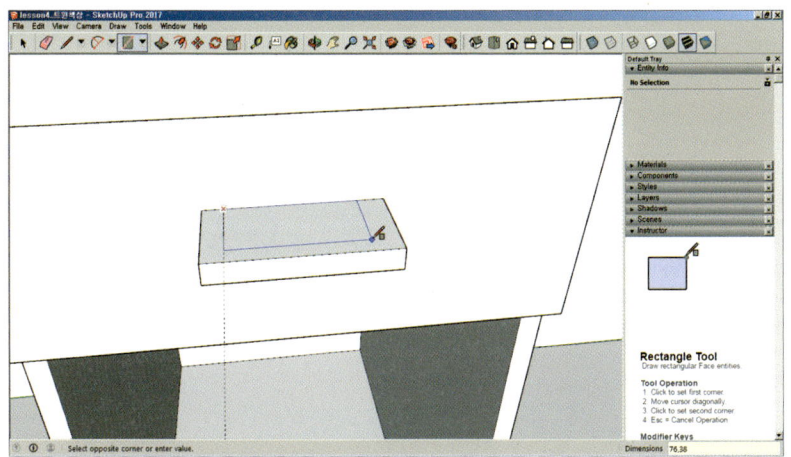

**67** Tape Measure Tool (줄자) 도구를 사용해서 옆쪽에서 12mm 떨어진 보조선을 그린 후, Rectangle(직사각형) 도구를 사용해서 보조선에서 시작하는 76, 38인 사각형을 그린다.

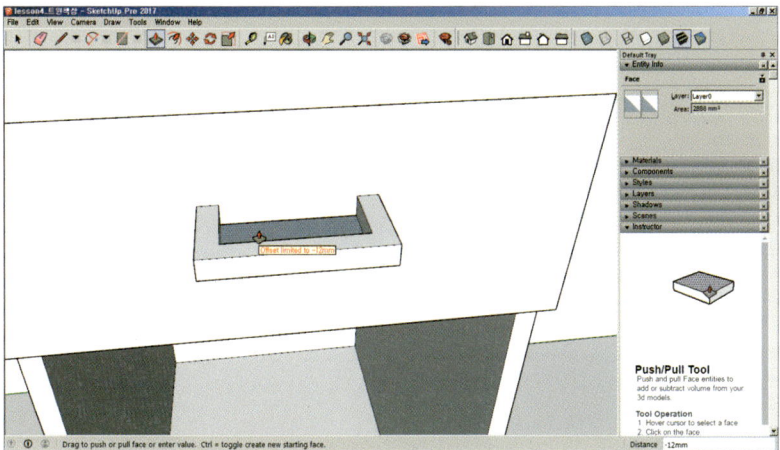

**68** Push/Pull(밀기/끌기) 도구를 사용해서 아래쪽으로 면을 밀어 넣어서 가운데 부분을 제거한다

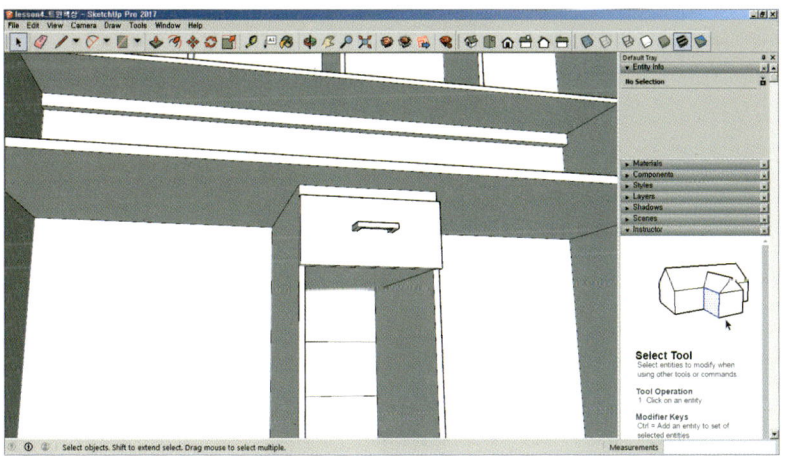

**69** 서랍 하나가 완성되었다.

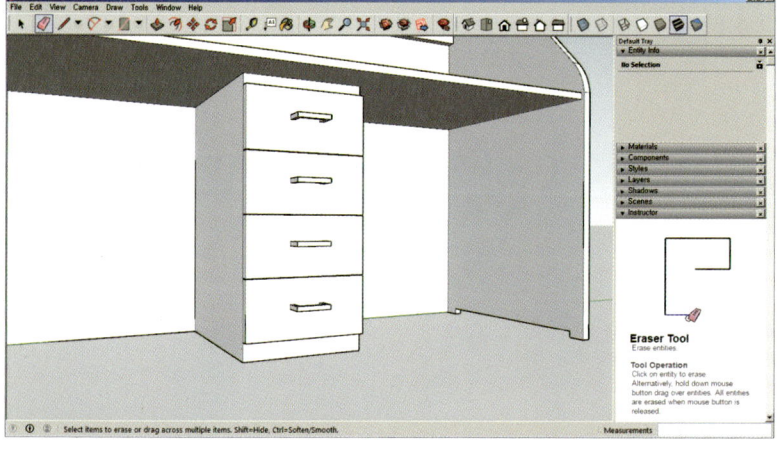

**반복학습**

**70** 같은 방법(57~68번)으로 4개의 서랍을 모두 완성한다.

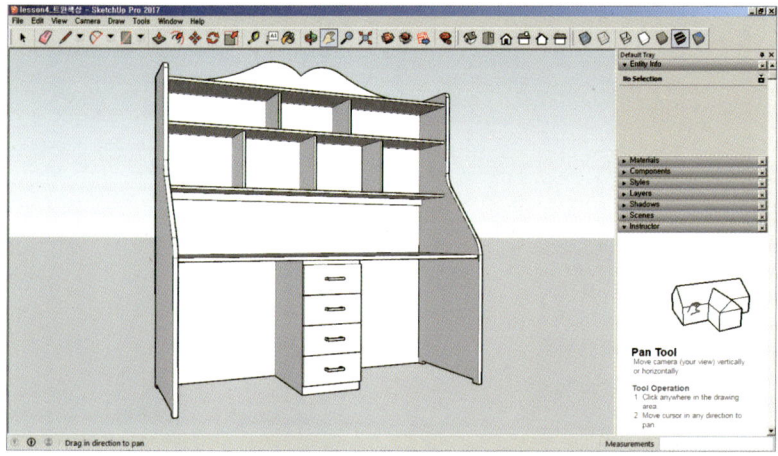

**71** 트윈책상이 완성되었다.

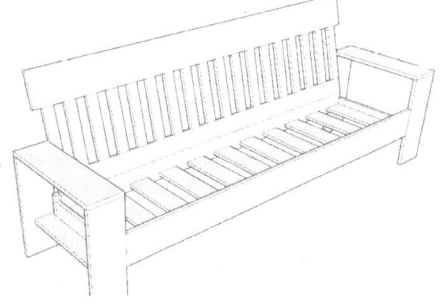

SKETCHUP 2017

## 책속부록

### SKETCHUP 2017
# V-Ray for Sketchup

V-Ray for SketchUp은 SketchUp 모델을 최고의 퀄리티와 사실적인 이미지를 구현할 때 사용하는 가장 강력한 렌더링 솔루션이다. 현재 V-Ray를 사용할 수 있는 프로그램으로는 3dsmax, 라이노, Maya 등이 있고 SketchUp 프로그램에도 많이 사용되고 있다. 우리가 V-Ray를 사용하는 가장 큰 이유는 바로 실사와 같은 이미지를 얻기 위해서이다. SketchUp 프로그램에서도 바로 V-Ray 렌더러를 설치하여 이와 같은 실사 이미지를 얻어 낼 수 있는 것이다.

그림 A는 그냥 SketchUp에서 모델링 한 후, 재질을 적용한 모습이며, 그림 B는 V-Ray for SketchUp을 설치한 후, 랜더링을 작업한 이미지이다. 이처럼 좀 더 사실적이고, 선명한 이미지를 얻어낼 수 있는 것이 바로 V-Ray의 장점이다. 그럼 지금부터 V-Ray에 관해서 살펴보도록 하자.

# 01 V-Ray 다운로드

V-Ray를 다운로드하기 위해서는 Chaosgroup(카오스그룹) 홈페이지로 접속하여야 한다.

**SketchUp 2017**

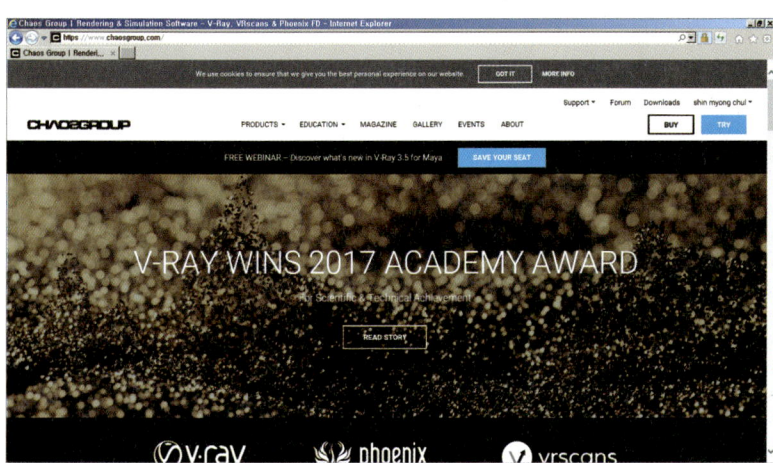

**1** http://www.chaosgroup.com 으로 접속한다. 로그인 한 후, 트라이얼 버전을 다운로드하기 위해서 Try 버튼을 클릭한다.

**Tip** V-Ray for SketchUp정품을 구입하게 되면 Certificate(인증서)와 Dongle(보안키)를 제공받는다. Certificate(인증서) 아래에 Username(사용자명)과 Password(비밀번호)가 적혀있다.

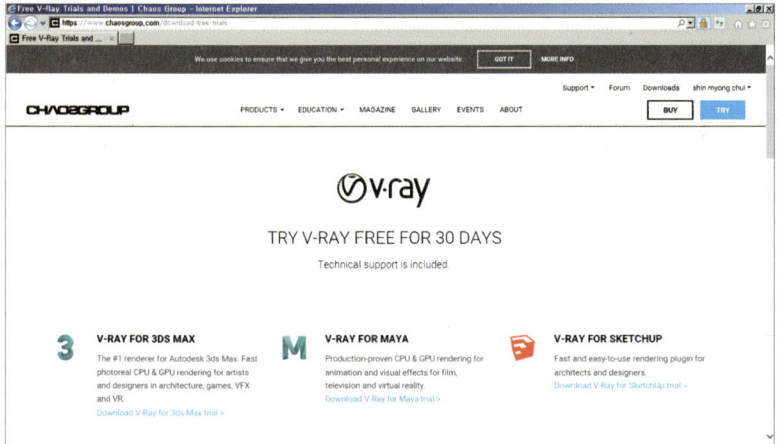

**2** Download V-Ray for SketchUp trial를 클릭한다.

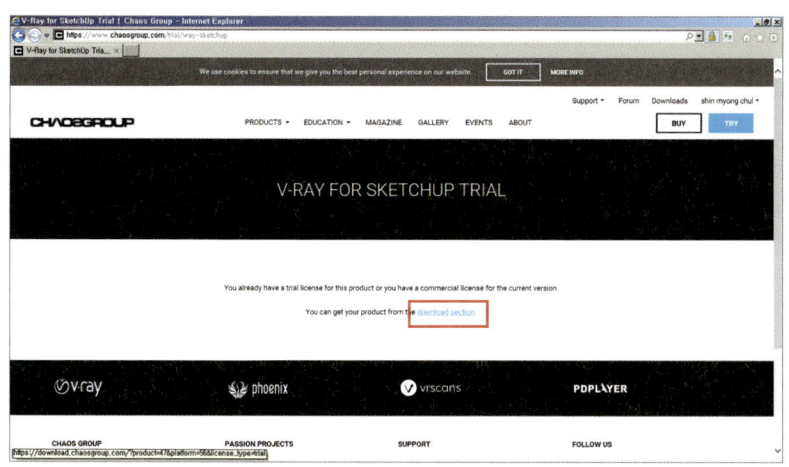

**3** download section을 클릭한다.

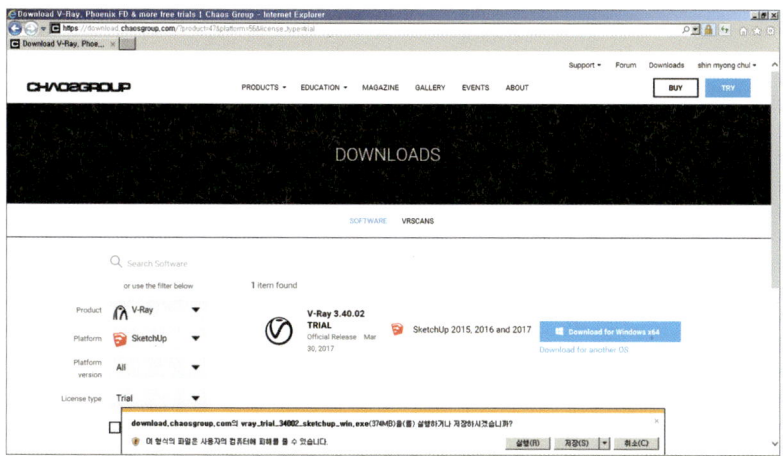

**4** Download for Windows x64를 클릭한다.

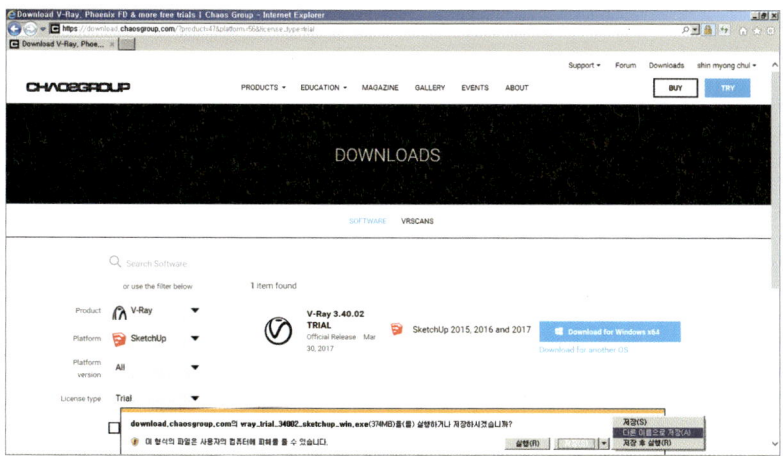

**5** 저장의 화살표를 클릭해서 '다른 이름으로 저장'을 선택한다.

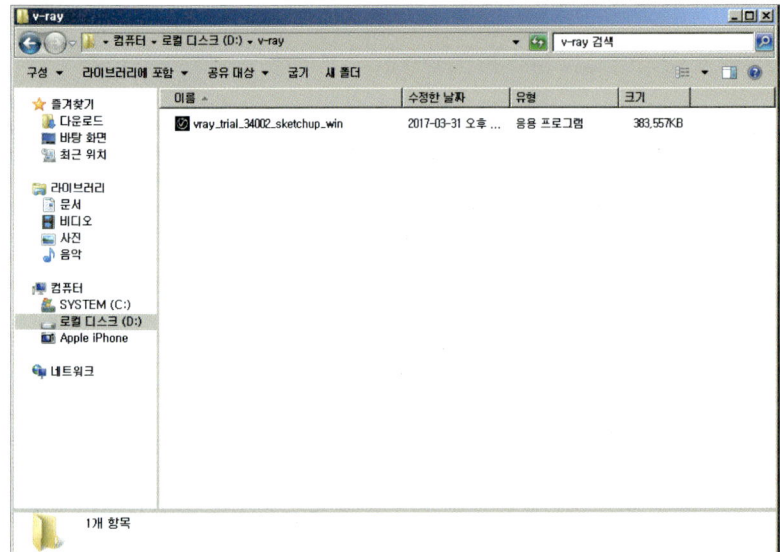

**6** 폴더를 만들기 그곳에 저장한다.

# 02 V-Ray 설치하기

다운로드 받은 V-Ray를 설치해보도록 하자

**SketchUp 2017**

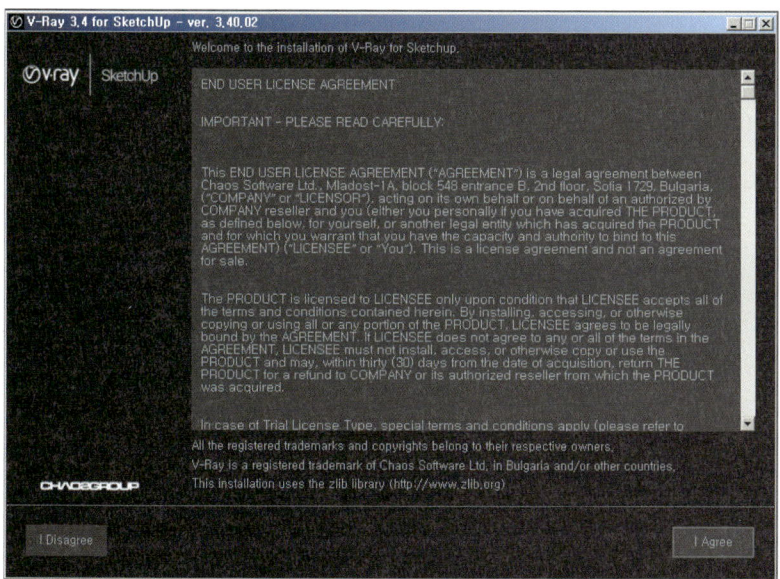

**1** 1. V-Ray를 다운로드 받은 폴더를 열고 설치파일을 '더블클릭'한다. I Agree 버튼을 클릭한다.

**Tip**
V-Ray를 설치하기 전에 SketchUp 프로그램을 닫는다.

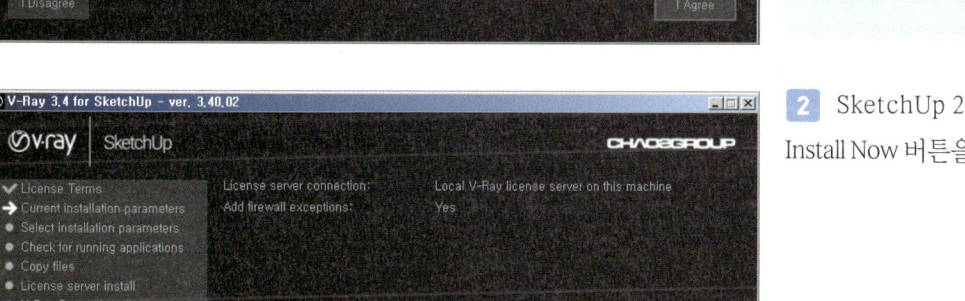

**2** SketchUp 2017를 선택하고 Install Now 버튼을 클릭한다.

부록 V-Ray for Sketchup + **447**

**3** 설치가 시작된다.

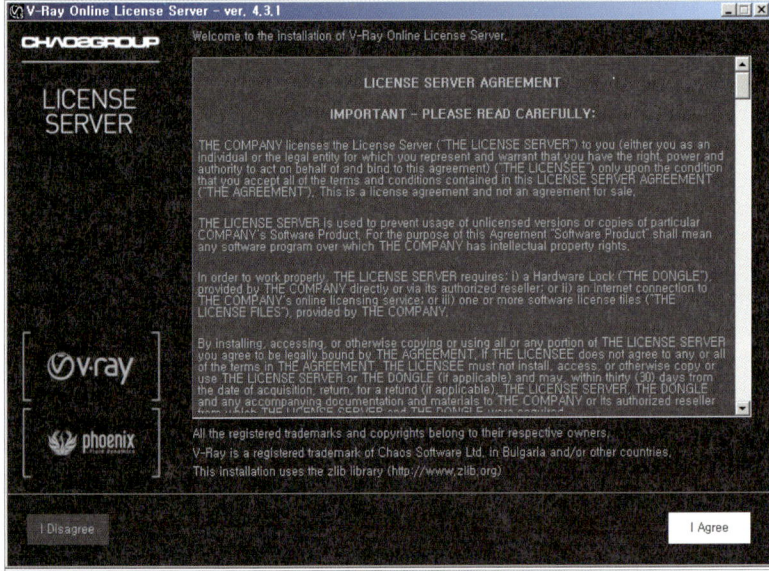

**4** V-Ray Oline License Server 를 설치에 동의하라는 메시지가 나온다. I Agree를 선택한다.

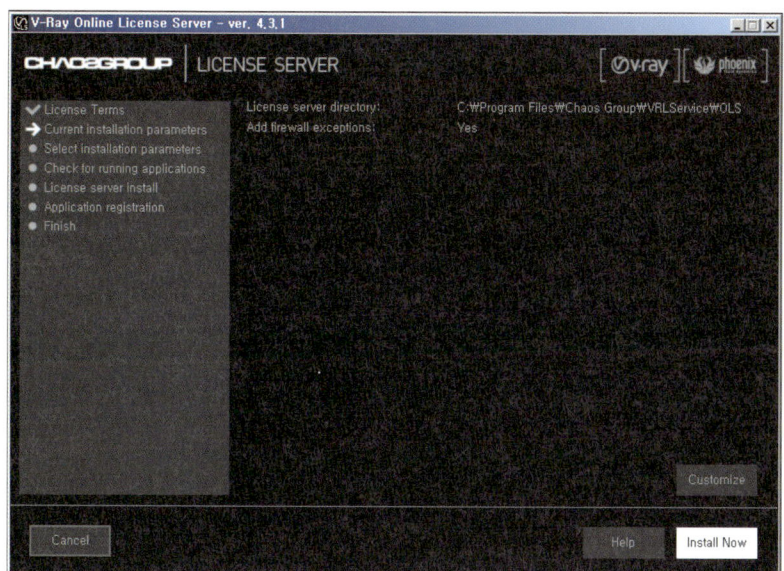

**5** Install Now를 클릭해서 License Server를 설치한다.

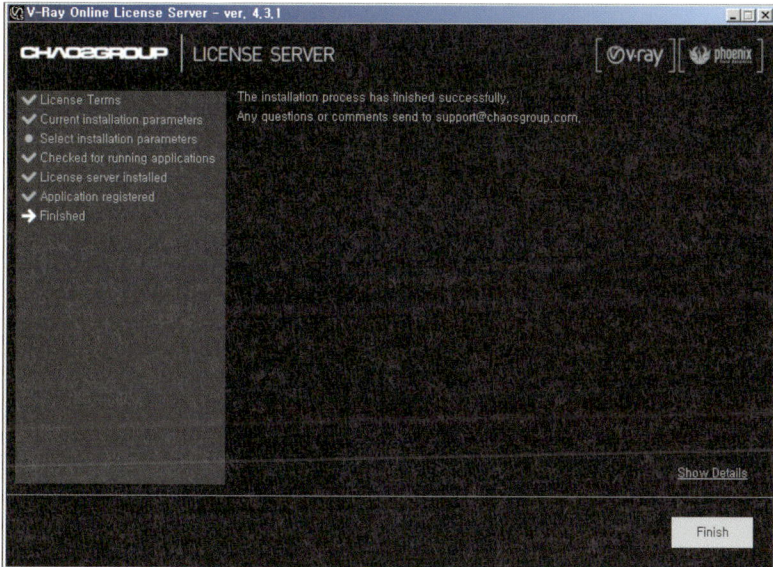

**6** License Server 설치를 마친다.

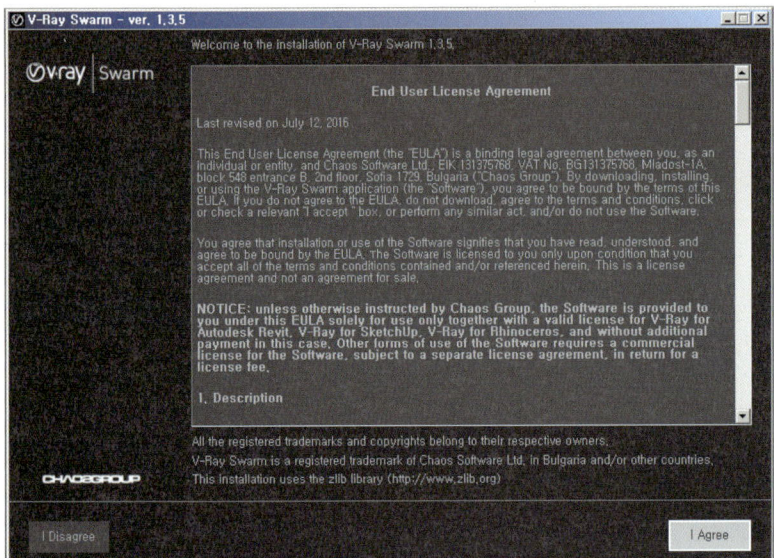

**7** V-Ray Swarm 설치에 동의한다.

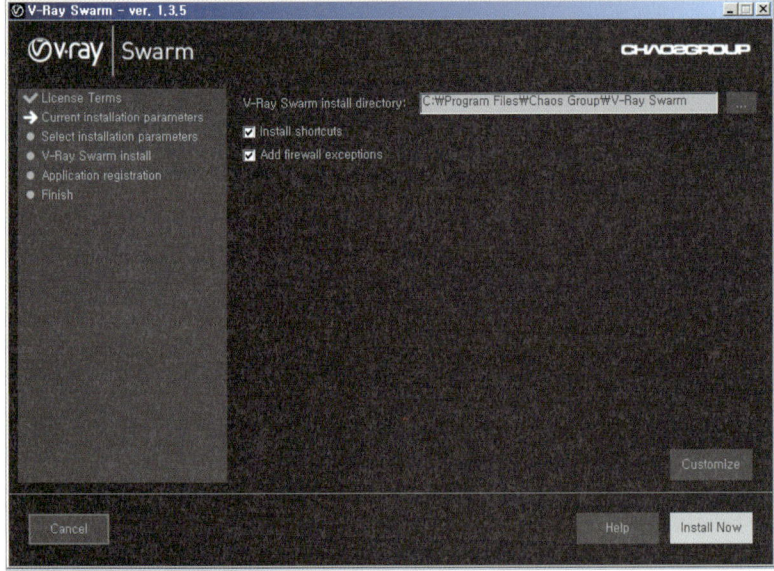

**8** 설치할 위치를 정하고 Install Now를 클릭한다.

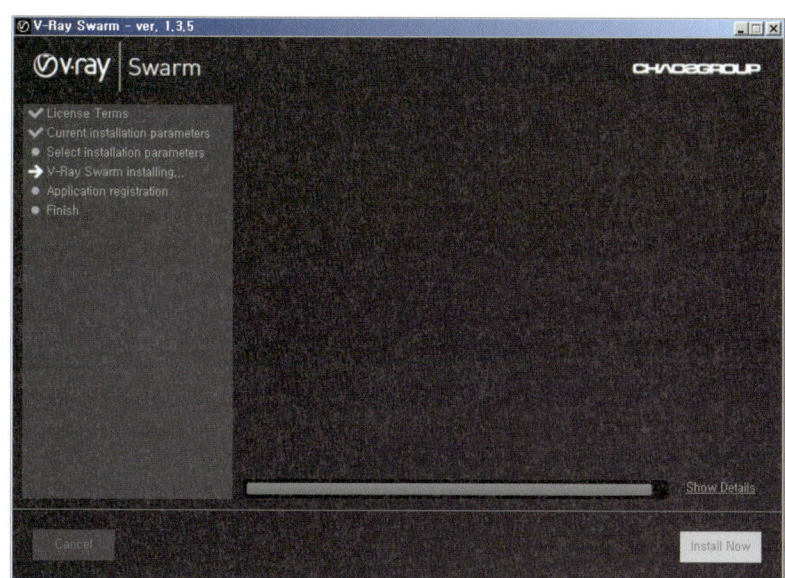

**9** V-Ray Swarm을 설치한다.

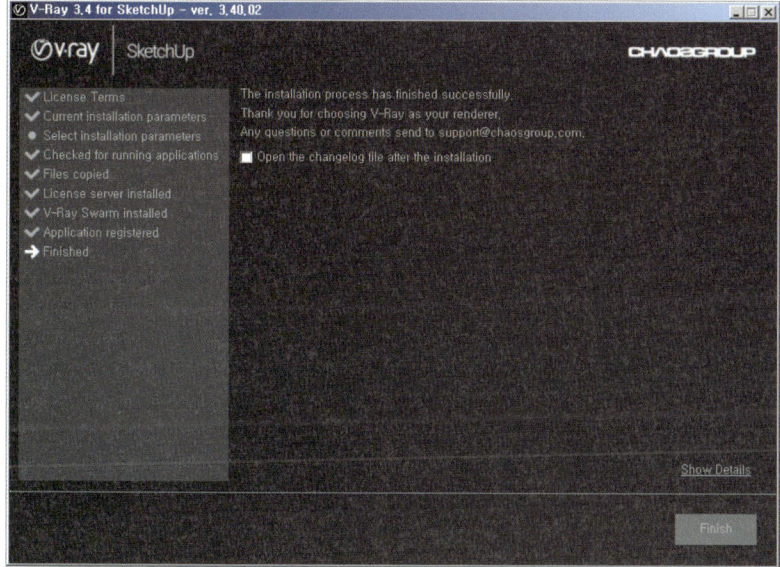

**10** V-Ray 3.4 for SketchUp의 설치가 모두 끝났다.

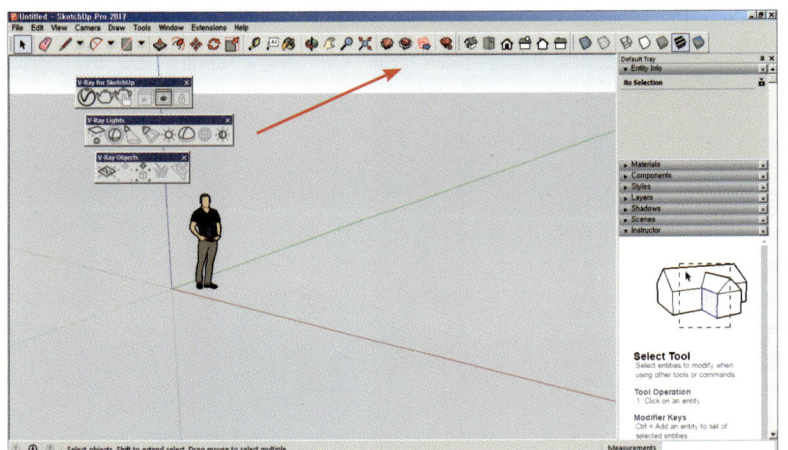

11 스케치업을 실행하면 V-Ray 아이콘들이 생성되었다.

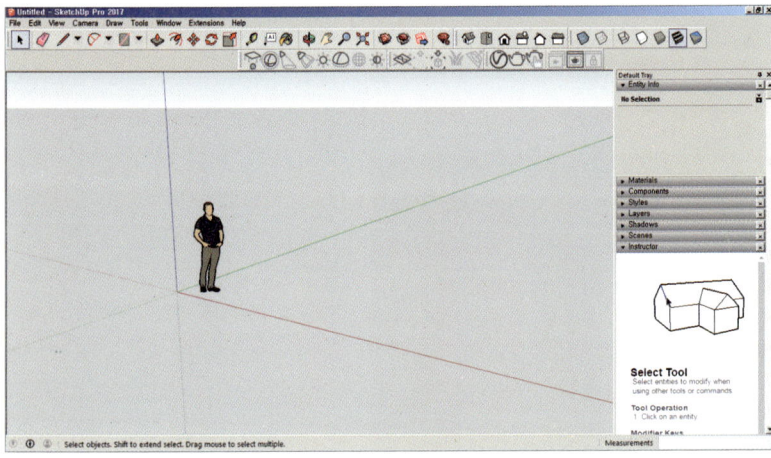

12 드래그해서 도구모음 쪽으로 이동해서 아이콘을 정렬한다.

# 03 V-Ray 도구

V-Ray 도구에 대하여 알아보자.

**SketchUp 2017**

⟨Material List⟩
적용된 재질 리스트를 보여준다.
재질을 선택한 후 효과를 줄 수 있다.

⟨Quick Settings⟩
반사, 굴절 등 효과를 적용한다.

### 1  Asset Editor(재질편집기)

Asset Editor(재질편집기)는 스케치업에서 적용하는 재질을 편집하는 도구이다. 돌, 나무, 플라스틱, 메탈, 액체 등의 재질을 적용하고 적용된 재질에 반사, 굴절, 투명도 등 여러 가지 효과를 적용한다. 재질편집기를 실행하면 다음과 같은 편집기 창이 열리게 된다.

화살표를 클릭하면 Editor 창이 활성화 된다.

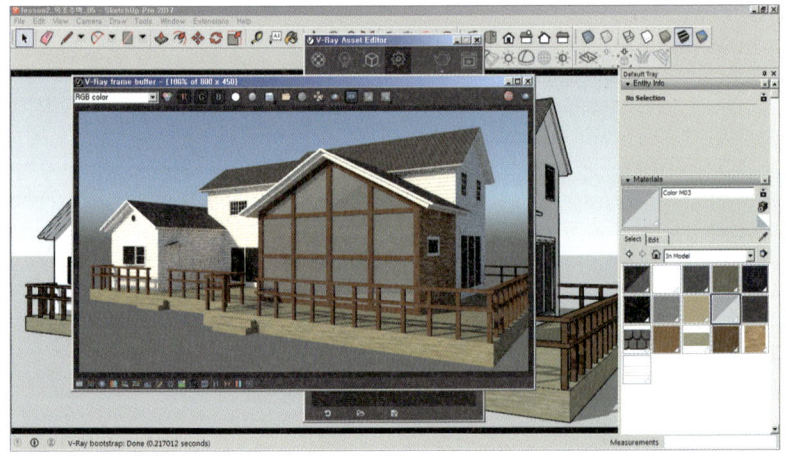

**2** **Render (랜더실행기)**

실제로 랜더링을 실시하는 도구이다. 실행하게 되면 랜더링이 시작된다.

**3** Render Interactive

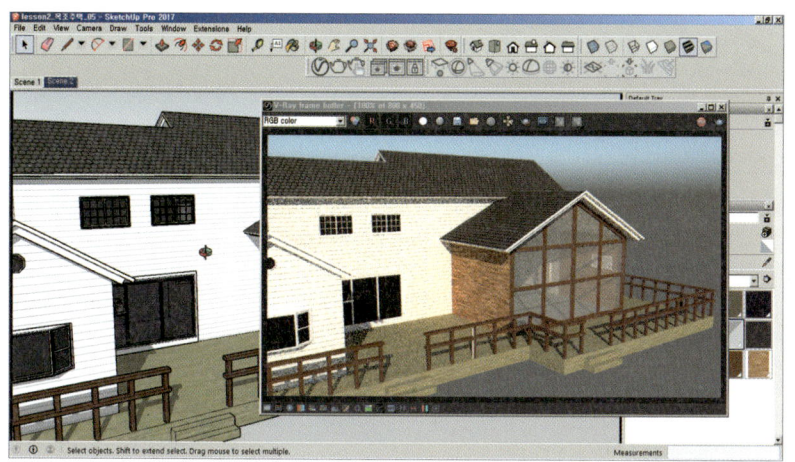

Render Interactive 는 실시간으로 랜더링을 처리하는 방식이다. 사용자가 작업하는 것을 실시간으로 반영하여 랜더링을 실시하며, 재질의 옵션이나 화면을 전환할 때마다 랜더링이 계속 변하게 된다. 그림과 같이 Orbit(궤도)로 화면을 전환할 때 마다 실시간으로 랜더링을 처리하게 된다.

**4** Batch Render

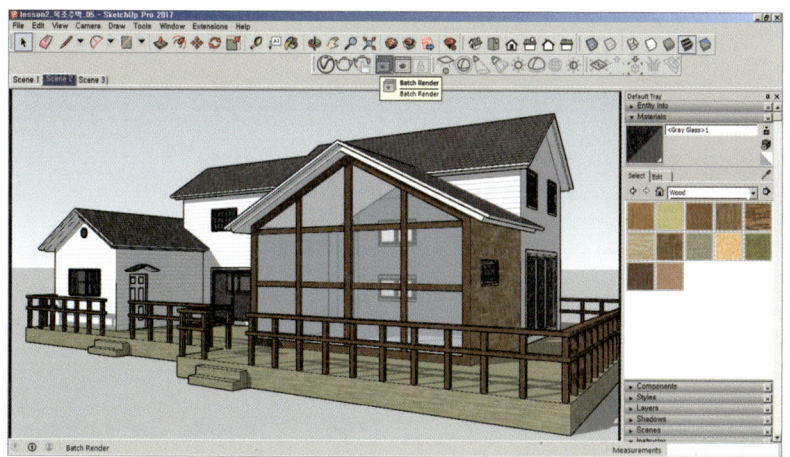

그림과 같이 여러개의 Scene이 있을 경우 한꺼번에 랜더링 작업을 실시할 수 있다.

**5** Show Frame Buffer

맨 마지막에 랜더링된 이미지를 보여준다.

부록　V-Ray for Sketchup　+　**455**

# 04 금속재질

지금부터 재질편집기를 이용해서 금속재질을 만들어 보자.

**SketchUp 2017**

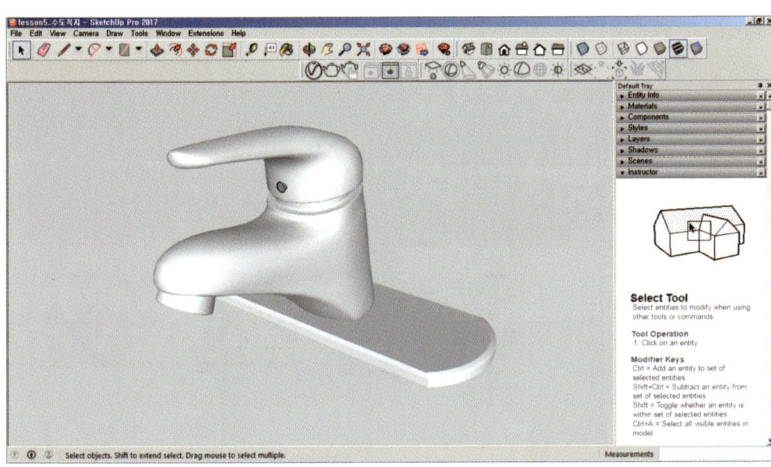

**1** 메탈재질을 적용하기 위해서 파일을(수도꼭지.skp) 불러온다.

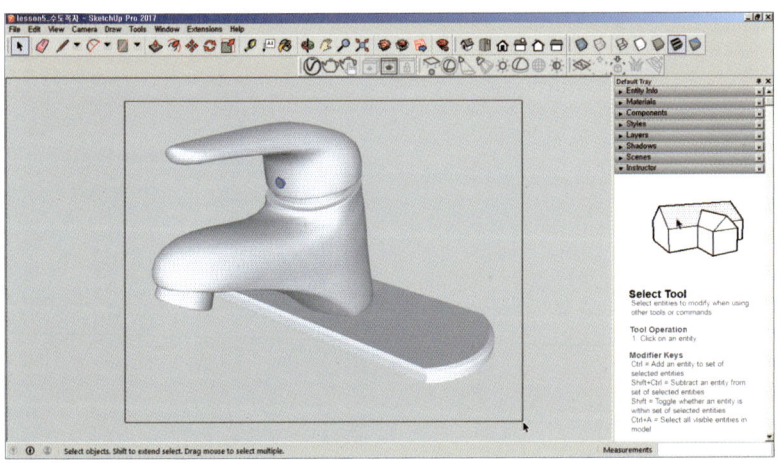

**2** Select(선택) 도구로 수도꼭지 전체를 선택한다.

**3** 재질을 적용하기 위해서 Materials(재질) Tray를 활성화한 후, Colors를 선택한다.

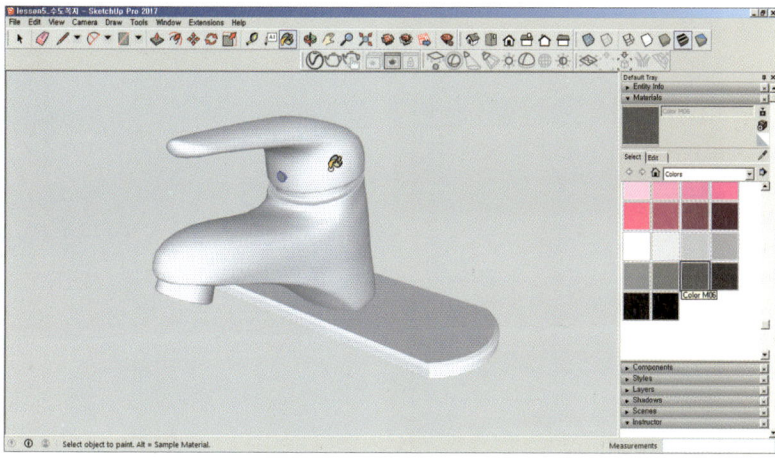

**4** Color M06 재질을 선택하고 수도꼭지에 적용한다.

 처음 재질을 적용할 때 적용된 재질의 이름을 정확히 알고 있어야 한다.
그래야 재질편집기에서 적용된 재질의 이름을 찾아 재질 효과를 적용할 수 있다.

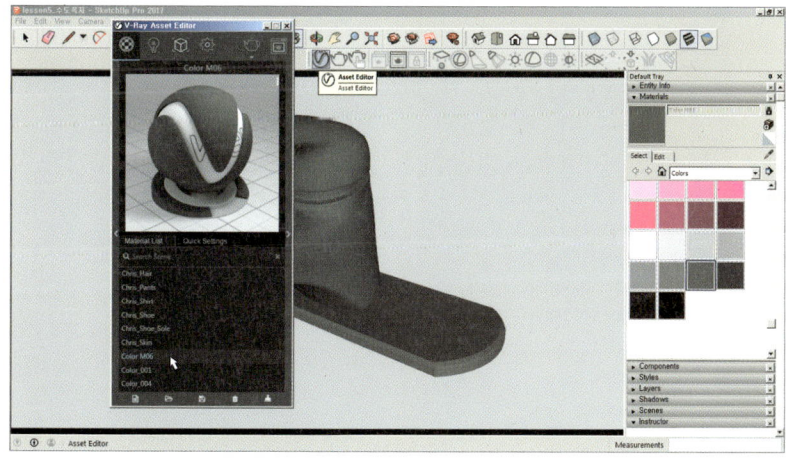

**5** Asset Editor(재질편집기)를 선택해서 재질편집기를 연다. 수도꼭지 새질로 석용한 Color M06을 선택한다.

부록 V-Ray for Sketchup

**6** Quick Settings를 선택한다.

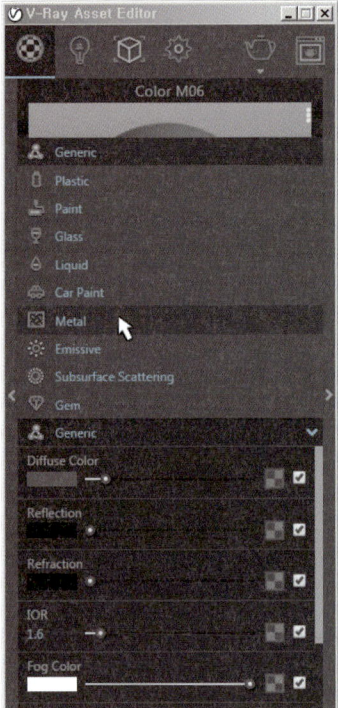

**7** Generic 부분을 클릭해서 Metal를 선택한다.

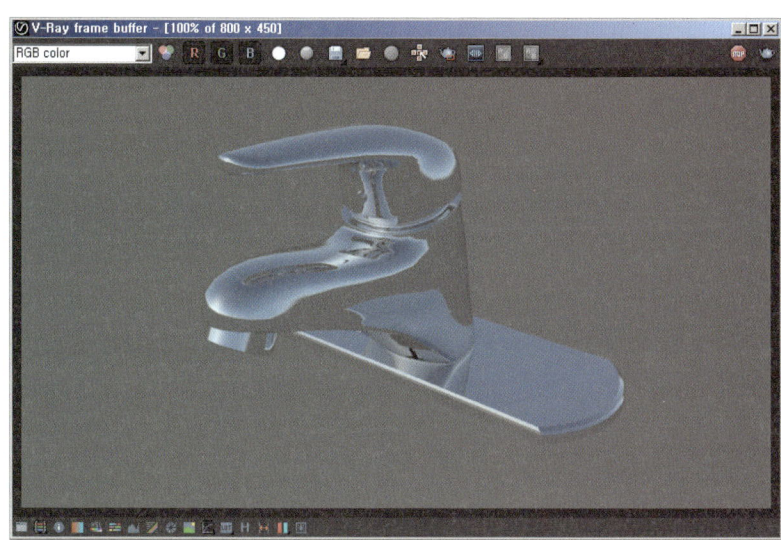

**8** Render (랜더실행기)를 실행해서 랜더링하면 금속재질이 적용된 것을 확인할 수 있다.

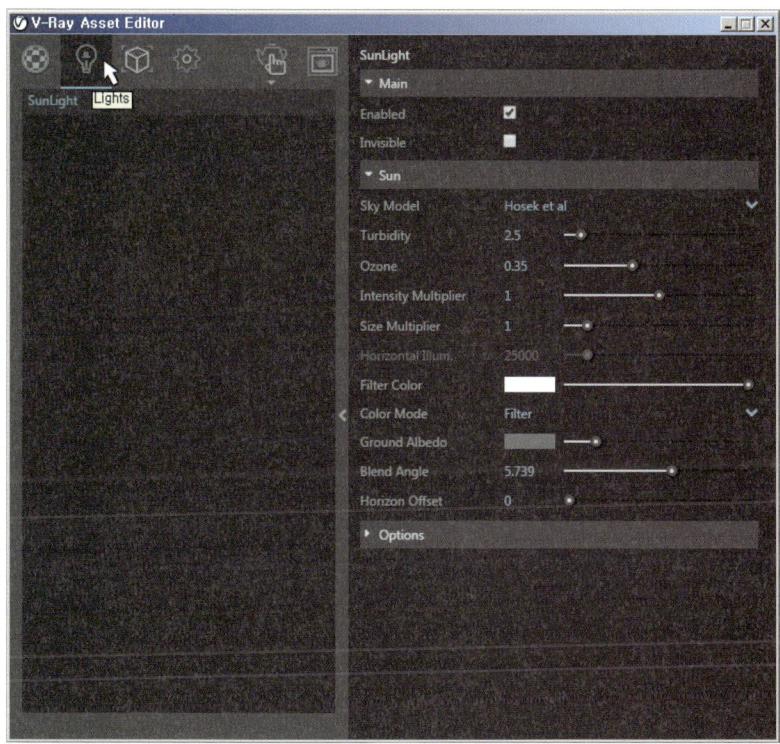

**9** 랜더링을 실행했을 때 배경색이 너무 어둡다. 배경색을 밝게 해보자. 재질편집기에서 Light를 선택한다.

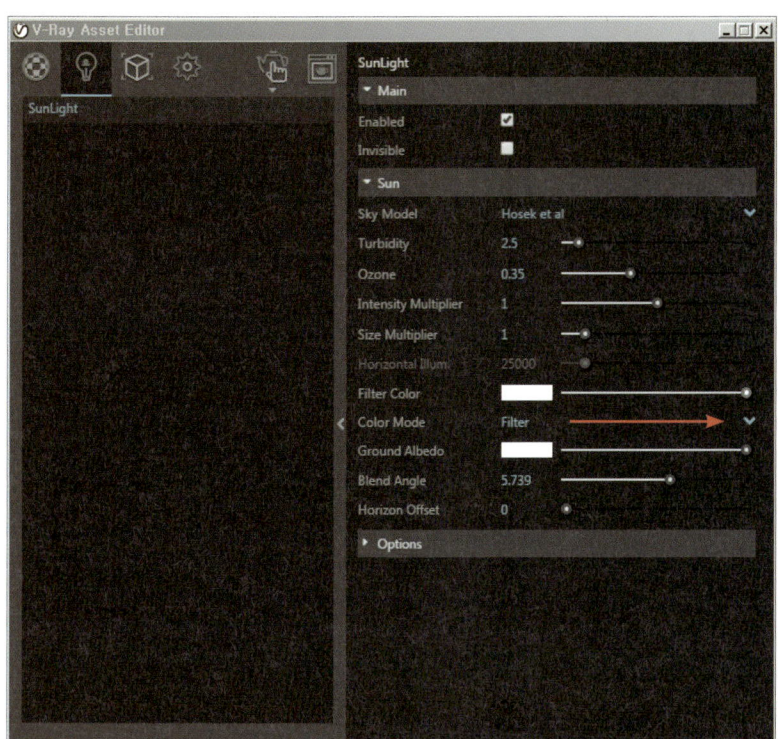

**10** Ground Albedo 값을 마우스로 드래그해서 흰색으로 조절한다.

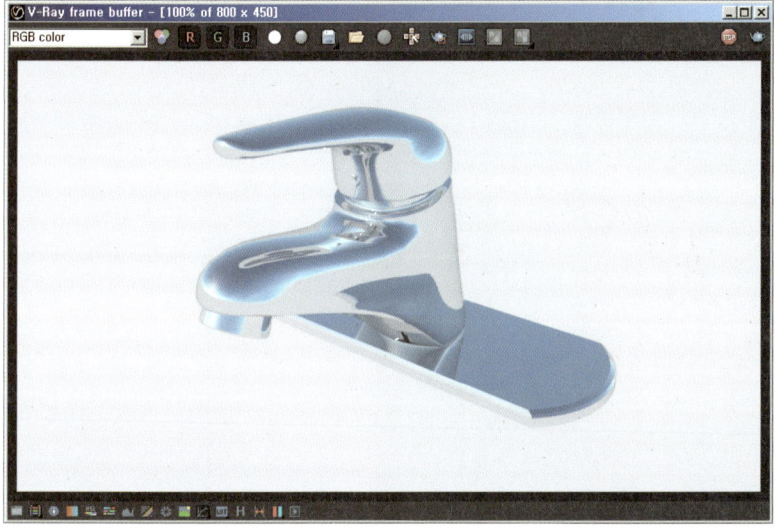

**11** 배경색이 흰색으로 변했다.

# 05 유리재질

유리잔과 같은 유리재질을 적용해 보자.

### SketchUp 2017

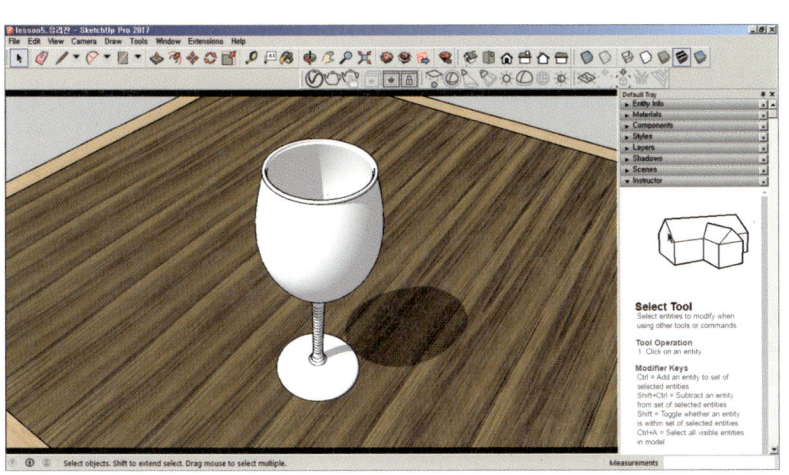

**1** 유리재질을 적용하기 위해서 파일을(유리잔.skp) 불러온다.

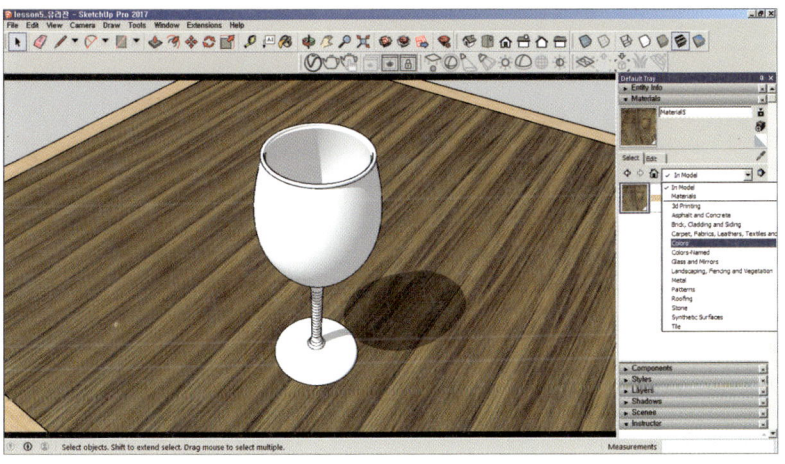

**2** 재질을 유리잔에 적용하기 위해서 Materials(재질) Tray에서 Colors를 선택한다.

**3** Color M03 재질을 선택한 후, 유리잔에 적용한다.

**4** 유리잔에 재질이 적용되었다.

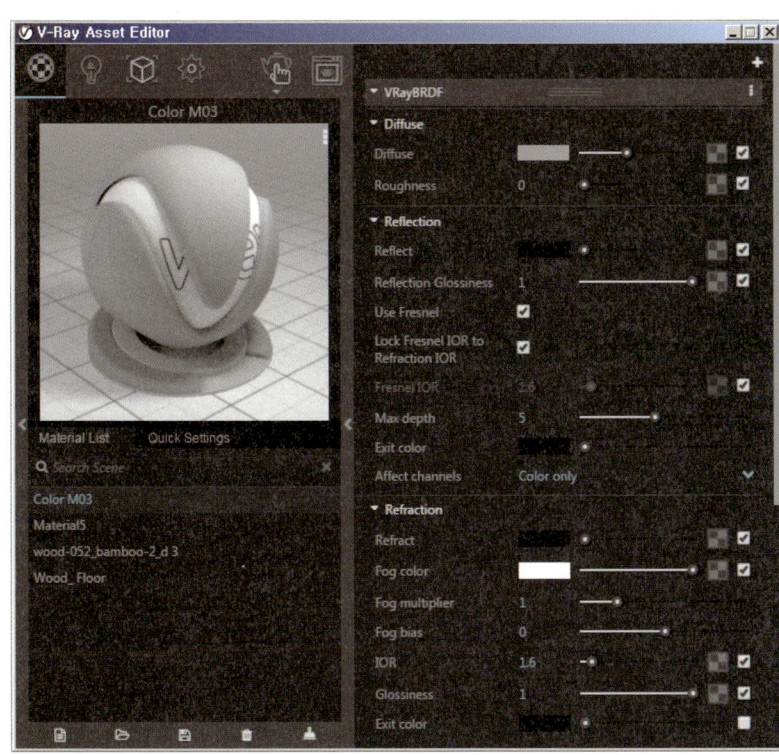

5 ⓥ Asset Editor(재질편집기)를 선택해서 편집기를 활성화한다. 유리잔에 적용된 재질 Color M03을 선택한다.

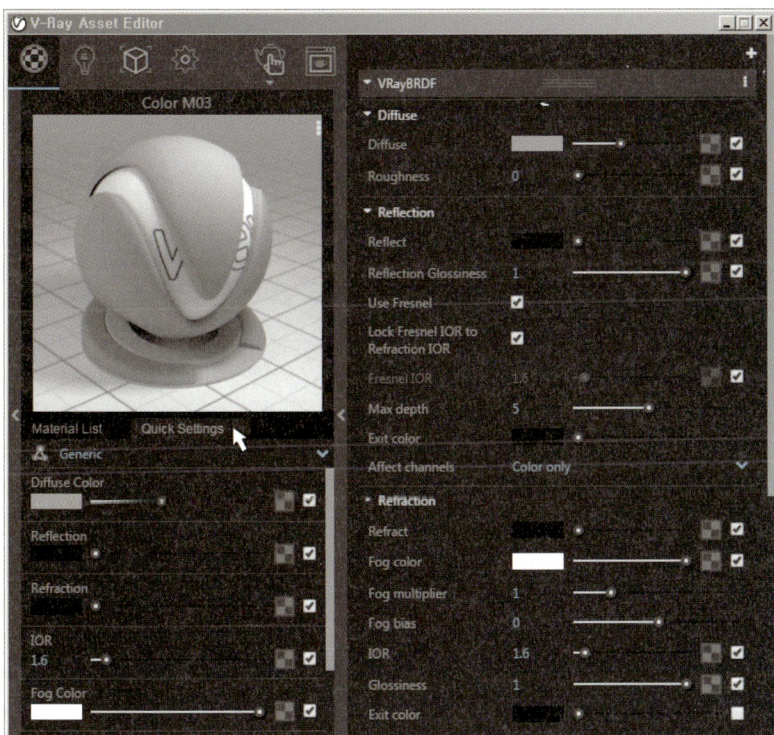

6 Quick Settings를 선택한다.

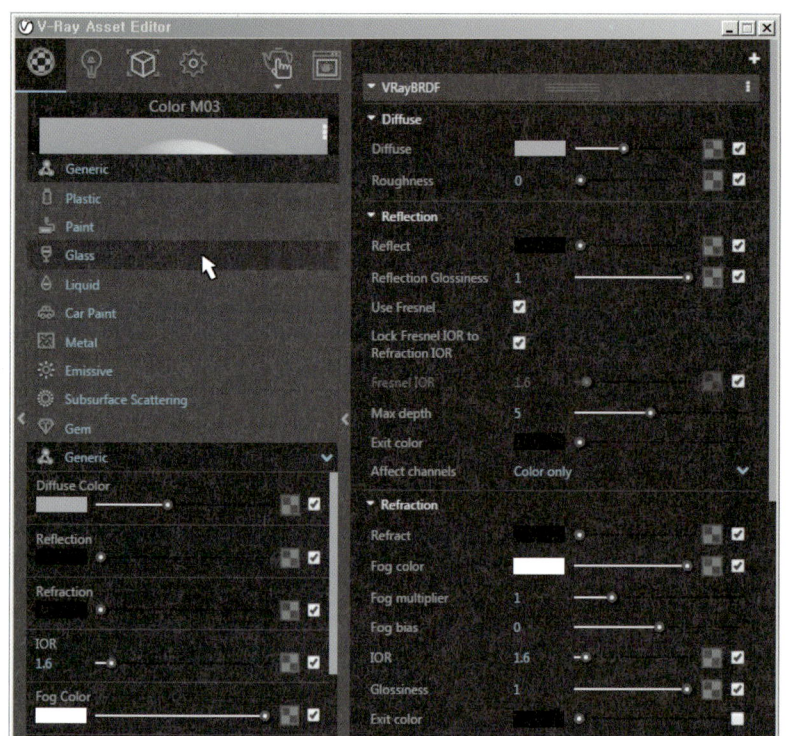

**7** Generic 부분을 클릭해서 Glass를 선택한다.

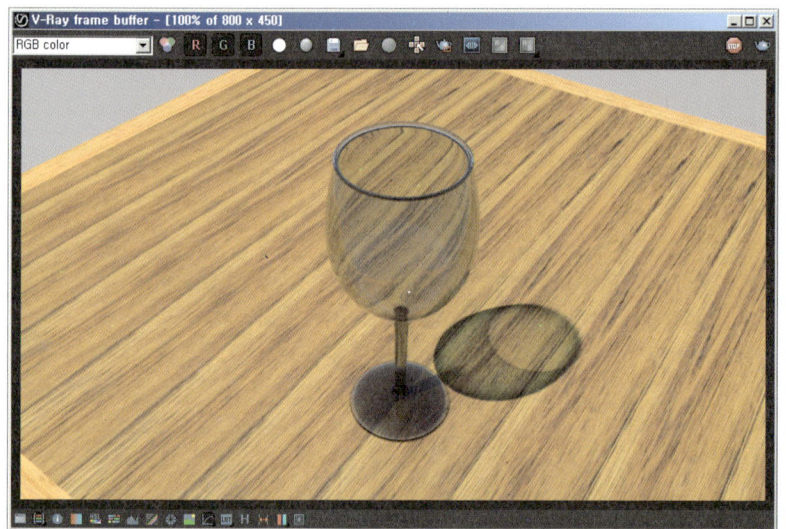

**8** Render(랜더실행기)를 클릭해서 랜더링을 실행하면 유리재질이 적용된 것을 확인할 수 있다.

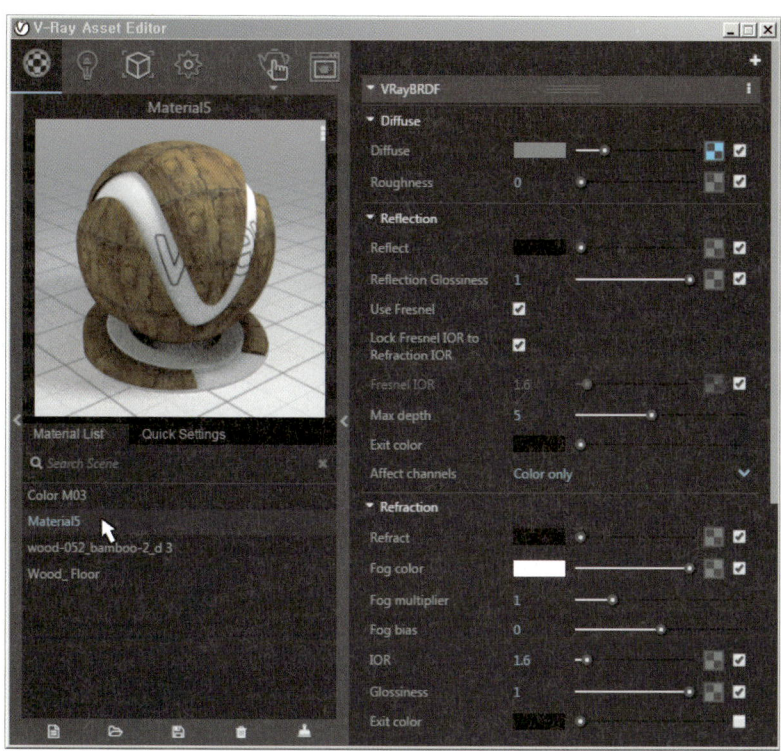

**9** 바닥재질에 반사재질을 적용해 보자. 바닥재질인 Material5를 선택한다.

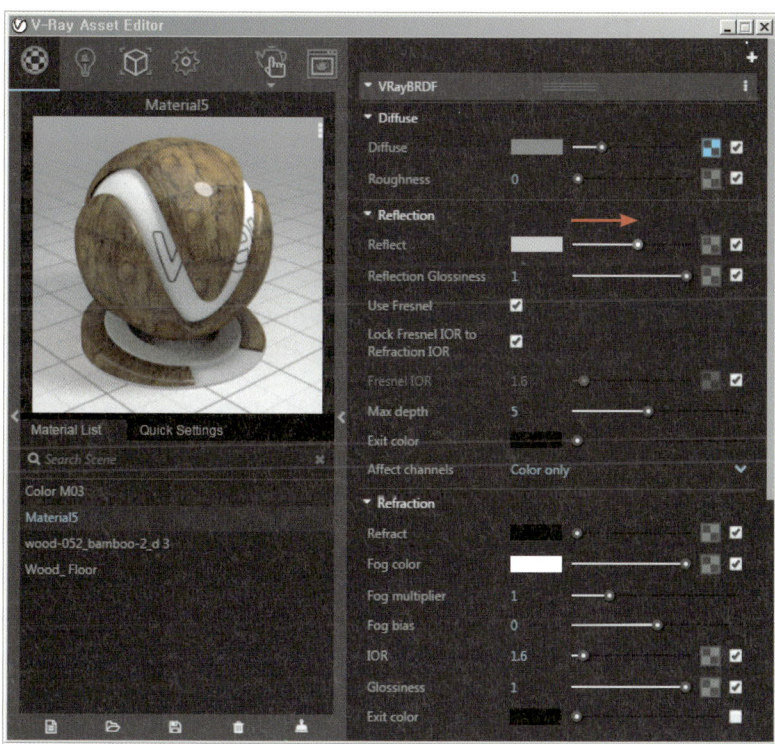

**10** Reflect 값을 흰색으로 조절한다. Reflect 값이 흰색에 가까울수록 반사되는 값이 높아진다.

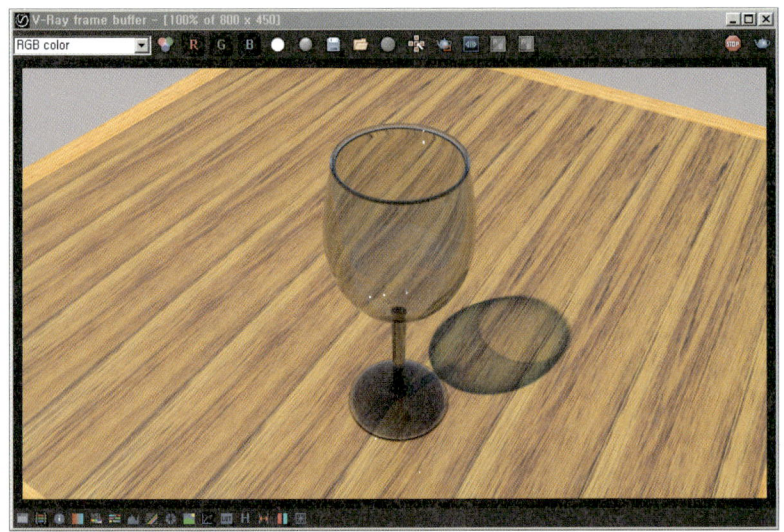

**11** 바닥에 반사재질이 적용된 것을 확인할 수 있다.

**실습**

**12** 유리잔을 2개 제작해 본다.

# 06 발광재질

형광등이나 조명과 같이 스스로 빛을 내는 재질을 만들어 보자.

**SketchUp 2017**

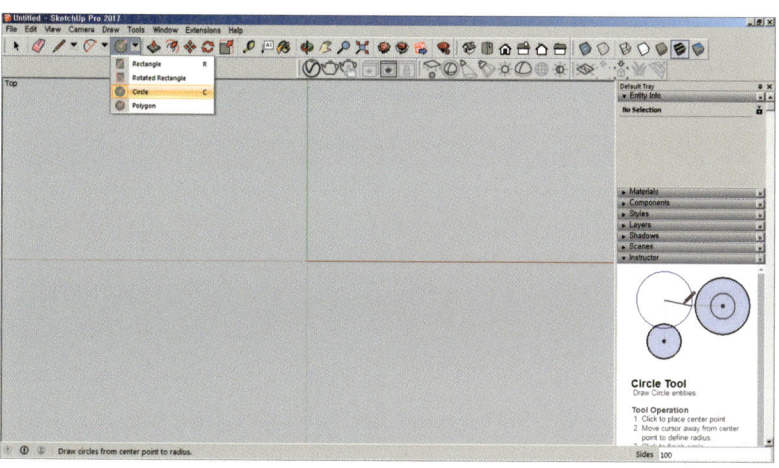

**1** 먼저 도넛형태의 오브젝트를 제작하고 그 모델링에 발광재질을 적용해 보자. 도넛 모양을 만들기 위해서 ◎ Circle(원) 도구를 선택한다.

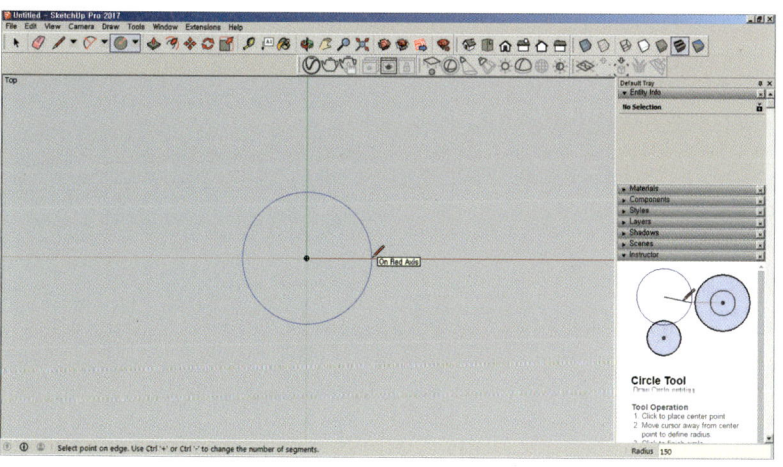

**2** 원점에서 시작하는 반지름이 150mm인 원을 그린다.

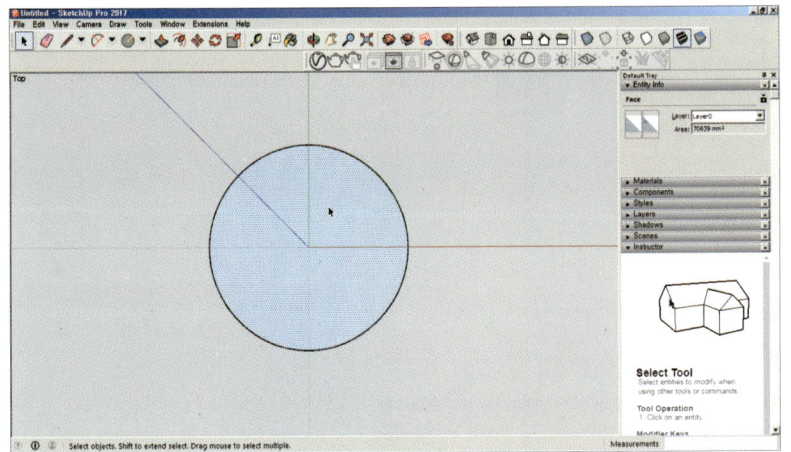

**3** 원의 모서리만 남기고 안쪽 면은 제거하기 위해서 Select(선택) 도구로 안쪽 면을 선택한다.

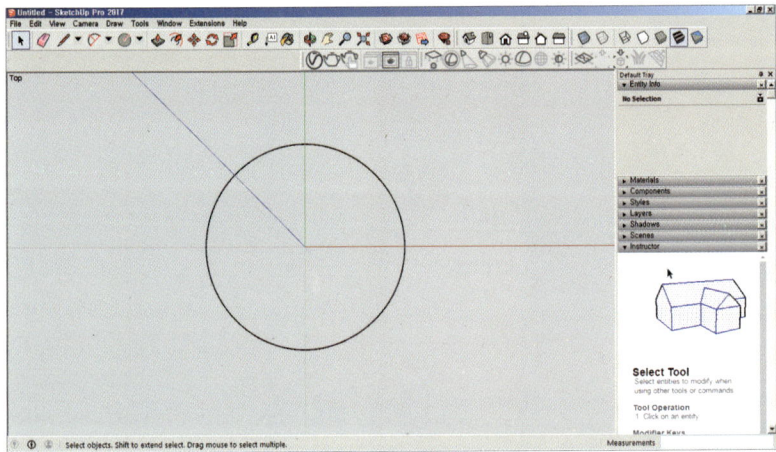

**4** 원의 바깥쪽 선만 남게 된다.

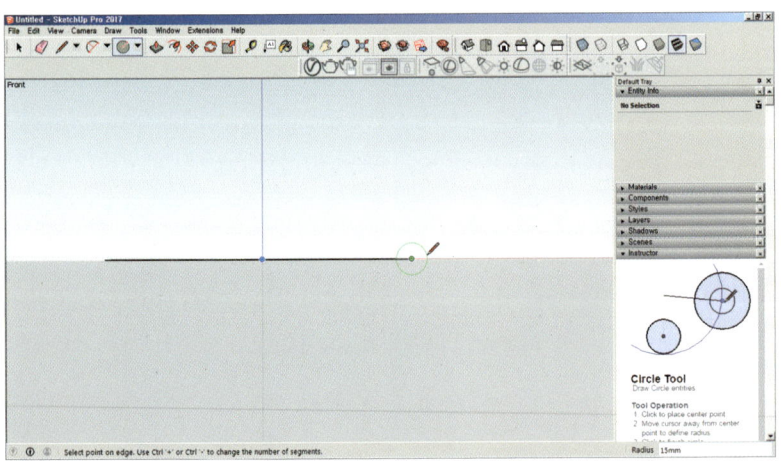

**5** 화면을 Front View로 전환한 후, 원의 모서리 끝 부분에서 Circle(원) 도구를 사용해서 반지름이 15mm인 원을 그린다.

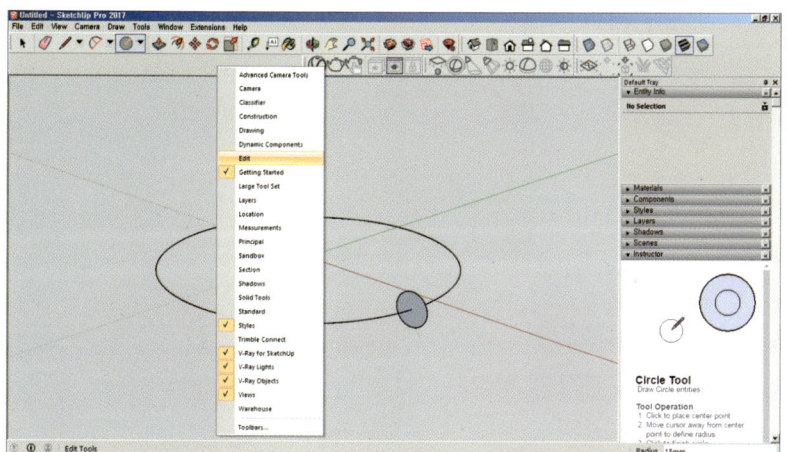

6 　Follow me(따라가기) 기능을 사용하기 위해서 먼저, 도구 모음 부분에서 오른쪽 마우스 클릭을 해서 Edit를 선택한다.

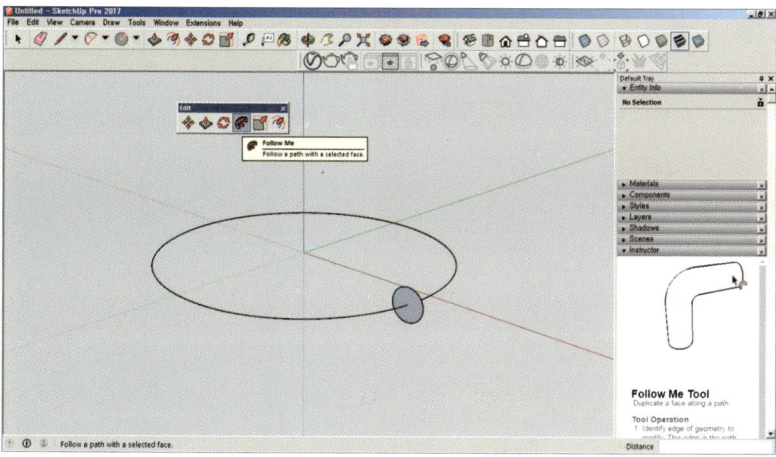

7 　Follow me(따라가기)를 선택한다.

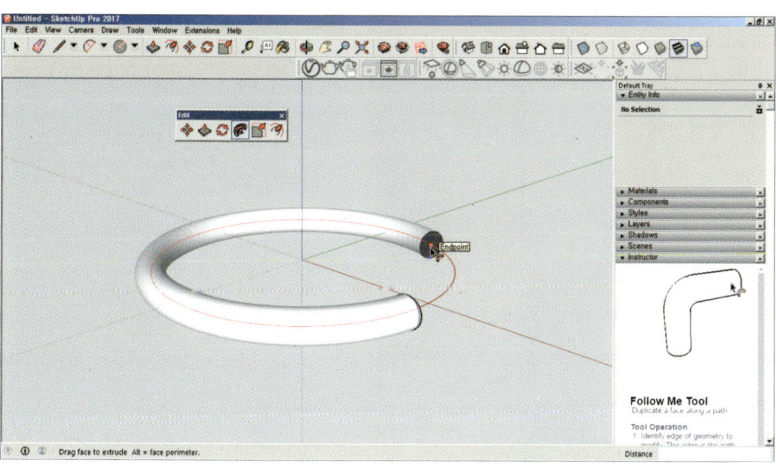

8 　작은 원의 면을 큰 원을 따라 도넛 모양을 생성한다.

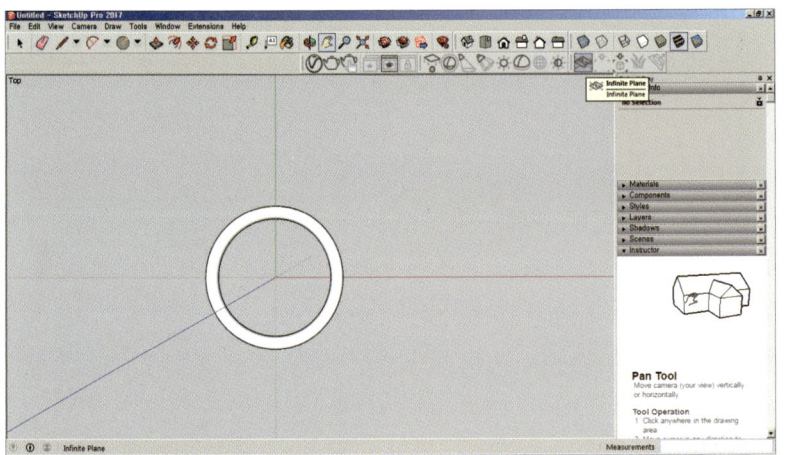

**9** 바닥면 만들기 위해서 화면을 Top View로 전환한 후, Infinite Plane을 선택한다.

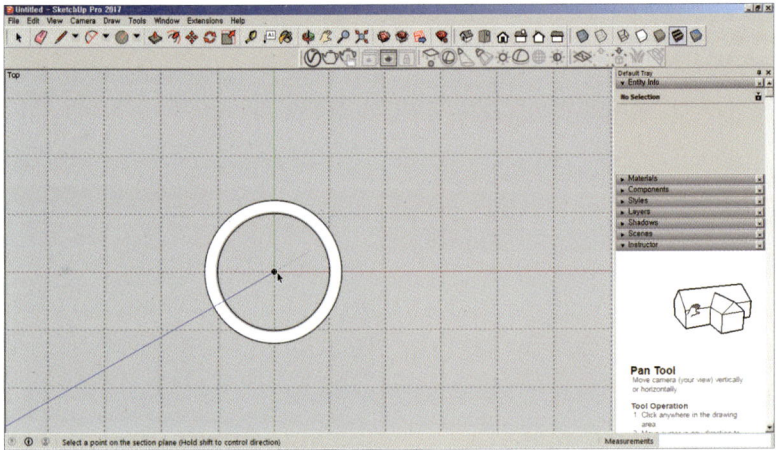

**10** 사각형을 그리게 되면 바닥면이 생성된다.

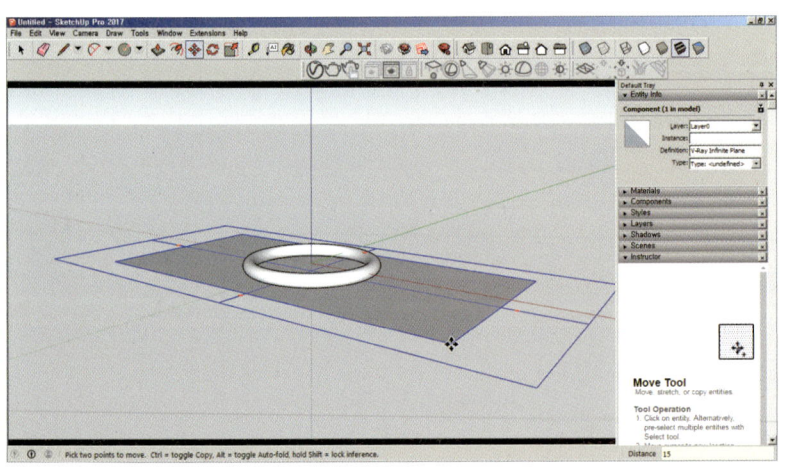

**11** 발광체의 아래부분으로 이동하기 위해서 Move(이동) 도구를 사용해서 바닥면을 선택한 후, 아랫방향으로 15mm 이동한다.

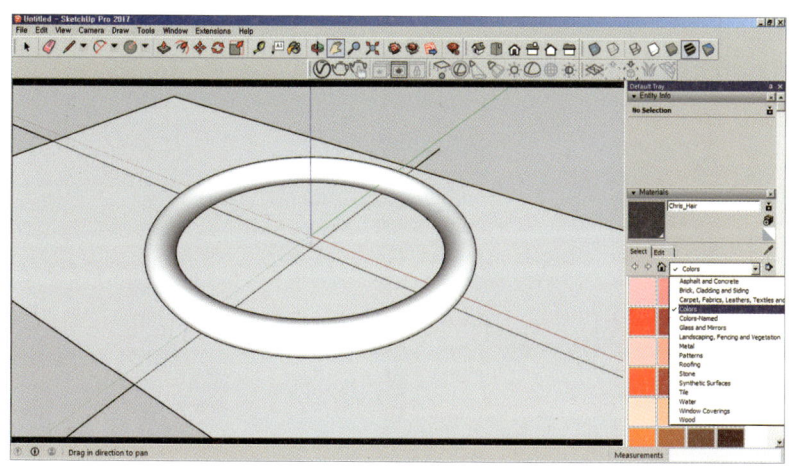

12 발광체에 재질을 적용하기 위해서 Materials(재질) Tray에서 Colors를 선택한다.

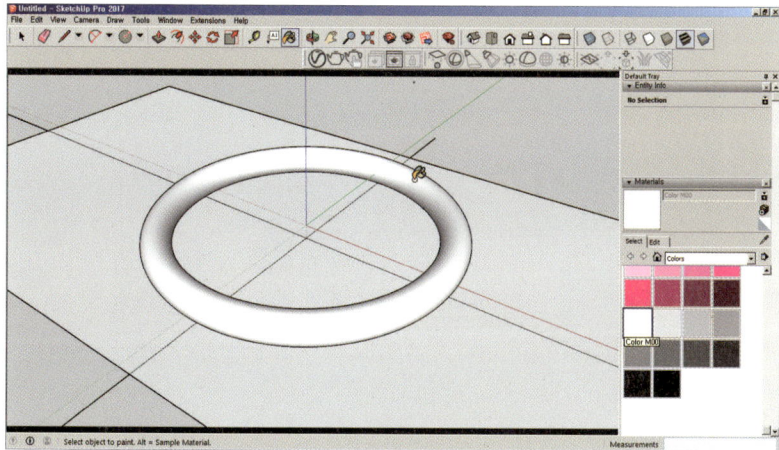

13 Color M00 재질을 선택한 후, 발광체에 적용한다.

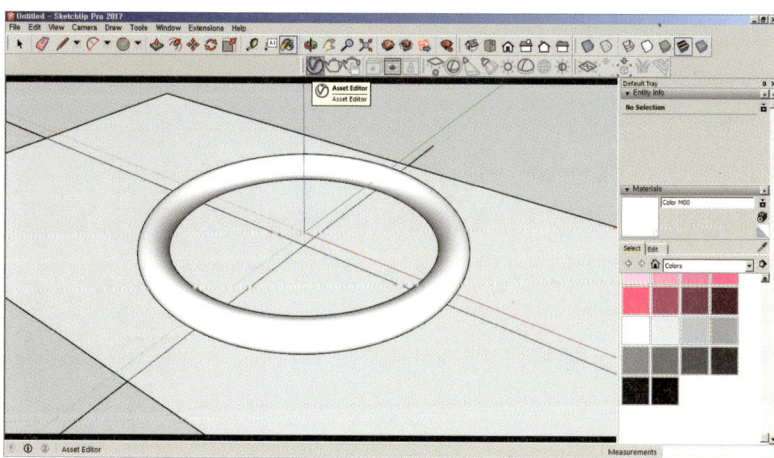

14 Asset Editor(재질편집기)를 선택한다.

**15** 재질편집기를 활성화 한 후, 발광체 재질인 Color M00을 선택한다.

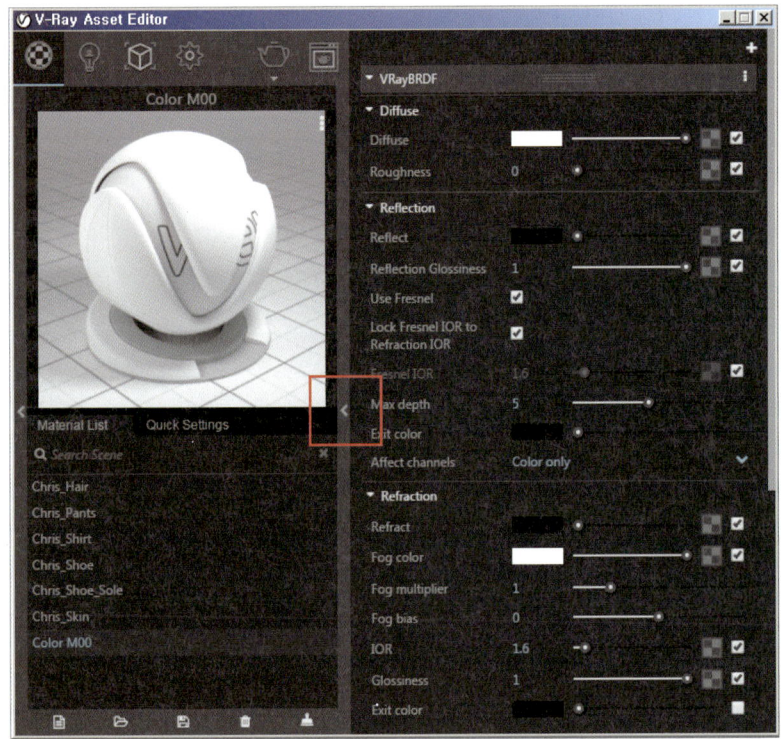

**16** 화살표를 클릭해서 편집기의 확장옵션이 보이도록 한다.

**17** Quick Settings를 선택한다.

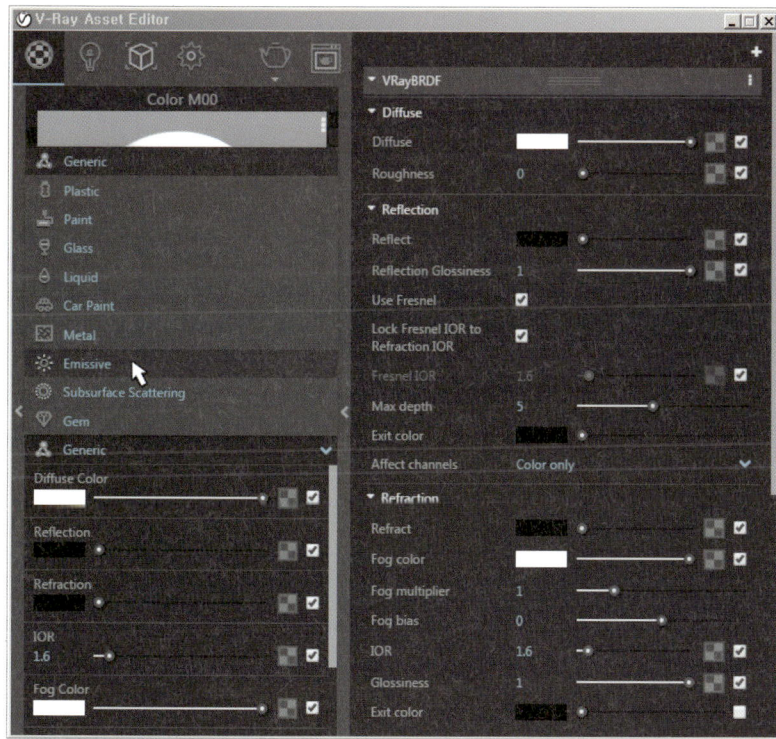

**18** Generic 부분을 클릭해서 Emissive를 선택한다.

부록　V-Ray for Sketchup　+　**473**

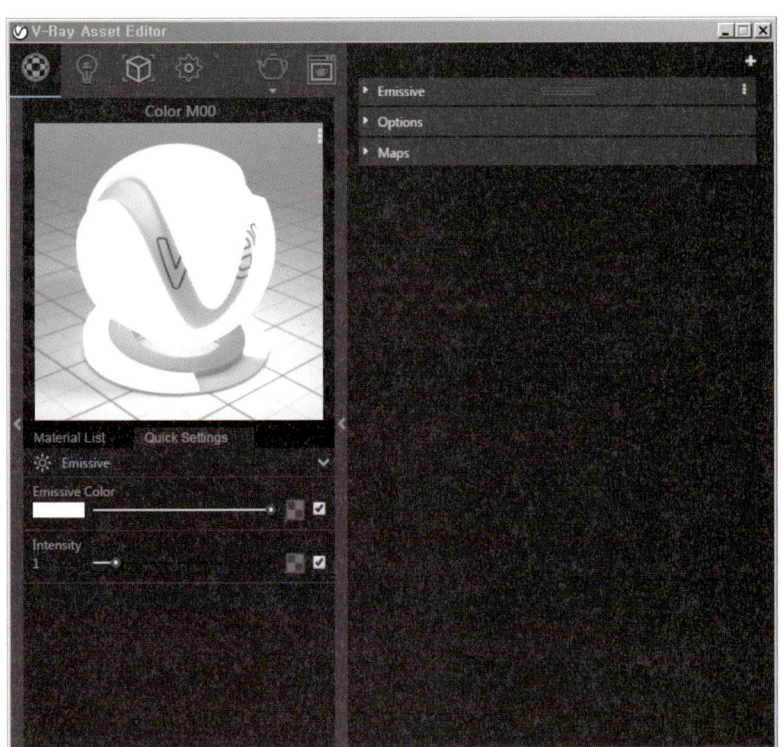

**19** 발광효과가 적용되었다.

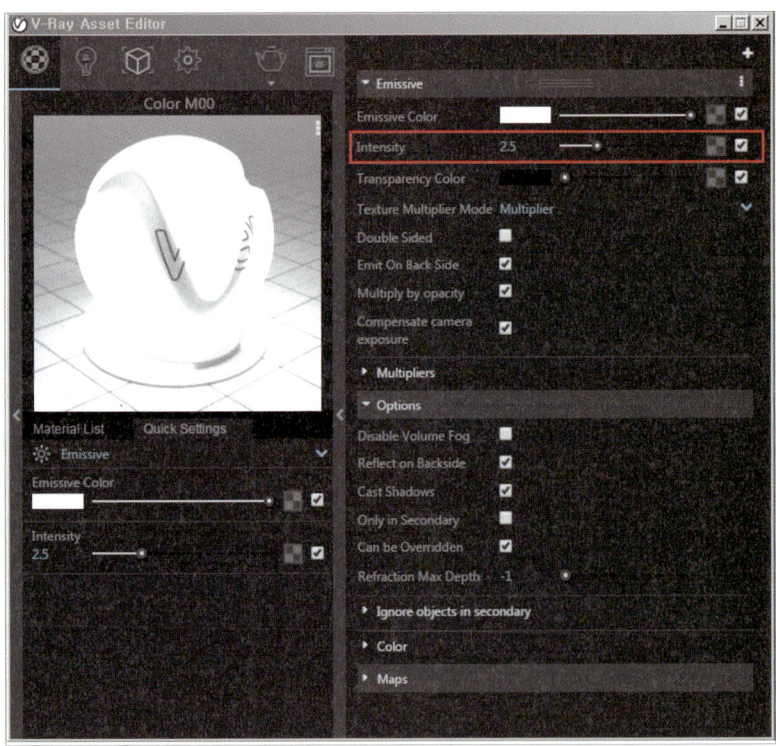

**20** 발광효과를 좀 더 세게 하기 위해서 Emissive 창을 활성화 한 후 Intensity 값을 2.5로 적용한다.

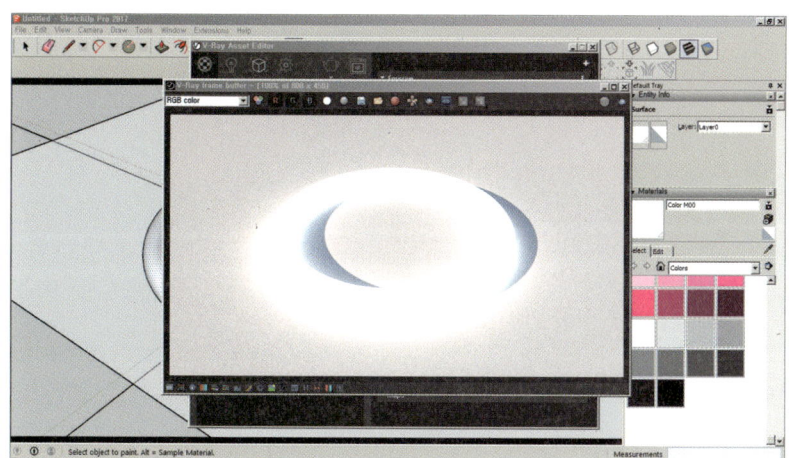

**21** 🎯 Render (랜더실행기)를 실행하면 그림과 같이 발광효과가 적용된 것을 알 수 있다.

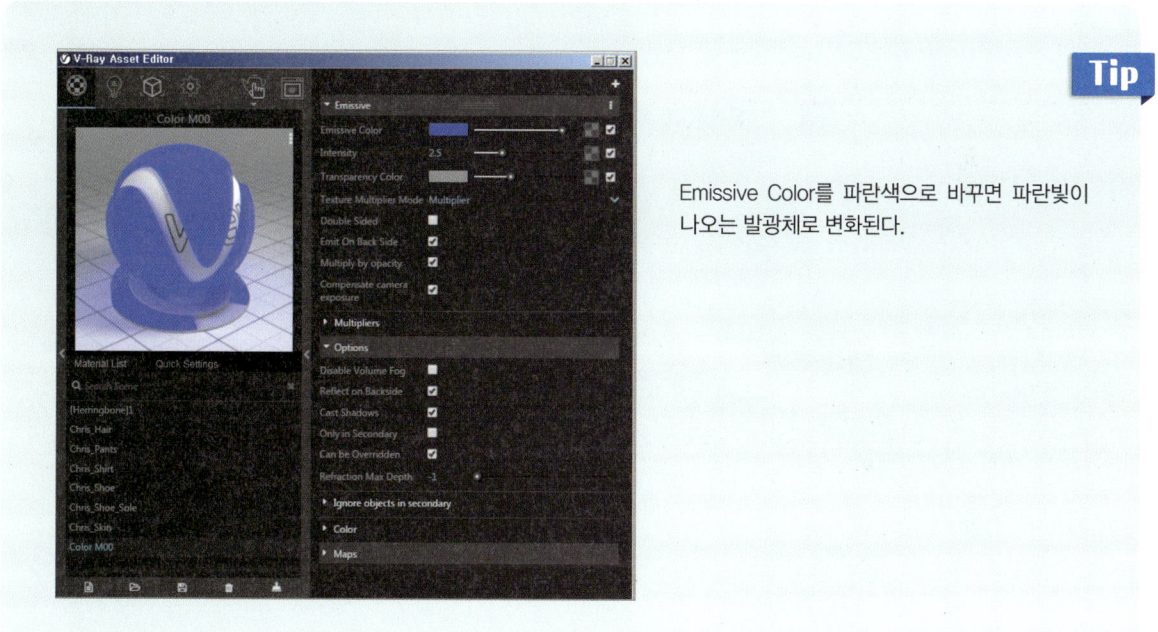

**Tip**

Emissive Color를 파란색으로 바꾸면 파란빛이 나오는 발광체로 변화된다.

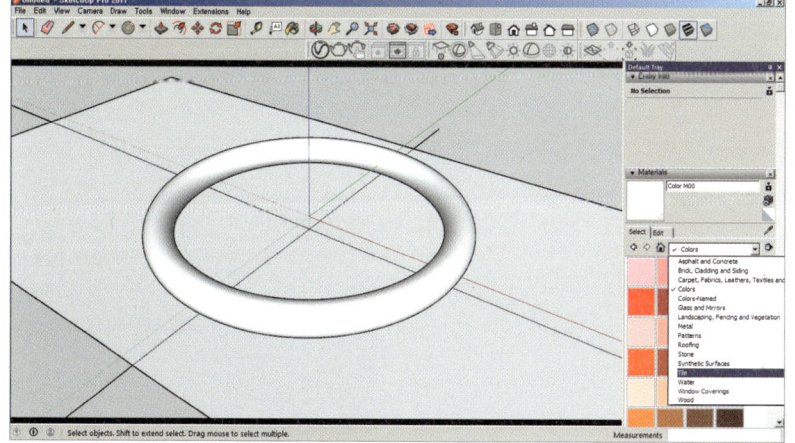

**22** 바닥면에 Tile 재질을 적용하기 위해서 Materials(재질) Tray에서 Tile을 선택한다.

부록   V-Ray for Sketchup   ✦   **475**

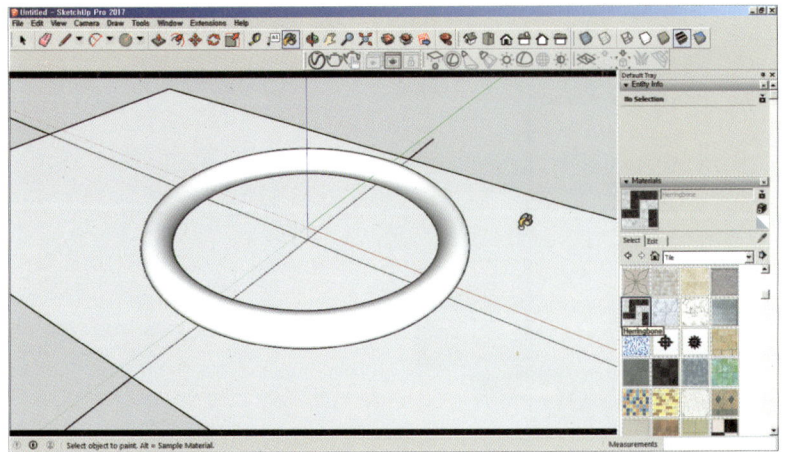

**23** Tile에서 Herringbone 재질을 선택한 후, 바닥에 재질을 적용한다.

**24** 하지만 재질의 크기가 너무 크게 적용이 되었다.

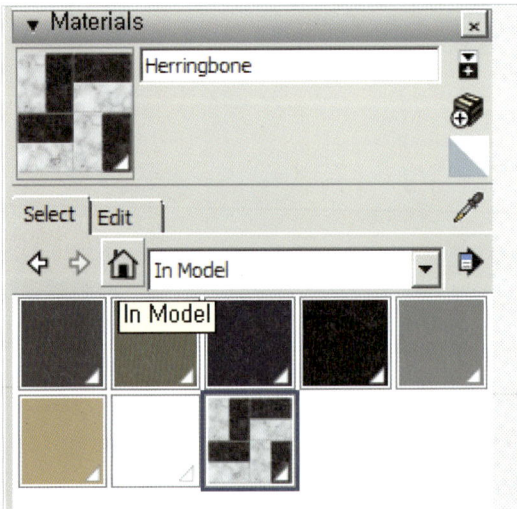

**25** 재질이 적용되는 크기를 조절하기 위해서 In Model를 선택한다.

**26** 가로, 세로 적용되는 범위를 300mm 로 지정한다.

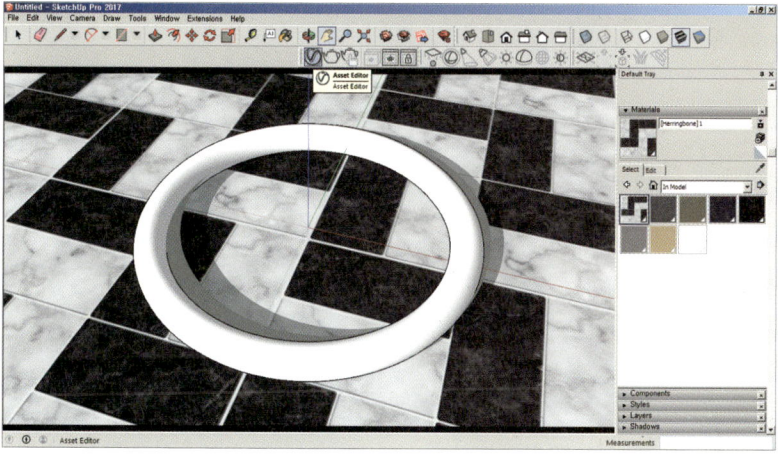

**27** 바닥면의 재질이 제대로 적용되었다. ⓥ Asset Editor(재질 편집기) 선택한다.

부록  V-Ray for Sketchup  +  **477**

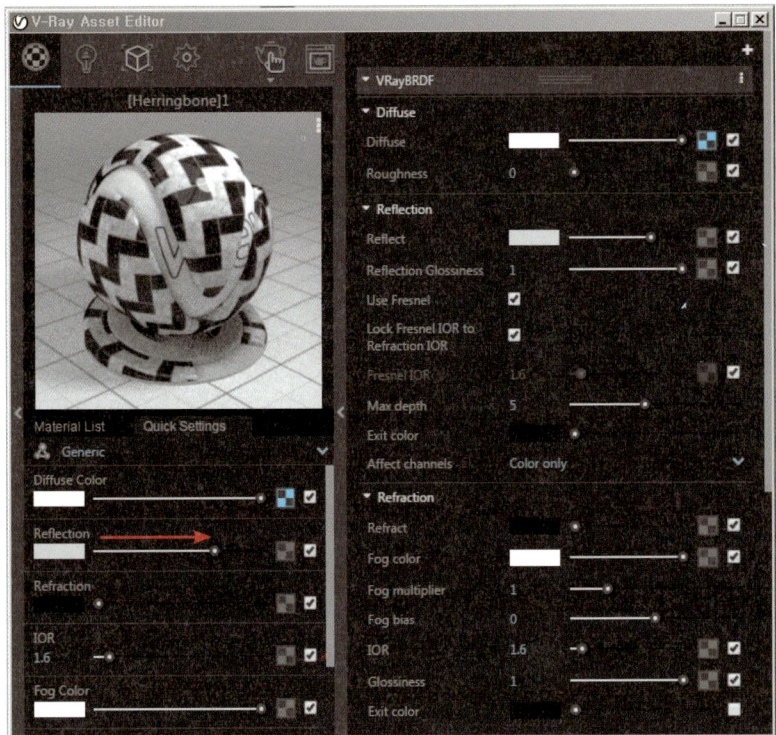

28 바닥면에 반사재질을 적용하기 위해서 바닥재질(Herringbone)을 선택한 후, Quick Settings 창에서 Reflection 부분을 회색으로 조절한다.

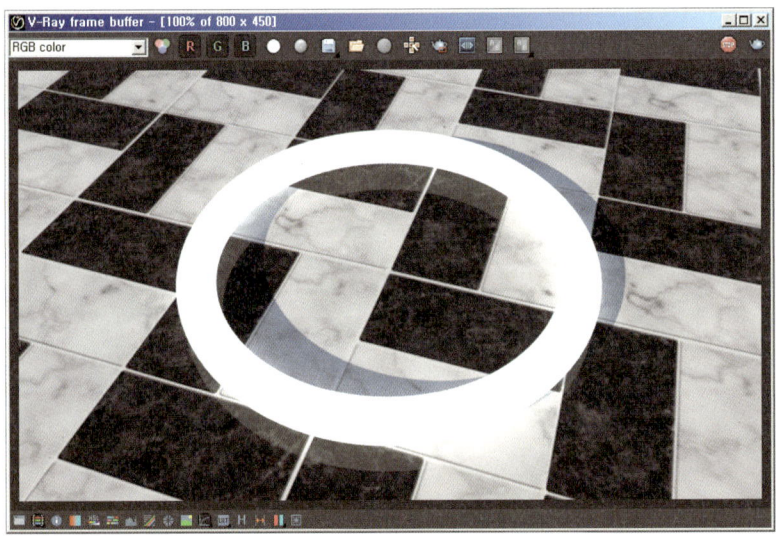

29 Render (랜더실행기)를 클릭해서 랜더링을 실행한다. 발광재질이 완성되었다.

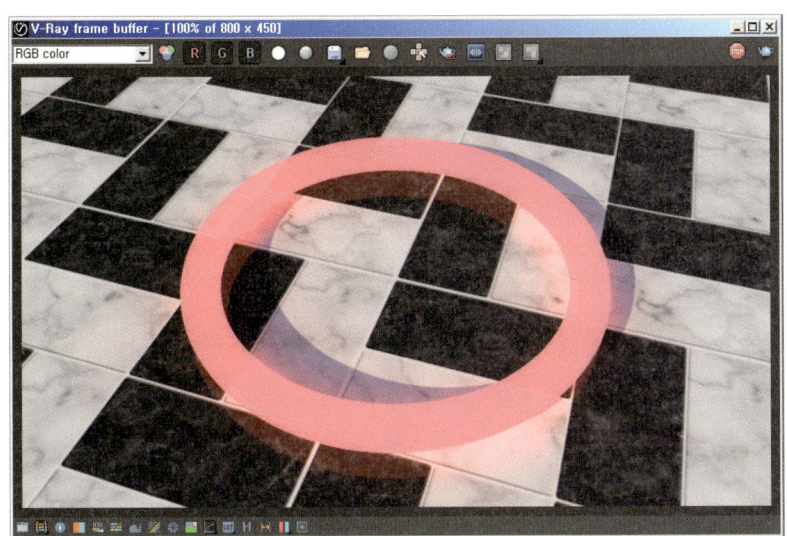

**실습**

30 붉은 색 조명도 만들어 보길 바란다.

# 07 반사재질

거울과 같은 반사재질을 만들어 보자.

**SketchUp 2017**

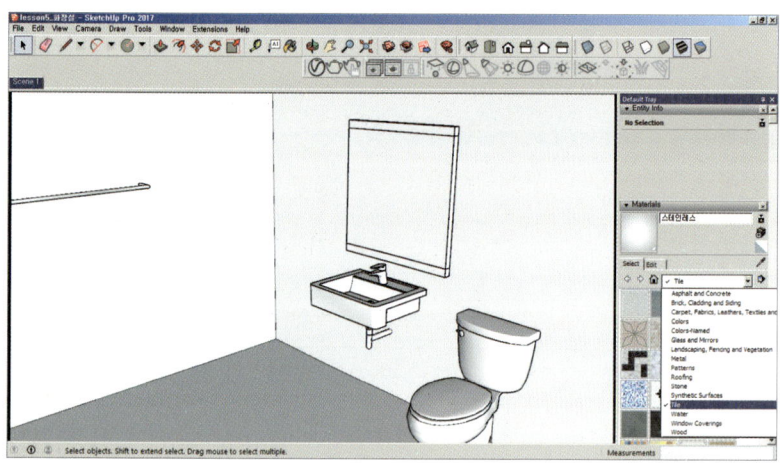

**1** 반사재질을 적용하기 위해서 파일을(화장실.skp) 불러온다.

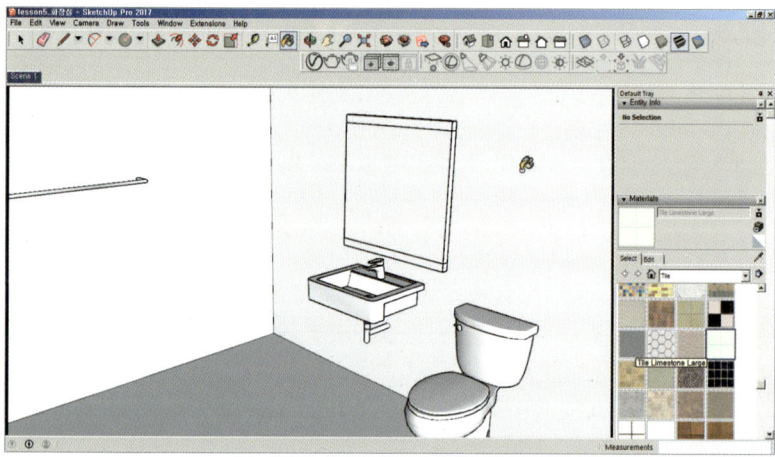

**2** 먼저 화장실 벽면에 재질을 적용해 보자. Materials(재질) Tray에서 Tile을 선택한 후, Tile Lime stone Large재질을 클릭해서 벽면에 적용한다.

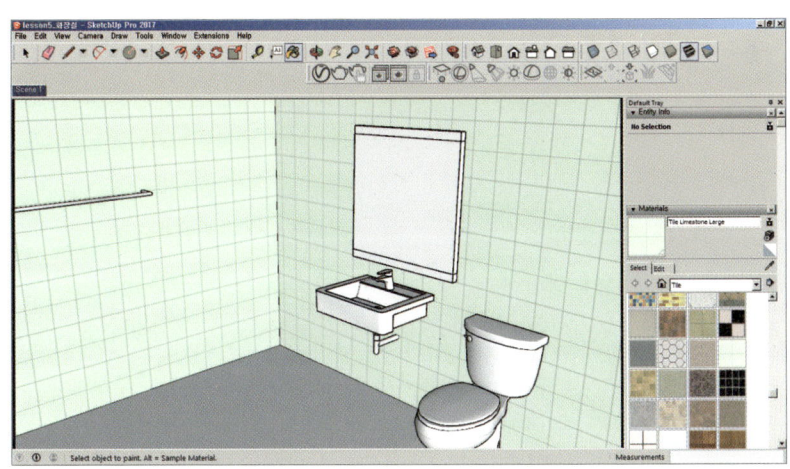

**3** 벽면에 재질이 적용되었다.

**4** 화장실 바닥에도 재질을 적용해 보자. Materials(재질) Tray에서 Tile Navy를 선택하고 바닥에 적용한다.

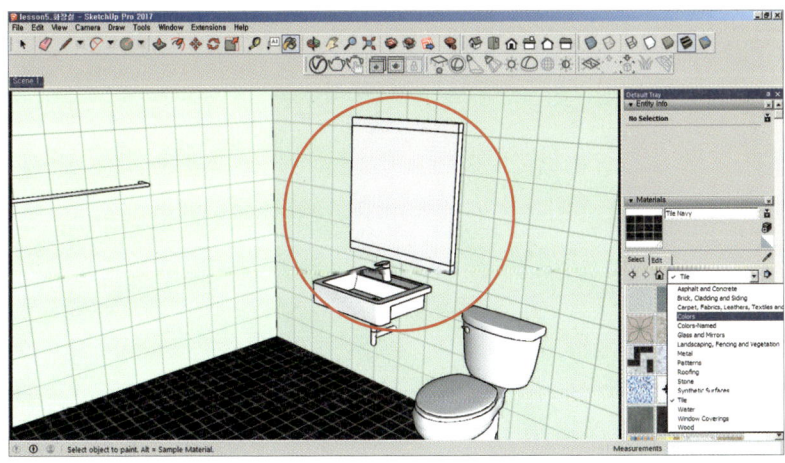

**5** 반사 값이 적용될 거울 부분에 재질을 적용해 보자. Materials(재질) Tray에서 Colors를 선택한다.

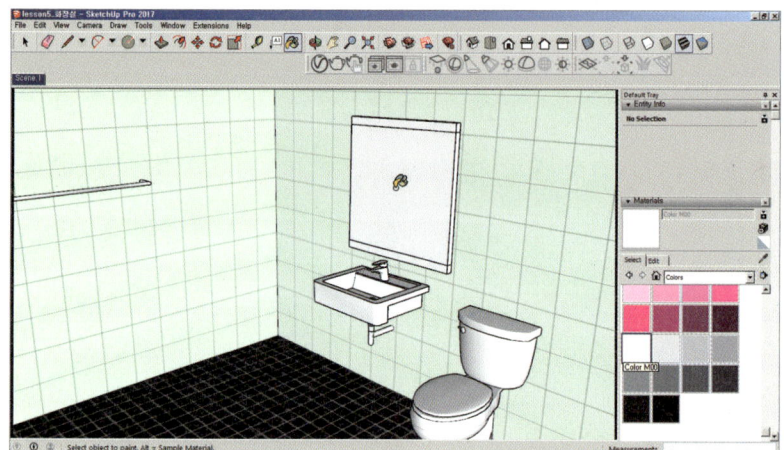

**6** Color M00을 선택한 후, 거울 부분에 적용한다.

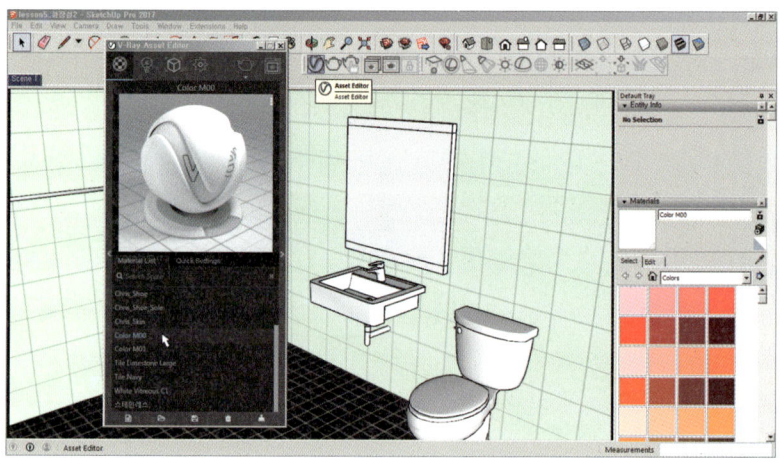

**7** ⊙ Asset Editor(재질편집기)를 선택해서 재질편집기를 연 후, 거울부분에 적용했던 재질 Color M00을 선택한다.

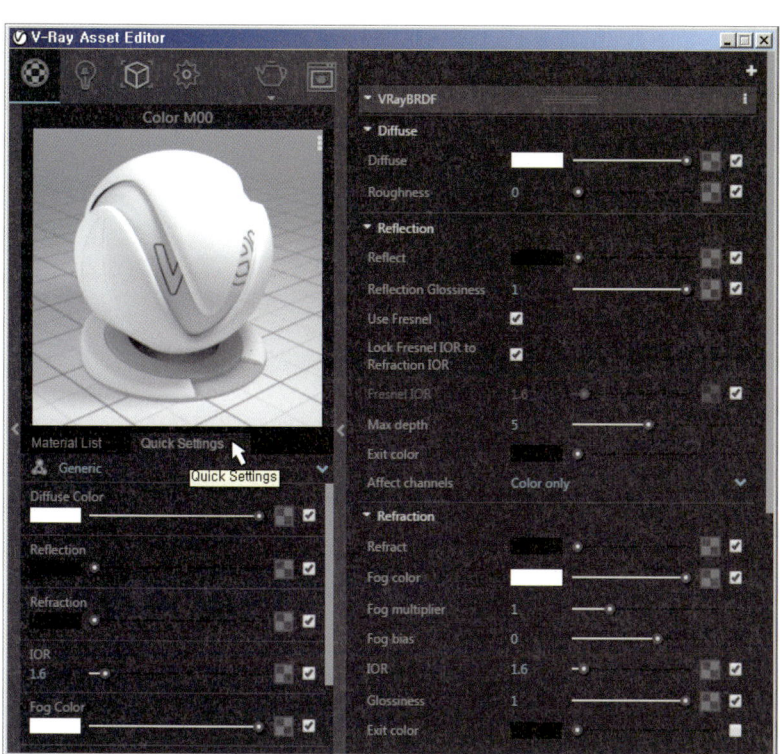

**8** 반사재질을 적용하기 위해서 Quick Settings를 선택한다.

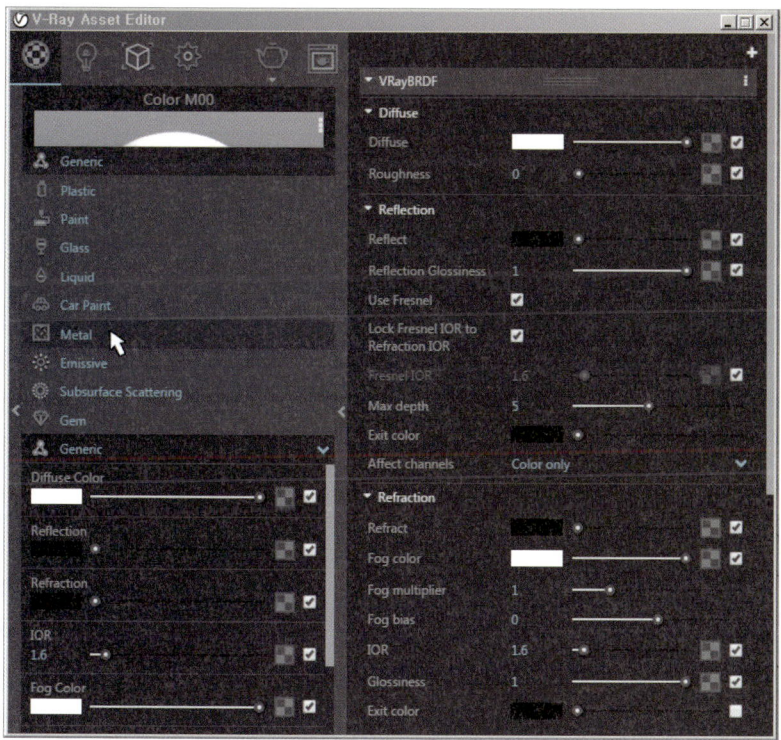

**9** Generic 부분에서 Metal을 선택한다. 거울은 유리재질이지만 완전반사가 되기 때문에 Glass 보다는 Metal에 가깝다.

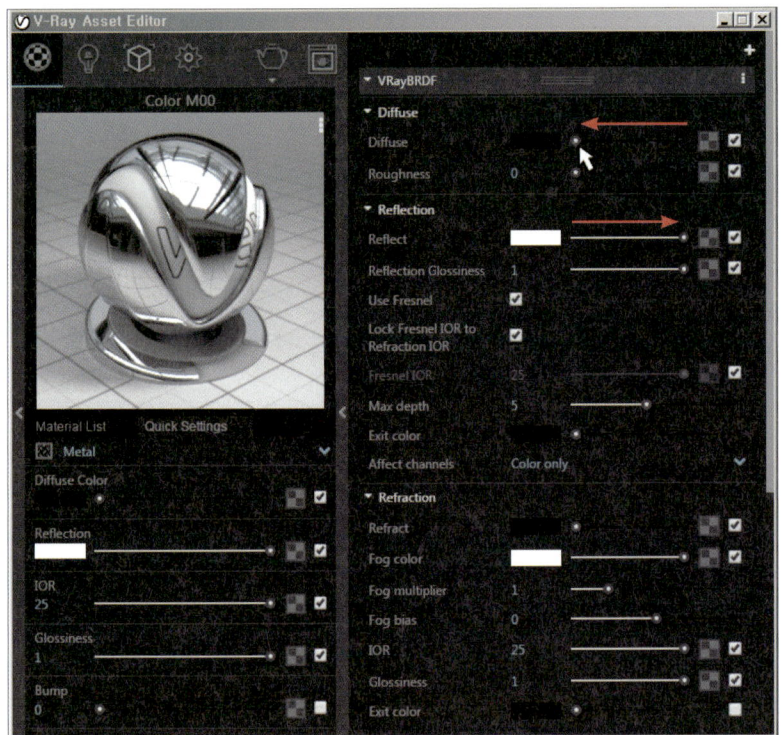

**10** 옵션에서 Diffuse 부분을 검정색으로 Reflect 부분을 완전 흰색으로 조절한다.

**11** Render(랜더실행기)를 실행하면 거울처럼 완전반사가 이루어 진 것을 알 수 있다. 하지만 전제적으로 너무 이미지가 너무 어둡다. V-Ray 조명을 이용해서 전체적인 분위기를 밝게 해보자.

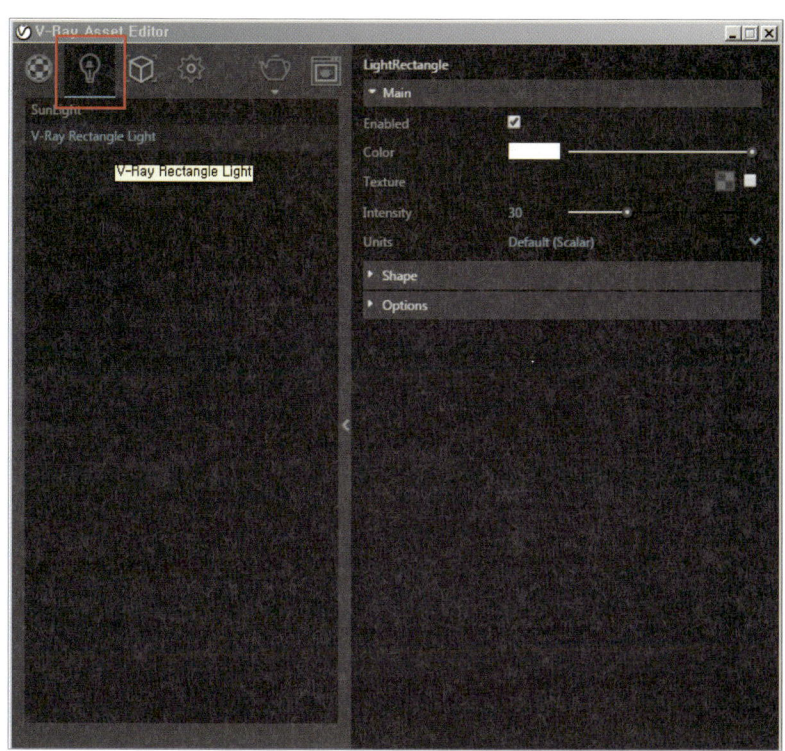

**12** Light를 클릭해서 미리 만들어 놓은 V-Ray Rectangle Light를 선택한다.

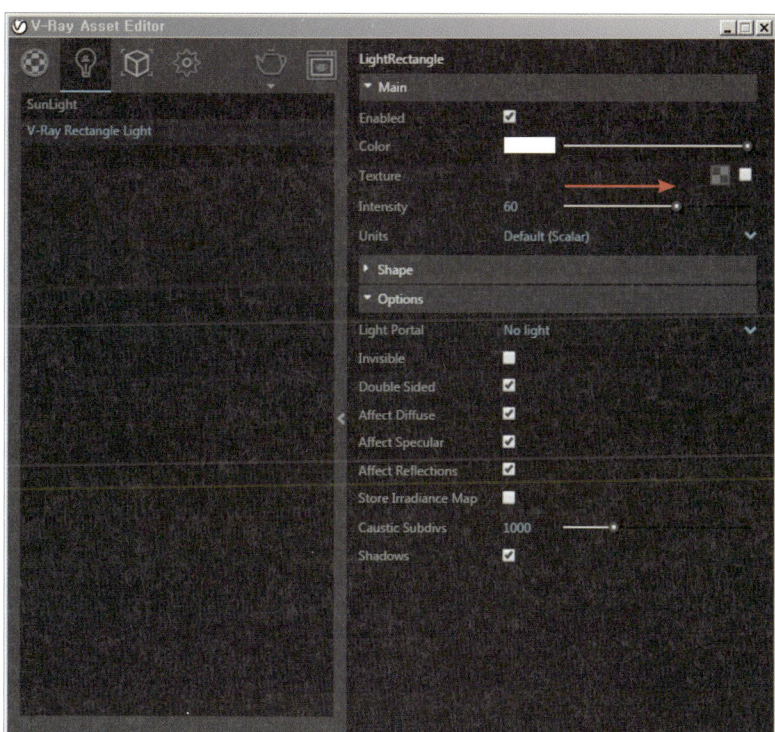

**13** 조명의 밝기인 Intensity를 60으로 조절한다.

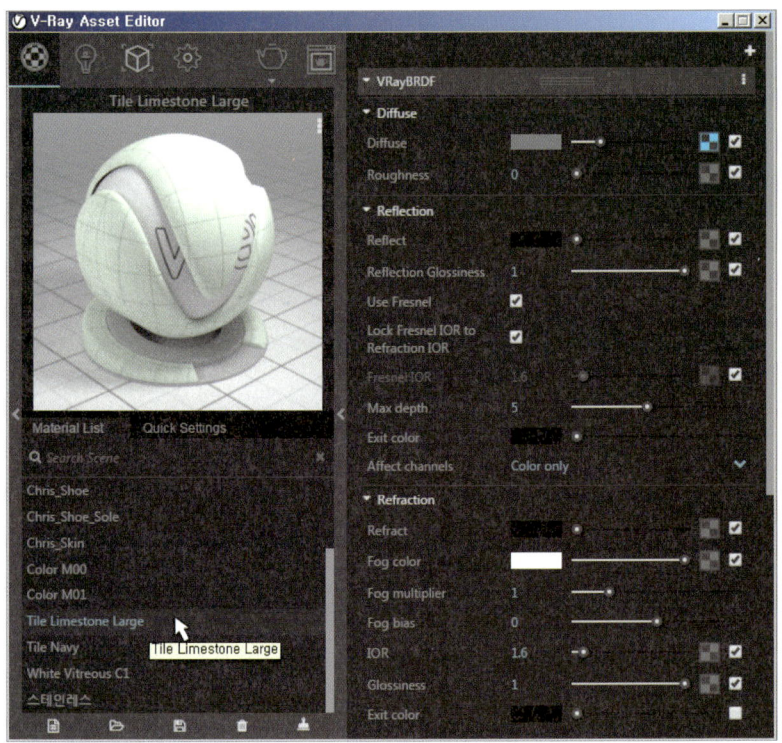

**14** 화장실 벽면에도 거울처럼 완전반사는 아니지만 약간의 반사가 들어간다. 벽면에 반사값을 적용해 보자. Material List에서 화장실 벽면의 재질인 Tile Limestone Large를 선택한다.

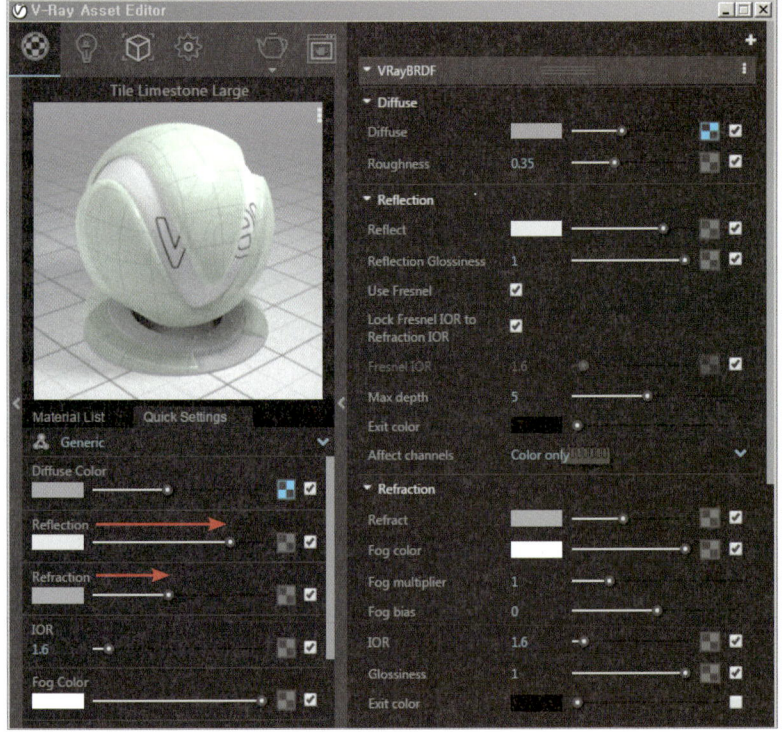

**15** Quick Setting에서 Reflection(반사) 값과 Refraction(굴절) 값을 조절한다.

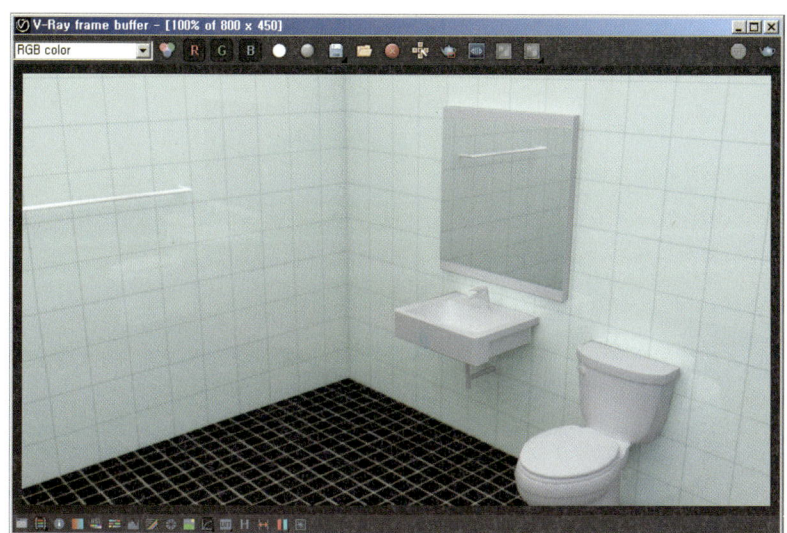

**16** 전체적인 이미지의 밝기와 벽면에 반사재질이 적용되었다.

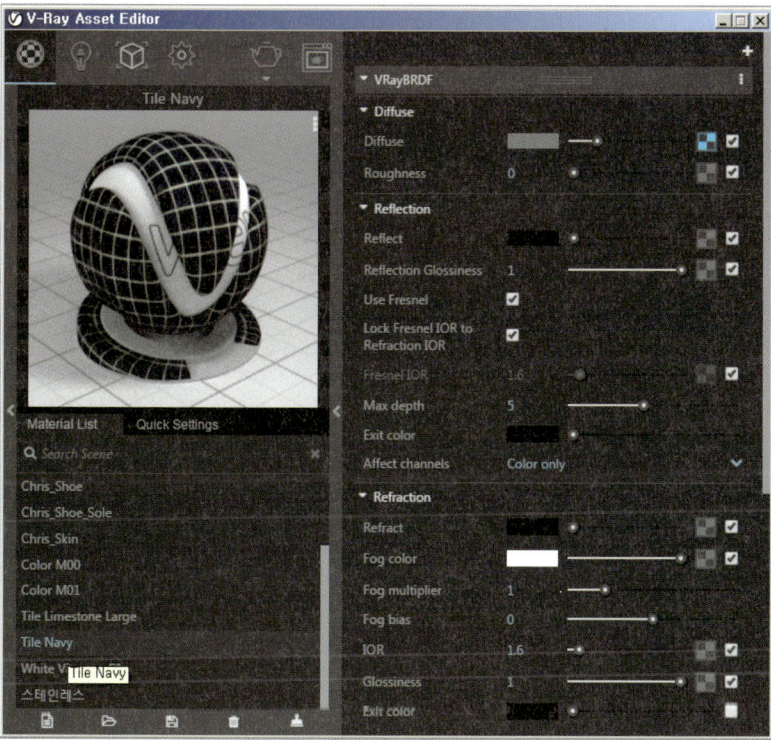

**17** 바닥도 같은 방법으로 반사재질을 적용해 보도록 하자. Material List에서 바닥재질인 Tile Navy를 선택한다.

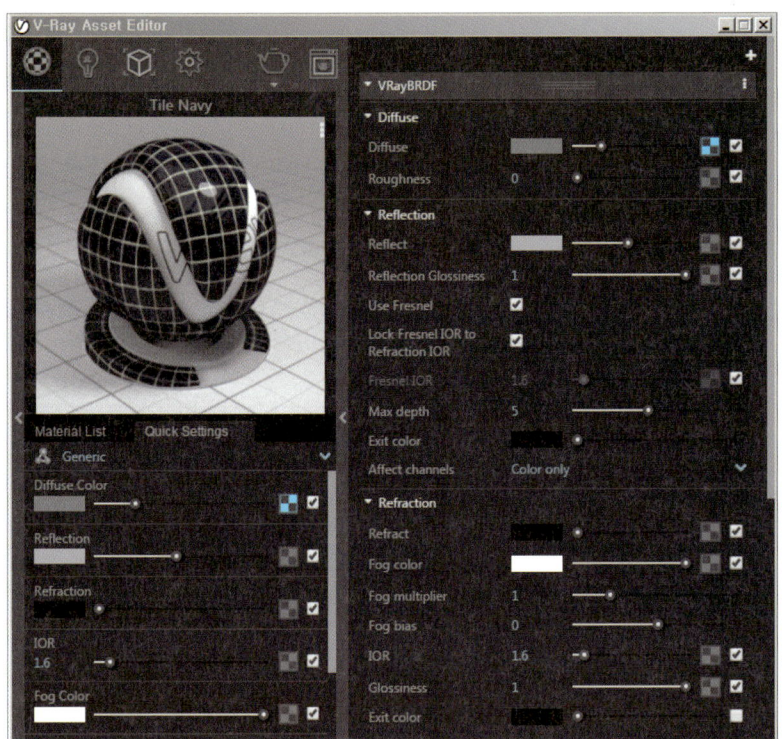

**18** Quick Setting에서 Reflection 값을 조절한다.

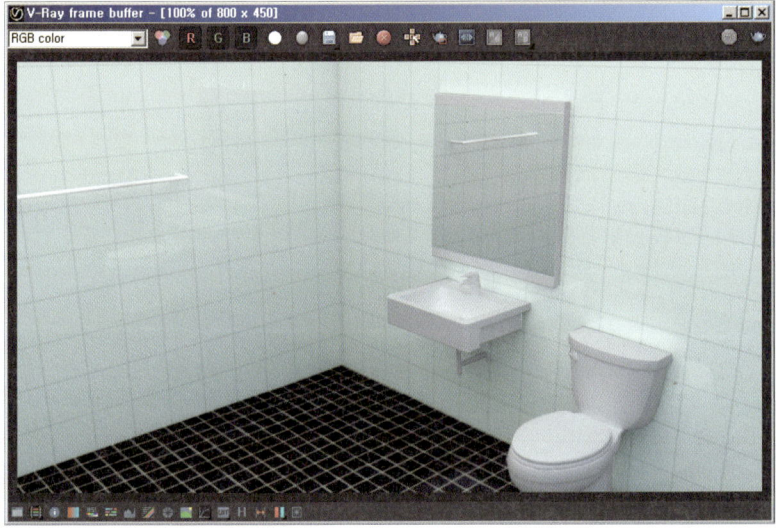

**19** 바닥에도 반사재질이 적용되었다.

# V-Ray Light

▶ V-Ray Light에는 총 8가지가 있다.

 – Plane Light(평면조명)

 – Sphere Light(구조명)

 – Spot Light(스포트라이트)

 – IES Light(실내조명)

 – Omni Light(확장조명)

 – Dome Light(돔조명)

 – Mesh Light(Mesh조명)

 – Adjust Light Intensity(강도 조절 조명)

조명은 전체적인 분위기를 나타내는 중요한 작업이다.
실내인테리어 작업 시 조명을 잘 적용하면 더욱 사실적인 이미지를 구현할 수 있다.
지금부터 인테리어를 하나 불러와서 조명을 설치해서 밝기를 조절해 보자.

**1.** (카페.skp 파일)을 불러온다.

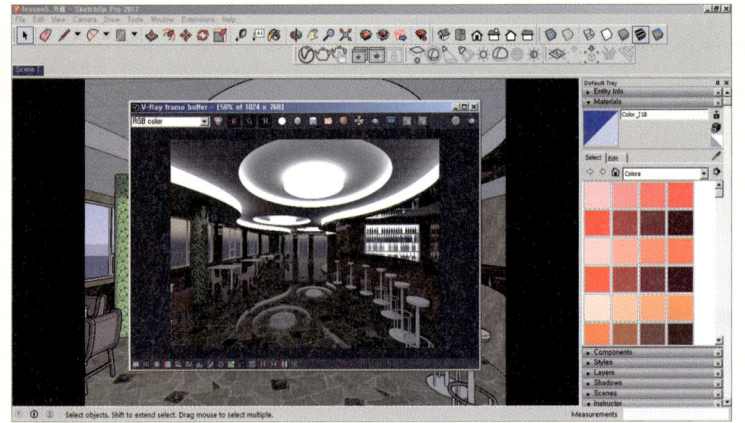

**2.** Render (랜더실행기)를 실행하면 발광효과 및 반사효과가 적용된 것을 알 수 있다. 하지만 전체적인 밝기가 너무 어둡다. V-Ray Light를 설치해서 밝기를 조절해 보자.

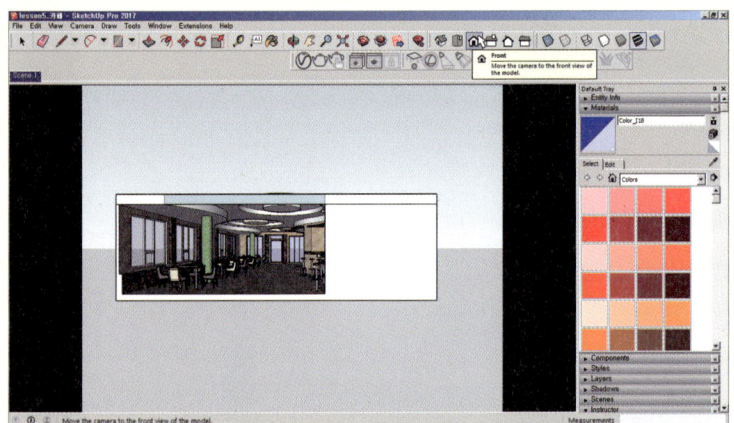

**3.** 조명을 설치하기 위해서 화면 뷰를 Front View로 전환한다. 조명을 앞쪽에 설치할 것이다.

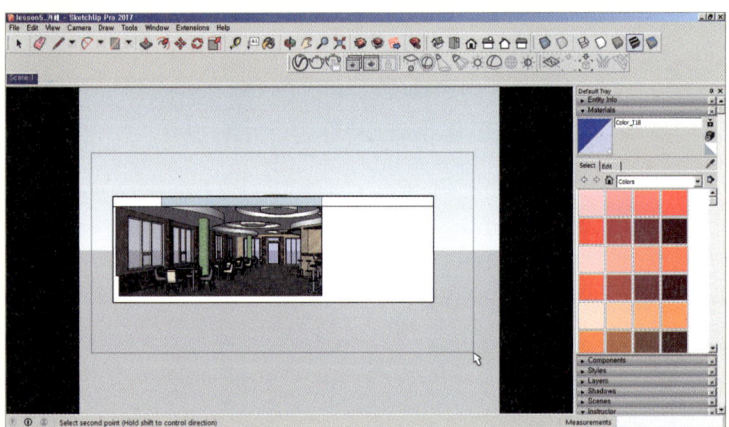

**4.** Plane Light를 선택한다.

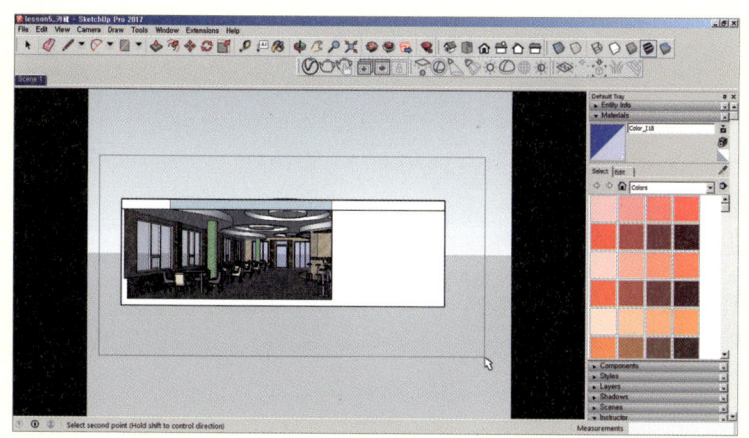

**5.** 인테리어 전체를 덮을 정도 크기의 조명을 그린다.

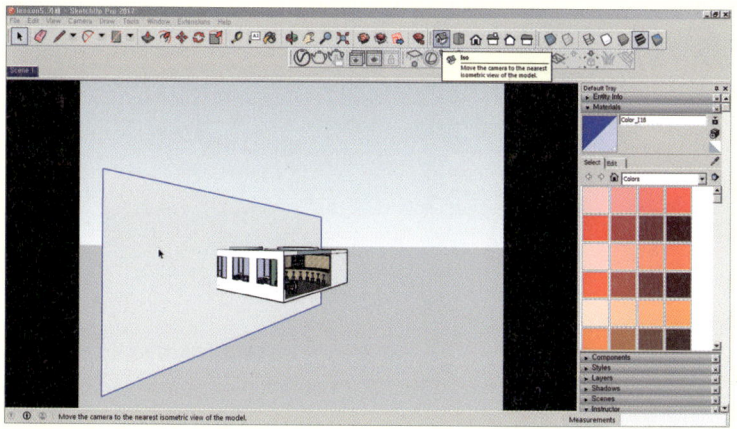

**6.** Select(선택) 도구로 조명을 선택한다.

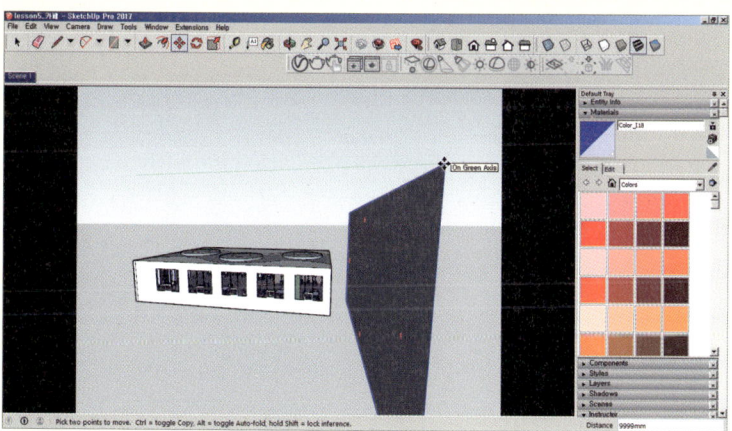

**7.** Move(이동) 도구를 사용해서 조명을 인테리어 앞쪽으로 이동한다.

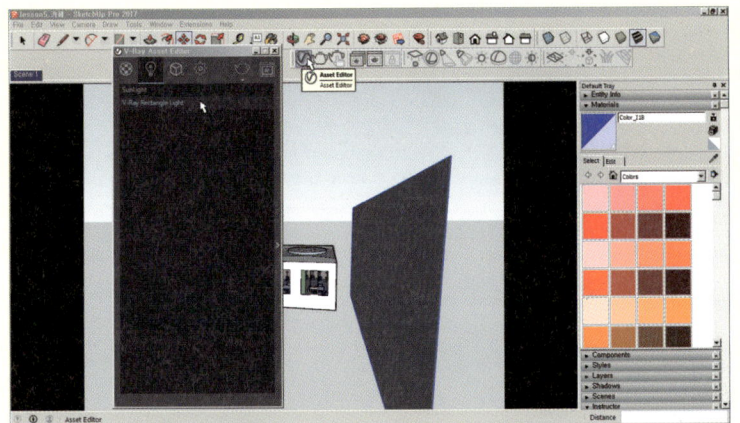

**8.** 조명의 값을 설정하기 위해서 Asset Editor(재질편집기)를 열어 V-Ray Rectangle Light를 선택한다.

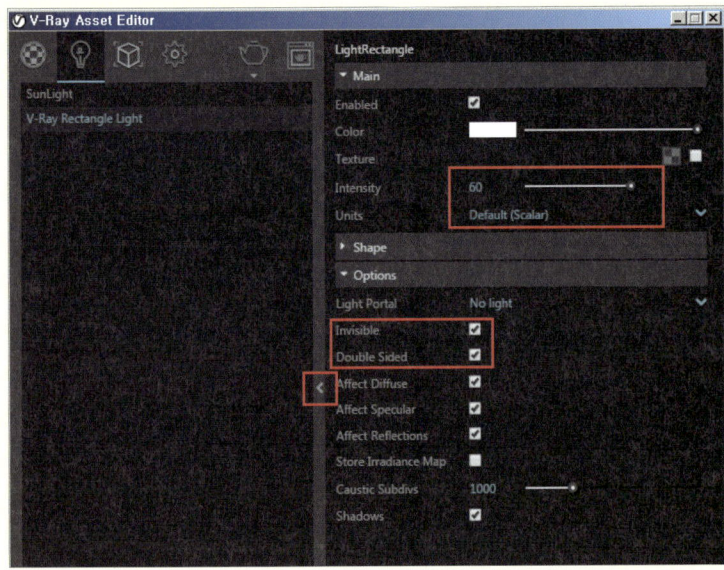

**9.** 재질편집기 창을 활성화 한 후, 조명의 세기(Intensity) 값을 60으로 올리고 Invisible과 Double Sided를 모두 체크한다.

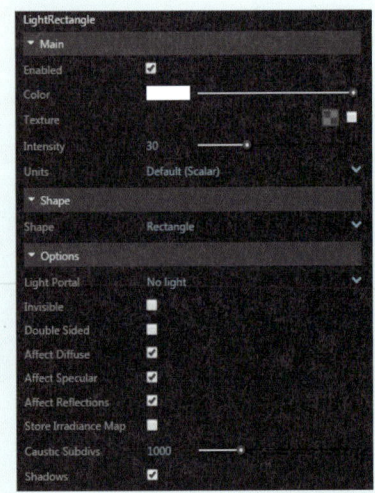

**Tip**

■ **Main**
- Enabled : 체크하면 Rectangle Light의 효과를 적용할 수 있다. 체크가 해제되어 있으면 조명의 효과가 적용되지 않는다.
- Color : 광원의 색상을 나타낸다.
- texture : 조명의 색에 재질을 적용할 수 있다.
- Intensity : 조명의 밝기를 나타낸다. 값이 클수록 빛이 강하게 적용된다.
- Unit : 빛의 세기에 대한 단위를 설정한다.

■ **Shape**
- 조명의 모양의 Rectangle(사각형) 또는 Ellipse(타원형)으로 지정할 수 있다.

■ **Option : 조명에 대한 효과를 조절한다.**
- Light Portal : Portal light를 선택하면 Rectangle Light의 효과는 무시되고, V-Ray Option의 Environment에서 설정한 GI와 Background의 설정 값만 적용된다.

- Invisble : 체크를 하면 빛의 효과는 적용되지만 Renctangle Light는 보이지 않는다.
- Double Sided : 빛을 Plane 조명의 위, 아래 양 방향으로 적용한다.
- Affect Diffuse : 체크표시를 해제하면 오브젝트의 색상이나 그림자 등을 표현하지 않고 오로지 광원의 효과만 표시된다.
- Affect Specular : 오브젝트의 하이라이트 부분의 빛의 적용을 설정한다.
- Affect Reflections : 오브젝트에 광원이 반사되는 효과를 적용한다.
- Store in Irradiance Map : GI 엔진이 Irradiance Map으로 설정되어 있을 때 GI 연산과정에서 발생하는 데이터를 사용하기 때문에 렌더링 시간을 단축한다.
- Caustic Subdivs : 빛의 산란 효과의 품질을 설정한다.
- Shadows : 체크가 되어 있어야 그림자가 적용된다.

**10.** Render (랜더실행기)를 실행하면 밝기가 밝아진 것을 확인 할 수 있다.

# 2018 산업안전기사 필기

## 최근 7년 출제문제 & 무료 동영상 강좌

**책소개**

최근에 제·개정된 법규의 내용이 방대하여 기존의 기출문제 풀이를 그대로 공부하는 것은 매우 위험하고 혼란스러움이 있기에 최근 7년 (2011년~2017년) 기출문제의 풀이를 개정된 법에 맞추어 전체문제를 다시 풀이하고, 삭제 및 개정된 내용들은 별도로 문제마다 삭제 및 개정된 사실과 바뀐 내용을 해설로 첨부함으로 기존에 공부를 하던 수험생들도 쉽게 이해할 수 있도록 배려함

저 자 : 김용원
페이지 : 852면
판 형 : B5(사륙배판 188*257mm)
ISBN : 978-89-381-1095-4-13550
발 행 : 2017년 11월 20일
가 격 : 24,000원

**무료 동영상 강좌**
계산문제, 암기법해설,
최신기출문제 2회분

동일출판사 홈페이지
(dongilbook.co.kr)와
주경야독(yadoc.co.kr)에서
볼 수 있습니다.

**해설** 관련된 전체내용을 확인할 수 있도록 하여 한 문제를 통해 응용 가능한 여러 문제를 공부할 수 있도록 세밀하게 구성

**TIP** 해설에 별도로 추가할 내용 및 관련법의 제·개정으로 변경된 사항을 첨부함으로 잘못된 내용을 공부하는 오류가 없도록 구성

**FOCUS** 산업안전기사·산업기사 필기교재(동일출판사)를 함께 이용하는 수험생을 위해 과목 및 단원을 명시함으로 좀 더 자세한 내용을 본문에서 직접 찾아볼 수 있도록 구성

목차
2010년 과년도 출제문제    2014년 과년도 출제문제
2011년 과년도 출제문제    2015년 과년도 출제문제
2012년 과년도 출제문제    2016년 과년도 출제문제
2013년 과년도 출제문제    2017년 과년도 출제문제

dongilbook.co.kr

# 2018 산업안전산업기사 필기

## 최근 7년 출제문제 & 무료 동영상 강좌

**책소개**

최근에 제·개정된 법규의 내용이 방대하여 기존의 기출문제 풀이를 그대로 공부하는 것은 매우 위험하고 혼란스러움이 있기에 최근 7년 (2011년~2017년) 기출문제의 풀이를 개정된 법에 맞추어 전체문제를 다시 풀이하고, 삭제 및 개정된 내용들은 별도로 문제마다 삭제 및 개정된 사실과 바뀐 내용을 해설로 첨부함으로 기존에 공부를 하던 수험생들도 쉽게 이해할 수 있도록 배려함

저 자 : 김용원
페이지 : 690면
판 형 : B5(사륙배판 188*257mm)
ISBN : 978-89-381-1096-1-13550
발 행 : 2017년 11월 20일
가 격 : 23,000원

**무료 동영상 강좌**
계산문제, 암기법해설, 최신기출문제 2회분

동일출판사 홈페이지(dongilbook.co.kr)와 주경야독(yadoc.co.kr)에서 볼 수 있습니다.

**해설** 관련된 전체내용을 확인할 수 있도록 하여 한 문제를 통해 응용 가능한 여러 문제를 공부할 수 있도록 세밀하게 구성

**TIP** 해설에 별도로 추가할 내용 및 관련법의 제·개정으로 변경된 사항을 첨부함으로 잘못된 내용을 공부하는 오류가 없도록 구성

**FOCUS** 산업안전기사·산업기사 필기교재(동일출판사)를 함께 이용하는 수험생을 위해 과목 및 단원을 명시함으로 좀 더 자세한 내용을 본문에서 직접 찾아볼 수 있도록 구성

**목차**
2010년 과년도 출제문제    2014년 과년도 출제문제
2011년 과년도 출제문제    2015년 과년도 출제문제
2012년 과년도 출제문제    2016년 과년도 출제문제
2013년 과년도 출제문제    2017년 과년도 출제문제

dongilbook.co.kr

# 2018 산업안전기사·산업기사 실기

## 출제기준과 동일한 목차로 구성된 최신 개정판

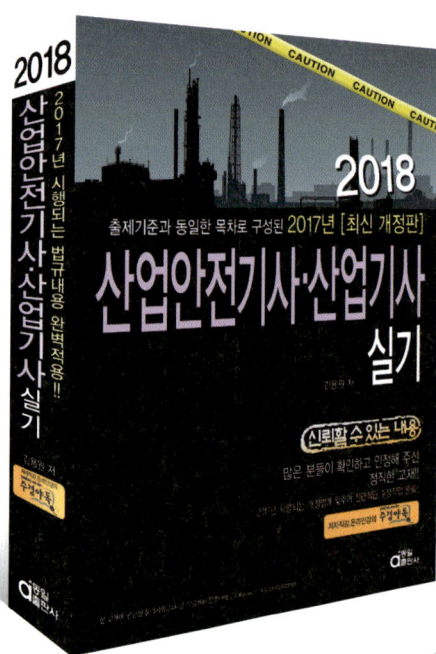

**책소개**

2000년~2017년 기출문제 풀이
(개정된 법 내용 해설로 첨부)

1. 본 교재의 목차는 출제기준에 있는 순서를 그대로 적용하여 수험생들의 출제기준 및 내용파악에 도움에 되도록 하였다.
2. 기출문제풀이는 가급적 법규 및 고시사항 등에 규정된 내용으로 답안을 작성하였으며, 본 교재의 본문에 해당하는 단원을 명시(Focus)하여 다시한번 이론을 확인할 수 있도록 하였다.
3. 작업형 동영상 문제는 필답형 문제의 응용된 유형이므로 연계하여 함께 공부할 수 있도록 첨부하였다.
4. 복잡한 내용 및 방대한 이론들은 쉽게 이해하고, 마인드 맵을 통한 암기에 도움이 되도록 가급적 간략화, 도식화, 단순화하여 비교분석이 쉽게 체계화하였다.
5. 최근에 개정된 법 및 고시사항 등을 세밀히 분석하여 과거의 기출문제들도 현행법에 맞도록 해설 및 답안을 작성하였다.

**2018년 시행되는 개정법에 맞추어 전면적인 수정작업 완료!!**

저 자 : 김용원
페이지 : 836면
판 형 : B5(사륙배판 190*260mm)
ISBN : 978-89-381-1098-5-13550
발 행 : 2018년 2월 15일
가 격 : 28,000원

**목차**

1. 안전관리
   - 안전관리 조직
   - 안전관리계획 수립 및 운용
   - 산업재해 발생 및 재해조사 분석
   - 안전점검 및 진단
2. 안전교육 및 심리
   - 안전교육
   - 산업심리
3. 인간공학 및 시스템 위험분석
   - 인간공학
   - 시스템 위험분석
4. 기계 및 운반안전
   - 기계안전 일반
   - 운전안전 일반
5. 전기 및 화공안전
   - 전기안전일반
   - 화공안전 일반
   - 작업환경 안전일반
6. 건설안전
   - 건설안전일반
7. 보호장구
   - 호흡용 보호구
   - 보안경
   - 기타 보호장구
8. 산업안전보건법
   - 산업안전보건법
   - 산업안전보건법 시행령
   - 산업안전보건법 시행규칙
   - 산업안전에 관한 기준

작업형 문제 / 필답형 기출문제

dongilbook.co.kr

# 2018 산업안전기사·산업기사 필기

## 출제기준과 동일한 목차로 구성된 최신 개정판

**책소개**

필자는 이러한 점을 감안하여 28년 동안의 강의 경험과 국내 유명 교수님들의 논문 및 기타 자료들을 참고하여 산업안전기사 자격시험에 반드시 합격할 수 있는 다음과 같은 필수 내용으로 본 교재를 구성하였다.

1. 본 교재의 목차는 출제기준에 있는 순서를 그대로 적용하여 수험생들의 출제기준 및 내용파악에 도움이 되도록 하였다.
2. 무엇보다 중요한 기출문제는 상세한 해설과 본 교재의 본문에 해당하는 단원을 명시(Focus)하여 다시 한번 이론을 확인할 수 있도록 하였다.
3. 복잡한 내용 및 방대한 이론들은 쉽게 이해하고, 마인드맵을 통한 암기에 도움이 되도록 가급적 간략화, 도식화, 단순화하였다.
4. 최근에 개정된 법규 및 고시사항 등을 세밀히 분석하여 답안작성 및 이론정리에 도움이 되도록 구성했으며, 과거의 기출문제들도 현행법에 맞도록 해설 및 답안을 작성하였다.

**동영상 강좌**
(계산문제, 암기법 해설, 최신 기출문제 2회분)
동일출판사 홈페이지와 주경야독에서 볼 수 있습니다.

저 자 : 김용원
페이지 : 1,368면
판 형 : B5(사륙배판 190*260mm)
ISBN : 978-89-381-1097-8-13550
발 행 : 2017년 11월 20일
가 격 : 37,000원

## 목차

**1과목 산업안전관리론**
01 안전관리 개요
02 재해 및 안전점검
03 무재해 운동 및 보호구
04 산업안전심리
05 인간의 행동과학
06 안전교육의 개념
07 교육의 내용 및 방법
08 산업안전 관계법규
단원문제

**2과목 인간공학 및 시스템 안전공학**
01 안전과 인간공학
02 정보입력표시
03 인간계측 및 작업공간
04 작업환경관리
05 시스템 위험 분석
06 결함수 분석법
07 안전성 평가

08 각종 설비의 유지 관리
단원문제

**3과목 기계위험 방지기술**
01 기계 안전의 개념
02 공작 기계의 안전
03 프레스 및 전단기의 안전
04 기타 산업용 기계 기구
05 운반기계 및 양중기
06 설비진단
단원문제

**4과목 전기위험 방지기술**
01 전기안전 일반
02 전격재해 및 방지대책
03 전기화재 및 예방대책
04 정전기의 재해방지 대책
05 전기설비의 방폭
단원문제

**5과목 화학설비위험 방지기술**
01 위험물 및 유해화학물질 안전
02 폭발방지 및 안전대책
03 화학설비 안전
04 화재 예방 및 소화방법
난원분세

**6과목 건설안전기술**
01 건설공사 안전 개요
02 건설공구 및 장비
03 양중기 및 해체용 기구의 안전
04 건설재해 및 대책
05 건설 가시설물 설치기준
06 건설공사의 구조물안전
07 운반, 하역작업
단원문제

과년도 기출문제 2015년, 2017년 수록

dongilbook.co.kr

SKETCHUP 2017

현장 실무기법으로 구성된 건축 인테리어 디자인 종합 바이블
# 스케치업 2017 베이직&DIY

**발행일_** 2017년 11월 10일 초판 1쇄
**지은이_** 신명철
**편집 디자인_** 현상옥

**발행인_** 정창희
**발행처_** 동일출판사
**등록번호_** 109-90-92166
**주소_** 서울시 강서구 곰달래로31길 7 동일빌딩 2층
**전화_** (02)2608-8250
**팩스_** (02)2608-8265
**이메일_** macdesigner@naver.com
**홈페이지_** http://www.dongilbook.co.kr

ISBN 978-89-381-1129-6  13000
ⓒ 신명철, 2017

이 책은 저작권법에 따라 보호받는 저작물이며
이 책의 어느 부분도 동일출판사 발행인의 승인문서 없이 사진 복사 및 정보재생
시스템을 비롯한 다른 수단을 통해 복사 및 재생하여 이용할 수 없습니다.